प्रेमचन्द
जीवन और सृजन

प्रेमचन्द

जीवन और सृजन

विश्वनाथ एस. नरवणे

अनुवाद

मनीषा सिंह सिकरोरिया

सम्पादन

सदानन्द शाही

राजकमल प्रकाशन

मूल पुस्तक 'Premchand : His Life and Work' का हिन्दी अनुवाद

ISBN : 978-93-94902-73-2

मूल्य : ₹995

पहला संस्करण : 2022

प्रकाशक : राजकमल प्रकाशन प्रा. लि.
1-बी, नेताजी सुभाष मार्ग, दरियागंज
नई दिल्ली-110 002
शाखाएँ : अशोक राजपथ, साइंस कॉलेज के सामने, पटना-800 006
पहली मंजिल, दरबारी बिल्डिंग, महात्मा गांधी मार्ग, प्रयागराज-211 001
36 ए, शेक्सपियर सरणी, कोलकाता-700 017
वेबसाइट : www.rajkamalprakashan.com
ई-मेल : info@rajkamalprakashan.com

मुद्रक : बी.के. ऑफसेट
नवीन शाहदरा, दिल्ली-110 032

PREMCHAND : JEEVAN AUR SRIJAN
by Vishwanath S. Naravane
Translated by Manisha Singh Sikroriya
Edited by Sadanand Shahi

पत्नी इन्दु को

उनके साहस, हँसमुख तथा शान्त स्वभाव के लिए
गहरी श्रद्धा के साथ
जिसके सहारे वे आर्थराइटिस की असह्य पीड़ा के
साथ जीवन जी रही हैं।

क्रम

सम्पादक की ओर से *9*
आमुख *13*
भूमिका *15*

वंशावली/बचपन और शिक्षा 25
विकास के वर्ष 43
परिपक्वता के वर्ष 64
आख़िरी दौर 90
प्रमुख उपन्यास : 'सेवासदन' से 'रंगभूमि' 108
प्रमुख उपन्यास : 'कायाकल्प' से 'गोदान' 143
लघु उपन्यास, नाटक और अनुवाद 198
कहानियाँ-1 227
कहानियाँ-2 248
मूल्यांकन 269

परिशिष्ट

सन्दर्भित प्रेमचन्द की रचनाएँ *295*
सन्दर्भित पत्र-पत्रिकाओं, प्रकाशन-गृहों की सूची *297*
प्रेमचन्द के पात्रों के नाम *298*
सामान्य सन्दर्भ सूची *300*

सम्पादक की ओर से

'प्रेमचन्द : जीवन और कृतित्व' दर्शनशास्त्र के प्रोफ़ेसर विश्वनाथ नरवणे की अंग्रेज़ी में लिखी और प्रेमचन्द जन्मशती के अवसर पर छपी किताब 'Premchand : His Life and Work' (1980) का हिन्दी अनुवाद है। दर्शन के अलावा प्रो. नरवणे की साहित्य में भी गहरी रुचि थी। प्रेमचन्द पर लिखने के पहले वे शरत्चन्द्र पर किताब प्रकाशित कर चुके थे।

दो कारणों से इस किताब को हिन्दी में उपलब्ध कराने की ज़रूरत महसूस हुई। पहली यह कि समग्रता में प्रेमचन्द को देखने-दिखाने वाली किताबें बहुत कम हैं। बावजूद इसके कि प्रेमचन्द हिन्दी के महबूब लेखक हैं, प्रेमचन्द का नाम बहुत है, उनके अनुयायी या नाम-कीर्तन करने वाले लोग बहुत हैं, लेकिन उन पर ठीक-ठाक और मुकम्मल किताब खोजने चलें तो 'क़लम का सिपाही' के अलावा कोई नाम नहीं सूझता है। ऐसा नहीं है कि हिन्दी में प्रेमचन्द पर विचार नहीं हुआ है या लिखा नहीं गया है। लेकिन यह लेखन प्रायः छिटपुट कोटि का है। हिन्दी के किसी बड़े आलोचक ने योजना बनाकर या लगकर कोई काम किया हो देखने को नहीं मिलता। रामविलास शर्मा की किताब 'प्रेमचन्द' ज़रूर इसका अपवाद है। लेकिन यह भी सही है कि 'निराला की साहित्य साधना' जैसी तैयारी से रामविलास जी ने प्रेमचन्द पर नहीं लिखा है। किसी एक कृति या किसी एक पहलू पर लिखी किताबें भी हैं लेकिन समग्र प्रेमचन्द पर व्यवस्थित किताब 'क़लम का सिपाही' छोड़कर दूसरी नहीं मिलती है। नरवणे की यह किताब योजना बनाकर लिखी गई है और प्रेमचन्द पर समग्रता में विचार करती है।

दूसरी वजह यह कि हिन्दी में प्रेमचन्द सम्बन्धी लेखन प्रायः उन्हें किसी ख़ास फ्रेम में देखने का प्रस्ताव करता हुआ है। सबके अपने-अपने प्रेमचन्द हैं। चाहे जिस खेमे का लेखक-आलोचक हो वह प्रेमचन्द को अपनी ओर खींचता है या खींचना चाहता है। हमारे सामने प्रगतिशील प्रेमचन्द हैं, गांधीवादी प्रेमचन्द हैं, समाजसुधारक प्रेमचन्द हैं, आदर्शवादी प्रेमचन्द हैं, यथार्थवादी प्रेमचन्द हैं, आदर्शोन्मुख यथार्थवादी प्रेमचन्द हैं यहाँ तक कि हिन्दू प्रेमचन्द भी हैं। किसान और स्त्रीवादी प्रेमचन्द हैं तो

सामन्तवादी प्रेमचन्द भी हैं। इसके साथ ही हमें घृणा के प्रचारक प्रेमचन्द, दलित और दलित-विरोधी प्रेमचन्द भी मिल जाते हैं। इस चक्कर में असली प्रेमचन्द कहीं ओझल हो जाते हैं। यह किताब प्रेमचन्द को किसी ख़ास नज़रिए से देखने के बजाय प्रेमचन्द जहाँ और जैसे हैं वैसे ही देखने का प्रस्ताव करती है। यहाँ समग्र प्रेमचन्द की मुकम्मल तस्वीर दिखाई पड़ती है।

यह किताब अंग्रेज़ी में लिखी गई और ख़ास तौर से विदेशी पाठकों को ध्यान में रखकर लिखी गई है। यह इस किताब की सामर्थ्य भी है और सीमा भी। प्रेमचन्द हिन्दी के उन चुनिन्दा लेखकों में हैं जो भारतीय लेखक के रूप में दुनिया भर में जाने जाते हैं। प्रेमचन्द के विदेशी अध्येताओं की स्वाभाविक रुचि लेखक प्रेमचन्द में होगी। प्रेमचन्द किन परिस्थितियों में रहे, किन स्थितियों में उनके लेखन का विकास हुआ, एक बदलते और बनते भारत की कैसी तस्वीर प्रेमचन्द अंकित करते हैं, साथ ही एक लेखक के रूप में स्वयं प्रेमचन्द ने भारत के निर्माण में क्या भूमिका अदा की जैसे प्रश्नों के उत्तर देने की कोशिश यह किताब करती है। एक अफ़सानानिगार के रूप में प्रेमचन्द की ख़ूबियों और ख़ामियों की चर्चा भी यहाँ मिलती है। हिन्दी की साहित्यिक राजनीति प्रेमचन्द को किस तरह देखती है। उन्हें इस या उस खेमे से किस तरह जोड़ती है से अलग वास्तविक प्रेमचन्द से मुलाक़ात कराना लेखक का उद्देश्य रहा है। प्रो. नरवणे की मूल प्रतिज्ञा 'प्रेमचन्द के जीवन की कहानी उनके परिवेश के सम्बन्ध में ही' कहने की रही है। प्रो. नरवणे ने प्रेमचन्द को एक लेखक और व्यक्ति के रूप में अपने अध्यापक और प्रेमचन्द के मित्र रघुपति सहाय फ़िराक़ और कुलपति अमरनाथ झा से होने वाली अनौपचारिक बातचीत, अपने मित्र और सहपाठी अमृतराय, उनके बड़े भाई श्रीपति राय, और दोनों की माँ शिवरानी देवी के सान्निध्य से जाना। इस किताब को लिखते हुए प्रो. नरवणे ने जिन लेखकों की कृतियों का उपयोग किया है, वे हैं—'प्रेमचन्द : क़लम का सिपाही' (अमृतराय), 'प्रेमचन्द घर में' (शिवरानी देवी), 'प्रेमचन्द : एक विवेचन' (इन्द्रनाथ मदन) और मदन गोपाल की 'Premchand : A literary biography'।

प्रो. नरवणे ने प्रेमचन्द को जैसा जाना वैसे ही व्यक्त किया है और अपने तईं तटस्थ मूल्यांकन प्रस्तुत करने की कोशिश की है। प्रेमचन्द ने 1919 में दया नारायण निगम को लिखे पत्र में कहा था—'मैं लगभग पूरी तरह बोल्शेविक उसूलों का क़ायल हो गया हूँ।' प्रेमचन्द के इस कथन को हिन्दी के प्रगतिशील खेमे में बहुत अहमियत दी गई और उन्हें वामपन्थी लेखक शुमार किया जाने लगा। ऐसा लगता है कि प्रो. नरवणे को यह बात नागवार लगी। शायद इसीलिए प्रो. नरवणे ने अपनी किताब में रामविलास शर्मा की दोनों ही पुस्तकों 'प्रेमचन्द' (1941) तथा 'प्रेमचन्द और उनका युग' (1952) का उल्लेख नहीं किया है। प्रो. नरवणे प्रेमचन्द को गांधी-युग की देन मानते हैं और अन्त तक की रचनाओं में भी गांधीवादी विचारों

की मौजूदगी को रेखांकित करते हैं। अपनी किताब में प्रो. नरवणे यह आग्रह करते हैं कि प्रेमचन्द को प्रेमचन्द ही रहने दिया जाए। किताब के अन्त में वे एक बेहद भावुक अपील भी करते हैं—'दुराग्रह से ग्रस्त होकर यह कहने से बचें कि जिन विचारों को हम प्रेमचन्द पर आरोपित कर रहे हैं वे उनकी चेतना में आख़िर तक अपरिवर्तनीय रहते। कभी-कभी मैं सोचता हूँ कि क्या ऐसे अनुमान लगाना लाज़िमी है? आख़िर एकान्तता का जितना अधिकार जीवित लोगों को है उतना ही मृत लोगों को भी है। शायद थोड़ा ज़्यादा, क्योंकि वे हमसे बहस करने की स्थिति में नहीं हैं।' मुझे लगता है कि प्रो. नरवणे सही कह रहे हैं। किसी लेखक का सबसे बड़ा साक्ष्य उसकी रचना होती है इसलिए प्रेमचन्द को उनकी रचनाओं के साक्ष्य से ही पढ़ा जाना चाहिए। प्रो. नरवणे की किताब इसमें मदद देती है और भारतीय लेखक के रूप में प्रेमचन्द के नायकत्व की प्रतिष्ठा करती है। आज जब इक्कीसवीं शती का दूसरा दशक बीतने के कगार पर है, प्रेमचन्द के नायकत्व की पहचान बेहद ज़रूरी है। प्रो. नरवणे लिखते हैं कि 'यद्यपि प्रेमचन्द का निजी जीवन अपेक्षाकृत सीधा-सपाट था, जिसमें बहुत कम नाटकीय घटनाएँ और अनुभव थे, लेकिन जिस दौर में वे जिए वह भारतीय इतिहास के सबसे उत्तेजक, परिवर्तनशील और यादगार दौर में से एक था।' दरअसल प्रेमचन्द का नायकत्व इसी में निहित है। वे सबसे ज़्यादा अपने समय से सम्बद्ध थे। इस समय-सम्बद्धता ने उन्हें एक गतिशील, मानवीय और उदात्त दृष्टि दी। वे यह देख पा रहे थे कि नए भारत का निर्माण अछूतों, स्त्रियों और वंचितों को शामिल किए बिना नहीं सम्भव है। किसानों के जीवन की व्यथाओं का बयान जिस संवेदनशीलता से प्रेमचन्द ने किया है वह किसान को भारत भाग्य विधाता मानकर ही सम्भव था। भारत के असली भाग्य विधाता का अपना ही भाग्य प्रशंकित था। प्रेमचन्द ने 'हतभागे किसान' (ओं) की बेहतरी में ही भारत की बेहतरी का सपना देखा था। यह किसान जिस तरह के सामाजिक, आर्थिक दुश्चक्र में पड़ा था उसने प्रेमचन्द के लेखक मन को छू लिया था। प्रो. नरवणे हमें यह भी बताते हैं कि प्रेमचन्द महज़ उपदेश में यक़ीन करने वाले लेखक नहीं थे बल्कि वे आगे बढ़कर कर्म करने वाले लेखक थे। इसीलिए जब जिस विचार/उपाय में भारतीय जन की मुक्ति का स्वप्न सच होता दिखाई दिया प्रेमचन्द ने उसे आचरण में उतारा। ऐसा कर्मशील लेखक ही भारतीय समाज का नायक हो सकता है। प्रो. नरवणे इस नायकत्व की पहचान में हमारी मदद करते हैं।

यह अनुवाद प्रो. नरवणे की इस किताब के बारे में सुन रखा था। एक दिन मेरी गुरु प्रो. शान्ता सिंह के घर उनकी मित्र और गोरखपुर विश्वविद्यालय के दर्शन विभाग की पूर्व अध्यक्ष लक्ष्मी सक्सेना आई हुई थीं। बात-बात में पता चला प्रो. नरवणे साहब प्रो. लक्ष्मी सक्सेना के गुरु हैं। मैंने प्रो. सक्सेना से किताब की

चर्चा की और कहा कि मैं किताब देखना और अनुमति मिल जाए तो अनुवाद करना चाहता हूँ। प्रो. लक्ष्मी सक्सेना ने प्रो. नरवणे से तुरन्त बात की। और मैं प्रो. नरवणे साहब से मिलने इलाहाबाद पहुँच गया। वे मिले। हाल ही में हम लोगों ने 'प्रेमचन्द साहित्य संस्थान' बनाया था। यह जानकर प्रो. नरवणे बहुत ख़ुश हुए। वे अमृतराय के मित्र थे। उन्होंने ख़ुशी-ख़ुशी किताब की एकमात्र बची हुई प्रति दे दी और हिन्दी अनुवाद की अनुमति भी। जिस तत्परता से मैं किताब ले आया अनुवाद के काम में उतनी ही कोताही बरती और अन्ततः किताब जस-की-तस पड़ी रह गई। इस बीच प्रो. नरवणे साहब चले गए। प्रो. सक्सेना भी चली गईं। मैंने अपने को जिस तरह की झंझटों में उलझा लिया था मेरे लिए अनुवाद करना असम्भव होता गया। अन्त में मैंने अपनी मित्र और अनुवादक डॉ. मनीषा सिंह सिकरोरिया से अनुवाद करने के लिए अनुरोध किया। उन्होंने चार-छह महीने में अनुवाद करके दे दिया। मुझे किताब में उद्धृत मूल अंशों को खोजकर यथास्थान लगा देना था। इस काम में भी मैंने पर्याप्त से ज़्यादा समय लिया। बहरहाल देर से ही सही लेकिन यह अनुवाद प्रकाशित हुआ यह सन्तोष का विषय है। जब मैंने इस अनुवाद के पूरा होने की बात नामवर जी को बताई, वे बेहद ख़ुश हुए। उनके सुझाव पर मैंने राजकमल प्रकाशन के श्री अशोक महेश्वरी से बात की और यह किताब आपके सामने है। प्रेमचन्द के विस्तृत लेखन से उद्धृत अंशों का मूल ढूँढ़कर निकालने में मेरी शोध-छात्राओं सुश्री किरन तिवारी और शची मिश्रा ने मदद की और आरम्भिक स्तर पर प्रूफ़ भी देखा। मेरी एक और शोध छात्रा डॉली मेघनानी ने पूरी किताब का अन्तिम प्रूफ़ देखा। जयनाथ सिंह ने धीरज के साथ किताब की कम्पोजिंग की और बिना झुँझलाए वर्षों तक मेरे आलस्य का साथ दिया।

सबके प्रति आभार।

—सदानन्द शाही

आमुख

लगभग आधी शताब्दी पहले महज छप्पन वर्ष की आयु में मुंशी प्रेमचन्द की मृत्यु हुई थी। इसी दौरान उन्हें आधुनिक हिन्दी गद्य के निर्माता और भारतीय कथा साहित्य के क्षेत्र में महत्त्वपूर्ण शख़्सियत के रूप में मान्यता मिली। उनके कुछ उपन्यास और कहानियों को क्लासिक का दर्जा हासिल हुआ। पाठकों की एक पूरी पीढ़ी और लेखकों की बड़ी संख्या पर प्रेमचन्द की रचनाओं का गहरा असर पड़ा। बहरहाल, प्रेमचन्द की ख्याति का आधार केवल उनकी साहित्यिक कृतियाँ ही नहीं हैं, वे अपने उत्कृष्ट मानवीय गुणों के लिए भी जाने जाते हैं। एक ईमानदार व्यक्ति की तरह अपने सिद्धान्तों से समझौता किये बग़ैर प्रेमचन्द जीवन के आख़िरी समय तक ग़रीबी के विरुद्ध संघर्ष करते रहे। बेहद ख़राब स्वास्थ्य और तरह-तरह की दुश्चिन्ताओं के बावजूद उनकी जन्मजात सहजता और प्रफुल्लता बनी रही। प्रेमचन्द की जीवनी पढ़ते हुए उनकी देशभक्ति, सामाजिक न्याय के जज्बे, अपने कार्य के लिए पूर्ण समर्पण और व्यक्तिगत आचरण की पवित्रता से अप्रभावित होना मुश्किल है।

प्रेमचन्द की बहुत कम रचनाएँ अंग्रेज़ी में अनूदित हुई हैं। ऐसे अहिन्दी-भाषी पाठक, जो प्रेमचन्द की कहानियों और उपन्यासों से थोड़े-बहुत परिचित हैं, वे भी उनके जीवन के बारे में बहुत कम जानते हैं। इसलिए व्यक्ति और रचनाकार के रूप में प्रेमचन्द के अध्ययन और मूल्यांकन की सख़्त ज़रूरत है। यह पुस्तक इसी ज़रूरत को पूरा करने का एक विनम्र प्रयास है। इसकी भूमिका में मैंने किताब के विषय-क्षेत्र, योजना और इसमें प्रयुक्त स्रोत-सामग्री का उल्लेख किया है। भूमिका में ही मैंने यह भी बता दिया कि कैसे मुझे यह किताब लिखने की प्रेरणा मिली और मेरे किन-किन मित्रों और इलाहाबाद विश्वविद्यालय के अध्यापकों—विशेष कर श्री अमृतराय, प्रोफेसर रघुपति सहाय फ़िराक़ और स्वर्गीय अमरनाथ झा से किताब लिखने में क्या मदद मिली। यहाँ मैं सेंटर कॉलेज ऑफ केंटुकी, अमेरिका के अपने सहकर्मियों के प्रति कृतज्ञता ज्ञापित करना चाहता हूँ। लगभग पूरी किताब '79 के शरद में लिखी गई, जब मैं सेंटर कॉलेज में एशिया के धर्मों और तुलनात्मक दर्शन की कक्षाएँ पढ़ा रहा था। ई.सी. रेकॉर्ड जिन्हें प्यार से पेटे कहा जाता था और उनकी

पत्नी सूसन के निरन्तर सहयोग के बिना मेरे लिए कोई गम्भीर काम कर पाना सम्भव नहीं था। प्रोफेसर गार्डेन बिंसर और उनकी पत्नी विल्मा ने मेरे आने-जाने की व्यवस्था की, अपना टाइपराइटर दिया और हर उस समस्या का समाधान किया जो परदेश में अस्थायी घर बसाने में आती है। डीन डेलिलो, सिस्टर हेलेन केरी, प्रोफेसर मिल्टन स्कारबोरो, प्रोफेसर एरिक माउंट, प्रोफेसर बिवाना ब्रोडी ने भी विविध विधि सहायता की। मैं इन सबके प्रति आभार प्रकट करता हूँ।

इस पुस्तक को प्रकाशन के लिए तैयार करते समय मैंने अभारतीय पाठकों की विशेष ज़रूरतों को ध्यान में रखा है। ग्लोसरी को यथासम्भव विस्तृत रखा गया है। इसमें भारतीय भाषाओं के शब्दों के अलावा व्यक्तियों के सन्दर्भ, स्थान, मिथक, ऐतिहासिक घटनाएँ और धर्मशास्त्र एवं महत्त्वपूर्ण साहित्यिक किताबें शामिल हैं। भारतीय मूल के सभी शब्दों, किताबों और पत्रिकाओं के शीर्षक, उपन्यासों और कहानियों में आए पात्रों के नाम के सही उच्चारण के लिए छाया क्रिटिकल चिह्न दे दिये गए हैं। सही उच्चारण के लिए ग्लोसरी और इंडेक्स में ग्लोसरी के पहले दिए गए निर्देश की ओर पाठकों का ध्यान आकृष्ट करना चाहता हूँ।

किताब के मुखपृष्ठ पर अपने पिता प्रेमचन्द की तसवीर का उपयोग करने की अनुमति देने के लिए मैं अमृत के प्रति कृतज्ञ हूँ।

इलाहाबाद **—विश्वनाथ एस. नरवणे**

भूमिका

किसी महान व्यक्ति के जीवन और कृतित्व के प्रति हमारा उत्साह कभी-कभी कुछ घटनाओं के संयोगवश जुड़ने से जग जाता है। बरसों बाद बचपन की कोई स्मृति-छवि पुनर्जीवित हो उठती है। रेल-यात्रा के दौरान ख़रीदी गई पत्रिका का कोई लेख या कहानी या फिर किसी ऐसे व्यक्ति का सुनाया कोई किस्सा जो उस महान शख़्सियत को व्यक्तिगत स्तर पर जानता हो और ऐसे ही कई संयोग उस व्यक्ति में हमारी दिलचस्पी जगा देते हैं, जब तक कि वह शख़्सियत हमारे लिए एक वास्तविकता नहीं बन जाती और हम उससे एक गहरा जुड़ाव महसूस करने लगते हैं।

प्रेमचन्द में मेरी दिलचस्पी की शुरुआत भी कुछ ऐसी ही है—जिसमें संयोग ने एक अहम् रोल अदा किया था। मैंने उन्हें सिर्फ़ दो बार देखा था—अपने बचपन में बनारस में, और फिर छह या सात साल बाद इलाहाबाद में जब मैं अपने हाईस्कूल के इम्तहान की तैयारी कर रहा था। पहले मौके पर, सन् 1929 या 1930 में प्रेमचन्द 'थियोसोफिकल नेशनल स्कूल' आए थे, जहाँ मैं पढ़ रहा था; शायद छठी कक्षा में। मेरा ख़याल है कि श्रीमती बेसेंट उन दिनों बनारस में रहती थीं और प्रेमचन्द सम्भवतः उनसे मिलने आए होंगे। हमारे अध्यापकों के नेतृत्व में पूरी कक्षा स्कूल के प्रवेशद्वार पर पहुँच गई थी जहाँ लोग उनके स्वागत के लिए इकट्ठा हुए थे। हमें बताया गया था कि वे एक मशहूर व्यक्ति हैं जिन्होंने भारत माता के बारे में बेहद ख़ूबसूरत कहानियाँ लिखी हैं। हमने उनकी बस एक झलक देखी। बड़ी धुँधली-सी याद ही बची है—बेतरतीब खिचड़ी बाल और घनी मूँछ वाला छोटे क़द का एक गौर-वर्ण व्यक्ति।

दूसरे मौक़े पर, जब मैं उन्हें थोड़े ज़्यादा समय के लिए, बेहतर ढंग से देख सका, प्रेमचन्द एक गोष्ठी में शिरकत करने के लिए इलाहाबाद आए थे। सभापति सज्जाद जहीर मेरे एक अज़ीज़ मित्र नूरुल हसन के चाचा थे। जहाँ तक मुझे याद है, नूरुल हसन ने मुझसे वहाँ चलने का आग्रह किया था। हम बरामदे में खड़े थे। हमने गोष्ठी के पहले प्रेमचन्द को दूसरे अतिथियों से बातचीत करते हुए देखा। उस वक़्त तक 'प्रेमचन्द' मेरे लिए महज एक नाम नहीं रह गए थे। हमारे पाठ्यक्रम

में हिन्दी गद्य के संकलन में उनकी एक कहानी 'वज्रपात' या 'परीक्षा' शामिल थी। यह नादिर शाह के दिल्ली जीतने और मुगल साम्राज्य के अवसान की कहानी थी। पूरे संकलन में यह सबसे दिलचस्प चीज़ थी और उसने प्रेमचन्द की बाकी कहानियों के प्रति मेरी उत्सुकता को और बढ़ा दिया। उस ज़माने में किताबें काफ़ी सस्ती थीं। अगली गर्मी की छुट्टियों में, जब मैं अपने रिश्तेदारों के साथ पूना में था, मैंने प्रेमचन्द की कहानियों के दो-तीन संग्रह ख़रीदकर पढ़े। मैंने उनमें से एक कहानी कांग्रेस सेवा दल द्वारा आयोजित बच्चों के ग्रीष्मकालीन कैम्प में मराठी में सुनाई थी। उस वक़्त मैं सोच भी नहीं सकता था कि यह मशहूर लेखक, जिसकी कहानियों से मैं इतना प्यार करता हूँ और जिसे कुछ ही समय पहले मैंने जीता-जागता देखा था, सिर्फ़ कुछ ही महीने इस संसार में रहने वाला था।

1938 में एक स्नातक छात्र के रूप में इलाहाबाद विश्वविद्यालय में दाख़िला लेने तक मैं प्रेमचन्द के कई महत्त्वपूर्ण उपन्यास पढ़ चुका था। उनके व्यक्तिगत जीवन के बारे में मुझे बहुत कम मालूम था। जब भी उनका ज़िक्र होता, मेरे ज़ेहन में जो तसवीर उभरती, वह एक ऐसे महान और विलक्षण इनसान की होती जिसकी अकाल मृत्यु इसलिए हो गई क्योंकि उसके पास अच्छे इलाज के लिए पैसे नहीं थे। प्रेमचन्द के आख़िरी दिनों के बारे में विश्वविद्यालय के अधिकतर लोगों की यही धारणा थी। बाद में मुझे पता चला कि यह धारणा पूरी तरह सही नहीं थी।

ख़ैर, प्रेमचन्द के जीवन और व्यक्तित्व को लेकर मेरी ग़लतफ़हमियाँ जल्द ही दूर हो गईं। प्रोफेसर रघुपति सहाय प्रेमचन्द को बहुत क़रीब से जानते थे। मैं उनके अंग्रेज़ी साहित्य के सेमिनार क्लास का छात्र था। वे अक्सर प्रेमचन्द की बातें करते। हमारा छह या सात छात्रों का छोटा-सा क्लास था। प्रोफेसर सहाय हमारे साथ ख़ासे बेतकल्लुफ़ थे। अक्सर कुर्सी परे खिसका कर, मेज़ पर बैठ जाते, पैर हिलाते हुए, सिगरेट जला लेते और क़िस्से सुनाया करते। अब लगभग पचासी साल के प्रोफेसर सहाय फ़िराक़ के नाम से जाने जाते हैं। एक उर्दू शायर के रूप में उन्होंने बहुत ख्याति अर्जित की है। 'फ़िराक़' (जुदाई) उनका तख़ल्लुस है।

ख़ुद एक रचनाकार होने के नाते, प्रेमचन्द के प्रति उनमें बहुत आत्मीय भाव था। दोनों को ही उर्दू ज़ुबाँ से मुहब्बत थी। सामाजिक और राजनीतिक मुद्दों पर दोनों के मिलते-जुलते विचार थे। मुझे अच्छी तरह याद है कि कैसे प्रेमचन्द का ज़िक्र करते हुए क्लास के अन्दर ही नहीं, छोटे-छोटे समूहों में क्लास के बाहर भी फ़िराक़ साहब उत्साह से भर उठते थे। फ़िराक़ साहब ने ख़ुद भी सत्याग्रह में भाग लिया था और विश्वविद्यालय में प्रवक्ता बनने के पहले एक प्रतिष्ठित सरकारी ओहदा छोड़ चुके थे। वे प्रेमचन्द की देशभक्ति और उनके उपन्यासों व कहानियों में व्यक्त प्रगतिशील विचारों के बहुत बड़े प्रशंसक थे। प्रेमचन्द की ही तरह, फ़िराक़ साहब भी सोवियत यूनियन की सराहना करते थे, फासीवाद और साम्राज्यवाद के

आलोचक थे और सभी प्रगतिशील लेखकों को एक साझा मंच पर संगठित करने के मुहिम के समर्थक थे। मैंने जब भी फ़िराक़ साहब को प्रेमचन्द के बारे में बात करते सुना, उन्हें राष्ट्रभाषा का सवाल उठाते हुए पाया। वे अक्सर सरल और मुहावरेदार हिन्दुस्तानी के मानक उदाहरण के रूप में प्रेमचन्द को उद्धृत करते थे। हिन्दी के लेखक उर्दू की शब्दावली और मुहावरों से कितना अधिक लाभ उठा सकते हैं, इसके ज्वलन्त उदाहरण के रूप में वे अक्सर प्रेमचन्द को पेश करते थे।

चूँकि फ़िराक़ साहब प्रेमचन्द की गद्य शैली के प्रशंसक थे, इसी वजह से प्रेमचन्द की बाद की कुछ कहानियों में संस्कृत शब्दों की अधिकता देखकर बेचैन हो उठते थे। उन्हें लगता था कि उर्दू से हिन्दी में आने पर प्रेमचन्द अनजाने में ही हिन्दी की दुनिया में यह साबित करना चाहते हैं कि संस्कृतनिष्ठ गद्य रचना भी उनके लिए कितनी सहज है। इसे फ़िराक़ साहब न सिर्फ़ दुर्भाग्यपूर्ण बल्कि अनावश्यक भी मानते थे। हिन्दी के लेखक के रूप में प्रेमचन्द की उत्कृष्टता इतनी स्थापित और जगज़ाहिर थी कि उन्हें संस्कृतनिष्ठ शब्दावली पर अपना अधिकार दिखाने की कोई ज़रूरत नहीं थी। अपनी आलोचना के पक्ष में फ़िराक़ साहब कई गद्यांश उद्धृत करते। मुझे 'पिसनहारी का कौन' शीर्षक की कहानी के दो वाक्य याद हैं जिन्हें फ़िराक़ साहब बड़े व्यंग्यात्मक लहजे में, आँखें घुमाते हुए और संस्कृत के शब्दों को इस क़दर दुरूह बनाते हुए, जितने वे दरअसल हैं नहीं, पढ़ते थे। मैं उन्हें उद्धृत करने का लोभ संवरण नहीं कर पा रहा हूँ, हालाँकि फ़िराक़ साहब के तर्कों को अंग्रेज़ी में व्यक्त कर पाना ख़ासा मुश्किल है। 'उसका मातृ-हृदय सहस्त्र नेत्रों से रुदन करने लगा', इस वाक्य को पढ़ने के बाद फ़िराक़ साहब ने कहा कि इसी बात को प्रेमचन्द कितने सहज और पुरअसर तरीक़े से कह सकते थे, अगर उन्होंने लिखा होता—'माँ का दिल हज़ार आँखों से रोने लगा।' इन वाक्यों के फ़र्क़ को अंग्रेज़ी में व्यक्त करना हो तो फ़िराक़ साहब के सुझाए सहज वाक्य का अंग्रेज़ी अनुवाद होता—'हर मदर्स हार्ट वैप्ट विद थाउजैंड आइज़' जबकि प्रेमचन्द के लिखे शब्द अंग्रेज़ी में कुछ यूँ कहे जाएँगे—'हर मैटर्नल बूजशेग माइश्चर थ्रू अ थाउजैंड विजुअल आर्गन्स।' एक और वाक्य जिसे फ़िराक़ साहब ने उद्धृत किया था, वह है—'इन्दु का प्रकाश पुष्प को रंजित कर देता है।' फ़िराक़ साहब का कहना था कि इन्दु, पुष्प और रंजित शब्द की बजाय बड़ी आसानी से सहज-सरल शब्दों का इस्तेमाल किया जा सकता है, और तब यही वाक्य कुछ ऐसे बनता—'चाँद की रोशनी फूलों को रँग देती है।' मैं इस फ़र्क़ को अंग्रेज़ी में समझाने की फिर कोशिश करता हूँ। सरल वाक्य ऐसे कहा जाएगा—'फनाद मूनलाइट पेन्ट्स द फ्लावर्स।' प्रेमचन्द का लिखा वाक्य होगा—'द लूनर लश्चर डाइज द ब्लासम्स।'

तत्कालीन कुलपति प्रोफेसर अमरनाथ झा अक्सर प्रेमचन्द की बातें किया करते थे। वे छात्रों और सहकर्मियों से अपनी व्यक्तिगत लाइब्रेरी में मिला करते थे।

कभी-कभी हिन्दी और उर्दू के लेखक भी प्रोफेसर झा से मिलने आते और उनके साथ वैचारिक आदान-प्रदान करते थे। प्रोफेसर झा अंग्रेज़ी, हिन्दी, उर्दू, बांग्ला और मैथिली साहित्य के बड़े ज्ञाता थे। एक बार मैंने उन्हें प्रेमचन्द के 'रंगभूमि' और 'गोदान' पर तुलनात्मक व्याख्यान देते सुना था। उनकी राय में 'रंगभूमि' कलात्मक दृष्टि से बेहतर था और उन्होंने इस बात का भी ज़िक्र किया कि 'रंगभूमि' का उन पर इतना ज़्यादा प्रभाव पड़ा कि उस उपन्यास को पढ़ने के बाद अपनी गहरी प्रशंसा व्यक्त करते हुए उन्होंने लेखक को एक पत्र भी लिखा था। प्रोफ़ेसर झा प्रेमचन्द के हिन्दी और उर्दू पर अधिकार का भी ज़िक्र करते थे। इस सवाल पर उनका नज़रिया फ़िराक़ साहब से ख़ासा फ़र्क़ था। उनका कहना था कि हिन्दी और उर्दू दो अलग-अलग भाषाएँ हैं और उनके मिश्रण से एक हिन्दुस्तानी भाषा बनाने की कोशिश की नाकामयाबी अवश्यम्भावी है। प्रोफ़ेसर झा स्वीकार करते थे कि उन्हें दोनों ही भाषाओं से प्यार है और दोनों में ही प्रभावशाली लेखक का जो कौशल प्रेमचन्द में है, उसके वे अनन्य प्रशंसक हैं।

फ़िराक़ साहब और प्रोफ़ेसर झा के साथ हुए वार्तालापों ने मुझे प्रेमचन्द को एक लेखक और एक व्यक्ति के रूप में जानने में मदद की। लेकिन इसके अलावा एक और व्यक्तिगत कारण भी था जिसने प्रेमचन्द में मेरी दिलचस्पी बरकरार रखी—और वह था उनके दो बेटों—श्रीपत राय और अमृतराय—से मित्रता। अमृतराय कई साल मेरे सहपाठी रहे। हम एक ही छात्रावास में रहते थे और हमारे बीच कई रुचियाँ भी एक जैसी थीं। कालान्तर में हमारी पारिवारिक नज़दीकियाँ भी बढ़ीं और मैं अक्सर प्रेमचन्द की पत्नी शिवरानी प्रेमचन्द से उनके घर पर मिलता रहा। उनके बड़े भाई श्रीपत राय से मेरा परिचय विश्वविद्यालय में अध्यापक बनने के बाद हुआ। हमारी जान-पहचान जल्दी ही मित्रता में बदल गई। मैंने कभी श्रीपत राय या अमृतराय से उनके पिता के बारे में ख़ास तौर पर कोई सवाल पूछा हो, ऐसा मुझे याद नहीं आता। लेकिन उनके सान्निध्य के तीन दशकों के दौरान ऐसे अनेक मौके आए जब प्रेमचन्द के व्यक्तिगत जीवन, ग़रीबी और बीमारी के ख़िलाफ़ उनके संघर्ष का ज़िक्र हुआ। श्रीपत राय और अमृतराय के साथ मेरी मित्रता ने न सिर्फ़ उनके पिता के जीवन और कृतित्व में मेरी दिलचस्पी बढ़ाई, बल्कि अनजाने ही मुझे ऐसी अन्तर्दृष्टि दी जो मुझे अन्यथा मुहैया न होती। जैसाकि इस अध्याय में आगे भी दिखेगा—इस पुस्तक को लिखने में मैंने जिन मूल स्रोतों का उपयोग किया है, उनमें अमृतराय द्वारा लिखी प्रेमचन्द की उत्कृष्ट जीवनी भी एक है।

इस पुस्तक के लिखे जाने से सम्बन्धित अपने व्यक्तिगत संस्मरणों पर पूर्णविराम लगाने के पहले मैं इतना और कहना चाहूँगा कि बचपन में मुझे उत्तर प्रदेश के कई शहरों में जाने का अवसर मिला जो प्रेमचन्द से नाता रखते हैं और जिनके माहौल में उनकी कई कहानियाँ और उपन्यास रचे-बसे हैं। मेरे पिता जी उत्तर प्रदेश की

राजकीय सेवा में इंजीनियर थे और काम के सिलसिले में दूर-दूर के दौरे करते थे। वे अक्सर मुझे और मेरे छोटे भाई को ऐसे दौरे पर साथ ले जाते थे। हमने बस्ती, गोरखपुर और प्रतापगढ़, ऐसे कई ज़िले देखे जहाँ प्रेमचन्द ने अपनी ज़िन्दगी का काफ़ी बड़ा हिस्सा जिया था। मेरे पिताजी बनारस में दो साल और लखनऊ में भी पाँच साल थे। उन शहरों के जीवन और माहौल की, वहाँ बिताए बचपन की यादें और मेरे गृहनगर और आसपास की जगहों की तमाम स्मृतियाँ, इतने दशकों के बाद भी ज़ेहन में बिलकुल ताज़ा हैं। जब मैंने प्रेमचन्द के उपन्यास और क़िस्से पढ़े, तो उनके विवरण बड़े जाने-पहचाने लगे और इस अहसास ने उनके जीवन और कृतित्व के प्रति मेरी दिलचस्पी को और भी बढ़ा दिया।

अन्त में, एक बेहतरीन और होनहार अमेरिकी विद्यार्थी गॉर्डन रोडरमेल का ज़िक्र करना चाहता हूँ जिसके साथ प्रेमचन्द के सम्बन्ध में मेरी एक लम्बी चर्चा हुई थी। उनके 'गोदान' के अनुवाद से लक्षित होता है कि न सिर्फ़ उन्होंने हिन्दी का सम्यक् ज्ञान अर्जित किया बल्कि उत्तर भारत के माहौल को भी आश्चर्यजनक सीमा तक आत्मसात् कर लिया था। गॉर्डन रोडरमेल ने एक शाम इलाहाबाद में मेरे घर पर बिताई थी। कुछ महीनों बाद मैंने बर्कले (कैलिफ़ोर्निया) में उनके घर पर उनके और उनके माता-पिता के साथ कई घंटे बिताए। इस वक़्त, जब मैं इस किताब का परिचय लिख रहा हूँ, मेरा दिल बरबस पश्चिमी विद्वानों में से एक ऐसे विद्वान की अकाल मृत्यु के मातम से ग़मज़दा हो रहा है जिसने प्रेमचन्द का गहरा अध्ययन किया था। बर्कले में मेरी उनसे मुलाक़ात के कुछ महीनों बाद ही गॉर्डन रोडरमेल अचानक तीसेक साल की उम्र में चल बसे।

2

इस खंड में मैं उस स्रोत-सामग्री का ज़िक्र करूँगा जिस पर प्रेमचन्द का यह अध्ययन आधारित है। ख़ुशक़िस्मती से उनका रचा लगभग पूरा साहित्य बाज़ार में उपलब्ध है, सिवाय उनकी कुछ प्रारम्भिक उर्दू रचनाओं के। उनके उपन्यासों और कहानियों के अलावा मैंने उनके कुछ निबन्धों को भी शामिल किया है, ख़ासकर वे जो हिन्दी के संकलन 'कुछ विचार' में सम्मिलित हैं। प्रेमचन्द से सम्बन्धित किताबों, लेखों और लघु प्रबन्धों की संख्या काफ़ी बड़ी है। काफ़ी सामग्री अप्रकाशित शोध- प्रबन्धों के रूप में संरक्षित है। इलाहाबाद विश्वविद्यालय सहित अनेक उत्तर भारतीय विश्वविद्यालयों के पुस्तकालयों में प्रेमचन्द पर हिन्दी में लिखे जिन आलोचनात्मक लेखों का मैंने इस्तेमाल किया है, उनमें से ख़ास तौर पर क़ाबिले-ग़ौर हैं—विभिन्न विद्वानों द्वारा लिखे लेखों का एक संकलन जो 1970 में राधाकृष्ण प्रकाशन ने दिल्ली में प्रकाशित किया। इसके सहयोगियों में अनेक प्रतिष्ठित हिन्दी लेखक हैं, जैसे हजारी

प्रसाद द्विवेदी, अमृतराय, इन्द्रनाथ मदान और लक्ष्मीनारायण लाल। यह संकलन डॉ. सत्येन्द्र, भूतपूर्व चेयरमैन, हिन्दी विभाग, कलकत्ता विश्वविद्यालय द्वारा सम्पादित है और प्रेमचन्द के कृतित्व के लगभग सभी पहलुओं को शामिल किया गया है। दूसरी पुस्तक है, राजकमल प्रकाशन, दिल्ली द्वारा 1950 में प्रकाशित इन्द्रनाथ मदान की 'प्रेमचन्द : एक विवेचन'। प्रेमचन्द से भलीभाँति परिचित इस लेखक ने काफ़ी नई सामग्री का समावेश किया है। हालाँकि प्रेमचन्द की रचनाओं की उनकी व्याख्या सामाजिक-आर्थिक दृष्टिकोण पर आधारित है। उनका नज़रिया कुछ लेखों के शीर्षकों में भी झलकता है : 'मध्यवर्ग', 'उद्योगपति', 'ज़मींदार', 'किसान', 'सामाजिक उद्देश्य'। एक उपन्यास और कहानीकार के रूप में प्रेमचन्द के शिल्प की चर्चा सिर्फ़ दो ही अध्यायों में की गई है। एकांगी मूल्यांकन के बावजूद यह पुस्तक प्रेमचन्द पर अध्ययन करने के लिए काफ़ी उपयोगी है। किताब के अन्त में शब्द सूची, पुस्तक सूची तथा 'लेखक के नाम प्रेमचन्द के पत्र' संकलित हैं।

अभी तक मैंने उसी स्रोत-सामग्री की चर्चा की है जिसका सम्बन्ध प्रेमचन्द के कृतित्व से है। जब हम उनके व्यक्तिगत जीवन से मुख़ातिब होते हैं तो कुछ प्रारम्भिक मुश्किलों का सामना करना पड़ता है। आत्मकथा लिखने में प्रेमचन्द की कोई दिलचस्पी न थी, न ही उनके पास इसके लिए समय था। उन्होंने कभी कोई डायरी या रोज़नामचा भी नहीं लिखा। उनकी कई कहानियों और कुछ उपन्यासों, ख़ास कर 'रंगभूमि' में, कुछ आत्मकथात्मक सन्दर्भ हैं। लेकिन अगर कोई शोधकर्ता उनके जीवन से सम्बन्धित प्रामाणिक जानकारी की खोज कर रहा है तो शायद ही वह ऐसे सन्दर्भों पर निर्भर रह सके। अपने पत्रों को सँभालकर रखने की प्रेमचन्द की आदत भी नहीं थी—और इससे उनके जीवनी-लेखक की कठिनाई और भी बढ़ जाती है। उन्होंने ख़ुद जो पत्र दूसरों को लिखे, उनमें से कई सुरक्षित हैं, लेकिन दूसरों द्वारा उनको लिखे पत्रों में से अधिकांश खो चुके हैं।

इन सब दिक़्क़तों के बावजूद प्रेमचन्द पर दो उत्कृष्ट जीवनीपरक रचनाएँ उपलब्ध हैं : एक अंग्रेज़ी में और दूसरी हिन्दी में। अंग्रेज़ी की रचना है मदन गोपाल की 'मुंशी प्रेमचन्द : अ लिटरेरी बायोग्राफी' (एशिया पब्लिशिंग हाउस, बम्बई, 1964)। यह पुस्तक कठिन परिश्रम से किये गए शोध पर आधारित है, जिसमें हिन्दी और उर्दू में उपलब्ध सभी सामग्री को खँगाला गया है। लेखक प्रेमचन्द के जीवन का वृत्तान्त देता है और साथ ही साथ उनके विकास के हर दौर में लिखी गई महत्त्वपूर्ण रचनाओं पर टीका भी करता चलता है। उपन्यासों की रूपरेखा ख़ास सन्तोषजनक नहीं है और लेखक की शैली भी यदा-कदा बोझिल हो जाती है। फिर भी इस पुस्तक से प्रेमचन्द के व्यक्तित्व और चरित्र की ख़ासी स्पष्ट तसवीर उभरती है और उनके जीवन की महत्त्वपूर्ण घटनाओं का उत्साहपूर्वक किन्तु बग़ैर अनावश्यक महिमामंडन के वर्णन किया गया है। हिन्दी की रचना जिसने प्रेमचन्द

की बाक़ी सभी जीवनियों को बाकायदा अप्रासंगिक बना दिया, वह है : अमृतराय की 650 पृष्ठों की 'प्रेमचन्द : कलम का सिपाही'। हालाँकि अमृतराय अपने पिता के बारे में ही लिख रहे हैं फिर भी उन्होंने एक विद्वान की तटस्थता को बहुत हद तक बचाए रखा है। साथ ही, चूँकि उन्होंने अपने पिता को बचपन और लड़कपन में बड़े क़रीब से देखा था, लिहाज़ा वे प्रेमचन्द के व्यक्तिगत जीवन के अन्तरंग प्रसंगों का विवरण देने में भी सक्षम हैं। प्रेमचन्द के जीवन के हर दौर का विवरण देते समय अमृतराय देश के तत्कालीन राजनीतिक हालात की भी चर्चा करते हैं। इस तरह प्रेमचन्द के जीवन की अहम् घटनाएँ उनके परिवेश के सन्दर्भ में ही पेश की गई हैं। यह पुस्तक प्रेमचन्द के व्यक्तिगत और सार्वजनिक जीवन के बीच सामंजस्य स्थापित करने में सफल हुई है। पुस्तक की शैली दिलचस्प और पठनीय है और विवरण को जगह-जगह लेखक की अपनी टिप्पणियों और विषयान्तरों से अलंकृत किया गया है। महात्मा गांधी के उदय से पहले भारतवर्ष के राजनीतिक माहौल का जो मूल्यांकन अमृतराय ने किया है, मैं उससे सहमत नहीं हूँ। उनका आग्रह है कि प्रेमचन्द ने बाद के वर्षों में गांधी जी की विचारधारा से नाता तोड़कर साम्यवादी दृष्टिकोण स्वीकार कर लिया है, पर मैं इसे लेकर सशंकित हूँ। फिर भी, अपने अध्ययन के जीवनीपरक अध्यायों के लिए मैंने इस पुस्तक से भरपूर सहायता ली है। सच कहा जाए, तो 'प्रेमचन्द : कलम का सिपाही' बाक़ायदा एक ख़ज़ाना है जो प्रेमचन्द के जीवन और विचारों से सम्बन्धित जानकारी से भरा हुआ है।

प्रेमचन्द की पत्नी शिवरानी द्वारा लिखे संस्मरणों की पुस्तक का ज़िक्र भी यहाँ किया जाना चाहिए। इस पुस्तक का शीर्षक है—'प्रेमचन्द : घर में'। यह अत्यन्त रुचिकर और मार्मिक लेखा-जोखा है। प्रेमचन्द के मनुष्य रूप का, एक ऐसे व्यक्ति का लेखा-जोखा जो न सिर्फ़ उनके प्रति समर्पित था बल्कि संसार में उन्हें सबसे ज़्यादा समझने वाला भी था। इस पुस्तक की काफ़ी कुछ सामग्री अमृतराय की लिखी जीवनी में समाहित है, इसलिए मैंने यहाँ शिवरानी के लिखे संस्मरणों पर ज़्यादा विस्तार से चर्चा नहीं की है।

3

इस पुस्तक की रूपरेखा से सम्बन्धित कुछ बातों का स्पष्टीकरण आवश्यक है। जिस पूर्णता से प्रेमचन्द ने अपने कृतित्व के साथ ख़ुद को एकाकार कर लिया था, ऐसे में व्यक्ति को उसके अन्दाज़े-बयाँ से अलग करना सम्भव नहीं है। ऐसे व्यक्ति की विकास-यात्रा का वर्णन करते समय, जीवन के विविध पड़ावों पर हुई उसकी उपलब्धियों का उल्लेख हमें बारम्बार करना पड़ता है और उसके कृतित्व की चर्चा करते समय व्यक्तिगत प्रसंग को नज़रअन्दाज़ नहीं किया जा सकता। लिहाज़ा कुछ

हद तक दोहराव अपरिहार्य है। मैंने कोशिश की है कि दोहराव कम-से-कम हो। फिर भी उनके कुछ उपन्यास और कहानियों की संक्षिप्त रूप में, जीवनीपरक अध्यायों में चर्चा की गई है और फिर विस्तार से उन अध्यायों में, जो ख़ास तौर पर उनके कृतित्व को ही समर्पित है। एकाध बार प्रेमचन्द द्वारा शुरू में की गई कुछ टिप्पणियाँ बाद के अध्यायों में पुनः दोहराई गई हैं। ऐसा तभी किया गया है जब टिप्पणी इतनी महत्त्वपूर्ण हो कि उसका दोहराया जाना तर्कसंगत हो।

यहाँ मैंने ऐसी कुछ परिस्थितियों का ज़िक्र किया है जिनके परिणामस्वरूप प्रेमचन्द में मेरी दिलचस्पी जगी और बनी रही। अपने मित्रों और अध्यापकों के साथ मेरे व्यक्तिगत वार्तालाप भी उद्धृत किये गए हैं। मैं महसूस करता हूँ कि जब कोई लेखक प्रेमचन्द जैसे असाधारण व्यक्ति को अपने पाठकों से परिचित करा रहा हो तो उसे यह बताने में भी नहीं हिचकना चाहिए कि वह ख़ुद अपनी विषयवस्तु से कैसे परिचित हुआ था। अनातोले फ्रांस ने एक बार कहा था—जब कोई ह्यूगो, शेटूब्रायंड या बाल्जाक के बारे में लिखता है तो दरअसल वह ह्यूगो, शेटूब्रायंड और बाल्जाक की तुलना में ख़ुद के बारे में लिख रहा होता है। यह तो ख़ैर एक अतिवादी वक्तव्य है। फिर भी, मुझे लगता है कि आम तौर पर यह स्वीकार करने में कोई दिक़्क़त नहीं होगी कि किसी व्यक्ति विशेष के बारे में लिखते समय यदि लेखक स्वयं के अनुभव के सन्दर्भ में पुस्तक की अवधारणा की चर्चा करे तो वह पाठक के मन में उस व्यक्ति का ज़्यादा जीवन्त ख़ाक़ा खींच सकता है।

पहले चार अध्याय जीवनीपरक हैं। इस अंश के स्रोत-सामग्री की चर्चा पहले ही की जा चुकी है। यद्यपि प्रेमचन्द का निजी जीवन अपेक्षाकृत सीधा-सपाट था, जिसमें बहुत कम नाटकीय घटनाएँ और अनुभव थे, लेकिन जिस दौर में वे जिए, वह भारतीय इतिहास के सबसे उत्तेजक, परिवर्तनशील और यादगार दौर में से एक था। मैंने कोशिश की है कि प्रेमचन्द के जीवन की कहानी उनके परिवेश के सन्दर्भ में ही कहूँ। लेकिन जगह की कमी ने मुझे तमाम ऐतिहासिक, राजनीतिक और सामाजिक पृष्ठभूमि के विवरणों को बेतरह काटने-छाँटने पर मजबूर किया। अमृतराय की पुस्तक की सबसे बड़ी ताक़त यही है कि इस विशाल जीवनी में आद्यन्त उनका ज़ोर इस तथ्य पर है कि प्रेमचन्द के जीवन और उस दौर का परस्पर रिश्ता बरकरार रहे।

अगले पाँच अध्याय व्याख्यात्मक हैं। पाँचवें और छठे अध्याय में मैंने प्रेमचन्द के प्रमुख उपन्यासों पर चर्चा की है। सातवें अध्याय में उनके नाटक, अनुवाद और दूसरे विविध लेख और आठवें व नवें अध्याय में कहानियों पर चर्चा है। सामग्री का चयन करते समय मुझे ऐसी कई कहानियाँ छोड़नी पड़ीं जो प्रेमचन्द की सर्वश्रेष्ठ कहानियों में से हैं, पर यह अपरिहार्य था। प्रेमचन्द का साहित्यिक योगदान इतना बृहद है कि एक छोटे पैमाने पर किये गए अध्ययन में बहुत कुछ ऐसा छोड़ना

पड़ता है जो उच्चकोटि का है। मैंने उनके सभी उपन्यास शामिल किये हैं और कई कहानियाँ उनके साहित्यिक जीवन के विविध पड़ावों से ली गई हैं। 'ईदगाह' जैसी कुछ कहानियों का ज़िक्र नहीं हुआ है क्योंकि कुछ ही समय पहले उनका अंग्रेज़ी में अनुवाद हो चुका है। मैंने ऐसी सामग्री की चर्चा को प्राथमिकता दी है जिससे अहिन्दी-भाषी पाठक अनुवादों के जरिये पूर्व परिचित न हो।

अन्तिम दसवें अध्याय में मैंने प्रेमचन्द की रचनाओं, उनके व्यक्तित्व और चरित्र के बारे में अपना मूल्यांकन पेश किया है। इस अध्याय में उनके उपन्यासों और कहानियों की उन सीमाओं और कमियों पर चर्चा की गई है जिन पर विवरणात्मक अध्यायों में पर्याप्त ध्यान नहीं दिया गया था। उनके कृतित्व के नकारात्मक पक्ष पर अपना वक्तव्य देते समय मैंने निष्पक्ष और तटस्थ रहने की कोशिश की है। मैंने उनके चरित्र की कमज़ोरियों को इंगित भी किया है, जो शायद आंशिक रूप से उनके हिस्से में आई तकलीफ़ों के लिए ज़िम्मेदार थीं। मुझे अहसास है कि हिन्दी के कुछ सुप्रसिद्ध लेखकों द्वारा प्रेमचन्द के बारे में 'अन्तिम राय' पर अपनी असहमति मैंने कुछ ज़्यादा ही तीखे स्वर में व्यक्त की है। यह आग्रह कि अपनी मृत्यु के कुछ समय पहले प्रेमचन्द ने निश्चित व अन्तिम रूप से गांधी जी के विचारों को ठुकरा दिया था और नैतिकवाद व साम्यवाद को अपना लिया था—निर्मूल है और इसका कोई भी प्रमाण उनके लेखों और वार्तालापों में नहीं मिलता। इसके अलावा, मैं यह भी महसूस करता हूँ कि प्रेमचन्द के जीवन और उपलब्धियों को समग्रता में देखने और उनका तटस्थ मूल्यांकन करने में ऐसे दुराग्रह रोड़े बन जाते हैं। मैं जानता हूँ कि ऐसी टिप्पणी करके मैं ऐसे तमाम आलोचकों की नाराज़गी का ख़तरा मोल ले रहा हूँ जो विद्वत्ता, कार्यकुशलता और अनुभव में मुझसे कहीं श्रेष्ठ हैं। लेकिन जब कोई प्रेमचन्द जैसी शख़्सियत के बारे में किताब लिखने का बीड़ा उठाता है—एक ऐसा व्यक्ति जिसने हमेशा ख़ुद को हिम्मत, ईमानदारी और साफ़गोई के साथ व्यक्त किया—तो कम-से-कम इन सद्गुणों की बराबरी करने की कोशिश तो कर ही सकता है—चाहे वह कमज़ोर ही हो।

—विश्वनाथ एस. नरवणे

पहला अध्याय

वंशावली/बचपन और शिक्षा

सत्रहवीं शताब्दी से, जब भारतवर्ष पर महान मुग़ल शासकों का राज था, उत्तर भारत के कायस्थ समुदाय का कुछ विशिष्ट गुण और योग्यता की ओर झुकाव हुआ। इन गुणों ने कायस्थों को यह क्षमता दी कि वे भारतीय जीवन में अपना योगदान दे सकें। ख़ास कर प्रशासन, शिक्षा और संस्कृति के क्षेत्र में। आज जिसे उत्तर प्रदेश, बिहार और कुछ हद तक पंजाब, राजस्थान, दिल्ली और मध्य प्रदेश कहा जाता है, उस क्षेत्र पर यह बात ख़ास तौर से लागू होती है, जहाँ भारतीय अनिवार्य रूप से अपनी मिट्टी से जुड़े रहते हैं और अपने घर से दूर रहना पसन्द नहीं करते, वहीं कायस्थ परिवर्तनशील और जोखिम उठाने के लिए तैयार रहे हैं। परम्परागत रूप से वे खेती और व्यापार के बजाय नौकरी और बँधी-बँधाई आय को तरजीह देते आए हैं। इस प्रवृत्ति ने उन्हें भारतवर्ष के सुदूर क्षेत्र में भेजा। उनमें भाषाओं के प्रति एक विलक्षण जन्मजात प्रतिभा होती है। मुग़ल शासन के दौरान जब फ़ारसी सरकारी भाषा थी, तब कायस्थों ने फ़ारसी सीखने में बड़ी निपुणता दिखाई थी और फलस्वरूप सरकारी नौकरियों के दरवाज़े उनके लिए खुल गए। कायस्थ परिवारों में बच्चों को उर्दू सिखाई जाती थी—जो साहित्यिक और सांस्कृतिक संवाद और मध्य व उच्च वर्ग में बातचीत की अभिजात्य भाषा थी। उन्होंने उत्तर भारत के अन्य समुदायों की अपेक्षा अंग्रेज़ी शिक्षा का लाभ ज़्यादा उठाया। जिस तरह अंग्रेज़ों को अपने पूर्ववर्ती शासकों से तमाम चीज़ें उत्तराधिकार के रूप में प्राप्त हुईं और चुंगी विभागों में और उन सभी क्षेत्रों में जहाँ लिखा-पढ़ी और अभिलेखों में दक्षता की आवश्यकता थी, वहाँ कायस्थों की बड़ी माँग थी। उन्हें 'मुंशी' अर्थात् क्लर्क या अभिलेख रखने वाला उपनाम दिया गया था। कालान्तर में यही मुंशी उत्तर भारत में शासन की रीढ़ बन गए।

मुंशी गुरसहाय लाल ऐसे ही एक कायस्थ परिवार के मुखिया थे और उन्नीसवीं शताब्दी के तीसरे या चौथे दशक में कभी बनारस ज़िले के लमही गाँव में आकर बस गए थे। लमही, बनारस और आजमगढ़ को जोड़ने वाली सड़क पर स्थित एक छोटा-सा गाँव है। गुरसहाय लाल इस गाँव के पटवारी थे—एक ऐसा पद जिसका मतलब है, ख़ासा सामाजिक दबदबा और आर्थिक लाभ। मुंशी जी को ऊपरवाले ने

चार बेटों से नवाजा—कौलेश्वर, महावीर, उदित नारायण और अजायब। महावीर अच्छी क़द-काठी के तगड़े नौजवान थे। वे परिवार में सबसे बलिष्ठ थे। अजायब इसके ठीक विपरीत नाज़ुक और कमज़ोर। महावीर अकेले ऐसे थे जिन्होंने किसान बनने का फ़ैसला किया। बाक़ी सभी भाइयों ने उर्दू, फ़ारसी और थोड़ी-बहुत अंग्रेज़ी शिक्षा हासिल की। सबने नौकरियाँ ढूँढ़ी। कौलेश्वर पहले थे जिन्हें डाक-मुंशी के रूप में सरकारी नौकरी मिली। उन्होंने सरकारी अधिकारियों से अनुरोध किया कि वे उनके भाइयों को कहीं नौकरी दे दें, और एक-एक करके उदित नारायण और अजायब भी डाक-मुंशी बन गए।

कौलेश्वर कम उम्र में ही स्वर्ग सिधार गए। उदित नारायण सरकारी निधि के गबन के दोषी पाए गए और उन्हें सात साल की क़ैद हो गई। इस तरह अजायब के ऊपर अपने दो भाइयों के परिवारों की ज़िम्मेदारी आ गई। साथ ही उन्हें अपने एक चाचा की विधवा की देखभाल करनी पड़ी। उन्होंने दस रुपये प्रतिमाह की तनख़्वाह पर शुरुआत की और सेवा-निवृत्त होने तक वे चालीस रुपये प्रतिमाह कमा रहे थे। उन दिनों एक रुपये की बड़ी क़ीमत थी। फिर भी स्थितियाँ आसान नहीं थीं। ख़ुशक़िस्मती से अजायब की पत्नी आनन्दी बड़ी कुशल गृहिणी थीं। शादी के मामले में अजायब बहुत भाग्यशाली थे। आनन्दी धैर्यवान, ख़ुशमिज़ाज और सुन्दर थीं। उनका रंग गोरा, आँखें बड़ी-बड़ी और वाणी मधुर थी। हालाँकि वे ज़्यादा शिक्षित नहीं थीं पर उनमें एक परिष्कार था। गाँव की दूसरी औरतों की तरह उन्हें तुच्छ ईर्ष्या-द्वेष और फ़िज़ूल की बतकही में कोई दिलचस्पी नहीं थी। वे बहुत ही बढ़िया खाना बनाती थीं और सिलाई-कढ़ाई में भी दक्ष थीं।

ऐसा रिवाज है कि गर्भवती महिलाएँ अपने पहले कुछ प्रसवों के लिए अपने मायके जाती हैं। आनन्दी ने दो बेटियों को जन्म दिया जो शैशवकाल में ही चल बसीं। लिहाज़ा यह तय हुआ कि तीसरे प्रसव के लिए वे पति के घर में ही रहेंगी क्योंकि उनका मायका अशुभ प्रतीत होता था। तीसरा बच्चा वाकई जी गया—एक बेटी, जिसका नाम सुग्गी रखा गया। सुग्गी के जन्म के सात साल बाद तक अजायब के परिवार में और कोई सदस्य नहीं जुड़ा। फिर 31 जुलाई, 1880 को एक बेटे का जन्म हुआ। उसके माँ-बाप ने उसका नाम धनपत राय रखा। लेकिन उसके चाचा जिनका वह लाड़ला बन गया था, ने उसका नाम नवाब राय रखा। तीस साल की उम्र तक दोनों ही नाम बरक़रार रहे। फिर धीरे-धीरे 'नवाब राय' नाम पीछे छूट गया और आख़िरकर वे अपने तख़ल्लुस 'प्रेमचन्द' के नाम से ही जाने गए। वे बहुधा 'मुंशी प्रेमचन्द'* के नाम से ही जाने गए।

---

* इसके आगे मैं सिर्फ़ 'प्रेमचन्द' नाम ही इस्तेमाल करूँगा। उनके जीवन के उस समय के सन्दर्भ देते समय भी जो इस नाम को अपनाने के पहले का है। 'धनपत' व 'नवाब राय' नाम वहीं प्रयुक्त होंगे जहाँ इस नाम से कोई पुस्तक प्रकाशित हुई हो। 'मुंशी' उपाधि को मैं छोड़ रहा हूँ।

अजायब धार्मिक व्यक्ति नहीं थे। अंधविश्वासों में उन्हें बहुत कम यक़ीन था और उससे भी कम यक़ीन था कर्मकांड में। फिर भी, वे इस बात से सशंकित हो ही गए कि तीन लड़कियों के बाद पैदा हुआ लड़का दुर्भाग्य का कारण बनेगा। प्रचलित विश्वास यह है कि ऐसा लड़का जिसे 'तेंतर' कहते हैं, माँ-बाप में से किसी एक की मृत्यु लेकर आता है। ख़ुशक़िस्मती से ऐसा कुछ नहीं हुआ। प्रेमचन्द की माँ उनके जन्म के बाद नौ साल तक जीवित रहीं और पिता सत्रह साल तक। बचपन में प्रेमचन्द कुछ कमज़ोर थे, पर थे खिलन्दड़े और चंचल। उन्हें अपनी माँ से गोरा रंग और भावप्रवण आँखें मिली थीं। बालक आस-पड़ोस में बड़ा लोकप्रिय था। हर कोई उसका लाड़-दुलार करना चाहता था। उसे मिठाई खिलाना चाहता था। और मीठा तो उसे पसन्द भी बहुत था। उसका बचपन बड़ी हँसी-ख़ुशी में बीता। हमउम्र या थोड़े बड़े बच्चों के साथ वह खूब खेलता-कूदता। हर वक़्त उसे कोई न कोई शरारत सूझती रहती और उसे मालूम था कि उसकी माँ हमेशा उसे बचा लेगी। प्रेमचन्द और उनकी टोली की पसन्दीदा शरारत में से एक था पत्थर मारकर कच्चे आम और इमली तोड़ना। एक बार, एक बच्चे के साथ नाई का खेल खेलते समय उन्होंने अपने 'ग्राहक' का कान काट दिया। बेचारा बच्चा ख़ून में लथपथ हो गया। छोटा नाई दौड़ता हुआ घर गया और बड़ी मासूमियत के साथ अपनी माँ से बोला, 'माँ, मैं तो सिर्फ़ उसकी हजामत बना रहा था।'

प्रेमचन्द का अपनी माँ से बड़ा लगाव था। आगे ज़िन्दगी में वे अक्सर बेहद भावुक होकर उनकी बातें किया करते थे। उनकी कई कहानियों में माँ के प्रति कृतज्ञता का भाव झलकता है। इकलौता बेटा हर भारतीय परिवार का दुलारा होता है और उनकी माँ जो स्वभावतः ही संवेदनशील और कोमल-हृदय थीं, उनकी शरारतों को नज़रअन्दाज़ करने के लिए सहर्ष तैयार रहती थीं। जब भी वे कबड्डी या गुल्ली डंडा खेलते-खेलते थक जाते थे या जब कभी खेल के मैदान में झगड़ा हो जाता या कोई उन्हें डाँट देता, तो उन्हें माँ की गोद में शरण मिलती। उनके पिताजी उन्हें बहुत प्यार करते थे पर ऐसा प्रतीत होता है कि प्रेमचन्द का उनसे कोई विशेष लगाव नहीं था। अपने माता-पिता के अलावा जिस व्यक्ति से उन्हें सबसे ज़्यादा लगाव था, वह था कजाकी नाम का डाकिया। जब भी बालक प्रेमचन्द कजाकी को पीठ पर डाक का थैला लिये आता देखता, उसका दिल ख़ुशी से उछल पड़ता। एक बार उस प्यारे बुज़ुर्ग को याद करते हुए प्रेमचन्द ने कहा था—'कजाकी के कन्धे मेरा राजसिंहासन थे। कजाकी को भी अपना नन्हा दोस्त इतना प्रिय था कि वह उसके लिए अक्सर कमल नाल ले आता, जो प्रेमचन्द की पसन्दीदा सब्ज़ियों में से एक थी। एक बार उसने प्रेमचन्द को हिरन का बच्चा भी दिया। दोनों हिरन-शावक के साथ खेलने लगे, समय का पता ही नहीं चला और चिट्ठियों का थैला डाकखाने तक पहुँचाने में कजाकी को देर हो गई। पोस्टमास्टर इस पर बहुत नाराज़ हुए और

कजाकी को बर्ख़ास्त कर दिया। उसकी सरकारी वर्दी भी उससे छिन गई। बाद में पोस्टमास्टर कुछ नरम पड़े और कजाकी को बहाल कर लिया गया।'

2

आठ वर्ष की आयु में बालक को लमही से लगभग एक मील दूर एक स्कूल में भेजा गया। दरअसल उसे स्कूल कहना थोड़ा मुश्किल है। एक मौलवी लड़कों के एक छोटे-से समूह को उर्दू और फ़ारसी पढ़ाया करते थे। मौलवी पेशे से दर्जी थे जो स्कूल मास्टर बन गए थे, कुछ तो इस वजह से कि उन्हें पढ़ाना अच्छा लगता था और ज़्यादा इस वजह से कि उन्हें अतिरिक्त आय की ज़रूरत थी। प्रेमचन्द के पिताजी मौलवी को हर महीने छह आने ट्यूशन फ़ीस दिया करते थे। कभी-कभी किसी बच्चे के घर से कद्दू आ जाता, कभी गोभी या रसोईघर के लिए कोई और चीज़। मौलवी एक अच्छे अध्यापक थे और उन्होंने फ़ारसी व्याकरण में प्रेमचन्द की पुख़्ता नींव रखी। हिन्दी के एक सुविख्यात लेखक बन जाने के बाद भी फ़ारसी में प्रेमचन्द की दिलचस्पी बनी रही। इंटरमीडिएट और स्नातक परीक्षाओं में उन्होंने जो विषय चुने, उनमें फ़ारसी भी एक थी।

प्रेमचन्द अपने एक चचेरे भाई बलभद्र के साथ स्कूल जाते थे। दोनों लड़के अक्सर स्कूल जाना गोल कर सड़क पर हो रहे मदारियों, भालू वाले और भाग्य बाँचने वालों के तमाशे देखने लगते थे। कभी-कभी पास के रेलवे स्टेशन चले जाते और वहाँ आती-जाती रेलगाड़ियों को बस देखने का ही मज़ा लेते। स्कूल के क़रीब एक बग़ीचे के माली से उन दोनों ने दोस्ती कर ली थी और वह बूढ़ा आदमी उन्हें छोटे-मोटे काम दे दिया करता था। दोनों ख़ुशी-ख़ुशी घंटों पौधों को सींचते या निराई करते। पर अमरूद के पेड़ों और गन्ने के खेतों पर उनके हमले इतने मासूम न होते थे। मौलवी उन्हें कक्षा से ग़ायब रहने के लिए डाँटते थे और प्रेमचन्द के पिताजी से शिकायत करने की धमकी भी देते थे। लेकिन दोनों लड़के छोटी-मोटी भेंट देकर या स्कूल में मौलवी द्वारा पिंजड़ों में पाली गई चिड़ियों को दाना खिलाकर उन्हें मना लेते थे। एक बार बलभद्र ने घर में दीवार के ताखे में रखा एक रुपये का सिक्का चुरा लिया। सिक्का वहाँ अगली सुबह ज़मींदार को देने के लिए रखा था। जब दोनों बाहर मैदान में थे तब बलभद्र ने वह सिक्का प्रेमचन्द को दिखाया। प्रेमचन्द डर तो गए, लेकिन फिर उस रुपये को ख़र्च करके मौज-मस्ती करने के अपने भाई के सुझाव को मान गए। पर रुपये के दसवें हिस्से से भी कम ख़र्च करके और जी भरकर अमरूद खा लेने के बाद दोनों की समझ में ही नहीं आया कि अब करें क्या। उन्होंने बचे पैसे मौलवी को दे दिये जिसने यह सोचा कि शायद दो महीने की फ़ीस एकमुश्त दी जा रही है। चोरी पकड़ी गई। बलभद्र

ने प्रेमचन्द पर दोष मढ़ दिया कि साज़िश के पीछे दिमाग़ तो प्रेमचन्द का ही था। प्रेमचन्द की जमकर पिटाई हुई। यह उन दुर्लभ मौकों में से था जब प्रेमचन्द की माँ ने उन पर हाथ उठाया हो।

ऐसी कभी-कभार की विपत्तियों के बावजूद दोनों लड़के खूब मज़े में रह रहे थे और मौलवी जितना ज्ञान उन्हें दे सकते थे, उतना ग्रहण भी कर रहे थे। दादी-नानी की कहानियाँ, मुहावरे, लोककथाएँ और रामायण के प्रसंग—वह सब, जो बड़े होते हुए भारतीय बच्चे अनजाने ही ग्रहण करते चलते हैं—उनके ज्ञान में इजाफ़ा करते थे। पढ़ाई और खेल के इस निर्बाध क्रम में क्रूर व्यवधान पड़ा प्रेमचन्द की माँ की बीमारी से। वे सालों से अमीबा-पेचिश की मरीज़ थीं। अब वही बीमारी बढ़ गई थी और दवाओं का कोई असर नहीं हो रहा था। छह महीने तक इलाहाबाद में अपने माँ-बाप के घर वे चारपाई पर ही पड़ी रहीं। प्रेमचन्द की बहन सुग्गी जिसकी साल भर पहले शादी हुई थी, अपनी सास के साथ उनकी तीमारदारी के लिए आ गई थी। प्रेमचन्द के पिताजी अपने काम में व्यस्त रहते थे और उन्हें बार-बार के तबादलों की वजह से सफ़र भी बहुत करना पड़ता था। सौभाग्यवश, मृत्यु के समय वे अपनी पत्नी के पास ही थे। इस नुकसान के असर को ठीक से समझने के लिए प्रेमचन्द काफ़ी छोटे थे। पर यह समझने में उन्हें ज़्यादा देर नहीं लगी कि उनके जीवन में कैसा ख़ालीपन आ गया है।

प्रेमचन्द लमही वापस आ गए और फिर से पढ़ाई शुरू की। लेकिन अब कुछ भी पहले जैसा नहीं था। उन्हें बहुत अकेलापन महसूस होता था। कुछ दिनों बाद उनके पिता का तबादला जमानिया नामक स्थान पर हो गया। पिता-पुत्र बूढ़ी दादी के साथ किराये के एक मकान में रहते थे। उनका चचेरा भाई बलभद्र दूसरे रिश्तेदारों के पास रहने चला गया था। माँ की देख-रेख और संरक्षण के अभाव में प्रेमचन्द आवारा हो गए थे। उनके पिता अपने काम में व्यस्त रहते थे और प्रेमचन्द अपना काफ़ी समय एक दोस्त के घर बिताने लगे। यह संगत अच्छी नहीं थी। दोस्त के पिता तम्बाकू का व्यापार करते थे। दोनों दोस्तों ने धूम्रपान करना शुरू कर दिया। प्रेमचन्द के इसी दोस्त ने उर्दू कहानियों के जादू से उनका परिचय कराया था जो 'तिलिस्म-ए-होशरुबा' नाम के संकलन में छपी थीं। प्रेमचन्द को हमेशा से ही कहानियों से प्यार था। दादी से मिले कहानियों के ख़ज़ाने में 'भूत-प्रेत' के उन डरावने क़िस्सों से, जिन्हें सुनाकर कजाकी उनका मनोरंजन करता था, पहले ही संवर्धन हो चुका था। अब तो जो कहानी प्रेमचन्द के हाथ लगती, वे उसे पढ़ डालते।

इस दौरान रिश्तेदार अजायब पर पुनर्विवाह का दबाव डाल रहे थे। उन्होंने समझाया कि घर में औरत के न होने से लड़के की ठीक से देख-रेख न हो पाएगी। अजायब उनकी सलाह मानने पर मजबूर हो गए। प्रेमचन्द को जल्दी ही सौतेली माँ मिल गईं। उनके आगमन के साथ ही दादी लमही चली गईं। सम्भवत: नई बहू के

साथ खट-पट से बचने के लिए उन्होंने यह समझदारी दिखाई। प्रेमचन्द की बहन सुग्गी अपने पति के पास वापस चली गई। अब सौतेली माँ का घर पर एकच्छत्र राज्य था। वह अपने साथ विजय बहादुर नाम का एक छोटा भाई भी ले आई थी जिसके साथ प्रेमचन्द की गहरी मित्रता हो गई। सौतेली माँ प्रच्छन्न रूप से अपने भाई का पक्ष लेतीं और बाद में अपने बेटों—गुलाब राय और मेहताब राय का। प्रेमचन्द को ठीक से खाना-पीना भी नहीं मिलता था। उनके पिता अक्सर बाज़ार से ताज़े फल लाते, लेकिन प्रेमचन्द तक उसमें से शायद ही कुछ पहुँच पाता था। शुभचिन्तक पड़ोसियों का इस बात पर ध्यान गया कि प्रेमचन्द का वज़न कम हो रहा है और चेहरा उतरा हुआ रहता है। एक बार सौतेली माँ ने प्रेमचन्द पर इस बात का आरोप लगाया कि उसने बाहरी लोगों से अपनी माँ की शिकायत की है। हालाँकि प्रेमचन्द ने ऐसा कुछ भी नहीं किया था। अजायब लाल जानते थे कि उनकी नई पत्नी उनके बेटे के साथ दुर्व्यवहार कर रही है लेकिन वे इस विषय में कुछ ख़ास कर नहीं सकते थे। साल भर बाद अजायब लाल का तबादला गोरखपुर हो गया—वह शहर, जिसका उनके बेटे के जीवन में महत्त्वपूर्ण स्थान होने वाला था। प्रेमचन्द का दाख़िला मिशन हाईस्कूल में हो गया जहाँ उन्हें पिछले स्कूलों की अपेक्षा कहीं बेहतर शिक्षा मिली। सौतेली माँ दिन-पर-दिन कंजूस होती जा रही थीं और प्रेमचन्द को पूरे महीने सिर्फ़ एक रुपये में काम चलाना पड़ता था। इस एक रुपये में उनके रोज़मर्रा के ख़र्चे, स्कूल की फ़ीस और ख़ुद से भी ग़रीब सहपाठियों की मदद—सब शामिल था। स्वभावत: उदार होने के कारण वे कभी किसी सहपाठी को मदद देने से मना नहीं करते थे, चाहे इसके फलस्वरूप उन्हें ख़ुद कितनी भी दिक़्क़त क्यूँ न उठानी पड़े। ऐसी व्यावहारिक दिक़्क़तों के अलावा वे बहुत अकेलापन महसूस करते थे और बरबस अपनी माँ की इनसानियत और आभिजात्य की तुलना अपनी सौतेली माँ की क्षुद्रता और फूहड़पन से कर बैठते। इसके आगे का उनका सारा जीवन ग़रीबी और अभाव के ख़िलाफ़ एक मुसलसल संघर्ष बना रहा। फिर भी वे हँसमुख थे और खेलकूद में बाकी छात्रों के साथ हमेशा शामिल रहते थे। उनके शौक़ों में से एक था पतंग उड़ाना। पतंग उड़ाने में उन्होंने ख़ासी दक्षता हासिल कर ली थी और इस लोकप्रिय शग़ल में उनकी दिलचस्पी उनकी कई कहानियों में प्रतिबिम्बित होती है। फिर हर साल शरद में रामलीला का इन्तज़ार रहता। रामलीला के छोटे-मोटे कामों की ज़िम्मेदारी मिलना उनके लिए बड़े गर्व की बात होती थी—जैसे पीसकर रंग बनाना, कलाकारों की व्यक्तिगत ज़रूरतों का ख़याल रखना, आदि। राम और लक्ष्मण का किरदार निभाने वाले लड़के उनकी नज़र में 'सुपर-हीरो' थे।

गोरखपुर ही वह जगह थी जहाँ पैदल मीलों रास्ता नापे बग़ैर किताबों के प्रति उनकी दीवानगी कुछ तृप्त हुई। कहानियों के उस विशाल संग्रह 'तिलिस्म-ए-होशरुबा'

का जिसे वे अपने दोस्त के साथ पढ़ा करते थे, पहले ज़िक्र किया जा चुका है। इस संग्रह का श्रेय जाता है अकबर के दरबार के नवरत्नों में से एक 'फ़ैज़ी' को। कहते हैं, इस संग्रह को ख़ास तौर पर बादशाह का दिल बहलाने के लिए तैयार किया गया था। प्रेमचन्द को उसके पन्नों में रहस्य-रोमांच, मोहब्बत, शौर्य और साहस से भरा एक नया संसार मिला। उनकी कल्पना को पंख लग गए और वे अजीबोग़रीब अलौकिक दुनिया की उड़ान भरने लगे। पढ़ने में उनकी दिलचस्पी इस हद तक बढ़ गई थी कि वे दूसरी किताबें भी पढ़ने लगे। उर्दू कथा-साहित्य की प्रसिद्ध रचनाओं में जो कुछ भी उपलब्ध था, वह सब उन्होंने पढ़ डाला। तेरह साल की उम्र तक आते-आते उन्होंने सरशार रुस्वा, शरार और अन्य कई उर्दू लेखकों को पढ़ लिया था। उन्होंने कई अंग्रेज़ी उपन्यासों और पौराणिक मिथकों का उर्दू अनुवाद भी पढ़ डाला था। ख़ुशक़िस्मती से किताबों की एक दुकान के मालिक ने उन्हें किताबें बेचने का काम दे दिया। बुद्धिलाल नाम के इस आदमी ने उन्हें अपनी दुकान की सभी किताबें पढ़ने की इजाज़त दे दी। प्रेमचन्द के सौतेले भाई विजय बहादुर को भी पढ़ने में दिलचस्पी थी। कथा साहित्य के अलावा वे दोनों उर्दू कविता के क्लासिक भी पढ़ते थे और मुशायरों में भी जाते थे। प्रेमचन्द प्रायः उर्दू की प्रसिद्ध ग़ज़लों के शेर उद्धृत किया करते थे। फिर भी प्रेमचन्द की अभिरुचि का केन्द्रबिन्दु हमेशा कथा साहित्य ही रहा।

3

प्रेमचन्द की सौतेली माँ को उनके साथ किये गए अन्याय से गोया संतोष न था, इसलिए अब उन्होंने कुछ ऐसा किया कि प्रेमचन्द को सालों तक मर्मान्तिक पीड़ा सहनी पड़ी। उन्होंने प्रेमचन्द की शादी तय कर दी। उनके पिता की कोशिशों से एक लड़की ढूँढ़ी गई और प्रेमचन्द के पिता पर दबाव डाला गया कि वे इस रिश्ते को स्वीकार कर लें; यद्यपि उन्होंने भावी पुत्रवधू को देखा तक नहीं था। वह कन्या बस्ती के पास के गाँव के छोटे-से ज़मींदार की बेटी थी। और विडम्बना यह कि जब उन्हें सूचित किया गया कि जल्दी ही उनकी शादी होगी, प्रेमचन्द स्वयं बड़े उत्साहित हुए। वे सिर्फ़ साढ़े पन्द्रह साल के थे। उन्होंने कई रूमानी उपन्यास पढ़ रखे थे जिनमें नायिका हमेशा रहस्यमयी और ख़ूबसूरत होती थी। उस बालक वर ने भारतीय शादी में की जानेवाली लम्बी-चौड़ी तैयारी में बढ़-चढ़कर हाथ बँटाया। जिस शामियाने में मुख्य स्वागत समारोह सम्पन्न होना था, उसके लिए घंटों बाँस काटने में वे थक जाते थे। परम्परा के अनुसार विवाह वधू के घर सम्पन्न हुआ। प्रेमचन्द और उनकी नवविवाहित पत्नी ऊँटगाड़ी में वापस बनारस पहुँचे। घर पहुँचकर प्रेमचन्द ने उस लड़की को देखा जिसे ज़िन्दगी भर के लिए उनका हमसफ़र चुना

गया था—और उसे देखकर वे दहल गए। लड़की काली, कुरूप, चेचक के दागों से भरी हुई थी, और लँगड़ाकर चलती थी। बाद में पता चला कि वह कभी-कभी अफ़ीम भी खाती थी। जो बात उसकी शारीरिक स्तर की कुरूपता से बदतर थी, वह थी उसकी व्यवहारगत फूहड़ता। अजायब लाल आपे से बाहर हो गए, 'तुमने मेरे फूल जैसे बेटे को कुएँ में ढकेल दिया है', उन्होंने ग़ुस्से से कहा। उन्होंने प्रण किया कि वे अपने बेटे को ऐसी लड़की के साथ हर्गिज़ ज़िन्दगी नहीं बिताने देंगे जो किसी भी तरह उसके लायक नहीं है। पर वे कुछ कर नहीं सकते थे। इस घटना के बाद सिर्फ़ दो साल और जीना ही उनके भाग्य में लिखा था। यह मुमकिन था कि अपने बेटे की विनाशकारी शादी को लेकर उनके अन्दर जो अपराधबोध था, वह भी उनके गिरते स्वास्थ्य के कारणों में से एक था।

प्रेमचन्द उस समय क्वींस कॉलेज, बनारस में पढ़ रहे थे क्योंकि उनके पिता का तबादला फिर से जमानिया हो गया था। यहाँ इस बात का खुलासा कर देना चाहिए कि उन दिनों इंटरमीडिएट कॉलेज में हाईस्कूल से पहले की कक्षाएँ भी शामिल रहती थीं। लिहाज़ा स्कूल जानेवाला लड़का तकनीकी तौर पर अपने स्कूल को कॉलेज कह सकता था। प्रेमचन्द नवीं कक्षा में थे, जो स्कूली जीवन का एक अहम् साल होता है क्योंकि हाईस्कूल का इम्तिहान सिर्फ़ साल भर ही दूर था। वे लमही में रहते थे और पाँच मील दूर अपने स्कूल पैदल जाते थे। प्रेमचन्द ने अपने स्कूली जीवन में किन विषमताओं का सामना किया, इसका कुछ अन्दाज़ उनकी तत्कालीन दिनचर्या को देखकर लगाया जा सकता है। वे घर से सुबह आठ बजे के पहले निकलते ताकि समय पर स्कूल पहुँच सकें। वापस घर के लिए निकलते-निकलते दोपहर के चार बज जाते थे। फिर घर आकर उन्हें पढ़ने बैठने के पहले घर के कई काम निबटाने पड़ते थे। पढ़ाई भी एक छोटी-सी लालटेन की मद्धिम रोशनी में करनी पड़ती थी। चूँकि उन्हें अपनी परीक्षा की तैयारी करनी थी, साथ ही उपन्यास पढ़ने के अपने शौक़ को वे दबा भी नहीं पाते थे, लिहाज़ा रात को काफ़ी देर से सोने जाते। अगले दिन सुबह आठ बजे से फिर वही चर्या। उनके पिता उन्हें जेब ख़र्च के लिए पाँच रुपये महीना देते थे। उनका दोपहर का भोजन सिर्फ़ सूखे चने और चूड़ा होता था जो वे अपने साथ ले जाते थे। ख़ुशक़िस्मती से प्रधानाचार्य ने उनकी फ़ीस माफ़ कर दी थी और कुछ पैसे वे ट्यूशन पढ़ाकर कमा लेते थे।

यही वह समय था जब प्रेमचन्द ने सबसे पहले लेखन में अपना हाथ आज़माया। विषय तो कोई ख़ास शिक्षाप्रद नहीं था। उनके परिवार का एक बड़ा ही चर्चित प्रेम-प्रसंग था—उनके एक मामा और चमार जाति की एक लड़की के बीच। मामाजी अविवाहित थे हालाँकि ख़ासे समृद्ध थे और सुदर्शन भी। जवानी में उन्होंने शादी नहीं की और अब एक पत्नी के लिए लालायित थे। स्त्री का साथ पाने की उनकी इच्छा इतनी तीव्र हो गई कि वे घर में काम करनेवाली नौकरानी चम्पा पर आसक्त

हो गए। वे उसे छोटे-मोटे तोहफ़े देने लग गए और वह लड़की भी सस्ते गहनों और फूहड़ श्रृंगार में सजने-धजने लगी।

इस प्रेम-प्रसंग को लेकर चमारों में बड़ी नाराज़गी थी। उनका ख़याल था कि एक बूढ़ा आदमी उनकी लड़कियों में से एक की इज़्ज़त से खेल रहा है। उन्होंने उस बूढ़े को सबक सिखाने का फ़ैसला किया। एक दिन जब रोज़ की तरह चम्पा घर में आई तो बूढ़े ने कमरा अन्दर से बन्द कर लिया। लेकिन इसके पहले कि वह लड़की की स्थिति का फ़ायदा उठाता, चमारों ने घर को चारों तरफ़ से घेर लिया और ज़ोर-ज़ोर से दरवाज़ा पीटने लगे। जब दरवाज़ा नहीं खुला तो एक बढ़ई बुलाया गया जिसने दरवाज़ा तोड़ा। प्रेमचन्द के मामाजी भूसे में छुपे थे और चम्पा अहाते में बैठी रो रही थी। भीड़ ने मामा जी को इतना मारा कि वे बेहोश हो गए। इस घटना के कई दिन बाद वे प्रेमचन्द के घर रहने आए। और जैसाकि वे हमेशा करते थे, उन्होंने उपन्यास पढ़ने पर प्रेमचन्द को टोकना और बात-बात पर रोब चलाना शुरू कर दिया। ऐसा लगता था कि पिटने के बाद भी उनमें विनम्रता न आ सकी थी। कुछ दिनों बाद प्रेमचन्द ने चम्पा वाली घटना के पूरे ब्योरे का नाट्य रूपान्तर लिखा। उन्होंने उसे दोस्तों को दिखाया जिन्होंने उसका ख़ूब मज़ा किया। जब मामाजी ने अपना अहंकार/हेकड़ी भरा व्यवहार जारी रखा, तो प्रेमचन्द ने स्कूल जाते समय उस नाटक की एक प्रति मामाजी के बिस्तर पर रख दी। जब वे वापस आए तो मामाजी बोरिया-बिस्तर के साथ घर से जा चुके थे।

यह घटना दो वजहों से महत्त्वपूर्ण थी। पहली यह कि प्रेमचन्द को अहसास हुआ कि अगर वे चाहें तो लिख सकते हैं और समय आ गया है कि वे अपने विचारों को कलमबन्द करें। और दूसरी यह कि उन्हें बोध हुआ उस ताक़त का, जो नाटककार या कहानीकार के पास होती है और इस ताक़त का, किसी अच्छे उद्देश्य के लिए बड़े पुरअसर ढंग से इस्तेमाल किया जा सकता है। यह एक महत्त्वपूर्ण सबक़ था जिसे प्रेमचन्द ने पूरी तरह समझा, कभी न भूलने के लिए।

प्रेमचन्द की दुर्भाग्यपूर्ण शादी के साल भर बाद उनके पिता बीमार पड़े। बीमारी गम्भीर थी और प्रेमचन्द हाईस्कूल का इम्तिहान न दे सके (या मैट्रीकुलेशन, जैसा कि उन दिनों कहा जाता था)। अजायब लाल छह महीने बीमार रहे पर आख़िरकार बीमारी ने उनकी जान ले ही ली। सारी जमा-पूँजी इलाज में ख़र्च हो चुकी थी। सत्रह साल की छोटी-सी उम्र में प्रेमचन्द परिवार के एकमात्र कमाऊ सदस्य बन गए, हालाँकि वे अभी पढ़ ही रहे थे और ट्यूशन से महीने में कुछ रुपये ही कमा पाते थे। अगले साल (1898) उन्होंने द्वितीय श्रेणी में हाईस्कूल उत्तीर्ण किया। नये शुरू हुए हिन्दू कॉलेज में उन्हें दाख़िला तो मिला लेकिन चूँकि उन्होंने प्रथम श्रेणी में हाईस्कूल पास नहीं किया था, उन्हें छात्रवृत्ति नहीं मिल सकती थी, यहाँ तक कि फ़ीस भी माफ़ नहीं हो सकती थी।

हिन्दू कॉलेज के प्रधानाचार्य श्री रिचर्डसन थे जो प्रेमचन्द से सहानुभूति रखते थे, लेकिन उन नियमों के ख़िलाफ़ नहीं जाना चाहते थे जो उन्होंने ग़रीब विद्यार्थियों की सहायता के लिए बनाए थे। रिचर्डसन बेहतरीन इनसान प्रतीत होते हैं जिन्होंने ख़ुद को भारतीय परिवेश में ढालने की पूरी कोशिश की। वे भारतीय कपड़े पहनते थे, भारतीय ढंग से फ़र्श पर बैठते थे, जिस तरह कुछ ही अंग्रेज़ या ऐंग्लो-इंडियन लोग बैठ पाते थे। उन्होंने प्रेमचन्द से कहा कि वे एक सिफ़ारिशी चिट्ठी ले आएँ। कॉलेज की प्रबंधन समिति का एक सदस्य प्रेमचन्द को जानता था और उसने प्रेमचन्द को वह चिट्ठी दे दी। अगला कदम था फ़ार्म भरने का। इसे करने के बाद प्रधानाचार्य ने आदेश दिया कि आवेदक को अपने चुने सभी विषय में इम्तिहान देना पड़ेगा। प्रेमचन्द ने अंग्रेज़ी में बहुत अच्छा किया था लेकिन गणित में उनके प्रदर्शन से उनके अध्यापक सन्तुष्ट नहीं थे और उन्होंने प्रेमचन्द के पक्ष में रिपोर्ट देने से मना कर दिया। मामला यहीं ख़त्म हो गया। कॉलेज की तरफ़ से मिलने वाली आर्थिक सहायता के अभाव में पढ़ाई जारी रखना प्रेमचन्द के लिए बेहद मुश्किल हो गया था।

ख़ैर, उनकी समस्या का समाधान बड़े अप्रत्याशित ढंग से एक वकील ने कर दिया जिसने अपने बेटे को पढ़ाने के लिए प्रेमचन्द को पाँच रुपये महीने की तनख़्वाह पर रख लिया। वकील को इस कम उम्र अध्यापक से बड़ा लगाव हो गया था और उसने इन्हें अपने घर की घुड़साल के ऊपर का कमरा इस्तेमाल के लिए दे दिया। इस तरह प्रेमचन्द के लिए बनारस में रहना सम्भव हो गया। अब उन्हें रोज़ पाँच मील पैदल चलना नहीं पड़ता था। जो पाँच रुपये वे कमाते थे, उनमें से तीन उनकी सौतेली माँ को चले जाते थे। उन्हें अपना ख़र्च बचे हुए दो रुपयों में चलाना पड़ता था। वे खाना पकाने के कुछ बर्तन घर से ले आए और इस तरह जीवन कुछ व्यवस्थित हुआ। उनका खाना ज़्यादातर 'खिचड़ी' होता था। लमही के बजाय बनारस में रहने से क़ीमती समय की काफ़ी बचत होती थी और यह समय वे लाइब्रेरी में गुज़ारते थे—उपन्यास पढ़ने में। इसी समय उन्होंने रतननाथ दर का उर्दू क्लासिक 'फ़साना-ए-आज़ाद' पढ़ा जिसका बाद में उन्होंने हिन्दी में अनुवाद भी किया। उन्होंने बंकिमचन्द्र चटर्जी के उपन्यासों का उर्दू अनुवाद भी पढ़ा। श्रीचटर्जी ने प्रेमचन्द पर गहरा प्रभाव डाला। उन्होंने राष्ट्रीय गान 'वन्दे मातरम्' की रचना की और वे आधुनिक युग के उन पहले भारतीयों में से एक थे जिन्होंने देशप्रेम से ओत-प्रोत उपन्यास लिखे। ऐतिहासिक उपन्यास लिखने में भी बंकिमचन्द्र अग्रणी थे। बंकिमचन्द्र के लेखन के ये दोनों ही पक्ष—देशप्रेम और मध्ययुगीन इतिहास में गहरी रुचि—प्रेमचन्द को बहुत प्रभावित करते थे।

लेकिन पाँच रुपये महीने में काम चलाना प्रेमचन्द के लिए उत्तरोत्तर मुश्किल होता जा रहा था। कभी-कभी अपने सादे-से भोजन के साथ मिठाई खाने की उनकी

अदम्य इच्छा होती। अपने इस आवेग को शान्त करने में उन्हें जो ताँबे के कुछ सिक्के ख़र्च करने पड़ते, उससे पूरा बजट ही बिगड़ जाता था। उन्हें उधार लेना पड़ता था। एक बार उन्हें उधार पर कुछ कपड़ा ख़रीदना पड़ा। कई महीने बीत गए लेकिन वे दुकानदार का उधार न चुका पाए। रक़म महज ढाई रुपये की थी लेकिन उनके लिए किसी ख़ज़ाने से कम न थी। उस दुकान से बचने के लिए उन्होंने लम्बे घुमावदार रास्ते से जाना शुरू कर दिया। वह उधार चुकाने में उन्हें तीन साल लग गए। एक और मौके पर उन्होंने एक राजमिस्त्री से आठ आने उधार लिये। वह व्यक्ति उस उधार को भूला नहीं और कई साल बाद उसने अपने पैसे प्रेमचन्द से वापस लिये। पैसे उधार लेने की इस आदत ने उनके दिल-दिमाग़ को बहुत उद्वेलित किया होगा और जिन मुसीबतों में वे पहुँचे होंगे, उनका अनुमान कोई सहज ही लगा सकता है। पर स्थितियाँ बदलीं। ख़ुशक़िस्मती से प्रेमचन्द की (और भारतीय साहित्य की) मदद के लिए एक भला दानवीर उनसे टकराया। घटना कुछ यूँ हुई :

प्रेमचन्द ने कई दिनों से खाना नहीं खाया था। किराने वाले ने उधार पर राशन देने से मना कर दिया था। सो प्रेमचन्द पुरानी किताबों की एक दुकान पर गए और अपनी गणित की किताब आधे दाम पर बेच आए। जब वे दुकान से निकल रहे थे तो एक अधेड़ उम्र का व्यक्ति उनके साथ हो लिया—जो बड़ी देर से उन्हें देख रहा था। वह व्यक्ति बड़ा सज्जन और भला मानस था और जाने क्यूँ उसे प्रेमचन्द के साथ सहानुभूति हो गई थी। वह बनारस से तीस मील दूर चुनार में एक छोटे-से मिशन स्कूल का प्रधान अध्यापक था। इत्तफ़ाक़ से अपने स्कूल में अध्यापक नियुक्त करने के लिए वह एक बुद्धिमान मेहनती जवान आदमी की खोज में था। जब उसे पता चला कि प्रेमचन्द ने हाईस्कूल पास कर लिया है और वे कॉलेज में पढ़ रहे हैं तो उसने अठारह रुपये महीने की नौकरी देने का प्रस्ताव रखा जिसे प्रेमचन्द ने स्वीकार कर लिया। अठारह रुपये की तनख़्वाह की तो प्रेमचन्द ने कल्पना भी न की थी। इस तनख़्वाह से वे अपनी सौतेली माँ और छोटे सौतेले भाई महताब राय की अच्छी तरह देखभाल कर सकते थे। यद्यपि सौतेली माँ, या चाची जैसाकि प्रेमचन्द उन्हें कहते थे, कभी भी प्रेमचन्द के प्रति कृपालु नहीं रहीं, ख़ास कर उनके पिता के आख़िरी सालों में, फिर भी प्रेमचन्द के अन्दर परिवार के प्रति दायित्व का बड़ा गहरा बोध था। कई मायनों में प्रेमचन्द परम्परावादी थे।

4

पहली नौकरी! प्रेमचन्द अब गृहस्थ हो गए थे, हालाँकि जिस लड़की से उनका विवाह हुआ था, वह उनके लिए अजनबी ही रही और उसके लिए उनके मन में ज़रा भी लगाव नहीं था। नौकरी मिलने के बाद उन्होंने तीन-चार दिन में ही

बनारस में अपना काम-धाम समेट लिया और चुनार चले गए। उनकी सौतेली माँ भी अपने भाई विजय बहादुर और अपने बेटे के साथ जल्दी वहाँ आ गईं। यह पहले ही बता चुके हैं कि प्रेमचन्द और विजय बहादुर में गहरी मित्रता थी, बावजूद इसके कि सौतेली माँ हमेशा विजय बहादुर के प्रति पक्षपात करती थीं। अब वह मैत्री और भी प्रगाढ़ हो गई। विजय बहादुर एक उदारमना भला लड़का था और अपने हमउम्र प्रेमचन्द को बहुत पसन्द करता था। अपने छोटे-से जीवन का शेष भाग उसने प्रेमचन्द के साथ ही बिताया। उसकी अकाल मृत्यु ने प्रेमचन्द को बड़ा आघात पहुँचाया।

प्रेमचन्द ने किस उत्साह और प्रसन्नता के साथ चुनार में अध्यापक की ज़िम्मेदारी सँभाली होगी, यह कोई सहज ही समझ सकता है। पहली बार उनकी आय का सुनिश्चित ज़रिया था जिसमें निजी ट्यूशनों से कुछ इज़ाफ़ा हो जाता था। चुनार एक अच्छी शान्त जगह है। वहाँ की आबो-हवा शुष्क और स्फूर्तिदायक है। क़रीब ही गंगा बहती है। प्राचीन काल में, सारनाथ शैली के कलाकारों द्वारा बनाई गई भगवान बुद्ध की विश्व की बेहतरीन मूर्तियाँ चुनार के पत्थरों से ही तराशी गई थीं। प्रेमचन्द इस जगह बस गए और किताबें पढ़ने का उनका शौक़ फिर से फलने-फूलने लगा। ध्यान भंग करने के कारण कम ही थे। उनकी छोटी-सी मित्र-मंडली थी। चुनार जैसे छोटे शहर में वे जल्दी ही एक अच्छे अध्यापक के रूप में प्रतिष्ठित हो गए। जिस आत्मविश्वास के साथ वे अंग्रेज़ी भाषा का प्रयोग करते थे, उसके लिए भी उनकी ख़ासी तारीफ़ थी। उनके मामा विजय बहादुर ने घर के सारे काम-काज की ज़िम्मेदारी उठा ली थी और प्रेमचन्द पठन-पाठन को अपना सारा समय और शक्ति समर्पित करने के लिए स्वतंत्र थे। दुर्भाग्यवश यह सन्तोषजनक व्यवस्था ज़्यादा नहीं चल पाई। एक अप्रत्याशित घटना से उसमें व्यवधान पड़ गया—एक ऐसी घटना, जिसने प्रेमचन्द के सामने अंग्रेज़ शासक के घमंड को बेनकाब कर दिया और उनके अन्दर देशभक्ति का जज़्बा इस तरह जगा दिया जिस तरह पहले कभी नहीं जगा था।

चुनार सेना की छावनी भी था। बहुत सारे अंग्रेज़ सैनिक वहाँ तैनात थे। जवानों और स्थानीय स्कूल की टीमों के बीच अक्सर ही फुटबॉल मैच आयोजित किये जाते। ऐसे ही एक मैच में जिसमें सैनिक हार गए थे, स्कूली टीम के एक सदस्य को एक अंग्रेज़ सैनिक ने ठोकर मारी थी। दर्शकों में प्रेमचन्द भी थे। जब उन्होंने देखा कि अंग्रेज़ सैनिक स्कूल के एक छात्र को ठोकर मार रहा है तो वे भागकर उस जगह गए और मैदान में गड़े झंडे को उखाड़कर साथ लेते गए जिसके डंडे से उन्होंने अंग्रेज़ सैनिक को मारना शुरू कर दिया। दूसरे कई दर्शक भी उनके साथ हो गए। बाकी जवान भागकर उस सैनिक के पास पहुँच गए जिसने लड़के को ठोकर मारी थी। अब मैदान पर बाक़ायदा लड़ाई छिड़ गई जिसमें अंग्रेज़ों की

ख़ूब धुनाई हुई। इस तरह की घटनाओं में शामिल होना प्रेमचन्द की फ़ितरत में नहीं था लेकिन उस दिन अपनी आँखों के सामने एक भारतीय लड़के का अपमान होते देख वे निर्लिप्त न रह पाए। ख़ैर, स्कूल के अधिकारियों को सरकारी ग़ुस्से का डर था और उन्हें प्रेमचन्द की यह संलिप्तता पसन्द नहीं आई। कुछ महीनों बाद ही उन्हें प्रेमचन्द से छुटकारा पाने का बहाना मिल गया। स्कूल में एक मौलवी थे जिनके साथ प्रबन्धकों ने अन्यायपूर्ण व्यवहार किया था। प्रेमचन्द को यक़ीन था कि मौलवी की शिकायतें जायज़ हैं लिहाज़ा उन्होंने मौलवी को अपना समर्थन दिया और अधिकारियों की निन्दा की। नतीजा यह हुआ कि मौलवी और प्रेमचन्द, दोनों ही बर्ख़ास्त कर दिये गए। प्रेमचन्द उस समय बीस साल के थे। उन्होंने पहली नौकरी पाई भी और खो भी दी।

वे बनारस लौट आए और एक बार फिर नौकरी की तलाश में जुट गए। क्वींस कॉलेज से उनके पुराने सम्पर्क बड़े काम के साबित हुए। प्रधानाचार्य श्री बेकन को वे एक प्रतिभाशाली छात्र के रूप में याद थे। उन्होंने शिक्षा विभाग के अपने कुछ मित्रों से प्रेमचन्द के बारे में बात की। कुछ महीनों बाद (जुलाई, 1920) बहराइच के जिला विद्यालय में सह-अध्यापक के रूप में प्रेमचन्द की नियुक्ति हुई, बीस रुपये महीने की तनख़्वाह पर। यह शुरुआत थी, उत्तर प्रदेश सरकारी शिक्षा सेवा में बतौर अध्यापक एक लम्बे कैरियर की। बहराइच तब भी और आज भी (1979) पूर्वी उत्तर प्रदेश के सबसे पिछड़े हुए इलाकों में से एक था। वहाँ कई साल बिताने के ख़याल से ही प्रेमचन्द का मन काँप उठा होगा। सौभाग्यवश, तीन महीने से कम समय में ही उनका तबादला प्रतापगढ़ हो गया। प्रतापगढ़, बनारस और इलाहाबाद से बहुत कम दूरी पर है—ये दोनों शहर उत्तर भारत के हिन्दी-भाषी क्षेत्र के सबसे महत्त्वपूर्ण शहर हैं। प्रतापगढ़ कहीं ज़्यादा अनुकूल जगह थी। तनख़्वाह उतनी ही थी जितनी चुनार में—बीस रुपये महीना। इसका एक बड़ा हिस्सा प्रेमचन्द अपनी सौतेली माँ के घरेलू ख़र्च के लिए लमही भेज देते थे।

प्रेमचन्द स्थानीय ज़मींदार के घर के एक कमरे में रहते थे। ज़मींदार एक सुसंस्कृत, मेहमाननवाज़ इनसान थे जिन्हें सब ठाकुर साहब कहकर सम्बोधित करते थे। उन्होंने प्रेमचन्द को अपने दोनों बेटों के निजी अध्यापक के रूप में नियुक्त कर लिया। दोनों लड़के अपने अध्यापक से बहुत स्नेह करते थे और जल्दी ही ठाकुर साहब प्रेमचन्द को परिवार के एक सदस्य की तरह मानने लगे। प्रतापगढ़ प्रवास के दौरान प्रेमचन्द एक प्रमुख वकील के सम्पर्क में आए जिनके सान्निध्य ने उन्हें बहुत बौद्धिक सन्तुष्टि दी। बाबू राधाकृष्ण नाम के सज्जन उर्दू साहित्य के, ख़ास कर उर्दू कविता के, प्रेमी थे। प्रेमचन्द प्रायः उनके घर पहुँच जाते थे जहाँ उनकी मुलाक़ात साहित्य में रुचि रखनेवाले अन्य लोगों से हुई। कुल मिलाकर यह उनके जीवन का एक ख़ुशनुमा वक़्त था। आर्थिक चिन्ताएँ तो लगी ही रहती थीं लेकिन स्थितियाँ कुछ

बेहतर ज़रूर हो गई थीं। यहाँ उन्होंने फिर से पढ़ना शुरू किया। किताबें पढ़ना तो हमेशा से ही उनका जुनून था। अभी तक उन्होंने उस समय प्रचलित रहस्य और रोमांस प्रधान कहानियाँ ही ज़्यादातर पढ़ी थीं, हालाँकि स्तरीय साहित्य का स्वाद वे कुछ हद तक चख चुके थे। अब उनका पढ़ना ज़्यादा सुव्यवस्थित ढंग से होने लगा। उन्होंने इतिहास की किताबें पढ़ीं और अपने देश की सांस्कृतिक विरासत के आधारभूत तत्त्वों को समझा। उन्होंने यूरोपियन साहित्य के 'क्लासिक' पढ़े और रवीन्द्रनाथ टैगोर और बंकिमचन्द्र चटर्जी का लिखा उर्दू और हिन्दी में जितना भी उपलब्ध था, सब पढ़ डाला। उनका अध्ययन न सिर्फ़ व्यापक और अर्थवान था, बल्कि अच्छी तरह आत्मसात् भी किया गया था—जो पहले उनकी अध्यापकी में और बाद में उनके लेखन में परिलक्षित हुआ। उनके दिमाग में अब एक वैश्विक दृष्टिकोण पनप रहा था—जीवन के प्रति एक नज़रिया जिसकी जड़ें उन मूल्यों में थीं जो उन्होंने अपने लिए तय किये थे।

यह व्यापक अध्ययन जीवन को क़रीब से जानने-समझने से और समृद्ध हुआ। उनके पास आनेवाले छात्र जिन परिवारों से आते थे, वे भारतीय समाज के अलग-अलग वर्गों का प्रतिनिधित्व करते थे। वे ख़ुद किसानों, ज़मींदारों, सरकारी अफ़सरों और शहरी बुद्धिजीवियों की जीवन शैली से भली भाँति परिचित थे। उन्होंने देखा था कि किस तरह अज्ञान, अंधविश्वास, सत्ता के भय और दम घोंटने वाले निरर्थक रीति-रिवाजों ने भारतीयों की एक पूरी पीढ़ी को ही नपुंसक बना दिया था। उन्होंने देखी थी वह ग़रीबी और अभाव जिसने उनके देश के अधिकांश लोगों से सम्मानपूर्वक जीवन जीने का हक़ ही छीन लिया था। हर तरफ़ व्याप्त स्थितियाँ देखने के बाद, और पढ़ी हुई किताबों पर चिन्तन-मनन करने के बाद, प्रेमचन्द को दो बातों ने विशेष रूप से प्रेरित किया : पहली यह कि मौजूदा हालात को सुधारने में छोटा ही सही, पर कुछ योगदान देना चाहिए और दूसरी यह कि जो ज्ञान और अनुभव उन्होंने हासिल किया था, उसकी रचनात्मक अभिव्यक्ति हो।

पहली प्रेरणा ने उन्हें तत्कालीन समाज-सुधार आन्दोलन की ओर खींचा और दूसरी ने उन्हें एक उपन्यासकार और कहानीकार बना दिया।

उस समय के समाज-सुधार आन्दोलनों में आर्यसमाज सबसे महत्त्वपूर्ण था—ख़ास कर उत्तर भारत में। केशव चन्द्र सेन के कुशल नेतृत्व के बावजूद ब्रह्मसमाज अपने अवसान पर था। प्रार्थनासमाज महाराष्ट्र में लोकप्रिय था। उसके समर्थकों में महादेव गोविन्द रानाडे और आर.डी. भंडारकर जैसे विलक्षण लोग थे। लेकिन इन दोनों ही आन्दोलनों की सीमित लोकप्रियता थी। उन्होंने शिक्षित भारतीयों के एक छोटे-से वर्ग को अवश्य आकर्षित किया लेकिन जनसाधारण तक पहुँचने में असमर्थ रहे। इसके अलावा इन आन्दोलनों की प्रेरणा के मुख्य स्रोत थे पश्चिमी उदारतावाद और मानवतावाद, यद्यपि इनमें भारतीय परम्पराओं के कुछ पक्षों को पुनर्जीवित करने

का आग्रह अवश्य था। आर्यसमाज का सामाजिक दायरा वृहत्तर था और वह पूरी तरह से प्राचीन भारतीय परम्पराओं पर आधारित था। कई राष्ट्रीय नेता, कालान्तर में स्वतंत्रता-संग्राम में जिनकी महत्त्वपूर्ण भागीदारी हुई भी, आर्यसमाज में ही शिक्षित हुए थे। प्रेमचन्द आर्यसमाज की गतिविधियों में अत्यन्त उत्साह के साथ दिलचस्पी लेते थे। उन गोष्ठियों में भाग लेते जिसमें प्रमुख नेताओं द्वारा भाषण दिये जाते थे, और सम्भवतः ख़ुद आर्यसमाज के सदस्य भी थे। वे समाज द्वारा प्रकाशित पत्रिकाएँ ख़रीदकर पढ़ते भी थे। उनके आरम्भिक उपन्यासों और कहानियों में आर्यसमाज के नेता प्रमुख चरित्रों के रूप में प्रस्तुत किये गए हैं।

यह बात आश्चर्यजनक लग सकती है कि प्रेमचन्द जो ख़ुद उत्तर भारत की सदियों पुरानी, एक-दूसरे में गुँथी हुई हिन्दू और मुसलमानों की गंगा-जमुनी संस्कृति में रचे-बसे थे, एक ऐसे आन्दोलन का हिस्सा बने जो प्रकट तौर पर पुनरुत्थानवादी था और पूरी तरह से हिन्दुत्व के प्रति समर्पित था। सच तो यह है कि आर्यसमाज के दो पहलू थे और उसे सीधे-सीधे 'साम्प्रदायिक' या 'प्रतिक्रियावादी' कहकर उसकी निन्दा करना सिर्फ़ एक ही पहलू के आधार पर निर्णय करना होगा। आर्यसमाज के संस्थापक स्वामी दयानन्द सरस्वती संस्कृत के प्रकांड पंडित और उच्च आदर्शों वाले महापुरुष थे। यह सच है कि वे भारतवर्ष को 'आर्य-सभ्यता' का देश कहते थे। लेकिन 'आर्य' शब्द की व्याख्या 'जातीय' सन्दर्भ में नहीं की जानी चाहिए। इस शब्द के कई अर्थभेद हैं—'महान, प्राचीन, शाश्वत, आदर्श, अनिंद्य।' स्वामी दयानन्द ने भारतवर्ष के सामने सम्पूर्णता का एक आदर्श रखा था और उनका आग्रह था कि यह आदर्श एक बार पहले सचमुच हासिल किया जा चुका है। उनके नेतृत्व में आर्यसमाज के दो महत्त्वपूर्ण योगदान थे—पहला तो यह कि उन्होंने वैदिक साहित्य के सुव्यवस्थित अध्ययन पर ज़ोर दिया और दूसरा यह कि उनका आग्रह था कि जिन भ्रष्ट और तर्कहीन रीति-रिवाजों और संस्थानों ने हिन्दुत्व को जकड़ रखा था, उन्हें उखाड़ फेंका जाए, साथ ही हिन्दू परम्पराओं के शुभ तत्त्वों को बचा लिया जाए। मूलभूत रूप से ये दोनों ही उद्‌देश्य उचित थे। दर्शन और धर्मविज्ञान से सम्बन्धित मुद्‌दों पर बौद्धिक प्रवचन देने के बजाय वे निःस्वार्थ सेवाभाव से अपने काम में जुट गए। उन्होंने शिक्षा के प्रसार, जातिगत भेदभाव और निरर्थक धार्मिक कर्मकांड को मिटाने और स्त्रियों की दशा सुधारने के लिए अथक प्रयास किया। दयानन्द को रूढ़िवाद के ख़िलाफ़ संघर्ष करना पड़ा। आर्यसमाज के कार्यकर्ताओं ने जब विधवा-विवाह की वकालत की तो उन्हें कड़े विरोध का सामना करना पड़ा। व्यक्तिगत स्तर पर दयानन्द कट्टर नहीं थे। वे सभी धर्मों के प्रतिनिधियों के साथ वैचारिक आदान-प्रदान के लिए सहर्ष प्रस्तुत थे। सच तो यह है कि उन्होंने दिल्ली में (1877) एक सभा का भी आयोजन किया जिसमें सर सैयद अहमद खान ने इस्लाम के प्रवक्ता के रूप में शिरकत की।

प्रेमचन्द का यह विश्वास था कि अकादमिक बहसों से कहीं ज़्यादा ज़रूरी है कार्यक्षेत्र में उतरना और वे शिक्षा, स्त्री-उद्धार और समाज-सुधार के क्षेत्र में आर्यसमाज द्वारा किये गए काम की ओर आकृष्ट हुए। सम्भवतः आर्यसमाज के कम प्रशंसनीय पक्ष की ओर उनका ध्यान नहीं गया। स्वामी दयानन्द ने स्वयं 'सत्यार्थ प्रकाश' में इस्लाम के विषय में अपमानजनक टिप्पणी की थी। उनके अनुयायी प्रायः हिन्दू उग्रवाद के रूप में बोलते और लिखते पाए जाते थे। इसके अलावा आधुनिक पश्चिमी विचारधाराओं के प्रति आर्यसमाज का रवैया पूरी तरह से नकारात्मक था। इस दृष्टि से यह समय को पीछे ले जाना था। ब्रह्मसमाज और प्रार्थनासमाज से अलग, आर्यसमाज ने इस बात के लिए प्रेरित किया कि हम हर पश्चिमी चीज़ को नकार दें। साथ ही यह आग्रह भी किया कि विज्ञान की आधुनिक खोजें भी प्राचीन काल में भारतवर्ष के आर्यों द्वारा की जा चुकी हैं। यहाँ यह स्पष्ट कर देना होगा कि आर्यसमाज के प्रभाव में आकर प्रेमचन्द ने अपने प्रगतिशील विचारों के साथ तनिक भी समझौता नहीं किया। और जब आर्यसमाज ने मुसलमानों का धर्मान्तरण करके उन्हें हिन्दू बनाने की मुहिम चलाई तो प्रेमचन्द ने जमकर उसका विरोध किया। फिर भी अपने जीवन के एक ख़ास दौर में उन्होंने निर्विवाद रूप से आर्यसमाज के प्रभाव को महसूस किया। जीवन के दूसरे दशक में उनकी सामाजिक चेतना को आकार देनेवाली यह एक बड़ी ताक़त थी।

5

अध्यापन को अपनी आजीविका बना लेने के बाद प्रेमचन्द को लगा कि उन्हें 'टीचर ट्रेनिंग कॉलेज' में दाख़िला लेकर बाकायदा 'डिप्लोमा' हासिल कर लेना चाहिए। इससे न सिर्फ़ शिक्षा सेवाओं में उनकी पदोन्नति की सम्भावना बढ़ती बल्कि उन्हें इस बात का काफ़ी सन्तोष होता कि अपने चुने हुए कार्यक्षेत्र में अपनी काबिलियत बढ़ाने का वे हर सम्भव प्रयास कर रहे हैं। उस समय, उत्तर भारत का एकमात्र ट्रेनिंग कॉलेज इलाहाबाद में था; जो प्रतापगढ़ से क़रीब तीस मील दूर है। प्रेमचन्द ने दो साल की छुट्टी का आवेदन किया जो स्वीकार हो गया। वे 1902 में ट्रेनिंग कॉलेज में गए। छात्रावास का जीवन उनके लिए एक नया अनुभव था लेकिन वे जल्दी ही उसके अभ्यस्त हो गए। वे जल्दी ही छात्रों, साथ के दूसरे शिक्षकों, प्राध्यापकों और यहाँ तक कि नौकरों के बीच भी बेहद लोकप्रिय हो गए। चार साल बाद ली गई एक तसवीर से अगर तय किया जाए तो ट्रेनिंग कॉलेज में प्रवेश करते समय प्रेमचन्द निश्चय ही एक सुदर्शन युवक रहे होंगे। क़द छोटा होने के बावजूद वे हृष्ट-पुष्ट, चौड़े चेहरे और लम्बी कलाइयों वाले व्यक्ति थे। उनका रंग साफ़ था, आँखें चमकती हुई और व्यक्तित्व में शिष्टता थी। वे कॉलेज की सभी

पाठ्यक्रमेतर गतिविधियों में भाग लेते और खेलकूद के प्रति तो वे बड़े उत्साही थे, हालाँकि उनका जुनून तो पढ़ना ही रहा। ऊपर जिस तसवीर का ज़िक्र किया गया है उसमें वे ऊँची और बन्द गले की कमीज़ के ऊपर खुले गले का कोट पहने हुए हैं। मूँछें उनकी घनी और नोकदार हैं और सिर पर पगड़ी है।

इलाहाबाद में ट्रेनिंग कॉलेज के छात्र के रूप में रहते हुए प्रेमचन्द ने अपना पहला उर्दू उपन्यास 'असरार-ए-मआबिद' लिखा जो 'आवाज़-ए-ख़ल्क' नाम की पत्रिका में धारावाहिक के रूप में छपा। इस तरह 1903 उनके जीवन का एक महत्त्वपूर्ण वर्ष था। अप्रैल, 1904 में उन्होंने अपने प्रशिक्षण की परीक्षा प्रथम श्रेणी में उत्तीर्ण की। उसी वर्ष उन्होंने हिन्दी और उर्दू की विशेष देशी भाषा की परीक्षा भी उत्तीर्ण की जो सरकारी शिक्षा विभाग की नौकरियों के लिए एक अर्हता थी। वे प्रतापगढ़ की अपनी नौकरी पर वापस आ गए। लेकिन फिर से काम शुरू करने के साल भर के भीतर ही वे इलाहाबाद के मंडल स्कूल के प्रधानाचार्य नियुक्त कर दिये गए, जिसका बहुत बड़ा श्रेय ट्रेनिंग कॉलेज के प्रधानाचार्य को, जिनकी प्रेमचन्द के बारे में बहुत अच्छी राय थी, जाता है। पच्चीस साल के एक युवक के लिए सरकारी स्कूल का प्रधानाचार्य बन जाना बड़े गौरव की बात थी। उन्होंने बड़े उत्साह के साथ अपना काम शुरू किया। लेकिन सरकारी नौकरियों में तबादले भी उतने ही अपरिहार्य हैं जितने कर। कुछ महीनों के अन्दर ही मई, 1905 में वे कानपुर ज़िला विद्यालय भेज दिये गए। शुरुआत में तो वे अवश्य ही बहुत निराश हुए होंगे। लेकिन जैसाकि हम जल्दी ही देखेंगे, कानपुर का यह तबादला उनके लिए भेस बदलकर आया वरदान साबित हुआ। कई मायनों में उसने उनके जीवन को नई दिशा दी। उर्दू पत्रिका 'ज़माना' के सम्पादक मुंशी दयानारायण निगम के साथ वे पहले ही पत्र-व्यवहार कर चुके थे। कानपुर प्रवास के दौरान वह पत्राचार आजीवन मैत्री में बदल गया। 'ज़माना' के पन्ने अब उन्हें उपलब्ध थे—अपने रचनात्मक लेखन के लिए भी और रोज़मर्रा के अहम् मुद्दों पर अपने विचार प्रकट करने के लिए भी। यह वह दौर भी था जब प्रेमचन्द ने राष्ट्रीय आन्दोलन में सक्रिय दिलचस्पी लेनी शुरू की। अब उन्हें साफ़ तौर पर दिखने लगा था कि भारत की तमाम सामाजिक समस्याएँ राजनीतिक पराधीनता से जुड़ी हुई हैं।

इस अध्याय को समाप्त करने के पहले हमें एक नज़र उनके पारिवारिक जीवन पर भी डाल लेनी चाहिए। अपनी सौतेली माँ की देखभाल वे हमेशा करते रहे। उनकी पत्नी कुछ समय अपने मायके में रहती थीं। जब भी वे अपनी सास के साथ रहतीं, दोनों महिलाओं में खट-पट रहती। प्रेमचन्द का विवाह पूरी तरह से असफल था। विवाह के पहले ही दिन से उन्हें यह पक्का विश्वास हो गया था कि वे अपनी पत्नी को जीवन-साथी के रूप में स्वीकार नहीं कर सकते। अब जब कि उनके पास एक नौकरी थी, उनके ऊपर इस बात का दबाव डाला जाने लगा कि

वे अपनी पत्नी को अपने पास बुला लें। यह अफ़वाह भी फैलाई गई कि उनकी पत्नी ने एक बच्चे को जन्म दिया है। लेकिन प्रेमचन्द किसी भी दबाव के आगे नहीं झुके। वे उसे आर्थिक सहायता देने के लिए तैयार थे लेकिन इससे ज़्यादा कुछ नहीं। एकाध बार जब वे लमही गए, उन्हें लगा कि घर की स्थिति असह्य है। उन्हें अपनी पत्नी में एक भी ऐसा गुण नज़र नहीं आया जो उसका उद्धार कर सके। फिर भी उनकी माँ जिस तरह अपनी बहू के साथ दुर्व्यवहार करतीं, उसकी वजह से प्रेमचन्द को अपनी पत्नी के ऊपर दया आती थी। एक दिन प्रेमचन्द की पत्नी ने फाँसी लगाकर आत्महत्या करनी चाही। उनकी बहन को भी घर छोड़कर चले जाना पड़ा क्योंकि वह अपनी माँ और भाभी के बीच रोज़-रोज़ के झगड़े देखना बर्दाश्त नहीं कर पा रही थी। ऐन मौके पर उसे बचा लिया गया। उसने विनती की कि उसे उसके मायके भेज दिया जाए। प्रेमचन्द के पास इस यात्रा के पैसे न थे फिर भी उन्होंने किसी तरह पैसे का इंतज़ाम किया ताकि वह मायके जा सके। बस, यही आख़िरी बार था जब उन्होंने अपनी पत्नी को देखा था। इस तरह एक अत्यन्त दुखदायी स्थिति का अन्त हुआ।

अपने मित्र को एक पत्र में प्रेमचन्द ने लिखा :

> आत्महत्या की कोशिश करने के बाद मेरी पत्नी मेरी माँ के साथ एक ही छत के नीचे रहने को कतई तैयार नहीं थी।...आज उसे गए आठ दिन हो गए। मुझे उसकी कोई ख़बर नहीं मिली है। मुझसे तो अब उसकी सूरत भी बर्दाश्त नहीं होती। भगवान से बस यही विनती है कि यह हमारे सम्बन्धों का पूरी तरह से अन्त हो।

इस पूरी घटना ने प्रेमचन्द के संवेदनशील हृदय पर गहरी चोट की और उस बेतुकी सामाजिक रीति का बड़ी तीव्रता से अहसास कराया जिसके तहत युवक और युवतियाँ एक-दूसरे को देखे बग़ैर ही वैवाहिक बंधन में बँध जाते हैं। अपनी बेमेल शादी से हुई बरबादी की चोट उनकी कई कहानियों में झलकती है।

दूसरा अध्याय

विकास के वर्ष

प्रेमचन्द का छात्र-जीवन पूरा हो चुका था। इलाहाबाद के ट्रेनिंग कॉलेज में दो साल रहने के बाद उन्होंने फिर से पढ़ाने का काम शुरू कर दिया था। कई साल बाद, एक व्यक्तिगत परीक्षार्थी के रूप में उन्होंने इंटरमीडिएट और बी.ए. की परीक्षाएँ उत्तीर्ण कीं। पर कॉलेज के छात्र वे फिर कभी नहीं बने। इस बदलाव के साथ ही उनके अन्दर दृष्टिकोण की परिपक्वता और जीवन में अनुशासन का बोध भी आया। जब उनका तबादला कानपुर हुआ तब वे एक अलग ही शख़्सियत हो चुके थे। उनका पठन-पाठन अधिक उद्देश्यपूर्ण और सुनियोजित हो गया था; उनका सामाजिक और साहित्यिक दायरा बड़ा हो गया था और वे एक गम्भीर लेखक के रूप में उभर रहे थे। वे अध्यापन और पत्रकारिता साथ-साथ करने लगे और ये दोनों काम वर्षों तक समानान्तर चलते रहे।

कानपुर में दयानारायण निगम ने प्रेमचन्द को साथ रहने के लिए आमंत्रित किया। निगम का घर काफ़ी बड़ा था, लिहाज़ा अपने नये मित्र को ठहराने में उन्हें कोई दिक़्क़त नहीं हुई। बाद में प्रेमचन्द एक दूसरे मकान में चले गए जिसमें वे उर्दू लेखक नौबत राय के साथ रहने लगे, जो 'नज़र' उपनाम से लिखते थे। निगम और प्रेमचन्द की मित्रता कुछ हद तक विपरीत ध्रुव के बीच का आकर्षण थी। यद्यपि साहित्य और पत्रकारिता में दोनों एक जैसी दिलचस्पी रखते थे, लेकिन उनके मिज़ाज बिलकुल अलग-अलग थे। निगम अपने आचार-व्यवहार यहाँ तक कि पहनावे में भी काफ़ी औपचारिक और परम्परावादी थे, जबकि प्रेमचन्द बेतकल्लुफ़, कपड़े-लत्ते और रंग-रूप की ओर से बेपरवाह और सामाजिक शिष्टाचार के मामले में क़ायदे-क़ानून न माननेवाले थे। आर्थिक मसलों में निगम बहुत व्यावहारिक थे। एक पत्रकार के रूप में भी वे बेहद सावधान थे—हर पहलू पर सावधानीपूर्वक विचार किये बिना एक क़दम भी नहीं उठाते थे। वहीं दूसरी तरफ़ प्रेमचन्द आवेशपूर्ण स्वभाव वाले, उदारमना और व्यावहारिक परिणाम तौले बिना काम करनेवाले व्यक्ति थे। दोनों में परस्पर अगाध स्नेह था। उम्र में थोड़े बड़े होने के बावजूद प्रेमचन्द मुंशी दयानारायण

को उनके वृहत्तर अनुभव और संजीदगी की वजह से बड़े भाई का दर्जा देते थे। महत्त्वपूर्ण मसलों में, चाहे वे व्यक्तिगत ही क्यों न हो, वे निगम की सलाह ज़रूर लेते थे। एक रचनात्मक लेखक, जब मौलिक, कुशाग्र पर विवेकशील था, एक अनुभवी पत्रकार के परस्पर सहयोग को आगे चलकर खूब फलना-फूलना था। कई सालों बाद कुछ घटनाएँ ऐसी हुईं जिससे दोनों मित्रों के दरमियान कुछ ग़लतफ़हमियाँ हो गईं। पर यह दरार अस्थायी थी और उन दोनों के बीच का स्नेह-सम्बन्ध कभी भी गम्भीर रूप से आहत नहीं हुआ।

मुंशी दयानारायण निगम के माध्यम से प्रेमचन्द कानपुर के कुछ और उर्दू लेखकों के सम्पर्क में आए। इनमें प्रमुख थे प्यारेलाल 'शाक़िर', दुर्गा सहाय 'सरूर' और नौबत राय 'नज़र'। ये सब नियमित रूप से मिलते रहते थे और अनौपचारिक माहौल में साहित्यिक और राजनीतिक चर्चा किया करते थे। विचारों और अनुभवों का आदान-प्रदान होता। प्रेमचन्द के लिए यह घनिष्ठ मित्रों का एक सौहार्दपूर्ण दायरा था जिसमें वे जीवन के प्रति अपने नज़रिए को अपने जैसे दूसरे लोगों के नज़रिए के सापेक्ष तौल और परख सकते थे। इस मित्र, मंडली ने प्रेमचन्द को उस अकेलेपन से भी निजात दिलाई जो उनके दुखद पारिवारिक जीवन के मद्देनज़र अवश्यम्भावी थी। उनकी बातचीत हमेशा गम्भीर विषयों पर नहीं होती थी। कभी वे सिर्फ़ हँसी-मजाक ही करते थे। उनमें से कोई भी बैरागी नहीं था लिहाज़ा यदा-कदा शराब का दौर चलता और प्रेमचन्द भी कभी-कभार मदिरापान का शौक़ फ़रमाते थे।

सच तो यह है कि किसी प्रकार का बदलाव प्रेमचन्द के लिए बहुत ज़रूरी था। गाँव के उनके घर से आनेवाला हर समाचार विषादपूर्ण ही होता था। उनकी पत्नी और विमाता हर वक़्त एक-दूसरे से झगड़ती रहती थीं। घर बड़ी बुरी दशा में था और उसकी मरम्मत की सख़्त ज़रूरत थी, पर प्रेमचन्द के पास उसके लिए पैसे नहीं थे। परिवार की बाक़ी जरूरतों को पूरा करने में उनकी आधी से ज़्यादा तनख़्वाह ख़र्च हो जाती थी। उन्हें अपना एक महीने का ख़र्च सिर्फ़ पन्द्रह रुपये में चलाना पड़ता था। ऐसे में उनकी चिन्ताओं और परेशानियों की एकमात्र दवा हास्य ही था। मित्रों के बीच प्रेमचन्द अपनी उन्मुक्त हँसी के लिए जाने जाते थे। कभी-कभी वे अचानक ही ठठाकर हँस पड़ते और फिर उनकी हँसी की लहर पर लहर बह निकलती। उनमें से कुछ ने तो 'हास्य क्लब' भी बनाया था। इस क्लब की मीटिंगों में ये दोस्त एक मशहूर ग्रामोफ़ोन रिकॉर्ड बजाते जिसमें कथावाचक कुछ शब्द कहता है और फिर इतनी ज़ोर से हँस पड़ता है कि मानो उसकी साँस ही रुक जाएगी!

बाल-सुलभ हँसी का ऐसा आनन्द ज़रूर ही उनके मन-प्राण को स्फूर्ति से भर देता होगा। गाँव के अपने घर में बिताई एक छुट्टी के दौरान प्रेमचन्द ने अपने मित्र निगम को चिट्ठी में लिखा :

> पूछो मत मुझसे कि ये गर्मियाँ कैसी कट रही हैं। कहने को मैं इस घर का मालिक हूँ और भगवान की दया से यह घर गाँव में भली भाँति जाना जाता है, लेकिन इस घर का एक भी कमरा रहने के लायक़ नहीं है। ऊपरी मंज़िल पर आग बरसती है। वहाँ जाकर बैठते ही मैं सिर से पाँव तक पसीने में नहा जाता हूँ। निचले खंड के सारे कमरे बेहद गन्दे हैं। मेरी समझ में नहीं आ रहा है कि मैं क्या करूँ। एक कमरे में बैल बँधा है, दूसरे में अनाज भरा हुआ है, एक और कमरे में चीज़ें। बमुश्किल मैंने एक छोटी-सी चारपाई इन्हीं में से एक कमरे में घुसाई है और दिन-रात वहीं पड़ा रहता हूँ। अकेले सैर पर जाने को भी मन नहीं करता। इस भयंकर गर्मी में लिखने-पढ़ने का काम भी नहीं किया जाता। सुबह आधे घंटे के लिए किसी किताब के पन्ने पलट लेता हूँ। बाक़ी समय बस चारपाई पर लेटा रहता हूँ। वे भी क्या सुहाने दिन थे जो मैंने दोस्तों के साथ बिताए! यहाँ तो कोई भी ऐसा नहीं है जिससे दो बात कर सकूँ। मैं इस छुट्टी से ऊब गया हूँ और दोस्तों से मिलने के लिए तरस रहा हूँ।

जिसके लिए गाँव के घर का माहौल इस क़दर घुटनभरा था, उसके लिए शहर की मित्र-मंडली की ख़ुशनुमा संगत निश्चय ही वरदान रही होगी।

2

प्रेमचन्द कानपुर में—मई, 1905 से जून, 1909—तक़रीबन चार साल रहे। यह दौर भारतीय राष्ट्रीय आन्दोलन के विकास के लिहाज़ से एक महत्त्वपूर्ण दौर था। कांग्रेस की स्थापना 1889 में हुई थी और जो लोग देश के राजनीतिक, सामाजिक और आर्थिक पुनरुत्थान में लगे थे, उनके लिए यह सबसे महत्त्वपूर्ण मंच था। कांग्रेस में दो धड़े हो चुके थे—एक नरम दल, जो ब्रिटिश हुकूमत के साथ बातचीत करके समस्या का हल ढूँढ़ने में विश्वास रखता था, और दूसरा गरम दल, जो भारतवर्ष के लिए पूर्ण स्वराज्य का दावा करता था और जिसका दृढ़ विश्वास था कि स्वराज्य के लिए इस देश को संघर्ष करना पड़ेगा। परम्परागत रूप से गोखले और तिलक क्रमशः नरम और गरम दल के प्रतिनिधि माने जाते हैं लेकिन विचारधाराओं के इन दो ध्रुवों के बीच कई वैचारिक संस्तर मौजूद थे और इनके बीच विभाजक रेखा उतनी स्पष्ट नहीं थी जितनी कि कभी-कभी समझ ली जाती है। 1905 में लॉर्ड कर्जन ने बंगाल को दो हिस्सों में बाँट दिया—एक जो मुस्लिम-प्रधान था और दूसरा जिसमें हिन्दुओं का बाहुल्य था। यह भारतवासियों के बीच जातिगत आधार पर फूट डालने की साम्राज्यवादियों की पुरानी चाल थी। इस बँटवारे के ख़िलाफ़ चला

स्वदेशी आन्दोलन सिर्फ़ बंगाल तक ही सीमित नहीं था। उसने हर हिन्दुस्तानी के भीतर देशभक्ति जगा दी। 1905 में हुए कांग्रेस के बनारस अधिवेशन में इस बात की पुरज़ोर कोशिश की गई कि इस आन्दोलन को शहरों से आगे गाँव-गाँव ले जाया जाए और एक जनसंघर्ष में तब्दील कर दिया जाए। अगले वर्ष 1906 में कांग्रेस का अधिवेशन कलकत्ता में हुआ जिसमें पहली बार 'स्वराज्य' की माँग रखी गई।

कुछ मित्रों के संस्मरणों के अनुसार प्रेमचन्द का झुकाव निश्चित ही गरम दल की तरफ़ था। वे राजनीति में सीधे तौर पर भाग तो नहीं लेते थे, न ही वे जनसभाओं में भाषण देते थे, पर अपने लेखों और व्यक्तिगत वार्तालापों में नरम दल के नेताओं की क्रमिक बदलाव वाली नीति की वकालत पर अपनी झुँझलाहट व्यक्त करते थे। फिर भी गोखले के अनन्य प्रशंसक थे और उन पर एक लेख भी लिखा था। यह लेख 1905 में 'ज़माना' में छपा था। यहाँ यह याद रखना होगा कि अभी तक महात्मा गाँधी राजनीतिक परिदृश्य पर नहीं आए थे। एक बार गांधी के नेतृत्व सँभालने के बाद प्रेमचन्द उनसे भली भाँति प्रभावित हुए। 'गोदान' के अलावा उनके सभी महत्त्वपूर्ण उपन्यासों में गांधी के आदर्शों का वर्चस्व है। सिर्फ़ अपने जीवन के अन्तिम कुछ वर्षों में ही वे वामपंथी गरम विचारधारा की तरफ़ झुके। इसलिए यह कहना पूरी बात का सरलीकरण करना होगा कि प्रेमचन्द निश्चित तौर पर या लगातार गरम दल के साथ थे, न कि सुधारवादी विचारधारा के साथ। वस्तुत: जैसाकि मैंने इस निबन्ध में अन्य स्थानों पर भी इंगित करने का प्रयास किया है—लेखकों और उनकी रचनाओं को 'सुधारवादी' या 'क्रांतिकारी' जैसे परस्पर विरोधी विशेषणों में वर्गीकृत कर देने का तरीक़ा थोड़ा फिसलन भरा है।

प्रेमचन्द जिस चीज़ की सबसे ज़्यादा प्रशंसा करते थे, वह थी ईमानदारी और त्याग। ख़ुदीराम बोस को जब पन्द्रह साल की उम्र में फाँसी हुई तो प्रेमचन्द ने उस शहीद की तसवीर अपने कमरे की दीवार पर लगाई। आम तौर पर वे अपने घर की दीवारों पर तसवीरें नहीं लगाते थे लेकिन एक कम उम्र क्रान्तिकारी की आहुति ने उन्हें इतना प्रभावित किया कि वे उसकी तसवीर को दीवार पर सजाने से ख़ुद को रोक न सके। उन दिनों अंग्रेज़ अफ़सर को मारनेवाले आतंकवादी को महिमामंडित करना एक सरकारी मुलाजिम के लिए बड़ा जोख़िम भरा काम था। लेकिन प्रेमचन्द ने यह ख़तरा मोल लिया। इसका यह अर्थ नहीं है कि वे आतंकवाद के समर्थक थे। उनके कई उपन्यासों में अहिंसा की प्रशंसा की गई है और आतंकवाद की निंदा।

इस दौर में उनके लिखे गए कई लेख और कहानियों की विषयवस्तु देशप्रेम है। उनकी लिखी पहली कहानी का शीर्षक था : 'दुनिया का सबसे अनमोल रतन'। वह 'ज़माना' में 1907 में प्रकाशित हुई थी। कहानी का सार यह है कि मातृभूमि की आज़ादी के लिए गिरी ख़ून की आख़िरी बूँद दुनिया का सबसे अनमोल रतन है। दुनिया के दूसरे देशों में स्वाधीनता के लिए चल रहे संघर्षों में प्रेमचन्द की गहरी

दिलचस्पी थी। उन्होंने गैरी बाल्डी और मैज़ीनी पर लेख लिखे जिसमें उन्होंने दोनों के देशप्रेम और इटली की आज़ादी और एकता के लिए किये काम की प्रशंसा की। 1908 में लिखी उनकी एक कहानी मैज़ीनी के जीवन पर आधारित है। कहानी का शीर्षक है : 'इश्क़-ए-दुनिया और हब्बेवतन'। एक और कहानी में; एक राजा युद्ध में आक्रमणकारियों से हार जाने के बाद अपना मुकुट और तलवार अपने बेटे को सौंप देता है। उसके आख़िरी शब्द हैं : "इस ज़मीन पर अपनी आख़िरी साँस तक अपने वतन की आज़ादी के लिए लड़ना। अगर हार जाओ तो इन राजचिह्नों को अपने बेटों को सौंप देना और जैसे मैं तुम्हें प्रेरित कर रहा हूँ, ऐसे तुम उसे प्रेरित करना कि वह अपनी ज़िन्दगी का हर लम्हा अपने वतन के नाम कर दे।' इस कहानी का शीर्षक है : 'शेख़ मख़मूर'। भारतीय राष्ट्रीय कांग्रेस के बचाव में प्रेमचन्द का पहला लेख 1905 में लिखा गया। ज़कुल्लाह देहलवी नाम के किसी शख़्स ने ब्रिटिश सरकार के नाम एक लम्बा-चौड़ा प्रशस्ति-पत्र लिखा था। भारतवर्ष को ब्रिटिश हुकूमत के समय शासन से जो लाभ मिले, उसके लिए सरकार की प्रशंसा करते हुए देहलवी ने कांग्रेस की आलोचना की थी और उसका घोर तिरस्कार करते हुए कहा कि उसके कार्यक्रम बेतुके और अव्यावहारिक हैं। इसके जवाब में प्रेमचन्द ज़ोर-शोर के साथ कांग्रेस के बचाव में सामने आए और कहा कि कांग्रेस ही एकमात्र वह मंच है जिस पर देशप्रेमी भारतीय एकजुट हो सकते हैं। उन्होंने कहा कि कांग्रेस ने सभ्य संसार की दृष्टि में अपनी नेकनीयती स्थापित कर दी है। इस तरह प्रेमचन्द 'ज़माना' में लिखने के अवसर का भरपूर इस्तेमाल कर रहे थे। उन्होंने बंगाल के विभाजन और उसके परिणाम के बारे में, और स्वदेशी आन्दोलन के बारे में कई लेख लिखे। बहुत कम सरकारी मुलाजिम ऐसे लेख लिखने की हिम्मत कर सकते हैं। उस समय कोई मुसीबत खड़ी करने का प्रेमचन्द का कोई इरादा न था। उन्हें उस नौकरी की सख़्त ज़रूरत थी। पर कभी-कभी वे दुस्साहस कर बैठते। ख़ुद को रोक नहीं पाते और ज़माने की हवा के विपरीत काम कर बैठते थे।

राजनीतिक घटनाओं में इस गहरी दिलचस्पी ने कभी भी उनकी साहित्यिक गतिविधियों में रुकावट नहीं डाली। साहित्य उनका पहला प्यार बना रहा। उनका उपन्यास 'असरारे मआबिद' (उर्फ़ देवस्थान रहस्य) प्रकाशित हो चुका था। अब उन्होंने 'हम खुरमा-व-हम सवाब' शीर्षक से अपना दूसरा उपन्यास लिखा और साल भर बाद उसका हिन्दी रूपान्तर 'प्रेमा' शीर्षक से प्रकाशित हुआ। उनका तीसरा उपन्यास 'कृष्ण' 1907* में प्रकाशित हुआ था। वे दूसरे लेखकों द्वारा प्रकाशित महत्त्वपूर्ण पुस्तकों की समालोचना करते और साहित्यिक चर्चाओं में भाग लेते थे।

* प्रेमचन्द के इन आरम्भिक उपन्यासों के बारे में विस्तृत जानकारी के लिए 7वाँ अध्याय देखें। 'कृष्ण' उपन्यास की मुख्य कथावस्तु बाद में प्रमुख उपन्यास 'ग़बन' में समाहित कर ली गई जिसकी चर्चा छठे अध्याय में की गई है।

हक़ीम बरहम द्वारा लिखे उपन्यास 'कृष्ण-कुँवर' की समालोचना उनकी आरम्भिक समालोचनाओं में से एक है। उन्होंने उस उपन्यास की आलोचना की थी क्योंकि उसका कोई समाजपरक उद्‌देश्य नहीं था। इत्तफ़ाक़न, इस आलोचना में उन्होंने पहली बार साहित्य के उद्‌देश्य के विषय में अपनी व्यक्तिगत राय व्यक्त की। उनके शब्दों में : 'साहित्य का प्रयोजन बहुत व्यापक है। वह मानव स्वभाव में अन्तर्दृष्टि प्रदान कर सकता है। मनुष्य की आशा-निराशा और भावनाओं को प्रतिबिम्बित कर सकता है और अनैतिकता से लड़ने का माध्यम बन सकता है। एक उपन्यासकार कभी दोस्त, कभी मार्गदर्शक तो कभी चिन्तक का काम करता है। वह कभी-कभी चिकित्सक भी बन जाता है।' उनका अभिप्राय यह था कि उपन्यास का मूल्यांकन करते समय मनोरंजन ही एकमात्र कसौटी नहीं हो सकता।

शरर* और सरशार** के बीच श्रेष्ठता विवाद के सिलसिले में गोरखपुर के यही हक़ीम बरहम प्रेमचन्द की और भी तीखी आलोचना के पात्र बने। दोनों ही महान उपन्यासकार थे, लेकिन सरशार प्रेमचन्द के नज़रिए के ज़्यादा नज़दीक पड़ते थे क्योंकि उनके उपन्यासों में लखनवी जीवन के विविध पहलुओं का बड़ा वास्तविक चित्रण होता था। हक़ीम बरहम ने शरर की विद्वत्ता की प्रशंसा की थी, गोया अरबी और फ़ारसी के विद्वान के रूप में ख्याति प्राप्त कर लेने मात्र से ही कोई महान लेखक बन जाएगा! एक बार फिर, सरशार के बचाव में प्रेमचन्द ऐसे कुछ साहित्यिक आदर्शों का अनुमोदन कर रहे थे जिन्हें वे ख़ुद स्वीकार कर चुके थे।

3

साहित्यिक और अन्य व्यस्तताओं और कानपुर की बेहतरीन मित्र-मंडली के बावजूद प्रेमचन्द को जीवन में एक ख़ालीपन महसूस होता था। वे फ़ितरतन, अविवाहित जीवन जीने के लिए नहीं बने थे। उनके जैसे स्नेही और संवेदनशील व्यक्ति को घर-परिवार की ज़रूरत थी। पत्नी से अलग होने के बाद उन्होंने अविवाहित जीवन स्वीकार ज़रूर कर लिया था पर उन्होंने विवाह के विषय पर पटाक्षेप कभी नहीं किया। उनके रिश्तेदारों ने, ख़ास कर उनकी विमाता और बहन ने, उन पर पुनर्विवाह का ज़ोर डाला। वे युवा थे, जीवन में व्यवस्थित हो गए थे, अच्छे व्यक्तित्व के स्वामी थे और लेखक के रूप में उनकी प्रसिद्धि उत्तरोत्तर बढ़ रही थी। किसी अच्छे

---

* बंकिमचन्द्र चटर्जी और वॉल्टर स्कॉट से प्रभावित अब्दुल हलीम शरर उर्दू उपन्यास, ख़ास तौर से ऐतिहासिक उपन्यास के पुरस्कर्ताओं में थे।

** 'फ़साने-आज़ाद' के प्रसिद्ध लेखक रतननाथ सरशार जिन्होंने अपने साहित्य में जीवन के प्राय: सभी पक्षों का अत्यन्त सुन्दर और अद्‌भुत शब्दचित्र रचा। उनका चित्रण लखनऊ तक सीमित था किन्तु उनके पात्र समाज के सभी संस्तरों और कामगार वर्गों के होते थे।

कायस्थ परिवार की सुन्दर शिक्षित कन्या को उनके लिए ढूँढ़ना उनके दोस्तों और परिवार के लिए कोई कठिन काम न था। लेकिन प्रेमचन्द ने तय कर लिया था कि अगर कभी उन्होंने पुनर्विवाह किया तो एक विधवा से ही करेंगे। वे आर्यसमाज से प्रभावित थे और हिन्दू समाज की वास्तविकताओं से रू-ब-रू होने के बाद वे विधवाओं की दारुण स्थिति से अवगत थे। उन्हें लगता था कि विधवा से विवाह करना और अपनी कथनी को करनी में बदलना उनका कर्तव्य है, ख़ास कर तब जबकि वे स्वयं विधुर थे।

यह भी एक सुखद संयोग था कि उन्होंने 'आर्यसमाज' पत्रिका में देवी प्रसाद नामक सज्जन द्वारा प्रेषित एक सूचना देखी जिसमें ये सज्जन अपनी विधवा बेटी का दूसरा विवाह तय करना चाहते थे। देवी प्रसाद फतेहपुर में रहते थे जो कानपुर से लगभग पचास मील की दूरी पर है। प्रेमचन्द ने बग़ैर समय गँवाए उस इश्तिहार का उत्तर दिया और कुछ विस्तृत जानकारी माँगी। उन्हें फ़ौरन जवाब मिला और साथ ही मिली एक छपी हुई पुस्तिका जिसमें बाल-विधवाओं के पुनर्विवाह की ज़ोरदार वकालत की गई थी। वह एक अजीब ही दस्तावेज़ था जिसमें 'सभी कायस्थ बन्धुओं' को सम्बोधित किया गया था। कभी के सम्पन्न कायस्थ समुदाय के पतन के तमाम कारण गिनाने के बाद लेखक, जोकि स्वयं देवीप्रसाद ही थे, ने आगे उन सामाजिक कुरीतियों की ओर इशारा किया जो इस पतन के लिए ज़िम्मेदार थीं। उन्होंने बाल विधवाओं की स्थिति का ख़ास तौर पर ज़िक्र किया। इसके बाद वेदों और पुराणों के कई उद्धरण थे जिनका अभिप्राय पाठक को यह विश्वास दिलाना था कि विधवा का पुनर्विवाह शास्त्र-सम्मत है।

देवी प्रसाद की दो बेटियाँ थीं। दोनों की शादी ग्यारह या बारह साल की उम्र में हो गई थी। दुर्भाग्यवश, छोटी बेटी शिवरानी के पति की मृत्यु शादी के तीन महीनों के भीतर ही हो गई। वह कभी अपनी ससुराल गई ही नहीं थी, न ही उसने अपने पति को देखा था। देवी प्रसाद और उनकी पत्नी के दुख की सीमा न थी और जब भी वे अपनी प्यारी बेटी के भविष्य के बारे में सोचते, डर जाते। अगर रीति-रिवाज माने जाते तो शिवरानी को सारी ज़िन्दगी एक अभागी विधवा की तरह जीने के लिए अभिशप्त रहना पड़ता। देवी प्रसाद ने विद्रोह करने का फ़ैसला किया। वे जानते थे कि अगर उन्होंने अपनी बेटी की दूसरी शादी तय की तो उनके परिवार का बहिष्कार हो जाएगा। लेकिन वे संघर्ष के लिए तैयार थे। प्रेमचन्द को डाक में जो पुस्तिका मिली थी, वह इसी तैयारी का एक हिस्सा थी। वह पुस्तिका और देवी प्रसाद की चिट्ठी पढ़ने के बाद प्रेमचन्द ने लड़की की तसवीर माँगी जो फ़ौरन ही उन्हें भेज दी गई। वह एक सीधी-सादी पर बुद्धिमान, कुछ दुबली पर ख़ुशनुमा शक्ल-सूरत वाली कन्या लगी।

वैसे भी वे स्वर्ग की अप्सरा तो ढूँढ़ नहीं रहे थे। वे तो सिर्फ़ ठीक शक्ल-सूरत

वाली लड़की चाहते थे जो उनके घर की देखभाल कर सके और उनकी सच्ची हमसफ़र बन सके। थोड़े सोच-विचार के बाद प्रेमचन्द ने अपनी रज़ामन्दी दे दी। देवी प्रसाद ने उन्हें फतेहपुर बुलाया सो प्रेमचन्द फतेहपुर पहुँचे। अपने भावी ससुर को वे पसन्द आए और सगाई पक्की हो गई। अपने समुदाय के रूढ़िवादी लोगों के विरोधों का सामना करने के लिए दोनों ही पक्ष तैयार थे। दहेज का तो ख़ैर कोई सवाल ही नहीं था। 1906 की शिवरात्रि के शुभ दिन विवाह सम्पन्न हुआ। प्रेमचन्द के परिवार की तरफ़ से सिर्फ़ उनके सौतेले भाई महताब राय इस विवाह में शरीक हुए।

यह विवाह सफल साबित हुआ। तीस साल तक शिवरानी उनकी सुयोग्य अर्धांगिनी रहीं। ये प्रेमचन्द की मृत्यु के बाद क़रीब पैंतीस साल जीवित रहीं और अभी कुछ दिन पहले इलाहाबाद में एक लम्बा जीवन जीने के बाद उनकी मृत्यु हुई। उन्होंने कई कहानियाँ लिखीं और 'प्रेमचन्द घर में' शीर्षक से एक संस्मरण भी। अपने पति की मृत्यु के कई साल बाद भी शिवरानी प्रेमचन्द के साहित्यिक और सांस्कृतिक कार्यक्रमों में एक जाना-पहचाना चेहरा थीं। अपनी मृत्यु के साल भर पहले, अपने वैवाहिक जीवन का प्रेमचन्द ने कुछ इस तरह वर्णन किया था :

> मेरे वैवाहिक जीवन में कुछ भी रूमानी नहीं है। वह काफ़ी साधारण और सहज है। मेरी पहली पत्नी की मृत्यु 1904 में हुई। वह एक अभागी स्त्री थी। उसकी मृत्यु के बाद मैंने एक बाल विधवा से विवाह किया और उसके साथ मैं ख़ुश हूँ। उसे साहित्य में दिलचस्पी हो गई है और वह कभी-कभी कहानियाँ लिखती है। वह एक निडर, साहसी और ईमानदार महिला है जो दबाव के आगे झुकती नहीं। वह मुझे हमेशा अपने काम में लगे रहने के लिए प्रेरित ही नहीं बल्कि मजबूर भी करती है। उसने सविनय अवज्ञा आन्दोलन में हिस्सा लिया था और कुछ समय जेल में भी काटा था। मैं उसके साथ ख़ुश हूँ और उससे ऐसी किसी चीज़ की उम्मीद नहीं करता जो वह मुझे दे न सके। वह टूट जाएगी लेकिन झुकेगी नहीं।

4

प्रेमचन्द की दूसरी पत्नी कानपुर आ गईं। उनकी विमाता और सौतेले भाई पहले से ही वहाँ थे। हालाँकि शिवरानी जल्दी ही अपने मायके वापस चली गईं। अपने छोटे-से कानपुर प्रवास के दौरान शिवरानी ने पाया कि उनके पति का जीवन बहुत श्रमसाध्य था। यद्यपि वे घर में चार बजे उठ जाते थे, फिर भी लगता था, जैसे उन्हें ज़रा भी फ़ुरसत नहीं। दिन भर स्कूल में बीतता, फिर साहित्यकारों और पत्रकार मित्रों के साथ उनकी बैठकी और अन्त में उनका अपना लेखन-कार्य। धीरे-धीरे

शिवरानी को उनकी इस जीवन-शैली की आदत पड़ गई। उन्हें घरेलू काम-काज में आनन्द आता था और नामालूम ढंग से अपने पति को थकान और व्यवधान से बचा लेना भी उन्हें अच्छा लगता था। वे निश्चित ही अपने पति के लिए सौभाग्यशाली थीं। शादी के थोड़े समय बाद ही प्रेमचन्द की पदोन्नति सब-डिप्टी इंस्पेक्टर ऑफ स्कूल के रूप में हो गई। उनकी तनख़्वाह तीस से बढ़कर पचास रुपये हो गई और उनका तबादला हमीरपुर ज़िले के महोबा में हो गया।

प्रेमचन्द ने बड़े भारी मन से कानपुर छोड़ा। यहाँ बीते चार साल उनके लिए बहुत लाभकारी सिद्ध हुए थे। उन्होंने कुछ अनमोल और अज़ीज़ मित्र बनाए, पठन-पाठन और अनुभव के जरिये भारतीय जीवन के बारे में अपनी जानकारी बढ़ाई और उपन्यास और कहानियाँ लिखना शुरू किया। व्यक्तिगत स्तर पर उनके कानपुर प्रवास का चरमोत्कर्ष था—उनके जीवन का सबसे सुखद पहलू—शिवरानी के साथ उनका विवाह। वैसे भी, अपने तबादले को लेकर शिकायत करने का उनके पास कोई कारण नहीं था। वे चार साल से ज़्यादा एक जगह रह चुके थे और तबादले तो सरकारी नौकरियों का एक अनिवार्य हिस्सा होते हैं। इसके अलावा वे एक निहायत ही दिलचस्प जगह भेजे जा रहे थे—जहाँ उन्हें एक अलग ही संसार और जीवन की झलक देखने को मिलती। वे एक ऐसे इलाके से रू-ब-रू होते जिसका इतिहास उस गंगा घाटी से नितान्त भिन्न था, जहाँ प्रेमचन्द ने अपना अधिकांश जीवन बिताया था।

हमीरपुर उस क्षेत्र का एक ज़िला है जिसे बुन्देलखंड यानी राजपूतों के बुन्देल वंश की सरज़मीं के नाम से जाना जाता है। यह एक पहाड़ी इलाका है, जहाँ छोटी-छोटी बेचैन नदियाँ बीहड़ के जंगलों में ताबड़तोड़ बहती रहती हैं—उन खेतों और मैदानों से एकदम भिन्न, जिनसे होकर गंगा बहती है। बुन्देलखंड ने बड़े उतार-चढ़ाव देखे हैं। मध्यकाल में बुन्देल राजा छत्रसाल ने इसी जगह अपने से कहीं ज़्यादा शक्तिशाली मुग़ल बादशाहों का बड़ी बहादुरी से सामना किया था। बाद में मराठों ने बुन्देलखंड को अपने शासन के अधीन कर लिया। राजनीतिक उठापटक की वजह से इस धरती पर बहुत-से राजाओं ने शासन किया लेकिन मन से हमेशा आज़ाद उनका जीवन किंवदन्तियों और लोककथाओं से ओतप्रोत है। संगीत और नृत्य का उनका अपना अलग अंदाज़ है। बुन्देलखंड में आदिवासी संस्कृति के कुछ बड़े दिलचस्प नमूने हैं जो ऐतिहासिक बदलाव से अनछुए रह गए हैं।

प्रेमचन्द को अपने तबादले का हुक्म जून, 1909 में मिला। इसी बीच उन्हें इंडियन प्रेस, इलाहाबाद से एक बड़ा ही आकर्षक प्रस्ताव मिला था। इस प्रेस के मैनेजर चिन्तामणि घोष एक उर्दू रिसाला निकालना चाहते थे और उन्होंने प्रेमचन्द से पूछा कि वे उस रिसाले का सम्पादक बनना स्वीकार करेंगे या नहीं। प्रेमचन्द ने इसमें अपनी दिलचस्पी प्रकट की और एक नाम भी सुझाया : 'फ़िरदौस'। लेकिन

मित्रों और शुभचिन्तकों ने उन्हें सलाह दी कि वे सरकारी नौकरी की सुरक्षा और नियमित आमदनी न छोड़ें। प्रेमचन्द ने उनकी सलाह मानकर, इंडियन प्रेस का प्रस्ताव ठुकरा दिया और महोबा में अपना काम शुरू किया। अपनी नई नौकरी में उन्हें लगातार दौरे करने पड़ते थे। अगर वे अपने अधिकार क्षेत्र में आनेवाले सभी स्कूलों का निरीक्षण करने की सोचते तो उन्हें महीने के पच्चीस दिन यात्रा करनी पड़ती। असलियत में वे औसतन पन्द्रह दिन सफ़र करते। उन्होंने सोचा कि पत्नी को विमाता के पास कानपुर छोड़ना बेहतर होगा। वहाँ परिवार की देखभाल के लिए विजय बहादुर था जो साला होते हुए भी एक स्नेही छोटे भाई से कहीं बढ़कर था।

लेकिन बड़ी जल्दी ही यह बात स्पष्ट हो गई कि उनकी सौतेली माँ के साथ शिवरानी का सामंजस्य भी उनकी पहली पत्नी के मुकाबले कुछ बेहतर नहीं होगा। चाची के तानाशाही स्वभाव की वजह से लगातार खटपट चलती रहती। एक समय तो शिवरानी ने तय किया कि वे लम्बे समय के लिए अपने मायके चली जाएँगी। चाची को यह बिलकुल अच्छा नहीं लगा। प्रेमचन्द ने हस्तक्षेप करके शिवरानी को कुछ समय और कानपुर में रहने के लिए राज़ी कर लिया। थोड़े समय बाद पूरा परिवार उनके पास महोबा आ गया लेकिन चाची ख़ुद को इन नई परिस्थितियों के अनुकूल नहीं बना पा रही थीं। वे अपने बच्चों के साथ कानपुर वापस लौट गईं। अब प्रेमचन्द को फिर से दो-दो जगह गृहस्थी चलानी पड़ रही थी। शिवरानी आख़िरकार अपने पति के साथ अकेली थीं। पास-पड़ोस में उनके अच्छे मित्र थे और अक्सर दौरे पर जाने से प्रेमचन्द की अनुपस्थिति उन्हें आशंका के विपरीत ज़्यादा चिन्तित नहीं करती थी। उनकी पहली संतान, एक बेटी, महोबा में पैदा हुई। दुर्भाग्यवश वह दस महीने बाद चल बसी। लेकिन इस शोक पर इससे भी गहरे शोक की परछाईं पड़नेवाली थी। एक मामूली-सी बीमारी के बाद विजय बहादुर चल बसा। विजय बहादुर प्रेमचन्द का सबसे बड़ा विश्वासपात्र था। वे अपनी पत्नी को छोड़कर जब भी दौरे पर जाते, पूरी तरह से विजय बहादुर पर ही निर्भर रहते थे। उसकी मृत्यु एक बड़ा ही निर्मम आघात थी। एक प्रियजन की मृत्यु के दुख के अलावा अब प्रेमचन्द के सामने एक व्यावहारिक समस्या आ खड़ी हुई। जब काम-काज के सिलसिले में उन्हें घर से दूर जाना पड़ता था तब हफ़्तों तक उनकी पत्नी अकेले कैसे रह सकती थीं?

अपनी चिर-परिचित निर्भीकता के साथ प्रेमचन्द ने इस समस्या को अत्यन्त अपारम्परिक तरीक़े से सुलझाने का फ़ैसला किया—अपनी पत्नी को निरीक्षण दौरों पर अपने साथ ले जाकर। उन्होंने एक बैलगाड़ी ख़रीदी जिसके लिए सरकार ने उन्हें बीस रुपये प्रति माह का अतिरिक्त वाहन भत्ता दिया। शिवरानी को यह विचार अच्छा नहीं लगा। दौरों पर सिर्फ़ अंग्रेज़ अफ़सरों की पत्नियाँ ही साथ जाया करती थीं। किसी ने सुना भी नहीं था कि भारतीय उप-सह-स्कूल निरीक्षक गाँव-गाँव अपनी

पत्नी के साथ जाए। पर प्रेमचन्द दृढ़प्रतिज्ञ थे और धीरे-धीरे शिवरानी की झिझक भी जाती रही। वे निरीक्षण करनेवाली जगह पहुँचते, किसी उपयुक्त स्थान पर अपना तम्बू लगाते, फिर प्रेमचन्द कुछ घंटों के लिए अपने काम पर निकल जाते और शिवरानी वहीं तम्बू में रहतीं। उन दिनों सरकारी अधिकारियों को नौकर साथ ले जाने की अनुमति थी—बल्कि ऐसा करने की उनसे उम्मीद की जाती थी। प्रेमचन्द के दल में एक बड़ा कुशल रसोइया था। प्रेमचन्द की पत्नी के लिए यह निश्चय ही एक वास्तविक अवकाश रहा होगा। शिवरानी और प्रेमचन्द के साथ बिताए ये दिन सबसे सुखद दिनों में से एक थे। दोनों की अच्छी सेहत थी। कोई पारिवारिक झगड़े नहीं थे और आर्थिक स्थिति भी कमोबेश सुधर गई थी। वे जंगलों और पहाड़ों में लम्बी सैर के लिए जाते। कभी-कभी वे गाँव के मेले में भी जाते, ख़ास कर एक प्रसिद्ध मेले में जो महोबा के क़रीब चरखारी नाम की एक रियासत में लगता था।

सरकारी दौरों पर पत्नी को साथ ले जाना ही एकमात्र वह क़दम नहीं था जिसने प्रेमचन्द को सरकारी अधिकारी की सामान्य छवि से अलग कर दिया। जो बात लोगों को और भी ज़्यादा आश्चर्य में डाल देती थी, वह थी 'डाली', जैसा कि उन दिनों कहा जाता था, वह थी प्रेमचन्द की तोहफ़े अस्वीकार करने की प्रवृत्ति। उन दिनों सरकारी अधिकारियों को औपचारिक समारोह में माथे पर दही-चावल का टीका लगाकर सम्मानित करने की परम्परा थी। तत्पश्चात पान और मिठाई खिलाई जाती। फिर तोहफ़े दिये जाते, जैसे—फल, दूध, घी, ताज़ा सब्ज़ियाँ और अक्सर पैसा भी। प्रेमचन्द ने पारम्परिक रीतियों और पान को तो स्वीकार कर लिया लेकिन तोहफ़े और धन लेने से साफ़ मना कर दिया। अधिकारियों की चापलूसी करने की इस वृत्ति के वे सख़्त खिलाफ़ थे। वे जानते थे, ये तोहफ़े दरअसल रिश्वत थे ताकि अगर अधिकारी को कोई अनियमितताएँ नज़र आएँ तो भी वह प्रतिकूल रिपोर्ट दर्ज न करे। यह पूरी प्रक्रिया तोहफ़े स्वीकार करनेवाले के लिए भी उतनी ही अपमानजनक थी जितनी देनेवाले के लिए। जब प्रेमचन्द ने तोहफ़े लेने से मना कर दिया तो उनके मित्रों ने उन्हें आगाह किया कि इस तरह उनके मातहत काम करनेवाले खाने-पीने की उन चीज़ों से वंचित रह जाएँगे जो उन्हें हमेशा से मुफ़्त में मिलती रही हैं। आख़िरकार प्रेमचन्द ने एक समझौता किया। उन्होंने फल, सब्ज़ियाँ और खाने-पीने की अन्य वस्तुएँ स्वीकार करनी शुरू कर दीं, जिन्हें वे फ़ौरन ही नौकरों के सुपुर्द कर देते। पर पैसा लेने के लिए वे किसी भी सूरत में तैयार न हुए।

जिन विद्यालयों का वे निरीक्षण करते, उनके अध्यापकों के बीच प्रेमचन्द बहुत लोकप्रिय हो गए। वे उनके प्रति अनौपचारिक और मित्रवत व्यवहार करते। अक्सर वे निरीक्षण की ज़िम्मेदारी कुछ अध्यापकों को ही सौंप देते। उनकी पत्नी को आशंका थी, यह उनका काम से जी चुराना समझा जाएगा। पर प्रेमचन्द को लगता था कि अगर सरकारी नियम-क़ानूनों को अक्षरश: लागू किया गया तो कई

अध्यापक—जो यूँ भी कोई ख़ास प्रसन्न नहीं थे—परेशानी में पड़ जाएँगे। इसके अलावा निरीक्षण सम्बन्धी कुछ काम अध्यापकों के ज़िम्मे कर देने से वे बहुत-सा समय और शक्ति बचा रहे थे जो उनके रचनात्मक कार्यों के काम आते। वे जानते थे कि जो वे कर रहे हैं, वह नियमत: ग़लत है लेकिन शायद वे यह सोचकर अपनी अन्तरात्मा को मना लेते होंगे कि सही काम करने से बेहतर है उचित काम करना।

अपने बुन्देलखंड-प्रवास के दौरान प्रेमचन्द उस इलाक़े के इतिहास, संस्कृति और परम्पराओं से भली भाँति परिचित हो गए थे। उनके मन में हमेशा से ही शौर्य और पराक्रम भरे युग के लिए एक कमज़ोरी थी। उस दौरान लिखी उनकी कहानियों में बुन्देलों का मोहक और उद्दीप्त करनेवाला इतिहास साफ़ प्रतिबिम्बित होता है। 'रानी सारन्धा' और 'राजा हरदौल' मध्ययुगीन बुन्देलखंड में ओरछा नामक छोटे-से राज्य में प्रचलित लोककथाओं पर आधारित हैं। इसी समय की एक और कहानी 'गुनाह का अग्निकुंड' हमीरपुर के इतिहास के एक प्रसंग पर आधारित है और 'विक्रमादित्य का तैगा' हमें ले जाती है पंजाब में सिख साम्राज्य स्थापित करने वाले महाराजा रंजीत सिंह के दरबार में।

5

बीते समय की ये कुछ कहानियाँ प्रेमचन्द के छद्मनाम से लिखी गई थीं जिसे सबसे पहले दिसम्बर, 1906 में प्रकाशित 'बड़े घर की बेटी' कहानी में इस्तेमाल किया गया था। उनकी अधिकांश शुरुआती रचनाएँ उनके असली नामों—ज़्यादातर नवाब राय, कभी-कभार धनपत राय—से ही प्रकाशित हुई थीं। सरकारी उत्पीड़न की वजह से छद्मनाम का प्रयोग आवश्यक हो गया था। इस अध्याय के तीसरे खंड में जिन कहानियों का ज़िक्र किया जा चुका है, उनके विद्रोही स्वर को अधिकारियों ने बाक़ायदा संज्ञान में लिया था। इन कहानियों का संकलन पुस्तक के रूप में 'सोज़-ए-वतन' के नाम से 1906 में प्रकाशित हुआ। लेखक का नाम छपा—नवाब राय। दुर्भाग्यवश, एक तकनीकी ग़लती की वजह से प्रकाशक और मुद्रक का नाम छपने से रह गया। इस बात ने सी.आई.डी. के मन में शक पैदा कर दिया। उन लोगों ने जब लेखक के बारे में विस्तृत जानकारी हासिल की तो पता चला कि वह एक सरकारी अफ़सर है। इस तथ्य की जानकारी फ़ौरन ही प्रेमचन्द के वरिष्ठ अधिकारियों को दी गई और प्रेमचन्द को हमीरपुर के कलक्टर के सामने हाज़िर होने का हुक्म मिला। प्रेमचन्द को बैलगाड़ी में तीस मील से भी ज़्यादा दूरी तय करनी पड़ी उस जगह पहुँचने के लिए, जहाँ कलक्टर का 'कैम्प' लगा हुआ था। कलक्टर ने 'सोज़-ए-वतन' की एक प्रति दिखाकर रुखाई से पूछा कि क्या उन्होंने वह पुस्तक लिखी है? प्रेमचन्द ने स्वीकार किया कि वे ही उसके

लेखक हैं। कलक्टर ने उन्हें सख़्त लहजे में उस सरकार के प्रति विश्वासघाती होने के लिए डाँटा जो इतनी उदार थी और जिसने इतनी आज़ादी दे रखी थी। प्रेमचन्द का हश्र किसी भारतीय राजा या शहंशाह के राज्य में क्या होता, इसकी बड़ी ही भयावह तसवीर उस कलक्टर ने खींची। पुस्तक की सारी प्रतियाँ ज़ब्त कर ली गईं और नष्ट कर दी गईं। क़रीब दो सौ प्रतियाँ नष्ट होने से बच गई थीं जो बाद में व्यक्तिगत स्तर पर बेची गईं। प्रेमचन्द को आदेश दिया गया कि भविष्य में कुछ भी प्रकाशित करने से पहले उन्हें सरकार से आज्ञा लेनी होगी।

पूरा मामला फिर उनके विभाग पहुँचा। डिप्टी-इंस्पेक्टर ऑफ स्कूल ने पुलिस विभाग और प्रशासनिक अधिकारियों के साथ इस बात पर परामर्श किया कि क्या किया जाना चाहिए। पुलिस चाहती थी कि प्रेमचन्द को कड़ी सज़ा दी जाए। पर डिप्टी इंस्पेक्टर ने, जो प्रेमचन्द के वरिष्ठ अधिकारी थे, नर्म रुख़ अपनाया। उन्होंने सुझाव दिया कि वे प्रेमचन्द के राजनीतिक विचारों का पता लगाएँगे, उनके क्रिया-कलापों पर नज़र रखेंगे और एक रिपोर्ट तैयार करेंगे। अन्ततोगत्वा कोई कार्रवाई नहीं हुई। प्रेमचन्द ने राजनीतिक सभाओं में शिरकत करना जारी रखा। उन्होंने 1910 में कांग्रेस के इलाहाबाद सेशन में भी हिस्सा लिया। पर वे जनता के बीच बोलते समय सावधान रहते क्योंकि अभी वे उस मुकाम पर नहीं पहुँचे थे जहाँ से अपनी नौकरी छोड़ देने का ख़तरा मोल ले सकते थे।

राजनीतिक गतिविधियों पर रोक से भी ज़्यादा मानसिक क्षोभ पैदा करनेवाली बात यह थी कि सरकारी आज्ञा के बिना कुछ भी प्रकाशित नहीं किया जा सकता था। लेखन प्रेमचन्द के वजूद को ज़िन्दा रखता था। वह उनके लिए फ़ुरसत के क्षणों में हल्के-फुल्के ढंग से किया जाने वाला कोई काम था। अब एकमात्र रास्ता था कि किसी दूसरे नाम से लिखा जाए। उनके मित्र दयानारायण निगम ने तख़ल्लुस 'प्रेमचन्द' का सुझाव दिया। इस तरह उस नाम का जन्म हुआ जो आगे चलकर आधुनिक भारतीय साहित्य में अमर हो गया। बहुत-से अन्य मामलों की तरह इस मामले में भी प्रेमचन्द, निगम के ऋणी हो गए। वे हमेशा ही अपने मित्र के प्रति कृतज्ञ रहे, तब भी जब कुछ सालों बाद उन दोनों के बीच दूरियाँ आ गईं। प्रेमचन्द इस नाम का प्रयोग केवल उन कहानियों और लेखों के लिए करने को तैयार हुए जो वे निगम की पत्रिका 'ज़माना' के लिए लिखते थे। उन्होंने कहा कि दूसरी पत्रिकाओं के लिए वे किसी और छद्मनाम का इस्तेमाल करेंगे। हालाँकि उस समय वे किसी भी अन्य पत्रिका के लिए नहीं लिख रहे थे और जब 'प्रेमचन्द' नाम भली भाँति स्थापित हो गया, और उनके उपन्यासों को अप्रत्याशित लोकप्रियता मिली तो दो अलग-अलग छद्मनामों का इस्तेमाल सम्भव नहीं रह गया था। जब वे 'प्रेमचन्द' नाम से नहीं लिखना चाहते तब वे अपने असली नाम 'नवाब राय' का प्रयोग करते। ऐसा वे तब करते जबकि प्रकाशित सामग्री निरापद होती थी और उसमें सरकार के

प्रति आलोचनात्मक होने की कोई सम्भावना न होती थी। उनकी रचनाशीलता तेज़ी से बढ़ रही थी और 'ज़माना' में हर महीने एक से ज़्यादा कहानियाँ छापना सम्भव नहीं था। लिहाज़ा उन्होंने अपने मित्र प्यारेलाल 'शाक़िर' द्वारा सम्पादित पत्रिका 'अदीब' में अपनी कहानियाँ भेजना शुरू कर दिया।

बुन्देलखंड में बिताए पहले तीन साल बड़े सुखद और सार्थक थे। उन्हें अपना काम अच्छा लगता था जो उन्हें नई-नई जगहों से वाक़िफ़ होने का अवसर प्रदान करता रहता था। वे एक लेखक के रूप में अपनी मौलिक शैली भी विकसित कर रहे थे। साथ ही वे अपने वैवाहिक जीवन में भी सन्तुष्ट थे। चाची और शिवरानी के आपसी रिश्ते तो हमेशा की तरह ख़राब ही थे और जब भी दोनों साथ होतीं, माहौल बदमज़ा हो जाता। आर्थिक दिक़्क़तें फिर से सिर उठा रही थीं। यद्यपि वे पहले से ज़्यादा कमा रहे थे, फिर भी कुछ बचा पाने में असमर्थ थे। रोज़मर्रा के ख़र्च बढ़ते जा रहे थे और चाची और उनके परिवार के लिए उन्हें लगातार पैसे भेजने पड़ते थे। निगम को लिखे लगभग हर पत्र में हमें उनकी आर्थिक दिक़्क़तों का ज़िक्र मिलता है। लेखन से कोई ख़ास कमाई नहीं होती थी। 1913 में उनकी दूसरी बेटी पैदा हुई जिसका नाम कमला रखा गया। अब उनके ऊपर एक और ज़िम्मेदारी आ गई थी।

अलग-थलग पड़े जिस इलाक़े में प्रेमचन्द रह रहे थे, वहाँ वे ख़ुद को एकाकी महसूस करते थे। उन्हें लगता था कि वे भारत की सांस्कृतिक और राजनीतिक मुख्यधारा से कट गए हैं। उनके अन्दर किताबों और अख़बारों की अमिट भूख थी। उस दौर में लिखे उनके पत्रों से उनकी हताशा साफ़ झलकती है। जिन छोटे-छोटे शहरों में उन्हें महीने के पन्द्रह से बीस दिन बिताने पड़ते थे, वहाँ कोई पुस्तकालय नहीं था। निगम को 18 मार्च, 1910 को लिखे एक पत्र में वे लिखते हैं :

> मैं ताज़ा घटनाओं पर टिप्पणियाँ लिखना चाहता हूँ, लेकिन मुझे तो महत्त्वपूर्ण घटनाओं के बारे में इतनी देर से पता चलता है कि तब उन पर लिखना बेमतलब हो जाएगा।

इसी दौरान लिखे उनके दूसरे पत्रों से हमें पता चलता है कि 'मॉडर्न रिव्यू' जैसी पत्रिका और 'स्टेट्समैन' व 'लीडर' जैसे अख़बार मँगाने के लिए उन्होंने कितनी मेहनत की। भारतवर्ष के राजनीतिक भविष्य में उनकी दिलचस्पी इतनी गहरी थी कि वे चाहते थे कि उनके मित्र निगम, मौलाना मोहम्मद अली द्वारा सम्पादित कलकत्ता के 'कामरेड' की तर्ज़ पर एक नया साप्ताहिक रिसाला शुरू करें। मौजूदा परिस्थितियों में जितना योगदान वे दे सकते थे, उतना देने का उन्होंने वादा भी किया।

जीवन के इस काल में प्रेमचन्द की राजनीतिक चेतना को जिन प्रभावों ने आकार दिया, उनका संक्षेप में यहाँ खुलासा करना उचित होगा। पहली बात तो यह कि भारतीय जीवन को उन्होंने जितना भी देखा और अनुभव किया था, उससे

उन्होंने यह तय पाया कि जब तक भारत की भाग्य-विधाता विदेशी ताक़तें रहेंगी तब तक भारत न तो कभी समृद्ध हो सकता है, न ही भारतीय आत्मसम्मान अर्जित कर सकते हैं। और दूसरी यह कि भारतीय इतिहास के अध्ययन ने उनके भीतर प्राचीन और मध्यकाल में भारतीयों के शौर्य और पराक्रम आदि गुणों के प्रति गहरी प्रशंसा भर दी थी। उन्हें लगा कि भारत की आज़ादी के लिए इनका सार्थक उपयोग हो सकता है। जो अतीत में अर्जित किया जा चुका है, भविष्य में भी हासिल किया जा सकता है। तीसरी बात यह कि उन्होंने दूसरे देशों के राष्ट्रीय आन्दोलनों के बारे में बड़े ध्यान से पढ़ा था। ख़ास कर, उन्नीसवीं शताब्दी के उत्तरार्द्ध में इटली और बीसवीं शताब्दी के दूसरे दशक में जापान के बारे में। अपने कई लेखों में उन्होंने अपने देशवासियों को प्रोत्साहित किया कि वे दूसरे देश के देशभक्तों की हिम्मत और समर्पण से प्रेरणा लें। और चौथी यह कि अपने समय के विलक्षण नेताओं—जैसे लोकमान्य तिलक और स्वामी विवेकानन्द—से उन्होंने स्वयं बहुत प्रेरणा ग्रहण की थी। पहले भी इसका ज़िक्र किया जा चुका है कि भारतीय राष्ट्रवाद के नेता के रूप में महात्मा गांधी के उदय के पहले प्रेमचन्द का झुकाव भारतीय राष्ट्रीय कांग्रेस के गोखले और फ़िरोज़ शाह मेहता की अगुआई वाले नरम दल की अपेक्षा गरम दल की तरफ़ अधिक था जिसका प्रतिनिधित्व तिलक करते थे। स्वामी विवेकानन्द का प्रभाव कहीं गहरे स्तरों पर था जिसके बारे में विस्तार से चर्चा करना उचित होगा।

भारतीय राष्ट्रीय आन्दोलन के शुरुआती दौर में दो घटनाएँ घटीं जिन्होंने लाखों लोगों के हृदय को गर्व और रोमांच से भर दिया। एक तो 1905 में जापान की रूस पर विजय, जिसने आधुनिक इतिहास में पहली बार यह सिद्ध किया कि कोई एशियाई देश यूरोप के सबसे बड़े और शक्तिशाली देशों में से एक को पराजित कर सकता है, और दूसरी, स्वामी विवेकानन्द की अमेरिका-यात्रा, जहाँ सर्वधर्म सम्मेलन में उनके भाषणों ने पश्चिम जगत को मजबूर किया कि वे भारतवर्ष की आध्यात्मिक विरासत पर ध्यान दें। हिन्दुस्तान के असंख्य युवाओं की तरह प्रेमचन्द भी स्वामीजी को ऐसे महानायक के रूप में देखते थे जिसने सारी दुनिया में हिन्दुस्तान की नाक ऊँची कर दी थी। पर प्रेमचन्द की श्रद्धा और प्रशंसा कहीं और गहरी थी। प्रेमचन्द ने विवेकानन्द के लेखों और भाषणों का गम्भीरता से अध्ययन किया। अपने कुछ लेखों में उन्होंने स्वामी जी को उद्धृत किया और हिन्दी व उर्दू में उनका अनुवाद भी किया। विवेकानन्द रामकृष्ण के महानतम अनुयायी थे। हालाँकि उनकी तर्कशक्ति बहुत प्रखर थी, फिर भी अपने गुरु की प्रकृति का एक पहलू विवेकानन्द ने आत्मसात् किया था और वह थी—प्रेमजन्य हर्षातिरेक यानी ईश्वरीय प्रेम, जो उनके लिए मानवता के प्रति प्रेम से अलग नहीं था। दर्शन के स्तर पर गुरु और शिष्य, दोनों ही अद्वैत वेदान्त के अनुयायी थे जिसके अनुसार ब्रह्म और जीव एक ही हैं और जगत सापेक्ष रूप से वास्तविक है। वे दर्शन के दूसरे दृष्टिकोण के महत्त्व को स्वीकार

करते थे लेकिन रामकृष्ण की ओर से बोलते हुए उन्होंने बारम्बार यह आग्रह किया कि वे अद्वैत का सिद्धान्त मानते हैं।

लेकिन विवेकानन्द की लोकप्रियता का आधार उनके दार्शनिक विचार उतने नहीं थे जितना उनका कर्म के लिए आह्वान। उन्होंने जीवन के गतिशील दर्शन का प्रतिपादन किया, एक शक्तिमूलक दर्शन—जिसे उन्होंने मनुष्य निर्माण के दर्शन का नाम दिया। विवेकानन्द के विचारों में निहित ओज और पौरुष से प्रेमचन्द बहुत प्रभावित थे। साहित्य की ही तरह विचारों में भी वे भावातिरेक को नापसन्द करते थे। एक अन्य सन्दर्भ में, बंगला साहित्य पर उनकी टिप्पणी भी इसी बात की तरफ़ इशारा करती है कि वे गतिशीलता और शक्ति को ही वरीयता देते थे। अन्तरराष्ट्रीय सर्वधर्म सम्मेलन, शिकागो में 1894 में हुआ था। विवेकानन्द पर अपने एक लेख में वे स्वामी जी के शब्द उद्धृत करते हैं : 'मेरे युवा मित्रो, शक्तिशाली बनो! मेरी तुम्हें यही सलाह है। तुम भगवद्‌गीता पढ़ने की अपेक्षा फुटबॉल खेलकर ज़्यादा सरलता से मुक्ति पा सकते हो। गीता की शिक्षा तुम अपने आचरण में तभी उतार सकते हो जब तुम्हारी भुजाओं में ताक़त हो। गीता के वचन कायरों के लिए नहीं हैं, वे अर्जुन को दिये गए थे, जो बहादुर और निर्भीक था।'*

विवेकानन्द राजनीतिज्ञ नहीं थे। पर वे सच्चे अर्थों में देशभक्त थे। वे यह नहीं मानते थे कि आध्यात्मिक श्रेष्ठता के नाम पर हमें अपने देशवासियों की ग़रीबी, भूख और अज्ञान के प्रति उदासीन हो जाना चाहिए। जब अमेरिका में किसी ने कहा कि 'भारत आध्यात्मिक है जबकि पश्चिम भौतिकतावादी है' तो स्वामी जी भड़क उठे, और बोले, 'बकवास, मुझे भूख, गन्दगी और नग्नता में कोई अध्यात्म नहीं दिखाई देता।' 'टू अवेकंड इंडिया' कविता में वे आह्वान करते हैं—'उठो, जागो और सपने देखना बन्द करो।' उन्होंने सामाजिक कुरीतियों और अंधविश्वासों की घोर निन्दा की और घोषणा की—'मैं ऐसे ईश्वर में विश्वास नहीं करता जो मुझे स्वर्ग में तो असीम सुख दे सकता है लेकिन इस दुनिया में रोटी नहीं दे सकता।' यहाँ इस बात पर ज़ोर देना आवश्यक है कि विवेकानन्द की शिक्षा का यही वह पहलू है जिसे प्रेमचन्द ने स्वीकार किया। कुछ लेखकों ने विवेकानन्द की बातों को तोड़-मरोड़ कर उन्हें 'हिन्दू राष्ट्र' के प्रचारक के रूप में पेश किया है। विवेकानन्द के विशाल वाङ्मय और असंख्य भाषणों में भारतीय राजनीति के हिन्दूवादी तत्त्वों

---

* यह अन्तरराष्ट्रीय सर्वधर्म सम्मेलन 1894 में शिकागो में हुआ था।

विवेकानन्द गीता के दूसरे अध्याय का यह श्लोक प्राय: उद्धृत किया करते थे :

क्लैब्यं या स्म गमः पार्थ नैतत्त्वयुत्पद्यते
क्षौद्रं हृदय दोबीय त्यक्तोतिष्ठ परंतपः।

इसलिए हे अर्जुन, नपुंसकता को मत प्राप्त हो, तुझमें यह उचित नहीं जान पड़ती। हे परंतप—क्षुद्रता और हृदय की दुर्बलता को त्यागकर युद्ध के लिए खड़ा हो जा।

के कहीं-कहीं ऐसे पैराग्राफ या वाक्य मिल जाते हैं जिसे वे उग्रवादी हिन्दुत्व के पक्ष में उद्धृत कर सकते हैं। इन तत्त्वों ने विवेकानन्द के साथ वही किया है जो काम मुस्लिम साम्प्रदायिक ताक़तों ने इक़बाल के साथ किया है। जिस तरह इक़बाल की देशप्रेम से भरी शुरुआती कविताओं और बाद की मानवतावादी कविताओं को अनदेखा करके उन्हें 'अखिल-इस्लामवाद' (Pan-Islamist) कवि के रूप में देखा गया, उसी तरह कुछ हिन्दू लेखकों ने, जिनमें वे भी शामिल हैं जो राष्ट्रवादी आन्दोलन के मंच का इस्तेमाल कर रहे थे, विवेकानन्द को हिन्दुत्व के पुनरुत्थान के अगुआ के रूप में महिमामंडित कर दिया। प्रेमचन्द इक़बाल और विवेकानन्द, दोनों के ही प्रशंसक थे और वे उनकी देशभक्ति, मानवीय दृष्टिकोण और सामाजिक न्याय के प्रति उनके जुनून से बहुत प्रभावित थे।

यह तोड़ना-मरोड़ना आज भी जारी है (1979), जैसाकि कुछ राजनीतिक पार्टियों के नेताओं की टिप्पणियों में देखा जा सकता है।

6

महोबा में आख़िरी दो साल प्रेमचन्द के लिए सुखद नहीं थे। वे लगातार आर्थिक दिक़्क़तों में फँसे रहे। अपनी कहानियों के प्रकाशन सम्बन्धी उनकी योजनाएँ विलम्ब के कारण विफल हो रही थीं जिसके फलस्वरूप उनके और दया नारायण निगम के बीच दरार पैदा हो गई। लगातार कई पत्रों में उन्होंने अपने मित्र से आग्रह किया कि वे 'प्रेम पचीसी' को शीघ्र प्रकाशित करें—यह शीर्षक प्रेमचन्द ने पच्चीस कहानियों के संकलन को दिया था। एक ग़लतफ़हमी की वजह से यह दरार खाई में बदल गई। अपने एक पत्र में प्रेमचन्द ने निगम को सलाह दी कि वे अपने व्यक्तिगत ख़र्च उन ख़र्चों से बिलकुल अलग रखें जो वे अपने साप्ताहिक में प्रेमचन्द को 'रफ़्तार-ए-ज़माना' स्तम्भ लिखने के लिए दिया करते थे। प्रेमचन्द यह स्तम्भ लिखते आ रहे थे जो मुख्यतः समसामयिक विषयों पर होता था। उनका सुझाव वास्तव में व्यावहारिक और वाजिब था। वे ख़ुद अपने व्यक्तिगत और कारोबार से सम्बन्धित ख़र्चों को अलग-अलग रखने के प्रति बेहद सावधान रहते थे। पर उनके मित्र ने उनके पत्र का बुरा माना। अभी तो और भी बुरा होना था। उन दोनों के बीच एक नये साप्ताहिक 'आज़ाद' को लेकर कुछ पत्राचार हुआ था, जिसे निगम प्रकाशित करना चाहते थे। बातचीत पूर्ण करने के लिए प्रेमचन्द निगम से मिलने कानपुर आए। कुछ मुद्दों पर दोनों में आपसी सहमति नहीं हुई और प्रेमचन्द को लगा कि वे पत्रिका के साथ पूरे समय जुड़े नहीं रह सकते। वे शीघ्र ही महोबा वापस चले गए क्योंकि वे बग़ैर छुट्टी लिये अपने काम पर अनुपस्थित नहीं रहना चाहते थे। निगम ने ग़ुस्से से भरा शिकायती पत्र लिखा कि प्रेमचन्द ने बड़े रूखे

ढंग से बातचीत को बीच में ही छोड़ दिया और यह कि वे आसानी से रुक सकते थे। प्रेमचन्द ने समझाया कि एक सरकारी मुलाज़िम होने के कारण वे एक घंटा भी और नहीं रुक सकते थे और दरअसल कानपुर से इतनी हड़बड़ी में आने के बावजूद उन्हें काम पर पहुँचने में देर हो गई थी। बाद में दोनों मित्रों के बीच सुलह हो गई, पर उनका रिश्ता पहले जैसा नहीं रहा। घटनाओं के इस तरह मोड़ ले लेने से प्रेमचन्द बहुत दुखी हुए।

लेकिन इन सबकी तुलना में चिन्ता की बड़ी वजह पैदा हो गई—उनके स्वास्थ्य में गिरावट। बचपन में भी वे कमज़ोर ही थे, पर कसरत ने हमेशा ही उनकी सेहत को अच्छा रखा था। हाँ, पाचन ज़रूर गड़बड़ था। बुन्देलखंड प्रवास के आख़िरी दिनों में उन्हें पेचिश हो गई। कुछ भोजन करने में अनियमितता, कुछ दौरे पर रहने के कारण बार-बार पानी का बदलना और कुछ इसलिए क्योंकि उन्हें गरिष्ठ खाना प्रिय था, उनके पाचन सम्बन्धी रोग ठीक नहीं हुए। हरी सब्ज़ियाँ उनके लिए लाभकारी थीं, पर ताज़ा सब्ज़ियाँ गर्मियों में उपलब्ध ही नहीं होती थीं। उन्हें दाल और कन्दमूल वाली सब्ज़ियों से काम चलाना पड़ता था। कभी-कभी उन्हें भयंकर पेट-दर्द होता और तब उन्हें सादा भोजन करना पड़ता था। लेकिन दोस्तों और सहकर्मियों के यहाँ आमंत्रित होने पर वे गरिष्ठ भोजन का लोभ सँवरण न कर पाते। ऐसी बदपरहेज़ी, अपरिहार्य रूप से दर्द और पेचिश को फिर से उभार देती। साल भर के अन्दर ही उनका स्वास्थ्य काफ़ी गिर गया। उम्र जैसे कई साल बढ़ गई। चेहरे की स्वाभाविक रौनक ग़ायब हो गई और आँखों के नीचे स्याह गड्ढे हो गए। पेचिश बहुत कमज़ोर कर देती है और प्रेमचन्द इतने हो गए कि अपना काम भी नहीं कर पाते थे। उनके मिज़ाज पर भी असर पड़ रहा था। वे पहले की तरह शान्त और धैर्यवान् नहीं रह गए थे। अब वे चिड़चिड़े हो गए थे और जिन मुश्किलों को पहले वे हँसते-हँसते सह लेते थे, अब उन्हीं को लेकर भुनभुनाने और कुढ़ने लगे।

दौरों पर जाना उन्हें बुरी तरह थकाने लगा। लिहाज़ा उन्होंने तबादले के लिए आवेदन कर दिया। कानपुर को उन्होंने अपनी पहली पसन्द बताया और रूहेलखंड में किसी जगह को दूसरी। लेकिन इनमें से कोई भी जगह उन्हें नहीं मिली। उन्हें बस्ती भेज दिया गया, जो एक पिछड़ा हुआ, बियाबान में बसा एक छोटा-सा कस्बा है। नेपाल के सीमावर्ती इलाके में हिमालय की तलहटी में इस क्षेत्र को तराई के नाम से जाना जाता है। कोढ़ में खाज यह कि बतौर उप-सह-निरीक्षक उन्हें अब भी काफ़ी दौरे करने पड़ते थे। इस तरह महोबा से तबादला हो जाने पर भी उन्हें कोई विशेष आराम नहीं मिला।

प्रेमचन्द जुलाई, 1914 में बस्ती पहुँचे। अपनी निराशा को मन में दबाकर वे साहित्यिक कामों में जुट गए। अगले चार महीनों में उन्होंने कई कहानियाँ लिखीं।

'ज़माना' के अलावा दूसरी पत्रिकाओं को भी उन्होंने अपनी कहानियाँ भेजनी शुरू कीं। उर्दू पत्रकारिता का अवसान हो रहा था। कई पत्रिकाओं और अख़बारों की पाठक-संख्या घटती जा रही थी। दूसरी तरफ़ हिन्दी की पत्रिकाएँ और प्रकाशक समृद्ध हो रहे थे। प्रेमचन्द की निगाह से यह फ़र्क़ बच नहीं पाया और उन्होंने इस बात पर विचार करना शुरू कर दिया कि क्या उन्हें हिन्दी में लिखना शुरू कर देना चाहिए? यह भी एक संयोग ही था कि उनकी जान-पहचान मन्नन द्विवेदी नाम के हिन्दी लेखक से हुई, जो बस्ती से चौदह मील दूर डुमरियागंज में तहसीलदार थे। मन्नन द्विवेदी कानपुर से प्रकाशित ख़ासे मशहूर अख़बार 'प्रताप' से सम्बद्ध थे। जल्दी ही प्रेमचन्द और मन्नन द्विवेदी घनिष्ठ मित्र बन गए, यहाँ तक कि एक बार तो प्रेमचन्द ने बस्ती के बजाय डुमरियागंज में ही रहने की बात सोची। द्विवेदी के प्रभाव से प्रेमचन्द संस्कृत के 'क्लासिक' ग्रंथों की ओर आकृष्ट हुए और कालिदास के घोर प्रशंसक बने। उन्होंने केशवदास और बिहारी जैसे मध्यकालीन हिन्दी कवियों का भी अध्ययन किया। हिन्दी के प्रति उनका सम्मान 'ज़माना' में लिखे उन लेखों में झलकने लगा जिनमें उन्होंने उर्दू के पाठकों को संस्कृत और हिन्दी की महान रचनाओं से परिचित कराया। उन्होंने निगम के सामने यह प्रस्ताव रखा कि 'ज़माना' में एक हिन्दी परिशिष्ट हो और वे उसकी ज़िम्मेदारी लेने के लिए भी तैयार हो गए। हिन्दी के प्रति बढ़ता अनुराग, साथ ही यह व्यावहारिक निर्णय कि हिन्दी की माँग उर्दू से ज़्यादा है—दोनों ही बातों ने प्रेमचन्द की जीवनधारा को एक नया मोड़ दिया।

बस्ती की आबोहवा उन्हें माफ़िक़ नहीं आई। जब-तब उन्हें चिकित्सा-अवकाश लेना पड़ता। इलाज के लिए उन्हें एक महीना इलाहाबाद में रहना पड़ा। फिर उन्होंने अपनी छुट्टी चार महीने और बढ़वाई और कानपुर में रहे। थोड़े समय के लिए लखनऊ मेडिकल कॉलेज में भी उनका इलाज हुआ। अन्ततोगत्वा वे बनारस गए जहाँ एक हकीम की यूनानी दवाओं से उन्हें कुछ लाभ पहुँचा। बस्ती लौटने पर उन्होंने फिर एक ऐसे पद पर तबादले का आवेदन किया जिसमें उन्हें दौरों पर न जाना पड़े। स्कूल निरीक्षक नाराज़ हो गए। प्रेमचन्द को अध्यापक का पद दे दिया गया जिसमें यात्राएँ नहीं करनी पड़ती थीं, पर बस्ती से उनका तबादला न हुआ। चूँकि अब वे उप-सह-निरीक्षक नहीं थे, उनकी तनख़्वाह घटा दी गई थी, फिर भी दौरों की थकान से छुटकारा उनके लिए बहुत बड़ी राहत थी।

हालाँकि प्रेमचन्द ने बुन्देलखंड छोड़ दिया था, फिर भी वहाँ के इतिहास और किंवदन्तियों पर कहानियाँ लिखना जारी था। पर उनकी काफ़ी शक्ति लेख लिखने और अन्य भाषाओं की कहानियों के अनुवाद में व्यय हो जाती थी। वे पत्रकारिता में सचमुच दिलचस्पी रखते थे। जब लखनऊ में एक नई पत्रिका 'अवध अख़बार' शुरू हुई तो वे बड़े उत्साहित हुए और उन्होंने कई सुझाव भी दिये। यही वह समय था जब पहली बार उन्होंने अपना प्रेस खोलने की इच्छा ज़ाहिर की। वे सरकारी

नौकरी से ऊब रहे थे और उन्हें लगा कि प्रेस खोलना न सिर्फ़ मुनाफ़े का सौदा है बल्कि अपनी किताबें प्रकाशित करने की समस्या का समाधान भी। उन्हें अक्सर इस बात का अफ़सोस होता कि उनके पास ज़मीन का ऐसा टुकड़ा नहीं है जहाँ वे एक किसान का शान्त जीवन व्यतीत कर सकें। हालाँकि वे आजीविका के विकल्पों के बारे में लगातार विचार करते रहे, शिक्षण के प्रति वे पूरी तरह से समर्पित रहे। अपनी योग्यता सिद्ध करने के लिए वे इंटरमीडिएट की परीक्षा की तैयारी भी कर रहे थे। वे जानते थे कि जब तक वे बी.ए. की डिग्री हासिल नहीं कर लेते, बतौर अध्यापक उनकी पदोन्नति की कोई सम्भावना नहीं है। उन्होंने 1915 में अंग्रेज़ी, तर्क विज्ञान, इतिहास और फ़ारसी विषय लेकर इंटरमीडिएट की परीक्षा उत्तीर्ण की। यह क़ाबिले-ग़ौर है कि हिन्दी उनका विषय नहीं था।

बीमारी की वजह से बस्ती में उनका साहित्यिक योगदान मामूली रहा। फिर भी इस दौरान लिखी गई कहानियों में उनकी दो सर्वश्रेष्ठ कहानियाँ हैं : 'मरहम' जो हिन्दी में 'विस्मृति' के नाम से प्रकाशित हुई और 'पंच परमेश्वर'। हमेशा की तरह जो कुछ भी उपलब्ध होता, वे उसे पढ़ डालते—अख़बार, पत्रिकाएँ, अंग्रेज़ी का 'क्लासिक' साहित्य और दूसरी यूरोपीय भाषाओं के 'क्लासिकों' का अंग्रेज़ी अनुवाद। संस्कृत साहित्य में जगी नई दिलचस्पी का असर किताबों के चुनाव पर भी पड़ा। समकालीन विषयों में उनकी गहरी दिलचस्पी बनी रही। उन्होंने भारतीय इतिहास का गहरा अध्ययन भी किया ताकि वे अपने छात्रों को उन घटनाओं की वास्तविक जानकारी दे सकें जो अंग्रेज़ इतिहासकारों द्वारा अक्सर तोड़-मरोड़कर प्रस्तुत की जाती थीं।

प्रेमचन्द एक छोटे-से घर में रहते थे जिसकी दीवारें मिट्टी की थीं और छत फूस की। घर एक पुराने मुहल्ले में था जहाँ अधिकतर परिवार मुस्लिम थे। उनका जीवन एकदम सामान्य था। वे सबेरे अन्य सवारियों के साथ एक इक्के में स्कूल जाते। पैदल वापस आते समय वे रास्ते में बाज़ार से रसोई का सामान भी लेते आते। उनके परिवार में शिवरानी देवी, दो साल की बेटी कमला और सौतेले भाई महताब राय थे, जो हाईस्कूल की परीक्षा की तैयारी कर रहे थे। प्रेमचन्द अपने पड़ोसियों में अपने शिष्ट-सौम्य व्यवहार और दूसरों की मदद के लिए तत्पर रहने के कारण बड़े लोकप्रिय थे। वे एक लोकप्रिय अध्यापक भी थे। उन्हें पदोन्नति, वेतनवृद्धि और तबादलों से जुड़ी उन तुच्छ बतकही में कोई दिलचस्पी न थी जिसमें दूसरे अध्यापक बड़ी शिद्दत से डूबे रहते। वे अपने व्याख्यान बड़ी मेहनत से तैयार करते और अपना काम पूरा दिल लगाकर करते। साथ ही वे जो पढ़ाते, उसमें भरपूर आनन्द भी उठाते थे, और उनका यह आनन्द इस अर्थ में संक्रामक था कि उनके छात्रों को भी पढ़ाई बोझिल नहीं बल्कि आनन्ददायक काम लगती थी। प्रेमचन्द सबसे कटकर रहने वालों में से नहीं थे। वे छात्रों के साथ खेलकूद और त्योहारों में

हिस्सा लेते थे और कक्षा के बाहर भी सबको सहज ही उपलब्ध थे। जिस तरह वे अनुशासन बनाए रखने में सफल हो जाते थे, उनकी अक्सर ही प्रशंसा होती थी। यह अनुशासन उस प्यार और सम्मान से उपजता था जो छात्र उनके लिए महसूस करते थे। इसका आधार किसी सज़ा का डर नहीं था।

बस्ती में दो साल रहने के बाद अगस्त, 1916 में पदोन्नति के साथ प्रेमचन्द का तबादला गोरखपुर कर दिया गया। कानपुर के ज़िला विद्यालय में नौकरी शुरू करने के बाद के ग्यारह सालों में न जाने कितना कुछ घट चुका था। उसके पहले भी वे छोटे-छोटे समय के लिए अध्यापन का काम कर चुके थे पर ट्रेनिंग कॉलेज के प्रशिक्षण की वजह से उसमें व्यवधान पड़ता रहता था। कानपुर में एक अध्यापक के रूप में उनका करियर सचमुच शुरू हुआ था। जब वे कानपुर आए थे तो पच्चीस साल के युवक थे। अब जब गोरखपुर के लिए वे अपना बोरिया-बिस्तर समेट रहे थे तो एक अनुभवी मध्यवय गृहस्थ थे। उम्र उनकी महज़ छत्तीस साल की थी। लेकिन उनके व्यक्तिगत व्यावसायिक और रचनात्मक जीवन में इतने बदलाव आ चुके थे कि न तो अण्ने रंग-रूप में और न ही दृष्टिकोण में युवा रह गए थे। लगभग एक दशक में वे पहली पत्नी से अलग हुए, पुनर्विवाह किया, पिता बने, जीवन को आकार देनेवाले तमाम सामाजिक, राजनीतिक और सांस्कृतिक प्रभावों को उन्होंने आत्मसात किया। उर्दू लेखक के रूप में पहले ही प्रतिष्ठित हो चुके थे और अब वे हिन्दी को अपने लेखन का माध्यम बनाने की प्रक्रिया में थे। उनके वास्तविक नाम धनपत राय और नवाब राय उनके प्रेमचन्द उपनाम से प्रतिस्थापित हो चुके थे जिसने उन्हें आगे चलकर अभूतपूर्व ख्याति दिलाई। गाँव और शहर, गंगा के मैदानी इलाकों और बुन्देलखंड की पहाड़ियों—इन तमाम जगहों के जीवन के अनुभव से वे ख़ुद को समृद्ध कर चुके थे। निगम के साथ आजीवन चलनेवाली मित्रता क़ायम कर चुके थे और एक अनुभवी पत्रकार बन चुके थे। लगातार चलने वाली आर्थिक समस्याएँ, पारिवारिक झगड़ों और ख़राब स्वास्थ्य के बावजूद तैयारी के ये साल बड़े लाभप्रद रहे। अपनी सादा जीवन-शैली, विनयशीलता और निस्पृह व्यवहार के बावजूद उन रचनात्मक वर्षों में जो लोग उनके क़रीब थे, उन्होंने निश्चय ही होनहार बिरवान के चिकने पात देख लिये होंगे। यह था एक विलक्षण इनसान जिसकी संवेदनशीलता और ईमानदारी असाधारण थी और बतौर लेखक जिसकी काबिलियत निर्विवाद थी। अभी तक उन्होंने कोई अभूतपूर्व सफलता हासिल नहीं की थी लेकिन जहाँ तक साहित्य का सवाल था, अब उन्हें नज़रअन्दाज़ करना सम्भव नहीं था।

तीसरा अध्याय

परिपक्वता के वर्ष

जिस दिन प्रेमचन्द का गोरखपुर आगमन हुआ, ठीक उसी दिन उनके पहले बेटे का जन्म हुआ। यह भी परिवार की ख़ुशक़िस्मती थी कि प्रसव-पीड़ा यात्रा के दौरान ही शुरू नहीं हो गई। अपने भावी सहकर्मियों की सहृदयता और सहयोग से प्रेमचन्द बहुत प्रभावित हुए। सबने पूरा प्रयास किया कि उन्हें और उनकी पत्नी को किसी तरह की दिक़्क़त न हो। यह उनके गोरखपुर प्रवास की एक अच्छी शुरुआत थी। नवजात शिशु स्वस्थ था। पहला पुत्र होने के कारण उसका बड़ा लाड़-प्यार किया जाता था। उसका नाम श्रीपत राय रखा गया और प्यार से उसे 'धुन्नू' कहकर पुकारा जाता।

प्रेमचन्द के लिए गोरखपुर नया नहीं था। उन्होंने वहाँ के मिशन हाईस्कूल में पढ़ाई की थी। विमाता की क्षुद्रता की वजह से उस समय घर पर उनका जीवन सुखी नहीं था पर किताबों से उन्होंने काफ़ी भरपाई कर ली थी। सच तो यह है कि पहले-पहल गोरखपुर में ही पढ़ने के प्रति उनकी दीवानगी परवान चढ़ी थी। अब वे उसी शहर में वापस आ गए थे। बस्ती के बाद यह बदलाव निश्चित रूप से सुखद रहा। एक और वजह थी जिससे प्रेमचन्द उत्साहित थे। नॉर्मल हाईस्कूल (जहाँ उन्हें अध्यापन करना था) के हेडमास्टर एक बेहतरीन इनसान थे। बस्ती के हेडमास्टर एक निःसंग, अधिकारमोह से ग्रस्त शख़्स थे। लेकिन उनके नये अधिकारी, बेचन लाल, थोड़े ही समय में आत्मीय हो गए। जब भी सम्भव होता, वे प्रेमचन्द को आर्थिक लाभ के अवसर भी देते रहते। हेडमास्टर के सुझाव पर प्रेमचन्द महीने भर के प्राथमिक उपचार के लिए प्रशिक्षण हेतु इलाहाबाद गए। इस नई योग्यता के आधार पर उनकी तनख़्वाह दस रुपये बढ़ा दी गई। साल भर बाद प्रेमचन्द को स्कूल के छात्रावास का सुपरिंटेंडेंट बना दिया गया। इसका अर्थ था : एक और वेतन-वृद्धि और इससे भी ज़्यादा सुखद था : एक बड़ा-सा खुला हुआ मुफ़्त का आवास। बस्ती की तरह तंग गन्दी गली के ढहते हुए मकान में रहने की बजाय वे अब एक आरामदेह घर में रह रहे थे जो पेड़ों और फूलों की झाड़ियों से घिरा हुआ था।

वे ख़ुश थे। मधुर स्वभाव और गरिमामय व्यवहार के कारण उनके सहयोगी, विद्यार्थी और दूसरे अध्यापक उनकी इज़्ज़त करते थे। उनका घर कलक्टर के बँगले के नज़दीक ही था। कलक्टर उनसे यह अपेक्षा रखता था कि जब भी वे मिलें, प्रेमचन्द उसका अभिवादन करें। लेकिन प्रेमचन्द को इसकी कोई परवाह न थी। उन्होंने कलक्टर की तरफ़ कोई ध्यान न दिया। कलक्टर ने एक बार उन्हें रोककर कहा, 'तुम बड़े बदतमीज़ हो। तुम्हें वरिष्ठ अधिकारियों को इज़्ज़त देना नहीं आता,' प्रेमचन्द ने तपाक से उत्तर दिया कि उनके वरिष्ठ सिर्फ़ विद्यालय में हैं। निजी जीवन में वे एक स्वतंत्र नागरिक हैं। एक दूसरे मौके पर प्रेमचन्द की गाय खुली छूट गई। वह कलक्टर के बग़ीचे में जा घुसी और उसने फूलों की कुछ क्यारियों को रौंद दिया। कलक्टर ग़ुस्से से भरकर अपनी बन्दूक लिए बाहर निकला और उसने गाय को गोली मार देने की धमकी दी। कलक्टर एक अंग्रेज़ था और यह उम्मीद करता था कि हर हिन्दुस्तानी उसका रुआब माने। प्रेमचन्द शान्त बने रहे और अनावश्यक संघर्ष को टाल दिया किन्तु वे और अपमान सहने के लिये कतई तैयार न हुए।

प्रेमचन्द गोरखपुर में साढ़े चार साल रहे : अगस्त, 1916 से फरवरी, 1921 तक। ये घटना-बहुल वर्ष थे। उनके नये और अज़ीज़ मित्र बने, पहले दो प्रमुख उपन्यास और कुछ प्रसिद्ध कहानियाँ प्रकाशित हुईं और गांधी जी के नेतृत्व में देश के स्वतंत्रता-आन्दोलन में वे उत्तरोत्तर गहरे जुड़ते गए। जिन लोगों से उनकी मित्रता हुई, उनमें हेडमास्टर श्री बेचनलाल के अलावा तीन नाम ख़ास हैं—इम्तियाज़ अली 'ताज', महावीर प्रसाद पोद्दार और रघुपति सहाय 'फ़िराक़'। इन सम्बन्धों ने न सिर्फ़ उन्हें व्यक्तिगत स्तर पर सुख-सन्तोष दिया बल्कि उनके लेखन और प्रकाशन सम्बन्धी उनकी योजनाओं को भी प्रभावित किया।

इम्तियाज़ अली उर्दू में 'ताज' तख़ल्लुस से लिखा करते थे और लाहौर में एक प्रकाशन संस्था के मालिक थे। उन दिनों लाहौर उत्तर भारत का एक महत्त्वपूर्ण सांस्कृतिक केन्द्र था। मुशायरों, कवि-सम्मेलनों और भारतीय शास्त्रीय संगीत की महफ़िलों की वहाँ एक परम्परा थी। कुछ बेहतरीन प्रकाशन वहाँ फल-फूल रहे थे और उर्दू के महानतम आधुनिक कवियों में से एक मोहम्मद इक़बाल अक्सर लाहौर में ही रहते थे। उर्दू की साहित्यिक दुनिया में इम्तियाज़ अली की बड़ी इज़्ज़त थी। उन्होंने प्रेमचन्द की कुछ कहानियाँ पढ़ीं थी जो उन्हें बहुत पसन्द आई थीं। प्रेमचन्द भी इम्तियाज़ अली द्वारा सम्पादित पत्रिका 'कहकशाँ' के बड़े प्रशंसक थे। उनके विचार में वह उर्दू की सबसे अच्छी पत्रिकाओं में से एक थी। लम्बे समय तक दोनों मित्रों में पत्राचार के माध्यम से सम्पर्क बना रहा। कई वर्षों तक व्यक्तिगत मुलाक़ात न हो सकी। शुरुआत में सम्बन्ध कतई व्यावसायिक थे। प्रेमचन्द की उर्दू कहानियों का संकलन 'प्रेम पचीसी' प्रकाशित करने के लिए ताज तैयार हो

गए थे और बाद में एक दूसरे संकलन 'प्रेम बत्तीसी' के प्रकाशन के लिए भी। फिर प्रेमचन्द ने उनकी पत्रिका के लिए लिखना भी शुरू कर दिया। प्रेमचन्द के लिए यह एक अच्छा अवसर था क्योंकि उन्हें निगम की 'ज़माना' के साथ तमाम दिक़्क़तें पेश आ रही थीं।

कारोबारी पत्र-व्यवहार के दौरान दोनों ने वैचारिक आदान-प्रदान भी शुरू किया और पाया कि उनके काफ़ी वैचारिक साम्य हैं। धीरे-धीरे व्यक्तिगत जुड़ाव बढ़ता गया। तसवीरों का आदान-प्रदान भी हुआ। ताज अपनी तसवीर भेजने के लिए तैयार हो गए हालाँकि, उनके शब्दों में, एक अच्छा मुसलमान ऐसे कामों को अच्छी निगाह से नहीं देखता। एक बार ताज ने प्रेमचन्द को छुट्टी मनाने के लिए मसूरी आने का निमंत्रण दिया। पर न जाने क्यों यह बात आगे नहीं बढ़ी। हालाँकि प्रेमचन्द रज़ामन्द थे। ताज एक सच्चे राष्ट्रवादी थे। उन्होंने महात्मा गांधी की एक संक्षिप्त जीवनी भी लिखी थी जिसका शीर्षक था : 'भारत सपूत'। प्रेमचन्द को उनकी कहानियाँ और नाटक इतने अच्छे लगे कि एक बार मज़ाक में उन्होंने ताज को पत्र में यह लिखा कि उन्हें एक नये प्रतिद्वंद्वी से डर लग रहा है। प्रेमचन्द और ताज के बीच का पत्र-व्यवहार महत्त्वपूर्ण है क्योंकि वह उस दौर की उर्दू पत्रकारिता और साहित्य की एक झलक दिखाता है और साथ ही यह भी दिखाता है कि भारतीय जीवन में साम्प्रदायिकता का घुन लगने के पहले देशप्रेम के वे बन्धन कितने मज़बूत थे जिन्होंने हिन्दुओं और मुसलमानों को एक साथ बाँध रखा था! आगे चलकर ताज ही एकमात्र ऐसे उर्दू प्रकाशक थे जिन्होंने प्रेमचन्द की कहानियाँ और उपन्यास त्वरित गति से प्रकाशित किया।

महावीर प्रसाद पोद्दार गोरखपुर के एक धनाढ्य थे जिनकी साहित्य में गहरी रुचि थी। हिन्दी के उभरते हुए लेखकों की मदद के लिए वे हमेशा ही तैयार रहते थे। गोरखपुर आगमन के कुछ ही समय बाद प्रेमचन्द का उनसे परिचय हुआ। राजनीतिक और सामाजिक मुद्दों पर उनके विचार समान नहीं थे। पोद्दार एक पक्के हिन्दू थे हालाँकि वे दूसरे धर्मों के लोगों के प्रति असहिष्णु नहीं थे। प्रेमचन्द के साथ अपने व्यक्तिगत सम्बन्धों में वे आपसी वैचारिक मतभेद को तनिक भी महत्त्व नहीं देते थे। उन्होंने प्रेमचन्द को हिन्दी में लिखने के लिए प्रोत्साहित किया और प्रेमचन्द जो कुछ भी लिखकर उन्हें देते, वे उसे सहर्ष स्वीकार कर लेते। उनकी प्रकाशन संस्था 'हिन्दी पुस्तक एजेंसी' अच्छी चल रही थी। वह गोरखपुर में स्थापित थी। हालाँकि बाद में उसे कलकत्ता स्थानान्तरित कर दिया गया क्योंकि वहाँ व्यापार के बेहतर अवसर थे। पोद्दार ने न केवल प्रेमचन्द की कुछ सर्वश्रेष्ठ रचनाएँ प्रकाशित कीं बल्कि उन्हें अपने प्रेस में हिस्सेदारी का निमंत्रण दिया। उन्होंने प्रेमचन्द के भाई महताब राय को अपने संस्थान में नौकरी भी दी। अन्ततोगत्वा साझेदारी की शर्तों पर समझौता न हो सका, पर पोद्दार हमेशा ही एक अच्छे मित्र

बने रहे। उन्होंने प्रेमचन्द की पुस्तकों के वितरण और बिक्री का बहुत ही बढ़िया इंतज़ाम किया था। वे भरोसेमन्द दोस्त और सच्चे शुभचिन्तक थे। बस्ती में मन्नन द्विवेदी से मिलने के बाद प्रेमचन्द उर्दू से हिन्दी की ओर बढ़ना शुरू कर ही चुके थे, पर प्रकाशन की समस्याओं को सुलझा देने से पोद्दार ने उनकी इस यात्रा को व्यावहारिक स्तर पर सम्भव कर दिया।

रघुपति सहाय, जो इस समय अस्सी से ऊपर की आयु प्राप्त कर चुके हैं,* उर्दू में सर्वश्रेष्ठ जीवित कवि माने जाते हैं। वे 'फ़िराक़ साहब' के नाम से मशहूर हैं। 'फ़िराक़' उनका तख़ल्लुस है। इलाहाबाद विश्वविद्यालय में फ़िराक़ का असाधारण अकादमिक करियर था और वे प्रादेशिक लोकसेवाओं के लिए नियुक्त भी किये गए थे। गांधी जी के असहयोग आन्दोलन के दौरान उन्होंने डिप्टी कलक्टर के पद से त्यागपत्र दे दिया था। अपने गृहनगर गोरखपुर में कुछ समय रहने के बाद फ़िराक़ ने इलाहाबाद विश्वविद्यालय के अंग्रेज़ी विभाग में शिक्षक का पद स्वीकार कर लिया। वे एक विलक्षण अलबत्ता कुछ सनकी और तुनकमिज़ाज, प्रोफ़ेसर के रूप में विख्यात हुए। फ़िराक़ ने प्रेमचन्द की पहली महत्त्वपूर्ण कहानी 'बड़े घर की बेटी' 'ज़माना' पत्रिका में 1910 में पढ़ी। वे इस कहानी से इतना प्रभावित हुए कि उसके बाद प्रेमचन्द का लिखा कुछ भी उन्होंने छोड़ा नहीं। प्रेमचन्द से उनकी पहली मुलाक़ात तब हुई जब वे इलाहाबाद विश्वविद्यालय के छात्र थे और बी.ए. की परीक्षा की तैयारी कर रहे थे। फ़िराक़ गर्मी की छुट्टियों में गोरखपुर आए थे। वे महावीर प्रसाद पोद्दार को भली भाँति जानते थे। पोद्दार के माध्यम से उनका प्रेमचन्द से परिचय हुआ।

बावजूद इसके कि प्रेमचन्द फ़िराक़ से पन्द्रह साल बड़े थे, दोनों जल्दी ही मित्र बन गए। फ़िराक़ के बड़े भाई गनपत सहाय भी प्रेमचन्द के घनिष्ठ मित्रों में से थे। गनपत सहाय के माध्यम से प्रेमचन्द की थियोसॉफिकल आन्दोलन में पहले की अपेक्षा ज़्यादा गहरी दिलचस्पी हुई। प्रेमचन्द मादाम बलावादस्की और ऐनी बेसेंट का लेखन पहले ही पढ़ चुके थे। दुर्भाग्यवश गनपत सहाय अल्पायु में ही चल बसे। फ़िराक़ के पिता गोरख प्रसाद भी कवि थे। वे 'इबरत' नाम से कविता करते थे। फ़िराक़ और इबरत, दोनों ने ही कोशिश की कि प्रेमचन्द में उर्दू कविता के प्रति रुचि पैदा कर सकें, पर विफल रहे। लेकिन फ़िराक़ की तमाम ऐसी रुचियाँ भी थीं जिन्हें वे प्रेमचन्द के साथ बाँट सकते थे—जैसे राजनीति, समाज-सुधार और शिक्षा। उभरते हुए लेखकों के प्रति स्वभावतः सौहार्दपूर्ण होने के कारण प्रेमचन्द ने फ़िराक़ को भी प्रोत्साहित किया और उनकी कुछ कविताएँ 'ज़माना' में प्रकाशित करने के लिए निगम के पास भेजीं। अपनी टिप्पणी में उन्होंने अपने मित्र को एक

* विश्वनाथ एस. नरवणे जिस समय यह किताब लिख रहे थे उस समय रघुपति सहाय 'फ़िराक़' जीवित थे। फ़िराक़ का निधन 3 मार्च, 1982 में हुआ।

ऐसे शख़्स के रूप में पेश किया जो परिष्कृत साहित्यिक अभिरुचि वाला, मिज़ाजन दार्शनिक, पर थोड़ा सनकी है। आगे चलकर दोनों के बीच व्यापारिक सम्बन्ध भी बने। प्रेमचन्द ने जो प्रेस शुरू किया था, उसमें फ़िराक़ ने भी कुछ पैसा लगाया। यह काम सफल नहीं हुआ और फ़िराक़ के पैसे वापस कर दिये गए। प्रेमचन्द की मृत्यु के कुछ पहले से दोनों 'ऑल इंडिया प्रोग्रेसिव राइटर्स एसोसिएशन' के गठन से भी जुड़े रहे।

2

गोरखपुर में प्रेमचन्द को अपनी रचनात्मक ऊर्जा का नवोन्मेष होता लगा। उनका स्वास्थ्य बेहतर हो गया था, उनका जीवन स्तर अच्छा था और अध्यापन का काम भी सौहार्दपूर्ण माहौल में हो रहा था। पारिवारिक समस्याएँ ज़रूर थीं। उनकी सौतेली माँ कभी-कभी उनके साथ रहने के लिए गोरखपुर आ जातीं और तब सास-बहू के झगड़े फिर से शुरू हो जाते। उनका छोटा भाई मेहताब राय भी स्कूल में कुछ ख़ास अच्छी तरक़्क़ी नहीं कर रहा था। वह हाईस्कूल में फेल हो गया था। उसे कहीं हिल्ले से लगाने के लिए प्रेमचन्द को लगातार कोशिशें करनी पड़ती थीं। उसकी शादी की ज़िम्मेदारी भी प्रेमचन्द के कन्धों पर ही थी। मेहताब राय की शादी के बाद निगम को लिखे एक पत्र में प्रेमचन्द ने कहा था कि वे बड़ी राहत महसूस कर रहे हैं। सितम्बर, 1919 में प्रेमचन्द के दूसरे पुत्र मन्नू का जन्म हुआ। ग्यारह महीने बाद 'बड़ी माता' निकलने से वह बच्चा चल बसा। प्रेमचन्द और शिवरानी ने बालक को बीमारी में तड़पते देखा था और लम्बे समय तक दोनों ख़ुद को सँभाल पाने में असमर्थ रहे। पर बावजूद इन परेशानियों और दुखद अनुभवों के, प्रेमचन्द कुल मिलाकर गोरखपुर प्रवास के दौरान ख़ुश थे।

1916 में प्रेमचन्द ने अपना पहला उर्दू उपन्यास 'बाज़ार-ए-हुस्न' शुरू किया। निगम को लिखे एक पत्र में उन्होंने ज़िक्र किया था कि उसकी शुरुआत तो कहानी की तरह हुई थी पर बढ़ते-बढ़ते उसने उपन्यास की शक़्ल ले ली। इसके बाद तो वे उपन्यास में इतना उलझ गए कि लगभग हर पत्र में उसका कुछ न कुछ ज़िक्र ज़रूर होता। 1917 के शुरू होते-होते उपन्यास पूरा हो चुका था। लेकिन उसे उर्दू में प्रकाशित करने के प्रयास विफल रहे। निगम इसे 'ज़माना' में धारावाहिक के रूप में छापने के लिए तैयार नहीं हुए, लिहाज़ा लेखक ने उसका हिन्दी रूपान्तरण करना शुरू कर दिया। महावीर प्रसाद पोद्दार ने उपन्यास का प्रकाशन सहर्ष स्वीकार कर लिया। यह उपन्यास हिन्दी पुस्तक एजेंसी द्वारा 1918 में प्रकाशित हुआ। इस सिलसिले में प्रेमचन्द ख़ुद कलकत्ता गए। हिन्दी रूपान्तरण का प्रकाशन 'सेवासदन' शीर्षक से हुआ था और यह प्रेमचन्द की साहित्य-यात्रा में मील का पत्थर साबित हुआ।

सात वर्ष पहले प्रकाशित 'जलवा-ए-इसर' के बाद यह उनका पहला उपन्यास था।

हिन्दी के पाठकों और समालोचकों ने जिस तरह एकमत होकर 'सेवासदन' का स्वागत किया, उससे उत्साहित होकर प्रेमचन्द ने अपना दूसरा प्रमुख उपन्यास लिखना शुरू किया। एक बार फिर उन्होंने पहले उर्दू में लिखा और शीर्षक दिया : 'नाकाम'। प्रेमचन्द ने शीर्षक के हिन्दी रूपान्तरण पर बड़ी मेहनत की। उपन्यास लिखने में उन्हें दो साल लगे थे और हिन्दी में अनुवाद करने में एक साल। 'प्रेमाश्रम' हिन्दी पुस्तक एजेंसी द्वारा 1921 में प्रकाशित हुआ। प्रेमचन्द के गोरखपुर छोड़ने के थोड़े समय पहले 'कलम का सिपाही' में अमृतराय ने 'प्रेमाश्रम' का प्रकाशन 1921 के पूर्वार्द्ध में बताया है जबकि मदन गोपाल 'प्रेमचन्द : एक साहित्यिक जीवनी' में 1922 का आरम्भ बताते हैं। इससे पहले प्रकाशित उपन्यास से लेखक ने जो यश अर्जित किया था, उसे इस उपन्यास ने भली भाँति क़ायम रखा। 'प्रेमाश्रम' की बिक्री 'सेवासदन' से ज़्यादा तेज़ और बेहतर थी और अब प्रेमचन्द एक हिन्दी लेखक के रूप में प्रतिष्ठित हो गए थे, न कि महज़ एक ऐसे उर्दू लेखक के रूप में, जो अपनी ही रचनाओं का हिन्दी में अनुवाद करता हो। इन दो उपन्यासों ने जिस उत्साह का संचार किया, वह प्रेमचन्द के लिए अप्रत्याशित था। अब उन्होंने एक दशक पहले प्रकाशित उर्दू उपन्यास 'जलवा-ए-इसर' का हिन्दी रूपान्तरण तैयार किया। हिन्दी अनुवाद का नाम था : 'वरदान' और वह बम्बई से प्रकाशित हुआ। उनके कुछ मित्रों की राय में जिस समय हिन्दी उपन्यासकार के रूप में उनकी कीर्ति आसमान छू रही थी, उस समय एक कमज़ोर उपन्यास को प्रकाशित करना समझदारी नहीं थी।

गोरखपुर प्रवास के दौरान प्रेमचन्द की पन्द्रह कहानियाँ प्रकाशित हुईं। उनका साहित्यिक स्तर एक-सा नहीं है। लेखक के गोरखपुर आगमन के कुछ ही दिनों बाद 'ज़माना' में 'घमंड का पुतला' प्रकाशित हुई, हालाँकि वह लिखी पहले ही जा चुकी थी। इस कहानी की कोई चर्चा न हुई। दो महीने बाद उसी पत्रिका में 'जुगनू की चमक' छपी। यह कहानी सिखों के इतिहास की एक घटना पर आधारित है। महाराजा रंजीत सिंह की मृत्यु हो चुकी थी और उनका साम्राज्य छिन्न-भिन्न हो चुका था। उनके पुत्र दिलीप सिंह अपने वतन से निष्कासित होकर इंग्लैंड में थे। रानी चन्द्र कुमारी क़ैद थीं। प्रेमचन्द की कहानी में रानी जेल से भागकर नेपाल में राजनीतिक शरण ले लेती हैं। इससे नेपाल और इंग्लैंड के रिश्तों को प्रभावित करती हुई एक बड़ी नाज़ुक राजनीतिक परिस्थिति पैदा हो जाती है। ख़ैर, मसला सुलझा लिया जाता है और रानी को नेपाल में शान्तिपूर्वक रहने की अनुमति मिल जाती है। अगली कहानी 'धोखा' एक महीने बाद प्रकाशित हुई। पात्र एक बार फिर राज परिवार के हैं। एक राजकुमारी, जो एक राजा की मंगेतर है, की मुलाक़ात साधू का वेश धरे एक घुमन्तू गवैये से होती है और वह उससे बहुत प्रभावित होती है।

विवाह की घड़ी तक वह उस साधू के बारे में सोचती रहती है और तब उसे पता चलता है कि उसका भावी पति राजा, और कोई नहीं, वही साधू है जिसके गायन ने उस पर जादू कर दिया था। बहुरुपिए से वह धोखा खा गई थी।

1917 में उनकी छह कहानियाँ प्रकाशित हुईं, जिनमें से पाँच 'ज़माना' में छपी थीं। सिर्फ़ एक 'ईश्वरीय न्याय' 'सरस्वती' में छपी थी जो इलाहाबाद से प्रकाशित होनेवाली एक अग्रणी पत्रिका थी। 1918 में केवल तीन कहानियाँ प्रकाशित हुईं : एक 'सरस्वती' में और दो 'ज़माना' में। 1919 में सिर्फ़ एक कहानी 'सेवा मार्ग' एक स्थानीय पत्रिका 'स्वदेश' में छपी और 1920 में दो, जिनमें से एक 'आत्माराम' पहले 'ज़माना' में प्रकाशित हुई और बाद में तमाम संकलनों में शामिल की गई। इनमें से ज़्यादातर कहानियाँ इसलिए लिखी गई थीं क्योंकि एक तो उन्होंने अपने मित्र निगम से वादा किया था कि वे नियमित रूप से 'ज़माना' को अपना सहयोग देते रहेंगे; दूसरे, क्योंकि उन्हें अतिरिक्त आय की आवश्यकता थी। इनमें से केवल तीन कहानियाँ 'ईश्वरीय न्याय', 'आत्माराम' और 'मर्यादा की वेदी' ही प्रेमचन्द जैसे लेखक की गरिमा के अनुरूप थीं और निगम के प्रति उत्तरदायी होने और पैसे की ज़रूरत—इन दो कारणों के अलावा लिखी गई थीं। हमें यह भी ध्यान में रखना चाहिए कि इस दौरान प्रेमचन्द अपने दो बड़े उपन्यासों में व्यस्त थे और दोनों ही क़रीब पाँच सौ पृष्ठ लम्बे थे। ऐसी दशा में आश्चर्य नहीं कि श्रेष्ठ साहित्यिक स्तर की कहानियाँ ज़्यादा नहीं लिखी गई थीं।

3

प्रेमचन्द जब गोरखपुर आए तब यूरोप प्रथम विश्वयुद्ध की विभीषिका से जूझ रहा था। यूरोप की घटनाओं का भारत के राजनीतिक परिदृश्य पर गम्भीर प्रभाव पड़ा था। एक तरफ़ तो ब्रिटिश सरकार भारतीय राष्ट्रवादी भावनाओं के तुष्टीकरण के लिए कुछ रियायतें देना चाहती थी, लेकिन दूसरी ही तरफ़ वह ऐसे किसी भी आन्दोलन का दमन करने के लिए दृढ़प्रतिज्ञ थी जो उसके युद्ध सम्बन्धी प्रयासों के आड़े आए। छः वर्ष के कारावास के बाद लोकमान्य तिलक वापस आ गए थे। कांग्रेस के दोनों धड़ों को क़रीब लाने की कोशिशें जारी थीं। ये कोशिशें ख़ास कारगर साबित नहीं हो पा रही थीं। लेकिन लखनऊ के कांग्रेस अधिवेशन में कांग्रेस और मुस्लिम लीग के बीच हुआ समझौता एक प्रोत्साहित करनेवाली घटना थी। प्रेमचन्द इस अधिवेशन में भाग लेना चाहते थे लेकिन ऐन वक़्त पर कुछ समस्या आ जाने की वजह से नहीं जा पाए। अगले साल बहुचर्चित मान्टेग्यू-चेम्सफ़ोर्ड सुधार घोषित हुए। यह नरम दल को ख़ुश करके राष्ट्रवादी आन्दोलन के गरम दल से पृथक् कर देने की ब्रिटिश सरकार की कोशिश थी। प्रेमचन्द के मन में इन सुधारों को लेकर कोई

भ्रम न था। इन सुधारों का समर्थन करने की 'ज़माना' की नीति से भी वे ख़ुश नहीं थे। प्रेमचन्द ने अपनी असहमति ज़ाहिर की और कहा कि इन सुधारों से सिर्फ़ कुछ शिक्षित भारतीय लाभान्वित होंगे और वह भी ग़रीब हिन्दुस्तानियों की क़ीमत पर।

ब्रिटिश सरकार की दमनकारी नीति की कलई खुली बदनाम रौलट एक्ट के लागू किए जाने पर, जिसकी नरम दल तक ने निन्दा की। यह बिल आगे चलकर 'ब्लैक बिल' या 'ब्लैक एक्ट' के नाम से जाना गया और उसने अधिकारियों को कई ऐसे और अधिकार दिये जिससे वे प्रेस की आज़ादी और राजनीतिक आन्दोलनों का दमन कर सकें। रौलट एक्ट 1919 में लागू हुआ। उसके बहुत पहले ही प्रेमचन्द ने ख़ुद को युद्ध से सम्बन्धित तैयारियों से अलग कर लिया था यद्यपि बतौर सरकारी मुलाज़िम उनसे यह अपेक्षित था कि वे सेना में भर्ती और धनराशि इकट्ठा करना जैसे उन तमाम क्रियाकलापों में अपना भरपूर सहयोग दें, जो युद्ध की तैयारियों से ताल्लुक रखते हों। निगम ने प्रेमचन्द को युद्ध की पत्रिका में अपने लेख देने के लिए आमंत्रित किया। प्रेमचन्द ने मना कर दिया और साथ ही वह पारिश्रमिक भी ठुकरा दिया जो वे अर्जित कर सकते थे। उन्होंने विद्यालय में आयोजित विजय-पर्व में भाग लेने से भी मना कर दिया। उनकी अनुपस्थिति को संज्ञान में लिया गया और हेडमास्टर से इस बात का स्पष्टीकरण माँगा गया कि क्यों उनके विद्यालय का एक वरिष्ठ अध्यापक स्कूल के राजकीय समारोह में अनुपस्थित था।

अप्रैल, 1919 में अमृतसर में जलियाँवाला बाग का भयानक हादसा हुआ। एक निषेधात्मक आज्ञा के विरोध में जलियाँवाला बाग नाम के पार्क में भीड़ इकट्ठा हुई थी। सरकार ने भीड़ को तितर-बितर करने के लिए सेना बुला ली। सेना ने अंधाधुंध गोली चलाना शुरू कर दिया। सैकड़ों निहत्थे आदमी बेमौत मारे गए। उन इलाकों में रहनेवाले नागरिकों को तरह-तरह के अपमान और अत्याचार सहने पड़े। पूरा देश ग़ुस्से और क्षोभ से भर उठा। रवीन्द्रनाथ टैगोर ने वाइसराय को बड़े कड़े शब्दों में पत्र लिखा और 'नाइट हुड' की पदवी त्याग दी। प्रेमचन्द को इस त्रासदी का पता चला जब वे बी.ए. की परीक्षा के बाद गोरखपुर लौटे ही थे। गोरखपुर के कांग्रेस अधिवेशन में भाग लेने की उनकी बड़ी इच्छा थी। उन्होंने पैसों का इन्तज़ाम भी किया लेकिन एक बार फिर बीमारी आड़े आ गई।

महात्मा गांधी क्रमशः स्वाधीनता की लड़ाई के अगुआ बनते जा रहे थे। दक्षिण अफ्रीका में नस्लवादी शासन के ख़िलाफ़ उनके ऐतिहासिक सत्याग्रह ने उन्हें विख्यात कर दिया था। दक्षिण अफ्रीका से भारत लौटने पर उन्होंने गोखले की सलाह मानी और सक्रिय राजनीति से दूर रहे। गोखले को वे अपना राजनीतिक गुरु मानते थे। गांधीजी एक विद्यार्थी और दर्शक ही बने रहे। लेकिन रौलट एक्ट के बाद वे शनैः-शनैः अपनी निष्क्रियता से बाहर आए। उनकी प्रतिष्ठा इतनी अधिक थी कि पूरी कांग्रेस उनके साथ हो गई। अमृतसर के अधिवेशन में कांग्रेस ने सरकार द्वारा तमाम

तरह से उकसाए जाने के बावजूद अहिंसा में अपना दृढ़ विश्वास व्यक्त किया।

अगले साल (1920 में) नागपुर अधिवेशन में गांधी जी निर्विवाद नेता के रूप में उभरे। अब उन्हें यह अधिकार था कि वे सत्य और अहिंसा के सिद्धान्तों पर आधारित सत्याग्रह का आन्दोलन चलाएँ।

प्रेमचन्द का मन उन दिनों कई दिशाओं में खिंच रहा था। वे महात्मा गांधी की ईमानदारी और अपने सिद्धान्तों के प्रति पूर्ण समर्पण से बड़े प्रभावित थे। वे टॉल्स्टॉय के प्रशंसक थे और उन्होंने टॉल्स्टॉय की बीस से भी ज़्यादा कहानियों का अनुवाद किया था। टॉल्स्टॉय से गांधी तक की यात्रा बिलकुल सहज थी। वहीं दूसरी ओर वे भारतीय गाँवों की लगातार बढ़ती ग़रीबी, विकास को अवरुद्ध करती सतत सामाजिक बुराइयाँ, ज़मींदारों और पूँजीपतियों और धर्म के ठेकेदारों के हाथों जनता का शोषण देखकर रोष से भर उठते थे। उनके अन्दर विद्रोह पनप रहा था और धैर्य चल रहा था। वे रूसी क्रान्ति के बारे में पढ़ चुके थे जो कांग्रेस द्वारा अहिंसात्मक विरोध की नीति अपनाने के ठीक दो साल पहले हो चुकी थी। रूस में बोल्शेविकों ने एक ऐसी जनक्रान्ति की जिसमें पूँजीवादी और सामन्ती शोषकों को हिंसात्मक ढंग से उखाड़ फेंका गया। प्रेमचन्द ने 1919 में एक लेख लिखा जिसमें मौजूदा व्यवस्था के ख़िलाफ़ उनके विद्रोही तेवर साफ़ झलकते हैं। यह लेख 'दौर-ए-क़दीम' और 'दौर-ए-जदीद', सामन्ती और पूँजीवादी शोषण पर तीखा प्रहार है। उसी वर्ष, अपने मित्र निगम को एक पत्र में उन्होंने लिखा : 'मैं तो अब बोल्शेविक उसूलों का कायल हो गया हूँ।' महात्मा गांधी भारतवर्ष के प्राचीन आध्यात्मिक आदर्शों का प्रतिनिधित्व करते थे। महात्मा का आग्रह था कि ये आदर्श आधुनिक युग में भी लागू किये जा सकते हैं। सोवियत साम्यवाद एक आधुनिक, भौतिकवादी विचारधारा का प्रतिनिधित्व करता था जिसके अनुसार आज़ादी और न्याय हिंसात्मक क्रान्ति के रास्ते से चलकर ही हासिल किये जा सकते हैं। जवाहर लाल नेहरू की तरह प्रेमचन्द भी इन्हीं अलग-अलग विचारधाराओं के प्रति बारी-बारी से आकर्षित होते रहे। पर किसी भी एक दृष्टिकोण की तरफ़ उनकी हठधर्मिता नहीं थी।

लेकिन एक बिन्दु पर प्रेमचन्द के मन में वैचारिक संशय का सवाल ही नहीं उठता था। उन्हें विश्वास था कि हिन्दू-मुस्लिम एकता भारतवर्ष की सबसे अहम् ज़रूरत है। नरम दल के हों या गरम दल के, सभी देशभक्त भारतवासी हर क़दम पर देख रहे थे कि कैसे दोनों समुदायों के बीच मनमुटाव को न सिर्फ़ उकसाया जा रहा था बल्कि विदेशी शासकों द्वारा उसका इस्तेमाल भी किया जा रहा था। अपने छोटे-से जीवन के आख़िरी सालों में गोखले ने भी देखा कि साम्प्रदायिक प्रश्न ही वह सबसे अहम मुद्दा था जिससे भारतवर्ष को निपटना था। उन्होंने महात्मा गांधी, सरोजिनी नायडू सरीखे अपने अनुयायियों को प्रोत्साहित किया कि वे हिन्दू-मुस्लिम एकता के लिए जितने भी प्रयास करें, कम हैं। जब भी हिन्दुओं और मुस्लिमों के एक

होने के लक्षण दिखते, अंग्रेज़ सरकार भयभीत होने लगती। जब भी दोनों समुदायों के नेताओं में एक-दूसरे के प्रति अविश्वास पनपता, सरकार को 'फूट डालो और राज करो' की अपनी नीति सफल होती लगती। प्रेमचन्द को विश्वास था कि तमाम पूर्वापेक्षाएँ ऐसी हैं जिनके बग़ैर साम्प्रदायिक समन्वय हासिल नहीं किया जा सकता। इसके लिए मुसलमानों के भारत आगमन के बाद के इतिहास का सटीक ज्ञान होना अत्यन्त आवश्यक था। उन्हें यह भी महसूस होता था कि हिन्दुओं और मुसलमानों, दोनों को आपसी सांस्कृतिक मेल-जोल बढ़ाना चाहिए। इस दिशा में प्रेमचन्द द्वारा किये गए प्रयासों को विस्तार से हम आगामी खंडों में देखेंगे।

4

8 फरवरी, 1920 को महात्मा गांधी गोरखपुर आए। यह उनके उत्तर भारत के भ्रमण का एक हिस्सा था। गोरखपुर में आयोजित जिस जनसभा को गांधी जी ने सम्बोधित किया, उसमें तक़रीबन पच्चीस हज़ार लोग थे। ऐसा लगता था, मानो गाँव के गाँव अपने प्यारे नेता के दर्शन के लिए उमड़ पड़े हों! प्रेमचन्द बीमार थे, लेकिन अपनी पत्नी और दोनों बच्चों के साथ वे भी उस सभा में गए। जब वे घर लौटकर आए तो मानो उनका नया जन्म हुआ हो! महात्मा के शब्दों ने उन्हें भीतर तक हिलाकर रख दिया था। उन्होंने गांधी जी को जादूगर कहा और कहा कि महात्मा को सुनने के बाद उन्हें नया जीवन मिला है।

अब एक विदेशी सरकार की नौकरी करना उनके लिए असम्भव हो गया था। सालों उन्हें सरकारी मुलाज़िम बने रहना कष्टकर लगता रहा था और कई बार उन्होंने आजीविका का कोई दूसरा साधन ढूँढ़ने की इच्छा भी प्रकट की थी। निगम ने उनके सामने गोरखपुर के एक मारवाड़ी स्कूल में नौकरी दिलवाने का प्रस्ताव भी रखा लेकिन प्रेमचन्द ने कहा कि वे वहाँ सिर्फ़ बतौर हेडमास्टर ही जाएँगे। वे ऐसी नौकरी नहीं करना चाहते थे जिसमें उन्हें किसी के मातहत काम करना पड़े। उन्होंने कोशिश की कि 'ज़माना' प्रेस के साथ सम्बद्ध होने पर उनके और निगम के बीच कुछ सहमति हो जाए। अपना प्रेस खोलने पर भी उन्होंने विचार किया। पर ये सारी योजनाएँ फलित न हुईं। अभी तक उन्होंने जल्दबाज़ी में ऐसा कोई क़दम नहीं उठाया था जिससे उनकी नौकरी ख़तरे में पड़ जाए। उनका स्वास्थ्य ठीक नहीं रहता था और परिवार की ज़िम्मेदारी भी थी। फिर भी, महात्मा गांधी का प्रभाव इतना असरदार था कि ये सारे व्यावहारिक मसले नगण्य प्रतीत हो रहे थे। उन्होंने अपनी पत्नी से खुलकर बात की। नौकरी छोड़ने के बाद जिन तक़लीफ़ों का सामना करना पड़ेगा, क्या वह उनके लिए तैयार थीं? उनकी पत्नी ने कहा कि प्रेमचन्द घुट-घुटकर एक विदेशी सरकार की नौकरी करें, इसकी बजाय वे भविष्य

का सामना करेंगी—चाहे राह कितनी ही कठिन क्यों न हो। उन्होंने पत्नी को याद दिलाया कि नौकरी से इस्तीफ़ा देने के फ़ौरन बाद उन्हें अपना सरकारी आवास छोड़ना पड़ेगा—वे इसके लिए भी तैयार थीं।

प्रेमचन्द ने अपना इस्तीफ़ा दे दिया। यह एक कठिन निर्णय था। बी.ए. पास करने की अग्निपरीक्षा से होकर वे सिर्फ़ इसीलिए गुज़रे थे ताकि सरकारी शिक्षा-सेवाओं में तरक़्क़ी कर सकें। स्नातकोत्तर परीक्षा की तैयारी में जुट चुके थे और परीक्षा शुल्क जमा भी कर दिया था। अब पैसे और मेहनत के रूप में निवेश की हुई सारी पूँजी व्यर्थ जा रही थी। वे अज्ञात जलाशय में पाँव रख रहे थे और इस बात की उन्हें ज़रा भी ख़बर नहीं थी कि वे क्या करेंगे और कहाँ रहेंगे। कई दिनों तक उनका इस्तीफ़ा स्वीकृत न हुआ। हेडमास्टर उनके सच्चे मित्र और शुभचिन्तक थे और उन्होंने प्रेमचन्द को समझाने की बड़ी कोशिश की ताकि वे अपना इस्तीफ़ा वापस ले लें। पर प्रेमचन्द तय कर चुके थे। 16 फरवरी, 1921 को औपचारिक रूप से उन्हें कार्यमुक्त कर दिया गया। कुछ मित्रों ने उन्हें सलाह दी कि वे दो महीने और रुक जाएँ ताकि ग्रीष्मावकाश की तनख़्वाह मिल सके, पर प्रेमचन्द को यह ठीक नहीं लगा। वे चाहते थे कि स्कूल के साथ उनका सम्बन्ध विच्छेद सम्मानजनक हो।

सरकारी आवास छोड़ने के बाद प्रेमचन्द सपरिवार गोरखपुर से तेरह मील दूर मानीराम गाँव चले गए और वहाँ महावीर प्रसाद पोद्दार के घर में ठहरे। उनका स्वास्थ्य बेहतर हो चला और ग्रामीण लोगों और जीवन को क़रीब से देखने का मौक़ा भी उन्हें मिला। ऐसे अनुभव हमेशा ही उनके लिए उन विचारों का स्रोत रहे जिन्हें वे अपने उपन्यास और कहानियों के ताने-बाने में पिरोते थे। लेकिन आय का कोई ज़रिया तो ढूँढ़ना ही था। कुछ समय के लिए प्रेमचन्द और उनके मित्र पोद्दार ने 'चरखों' का व्यापार शुरू करने का प्रयास किया। गांधी जी की शिक्षाएँ उनके ज़ेहन में ताज़ा थीं और उन्हें लगा कि चरखे बनाकर अगर वे उन्हें उचित मुनाफ़े पर बेचें तो आजीविका कमाने के साथ ही वे राष्ट्र की सेवा में भी अपना योगदान दे सकेंगे। पर यह प्रयास सफल न हुआ और छोड़ दिया गया। एक बार फिर उन्होंने अपने मित्र निगम के सामने नया प्रेस खोलने का प्रस्ताव रखा।

जो चिट्ठी प्रेमचन्द ने निगम को लिखी थी, उससे ज्ञात होता है कि उन पर नये प्रेस की धुन सवार थी—एक ऐसी धुन, जो आनेवाले सालों में उनके लिए काफ़ी कष्ट और पैसे की बरबादी की सबब बनी। उन्होंने लिखा :

> अब मैं आज़ाद हूँ। कृपया अब बताओ कि मुझे क्या करना चाहिए। मैं सिवाय लेखन, पत्रकारिता और प्रेस सँभालने के, और किसी भी काम के क़ाबिल नहीं हूँ। मैं कपड़ा नहीं बुन सकता, खेती करने की मेरे अन्दर ताक़त नहीं है।...मैं चार या पाँच हज़ार रुपये एकमुश्त तुम्हें दे सकता हूँ और अपना सारा समय भी। मैं अनिश्चितता की स्थिति में नहीं रहना

चाहता, मैं एक अच्छा प्रेस खोलना चाहता हूँ जहाँ उर्दू, हिन्दी और अंग्रेज़ी की छपाई हो सके। हम दोनों मिलकर आसानी से प्रेस सँभाल सकते हैं। मैं अपनी सामर्थ्य भर, पत्रिका के सम्पादन को समय भी देता रहूँगा।

इन तमाम प्रस्तावों का कोई नतीजा न निकला। ज़ाहिर है कि नये प्रेस के साथ जो अनिश्चितताएँ जुड़ी रहती हैं, उनका प्रेमचन्द की अपेक्षा निगम को अधिक यथार्थपरक बोध था।

कुछ समय तक गोरखपुर में एक साहित्यिक साप्ताहिक शुरू करने के प्रस्ताव पर प्रेमचन्द ने गम्भीरता से विचार किया। उनके मित्र और 'स्वदेश' के सम्पादक दशरथ प्रसाद द्विवेदी काफ़ी उत्साहित थे। ऐसा सोचा जा रहा था कि एक नया उर्दू साप्ताहिक हिन्दी पत्रिका का अच्छा पूरक होगा। लेकिन उसी समय किसी और ने एक पुराने साप्ताहिक का प्रकाशन फिर से शुरू कर दिया जो कुछ समय से बन्द पड़ा था। प्रेमचन्द और द्विवेदी को लगा कि एक नये उर्दू साप्ताहिक की अब गुंजाइश नहीं थी। कुल मिलाकर परिस्थितियाँ मिलकर प्रेमचन्द को बनारस के पास उनके पैतृक गाँव लमही की तरफ़ खींच रही थीं। मार्च, 1921 में वे सपरिवार गाँव वापस आ गए। जब तक कोई और काम सामने आता, उन्होंने 'आज' के लिए लिखना शुरू कर दिया—जो बनारस का अग्रणी हिन्दी दैनिक था। वे हर महीने 'आज' के लिए चार लेख लिखने के लिए राज़ी थे, जिसके लिए उन्हें तीन रुपये प्रति कॉलम की हास्यास्पद रक़म दी जाने वाली थी। साथ ही असहयोग आन्दोलन पर पोद्दार जो पुस्तकमाला निकाल रहे थे, उसके लिए प्रेमचन्द ने एक पुस्तिका लिखी। इस पुस्तिका का शीर्षक था : 'स्वराज्य के फ़ायदे' और आगामी घटनाओं की रोशनी में इसे पढ़ना काफ़ी दिलचस्प हो जाता है। स्वराज्य का भारतवर्ष के लिए क्या अर्थ होना चाहिए, इसके बारे में प्रेमचन्द ने अपनी धारणा प्रस्तुत की। उनका सुझाव था कि आज़ाद हिन्दुस्तान में अर्थ-व्यवस्था को कृषि आधारित होना चाहिए।

सौभाग्यवश मारवाड़ी स्कूल के हेड मास्टर का पद रिक्त हो गया था। प्रेमचन्द पहले ही अपनी इच्छा ज़ाहिर कर चुके थे कि अगर उन्हें हेडमास्टर के पद का प्रस्ताव मिले तो वे उसे स्वीकार कर लेंगे। प्रस्ताव आया और प्रेमचन्द ने उसे स्वीकार भी कर लिया। एक बार फिर वे कानपुर में थे वही शहर, जहाँ बार-बार ज़रूरत के समय में उन्होंने शरण ली थी। सरकारी नौकरी से इस्तीफ़ा देने के चार महीने बाद एक बार फिर उनके हाथ में नौकरी थी। दुर्भाग्यवश, कानपुर जाने के ठीक पहले ख़बर मिली कि उनके ससुर का देहावसान हो गया है। सो शिवरानी और बच्चे इलाहाबाद चले गए और प्रेमचन्द कानपुर अकेले ही गए। उन्होंने मेस्टन रोड पर एक मकान किराए पर लिया और व्यवस्थित हो गए। उनका परिवार कुछ हफ़्तों बाद वहाँ पहुँचा। कानपुर आगमन के दो महीने बाद उनके सबसे छोटे बेटे अमृतराय का जन्म हुआ। बच्चे को घर में सब बन्नू बुलाते थे।

बीस साल की आयु में अध्यापक के रूप में जीवन शुरू करते समय से ही प्रेमचन्द ने ज़िन्दगी कड़े अनुशासन में जी थी। अब उनकी अभिरुचियों और ज़िम्मेदारियों का दायरा बढ़ गया था। मारवाड़ी स्कूल के हेडमास्टर होने के नाते उन्हें काफ़ी प्रशासनिक काम भी करना पड़ता था। बड़े बेटे श्रीपत राय (धुन्नू) की पढ़ाई शुरू हो चुकी थी और उसे घर पर मदद की ज़रूरत थी। प्रेमचन्द अब देश की राजनीतिक गतिविधियों पर गहरी नज़रें रखे हुए थे और साहित्यिक विषयों के अलावा समसामयिक विषयों पर भी लेख लिख रहे थे। कानपुर के दो प्रमुख राष्ट्रवादी नेता गणेश शंकर विद्यार्थी और बालकृष्ण शर्मा 'नवीन' उनके मित्र थे। प्रेमचन्द की तरह वे दोनों भी साहित्यिक और पत्रकारिता सम्बन्धी गतिविधियों को साथ-साथ अंजाम देते थे। चूँकि करने को इतना सारा काम था, लिहाज़ा प्रेमचन्द ने अपने लिए एक सख़्त कार्यप्रणाली (टाइम टेबल) निर्धारित की। वे अपने सामाजिक दायित्व के समय के बेहद पाबन्द थे और सुनियोजित ढंग से दिन के एक-एक मिनट का उपयोग करते थे। फिर भी जब बात नये युवा लेखकों को प्रोत्साहित करने की आती थी, तब वे समय का ज़रा भी ख़याल नहीं करते थे। अब तक वे हिन्दी के अग्रणी उपन्यासकार और लेखक के रूप में प्रख्यात हो चुके थे। उनसे मिलनेवालों का ताँता लगा रहता था। उनकी पत्नी उनसे आग्रह करती रहती कि वे थोड़ी कड़ाई दिखाएँ और उनसे सलाह माँगने वालों पर या यूँ ही जान-पहचान बनाने वालों पर इतना समय व्यर्थ न किया करें। पर किसी को अपने दरवाज़े से लौटाना प्रेमचन्द के वश में ही नहीं था।

दुर्भाग्यवश, स्कूल के अधिकारियों के नौकरशाही रवैये के फलस्वरूप दिनचर्या में व्यवधान पड़ गया। मैनेजर काशीनाथ महाशय हर समय प्रेमचन्द को टोकते रहते थे। जब प्रताड़ना बर्दाश्त के बाहर हो गई तो इस्तीफ़े के अलावा कोई विकल्प नहीं बचा। प्रेमचन्द के सहयोगी और विद्यार्थी उनके इस निर्णय से बहुत दुखी हुए। लेकिन मैनेजर को तो प्रेमचन्द के लिए विदाई-समारोह के आयोजन से भी एतराज़ था। कुछ शिक्षकों ने एक विदाई-समारोह आयोजित किया तो उन्हें बर्ख़ास्त कर दिया गया। प्रेमचन्द ने अब बनारस वापस लौटने की योजना बनाई। इस बार उन्हें ज़्यादा प्रतीक्षा नहीं करनी पड़ी। शिवप्रसाद गुप्त एक समाजसेवी और बनारस के प्रमुख नागरिकों में से एक थे। वे प्रेमचन्द के बड़े प्रशंसक थे और उन्होंने प्रेमचन्द को 'ज्ञान मंडल' से जुड़ने के लिए आमंत्रित किया। यह एक संस्था थी जो दैनिक अख़बार 'आज' और एक पत्रिका 'मर्यादा' प्रकाशित करती थी। अपने परिवार को इलाहाबाद छोड़कर प्रेमचन्द बनारस आ गए। लमही में रहने के बजाय वे बनारस के एक बड़े पुराने मुहल्ले कबीरचौरा में किराए के मकान में रहने लगे। कुछ महीनों बाद उन्होंने 'काशी विद्यापीठ' में काम करना आरम्भ किया। यह एक स्कूल था जहाँ गांधी जी के आदर्शों पर शिक्षा देने की कोशिश की जाती थी। इस (बीसवीं)

सदी के दूसरे और तीसरे दशक के दौरान बहुत-से प्रसिद्ध राष्ट्रवादी नेता काशी विद्यापीठ से सम्बद्ध थे। प्रेमचन्द का इस स्कूल से सम्बन्ध कम समय के लिए रहा। अधिकारियों से कुछ मनमुटाव के कारण उन्होंने अपने पद से इस्तीफ़ा दे दिया।

अब जबकि एक बार फिर प्रेमचन्द के पास कोई नौकरी न थी। उन्होंने आख़िरकार प्रेस लगाने का अपना पुराना सपना सच करने का निर्णय किया। उनके भाई महताब राय भी इस परियोजना में उनके साथ आ गए। 'आज' प्रेस में बतौर मैनेजर काम कर चुके और इस क्षेत्र के अनुभवी छविनाथ पांडेय ने उनकी सहायता की। निगम के सुझाव पर इस नये प्रेस का नाम रखा गया 'सरस्वती प्रेस'। रघुपति सहाय 'फ़िराक़' भी उन लोगों में से थे जिन्होंने इस प्रेस में पैसा लगाया था। महावीर प्रसाद पोद्दार ने कुछ किताबें इस प्रेस में छपवाकर प्रेमचन्द की सहायता की। ये पुस्तकें पोद्दार ने गोरखपुर में प्रकाशित की थीं। इस तरह प्रेमचन्द के गोरखपुर वासी मित्रों ने उनकी हर सम्भव सहायता की। इस नये काम में देख-रेख की बहुत आवश्यकता थी। मशीनें ख़रीदी और लगाई जानी थीं और विज्ञापनों के लिए दौड़-भाग करनी थी। 1922 और 1923 के दौरान प्रेमचन्द के पत्रों से पता चलता है कि वे प्रेस से जुड़े कामों और दिक़्क़तों में कितने गहरे उलझे हुए थे। जल्दी ही उन्हें समझ में आ गया कि प्रेस शुरू करने की अपेक्षा कहीं ज़्यादा मुश्किल है उसे चलती हालत में बनाए रखना और छपाई के इतने 'ऑर्डर' जुटाना कि वह आर्थिक रूप से टिका रहे।

शुरुआती उत्साह की जगह अब चिन्ताओं ने ले ली थी। नुकसान बढ़ता जा रहा था। लेनदार क़र्ज़ अदायगी या उधार पर लिये गए क़ाग़ज, मशीनों और दूसरी चीज़ों के भुगतान के लिए तगादा करने लगे थे। अगर प्रेमचन्द को अपने सारे बकाए पैसे समय से मिल जाते तो स्थिति कुछ सँभल जाती। पर उनके अन्दर आय के स्रोत खँगालने की दक्षता तो न थी, पर अपने दायित्व निभाने में वे बड़े चाक-चौबन्द थे। 'सरस्वती प्रेस' तो किसी तरह चल रहा था पर गम्भीर रूप से स्वतंत्र होने का प्रेमचन्द का सपना चूर-चूर हो गया था। वे घोर निराशा के साल थे। बस, सारी चिन्ताओं के बावजूद रचनात्मक काम में ध्यान लगाने की उनकी क्षमता ने ही उन्हें जिलाए रखा। लमही में अपना घर पूरा होते देखकर भी उन्हें काफ़ी सन्तोष हुआ। घर साधारण था, पर उनका अपना था।

5

सितम्बर, 1924 में प्रेमचन्द लखनऊ की प्रकाशन संस्था 'गंगा पुस्तक माला' के साहित्यिक सलाहकार के रूप में नियुक्त हुए। संस्थान के मालिक दुलारेलाल भार्गव प्रेमचन्द को सालों से जानते थे और उनके लेखन के प्रशंसक थे। प्रेमचन्द

सपरिवार लखनऊ चले गए और लाटूश रोड पर किराए के एक मकान में रहने लगे। यह उनका अस्थायी निवास था। अगस्त, 1925 में वे बनारस लौट आए। फिर भी कई सालों तक लखनऊ उनके लिए घर ही रहा। बनारस में डेढ़ साल रहने के बाद नवल किशोर प्रेस के मालिक बिशन नारायण भार्गव के आमंत्रण पर उन्हें लखनऊ में एक दूसरी नौकरी मिली। प्रेमचन्द को 'माधुरी' का सम्पादक बनाकर बुलाया गया था जो हिन्दी की अग्रणी पत्रिकाओं में से एक के रूप में स्थापित हो चुकी थी। यह नया पद उन्होंने फरवरी, 1927 में स्वीकार किया और लखनऊ में अगले छः वर्ष रहे।

1921 में गोरखपुर छोड़ने और 1927 में बतौर सम्पादक 'माधुरी' लखनऊ आने के बीच के समय में उन्होंने कई उपन्यासों और कहानियों की रचना की। उनके दो सर्वश्रेष्ठ उपन्यासों में से एक 'रंगभूमि' 1925 में प्रकाशित हुआ और 'कायाकल्प' 1926 में। इस्लामी इतिहास पर आधारित नाटक 'कर्बला' 'ज़माना' में 1926-27 तक धारावाहिक शृंखला के रूप में छपा। इसी दौरान पैंतालीस से ज़्यादा कहानियाँ लिखी गईं जिनमें 'परीक्षा', 'वज्रपात', 'शतरंज के खिलाड़ी' और 'सवा सेर गेहूँ' शामिल हैं। इस दौर की अधिकतर रचनाओं में प्रेमचन्द ने भारतीय जीवन और संस्कृति के मुस्लिम तत्त्व पर काफ़ी ध्यान दिया है। भारत की आज़ादी की लड़ाई में हिन्दू-मुस्लिम एकता एक बेहद महत्त्वपूर्ण मुद्दा था। जैसाकि तीसरे खंड में ज़िक्र किया जा चुका है, प्रेमचन्द ने दोनों समुदायों को एक-दूसरे की विरासत को जानने-समझने में अपना बहुमूल्य योगदान दिया था—न सिर्फ़ अपनी कहानियों बल्कि अपने लेखों के माध्यम से भी। यह आवश्यक है कि उनके इस योगदान की चर्चा विस्तार से की जाए।

अपने मुस्लिम मित्रों के विचारों और उनकी जीवन-शैली में प्रेमचन्द की हमेशा ही गहरी दिलचस्पी रही। इतिहास के छात्र और फिर शिक्षक के रूप में वे आठ सौ साल के मुस्लिम राज के सकारात्मक तत्त्वों से अनभिज्ञ नहीं थे। उर्दू और फ़ारसी साहित्य का उन्होंने गहरा अध्ययन किया था। आठ साल की उम्र में उनकी पढ़ाई भी एक मुसलमान मौलवी की कक्षा में शुरू हुई। यह सच है कि वे कई वर्ष आर्यसमाज के प्रभाव में रहे। लेकिन उन्होंने आर्यसमाज से जो ग्रहण किया, वह था समाज-सुधार के प्रति उसकी प्रतिबद्धता, न कि हिन्दुत्व का पुनर्जागरण। एक अल्प अवधि के लिए प्रेमचन्द में हिन्दू अतिवादिता के कुछ लक्षण ज़रूर दिखे थे। उन्होंने उर्दू के लिए कुछ अपमानजनक टिप्पणियाँ भी की थीं, और कहा था कि एक हिन्दू लेखक का उर्दू साहित्य में कोई भविष्य नहीं।* उन्होंने घोषणा भी की कि उर्दू में ऐसा कुछ भी नहीं है जिसकी तुलना संस्कृत के गौरवशाली क्लासिकों से की

* यह एक अन्यायपूर्ण सामान्यीकरण था। उर्दू के सुप्रसिद्ध उपन्यासकार 'सरशार', जिन्हें प्रेमचन्द अपना गुरु मानते थे, एक हिन्दू थे।

जा सके। उन्होंने निगम को 'हिन्दू' नाम से एक पत्रिका शुरू करने का सुझाव भी दिया था। यह दौर लगभग साल भर तक चला और उनके विचारों के विकास-क्रम का एक महत्त्वहीन अध्याय है।

इस अल्पकालीन और एकमात्र अपवाद को छोड़ दें, क्योंकि उस समय वे उर्दू के आलोचकों और प्रकाशकों को लेकर बड़े निराश और दुखी थे, तो प्रेमचन्द उत्तर भारत में हिन्दू-मुस्लिम संस्कृतियों के मेल से पनपी गंगा-जमुनी तहज़ीब के सतत प्रशंसक थे। उनके विचार में हिन्दू धार्मिक नेताओं और मुस्लिम मुल्लाओं की कट्टरता राष्ट्रीय एकता के मार्ग में एक गम्भीर अवरोध थी। दोनों समुदायों के बीच मनमुटाव पैदा करने में अंग्रेज़ शासकों की भूमिका वे समझते थे और उन्होंने विरोध कर उसे अनावृत भी किया।

'कायाकल्प' में कथानक उस अविश्वास के इर्द-गिर्द बुना गया है जो अरसे से अच्छे मित्रों और पड़ोसियों की तरह रह रहे हिन्दुओं और मुस्लिमों के मन-मस्तिष्क में घर कर जाता है। 1923 में उन्होंने मुस्लिमों को फिर से हिन्दू बनाने के शुद्धि आन्दोलन का विरोध करते हुए एक लेख लिखा। इस लेख से उनके बहुत-से आर्यसमाजी मित्र क्रुद्ध हो गए। इससे भी ज़्यादा विवादास्पद वह लेख था जो उन्होंने अगले साल लिखा। इस लेख का शीर्षक था : 'क़हत-उर-रिज्जल' और उसमें मौलाना मोहम्मद अली और मौलाना शौकत अली की दिल खोलकर प्रशंसा की गई थी—जिन्होंने यह प्रमाणित किया कि बात जब राष्ट्रीयता की हो तो धर्मपरायण मुसलमान भी देश के पक्ष में ही खड़े होंगे। प्रेमचन्द ने ज़ोर देकर कहा कि 'ख़िलाफ़त आन्दोलन' के दौरान और बाद में मुस्लिम राष्ट्रवादियों ने अपने कुछ हिन्दू साथियों की अपेक्षा ज़्यादा सहनशीलता दिखाई थी और जब हिन्दू-मुस्लिम दंगे भड़के तो उस समय भी, उन्हें लगा कि मुस्लिमों की अपेक्षा हिन्दुओं की भूमिका ज़्यादा भड़काऊ थी।

प्रेमचन्द का दृढ़ विश्वास था कि मुस्लिम देशों के इतिहास और संस्कृति के बारे में पर्याप्त जानकारी का न होना इस्लाम को लेकर हिन्दुओं के मन में जमे इस पूर्वग्रह का एक अहम् कारण था जिसकी वजह से वे इस्लाम को जेहाद के लिए प्रतिबद्ध एक आक्रामक धर्म मानते थे। यहाँ तक कि भारतवर्ष के मुसलमानों की जीवन-शैली भी हिन्दुओं द्वारा भली प्रकार जानी और समझी नहीं जाती। उन्होंने अपने सभी प्रमुख उपन्यासों में मुसलमान पात्र शामिल किये और उनके माध्यम से यह स्थापित किया कि त्याग, उदारता और साहस जैसे सद्गुण मुस्लिमों में भी उतने ही मिलते हैं जितने हिन्दुओं में। मनुष्य की चारित्रिक दुर्बलताएँ भी सभी भारतवासियों में समान रूप से व्याप्त हैं—चाहे वे हिन्दू हों या मुसलमान। प्रेमचन्द की कुछ कहानियाँ तो पूरी तरह से भारत के मुस्लिम परिवारों पर आधारित हैं या फिर मध्यकालीन भारत और मुस्लिम देशों के इतिहास के किसी महत्त्वपूर्ण अध्याय

और महापुरुषों पर। अपने साहित्यिक जीवन की यात्रा में समय-समय पर प्रेमचन्द ने मुस्लिम जीवन के प्रसंगों को उठाया है। 1920 से 1927 का दौर, जब भारतीय राष्ट्रवादियों के सामने हिन्दू-मुस्लिम एकता सबसे अहम् मुद्दा था, ऐसी कहानियों से भरा पड़ा है। उनमें से कुछ का वर्णन आगे किया गया है।

मैं कालक्रम के अनुसार छः कहानियों का ज़िक्र करूँगा। 'परीक्षा', 'चाँद' पत्रिका में जनवरी, 1923 में छपी, जो नादिरशाह के दिल्ली पर आक्रमण और उसे फतह करने की घटना पर आधारित है। हमलावर का महल पर निरंकुश अधिकार है। वह महल की औरतों को हुक्म देता है कि वे उसके लिए नाचें। कोई उसकी अवज्ञा करने की हिम्मत नहीं कर पाता। रानियाँ और राजकुमारियाँ एक-से-एक बेहतरीन कपड़ों और आभूषणों में सजकर दरबार में आती हैं। इससे बड़ा कोई अपमान नहीं हो सकता लेकिन आक्रमणकारी की मर्ज़ी के आगे उन्हें झुकना ही है। इससे पहले कि नृत्य शुरू करने का इशारा किया जाता, गद्देदार आसन पर अधलेटा नादिरशाह ऊँघने लगता है। उसका छुरा वहीं बग़ल में रखा है। विजेता सो रहा है—कम-से-कम लगता तो यही है। कुछ पलों के लिए दरबार में सन्नाटा छा जाता है। फिर नादिरशाह अपनी आँखें खोलता है और वहाँ उपस्थित सारे लोगों—पुरुषों और स्त्रियों की भर्त्सना करता है, उनकी कायरता के लिए। उनमें से एक ने भी छुरे की तरफ़ हाथ बढ़ाने की हिम्मत नहीं की, एक ने भी सो रहे हमलावर को मारने की कोशिश नहीं की। वह सचमुच नहीं सो रहा था; वह तो सिर्फ़ उनके साहस की परीक्षा ले रहा था। कहानी का तात्पर्य यह दिखाना था कि मुग़ल साम्राज्य का पतन उन कायर और कमज़ोर मुग़ल वंशजों के कारण हुआ जिनके पुरखे असाधारण रूप से हिम्मती और निर्भीक थे। विजेता को विजित की कायरता दयनीय लगती है। यदि किसी राष्ट्र को ख़ुद को ग़ुलामी और अपमान से छुटकारा दिलाना है तो उसके नागरिकों को दब्बू बनकर आत्मसमर्पण करने की बजाय जान की बाज़ी लगाकर हमलावर का डटकर सामना करना चाहिए।

फरवरी, 1923 के 'माधुरी' में प्रकाशित 'राज्यभवन' में एक मुस्लिम राजा यानी लखनऊ के नवाब के प्रति एक हिन्दू मंत्री की वफ़ादारी दिखाई गई है। दरबार के एक षड्यंत्र के फलस्वरूप मंत्री को बर्ख़ास्त करके क़ैद कर लिया जाता है। लेकिन जब अंग्रेज़ सेनाएँ नवाब के राज्य की सीमाओं पर धावा बोलती हैं तो मंत्री दृढ़ता के साथ स्थिति का सामना करता है और अपनी जान की परवाह न करते हुए नवाब को बचाता है। इसके विपरीत सारे चाटुकार मुसीबत की घड़ी में अपने मालिक को छोड़कर पलायन कर जाते हैं। नवाब हिन्दू मंत्री को पहचानता है और सम्मान के साथ उसे उसके सारे अधिकार लौटाता है। 'वज्रपात' हमें एक बार फिर भारतीय इतिहास के उस उथल-पुथल भरे दौर में ले जाता है जब नादिरशाह ने मुग़ल सेना को परास्त कर दिया था और ख़ुद दिल्ली का मालिक बन गया था।

बादशाह नादिरशाह की क़ैद में है। छल-बल से नादिरशाह मशहूर हीरा 'कोहिनूर' हथियाने में सफल हो जाता है। नादिरशाह ने अपनी तलवार म्यान में रख ली है। पर अचानक उसके बेटे की मौत हो जाती है और उसे शक़ हो जाता है कि यह किसी षड्यंत्र का नतीजा है। वह दिल्ली में क़त्लेआम का हुक्म जारी कर देता है। हज़ारों मारे जाते हैं। आख़िरकार मुग़ल बादशाह का एक मंत्री नादिरशाह के पास जाता है और घुटनों के बल झुककर यह शेर कहता है : "आपकी पराक्रमी तलवार की प्यास अभी बुझी नहीं है। मारने के लिए कोई बचा ही नहीं है। काश कि मरे हुए लोगों को फिर से जिलाया जा सकता, ताकि आप अपना पराक्रम दिखा सकें!' इस शेर को सुनकर नादिरशाह का दिल पिघल जाता है और वह अपनी सेना को हुक्म देता है कि क़त्लेआम बन्द कर दिया जाए। दिल्ली में फिर से चैनो-अमन तारी हो जाता है और आक्रमणकारी अपने देश वापस लौट जाता है। यह कहानी 'माधुरी' में मार्च, 1924 में प्रकाशित हुई।

'क्षमा' पाठक को ले जाती है इस्लामी इतिहास के आरम्भिक यशस्वी दौर में, जब मुस्लिम सेनाएँ पश्चिम में स्पेन तक पहुँच गई थीं। हिन्दुस्तान में लोग इतिहास के इस अध्याय से प्राय: अनभिज्ञ हैं, हालाँकि इसे जानना ज़रूरी है। स्कूल में पढ़ाते समय भी प्रेमचन्द इस्लाम के आरंभिक इतिहास का ज़िक्र करना न भूलते। इस कहानी में एक वृद्ध मुसलमान एक ऐसे ईसाई नेता को शरण देता है जिसने अरब सेनाओं का विरोध किया है और जिसे आक्रमणकारी ढूँढ़ रहे हैं। वृद्ध को पता चलता है कि उसका इकलौता बेटा इसी ईसाई के हाथों मारा जा चुका है, लेकिन वह उस अतिथि को शरण दे चुका है, और वह क्रुद्ध अरब सैनिकों से बचकर निकल भागने में उसकी मदद करता है। ईसाई नेता को अनुभव कराता है कि मुसलमान न सिर्फ़ कुशल योद्धा होते हैं बल्कि वीरोचित उदारता, नैतिकता और सत्यनिष्ठा जैसे उदात्त मूल्य उनके ईमान का हिस्सा हैं।

यह कहानी 'माधुरी' में 1924 में प्रकाशित हुई थी। 'शतरंज के खिलाड़ी' प्रेमचन्द की सबसे प्रसिद्ध कहानियों में से एक है। यह 'माधुरी' में 1924 में छपी थी। 'मन्दिर और मस्जिद' में प्रेमचन्द फिर से हिन्दू नौकर की मुस्लिम मालिक के प्रति वफ़ादारी का प्रसंग दोहराते हैं। इस कहानी में इतरत अली एक रौशनख़याल ज़मींदार हैं। वे अपनी हिन्दू और मुस्लिम प्रजा की भावनाओं का समान रूप से आदर करते हैं। धार्मिक मामलों में उनकी यह उदारता कट्टर मुसलमानों को बड़ी नागवार गुज़रती है। वे धार्मिक तनाव पैदा करने का षड्यंत्र रचते हैं। जन्माष्टमी के दिन वे हिन्दू मन्दिर पर हमला करते हैं और उसे अपवित्र कर देते हैं। ज़मींदार का वफ़ादार नौकर भजन सिंह मन्दिर बचाने की भरसक कोशिश करता है। दोनों पक्षों में लड़ाई शुरू हो जाती है और ग़लती से ज़मींदार का दामाद भजन सिंह के हाथों मारा जाता है। यह दामाद ज़मींदार का उत्तराधिकारी भी था क्योंकि इतरत अली

का कोई बेटा न था। भजन सिंह आत्महत्या कर लेना चाहता है पर इतरत अली उसे समझाता है। भजन सिंह से उसे कोई शिकायत नहीं है। पुलिस आ जाती है और वह हत्या के जुर्म में भजन सिंह को गिरफ़्तार करना चाहती है पर इतरत अली उसे छिपा लेता है। कुछ दिनों बाद अपने मालिक को उत्पीड़न से बचाने के लिए भजन सिंह पुलिस के आगे आत्मसमर्पण कर देता है। इतरत अली उसका बचाव करता है और बयान देता है कि कट्टर और हिंसक मुसलमान द्वारा हद से ज़्यादा उकसाए जाने पर भजन सिंह के हाथों यह अनहोनी हो गई।

6

यह बात क़ाबिले-ग़ौर है कि पिछले खंड में जिन कहानियों का ज़िक्र हुआ है, वे सभी लखनऊ से निकलने वाली 'माधुरी' में प्रकाशित हुई थीं। प्रेमचन्द ने 'ज़माना' के लिए कहानियाँ लिखना लगभग बन्द कर दिया था क्योंकि उन्हें लग रहा था कि वह पत्रिका प्रगतिशील नीतियाँ नहीं अपना रही। निगम को लिखे अपने अनेक पत्रों में उन्होंने यह शिकायत की कि 'ज़माना' समय के साथ क़दम नहीं मिला रहा है और ईमानदार पत्रकारों के लिए यह आवश्यक हो गया है कि वे देश के नये हालात की चुनौतियों का प्रत्युत्तर दें। 'माधुरी' की नीतियों में ज़्यादा लचीलापन था और उसके कॉलमों में उन सभी नये लेखकों का स्वागत था जिनकी कहानियों और लेखों में नये ज़माने का युगबोध प्रतिबिम्बित होता था। इसलिए जब पत्रिका के मालिक बिशन नारायण भार्गव ने प्रेमचन्द के सामने सम्पादक के पद का प्रस्ताव रखा तो प्रेमचन्द ने उसे बेझिझक स्वीकार कर लिया। लखनऊ में उनके बिताए छः वर्ष का समय हिन्दुस्तान के इतिहास का जागृत और घटनाप्रधान दौर था। उनके अपने काम के सम्बन्ध में भी नई-नई सम्भावनाएँ सामने आईं। लखनऊ के प्रवास के दौरान उन्होंने कई नये और अज़ीज़ मित्र बनाए। उनका लेखन अब अहिन्दी-भाषी पाठकों के एक बड़े वर्ग का ध्यान भी आकृष्ट करने लगा था। अन्य भारतीय भाषाओं में, यहाँ तक कि कुछ विदेशी भाषाओं में भी उनकी रचनाओं का अनुवाद होने लगा था। उत्तरोत्तर बढ़ती प्रसिद्धि के कारण उनका जीवन अधिकाधिक सार्वजनिक होता जा रहा था और उन्हें अक्सर जनता के बीच भाषण देने पड़ते—बावजूद इस सबके वे एक शर्मीले और मिज़ाजन एकान्तप्रिय इनसान ही बने रहे।

प्रेमचन्द 15 फरवरी, 1927 को लखनऊ आए और उन्होंने मारवाड़ी गली नाम के मुहल्ले में एक मकान किराए पर लिया। उनका परिवार जुलाई में आया। कुछ समय बाद प्रेमचन्द लखनऊ के रेलवे स्टेशन चारबाग़ के क़रीब ह्यूवैट रोड के एक मकान में चले गए। थोड़े ही समय में एक अच्छी मित्र-मंडली बन गई। इनमें था कृपाशंकर निगम नाम का एक युवक जो जुबिली कॉलेज में अध्यापक

था। कृपाशंकर एक बेहद परिष्कृत और विनम्र व्यक्ति था। वह अकेला रहता था। प्रेमचन्द का दोस्त बनकर बहुत ख़ुश हुआ। प्रेमचन्द भी अपनी तमाम व्यस्तताओं के बावजूद अक्सर कृपाशंकर के घर चले जाते। दोनों मित्र घंटों साहित्यिक चर्चा का आनन्द उठाते क्योंकि इस युवा अध्यापक की साहित्यिक अभिरुचि भी बहुत परिष्कृत थी। एक और युवक जो प्रेमचन्द की मित्र मंडली में शामिल हुआ, वह था हरिनन्दन भाट। उसकी पत्नी और दो साल की बेटी प्रेमचन्द के परिवार के साथ बहुत घुल-मिल गई थी। बेटी कुसुम बड़ी शरारती और प्यारी बच्ची थी। प्रेमचन्द उससे बहुत स्नेह करते थे। हरिनन्दन भाट ने साल भर बाद एम.बी.बी.एस. की परीक्षा उत्तीर्ण की और वे मेडिकल कॉलेज में हाउस सर्जन के पद पर नियुक्त हुए। फिर एक हाकिम साहब थे—पुरानी लखनवी तहज़ीब से सराबोर एक भद्र पुरुष, एक अच्छे मुसलमान जो नमाज़ के बड़े पाबन्द थे। नाम उनका हाकिम ज़रूर था, लेकिन वे एक पेशेवर कलाकार थे। वे बच्चों के बीच ख़ास तौर पर लोकप्रिय थे, क्योंकि बच्चे जिसकी भी फ़रमाइश करते, उस जानवर की तसवीर वे फ़ौरन बना देते।

1929 में जैनेन्द्र कुमार नाम का एक युवक लखनऊ आया। वह एक कट्टर राष्ट्रवादी था और कांग्रेस का सक्रिय कार्यकर्ता। कहानियाँ लिखना उसने शुरू ही किया था। उनमें से एक 'माधुरी' में छपने के लिए भेजी गई पर प्रेमचन्द ने उसे अस्वीकार कर दिया। दूसरी कहानी स्वीकृत हुई पर तीसरी को पुनः अस्वीकार कर दिया गया। अस्वीकृति पत्र के साथ प्रेमचन्द ने कुछ सुझाव भी दिये थे। इस तरह पत्र-व्यवहार का सिलसिला शुरू हुआ जो मित्रता में तब्दील हो गया। जैनेन्द्र कुमार ने प्रेमचन्द के साथ अपनी पहली मुलाक़ात के कुछ बड़े दिलचस्प संस्मरण लिखे हैं। काफ़ी समय तक आगन्तुक अपने मेज़बान का घर ढूँढ़ नहीं पाया था। आस-पड़ोस में भी कोई नहीं जानता था कि प्रेमचन्द कहाँ रहते हैं। आख़िरकार घर जब मिला तो जैनेन्द्र कुमार की मुलाक़ात एक ऐसे व्यक्ति से हुई जो धोती पहने था और कंधे पर एक दुशाला डाले था। मूँछें उसकी बड़ी-बड़ी थीं और बाल बिखरे हुए। वह एक प्रसिद्ध लेखक कम, किसान ज़्यादा मालूम पड़ता था। घर पूरी तरह अस्त-व्यस्त पड़ा था। प्रेमचन्द और जैनेन्द्र की कई साझा-अभिरुचियाँ थीं। उनका राजनीतिक और साहित्यिक नज़रिया काफ़ी मिलता-जुलता था। मुलाक़ात के पहले दिन से ही उनके बीच एक अनौपचारिक और घनिष्ठ सम्बन्ध क़ायम हो गया। कुछ मामलों पर उनमें वैचारिक मतभेद भी था। मसलन, धार्मिक मामलों में नास्तिक होने के बावजूद प्रेमचन्द ज्योतिष और हस्तरेखा शास्त्र में विश्वास करते थे। वे उन्हें विज्ञान के विषय मानते थे और उनके विचार में इन विषयों को बग़ैर किसी पूर्वग्रह के अध्ययन किया जाना चाहिए। एक बार जब जैनेन्द्र ने हस्तरेखा शास्त्र के बारे में कुछ अपमानजनक टिप्पणी कर दी तो प्रेमचन्द को बहुत बुरा

लगा। उन्हें लगा कि उनका मित्र हठधर्मिता दिखा रहा है। जैनेन्द्र की उनसे इतनी अधिक निकटता हो गई थी कि जीवन के सन्ध्याकाल में प्रेमचन्द उन्हें अपना अनुज मानने लगे थे। जब प्रेमचन्द ने अपनी आख़िरी साँस ली तो जैनेन्द्र उनके पास थे।

प्रेमचन्द के लखनऊ आगमन के साल भर बाद एक घटना घटी जिससे पता चलता है कि प्रेमचन्द कितने भोले, दूसरों पर सहज विश्वास करनेवाले और उदार थे। कृष्ण कुमार मुखोपाध्याय नाम के एक व्यक्ति ने बम्बई से उन्हें पत्र लिखा जिसमें उनके लेखन की भूरि-भूरि प्रशंसा करते हुए उनसे मिलने की इच्छा ज़ाहिर की। कृष्ण कुमार ने लिखा कि वह एक मशहूर और समृद्ध चिकित्सक का इकलौता पुत्र है। पत्र इतनी होशियारी से लिखा गया था कि आत्मश्लाघा का आभास दिये बग़ैर उसने ख़ुद को एक सुशिक्षित व्यक्ति, हाज़िरजवाब और बुद्धिमान दार्शनिक और साहित्यानुरागी के रूप में पेश किया। उसने पश्चिम के कवियों, उपन्यासकारों और चिन्तकों का ज़िक्र किया और उन पर अपनी टिप्पणी की जो दरअसल दूसरे लेखकों से चुराई गई थी। उसने कहा कि वह एक उपन्यास लिख रहा है और विनम्रता का नाटक करते हुए प्रेमचन्द की सलाह माँगी। इस प्रकार उसने एक पृष्ठभूमि तैयार की, जिसमें अपनी बेहद अनुकूल छवि गढ़ते हुए उसने प्रेमचन्द से सौ रुपये उधार माँगे। उसने लिखा कि ये पैसे उसे यात्रा करने के लिए चाहिए थे। उसे एक बड़ी अच्छी नौकरी मिली थी लेकिन उसके पास पर्याप्त पैसे नहीं थे। प्रेमचन्द ने अपनी पत्नी से आग्रह किया कि किसी भी तरह वे उन पैसों का इन्तज़ाम कर दे। पैसे बम्बई मनीऑर्डर से भेज दिये गए। कुछ दिनों बाद कृष्ण कुमार बोरिया-बिस्तर समेत लखनऊ आ गए और प्रेमचन्द के घर में रहने लगे। फिर वे एक होटल में चले गए जहाँ कई दिन वे प्रेमचन्द के ख़र्चे पर रहते रहे। फिर इस घोषणा के साथ कि उनकी सगाई एक बहुत ही विलक्षण कन्या से हो गई है, उन्होंने कुछ और पैसे उधार ले लिये। फिर उन्होंने दुकानों से कपड़े और गहने ख़रीदे और हिसाब प्रेमचन्द के खाते में डलवा दिया। अन्ततोगत्वा प्रेमचन्द को चार सौ रुपये की चपत लगी और कृष्ण कुमार अव्वल दर्जे का धोखेबाज़ निकला। आख़िरकार जब कृष्ण कुमार ने लखनऊ छोड़ा, तो उसने प्रेमचन्द को एक बड़ा भावुक पत्र लिखा जिसमें उसने क्षमा याचना करते हुए क़ुबूल किया कि वह एक धोखेबाज़ और दुष्ट आदमी है।

लखनऊ में बिताए दिन प्रेमचन्द के लिए बड़े ख़ुशनुमा थे। उनका पारिवारिक जीवन सुखी था। शिवरानी अब उनकी साहित्यिक और राजनीतिक गतिविधियों में दिलचस्पी लेने लगी थीं और सच्चे अर्थों में उनकी हमसफ़र बन गई थीं। 1929 में उनकी बेटी कमला का विवाह तय हुआ। कमला को उच्च शिक्षा प्राप्त करने का अवसर प्राप्त नहीं हुआ था। कुछ तो प्रेमचन्द के सरकारी नौकरी में जल्दी-जल्दी होने वाले तबादलों की वजह से और कुछ इस्तीफ़ा देने के बाद संघर्ष और

चिन्ताओं से घिरे रहने की वजह से। ऐसा प्रतीत होता है कि स्त्री शिक्षा के मामले में प्रेमचन्द ने वह क्रान्तिकारी रवैया नहीं अपनाया जो उन्होंने तब अपनाया था जब वे एक विधवा से विवाह करने के लिए दृढ़प्रतिज्ञ थे। जैसाकि हम आगे देखेंगे, स्त्री की पारिवारिक भूमिका के मामले में प्रेमचन्द का कुछ परम्परावादी दृष्टिकोण है। उन दिनों बहुत कम लड़कियाँ कॉलेज जाती थीं और प्रेमचन्द को अपनी बेटी का कॉलेज जाना अनिवार्य नहीं लगा। सौभाग्यवश उन्हें कमला के लिए बड़ा ही लायक वर मिला। लड़के का परिवार मध्य प्रदेश के सागर का रहने वाला था। वासुदेव प्रसाद नाम का यह लड़का बी.ए. की पढ़ाई कर रहा था। उसके पिता मुंशी भवानी प्रसाद एक उच्चकोटि के इनसान थे—सच्चे, ईमानदार, उदार और देशभक्त। उन्होंने स्वाधीनता-संग्राम में हिस्सा लिया था; लोकमान्य तिलक के साथ उनका पत्र व्यवहार चलता रहा था और प्रशासन के हाथों काफ़ी कष्ट सहन किये थे। विवाह लमही में सम्पन्न हुआ। कुछ रीति-रिवाज निभाने के लिए तो प्रेमचन्द तैयार हो गए, लेकिन जो रिवाज उन्हें निरर्थक लगे, उन्हें निभाने से उन्होंने साफ़ इनकार कर दिया। बेटी का विवाह करके पति-पत्नी ने सुख-चैन की साँस ली। विवाह के लिए प्रेमचन्द को चार हज़ार रुपये ख़र्च करने पड़े जिसके लिए उन्हें निगम सहित कई मित्रों से उधार लेना पड़ा।

प्रेमचन्द अब कोई ऐसे संघर्षरत लेखक नहीं रह गए थे जिसे अपने लेखन के प्रकाशन के लिए यहाँ-वहाँ हाथ-पैर मारने पड़ते हैं। अब वे हिन्दी के सर्वाधिक महत्त्वपूर्ण उपन्यासकार और कहानीकार के रूप में प्रतिष्ठित थे। साहित्यिक संस्थाओं और दूसरे संस्थानों द्वारा उन्हें गोष्ठियों में व्याख्यान देने के लिए आमंत्रित किया जाता था। उनके विचार आदरपूर्वक ध्यान से सुने जाते। उन्होंने यह प्रतिष्ठा सिर्फ़ अपने लेखन की उत्कृष्टता के कारण अर्जित नहीं की थी बल्कि इसलिए भी क्योंकि वे एक ईमानदार, उदार, युवा लेखकों के प्रति सौहार्दपूर्ण और देशप्रेमी इनसान थे। उनकी जीवन-शैली सीधी-सादी और आडम्बरविहीन थी। एक बार कालाकांकर के राजा अपने कुछ मित्रों के साथ उनके घर आए। सबको ज़मीन पर बैठना पड़ा क्योंकि कुर्सियाँ नहीं थीं। बाद में जब उनकी पत्नी इस बात पर शर्मसार हुईं तो प्रेमचन्द ने कहा : 'हम सब ज़मीन पर बैठते हैं। किसी राजा के लिए मैं कोई ख़ास इन्तज़ाम क्यों करूँ?' उन्होंने महज इसलिए किसी को सायास ख़ुश करने की कोशिश नहीं की क्योंकि वह धनी और प्रभावशाली है। उन्होंने कभी कोई ऐसा अनुग्रह स्वीकार नहीं किया जिससे उनके आत्मसम्मान को तनिक भी ठेस पहुँचती हो। एक बार अलवर के राजा ने उनके सामने नौकरी का प्रस्ताव रखा। वेतन उनकी तत्कालीन तनख़्वाह के दो गुने से भी ज़्यादा था। पर प्रेमचन्द ने अस्वीकार कर दिया क्योंकि उन्हें लगा कि एक राजा के मुलाज़िम होकर वे अपनी स्वाधीनता की रक्षा नहीं कर पाएँगे। बतौर 'माधुरी' के सम्पादक उन्हें जो ज़िम्मेदारी सौंपी गई थी, उसे निभाने

में वे कोई कोर-कसर बाक़ी नहीं रखते थे। वे अपने काम में पाबन्द थे और दूसरों से भी कड़ी मेहनत और पाबन्दी की उम्मीद करते थे। उन्होंने पत्रिका का स्तर बेहतर करने की पूरी कोशिश की और कभी-कभी अच्छे साहित्यकारों की खोज में लखनऊ से बाहर भी गए। हर पांडुलिपि की गुणवत्ता वे निष्पक्ष होकर तय करते। उन्होंने कभी कोई अच्छी कहानी इसलिए अस्वीकार नहीं की क्योंकि कहानीकार एक अनजान व्यक्ति था। न ही कभी उन्होंने कोई लेख इसलिए स्वीकार कर लिया क्योंकि उसे भेजनेवाला कोई मित्र या प्रसिद्ध लेखक था।

7

लखनऊ प्रवास के पहले चार सालों में प्रेमचन्द ने क़रीब पच्चीस कहानियाँ लिखीं। इस दौर में उनके कोई भी प्रमुख उपन्यास नहीं लिखे गए। इनमें शामिल हैं कुछ मुख्य कहानियाँ—जैसे 'न्याय', 'मंत्र', 'फ़ातिहा', और 'मोटेराम शास्त्री'। इनमें से कुछ में हिन्दू-मुस्लिम एकता के प्रति उनका सरोकार बरकरार है। इस सरोकार ने प्रेमचन्द को इस्लामी इतिहास से जुड़े प्रसंगों पर लिखने के लिए प्रेरित किया था। 'न्याय', 'माधुरी' में 1929 में प्रकाशित हुई जो मोहम्मद पैग़म्बर के जीवन के एक प्रसंग पर आधारित है। मक्का से मदीना की तरफ़ पलायन करते समय पैग़म्बर के दामाद ने उनका विरोध किया था। बाद में वह युवक किसी कारण गिरफ़्तार कर लिया गया और पैग़म्बर के सामने पेश किया गया क्योंकि वे ही सारे मामलों का फ़ैसला कर रहे थे। चूँकि पैग़म्बर इस बात में पूरा विश्वास करते थे कि न्याय हर दृष्टि से निष्पक्ष होना चाहिए, लिहाज़ा फ़ैसला करने की ज़िम्मेदारी उन्होंने किसी और को सौंप दी। 'फ़ातिहा' उसी महीने 'विशाल भारत' में प्रकाशित हुई। कहानी उत्तर-पश्चिम के सीमावर्ती इलाके में रहने वाले हट्टे-कट्टे पठानों के विषय में है। कथानक तो ख़ास नहीं है पर स्थान-निर्धारण दिलचस्प है।

'मोटेराम शास्त्री' 'माधुरी' में 1928 में प्रकाशित हुई। इस कहानी को लेकर एक विवाद उठ खड़ा हुआ जिसकी परिणति मान-हानि के मुक़दमे के रूप में हुई। प्रेमचन्द ने मोटेराम नाम का चरित्र बहुत पहले 1912 में अपने उर्दू उपन्यास 'जलवा-ए-इसर' में गढ़ा था। इस चरित्र के माध्यम से प्रेमचन्द ने धार्मिक नेताओं और नैतिकता के स्वयंभू झंडाबरदारों के पाखंड पर कटाक्ष किया है। इसके बाद की कई कहानियों में मोटेराम भेस बदलकर बारम्बार आते रहे।* और मक़सद हर बार यही है कि उनके माध्यम से लेखक व्यंग्य के वे हथियार चला सके जिन पर वह बरसों से धार रख रहा है। इस कहानी विशेष में निशाना साधा गया है

* मोटेराम निम्नलिखित कहानियों में मौजूद हैं—'मनुष्य का परम धर्म' (1920), 'सत्याग्रह' (1923), 'निमंत्रण' (1926), 'गुरु मंत्र' (1927) और उपन्यास 'निर्मला' (1926)

एक झूठे और धोख़ेबाज़ वैद्य पर जो स्वयं को आयुर्वेदाचार्य के रूप में स्थापित करने के लिए तिकड़म और घटिया दर्जे की चालबाज़ियों का सहारा लेता है। यह एक दुर्भाग्यपूर्ण संयोग ही था, कि प्रेमचन्द के पड़ोस में शालिग्राम शास्त्री नाम के वैद्य रहते थे जिन्हें लगा कि कहानी में मोटेराम का चरित्र उन पर ही आधारित है। प्रेमचन्द के विरोधियों को अच्छा अवसर मिल गया, उन्हें (प्रेमचन्द को) मुसीबत में फँसाने का। कई लेखक थे, कुछ नौसिखिए और कुछ ऐसे जो दर्जनों किताबें लिखने के बाद भी कुछ उत्कृष्ट न रच पाए, जो प्रेमचन्द से ईर्ष्या करते थे और पीठ पीछे उनकी निन्दा करते थे। इन लोगों ने शालिग्राम को उकसाया और उसे मानहानि का मुक़दमा दायर करने की सलाह दी। इससे भी ज़्यादा बुरा तो यह था कि उन लोगों ने पूरी घटना को यह रंग देने की कोशिश की कि कायस्थ प्रेमचन्द ने मोटेराम शास्त्री का चरित्र गढ़ा ही इसलिए था कि ताकि वे ब्राह्मणों पर कीचड़ उछाल सकें। कोर्ट की कार्यवाही टाँय-टाँय फिस्स साबित हुई। प्रेमचन्द ने शालिग्राम शास्त्री को विश्वास दिलाया कि मोटेराम वस्तुतः एक काल्पनिक चरित्र है। दरअसल, प्रेमचन्द तो शालिग्राम को जानते भी नहीं थे और शास्त्री जी व कहानी के पात्र के बीच समानता महज़ एक इत्तफ़ाक़ थी।

प्रेमचन्द की कहानियाँ अब अहिन्दी-भाषी पाठकों का ध्यान भी आकर्षित कर रही थी। मई, 1928 में 'मॉडर्न रिव्यू' के सम्पादक और रवीन्द्रनाथ टैगोर के निकट सहयोगी रामानन्द चटर्जी ने प्रेमचन्द की कहानियों का पहला अंग्रेज़ी अनुवाद प्रकाशित किया। विदेश में बसे साहित्यकारों ने प्रयास किया कि उनकी कुछ कहानियों का अन्य भाषाओं में अनुवाद हो। बर्लिन विश्वविद्यालय के प्रोफ़ेसर तारा चन्द रे ने कुछ कहानियों का जर्मन में अनुवाद करवाया। दुनिया के दूसरे छोर पर पंजाब का एक क्रान्तिकारी श्रमिक केशोलाल सब्बरवाल भारतीय पुलिस के चंगुल से छूटकर जापान में बस गया था और प्रेमचन्द की कहानियों का जापानी में अनुवाद कर रहा था। इन कहानियों में से एक 'मुक्तिमार्ग' जापान की सबसे प्रतिष्ठित पत्रिका 'काइज़ो' (Kaigo) में प्रकाशित हुई थी। रवीन्द्रनाथ टैगोर ने दो बार जापान की यात्रा की थी। भारतीय संस्कृति में जापानियों की दिलचस्पी अपने चरम पर थी। प्रेमचन्द की कहानियों ने कुछ हद तक उनकी इस क्षुधा को शान्त करने का काम किया।

यह थी तमाम पड़ावों से गुज़रे प्रेमचन्द के जीवन की विकास-यात्रा, जो बचपन और किशोरावस्था से शुरू होती है, आजीविका के लिए शुरुआती संघर्ष और आरंभिक रचनात्मक चेष्टाओं से होकर गुज़रती है और पहुँचती है परिपक्वता के उस दौर में जब उन्होंने हिन्दी के मूर्धन्य उपन्यासकार और कहानीकार के रूप में मान-सम्मान अर्जित किया—कड़ी मेहनत, शत-प्रतिशत ईमानदारी और अपने लेखन की उत्कृष्टता के बल पर। ये उतार-चढ़ाव से भरे साल थे जिसमें हर उपलब्धि

मेहनत और संघर्ष से हासिल की गई थी। इसके आगे हम देखते हैं कि उत्तर भारत के सांस्कृतिक और कुछ हद तक राजनीतिक जीवन में उनकी हिस्सेदारी उत्तरोत्तर बढ़ती जाती है। अनेक भारतवासियों के लिए 1930 एक महत्त्वपूर्ण साल था क्योंकि इस साल कई ऐसी घटनाएँ हुईं जिन्होंने राष्ट्रीय चेतना को जाग्रत किया और भारतीय स्वतंत्रता-संग्राम की रफ़्तार तेज़ कर दी। प्रेमचन्द के लिए भी 1930 एक महत्त्वपूर्ण वर्ष था। उनके भाग्य में सिर्फ़ छः साल और जीना लिखा था। उनके पार्थिव जीवन के आख़िरी दौर का अवलोकन करने के पहले उचित होगा यह जानना कि इस शताब्दी के तीसरे दशक के अन्त में भारत में क्या-क्या घट रहा था।

भारत में दूसरा दशक अपेक्षाकृत शान्त था। पर यह तूफ़ान से पहले का सन्नाटा था। महात्मा जेल में थे। राष्ट्रवादी आन्दोलन के नेता यहाँ-वहाँ बिखरे हुए थे और कोई स्पष्ट नीति उभरकर सामने नहीं आ रही थी। लेकिन 1925 में महात्मा गांधी की जेल से रिहाई और अगले ही वर्ष साइमन कमीशन के आगमन के बाद माहौल फिर से उत्साहित हो उठा। महात्मा की प्रतिष्ठा जेल जाने से पहले की तुलना में कहीं अधिक हो चुकी थी। साइमन कमीशन का काम था भारत की स्थिति का आकलन करना और इस मुद्दे पर रिपोर्ट बनाना कि हिन्दुस्तान अधिराज्य का दर्जा दिये जाने के लिए तैयार है या नहीं, लेकिन उसे कोई समर्थन प्राप्त न हुआ। सामन्ती ज़मींदारों, राजाओं और नवाबों के अलावा भारतीय जनता का कोई भी वर्ग अधिराज्य के दर्जे को स्वीकार करने के लिए तैयार न था। एक दशक पहले कई प्रमुख नेताओं ने इस सम्भावना से समझौता कर लिया था कि उपनिवेश की बजाय कैनेडा और ऑस्ट्रेलिया की तरह भारतवर्ष भी एक अधिराज्य बन जाए और ब्रिटिश साम्राज्य का हिस्सा बना रहे। लेकिन अब स्थितियाँ बदल चुकी थीं। कमीशन जहाँ-जहाँ भी गया, उसका स्वागत हड़तालों और 'साइमन, वापस जाओ' के नारों से हुआ।

सरकार ने बर्बरतापूर्वक दमन की नीति अपनाई। अप्रैल, 1929 में भगत सिंह और उनके क्रान्तिकारी साथियों ने आतंकवाद की राह पकड़ी। वे क़ैद कर लिये गए और उन्हें फाँसी दे दी गई। सारे देश ने उन्हें शहीद का सम्मान दिया हालाँकि आतंकवाद के पक्ष में कोई भी नहीं था। भगत सिंह विदेशी शासन के प्रति हिन्दुस्तान के ग़ुस्से का प्रतीक बन गए। दिसम्बर, 1929 में लाहौर अधिवेशन में कांग्रेस ने यह प्रस्ताव पारित किया कि भारतवासियों को पूर्ण स्वराज्य से कम कुछ भी स्वीकार नहीं है। डोमिनियन स्टेटस अब चर्चा का विषय ही नहीं रह गया था। 26 जनवरी को स्वतंत्रता-दिवस घोषित कर दिया गया। कराची में हुए अगले अधिवेशन में जवाहरलाल नेहरू को भारतीय राष्ट्रीय कांग्रेस का अध्यक्ष चुना गया। महात्मा गांधी के विश्वस्त सहयोगी के रूप में जवाहरलाल के उभरकर आने से स्वतंत्रता संग्राम को एक नया आयाम मिला। 1930 में नमक कानून के विरोध में किये ऐतिहासिक दांडी मार्च से गांधी जी ने सत्याग्रह आन्दोलन की शुरुआत की।

प्रेमचन्द इस सारे घटनाक्रम पर नज़दीकी निगाह रखे हुए थे। कभी-कभी वे अपनी राय कड़े शब्दों में अभिव्यक्त करते। ऐसा ही एक अवसर था जब वाइसराय के लखनऊ आगमन पर हज़ारों रुपये आतिशबाज़ी और पटाखों में बर्बाद कर दिये गए। प्रेमचन्द ने इस बेहिसाब फ़िज़ूलख़र्ची पर कड़ी आपत्ति ज़ाहिर की और उन चाटुकारों की घोर निन्दा की जिन्होंने वाइसराय के इतने ख़र्चीले स्वागत का आयोजन किया था। दांडी मार्च के एक महीना पहले प्रेमचन्द एक राष्ट्रवादी हिन्दी मासिक के विचार पर चर्चा कर चुके थे। वे इस पत्रिका का नाम 'हंस' रखना चाहते थे और उनके ज़ेहन में इसका स्वरूप राजनीतिक और साहित्यिक चर्चाओं के एक मंच का था। अब प्रेमचन्द राजनीतिक घटनाओं पर नियमित रूप से लिखने लगे थे, हालाँकि साथ ही वे रचनात्मक कामों को भी अंजाम दे रहे थे। 'हंस' की शुरुआत के साथ ही हम आ पहुँचते हैं प्रेमचन्द के जीवन के अन्तिम दौर में।

चौथा अध्याय

आख़िरी दौर

जब प्रेमचन्द ने अपनी नई मासिक पत्रिका 'हंस' शुरू की तो वे जानते थे कि उन्होंने कितना मुश्किल बीड़ा उठाया है। 12 फरवरी, 1930 को निगम को लिखे एक पत्र में वे लिखते हैं : 'मैं जानता हूँ कि इस काम को शुरू करना मूर्खता से कम नहीं। मैं यह भी जानता हूँ कि मैं अपनी मानसिक शान्ति दाँव पर लगा रहा हूँ। लेकिन मैं मूर्खता करना चाहता हूँ। मेरा सारा जीवन ही बेवकूफ़ियों का एक अनवरत सिलसिला रहा है। एक और बेवकूफ़ी से कोई फ़र्क़ नहीं पड़ेगा।' आख़िर उन्होंने ऐसा क्यों किया? इस तरह की योजनाओं में वे पहले भी अपने हाथ जला चुके थे; और अब अपने गिरते स्वास्थ्य और अन्तहीन आर्थिक दिक़्क़तों के साथ, वे आख़िर इतने दु:साहसी क्यों हो रहे थे? इसका सिर्फ़ एक ही जवाब है कि प्रेमचन्द तीव्र मनोवेगों वाले व्यक्ति थे और जब इस आवेश की जड़ें किसी शुभेच्छा में होतीं, तब तो वे कुछ भी सोचने-समझने के लिए ठहरते न थे। वे हमेशा से ही अपनी एक पत्रिका शुरू करना चाहते थे, उसी तरह, जैसे वे हमेशा चाहते रहे कि उनका अपना एक प्रेस हो। इसके अलावा, वे सचमुच यह महसूस करते थे कि देश की आज़ादी की लड़ाई के इस मोड़ पर हिन्दी में एक नई प्रगतिशील पत्रिका की बहुत ज़रूरत है। 'हंस' एक प्रतीक था। भारतीय परम्परा में हज़ारों वर्षों से हंस ज्ञान और विवेक का प्रतीक रहा है। इस पत्रिका में प्रेमचन्द महत्त्वपूर्ण घटनाओं और मुद्दों पर लेख लिख सकते थे। 'हंसवाणी' उनका अपना पन्ना था जो आज़ादी से अपना नज़रिया व्यक्त करने का एक सुविधाजनक मंच था। उनके लेखों के शीर्षकों से इस बात का कुछ अनुमान लगाया जा सकता है कि उनका योगदान कितना महत्त्वपूर्ण था—स्वराज्य की तैयारी, साइमन कमीशन की रिपोर्ट, मशीनगन और शान्ति, स्वराज से किसका अहित होगा, स्वाधीनता संघर्ष में साहित्य की भूमिका, युवकों का दायित्व।

'हंस' का पहला अंक 10 मई, 1930 को निकला। इस प्रवेशांक में उनकी सम्पादकीय टिप्पणी, जिसमें उन्होंने इस नई पत्रिका के उद्देश्य व्यक्त किये, उद्धृत

करने योग्य है : 'यह 'हंस' के लिए बड़े सौभाग्य की बात है कि इसका जन्म ठीक उस समय हुआ, जब भारत में एक नये युग का सूत्रपात हो रहा है, जब भारत अपनी बेड़ियों पर चोट करके उन्हें झकझोर रहा है। कहा जाता है कि जब श्रीरामचन्द्र जी लंका के लिए समुद्र में पुल बना रहे थे, छोटे-छोटे पशु-पक्षियों ने उनकी सहायता की। भारत इस समय एक ऐसे युद्ध के मुहाने पर खड़ा है जो रामचन्द्र जी की लड़ाई से भी कठिन है। भारत ने अहिंसा युद्ध का शंखनाद कर दिया है। 'हंस' भी इस युद्ध में दो पैसे का योगदान करेगा। मानसरोवर की शान्ति छोड़कर हंस अपने छोटे पंखों पर धूल के कुछ कण लेकर आएगा।'

पन्द्रह दिन बाद महात्मा गांधी ने दांडी मार्च शुरू किया। जल्दी ही पूरा देश सत्याग्रह की गिरफ़्त में था।

एक के बाद एक लेख में प्रेमचन्द ने महात्मा गांधी की पैरवी की और उनके फ़ैसलों के महत्त्व को समझाया। उन्होंने समझाया कि यह लड़ाई सिर्फ़ राजनीतिक स्वतंत्रता के लिए नहीं है बल्कि सामाजिक और आर्थिक न्याय के लिए भी है, कि यह संघर्ष भारतीय शोषकों के ख़िलाफ भी उतना ही है जितना कि विदेशी शासकों के ख़िलाफ़। जिन लोगों ने नमक सत्याग्रह को असमय अव्यावहारिक कहकर उसकी आलोचना की, उन्हें प्रेमचन्द ने मुँहतोड़ जवाब दिया। उन्होंने कहा कि नमक पर कर लगाना हवा और पानी पर कर लगाने जैसा है। भारतवर्ष के लम्बे इतिहास में किसी भी शासक ने कभी नमक बनाने पर कर नहीं लगाया। भारत के लाखों ग़रीबों को इस अभूतपूर्व अपमान से नवाज़ना ब्रिटिश साम्राज्य के लिए ही छोड़ दिया गया था। जैसे-जैसे आन्दोलन रफ़्तार पकड़ता गया, प्रेमचन्द का जुड़ाव भी बढ़ता गया। संयोगवश राष्ट्रीय कांग्रेस की लखनऊ शाखा का कार्यालय प्रेमचन्द के घर के बहुत क़रीब था। वे अक्सर कार्यालय जाते रहते थे। कार्यालय के एक हिस्से में कार्यकर्ता सरकारी निषेधाज्ञा की अवज्ञा करते हुए नमक बनाया करते थे। प्रेमचन्द पुराने लखनऊ के केन्द्र में स्थित अमीनुद्दौला पार्क के पास रहते थे।

महात्मा गांधी द्वारा शुरू किये नमक सत्याग्रह के एक महीने बाद जवाहरलाल नेहरू को क़ैद कर लिया गया। अगले महीने ख़ुद महात्मा सलाखों के पीछे थे। धारा 144 के नाम से सरकार ने एक अध्यादेश जारी किया जिसके अनुसार छः से ज़्यादा लोगों का किसी सार्वजनिक स्थान पर इकट्ठा होना निषिद्ध था। मनमाने ढंग से रात्रिकालीन कर्फ़्यू लगा दिया जाता और कभी-कभी मार्शल लॉ भी घोषित कर दिया जाता। राष्ट्रवादी प्रेस का दमन करने के लिए 'प्रेस एक्ट' लागू किया गया। जून, 1930 में पंडित मोतीलाल नेहरू को जेल भेजा गया। उनकी पत्नी स्वरूप रानी ने एक महिला स्वयंसेवक दल का संगठन किया था। वे जुलाई में लखनऊ आईं। प्रेमचन्द की पत्नी शिवरानी पहले ही सत्याग्रह आन्दोलन से जुड़ चुकी थीं। 9 नवम्बर को उन्हें क़ैद कर लिया गया। प्रेमचन्द स्वयं भी जेल जाने के लिए तैयार

थे। वे जानते थे कि उन्हें कभी भी क़ैद किया जा सकता है। दरअसल वे जेल से बाहर रहने के लिए शर्मिन्दा थे। लेकिन उनकी सेहत नाज़ुक थी और शिवरानी ने उनसे आग्रह किया कि वे अपनी गिरफ़्तारी न दें। उन्होंने कहा कि परिवार की तरफ़ से राष्ट्रीय आन्दोलन में योगदान वे देंगी।

'स्वराज से किसका अहित होगा' शीर्षक लेख में प्रेमचन्द ने देश के सामन्ती तत्त्वों—ज़मींदारों, राजाओं और नवाबों को धिक्कारा है, क्योंकि उनके सरोकार सिर्फ़ अपने भविष्य तक सीमित थे और इसके लिए वे सरकार का साथ देते थे। वे जानते थे कि अगर भारतवर्ष आज़ाद हो गया तो वे किसानों का शोषण करके अपनी तिजोरी नहीं भर पाएँगे। एक दूसरे लेख में प्रेमचन्द ने इस आरोप का खंडन किया कि मुसलमान आज़ादी की लड़ाई से नहीं जुड़ रहे हैं। 'मुसलमान सत्याग्रहियों के समूहों का नेतृत्व कर रहे हैं और गिरफ़्तार किये जा रहे हैं। उन्हें मारा-पीटा जाता है। वे अनगिनत कांग्रेस कमेटियों के अध्यक्ष और सेक्रेटरी हैं और फिर भी यह कहा जा रहा है कि वे कांग्रेस के साथ नहीं हैं।' प्रेमचन्द लखनऊ के मुस्लिम बहुल क्षेत्र में रहते थे और उनकी टिप्पणियाँ वास्तविकता पर आधारित थीं। इत्तफ़ाक़ से इसी दौरान उनकी मुलाक़ात अशफ़ाक़ हुसैन नाम के एक युवा कांग्रेस कार्यकर्ता से हुई जो उनका क़रीबी मित्र बन गया। 'दिमाग़ी ग़ुलामी' शीर्षक के एक और लेख में प्रेमचन्द ने कहा कि सच्चा देशभक्त बनने के लिए बहुत-से भारतीयों को पहले विदेशी रहन-सहन के प्रति अपने मोह से मुक्त होना पड़ेगा। नक्शेबाज़ यूरोपीय कपड़ों का दिखावा करना और घर में भी अंग्रेज़ी में बात करना एक तरह की सांस्कृतिक दासता है जो किसी भी मायने में राजनीतिक ग़ुलामी से कम दयनीय नहीं। लंदन में जब दूसरी गोल मेज़ सभा हुई तब प्रेमचन्द ने कई ऐसे लेख लिखे जिनमें अंग्रेज़ों के वायदों से किसी भी प्रकार का भ्रम पालने के ख़तरों से आगाह किया गया था।

1931 के आरम्भ में जवाहरलाल नेहरू और गांधी जी जेल से रिहा हुए। उसी साल 6 फरवरी को मोतीलाल नेहरू का देहावसान हो गया। जेल की जिस कोठरी में वे रखे गए थे, वहाँ की सीलन भरी हवा ने उनके स्वास्थ्य पर बड़ा बुरा असर डाला था। मार्च के अन्त में कांग्रेस का ऐतिहासिक कराची अधिवेशन हुआ जहाँ समाजवाद के प्रति स्पष्ट झुकाव देखा गया। मज़दूरों और किसानों के मूल अधिकारों के सम्बन्ध में प्रस्ताव पारित किये गए। जवाहरलाल नेहरू का प्रभाव स्पष्ट था। नेहरू उन दिनों मार्क्सवाद के प्रति बहुत आकर्षित थे। साल के अन्त में गोल मेज़ सभा हुई। महात्मा गांधी लंदन गए। वे सन्धि-वार्ता के लिए तैयार थे लेकिन ब्रिटिश सरकार भारतीय हाथों में वास्तविक ताक़त सौंपने के लिए बिलकुल भी तैयार न थी। गोल मेज़ सभा का कुछ भी परिणाम न निकला। दिसंबर में जवाहरलाल नेहरू पुनः गिरफ़्तार कर लिये गए। यह स्पष्ट हो चुका था कि बड़े पैमाने पर जन-आन्दोलन फिर से छेड़ना होगा। 6 से 13 अप्रैल का सप्ताह 'राष्ट्रीय सप्ताह' के रूप में घोषित

किया गया। इस सप्ताह सरकार के ख़िलाफ़ अनेक प्रदर्शन हुए। अधिकतर प्रदर्शनों को पुलिस ने अनावश्यक सख़्ती और बल प्रदर्शन से दबाया। ऐसे ही एक प्रदर्शन के दौरान जवाहरलाल की वृद्ध माँ स्वरूपरानी पर लाठियाँ बरसाई गईं। गम्भीर चोटें लगने के कारण उन्हें घर पहुँचाना पड़ा। इन सारी घटनाओं ने प्रेमचन्द को बहुत गहरे स्तर पर व्यथित कर दिया। वे 'हंसवाणी' में अपनी भावनाओं को शब्दों के सहारे संप्रेषित करते रहे।

2

1931-1932 की अवधि में प्रेमचन्द द्वारा लिखे गए दो प्रमुख उपन्यासों—'ग़बन' और 'कर्मभूमि'—में उस दौर की राजनीतिक घटनाओं का गहरा प्रभाव देखा जा सकता है। 'ग़बन' की मुख्य कथावस्तु है एक मामूली अधिकारी के नैतिक पतन की जिसमें पत्नी की गहनों की माँग को नकारने का साहस नहीं है, लिहाज़ा वह ऑफ़िस के पैसों का ग़बन करता है। लेकिन उपन्यास के काफ़ी बड़े हिस्से में है सत्याग्रह आन्दोलन—विशेष रूप से विदेशी निर्माताओं का बहिष्कार और सरकार की दमनकारी नीतियों का विस्तृत वर्णन। 'कर्मभूमि' में महात्मा गांधी के विचार और भी गहरे व्याप्त हैं। उपन्यास का नायक अमरकान्त गांधी के आदर्शों का प्रतिनिधि है। इस दौर में लिखे बहुत-से लेख और कहानियाँ समसामयिक घटनाओं पर आधारित हैं। इन्हीं में से एक 'महान तप' महात्मा गांधी के सितम्बर, 1932 में किये अनशन से प्रेरित है, जो उन्होंने ब्राह्मणों द्वारा अछूतों को मन्दिर में प्रवेश-निषेध के विरोध में किया था। महात्मा गांधी उस समय जेल में थे। इस अनशन में वे मृत्यु की कगार तक पहुँच गए थे। उन्होंने अपना उपवास तभी तोड़ा जब मन्दिरों के द्वार हर वर्ग के हिन्दुओं के लिए खोल दिये गए।

जैनेन्द्र कुमार के साथ प्रेमचन्द की मित्रता का ज़िक्र पहले भी किया जा चुका है। जैनेन्द्र के आमंत्रण पर वे अक्टूबर, 1931 में दिल्ली गए। यह उनकी पहली दिल्ली यात्रा थी। उन्होंने मेज़बान को अपने आगमन के समय से अवगत नहीं कराया था। रेलवे स्टेशन से वे सीधे जैनेन्द्र के घर चले गए। जब जैनेन्द्र ने आग्रह किया कि ख़ुद घर ढूँढ़ने में परेशान होने के बजाय प्रेमचन्द को उनसे स्टेशन आने के लिए कह देना चाहिए था तो प्रेमचन्द बोले : "टेलीग्राम पर बारह आने क्यों ख़र्च किये जाएँ?" दिल्ली में प्रेमचन्द दस दिन रहे और अनेक हिन्दी और उर्दू के लेखकों से मिले जिनसे वे पत्र-व्यवहार करते रहते थे। दिल्ली से वापस आने के बाद उन्हें पटना में हिन्दी साहित्य परिषद् में व्याख्यान देने का निमंत्रण मिला। सचिव किशोरी सरन प्रेमचन्द के प्रशंसक थे और 'चाँद' पत्रिका में प्रेमचन्द की कहानियों पर कई लेख लिख चुके थे।

युवा लेखकों को हमेशा ही प्रेमचन्द से प्रोत्साहन और सलाह मिलती रही। इन्हीं लेखकों में से एक थे जयशंकर प्रसाद, जो आगे चलकर कवि के रूप में प्रसिद्ध हुए। उनके उपन्यास 'कंकाल' की प्रेमचन्द ने मुक्त कंठ से प्रशंसा की। जैनेन्द्र के उपन्यास 'परख' की भी प्रेमचन्द ने भरपूर प्रशंसा की। एक और उभरते हुए लेखक थे पद्मसिंह शर्मा, जिनके प्रति प्रेमचन्द बड़ा स्नेह भाव रखते थे। पद्मसिंह बड़े खरे इनसान और एक सच्चे देशभक्त थे। उनकी असमय मृत्यु पर प्रेमचन्द ने एक स्मृति लेख में गहरा दुख व्यक्त करते हुए उसे अपनी अपूर्णीय व्यक्तिगत क्षति कहा। पद्मसिंह शर्मा उम्र में प्रेमचन्द से कुछ बड़े थे। वे उन लोगों में से थे जिन्होंने पहले-पहल प्रेमचन्द की प्रतिभा को पहचाना था। अपने साथियों की मैत्री और सद्भावना प्रेमचन्द के लिए अत्यन्त महत्त्वपूर्ण थी। कभी-कभार विवाद उठ खड़े होते और उन्हें तीखी आलोचना का सामना करना पड़ता। नन्ददुलारे बाजपेई जो आगे चलकर जाने-माने आलोचक और निबन्धकार हुए, प्रेमचन्द के उपन्यासों के घोर आलोचक थे। उनका आग्रह था कि प्रेमचन्द की लेखन कला कम, प्रचार अधिक है। प्रेमचन्द की मृत्यु के कई वर्षों बाद बाजपेई ने प्रेमचन्द की महानता को सम्मानित करते हुए यह स्वीकार किया कि उनकी राय उचित नहीं थी।

इस दौरान, नवलकिशोर प्रेस के कर्मचारियों के साथ उनके सम्बन्ध बिगड़ गए थे। उन्हें 'माधुरी' के सम्पादक की ज़िम्मेदारियों से मुक्त करके उस विभाग में स्थानान्तरित कर दिया गया जो पुस्तकों के प्रकाशन से सम्बन्धित था। इसका अर्थ था प्रेमचन्द के लिए अधिक फ़ुरसत, पर उन्हें यह बात अच्छी नहीं लगी। उन्होंने बतौर सम्पादक बेहतरीन काम किया था इसलिए उन्हें लगा कि जान-बूझकर उनको अपमानित किया जा रहा है। वे इस स्थानान्तरण के लिए राज़ी तो हो गए पर उन्होंने दूसरी नौकरी की तलाश शुरू कर दी। हैदराबाद के उस्मानिया विश्वविद्यालय में उन्होंने प्रवक्ता के पद के लिए आवेदन किया लेकिन वहाँ से अनुकूल उत्तर न मिला। नवलकिशोर प्रेस के युवा मालिक बिशन नारायण भार्गव की मृत्यु से संकट की स्थिति उत्पन्न हो गई। भार्गव और प्रेमचन्द की गहरी मैत्री थी उनके देहावसान से माहौल पूरी तरह प्रतिकूल हो गया था। मई, 1932 में प्रेमचन्द बनारस लौट आए।

वे लमही में रहने लगे जहाँ ग्रामीणों के दैनिक जीवन को नज़दीक से देखने का मौका मिला। भारतीय गाँवों की वास्तविकता से उनका गूढ़ परिचय उनके अन्तिम उपन्यास 'गोदान' में प्रतिबिम्बित होता है। प्रेमचन्द प्रतिदिन बनारस जाते थे। उन दिनों इक्का ही एकमात्र वाहन हुआ करता था। कुछ दिनों बाद उन्होंने बनारस में एक घर किराए पर ले लिया। उनका बड़ा बेटा क्वींस कॉलेज में और छोटा दयानन्द हाईस्कूल में पढ़ रहा था। कड़ी मेहनत से सरस्वती प्रेस को जिलाए रखने में प्रेमचन्द सफल हो गए थे। उनकी पत्रिका 'हंस' अपनी प्रगतिशील नीतियों के फलस्वरूप बार-बार मुश्किलों में फँस जाती थी। एक 'राजद्रोही' लेख छापने के

आधार पर सरकार ने उनसे एक हज़ार रुपये की ज़मानत देने को कहा। प्रेमचन्द ने ज़मानत देने से मना कर दिया जिसके फलस्वरूप कुछ समय के लिए 'हंस' बन्द करनी पड़ी। 'हंस' के लिए प्रेमचन्द स्वयं दो कहानियाँ और समसामयिक विषयों पर बीस पन्नों का लेख हर महीने लिखते। उन्होंने छपाई की गुणवत्ता सुधारने का प्रयास किया जिसके लिए जर्मनी से नई मशीनें मँगाने में पूँजी भी निवेश की। नवल किशोर द्वारा दी जाने वाली तनख़्वाह और पुस्तकों से अर्जित धन के रूप में उनकी आय का अधिकतर हिस्सा 'हंस' को बचाने के हर सम्भव प्रयास में ख़र्च हो जाता।

फिर भी, इसी समय प्रेमचन्द ने एक नये काम की शुरुआत का बीड़ा उठाया जबकि वे पहले से ही इन तमाम आर्थिक समस्याओं से जूझ रहे थे। साल भर पहले बनारस में एक पाक्षिक पत्रिका 'जागरण' की शुरुआत की गई थी। उसका मालिक आर्थिक नुकसान के कारण उसे बन्द करने पर विचार कर रहा था। प्रेमचन्द ने पत्रिका की ज़िम्मेदारी ली और उसे साप्ताहिक कर दिया। उनका विचार था कि बनारस में एक सचमुच अच्छे स्तर की साप्ताहिक पत्रिका प्रकाशित किये जाने की काफ़ी गुंजाइश है। इसके अलावा 'जागरण' से सरस्वती प्रेस को भी काम मिलेगा और इस तरह दोनों संस्थान एक दूसरे को क़ायम रखेंगे। नये 'जागरण' का पहला अंक अगस्त, 1932 में निकला। दो ही महीनों के अन्दर उस पर भारी संकट आन पड़ा। प्रेमचन्द की एक कहानी 'उसका अन्त' उत्तर प्रदेश की सरकार द्वारा संज्ञान में ली गई। उस पर राजद्रोह का आरोप लगाया गया और दो हज़ार रुपये की ज़मानत माँगी गई। प्रेमचन्द भागकर लखनऊ गए जहाँ उन्होंने मुख्य आयुक्त (चीफ़ कमिश्नर) को विश्वास दिलाया कि 'जागरण' अहिंसा में यक़ीन करती है और किसी तरह ज़मानत का आदेश वापस हुआ। लेकिन पत्रिका को आर्थिक रूप से स्वावलम्बी नहीं बनाया जा सका।

एक बार फिर प्रेमचन्द ने आवेश और अनुचित आशावाद को अपने विवेक पर हावी होने दिया। 'मैं अपनी साप्ताहिक पत्रिका निकालने का लोभ सँवरण न कर सका', उन्होंने अपने मित्र जैनेन्द्र कुमार को लिखा :

> ...शायद, मुझे काफ़ी आर्थिक नुकसान उठाना पड़े। पर मैं रुक नहीं सकता। मेरे पूरे जीवन में नुकसानों का सिलसिला लगा रहा है।...कुछ समय तक मुझे अपना पूरा ध्यान इसमें लगाना पड़ेगा। बाद में एक सहायक रख लूँगा।

कोई सहज ही यह सोच सकता है कि भूतकाल में इस तरह की योजनाओं से जैसी भयंकर आर्थिक मुसीबतें और दिमाग़ी चिन्ताएँ झेलनी पड़ी थीं, उनसे प्रेमचन्द को सबक सीख लेना चाहिए था। इस पत्रिका को कामयाब बनाने के लिए प्रेमचन्द

ने कैसे-कैसे निष्फल प्रयास किये, उनकी चर्चा करना भी दुखदायी है। उन्होंने अपने सभी मित्रों को पत्र लिखकर आग्रह किया कि वे सब उनकी तरफ़ से अपने-अपने प्रभाव का इस्तेमाल करें और 'जागरण' के लिए विज्ञापन जुटाएँ। प्रेमचन्द ने बंगाल केमिकल वर्क्स और बिरला जैसे अन्य नामी उद्योगपतियों से भी विज्ञापन पाने की कोशिश की। लेकिन गिनती के कुछ ही विज्ञापन मिले। अधिकतर संस्थान ऐसी पत्रिका के साथ सम्बद्ध होने से डरते थे जिस पर सरकार की वक्रदृष्टि हो। जल्दी ही 'जागरण' प्रेमचन्द की सबसे बड़ी चिन्ता का कारण बन गया।

3

पत्नी शिवरानी का साहचर्य उन कुछ चीज़ों में से एक था जिन्होंने ग़रीबी और बीमारी के ख़िलाफ़ प्रेमचन्द के सतत संघर्ष में उन्हें सँभाले रखा। इस कथा में हमने देखा है कि बारम्बार वे प्रेमचन्द के लिए त्याग करती रहीं, उन्हें नेक सलाह देती रहीं, उनकी ज़िम्मेदारियों में हाथ बँटाती रहीं और उन्हें प्रोत्साहित करती रहीं। लखनऊ में अपनी गिरफ़्तारी देकर और पुलिस की लाठियों का बहादुरी से सामना करके उन्होंने दिखा दिया था कि वे किस मिट्टी की बनी हैं। साहित्य के क्षेत्र में भी वे एक आदर्श साथी थीं। प्रेमचन्द ने उन्हें एक कहानी लेखिका के रूप में प्रस्फुटित होते देखा और इस पर प्रेमचन्द को बहुत ख़ुशी और गर्व था। उनकी बहुत-सी कहानियाँ जानी-मानी पत्रिकाओं में प्रकाशित हुईं और बाद में संकलित होकर पुस्तक रूप में 'नारी-हृदय' के नाम से प्रकाशित हुईं। यह शीर्षक बिलकुल उपयुक्त था। शिवरानी भारतीय नारी के कष्टों और व्यथा के बारे में लिखती थीं। कुछ निर्मम समीक्षकों ने इस ओर इंगित करने में ज़रा भी देर न की कि ये कहानियाँ दरअसल लेखिका के पति ने लिखी थीं।

केवल यही एक मुद्दा नहीं था जहाँ प्रेमचन्द को बदनाम किया गया। कुछ असन्तुष्ट लेखकों ने उन पर ब्राह्मणों के प्रति नफ़रत फैलाने का आरोप लगाया। कुछ का वही पुराना आरोप था कि वे सुप्रसिद्ध अंग्रेज़ और यूरोपीय लेखकों की रचनाओं से चोरी करते हैं। सबसे तीखे प्रहार जे.पी.निर्मल और श्रीनाथ सिंह के थे। प्रेमचन्द ने ज़ोरदार तरीक़े से 'जागरण' और 'हंस' के कॉलमों में अपना पक्ष रखा। उन्होंने कहा कि उन्होंने ब्राह्मणों के पूरे वर्ग की नहीं बल्कि सिर्फ़ उन ब्राह्मणों की आलोचना की है जो लोगों की धर्मान्धता और अंधविश्वास का लाभ उठाकर उनका शोषण करते हैं और ब्राह्मणत्व की बदनामी करते हैं। मुस्लिम मुल्लाओं के कट्टरवाद की भी उन्होंने उतनी ही तीव्र आलोचना की है और यह सच है कि उनकी एक कहानी 'मन्दिर और मस्जिद' ने कुछ असहिष्णु मुस्लिमों को भड़का दिया था। इस तरह प्रेमचन्द की निन्दा करने में हिन्दू और मुस्लिम, दोनों ही समुदायों

के कट्टरपंथी एकजुट हो गए—उसी तरह, जैसे वे एकजुट हो गए थे चार सौ साल पहले कबीर की निन्दा करने में।

कुछ आलोचकों ने बड़ी निर्ममता से प्रेमचन्द पर व्यक्तिगत स्तर के आरोप भी लगाए। उदाहरण के लिए एक ने कहा कि प्रेमचन्द अब प्रकाशक और पुस्तक विक्रेता हो गए हैं और अब वे रचनात्मक लेखक नहीं रहे। परोक्ष रूप से कहा यह जा रहा था कि प्रेमचन्द को अब सिर्फ़ पैसे की परवाह रह गई है, कला की नहीं। हालाँकि यह सर्वविदित था कि प्रेमचन्द की पत्रिकाएँ और प्रेस, दोनों ही आर्थिक नुकसान झेल रहे थे और वे अपनी सीमित जमा-पूँजी लगाकर उन्हें जैसे-तैसे ज़िन्दा रखे हुए थे। और यह आरोप तो बिलकुल अनर्गल था कि वे रचनात्मक काम नहीं कर रहे, जबकि वे लगातार उच्चकोटि की कहानियाँ लिख रहे थे। उनके आलोचक नहीं जानते थे कि उनकी तीन साल बाद प्रकाशित होनेवाली श्रेष्ठ रचना 'गोदान' के रूप में उन सभी को कैसा मुँहतोड़ जवाब मिलने वाला था।

हिन्दी लेखकों में जिस एक लेखक के साथ प्रेमचन्द का विवाद था, वे थे हिन्दी की एक पुरानी और प्रतिष्ठित पत्रिका 'विशाल भारत' के सम्पादक बनारसीदास चतुर्वेदी। पर इस विवाद में कहीं कोई दुर्भावना न थी। लेकिन किसी भी पक्ष ने कभी मर्यादा का उल्लंघन नहीं किया। प्रेमचन्द और बनारसीदास, दोनों एक-दूसरे का सम्मान करते थे यद्यपि कई मुद्दों पर दोनों में मतभेद था। प्रेमचन्द ने 'विशाल भारत' के लिए कई कहानियाँ लिखीं पर प्रेमचन्द के बार-बार आग्रह करने के बावजूद बनारसीदास ने कभी 'हंस' के लिए अपना कोई योगदान नहीं दिया। दुर्भाग्यवश 'हंस' में प्रकाशित एक लेख में कुछ विनोदपूर्ण टिप्पणियाँ थीं, जिसका बनारसीदास ने बुरा माना। प्रेमचन्द ने मैत्री भाव से एक पत्र लिखा और आग्रह किया कि उस टिप्पणी को वे विनोद भाव से ही ग्रहण करें। जनवरी, 1933 में बनारसीदास प्रेमचन्द के अतिथि के रूप में दो दिन उनके साथ रहे। कई विषयों पर उनके बीच आत्मीय वार्तालाप हुए। साहित्य, भारतीय और विदेशी लेखकों और समकालीन विषयों और विवादों पर परस्पर वैचारिक आदान-प्रदान हुआ। चतुर्वेदी ने कोशिश की कि प्रेमचन्द कलकत्ता और शान्तिनिकेतन जाएँ और सी.एफ.एंड्रूज व कवि रवीन्द्रनाथ टैगोर से मिलें पर प्रेमचन्द इस सुझाव के प्रति कोई विशेष उत्साहित न थे। चतुर्वेदी के आगमन से दोनों के बीच की बदमज़गी ख़त्म हो गई और आगे फिर कोई ग़लतफ़हमी नहीं हुई। चतुर्वेदी ने 'विशाल भारत' में प्रेमचन्द के साथ बिताए दिनों का एक दिलचस्प विवरण दिया है।

भले ही प्रेमचन्द सामाजिक विवादों पर अपनी दो टूक राय देते हों और उन पर अनुचित आरोप लगानेवालों को बख़्शते न हों, लेकिन ऐसे युवा लेखकों के प्रति वे बड़े व्यवहार-कुशल और सदय थे जो नये थे और जिन्हें प्रोत्साहन की ज़रूरत थी। ऐसे ही एक युवक थे वीरेश्वर सिंह जो कॉलेज के छात्र थे और जिनकी कहानी

'चाँद' पत्रिका में छपी थी। प्रेमचन्द ने उन्हें एक प्रशंसा-पत्र लिखा। एक नवोदित लेखक के लिए प्रेमचन्द जैसे सुप्रसिद्ध लेखक का प्रशंसा-पत्र बहुत बड़ी बात थी। कभी-कभी प्रेमचन्द अपने मित्रों को पत्र लिखकर यह आग्रह भी करते कि वे लोग ऐसे अनजान लेखकों की खोज में अवश्य रहें जो अपनी रचनाएँ सिर्फ़ इसलिए प्रकाशित नहीं करा पाते क्योंकि प्रकाशक प्रतिष्ठित नामों को ही प्राथमिकता देते हैं। ऐसा ही एक पत्र उन्होंने अपने मित्र को लिखा जो स्कूल में शिक्षक थे :

> अगर तुम्हारी कक्षा में ऐसे कोई छात्र हों जो साहित्य में रुचि रखते हों तो क्या तुम उन्हें लिखने के लिए प्रोत्साहित करोगे? कभी-कभी नौजवान इतनी अच्छी कहानियाँ लिख लेते हैं, जो हमारे जैसे बूढ़ों के बस की बात नहीं होती। हमारी ताक़त है अनुभव और अभ्यास। लेकिन मौलिकता और नयापन तो युवा वर्ग में ही होता है।

भारतवर्ष से बाहर की घटनाओं की तरफ़ भी प्रेमचन्द का ध्यान लगातार जाता रहता। अन्तरराष्ट्रीय घटनाओं पर वह पैनी दृष्टि रखते थे और अपनी पत्रिका में उन पर टिप्पणी भी करते थे। 1929 की भयानक मन्दी के बाद संकट में घिरी पूँजीवादी अर्थ-व्यवस्था, जर्मनी में हिटलर का वर्चस्व और तत्पश्चात् यहूदियों का उत्पीड़न, हथियारों की होड़, दक्षिण अफ्रीका का नस्लवाद और मंचूरिया पर जापानी आक्रमण—ये कुछ ऐसे विषय थे जिन पर प्रेमचन्द ने लेख लिखे। सोवियत साम्यवाद में उनकी 1919 से ही गहरी दिलचस्पी थी। सोवियत संघ में आर्थिक संरचना से सम्बन्धित प्रयोगों पर प्रेमचन्द की गहरी दृष्टि बनी हुई थी। तुर्गनेव, टॉल्स्टॉय, चेख़व, कुप्रिन, गोर्की आदि रूसी साहित्यकारों के महान क्लासिक तो उन्होंने पढ़ ही रखे थे। यहाँ यह बात क़ाबिले-ग़ौर है कि भारतीय राष्ट्रीय आन्दोलन के नेताओं ने इस समय तक यह बात समझ ली थी कि भारतीय स्वतंत्रता संघर्ष को वैश्विक महत्त्व के मुद्दों से पृथक् करके नहीं देखा जा सकता है। अन्तरराष्ट्रीय मामलों में दिलचस्पी पैदा करने का श्रेय काफ़ी हद तक जवाहरलाल नेहरू को जाता है। प्रेमचन्द उनमें से एक थे जिन्होंने यह देखा कि राष्ट्रवाद किस नई दिशा में जा रहा है। उन्होंने यह बात समझी कि राष्ट्र का नेतृत्व करनेवाले अगर अपना दृष्टिकोण व्यापक नहीं करते और अपने अलगाववादी नज़रिए को नहीं छोड़ते, दुनिया से अलग-थलग रहने का रवैया नहीं बदलते तो राष्ट्रवाद महज़ शौर्य में तब्दील होकर रह जाएगा। अपने लेख 'राष्ट्रवाद और अन्तरराष्ट्रवाद' में उन्होंने लिखा था : 'राष्ट्रवाद आधुनिक कैंसर है, उसी तरह जैसे साम्प्रदायिकता मध्ययुग का कैंसर थी।'

राष्ट्रीय पटल पर हिन्दू-मुस्लिम एकता उनका मुख्य सरोकार थी। कांग्रेस ने कानपुर में हुए साम्प्रदायिक दंगों पर रिपोर्ट तैयार करने के लिए एक समिति गठित की थी। पंडित सुन्दरलाल उस समिति के सदस्य थे। सभी तथ्यों को सावधानीपूर्वक

जाँचने-परखने के बाद रिपोर्ट तैयार की गई और समिति इस निष्कर्ष पर पहुँची कि जितना दोष हिन्दुओं का था, उतना ही मुसलमानों का भी था। प्रेमचन्द ने रिपोर्ट को ध्यान से पढ़ा और पंडित सुन्दरलाल के प्रति अपना प्रशंसा भाव व्यक्त किया। आगे चलकर उनकी पंडित सुन्दरलाल से अच्छी मित्रता हो गई थी। कट्टर हिन्दू इस रिपोर्ट से बेहद अप्रसन्न थे। इन्हीं में से एक चतुरसेन शास्त्री ने एक लेख लिखा जिसका शीर्षक 'इस्लाम का विषवृक्ष' ही भड़काऊ था और उससे भी ज़्यादा था लेख का कथ्य। प्रेमचन्द ने फ़ौरन ही प्रत्युत्तर दिया और लेखक की ऐसे फूहड़ वार करने की घोर निन्दा की, जिनसे मुस्लिम भावनाओं को चोट पहुँची थी।

सामाजिक मुद्दों पर प्रेमचन्द का रुख़ उत्तरोत्तर अतिवादी होता जा रहा था। जीवन के इस दौर में लगता है, उन्होंने धर्म को पूरी तरह से नकार दिया था। उन्होंने ईश्वर की अवधारणा को भी नकार दिया था, यहाँ तक कि सांस्कृतिक विकास में धर्म की जो सकारात्मक भूमिका रही है, उसे भी नकार दिया था। वे धर्म को आर्थिक मुद्दों से जोड़कर देखते थे और उनका आग्रह था कि धर्म का जो रूप दरअसल हमारे जीवन में है, उसने हमेशा ही उन लोगों को आर्थिक लाभ दिया है जिन्होंने जनसाधारण का शोषण किया है। उन्होंने इस बात की ओर इशारा किया कि साम्प्रदायिकतावादी 'संस्कृति' शब्द का प्रयोग भ्रान्तिजनक ढंग से कर रहे हैं। अपनी धार्मिक असहिष्णुता को ढकने के लिए वे हिन्दू संस्कृति और मुस्लिम संस्कृति का हल्ला मचाते हैं। जनवरी, 1934 में लिखे लेख 'साम्प्रदायिकता और संस्कृति' में वे कहते हैं :

> अब हिन्दू संस्कृति या मुस्लिम संस्कृति या कोई भी और संस्कृति जैसी कोई चीज़ नहीं है। जो कुछ है, वह सिर्फ़ आर्थिक संस्कृति है। हम हिन्दू और मुस्लिम संस्कृतियों का राग अलापते रहते हैं जबकि धर्म का संस्कृति से कुछ लेना-देना ही नहीं है। संस्कृतियाँ हैं तो वे हैं आर्य संस्कृति, ईरानी संस्कृति या अरब संस्कृति। ईसाई, हिन्दू या मुस्लिम संस्कृति जैसी कोई चीज़ है ही नहीं।

मेरे विचार में इस सामान्यीकरण और सरलीकरण को आर्थिक उत्पीड़न के ख़िलाफ़ लेखक के आजीवन संघर्ष और ताउम्र धार्मिक आडम्बर का गवाह बने रहने की रोशनी में देखना चाहिए। जीवन के इस काल में निःसन्देह, प्रेमचन्द ने इतिहास के प्रति आर्थिक दृष्टिकोण अपनाया था। उनके एक लेख में हम पाते हैं : 'प्राचीन काल से लेकर अब तक मानव जाति का इतिहास दरअसल सम्पत्ति के संरक्षण की कोशिशों का इतिहास रहा है।' इस मुद्दे पर उनके विचार इतने दृढ़ थे कि सोवियत संघ की तमाम प्रशंसा वे तौले या जाँचे बग़ैर ही स्वीकार कर लेते। इस दौर की कुछ कहानियों में एक उग्रता और कड़वाहट परिलक्षित होती है जो

उनके लगभग सभी उपन्यासों में व्याप्त दृष्टिकोण के सन्तुलन और व्यापकता को देखते हुए आश्चर्य में डाल देती है। अब वे पूरी निर्ममता और ग़ुस्से के साथ व्यंग्य का अस्त्र इस्तेमाल करने लगे थे—केवल विडम्बनामूलक व्यंग्य नहीं बल्कि तीखा और कटु व्यंग्य। अक्टूबर, 1931 में प्रकाशित कहानी 'सद्गति' के लेखक में उस प्रेमचन्द को पहचानना बड़ा मुश्किल है जिसने कभी महात्मा गांधी के प्रेम और अहिंसा के सिद्धान्तों को धन्य कहा था। जीवन के अन्तिम चार वर्षों में वे कई मुद्दों पर गांधीजी के दृष्टिकोण से दूर छिटक गए प्रतीत होते हैं। उदाहरणार्थ : 'जीवन में घृणा का स्थान' लेख में वे कहते हैं कि 'घृणा और क्रोध जीवन के आवश्यक तत्त्व हैं, इन्हें हटा दिया जाए तो दुनिया आधी रह जाएगी क्योंकि क्रोध के अभाव में न्याय और सत्य की रक्षा नहीं हो सकती। और वह घृणा ही है जो मिथ्याचार और कुटिलता का दमन करती है।' गांधीवादी दृष्टिकोण से उनका दुराव एक और उदाहरण में देखा जा सकता है जहाँ वे इस बात पर ज़ोर देते हैं कि पूँजीवादी से हृदय परिवर्तन की कोई भी उम्मीद करना निरर्थक है। 'किसी पूँजीपति से यह उम्मीद करना कि वह किसान का शोषण करना छोड़ देगा, वैसा ही है, जैसे एक कुत्ते से उम्मीद करना कि वह मांस के टुकड़े की रक्षा करेगा। इस ख़ूँख़्वार जानवर से बचने के लिए हमें ही हथियार उठाने होंगे।' धर्म पर उनके प्रहार भी अब बेहद तीखे हो गए थे। 'हिन्दू समाज के बीभत्स दृश्य' सरीखे उनके कुछ लेखों में उनके ध्यान का केन्द्रबिन्दु है धर्म का सबसे कुत्सित और अंधकारमय पक्ष जिसने हिन्दू धर्म की कुछ सर्वाधिक अमानवीय और बीभत्स परम्पराओं को जन्म दिया और पोषित किया है।

प्रेमचन्द की कहानियाँ और उपन्यास अब भारत के अहिन्दी-भाषी क्षेत्रों में प्रसिद्ध हो चले थे। कई का क्षेत्रीय भाषाओं में अनुवाद हो चुका था। फ़िल्म-निर्माता भी अब प्रेमचन्द के लेखन में अपने लिए सम्भावनाएँ खोजने लगे थे। बम्बई की एक फ़िल्म कम्पनी ने 'सेवासदन' के अधिकार प्राप्त कर लिये थे; जिसके लिए 'प्रेमचन्द' को साढ़े सात सौ रुपये की छोटी-सी रक़म अदा की गई थी। लेकिन तत्कालीन आर्थिक दिक़्क़तों को देखते हुए यह रक़म उपयोगी सिद्ध हुई। फ़िल्म के हिन्दी रूपान्तरण ने तो उपन्यास के साथ न्याय नहीं किया लेकिन दक्षिण भारत की एक कम्पनी द्वारा निर्मित तमिल रूपान्तरण काफ़ी अच्छा बन पड़ा था।

4

अप्रैल, 1934 में प्रेमचन्द ने हिन्दी साहित्य सम्मेलन के दिल्ली अधिवेशन में भाग लिया। आम तौर पर वे ऐसे आयोजनों से बचते थे लेकिन जैनेन्द्र कुमार का आग्रह उन्हें स्वीकार करना पड़ा। हमेशा से संकोची प्रेमचन्द अन्य श्रोताओं के साथ एक साधारण अतिथि की तरह चुपचाप एक कोने में बैठे थे कि अचानक किसी ने उन्हें

पहचान लिया। फिर तो उनका ज़ोरदार स्वागत हुआ, ख़ास कर युवा लेखकों द्वारा। बनारस लौटने के पहले वे अलीगढ़ भी गए जहाँ सभी ने दिल खोलकर उनकी आवभगत की। हालाँकि वे उर्दू को छोड़कर हिन्दी को अपना माध्यम बना चुके थे पर उर्दू के पाठकों के बीच उनकी लोकप्रियता में कोई फ़र्क़ नहीं पड़ा था। साहित्यिक सवालों पर प्रेमचन्द के विचारों को ध्यान और आदर के साथ सुना गया। वे कई व्यावहारिक दिक़्क़तों से भी सरोकार रखते थे, जैसे अनुवाद की समस्याएँ और एक ऐसे संगठन की आवश्यकता जो लेखकों के अधिकारों की रक्षा कर सके। राइटर्स एसोसिएशन के प्रस्ताव का उन सभी लोगों द्वारा स्वागत किया गया जो इस बात से अवगत थे कि संघर्षशील लेखकों को किन-किन समस्याओं का सामना करना पड़ता है। फिर भी, प्रेमचन्द इस पक्ष में नहीं थे कि प्रस्तावित एसोसिएशन एक तरह के ट्रेड यूनियन में तब्दील हो जाए। उनका विचार था कि 'राइटर्स एसोसिएशन' अपने संसाधन गँवा देगा अगर उसका मुख्य उद्देश्य प्रकाशकों से मोर्चा लेना ही रह जाएगा। हालाँकि वे जानते थे कि प्रकाशक अक्सर लेखकों का शोषण करते थे। वे यह भी जानते थे कि हिन्दी के लगभग सभी प्रकाशक उस समय आर्थिक नुकसान उठा रहे थे।

1934 के मध्य तक आते-आते 'हंस' और 'जागरण' की वित्तीय समस्याएँ इस सीमा तक बढ़ गई थीं कि प्रेमचन्द के सामने घोर संकटकाल आ खड़ा हुआ था। जिन लेनदारों ने उन्हें उधार दे रखा था, वे सब अपने पैसे वापस चाहते थे। लेकिन जिस भुगतान पर प्रेमचन्द का अधिकार था, उसके त्वरित निस्तारण के लिए किये अनुरोध को कई पुस्तक विक्रेताओं ने अनसुना कर दिया। एकाध लेनदारों ने कानूनी कार्यवाही शुरू करने की धमकी दी। जो कुछ भी करने की प्रेमचन्द सोच सकते थे, वह सब उन्होंने किया—'जागरण' में पन्नों की संख्या कम कर दी, नये ऋण लेने का प्रयत्न किया; पुस्तकों का अंग्रेज़ी से हिन्दी में अनुवाद करने की योजनाएँ आगे बढ़ाईं और इस काम के लिए अग्रिम राशि प्राप्त करना सुनिश्चित किया। 'जागरण' को बन्द करने के लिए वे अपने मन को समझा चुके थे। लेकिन 'हंस' के साथ उनका भावात्मक लगाव इतना गहरा था कि वे हर हाल में उसे जारी रखना चाहते थे। पूरी समस्या की जड़ यह थी कि उनका प्रेस आत्मनिर्भर नहीं था। उन्होंने स्वीकार भी किया कि प्रेस शुरू करना उनके जीवन की सबसे बड़ी भूल थी। लेकिन ग़लती हो चुकी थी और उसे अब सुधारा नहीं जा सकता था। इन सब चिन्ताओं का प्रभाव उनके रचनात्मक काम पर पड़ा। 1932 में शुरू किया गया उपन्यास 'गोदान' बीच में ही रुक गया। अगले दो वर्षों तक वे इस महान उपन्यास में हाथ नहीं लगा पाए।

सौभाग्यवश दो समाजवादी नेता—सम्पूर्णानन्द और नरेन्द्र देव—उनकी मदद के लिए आगे आए। अपनी सारी परेशानियों के बावजूद 'जागरण' को जारी रखने

में प्रेमचन्द के प्रयासों का महत्त्व इन दोनों ने समझा। वे उसकी ज़िम्मेदारी उठाने और 'सरस्वती प्रेस' में उसे छपवाने के लिए तैयार हो गए। इस प्रकार प्रेमचन्द को पत्रिका के प्रकाशन के दायित्व से मुक्ति मिली और साथ ही उनके प्रेस की कुछ आमदनी भी हुई। भारी हृदय से उन्होंने 'हंस' को इलाहाबाद के एक जाने-माने अंग्रेज़ी दैनिक 'लीडर' के मालिकों को सौंपने की बातचीत शुरू की। बातचीत लम्बे समय तक चली लेकिन अन्त में कोई समझौता न हो पाया। 'हंस' प्रेमचन्द के पास ही रहा।

मई, 1934 में एक दिलचस्प मुद्दे पर अपने मित्र जैनेन्द्र कुमार की सलाह माँगी। बम्बई की फ़िल्म कम्पनी अजन्ता सिनेस्टोन ने प्रेमचन्द को बतौर दृश्य लेखक काम करने का प्रस्ताव दिया था। तनख़्वाह इतनी अच्छी थी कि उनकी सारी आर्थिक समस्याओं का अन्त हो जाता। उन्हें क्या करना चाहिए? जयशंकर प्रसाद सहित उनके कुछ मित्रों ने बम्बई न जाने की सलाह दी। उनका कहना था कि एक फ़िल्म कम्पनी का शुद्ध व्यावसायिक माहौल उन्हें रुचेगा नहीं। शिवरानी भी बम्बई जाने के ख़िलाफ़ थीं। प्रेमचन्द की सेहत नाज़ुक थी और शिवरानी को लगा कि वहाँ की आबोहवा उनके लिए ठीक न रहेगी। आख़िरकार प्रेमचन्द ने प्रस्ताव को अनुबन्ध के आधार पर और सीमित अवधि के लिए स्वीकार करने का फ़ैसला किया। वे 1934 में मई के आख़िरी दिन बम्बई पहुँचे। कुछ ही दिनों में उन्हें घर की याद सताने लगी। उनकी पत्नी और बच्चे दो महीने के अन्दर उनके पास बम्बई पहुँचने वाले थे, पर अकेले रहने के लिए उतना समय भी उन्हें पहाड़-सा लग रहा था। बम्बई से लिखे उनके पत्र काफ़ी दिलचस्प हैं। वे लिखते हैं कि उनकी कहानियाँ काफ़ी पसन्द की गईं पर कोई भी स्वीकृत न हुई क्योंकि कोई भी अभिनेत्री ऐसी न थी जिसमें कहानी की नायिका की भूमिका करने की क़ाबिलियत या इच्छा हो। पहला हफ़्ता घर ढूँढ़ने में ही बीता। अपने एक पत्र में उन्होंने ज़िक्र किया है कि तीन कमरों के मकान का किराया था पचास रुपये और पाँच कमरों के मकान का पचहत्तर रुपये। आज पाँच कमरों का मकान बम्बई में कई हज़ार से कम में न मिलेगा।

'गोदान' पर प्रेमचन्द धीमी गति से काम कर रहे थे। बम्बई में जिन्दगी की रफ़्तार बड़ी तेज़ थी और अपने लेखन के लिए उनके पास बहुत कम समय बचता था। उनका पहला अनुबन्ध था मिल मज़दूरों के जीवन पर आधारित फ़िल्म के दृश्य लिखना। फ़िल्म का शीर्षक था : 'मज़दूर'। कहानी यहाँ तक कि संवादों की मूल रूपरेखा फ़िल्म के निर्माता ही तय कर रहे थे। प्रेमचन्द का काम था सिर्फ़ उन्हें चमकाकर और ब्योरेवार ढंग से सजा देना। फ़िल्म किसी भी दृष्टि से क्रान्तिकारी न थी। वास्तविकता तो यह है कि फ़िल्म के निर्माताओं ने बहुत-से ऐसे संवाद शामिल किये थे जिनका तात्पर्य यह दिखाना था कि एक उद्योगपति अपने देश के लिए

कितना कुछ कर सकता है। फिर भी मिल मज़दूरों के जीवन पर आधारित फ़िल्म को बम्बई सरकार के सेंसर बोर्ड ने शक की निगाह से देखा। पंजाब सरकार ने फ़िल्म के प्रदर्शन की अनुमति दे दी। फ़िल्म जब लाहौर में प्रदर्शित हुई तो पचास हज़ार से ज़्यादा मज़दूर उसे देखने के लिए आए। भीड़ को सँभालने के लिए सेना बुलानी पड़ी। निर्देशक के आग्रह पर प्रेमचन्द ने स्वयं भी फ़िल्म में एक छोटी-सी भूमिका की थी।

जैसाकि प्रत्याशित था, जिन फ़िल्मों से प्रेमचन्द सम्बद्ध थे, उनके प्रति उनका नज़रिया फ़िल्म के मालिकों से काफ़ी फ़र्क़ था। निर्देशकों की समिति के कुछ सदस्यों के कोई सांस्कृतिक सरोकार न थे। उनके लिए तो फ़िल्म महज़ एक बिकाऊ माल थी जिसे मुनाफ़ा कमाने के लिए बनाया और बेचा जाता था। प्रेमचन्द और फ़िल्म के निर्माताओं के बीच अक्सर झड़प हो जाती, ख़ास कर तब, जब वे लोग उनसे कहानी की प्रगति को लेकर सवाल करते। उन्हें प्रेमचन्द की कहानियों की गुणवत्ता में कोई दिलचस्पी न थी। उन्हें तो बस इस बात से मतलब था कि वे कितनी तेज़ी से लिखकर पूरी की जा रही हैं और निर्देशक को सौंपी जा रही हैं। फिर भी फ़िल्म के निर्देशक और अभिनेता प्रेमचन्द का सम्मान करते थे और उनके साथ हमेशा शिष्टता से पेश आते थे। रोज़ स्टूडियो जाना प्रेमचन्द के लिए अनिवार्य नहीं था फिर भी वे रोज़ जाते थे। उनका जीवन हमेशा की तरह सादा और अनुशासित था। स्टूडियों में जब कोई काम न होता तो वे अख़बार और पत्रिकाएँ पढ़ते रहते। पढ़ने के प्रति उनका लगाव हमेशा की तरह गहरा था और वे साहित्यिक विचारधाराओं के साथ-साथ राजनीतिक घटनाओं की भी पूरी जानकारी रखते थे। कभी-कभी वे बम्बई में कांग्रेस की मीटिंगों में भी हिस्सा लेते।

उन्हें लगातार इस बात का बोध रहता कि वे बम्बई धनोपार्जन के लिए आए हैं, उनकी असली जगह बनारस है और असली काम है रचनात्मक लेखन। लिहाज़ा बम्बई प्रवास उनके लिए काफ़ी अवसादपूर्ण था जो बनारस में उनके प्रेस में आई परेशानियों से और भी गहरा हो गया। आर्थिक परेशानियों के फलस्वरूप अक्सर ही कर्मचारियों को वेतन मिलने में विलम्ब हो जाता था। आख़िरकार कर्मचारियों ने हड़ताल कर दी और प्रेस का काम बन्द हो गया। प्रेमचन्द बहुत आहत हुए। इसलिए उतना नहीं कि काम बन्द हो जाने से नुकसान हुआ बल्कि इसलिए अधिक क्योंकि वे हमेशा से ख़ुद को मज़दूर वर्ग का मित्र मानते आए थे। उनके लिए यह गहरे दुख का विषय था कि जिस प्रेस के लिए उन्होंने तमाम कुर्बानियाँ दीं, जिसे उन्होंने ऊँचे मूल्यों और आदर्शों के साथ शुरू किया था, वह इसलिए बन्द हो जाए क्योंकि उसके कर्मचारियों ने हड़ताल कर दी थी। उन्हें अहसास हुआ कि घाटे में चल रहे 'जागरण' को जारी रखने का आग्रह उन्हें नहीं करना चाहिए था क्योंकि इसी के फलस्वरूप वे अपने कर्मचारियों को नियमित रूप से वेतन नहीं दे

पाए थे। ख़ैर, दोनों पक्षों के बीच समझौता हो गया और महीने भर बाद हड़ताल वापस ले ली गई।

बम्बई का जीवन उनके लिए असह्य होता जा रहा था। फ़िल्म जगत के बारे में उन्हें कभी भी कोई भ्रम न था। लेकिन आदर्शों का नितान्त अभाव और मनोरंजन के नाम पर परोसी गई अश्लीलता उन्हें वितृष्णा से भर देती थी। एक पत्र में उन्होंने लिखा : 'पश्चिमी जगत की सारी बेहयाई सिनेमा के माध्यम से भारत में आयातित हो रही है।' 'सिनेमा और साहित्य' लेख में वे लिखते हैं : 'मैं वहाँ कुछ मूल्य लेकर गया था। लेकिन मैंने देखा कि फ़िल्म निर्माताओं के पास बने-बनाए फ़ॉर्मूले हैं जिनके परे वे जा ही नहीं सकते। सिनेमा द्वारा प्रदत्त मनोरंजन उस मनोरंजन से बहुत भिन्न है जो साहित्य से मिलता है। साहित्य में पाठक के मनोरंजन के लिए शब्दों, उत्तर-प्रत्युत्तर और हास्य का प्रयोग होता है। सिनेमा अपने दर्शकों का मनोरंजन घूँसेबाजी, टेढ़े-मेढ़े चेहरे बनाकर या कूल्हे मटकाकर करने की कोशिश करता है।' अप्रैल, 1935 को प्रेमचन्द ने बम्बई छोड़ दिया। अजन्ता सिनेस्टोन बन्द होने जा रहा था। अनुबन्ध की शर्तों के अनुसार प्रेमचन्द एक साल और बम्बई में रुककर अपना भुगतान ले सकते थे, पर उन्होंने बम्बई छोड़ने का निर्णय लिया। बनारस लौटते हुए रास्ते में वे अपने पुराने मित्र माखनलाल चतुर्वेदी के आमंत्रण पर कुछ दिन खंडवा में रुके। मालवा के मनोरम इलाके में उन्होंने सपरिवार छुट्टियाँ बिताईं। बनारस पहुँचकर उन्होंने चित्रकूट नाम के इलाक़े में घर लिया। बनारस लौटने के बाद उनके भाग्य में महज़ डेढ़ साल और जीना लिखा था।

प्रेमचन्द के बम्बई प्रवास के इस संक्षिप्त विवरण का उपसंहार करने के पहले उनकी दक्षिण भारत की यात्राओं का ज़िक्र भी हो जाना चाहिए। 'हिन्दी प्रचार सभा' ने अपने वार्षिकोत्सव में मुख्य अभिभाषण के लिए आमंत्रित किया था। दिसम्बर, 1934 में प्रेमचन्द सपत्नीक मद्रास गए। जहाँ दर्शनीय स्थलों को देखने के अलावा वे अड्यार में थियोसॉफिकल सोसायटी के मुख़्यालय भी गए। बम्बई वापस आते समय वे मैसूर में रुके। मैसूर से बेंगलुरु की यात्रा का उन्होंने बड़ा दिलचस्प विवरण दिया है। दक्षिण भारत की यात्रा से उनकी दो स्पष्ट धारणाएँ बनीं। पहली यह कि दक्षिण में हिन्दी की लोकप्रियता उत्तरोत्तर बढ़ती जा रही थी और अगर उचित वातावरण बनाया जाए तो सम्पर्क भाषा के रूप में विकास हो सकता है।

और दूसरी यह कि दक्षिण भारतीय भाषा और साहित्य को उत्तर भारत में गम्भीरता से लिया जाना चाहिए। प्रेमचन्द ने कहा कि यह बड़े शर्म की बात है कि उत्तर भारतीय बुद्धिजीवी ब्रिटिश और यूरोपीय लेखकों से तो परिचित हैं लेकिन तमिल, तेलुगू और अन्य दक्षिण भारतीय भाषाओं के साहित्य से सर्वथा अनभिज्ञ हैं।

5

यह प्रेमचन्द का आख़िरी बार घर आना था। बनारस में व्यवस्थित होने के बाद उन्होंने अपने आख़िरी उपन्यास 'गोदान' पर फिर से काम शुरू किया। हालाँकि अभी भी उनका काफ़ी समय और शक्ति 'हंस' में ख़र्च हो जाती थी। वे बड़ी उम्मीद लेकर बम्बई गए थे और उनका उद्देश्य था स्थायी रूप से आर्थिक आत्मनिर्भरता हासिल करना। लेकिन उनकी कुल बचत थी मात्र डेढ़ हजार रुपये। उनका स्वास्थ्य नष्ट हो चुका था, पेचिश का प्रकोप फिर से परेशान कर रहा था और इलाज का ख़र्च बढ़ता जा रहा था। जैनेन्द्र कुमार ने सुझाव दिया कि प्रेमचन्द को 'हंस' के प्रकाशन के भार से मुक्त हो जाना चाहिए और 'भारतीय साहित्य परिषद्' को इस पत्रिका की ज़िम्मेदारी ले लेनी चाहिए। यह परिषद् राष्ट्रीय कांग्रेस के साहित्यिक मंचों में से एक थी। महात्मा गांधी ने प्रेमचन्द की ख्याति सुन रखी थी और उन्होंने इस प्रस्ताव को अपना आशीर्वाद दिया। जुलाई, 1935 में सारी औपचारिकताएँ पूरी हो गईं और 'हंस' भारतीय साहित्य परिषद् का मुखपत्र बन गया।

जीवन के शेष भाग में 'गोदान' और कुछ कहानियों पर काम करने के अतिरिक्त प्रेमचन्द के दो ही मुख्य सरोकार थे। पहला था हिन्दुस्तानी अकादमी। प्रेमचन्द को इस बात का दृढ़ विश्वास था कि हिन्दी और उर्दू एक ही भाषा के दो रूप हैं जो उत्तर भारत के एक बड़े हिस्से की असली भाषा है। फ़ारसी प्रधान उर्दू और संस्कृत प्रधान हिन्दी—दोनों ही कृत्रिम हैं। दो अलग लिपियों में लिखी हिन्दुस्तानी उर्दू के लिए फ़ारसी लिपि और हिन्दी के लिए देवनागरी लिपि—में एक राष्ट्रीय भाषा बनने की पूरी सम्भावनाएँ हैं। महात्मा गांधी उनके इस दृष्टिकोण से सहमत थे लेकिन अनेक हिन्दी और उर्दू लेखक सहमत नहीं थे। हिन्दुस्तानी अकादमी ने इस अवधारणा को लोकप्रिय बनाने की दिशा में बहुत काम किया। जनवरी, 1936 में हिन्दुस्तानी अकादमी का राष्ट्रीय सम्मेलन इलाहाबाद में रखा गया। 'हिन्दुस्तान रिव्यू' के सम्पादक डॉ. सच्चिदानन्द सिन्हा ने इसकी अध्यक्षता की। उर्दू पक्ष के नेता थे सुप्रसिद्ध विद्वान और आधुनिक युग के सर्वोत्तम उर्दू शब्दकोश के संकलनकर्ता मौलवी अब्दुल हक़। हिन्दी पक्ष का प्रतिनिधित्व किया था डॉ. गंगानाथ झा ने जो संस्कृत के प्रकांड पंडित और दार्शनिक थे और इलाहाबाद विश्वविद्यालय के कुलपति भी थे। एक साझा मंच पर हिन्दी और उर्दू के लेखकों को वैचारिक आदान-प्रदान करते देख प्रेमचन्द बहुत प्रसन्न हुए। दुर्भाग्यवश दोनों पक्षों को एक साथ नहीं लाया जा सका। राजनीति की ही तरह, भाषा के सवाल पर भी हिन्दुओं और मुसलमानों के बीच अविश्वास इतना गहरा हो चुका था कि उसे इतनी आसानी से मिटाया नहीं जा सकता था। हिन्दी-उर्दू-हिन्दुस्तानी के सवाल को साम्प्रदायिक रंग दे दिया गया। कई हिन्दी लेखकों को लगा कि हिन्दुस्तानी की वकालत करके

कांग्रेस अपने राजनीतिक लाभ के लिए मुसलमानों को ख़ुश कर रही है। उर्दू के मुस्लिम लेखकों को शक़ था कि हिन्दुस्तानी अकादमी का दूरगामी लक्ष्य था—उर्दू के अलग अस्तित्व को समाप्त करके उसे हिन्दी में समा देना। ख़ैर, प्रेमचन्द अपने जीवन के अन्तिम समय तक हिन्दुस्तानी के पक्ष में लिखते और बोलते रहे।

अपने जीवन के आख़िरी दौर में दूसरा मुद्दा जो उनके लिए अत्यन्त महत्त्वपूर्ण था, वह था प्रगतिशील लेखक आन्दोलन। प्रेमचन्द समाजवाद के उद्देश्य को स्वीकार कर चुके थे और सोवियत संघ के पक्के समर्थक के रूप में सामने आ चुके थे। जब कुछ भारतीय बुद्धिजीवियों ने प्रगतिशील लेखकों का संघ बनाने के लिए लंदन में एक गोष्ठी आयोजित की तो उत्साहित होकर एक लेख लिखा। उनका विचार था कि अब लेखक सिर्फ़ राष्ट्रवाद से सन्तुष्ट होकर बैठ नहीं सकते, अब उन्हें समाजवाद की दिशा में अग्रसर होना चाहिए। देश की आज़ादी तो इस सफ़र का महज़ एक पड़ाव है। सामाजिक न्याय, शोषण का अन्त, निरक्षरता और ग़रीबी का अन्त—अन्तिम लक्ष्य तो ये हैं। रचनात्मक लेखन के 'कला—कला की ख़ातिर' वाले दृष्टिकोण के प्रति प्रेमचन्द अपना विरोध जता चुके थे। उनका आग्रह था कि साहित्य का एक सामाजिक सरोकार अवश्य होना चाहिए। उन्होंने कहा कि 'मुझे इस बात को दृढ़ता के साथ कहने में कोई हिचक नहीं कि मैं कला का मूल्यांकन उपयोगिता की तराज़ू में करता हूँ। हमें सौन्दर्य के अपने मापदंड बदलने होंगे...।'

प्रेमचन्द के क़रीबी लोगों ने यह बात महसूस की कि उन्हें आसन्न मृत्यु का पूर्वाभास हो चला था। यह एक कारण हो सकता है जिसकी वजह से जीवन के आख़िरी अठारह महीनों में उन्होंने लम्बी-लम्बी यात्राएँ कीं। घर में बने रहना उन्हें हमेशा से पसन्द था और लम्बी यात्रा का विचार मात्र उन्हें डराता था। लेकिन अब भव्य और उत्तर भारत के विभिन्न क्षेत्रों में आयोजित तमाम सम्मेलनों और गोष्ठियों में उन्होंने हिस्सा लिया। इलाहाबाद में प्रगतिशील लेखक संघ की गोष्ठी में उन्होंने भाग लिया। महात्मा गांधी द्वारा उद्घाटित 'भारतीय साहित्य परिषद्' के सम्मेलन में भाग लेने वे नागपुर गए। हिन्दी साहित्य सम्मेलन की बिहार शाखा ने अपने पूर्णिया अधिवेशन में उन्हें मुख्य वक्ता के रूप में आमंत्रित किया। पूर्णिया की यात्रा बेहद थकाने वाली थी। लेकिन कुछ ही दिनों बाद वे जैनेन्द्र कुमार के निमंत्रण पर दिल्ली चले गए। दिल्ली में उनका काफ़ी व्यस्त कार्यक्रम था। वे इस्लामी शिक्षा के जाने-माने केन्द्र जामिया मिलिया गए और हिन्दी और उर्दू के लेखकों से मिले।

जून, 1936 में 'गोदान' प्रकाशित हुई। उन्हें इस बात का सन्तोष था कि उन्होंने उस उपन्यास को छपा हुआ देख लिया जिसे उनकी मृत्यूपरान्त पाठकों और आलोचकों द्वारा उनकी महानतम रचना के रूप में प्रतिष्ठा मिली। लेकिन अब वे बेहद थके हुए और कमज़ोर हो गए थे। भूख ख़त्म हो गई थी और चेहरा पीला पड़ गया था। साफ़ ज़ाहिर था कि उनका स्वास्थ्य गम्भीर रूप से बिगड़ चुका था।

जुलाई के अन्त में एक्स-रे और कुछ अन्य जाँचों के लिए लखनऊ गए। कुछ दिन अपने पुराने मित्र कृपाशंकर निगम के घर रहने के बाद वे पुराने लखनऊ के बीचो-बीच अमीनाबाद के सूर्य होटल में चले गए। जाँचों के बाद कई गम्भीर बीमारियों का पता चला—जलोदर, पेट का अल्सर और लिवर की सिरोसिस। यह जानकर कि अन्त अब निकट ही है, प्रेमचन्द अगस्त में बनारस लौट आए। चिकित्सकों ने सलाह दी कि उन्हें शहर से दूर किसी खुली जगह ले जाना चाहिए। लिहाज़ा उन्हें शहर के बाहर एक कोठी में ले जाया गया जो कभी भारतेन्दु हरिश्चन्द्र की थी। उन्हें अलविदा कहने के लिए उनके मित्र बनारस आए, क्योंकि यह स्पष्ट था कि प्रेमचन्द अब ठीक नहीं होंगे। जैनेन्द्र कुमार, कवि निराला और आजीवन मित्र रहे दयाशंकर निगम कई दिन उनके साथ रहे। जैनेन्द्र कुमार आख़िरी समय तक उनके साथ थे।

अपने अन्तिम दिनों में प्रेमचन्द इक़बाल की कविताएँ दोहराया करते—अक्सर फ़ारसी में, कभी-कभी उर्दू में—ख़ास कर वे अंश जिनमें जोशोख़रोश से भरे क्रान्तिकारी सन्देश होते थे। वे इतने कमज़ोर हो चुके थे कि पंक्तियाँ बुदबुदा तक नहीं पाते थे। पूरे समय वे प्रसन्नचित्त रहे और देश और विदेश में होनेवाली घटनाओं की जानकारी लेते रहे। यूरोप के ऊपर युद्ध के बादल मँडरा रहे थे। दुनियाभर के बुद्धिजीवी फासीवाद के उदय को लेकर चिन्तित थे। ब्रसेल्स में सभी बुद्धिजीवियों और कलाकारों की तरफ़ से एक घोषणा-पत्र जारी किया गया जिसमें युद्ध की निन्दा की गई थी और फासीवाद के ख़िलाफ़ जनमत संग्रह का आह्वान किया गया था।

रवीन्द्रनाथ टैगोर, जवाहरलाल नेहरू और कुछ अन्य विशिष्ट भारतीयों के साथ प्रेमचन्द ने भी इस घोषणा-पत्र पर हस्ताक्षर किये।

8 अक्टूबर, 1936 को प्रेमचन्द का देहान्त हुआ।

पाँचवाँ अध्याय

प्रमुख उपन्यास : 'सेवासदन' से 'रंगभूमि'

इस अध्याय में मैं 1917 से 1924 के बीच प्रेमचन्द द्वारा लिखे गए पहले तीन प्रमुख उपन्यासों की चर्चा करूँगा। ये हैं; 'सेवासदन', 'प्रेमाश्रम' और 'रंगभूमि'। अगले अध्याय में मैं शेष चार प्रमुख उपन्यासों—'कायाकल्प', 'गबन', 'कर्मभूमि' और 'गोदान' पर आऊँगा, जो 1925 से 1935 के बीच लिखे गए। इन रचनाओं पर चर्चा प्रकाशन के वर्ष के क्रमानुसार की जाएगी।

किसी महान लेखक के कृतित्व पर चर्चा करते समय हमेशा यह सम्भव नहीं हो पाता कि 'प्रमुख' और 'गौण' उपन्यासों के बीच स्पष्ट रूप से बँटवारा किया जा सके। ज़ाहिर है कि उपन्यास का आकार एकमात्र मापदंड नहीं हो सकता। फिर भी यह सच है कि प्रेमचन्द के लघु उपन्यासों में से केवल 'निर्मला' ही ऐसा है जिसे उनकी प्रसिद्ध रचनाओं में शामिल किया जा सकता है। अधिकतर लघु उपन्यास उनके लेखकीय जीवन के आरम्भिक दौर में लिखे गए और निस्सन्देह उतने स्तरीय नहीं हैं। प्रेमचन्द की जो शैली थी और जैसी विषयवस्तु उन्हें आकर्षित करती थी, दोनों ही बातें यह सुनिश्चित करती थीं कि उनके उपन्यास अच्छे-ख़ासे लम्बे होंगे। उपरोक्त सातों उपन्यासों की पृष्ठ-संख्या चार सौ से सात सौ के बीच है। लम्बे वर्णनात्मक पैराग्राफ़ लिखना प्रेमचन्द की कमज़ोरी थी। संवाद भी वे ऐसे गढ़ते, जैसे उनके पात्र काफ़ी फ़ुरसत में हों! यह सब बड़े आकार के उपन्यास में ही सम्भव है। यूँ भी जब मुख्य पात्रों की संख्या दर्जन भर से ज़्यादा हो तो एक छोटा उपन्यास लेखक को इस बात की सहूलियत नहीं देता कि वह उनके चरित्रों के विभिन्न पहलुओं को उभारकर व्यक्तित्व का सम्यक् ख़ाका खींच सके। एक और तथ्य जो क़ाबिले-ग़ौर है, वह यह कि उनके सभी महत्त्वपूर्ण उपन्यासों में दो-तीन कहानियाँ एक साथ चलती रहती हैं। वे आपस में गुँथी रहती हैं फिर भी जिस प्रयोजन से उन्हें शामिल किया गया है, उसे सिद्ध करने के लिए हर कहानी को पूरी तरह विकसित करना पड़ता है। इन सब कारणों से प्रेमचन्द की महत्त्वपूर्ण रचनाएँ दो स्पष्ट श्रेणियों में बाँटी जा सकती हैं। वे या तो बड़े उपन्यास हैं या कहानियाँ। ऐसा प्रतीत होता है मानो उन्होंने यह बात साफ़ तौर पर समझ ली हो कि उनकी रचनात्मक अपेक्षाओं को सन्तुष्ट करने के लिए

पर्याप्त विस्तार एक लघु उपन्यास में नहीं मिल सकता। इस लिहाज़ से प्रेमचन्द की साहित्यिक प्राथमिकताएँ शरत्चन्द्र चटर्जी से काफ़ी भिन्न हैं, जिनके लघु उपन्यास आधुनिक भारतीय उपन्यासों के बेहतरीन उदाहरण हैं।

प्रेमचन्द के प्रमुख उपन्यासों के बारे में अपने विचारों को मैं तीन सुविधाजनक उपखंडों में बाँटूँगा। पहले उपखंड में मैं जहाँ उपलब्ध है, वहाँ प्रकाशन से सम्बन्धित विस्तृत जानकारी और शीर्षक पर टिप्पणी करूँगा। साथ ही जिन परिस्थितियों में वह उपन्यास लिखा गया और लेखक के सम्पूर्ण कृतित्व में उसका क्या स्थान है, इस पर भी विस्तृत चर्चा करूँगा। मैं मुख्य विषय या विषयों की चर्चा के साथ इस बात की ओर भी इशारा करूँगा कि सामान्य तौर पर उपन्यास का पाठकों और आलोचकों पर क्या प्रभाव पड़ा।

दूसरे उपखंड में उपन्यास की संक्षिप्त रूपरेखा बताऊँगा। यह रूपरेखा अत्यन्त संक्षिप्त होगी—बस, इतनी कि मुख्य कथानक या कथानकों के विकास के लिए पर्याप्त हो और मुख्य पात्रों का मूलभूत चरित्र सामने आ जाए। चार-पाँच सौ पन्नों के एक उपन्यास के संक्षिप्तीकरण के इस प्रयास में कई पात्रों और प्रसंगों को छोड़ना पड़ेगा। जिन उपन्यासों की चर्चा की जाएगी, उनमें से अधिकतर में दो या तीन कहानियाँ अन्तर्निहित हैं। उन पर एक के बाद एक चर्चा होगी और अन्त में सबको एक साथ बाँधकर उपन्यास को उसकी सम्पूर्णता में प्रस्तुत किया जाएगा। घटनाओं को अनिवार्यतः उसी क्रम में नहीं प्रस्तुत किया जाएगा जिस क्रम में वे उपन्यास में घटित होती हैं। यदि मैं घटनाओं के मूलक्रम के प्रति पूरी प्रतिबद्धता बरतूँ तो मुझे कहानियों के बीच काफ़ी कूद-फाँद करनी पड़ेगी और इससे रूपरेखा उलझी हुई और बेढंगी हो जाएगी।

तीसरे और अन्तिम उपखंड में मैं मुख्य पात्रों और उपन्यास के माध्यम से प्रेषित मान्यताओं और धारणाओं की गहराई से विवेचना करने का प्रयास करूँगा। उस कृति विशेष की विशिष्टताओं का ज़िक्र भी होगा। इस क्रम में मैं अपने मुद्दों का स्पष्टीकरण मूल पाठ या कुछ जगहों पर प्रेमचन्द के समालोचकों की ख़ास टिप्पणियों के उद्धरणों की सहायता से करूँगा।

अन्त में मैं यह स्पष्ट कर देना चाहता हूँ कि इस भाग में मेरा ज़ोर हर उपन्यास के सकारात्मक पक्ष पर होगा। उपन्यास के दोष और सीमाओं पर चर्चा सहित आलोचनात्मक मूल्यांकन इस पुस्तक के अन्तिम अध्याय में प्रस्तुत किया जाएगा।

सेवासदन

'सेवासदन' मूल रूप से 'बाज़ार-ए-हुस्न' शीर्षक से उर्दू में लिखा गया था। उसके प्रकाशन के कई साल बाद, प्रेमचन्द ने एक पत्र में लिखा कि यह उपन्यास मूलतः

एक कहानी से विकसित हुआ जिसका प्रारूप उनके ज़ेहन में था। प्रेमचन्द ने 'बाज़ार-ए-हुस्न' को उर्दू में प्रकाशित करवाने के कई निष्फल प्रयास किये। फिर उन्होंने इसका हिन्दी रूप तैयार किया जिसे कलकत्ता की हिन्दी पुस्तक एजेंसी ने प्रकाशन के लिए सहर्ष स्वीकार कर लिया। 1919 के मध्य में कभी यह पुस्तक हिन्दी में प्रकाशित हुई।

समालोचक इस बात पर एकमत हैं कि 'सेवासदन' प्रेमचन्द के साहित्यिक जीवन में मील का पत्थर है। यहाँ हिन्दी साहित्य में पहली बार एक महत्त्वपूर्ण सामाजिक समस्या का मुद्दा उठाया गया है—हल्के-फुल्के ढंग से नहीं बल्कि पूरी ईमानदारी और प्रतिबद्धता के साथ—वह भी एक ऐसे कलाकार द्वारा, जो तकनीकी उत्कृष्टता और सोद्देश्यता का समन्वय करना जानता था। इसके अलावा उपन्यास में केन्द्रीय विषय को अलग-थलग करके नहीं, बल्कि मूल्यों और रीति-रिवाजों की प्रचलित व्यवस्था के परिणाम के रूप में देखा गया है। कहानी का ताना-बाना कुछ इस तरह से बुना गया है कि विभिन्न मुद्दे—सामाजिक, राजनीतिक, धार्मिक और यहाँ तक कि आर्थिक भी केन्द्रीय विषय से जुड़ जाते हैं। इसके लिए पात्रों और घटनाओं को बड़े कौशल के साथ कहानी में शामिल किया गया है। मुख्य विषय है एक पतिता का जीवन; वह स्त्री ऐसी सामाजिक परिस्थितियों की वजह से पतित जीवन में ढकेल दी जाती है जिन पर उसका कोई वश नहीं। यह उपन्यास हिन्दू समाज में स्त्रियों की स्थिति का बड़ा प्रश्न हमारे सामने लाता है। इस प्रश्न के साथ परम्पराओं और रीति-रिवाजों की भूमिका जुड़ी है। 'सेवासदन' में पहली बार प्रेमचन्द ने सामाजिक यथार्थवाद की पश्चिमी तकनीक का सफल प्रयोग एक ऐसे उपन्यास में किया जिसकी विषयवस्तु और माहौल पूरी तरह से भारतीय है। कुछ आलोचकों ने इस ओर इंगित किया है कि 'सेवासदन' में पहली बार उन्होंने सायास आदर्शवाद और यथार्थवाद का समन्वय किया है—एक ऐसी कोशिश, जो दो दशक बाद 'गोदान' में पूरी तरह कामयाब हुई।

'सेवासदन' के प्रकाशन से प्रेमचन्द फ़ौरन ही चर्चा में आ गए। उन्हें साहित्य के क्षितिज पर अचानक ही प्रकट हुआ नया चमकता सितारा कहा गया। उस समय हिन्दी की सबसे प्रतिष्ठित पत्रिका 'सरस्वती' ने 'सेवासदन' की भूरि-भूरि प्रशंसा की। कुछ ही महीनों में उपन्यास का गुजराती में अनुवाद हुआ। यहाँ-वहाँ कुछ असन्तुष्ट स्वर अवश्य सुनने में आ रहे थे, पर वे शीघ्र ही शान्त हो गए। कुछ लोगों ने परोक्ष रूप से यह कहा कि प्रेमचन्द ने अपनी कहानी ठाकरे के उपन्यास 'वैनिटी फेयर' से ली है। दरअसल इन दो उपन्यासों में बहुत ही कम समानता है। प्रेमचन्द ने 'वैनिटी फेयर' पढ़ा था और उसके लिए उनके मन में गहरी प्रशंसा थी। हो सकता है, अनजाने में वे उससे प्रभावित हुए हों! पर उन्होंने उस कहानी से कुछ भी लिया नहीं था।

सुमन और शान्ता दो बहनें थीं। पहली बातूनी, चंचल, ज़िंदादिल और ऐशो-आराम

पसन्द करने वाली और दूसरी सीधी-सादी, सादगी भरा जीवन जीनेवाली। दोनों की परवरिश एक सम्पन्न परिवार में हुई थी। उनके पिता किशनचन्द पुलिस विभाग में सब-इंस्पेक्टर थे। उनकी आय उनके परिवार को साधन-सम्पन्न, आरामदेह जीवन मुहैया कराने के लिए पर्याप्त थी। वे एक ईमानदार और पैसों के हिसाब-किताब में अत्यधिक सावधानी बरतने वाले व्यक्ति थे। पच्चीस साल तक वे उन तमाम प्रलोभनों से बचे रहे जिनके लिए पुलिस विभाग अच्छी तरह जाना जाता है। फिर अचानक उन्होंने पाया कि भारी-भरकम दहेज दिये बिना वे अपनी बेटियों के लिए वर नहीं ढूँढ़ पा रहे हैं। उन्होंने रिश्वत स्वीकार कर ली, रँगे हाथों पकड़े गए और पाँच साल के लिए जेल भेज दिये गए।

सुमन के मामा ने बीच में पड़कर उसकी शादी गजाधर नाम के एक प्रौढ़ विधुर से तय करा दी जो तुच्छ वेतन पाने वाला एक क्लर्क था। अब जीवन में न तो सुरुचिपूर्ण परिवेश, न बेहतरीन कपड़े। उल्टे सुमन को सारे घरेलू कामकाज करने पड़ते थे, जैसे—खाना बनाना, सफ़ाई, कपड़े धोना। गजाधर की इतनी हैसियत नहीं थी कि वह नौकर रख सके। सुमन बेहद नाख़ुश और कुढ़ी हुई रहती। और जब उसने अपने पड़ोस में रहनेवाली वेश्या भोली बाई की ऐशो-आराम भरी ज़िन्दगी देखी तब तो उसे अपने जीवन से नफ़रत हो गई। पहले तो अपने मूल्यों को सहेजते हुए उसने भोली बाई की भर्त्सना की। "तो क्या अगर उसके पास दुनिया का सारा ऐशो-आराम है," उसने कहा, "मेरे पास मेरा सम्मान है, जबकि वह अपनी इज़्ज़त खो चुकी है।" लेकिन जल्दी ही उसे पता चला कि भोली बाई के क़द्रदानों में शहर के कुछ सबसे संभ्रान्त नागरिक थे। एक दिन उसके पति गजाधर ने भोली बाई के घर एक दावत में शिरकत की। जब सुमन ने प्रतिवाद किया तो गजाधर का जवाब था कि उसने कुछ भी अनुचित नहीं किया। वह धनी और सम्मानित लोगों के साथ था। अगले दिन सुमन ने भोली बाई से मुलाक़ात की और दोनों का परिचय हुआ। धीरे-धीरे भोली बाई के प्रति सुमन का नज़रिया बदला और वह भोली बाई को एक सहेली के रूप में देखने लगी। दोनों स्त्रियों को एक-दूसरे का साथ अच्छा लगता था और दोनों काफ़ी समय एक-दूसरे के साथ बिताने लगीं।

भोली के घर पर सुमन का परिचय सुभद्रा से हुआ। पता नहीं क्यों, वे दोनों एक-दूसरे को अच्छी लगीं और जल्दी ही घनिष्ठ सहेलियाँ बन गईं। सुभद्रा के पति पद्म सिंह, एक सम्पन्न वकील थे। वे सुमन के प्रति बड़े स्नेही थे। उनका घर सुमन के लिए दूसरा घर हो गया। गजाधर को इससे बड़ी ईर्ष्या हुई। एक दिन अपने पति के नगर परिषद् का सदस्य चुने जाने के उपलक्ष्य में सुभद्रा ने दावत दी जिसमें उसने सुमन को आमंत्रित किया। पूरा दिन अपनी सहेली के घर बिताने के बाद सुमन देर रात अपने घर लौटी। ग़ुस्से से भरे गजाधर ने सुमन के लिए घर का दरवाज़ा बन्द कर दिया। सुमन वापस पद्म सिंह के घर चली गई। कुछ

ही दिनों में पद्म सिंह ने स्पष्ट कर दिया कि अब उनके यहाँ सुमन का स्वागत नहीं है। भोली के अलावा और कोई नहीं था जो सुमन की मदद करता सो सुमन उस वेश्या के घर में रहने लगी। अपनी अन्तरात्मा से लम्बी जद्दोजहद के बाद आख़िरकार उसने एक समझौता किया। वह नाचेगी, गाएगी, लेकिन अपने शरीर का सौदा नहीं करेगी। भोली ने जल्दी ही उसे नृत्य-कला में पारंगत बना दिया। इस कौशल के साथ उसके सौन्दर्य, आकर्षण और परिष्कार ने मिलकर उसे पूरे शहर में चर्चा का विषय बना दिया। इज़्ज़तदार माँ-बाप की बेटी अब सुमन बाई बन चुकी थी—एक 'नाचने वाली'। उसके प्रशंसकों में एक था पद्म का भतीजा सदन सिंह जो अक्सर सुमन के लिए तोहफ़े लाता था। सुमन भी उसकी भावनाओं का ख़याल करती थी।

लेकिन दोनों के बीच स्थायी सम्बन्ध सम्भव नहीं था। सुमन की सगी बहन शान्ता की सगाई सदन से हो चुकी थी। इसी बीच जिन दो पुरुषों ने सुमन के साथ ज़्यादती की थी, उन्हें अपने किये का बहुत पछतावा हुआ। उसके पति गजाधर को अपनी पत्नी को घर से निकाल देने की इतनी ग्लानि हुई कि वह साधु बन गया। गेरुआ वस्त्र धारण करके वैरागी बन गया। उसने अपना नाम स्वामी गजानन्द रख लिया और अपना जीवन मानव-सेवा को समर्पित कर दिया। पद्म सिंह को इस बात का बड़ा पश्चात्ताप हुआ कि सुमन को घर में रहने की इजाज़त न देकर उन्होंने उसे वेश्या जीवन की ओर ढकेल दिया। पश्चात्तापस्वरूप उन्होंने विधवाओं और मुसीबतज़दा महिलाओं के लिए एक घर बनवाया जिसका नाम रखा 'सेवासदन'। इस काम में विट्ठलदास नाम के एक समाज-सुधारक से पद्म को बहुत मदद और प्रोत्साहन मिला।

जैसा जीवन वह भोली के साथ व्यतीत कर रही थी, उससे सुमन का पूरी तरह मोह-भंग हो चुका था। उसने पैसे की क्रूर और निष्ठुर ताक़त देखी, उसने एक पेशेवर नाचने वाली के जीवन पर पड़ने वाली अकेलेपन और ग्लानि की छाया देखी। वह कहती है, "फूलों से भरी यह वाटिका एक ऐसे जंगल में बदल गई है जिसमें आदमखोर जानवर और ज़हरीले जीव-जन्तु रहते हैं।" आख़िरकार उसकी वितृष्णा इस हद तक बढ़ गई कि अपना काम छोड़कर वह विधवा आश्रम में रहने चली गई। लेकिन बहन के विवाह के दिन उसे एक और सदमा लगना था। वर के पिता मदन सिंह को पता चला कि उसकी भावी पुत्रवधू की बहन एक नाचने वाली है। उसने विवाह के लिए मना कर दिया। मदन सिंह एक ज़मींदार थे। विवाह के उपलक्ष्य में एक नाचनेवाली को बुलाने में कोई हिचक नहीं थी; बल्कि उन्होंने इसका आग्रह किया था। लेकिन वे इस बात को बर्दाश्त नहीं कर सकते थे कि इस पेशे से जुड़े किसी व्यक्ति की उनके पुत्र के विवाह के माध्यम से उनके साथ कोई रिश्तेदारी हो। बारात बग़ैर दुलहन वापस आ गई। शान्ता का दिल टूट गया।

इत्तफ़ाक़ से, उसी समय उसके पिता किशनचन्द जेल से छूटने के बाद वहाँ आए। जब उन्होंने अपनी दोनों बेटियों का यह दुर्भाग्य देखा तो उन्होंने आत्महत्या करने का निर्णय किया। स्वामी गजानन्द ने उन्हें रोकने का भरसक प्रयत्न किया। लेकिन किशनचन्द अपने फ़ैसले पर अड़े रहे और गंगा में डूबकर उन्होंने अपनी जान दे दी। वे आजीवन एक ईमानदार व्यक्ति रहे थे, सिवाय एक भूल के, जिसकी उन्होंने इतनी भारी क़ीमत अदा की। उनके एक ग़लत कदम ने उन्हें पूरी तरह से बर्बाद कर दिया। उनकी बड़ी बेटी एक नाचने वाली का अभिशप्त जीवन जी रही थी और छोटी बेटी का जीवन ऐन उसी दिन तहस-नहस हो गया जिस दिन उसका विवाह होनेवाला था। दैवी न्याय में किशनचन्द का विश्वास बुरी तरह खंडित हो चुका था और इतने निष्ठुर संसार में रहने के लिए वह तैयार न था।

अपने सास-ससुर द्वारा तिरस्कृत कर दिये जाने के बावजूद शान्ता स्वयं को सदन की पत्नी मानती रही। वह एक समर्पित हिन्दू पत्नी की तरह व्यवहार करती रही। हालाँकि कोई धार्मिक संस्कार सम्पन्न नहीं हुए थे और अपने मंगेतर से दूर भी थी, फिर भी उसके मन-मस्तिष्क में किसी और पुरुष के लिए कोई स्थान न था। सदन सिंह भी अपनी उस कायरता के लिए बहुत शर्मिन्दा था जिसने उसे विवाह के दिन अपने पिता की अवज्ञा करने से रोक दिया। शान्ता को बचाने में अपनी असफलता पर वह दिन-रात सोच में डूबा रहता। उसने अपने पिता का घर छोड़ दिया और एक मल्लाह का सीधा-सादा जीवन अपना लिया। तीर्थयात्रियों को गंगा पार कराने के अपने काम से कुछ समय बाद उसने अच्छा-ख़ासा पैसा बचा लिया। गंगा के तट पर एक झोंपड़ी बनाकर वह उसमें शान्तिपूर्वक रहने लगा। इस बीच शान्ता अपनी बहन के पास विधवा आश्रम में रहने लगी थी।

कुछ समय दोनों बहनें साथ रहीं। लेकिन जब सुमन का अतीत सामने आया तो 'सेबासदन' की दूसरी स्त्रियों ने वहाँ रहने से मना कर दिया। वेश्याओं द्वारा अभागी विधवाओं के घर को अपवित्र कर देने की बात पर काफ़ी हो-हल्ला मचा। दोनों बहनों को घर छोड़ना पड़ा। सदन ने उन्हें अपनी झोंपड़ी में रहने का आमंत्रण दिया। सदन और शान्ता विवाहित युगल की तरह रहने लगे और सुमन घर के काम-काज करने लगी। पर धीरे-धीरे सुमन की उपस्थिति से तनाव होने लगा। अपने घर में एक बदचलन स्त्री को पनाह देने की वजह से दोस्तों और पड़ोसियों ने सदन का बहिष्कार कर दिया। सुमन ने भी देखा कि दिनोदिन वह नौकरानी बनती जा रही है। सदन और शान्ता उसकी अवमानना करते थे। वह सारे घरेलू काम करती पर सहानुभूति और स्नेह के दो शब्द तो दूर, उस पर कोई ध्यान तक न देता था।

सुमन के दुख-दर्द का प्याला भर चुका था। वह जगह-जगह भटकती रही; पिता के घर से पति के घर, वहाँ से पद्म सिंह के घर, फिर भोली बाई के यहाँ। भोली के घर से वह विधवाश्रम गई और फिर वहाँ से सदन की झोंपड़ी में। कहीं भी उसे

शान्ति और सन्तोष नहीं मिला। वह अपनी बहन के नये घर से निकल पड़ी और निरुद्देश्य यहाँ-वहाँ भटकने लगी। शहर बहुत पीछे छूट गया था। वह चलती रही, चलती रही। अन्त में एक जंगल में पहुँचकर रुक गई—थकी-हारी और परेशान। अचानक उसे स्वामी गजानन्द की आवाज़ सुनाई दी जो सुखद संयोगवश वहाँ आ पहुँचे थे। दोनों के बीच बड़ा करुण पुनर्मिलन हुआ। दोनों ने अपनी ग़लतियाँ स्वीकार कीं और दोनों के मन का मैल साफ़ हो गया। स्वामी गजानन्द ने समझा-बुझाकर सुमन को इस बात के लिए राज़ी कर लिया कि वह 'सेवासदन' की ज़िम्मेदारी सँभाल ले। निःस्वार्थ सेवा से भरा एक नया जीवन उसके सामने खड़ा था।

'सेवासदन' की इस रूपरेखा से प्रेमचन्द के पहले मुख्य उपन्यास की कमज़ोरियाँ और विशिष्टताएँ, दोनों ही उजागर होती हैं। वे नई औपन्यासिक ज़मीन पर क़दम रख रहे थे। उपन्यास के इतने व्यापक फ़लक पर एक सामाजिक समस्या को उठाने के लिए पर्याप्त अनुभव उनके पास न था। 'सेवासदन' का सबसे सशक्त पहलू वह ख़ालिस ईमानदारी है जिसके साथ लेखक ने तत्कालीन भारतीय समाज, विशेष कर उसके मध्यवर्ग का चित्रण किया है। सामाजिक बुराइयों और उनसे उत्पन्न होनेवाली दुखद स्थितियों का उन्होंने जो वर्णन किया है, वह बेहद सशक्त और प्रभावशाली है। उनका मुख्य उद्देश्य है अमानवीय परिणामों के बावजूद सदियों से चली आ रही परम्पराओं के प्रति अपने देशवासियों की अन्तरात्मा को झकझोरना, और इसमें वे सफल भी होते हैं। 'पाप से घृणा करो, पापी से नहीं'—यह विचार जब बौद्धिकता के स्तर पर सूत्रबद्ध किया जाता है तो महज़ एक अमूर्त विचार ही बना रहता है। ऐसी विषम परिस्थितियों, जिनके लिए सामाजिक कारण ज़िम्मेदार होते हैं, का शिकार होकर पतित कहे जानेवाले पात्रों के प्रति पाठकों की सहानुभूति जगाने के लिए महान साहित्यिक कौशल चाहिए। 'सेवासदन' में पापी है वह असहाय स्त्री, जो वेश्यावृत्ति की तरफ़ ढकेल दी जाती है। प्रेमचन्द ने कुप्रिन का उपन्यास 'यामा-द पिट' पढ़ा था जिसमें एक रूसी नगर की वेश्याओं के जीवन का बड़ा मार्मिक चित्रण है। कुप्रिन के इस उपन्यास ने प्रेमचन्द के हृदय पर गहरा असर डाला था। उन्हें इस बात का अहसास था कि भारतीय नगरों में भी पतित औरतों की दशा उतनी ही त्रासद है। अपने पूर्ववर्ती किसी भी हिन्दी या उर्दू लेखक की तुलना में प्रेमचन्द कहीं ज़्यादा प्रभावकारी ढंग से इस त्रासदी का वर्णन करते हैं। वैसे, प्रेमचन्द से केवल चार साल बड़े शरत्चन्द्र ऐसी कहानियाँ और उपन्यास लिख रहे थे जिनमें 'सेवासदन' की तुलना में इस विषय को अधिक आत्मविश्वास और बेहतर मनोवैज्ञानिक अन्तर्दृष्टि के साथ उठाया गया था।

जहाँ तक चरित्र-चित्रण का प्रश्न है, 'सेवासदन' में कई त्रुटियाँ हैं। सुमन ही एकमात्र ऐसी चरित्र है जो स्पष्ट और विश्वसनीय ढंग से उभरकर आती है। उसके

जीवन की त्रासदी की जड़ें दहेज की कुप्रथा में हैं जो उसके पिता को बेईमानी करने पर मजबूर करती है और कभी के सुखी परिवार को बिखेर देती है। लेकिन प्रेमचन्द समाज को ही एकमात्र गुनहगार नहीं बनाते। सुमन के अपने चरित्र की कमज़ोरियाँ भी उसके पतन के लिए ज़िम्मेदार हैं। वह एक जीवन्त और जीवन को भरपूर जीने वाली इनसान है। वह बहुत गुणी और आकर्षक है। लेकिन साथ ही वह घमंडी और आत्मकेन्द्रित भी है और ग़रीबी और अभावपूर्ण ज़िन्दगी के साथ सामंजस्य बिठा पाने में असमर्थ है। अपनी मूर्खता का अहसास उसे तब होता है जब वह सामाजिक पतन के गर्त में गिर चुकी है और अपनी बहन का अपमान होते देख लेती है। उपन्यास के कुछ पात्र जीवन्त होकर सामने नहीं आ पाते क्योंकि वे किसी विशेष प्रयोजन से शामिल किये गए हैं। समाज-सुधारक विट्ठलदास पूरे कथानक के विकास में कोई अहम् भूमिका अदा नहीं करते। लेखक ने उनकी प्रस्तुति केवल यह दिखाने के लिए की है कि प्रचलित सामाजिक व्यवस्था में एक समर्पित समाज-सुधारक को किन दिक़्क़तों और विरोधों का सामना करना पड़ता है। कई जगह, नाटकीय संयोगों के प्रति लेखक का रुझान 'सेवासदन' की गुणवत्ता कम कर देता है। सुमन जब जंगल में निरुद्देश्य भटक रही थी तब अचानक स्वामी गजानन्द का प्रकट हो जाना इसका एक उदाहरण है।

'सेवासदन' मुख्यत: शहरी मध्यवर्ग का उपन्यास है। फिर भी, कभी-कभार कहानी गाँवों की ओर मुड़ जाती है और तब हमें झलकियाँ मिलती हैं उन कष्टों की, जिन्हें वहाँ रहनेवाले नीची जाति के लोगों को सहना पड़ता है। उदाहरण के लिए ग़रीब किसान चैतू का प्रसंग है जो अपने ऊपर जबरन थोपी गई वसूली नहीं दे पा रहा है। ज़मींदार मन्दिर का महन्त है। वह अभी-अभी तीर्थयात्रा से लौटा है और इस मद में हुए ख़र्च की भरपाई के लिए उसने लगान बढ़ा दिया। जब चैतू लगान अदा नहीं कर पाता तो उसे घसीटकर मन्दिर में लाया जाता है और बड़ी बेरहमी से मारा जाता है जिसके फलस्वरूप उसकी मृत्यु हो जाती है। और भी कुछ प्रसंग हैं जो किसानों की दुर्दशा दिखाते हैं। फिर भी यह उपन्यास का आनुषंगिक तत्त्व है, लिहाज़ा इससे पहले के खंड में उपन्यास की रूपरेखा देते समय ऐसे प्रसंगों का ज़िक्र नहीं किया गया है।

इस उपन्यास को लिखते समय प्रेमचन्द महात्मा गांधी के सामाजिक दर्शन के एक ख़ास पहलू के गहरे प्रभाव में थे, और वह था : 'हृदय परिवर्तन में विश्वास रखना।' सच तो यह है कि प्रेमचन्द ने एक बार कहा था कि गांधी जी द्वारा आग्रहपूर्वक स्थापित यह एकमात्र महत्त्वपूर्ण विचार था जिससे वे पूरी तरह सहमत थे। महात्मा का आग्रह था कि कोई भी मनुष्य पूरी तरह से बुरा नहीं होता और अन्तरात्मा की आवाज़ सुनने के लिए कभी भी देर नहीं होती। 'सेवासदन' में लेखक द्वंद्व के माध्यम से नहीं बल्कि हृदय-परिवर्तन के माध्यम से हल ढूँढ़ता है

क्योंकि परस्पर संघर्ष, सच्चा पश्चात्ताप केवल हृदय-परिवर्तन से ही सम्भव है जो अपने साथ मन की शान्ति लाता है। गजाधर अपनी पत्नी को घर से बाहर सिर्फ़ इसलिए निकाल देता है क्योंकि वह एक रात देर से घर लौटती है। उसे अपने किये पर इतना पछतावा होता है कि वह संन्यासी बन जाता है। पद्म सिंह भी सुमन के प्रति अपनी निष्ठुरता को लेकर बहुत शर्मिन्दा है। वह अपने व्यवहार में आमूल-चूल परिवर्तन करके और बेसहारा स्त्रियों के लिए एक आश्रम बनवाकर प्रायश्चित्त करता है। ख़ुद सुमन ऐशो-आराम की ज़िन्दगी के प्रति उस अतिशय मोह के लिए पछताती है जिसने उसे कुत्सित जीवन में ढकेल दिया था। वह अपनी जीवन-शैली पूरी तरह बदल डालती है, सारी तकलीफ़ें हँसकर सहती है और आख़िरकार सेवासदन का दायित्व अपने ऊपर लेकर अपनी बेसहारा बहनों की सेवा में जीवन काट देती है।

प्रेमाश्रम

'सेवासदन' के बाद आया 'वरदान' जो दो साल पहले प्रकाशित उर्दू उपन्यास 'जलवा-ए-इसर' का हिन्दी रूपान्तरण था। इसके बाद आया 'प्रेमाश्रम', जो 'सेवासदन' की ही तरह मूल रूप से उर्दू में लिखा गया था। प्रेमचन्द ने इस उपन्यास पर दो साल काम किया था—1918 की शुरुआत से फरवरी, 1920 तक। इसका उर्दू शीर्षक था : 'गोशा-ए-आफ़ियत'। हिन्दी रूपान्तरण साल भर से कम में तैयार हो गया। प्रेमचन्द पहले उसका शीर्षक 'नाकाम' रखना चाहते थे पर बाद में शीर्षक बदल कर 'प्रेमाश्रम' कर दिया गया। यह 1921 में प्रकाशित हुआ था।

प्रेमचन्द के पहले हिन्दी उपन्यास ने आशातीत सफलता पाई थी और इसलिए उनके मित्रों को डर था कि सिर्फ़ दो साल बाद प्रकाशित दूसरा उपन्यास सम्भवतः पहले उपन्यास के स्तर तक नहीं पहुँच पाएगा। लेकिन उनका भय निर्मूल साबित हुआ। एक समीक्षक का कथन था : 'माँ हिन्दी के इस सपूत ने मौलिकता के समुद्र को मथकर एक और रत्न निकाला है; जो पहले से भी अधिक मूल्यवान है।' 'प्रेमाश्रम' को जो सराहना मिली, वह पूरी तरह से उसके लायक़ था। इस उपन्यास में मानव जीवन को समझने और उसकी कलात्मक प्रस्तुति, दोनों में अधिक परिपक्व दृष्टि के तमाम प्रमाण हैं। इसमें प्रेमचन्द का 'कैनवास' और भी व्यापक है, साथ ही उनके द्वारा प्रस्तुत चरित्र अपने वर्ग का बेहतर प्रतिनिधित्व करते हैं। इसके अलावा चरित्र अधिक जटिल है और मानव स्वभाव को अधिक सम्यक् रूप में प्रस्तुत करते हैं। यह अधिक सुव्यवस्थित है और सभी प्रसंगों को उनकी तार्किक परिणति तक पहुँचाया गया है। शैली अधिक जीवन्त हो गई है और लेखक ने हिन्दी-उर्दू के शब्दों का सम्मिश्रण अधिक आत्मविश्वास के साथ किया है।

'सेवासदन' में सामाजिक बुराइयों पर से पर्दा हटाया गया था। लेकिन पलायन की प्रवृत्ति भी थी। कुरीतियों के अपने विश्लेषण को तार्किक निष्कर्ष तक ले जाने के बजाय, पछतावे और प्रायश्चित्त के पैबन्द सरीखे हल से लेखक सन्तुष्ट होता प्रतीत होता है। 'प्रेमाश्रम' में भी 'पछतावा' है क्योंकि प्रेमचन्द हृदय-परिवर्तन की अवधारणा को स्वीकार करते चले आ रहे थे। लेकिन इस उपन्यास में पछतावे की भूमिका गौण है। पलायन का रास्ता ढूँढ़ने की बजाय, अन्याय के शिकार अपने हक़ के लिए लड़ते हैं। यद्यपि लेखक अभी भी आदर्शवादी है, लेकिन अब वह भारत के गाँवों और कस्बों में सिर उठाते संघर्ष और असन्तोष से रू-ब-रू हो चला है; संघर्ष दबे-कुचले किसान और ज़मींदार के बीच। किसान जो सदियों के बेबस आत्मसमर्पण के बाद अब अपने अधिकारों के प्रति सचेत हो रहा था और ज़मींदार जिसकी सम्पन्नता भूमिहीन किसान की दुर्दशा का पर्याय थी।

'प्रेमाश्रम' में प्रेमचन्द ने गाँवों की ओर एक निर्णयात्मक क़दम उठाया है। कुछ घटनाएँ बनारस, गोरखपुर और लखनऊ जैसे शहरों में घटती हैं। लेकिन ग्रामवासियों और उनकी परेशानियों सहित गाँव ही उपन्यास में प्रधान है। मध्यवर्ग की भूमिका महत्त्वपूर्ण नहीं है। एक ध्रुवीकरण है : एक तरफ़ सम्पन्न अभिजात ज़मीदार वर्ग और दूसरी तरफ़ भूखा ग़रीब किसान। लेखक ने परिवार, विशेष कर संयुक्त परिवार और उनमें व्याप्त अविश्वास और ईर्ष्या-द्वेष पर भी नज़र डाली है। कई दूसरे ऐसे सवालों पर भी ध्यान दिया गया है जो उस समय भारतीय जनमानस को उद्वेलित कर रहे थे, जैसे धार्मिक कट्टरवाद जो हिन्दू-मुस्लिम एकता के आड़े आ रहा था; पश्चिमी शिक्षा का प्रभाव; महामारियों और प्राकृतिक आपदाओं जैसे बाढ़ और सूखे की सतत आशंका। लेकिन 'प्रेमाश्रम' का केन्द्रीय विचार है पुरातन सामन्ती व्यवस्था का अवसान और सरकारी अधिकारियों की सहायता से ज़मींदारों द्वारा किसानों का शोषण।

जटाशंकर और प्रभाशंकर का लखनपुर की ज़मींदारी में साझा स्वामित्व था। ज़मींदारी काफ़ी बड़ी थी और ज़मीन से होनेवाली आय बहुत अधिक। लेकिन रख-रखाव के उत्तरोत्तर बढ़ते व्यय और जटाशंकर द्वारा अपने जीवन स्तर को कम करने से इनकार करने के फलस्वरूप उन्हें अपनी ज़मीन से अधिकतम लगान वसूलनी पड़ती थी और इसका अर्थ था—रियाया पर क्रमशः बढ़ता भार। जटाशंकर प्रतीक है ज़मींदारी के पराभव काल के अभिजात ज़मींदार वर्ग का। वह उदारता मेहमान वाज़ी और सम्पन्नता के दिखावे जैसी पुरानी परम्पराओं को सँजोए रखता है। एक समय में उसके पास बनारस में दो आलीशान मकान थे, अब वे मकान ढह रहे थे। दोनों भाई जैसे-तैसे काम चला रहे थे, जैसे लाठी के सहारे चलते बूढ़े लोग। जटाशंकर ने अपनी बेटियों के विवाह पर बेतहाशा पैसे ख़र्च किये। उसकी शाहख़र्ची

का आलम यह था कि उसके देहान्त के समय परिवार लगभग अपनी सारी जायदाद खो चुका था, केवल लखनपुर और चार छोटे गाँव ही बचे रह गए थे।

जटाशंकर अपने पीछे दो बेटे छोड़ गया था—प्रेमशंकर और ज्ञानशंकर। दोनों ने ही अच्छी शिक्षा प्राप्त की थी। लेकिन जहाँ प्रेमशंकर कृषिविज्ञान में उच्च शिक्षा प्राप्त करके अमेरिका चला गया, वहीं ज्ञानशंकर घर में रहकर एकनिष्ठ समर्पण के भाव से सम्पत्ति जुटाने के उद्देश्य में लग गया और इस काम में बड़ी बेरहमी के साथ किसानों के अधिकारों की उपेक्षा की। उसके पिता की मृत्यु हो चुकी थी। पारिवारिक कलह से बचने के लिए उसके चाचा प्रभाशंकर ने भी अपनी सारी सम्पत्ति उसी के नाम कर दी थी। नैतिकता ज्ञानशंकर को छू भी नहीं गई थी। वह बुद्धिमान था, सम्भवत: गुणी भी। उसने अपनी कॉलेज शिक्षा का अच्छा उपयोग किया था एक ऐसे सुसंस्कृत भद्रपुरुष की छवि गढ़ने में जिसका वह ज़रूरत पड़ने पर इस्तेमाल कर सके। वह एक कुशल वक्ता था और लेखन की भी थोड़ी-बहुत प्रतिभा उसमें थी। पर इन सारे गुणों का उपयोग वह अपना स्वार्थ साधने में ही किया करता था। अपने मतलब के लिए वह धूर्तता की निकृष्टतम सीमा तक और झूठ बोलने में निर्लज्जता की हद तक जा सकता था।

उसके कारिन्दों को अधिकार था कि वे रियाया के साथ जैसी चाहें, ज़ोर-जबर्दस्ती कर सकते हैं। एक बार उसका एक कर्मचारी गिरधारी ज़मींदार के लिए घी लेने गाँव में गया। घी की जो क़ीमत वह दे रहा था, वह हास्यास्पद ढंग से कम थी। मनोहर नाम का एक किसान इतनी कम क़ीमत पर घी देने के लिए तैयार न था। उसने कहा कि इतने कम दाम पर घी बेचकर वह गायें नहीं पाल सकता। गिरधारी मनोहर को धमकी देकर चला गया कि अगर उसने ज़मींदार की अवज्ञा की तो परिणाम बड़े भयंकर होंगे। मनोहर का बेटा बलराज भड़क उठा। वह हिन्दी के समाचार-पत्रों में रूसी क्रान्ति के बारे में पढ़ चुका था। वह यह भी सुन चुका था कि ज़मींदारों के अन्याय से लड़ने के लिए भारत के तमाम हिस्सों में किसान मिलकर 'किसान सभाएँ' गठित कर रहे थे। ज़मींदार के ख़िलाफ़ बलराज का कहा ज्ञानशंकर के मुख्य कारिन्दे ग़ौस ख़ान के कानों तक पहुँचा। ग़ौस ख़ान क्रूरता की प्रतिमूर्ति था। उसने सारे गाँव में आतंक फैला दिया। एक किसान ने बेगार करने से मना कर दिया तो उसे कोड़ों से मारा गया।

बलराज की अगुआई में एक प्रतिनिधि-मंडल उप-ज़िलाधिकारी ज्वाला प्रसाद से मिलने गया, जो एक ईमानदार और रहमदिल अफ़सर के रूप में जाने जाते थे। बलराज ने ग़ौस ख़ान की निरंकुशता का क़िस्सा बयान किया। जब ग़ौस ख़ान को इसका पता चला तो उसने कोशिश की कि बलराज और उसके साथियों को पुलिस झूठे आरोपों के आधार पर गिरफ़्तार कर ले। एक वृद्ध मुस्लिम किसान क़ादर मियाँ ने हस्तक्षेप किया। कादर मियाँ की सब इज़्ज़त करते थे और उन्हें दरकिनार करके

ज्ञानशंकर जनसाधारण को भड़काना नहीं चाहता था। बलराज को छोड़ दिया गया। लेकिन ग़ौस ख़ान के अत्याचारों का यहीं अन्त नहीं था। जिस एकमात्र जलाशय से गाँव के लोग अपनी घरेलू ज़रूरतों के लिए पानी लेते थे, उससे पानी लेने पर ग़ौस ख़ान ने पाबन्दी लगा दी। इस बात पर झगड़ा हुआ और एक बार फिर मनोहर ग़ौस ख़ान के ग़ुस्से का शिकार हुआ। मनोहर के घर में घुसकर ग़ौस ख़ान के आदमियों ने उसकी पत्नी का अपमान किया। यह एक ऐसी बेइज़्ज़ती थी जिसे मनोहर बर्दाश्त नहीं कर सकता था। उसने ग़ौस ख़ान पर हमला किया और उसे मार डाला। वह भाग भी सकता था लेकिन दूसरों को अत्याचार से बचाने के लिए उसने अपना जुर्म कुबूल कर लिया और पुलिस के सामने आत्मसमर्पण कर दिया। हवालात में रहते हुए मनोहर ने आत्महत्या कर ली। बलराज और उसके कुछ साथियों पर ग़ौस ख़ान की हत्या में शरीक होने के आरोप मढ़ दिये गए।

इधर ज्ञानशंकर के कारिन्दे उसकी रियाया को चूस रहे थे और उधर वह स्वयं षड्यंत्र रच रहा था ताकि परिवार के भीतर ही छल-बल से, अपनी सम्पत्ति में इज़ाफ़ा कर सके। अपनी पत्नी विद्या की इच्छा के विरुद्ध जाकर उसने आग्रह किया कि पारिवारिक सम्पत्ति का बँटवारा कर दिया जाए और इस तरह पुश्तों से चले आ रहे संयुक्त परिवार का अन्त हो गया। इसके बाद उसने और भी बड़ा जाल बिछाया। विद्या का भाई कम उम्र में निःसन्तान चल बसा था। उसकी पत्नी गायत्री के नाम बहुत सारी जायदाद थी। ज्ञानशंकर ने गायत्री के पिता राय कमलानन्द से ताल्लुक़ात बढ़ाए और उनके माध्यम से वह गायत्री तक पहुँचा। वह चाहता था कि उसका अपना बेटा मायाशंकर गायत्री की जायदाद का वारिस बन जाए। उसने गायत्री की ख़ूब प्रशंसा और चापलूसी की। पहले तो गायत्री ने उसे दूर भगाया लेकिन वह डटा रहा। उसने समाचार-पत्रों में गायत्री की उदारता और धार्मिकता की प्रशंसा करते हुए लेख लिखे। उसके इस प्रचार के फलस्वरूप उस इलाक़े के लोगों ने गायत्री को 'रानी' की पदवी दे दी। गायत्री का रुख़ भी मुलायम पड़ा और उसने गोरखपुर की अपनी जायदाद की देख-रेख के लिए ज्ञानशंकर को आमंत्रित किया।

राय कमलानन्द की सांस्कृतिक कार्यक्रमों में गहरी रुचि थी। उन्होंने लखनऊ में एक संगीत सभा का आयोजन किया, जिसमें उन्होंने ज्ञानशंकर को भी आमंत्रित किया। ज्ञानशंकर तो ऐसे ही अवसर की राह देख रहा था। लखनऊ प्रवास के दौरान उसने गायत्री को लुभाने की पूरी चेष्टा की। गायत्री का प्रतिरोध भी धीरे-धीरे कमज़ोर पड़ता जा रहा था। राय साहब को इस सबकी भनक पड़ी तो उन्होंने ज्ञानशंकर को कड़े शब्दों में फटकारा। इस पर ज्ञानशंकर ने उन्हें ज़हर देकर मारने का प्रयास किया। ख़ुशक़िस्मती से राय कमलानन्द बच गए। इसी दौरान, गायत्री एक मन्दिर बनवाना चाहती थी जिसके लिए उसने लगान और कर बढ़ा दिये ताकि धन इकट्ठा हो सके। रियाया में इस पर बड़ा रोष था और उन्होंने अपने ग़ुस्से

को दर्ज करते हुए पत्र लिखे। रियाया के प्रति निष्ठुर होने में गायत्री की धार्मिकता ज़रा भी आड़े न आई। अब तक उसने अपनी जायदाद की देख-रेख के मामले में ज्ञानशंकर को पूरी छूट दे दी थी और ज्ञानशंकर ने भी अपने अधिकार का पूरा-पूरा इस्तेमाल किया। गोरखपुर की रियाया पर ज्ञानशंकर के लोभ का क़हर उसी तरह टूटा जिस तरह लखनऊ की रियाया पर टूटा था।

ज्ञानशंकर ने गायत्री का दिल जीतने की अब एक और चाल चली। भगवान कृष्ण के अनन्य भक्त होने का नाटक करते हुए उसने एक नाटकीय प्रस्तुति आयोजित की जिसमें गायत्री को राधा की भूमिका के लिए आमंत्रित किया। ज्ञान ने ख़ुद कृष्ण की भूमिका की। यह कृष्णलीला तो गायत्री से प्रणय-निवेदन का बहाना मात्र थी। आख़िरकार ज्ञानशंकर ने गायत्री को इस सीमा तक प्रभावित कर लिया कि वह उसके बेटे को गोद लेने और उत्तराधिकारी बनाने के लिए तैयार हो गई। ज्ञानशंकर की पत्नी विद्या इस अपमान को न सह सकी और उसने आत्महत्या कर ली। विद्या की मृत्यु ने गायत्री को बहुत गहरे स्तर पर प्रभावित किया। उसे अपने व्यवहार पर बहुत पछतावा हुआ और तीर्थयात्रा के लिए हिमालय चली गई। उसके पिता राय कमलानन्द उसके पीछे बद्रीनाथ तक गए। वहाँ पहुँचकर उन्होंने गायत्री को ढूँढ़ भी लिया पर इससे पहले कि वे उससे मिल पाते, उसने आत्महत्या कर ली।

इस बीच ज्ञान का भाई प्रेमशंकर अमेरिका से लौट आया था और गाँव वालों का जीवन बेहतर बनाने और खेतों में पैदावार बढ़ाने से सम्बन्धित नये-नये विचारों से लबरेज़ वह गाँव के लिए काम करना चाहता था। ज्ञानशंकर न केवल प्रेमशंकर की लोकप्रियता से कुढ़ता था बल्कि उसे एक सम्भावित प्रतिद्वंद्वी के रूप में भी देखता था। उसने गाँव के लोगों, ख़ास कर महिलाओं के दिमाग़ में प्रेमशंकर के ख़िलाफ़ ज़हर घोलना शुरू कर दिया, आड़े-तिरछे तरीक़ों से यह कहकर कि प्रेमशंकर ने विलायती तौर-तरीक़े अपना लिये हैं और परम्परागत नैतिक मूल्यों का परित्याग कर दिया है। उसने महिलाओं को इस बात के लिए भी उकसाया कि वे प्रेमशंकर से 'सात समुन्दर पार' जाने पर 'प्रायश्चित्त' करने की माँग करें। प्रेमशंकर ने ऐसा करने से मना कर दिया। यहाँ तक कि उसकी पत्नी श्रद्धा, जो धार्मिक विचारों के मामले में बेहद दकियानूस थी, चाहती थी कि उसका पति प्रायश्चित्त करे। तब प्रेमशंकर ने उसे यह समझाने की कोशिश की कि धार्मिक ग्रंथों में लिखी कुछ बातें अप्रासंगिक हो चली हैं तो वह बोली, "ईश्वर के लिए मेरे सामने शास्त्रों की निन्दा मत करो। हमारे ऋषि-मुनियों ने शास्त्रों में जो कुछ लिख दिया है, वह हमें मानना चाहिए। उनमें मीन-मेख निकालना हमारे लिए उचित नहीं। हममें इतनी बुद्धि कहाँ है कि शास्त्रों के सभी आदेशों को समझ सकें? उनको मानने में ही हमारा कल्याण है।" प्रेमशंकर और उसकी पत्नी के बीच के तनाव पर ज्ञानशंकर की ख़ुशी देखते ही बनती।

ख़ैर, अपने भाई के षड्यंत्रों से विचलित हुए बग़ैर प्रेमशंकर अपना काम करता रहा। वह हाजीपुर में रहता था और उस गाँव को उसने एक आदर्श खेतिहर समुदाय में तब्दील कर दिया था। पैतृक सम्पत्ति में अपने सारे अधिकार छोड़कर वह एक सादगी भरा जीवन जी रहा था। जिस सहकारी खेती की शुरुआत उसने की, उसने तो गाँव को बदलकर रख दिया। कहीं कोई दुखदायी लगान नहीं थी। ज़मींदार के अत्याचार से मुक्त होकर किसान परस्पर विश्वास और सहयोग पर आधारित ख़ुशहाल जीवन जी रहे थे। प्रेमशंकर के साथ समर्पित समाज-सेवकों का एक समूह भी आ जुड़ा था जिसमें थे उप-ज़िलाधिकारी ज्वाला प्रसाद जिन्होंने अपने पद से त्यागपत्र दे दिया था, एक सफल वकील इरफ़ान अली जिन्होंने अपनी अच्छी-ख़ासी वकालत छोड़ दी थी और डॉ. प्रियनाथ जो शहर में अपनी क्लीनिक छोड़कर गाँव में प्रेमशंकर का साथ देने के लिए आ गए थे। ये सभी आत्म-बलिदानी लोग प्रेमशंकर के व्यक्तित्व, विनम्रता और समर्पण भाव से बहुत गहरे प्रभावित हुए। उन्होंने उसे प्रदेश की विधान सभा में शामिल होने के लिए प्रोत्साहित किया। चुनाव हुए। प्रेमशंकर और उसका भाई ज्ञानशंकर चुनावी मैदान में आमने-सामने थे। प्रेमशंकर की जीत हुई और उसने विधान सभा में कई सुधारमूलक विधेयक रखे। हाजीपुर की सम्पन्नता और विकास ने लखनपुर के लोगों को भी प्रेरित किया। उन्होंने भी न्याय के लिए अपना संघर्ष तेज़ कर दिया। प्रेमशंकर की पत्नी श्रद्धा ने भी अपने पति के चरित्र और काम का मूल्य समझा। वह पति के पास वापस आ गई और उसके काम में हाथ बँटाने लगी।

इन सारी घटनाओं ने ज्ञानशंकर की आत्मतुष्टि को झकझोरकर रख दिया। अब उसे अपने आत्मकेन्द्रित तौर-तरीक़ों के प्रभावी होने पर ही सन्देह होने लगा था। उसने काफ़ी आत्म-मंथन किया और उसका दृष्टिकोण उत्तरोत्तर धार्मिक होता गया। दान-पुण्य करके उसने अपने पापों का प्रायश्चित्त करना चाहा। लेकिन वह अपनी कुंठा और पराजय से मुक्ति न पा सका। उसे अहसास हुआ कि धन-सम्पत्ति बटोरने और बलपूर्वक इसे दबाने में उसने क्षणिक सफलता भले ही पा ली हो, उसका जीवन तो निष्फल ही रहा। उसने नदी में डूबकर आत्महत्या कर ली। उसका बेटा मायाशंकर लखनपुर का मालिक बन गया। चरित्र और मिज़ाज के मामले में बेटा बाप का ठीक उल्टा था। पिता के लालच की वजह से रियाया को किन-किन दुखों और तकलीफ़ों का सामना करना पड़ता था, इसका उसे भली भाँति अहसास था। उसने अपना स्वामित्व लागू किया और सारी ज़मीन किसानों के नाम कर दी। अब वे किसान भूमिहीन मज़दूर नहीं रह गए थे। वे अपने खेतों के मालिक बन गए थे और लगान का उचित हिस्सा अदा भी करते थे। स्वामित्व के हस्तान्तरण के मौक़े पर आयोजित सभा में मायाशंकर ने कहा :

> विज्ञ सज्जनो, मुझे यह मिथ्याभिमान नहीं है कि मैं इन इलाकों का मालिक हूँ।...भूमि या तो ईश्वर की है जिसने इसकी सृष्टि की या किसान की जो ईश्वरीय इच्छा के अनुसार इसका उपयोग करता है। राजा देश की रक्षा करता है इसलिए उसे किसानों से कर लेने का अधिकार है, चाहे प्रत्यक्ष रूप में या कोई इससे कम आपत्तिजनक व्यवस्था करे। अगर किसी अन्य वर्ग या श्रेणी को मीरास, मिल्कियत जायदाद, अधिकार के नाम पर किसानों को अपना भोग्य-पदार्थ बनाने की स्वच्छन्दता दी जाती है, तो इस प्रथा को वर्तमान समाज-व्यवस्था का कलंक-चिह्न समझना चाहिए।...मैं अपनी प्रजा को अपने अधिकारों के बन्धन से मुक्त करता हूँ। वह न मेरे आसामी हैं और न मैं उनका ताल्लुकेदार हूँ। वे सब सज्जन मेरे मित्र हैं, मेरे भाई हैं। आज से वह अपनी जोत के स्वयं ज़मींदार हैं। ('प्रेमाश्रम', पृ. 298-99)

ज्ञानशंकर में हम एक ऐसा चरित्र पाते हैं, जैसा प्रेमचन्द के आरम्भिक उपन्यासों में कहीं नहीं है, कम-से-कम 'सेवासदन' में तो बिलकुल नहीं : एक ऐसा मनुष्य जिसे अच्छाई छू तक नहीं गई है। ज्ञानशंकर का कर्मचारी ग़ौस ख़ान, आरम्भ से अन्त तक क्रूरता और दुष्टता का मूर्तिमान रूप बना रहता है। ज्ञानशंकर के चरित्र में भी ऐसी कोई विशेषता नहीं है जो उसका उद्धार कर सके। वह धूर्त, कमीना, अपनी पत्नी और भाई के प्रति निर्दयी, इतना निष्ठुर कि किसानों से उनकी आख़िरी पाई तक चूस ले, पाखंडी और लोभी है। गायत्री के साथ उसका लगाव, जिसके कारण उसकी पत्नी ने आत्महत्या कर ली, भी मुख्यत: उसके लालच से जुड़ा है, हालाँकि उसमें कामुकता का भी कुछ अंश है। हाँ, यह सच है कि अन्त में उसे अपनी दुष्टता का अहसास होता है। पर उसका प्रायश्चित्त भी बेकार साबित होता है और वह आत्महत्या कर लेता है। यह बात आश्चर्यचकित कर सकती है कि प्रेमचन्द, जो उस समय गांधी जी की दी हुई शिक्षा से बहुत गहरे प्रभावित थे, ऐसे खलनायकों की रचना करेंगे जो सत्य या प्रेम की अवधारणा से ही अनजान है। सम्भवत: उन्हें ऐसा करने की आवश्यकता इसलिए लगी हो क्योंकि इस उपन्यास को लिखने में उनका उद्देश्य था—ज़मींदारी व्यवस्था की बुराइयों को सामने लाना। वह सामन्ती व्यवस्था जिसमें ज़मींदार और ताल्लुकेदार अपनी रियाया पर निरंकुश शासन करते थे और जो न सिर्फ़ दमनकारी थी बल्कि अत्याचारी को भी पीछे छोड़ देती थी। ग़ौस ख़ान और ज्ञानशंकर जैसे घृणित चरित्रों के चित्रण से प्रेमचन्द शायद इसी विचार को प्रेषित करना चाहते होंगे।

इससे एक बड़ा प्रश्न उठता है कि क्या 'प्रेमाश्रम' और कुछ नहीं, केवल सामन्तवाद पर एक महाभियोग है जिसमें ग्रामीण भारत की दशा को पूरी तरह से

निराशाजनक और नकारात्मक दृष्टिकोण से देखा गया है? लेकिन प्रेमशंकर की तेजस्वी भूमिका के मद्देनज़र यह व्याख्या तर्कसंगत नहीं प्रतीत होती। क्या ऐसा हो सकता है कि प्रेमशंकर को इतने शानदार रंगों में रँगा गया हो और उसके भाई को कुछ ज़्यादा गहरे काले रंग में, महज़ एक साहित्यिक युक्ति के तौर पर ताकि तुलना तीखी हो सके। मेरे विचार में प्रेमचन्द एक बहुत ही अनुभवी कलाकार थे और उन्हें ऐसे उपायों की आवश्यकता नहीं थी। हो सकता है कि यहाँ प्रेमचन्द ने यह दिखाया हो कि पश्चिमी शिक्षा किस तरह भारतीयों पर अलग-अलग प्रभाव डालती है। ज्ञान और प्रेम, दोनों को अंग्रेज़ी शिक्षा मिली थी। पर ज्ञान एक गुलाम देश में रहता था जहाँ का वातावरण क्षुद्रता, भ्रष्टाचार और अत्याचार से दूषित था। प्रेम को पश्चिमी शिक्षा एक आज़ाद देश में मिली। उसने पश्चिमी शिक्षा से उसकी शुभता ग्रहण की और कमियों को अनदेखा कर दिया। जब वह वापस आया तो अनुशासन, परिश्रम, सामाजिक उत्तरदायित्व, शालीनता, कार्यकुशलता, और मनुष्य की गरिमा और आत्मसम्मान जैसे विचारों से ओतप्रोत था। साथ ही वह खेती से सम्बन्धित व्यावहारिक दिक़्क़तों को समझने-सुलझाने का कौशल भी लेकर आया था। लेकिन उसने पश्चिमी शिक्षा की वजह से ख़ुद को अतिशय व्यक्तिवादी या भौतिकतावादी नहीं बनने दिया, न ही उसने अपनी परम्पराओं के प्रति सम्मान खोया, बल्कि उनकी तार्किक व्याख्या की। इसके विपरीत ज्ञानशंकर ने अंग्रेज़ी शिक्षा के केवल ऊपरी साज़ोसामान आवरण को ही ग्रहण किया; वाद-विवाद में एक सतही कुशलता और लेखन में सहज गति। इन गुणों का उपयोग भी उसने केवल अपनी स्वार्थसिद्धि के लिए ही किया।

इस लिहाज़ से 'प्रेमाश्रम' को एक नकारात्मक उपन्यास नहीं कहा जा सकता है। उस समय महात्मा गांधी जिन मूल्यों और आदर्शों का प्रसार कर रहे थे, उन्हें बहुत सीमा तक प्रेमचन्द ने अपने आवरण में उतारा भी था। उनका दृष्टिकोण रचनात्मक था और उनका लेखन शुभेच्छा और प्रेम से प्रेरित था। कुछ समीक्षकों की नज़र में प्रेमचन्द स्वयं इस उपन्यास के मुख्य चरित्र हैं, और इन समीक्षकों का आग्रह है कि इस उपन्यास के माध्यम से प्रेमचन्द ग्रामीण भारत में आदर्श राज्य (यूटोपिया) की अपनी अवधारणा को प्रस्तुत कर रहे थे। सुप्रसिद्ध समालोचक डॉ. हजारी प्रसाद द्विवेदी ने इस दृष्टिकोण का कड़ा विरोध किया है। उनकी राय में, 'प्रेमाश्रम' का एकमात्र उद्‌देश्य है ज़मींदारी व्यवस्था की बुराइयों को उजागर करना और इस व्यवस्था के उन्मूलन के पक्ष में ज़ोरदार अपील करना। द्विवेदी जी कहते हैं कि इस उपन्यास का केन्द्रीय चरित्र ज्ञानशंकर है, न कि प्रेमशंकर।

दरअसल इन दोनों व्याख्याओं में कोई अन्तर्विरोध नहीं है। द्विवेदी जी के पास यह कहने का ठोस आधार है कि पूरे उपन्यास में प्रकारान्तर से जगह-जगह सामन्ती व्यवस्था के अंधकारमय पक्ष को उभारा है। उन्होंने दिखाया है कि कैसे

ज़मींदार को नौकरशाही, ख़ास कर पुलिस की सहायता प्राप्त है। उन्होंने किसानों की दुर्दशा और पुलिस व ज़मींदार के कारिन्दों की बेरहमी की तमाम दिल दहलाने वाली तसवीरें पेश की हैं। कई ऐसे प्रसंग हैं जहाँ न्यायपालिका तक आरोपों के घेरे में आ जाती है क्योंकि ज़मींदार अदालत को भी अपने प्रभाव में ले लेते हैं। अदालत की कार्यवाही अक्सर न्याय-प्रक्रिया का मखौल बनकर रह जाती है। झूठ का बोलबाला है। गवाह ख़रीद लिये जाते हैं। जिनका अपराध सिद्ध हो चुका है, वे अपराधी भी छूट जाते हैं और भोले-भाले मासूम लोगों को फँसाकर ऐसे गुनाहों की सज़ा दी जाती है जो उन्होंने किये ही नहीं। व्यवस्था इतनी भ्रष्ट है कि सामन्ती वर्ग के राय कमलानन्द जो एक मृदुभाषी सज्जन हैं, इस पूरी व्यवस्था की कड़े से कड़े शब्दों में भर्त्सना करते हैं। वे कहते हैं :

> यह जायदाद नहीं है। इसे रियासत कहना भूल है। यह निरी दलाली है। इस भूमि पर मेरा क्या अधिकार है? मैंने इसे बाहुबल से नहीं लिया। नवाबों के ज़माने में किसी सूबेदार ने इस इलाक़े की आमदनी वसूल करने के लिए मेरे दादा को नियुक्त किया था। मेरे पिता पर भी नवाबों की कृपादृष्टि बनी रही। इसके बाद अँगरेज़ों का ज़माना आया और यह अधिकार पिताजी के हाथ से निकल गया। लेकिन राज-विद्रोह के समय पिताजी ने तन-मन से अँगरेज़ों की सेवा की। शान्ति स्थापित होने पर हमें वही पुराना अधिकार फिर मिल गया। यही इस रियासत की हक़ीक़त है। हम केवल लगान वसूल करने के लिए रखे गए हैं। इसी दलाली के लिए हम एक-दूसरे के ख़ून से अपने हाथ रँगते हैं। इसे दीन-हत्या का रोब कहते हैं, इसी कारिन्दगी पर हम फूले नहीं समाते। सरकार अपना मतलब निकालने के लिए हमें इस इलाक़े का मालिक कहती है, लेकिन जब साल में दो बार हमसे मालगुज़ारी वसूल की जाती है तब हम मालिक कहाँ रहे? यह सब धोखे की टट्टी है। तुम कहोगे, यह सब कोरी बकवाद है, रियासत इतनी बुरी चीज़ है तो उसे छोड़ क्यों नहीं देते? हा! यही तो रोना है कि इस रियासत ने हमें विलासी, आलसी और अपाहिज बना दिया। हम अब किसी काम के नहीं रहे। हम पालतू चिड़िया हैं, हमारे पंख शक्तिहीन हो गए हैं। हममें अब उड़ने की सामर्थ्य नहीं है। हमारी दृष्टि सदैव अपने पिंजरे के कुल्हिये और प्याली पर रहती है। अपनी स्वाधीनता को मीठे टुकड़े पर बेच दिया है। ('प्रेमाश्रम', पृ. 208)

ऐसे बहुत-से प्रसंग 'प्रेमाश्रम' में यहाँ-वहाँ बिखरे हुए हैं, जिनमें ज़मींदारी व्यवस्था के हर पहलू का विश्लेषण करके, उसकी निन्दा की गई है। चूँकि ज्ञानशंकर अपने चरित्र, विचारों, आदतों और कामों में, ज़मींदारी प्रथा की बुराइयों का मूर्तिमान

रूप है, लिहाज़ा द्विवेदी जी आग्रह करते हैं कि उसे ही उपन्यास का केन्द्रीय चरित्र मानना चाहिए। वे प्रेमशंकर के महत्त्व को कम नहीं करते बल्कि कहते हैं : 'यह सच है कि प्रेमशंकर के बग़ैर 'प्रेमाश्रम' अपनी रीढ़ खो देगा, पर ज्ञानशंकर के बग़ैर तो वह मर ही जाएगा।'

फिर भी, मुझे लगता है कि यदि उपन्यास का मूल्यांकन उसकी सम्पूर्णता में किया जाए तो द्विवेदी जी का दृष्टिकोण एकांगी प्रतीत होता है। ज़मींदार परिवार के दो सदस्य प्रभाशंकर और मायाशंकर प्रीतिकर चरित्रों के रूप में उभरते हैं। राय कमलानन्द के रूप में लेखक ने एक भले सामन्ती आभिजात्य की तसवीर प्रस्तुत की है। प्रेमचन्द के ही शब्दों में उनका वर्णन निम्नलिखित है :

> राय साहब बड़े रसिक पुरुष थे। घुड़दौड़ और शिकार, सरोद और सितार से उन्हें समान प्रेम था। साहित्य और राजनीति के भी ज्ञाता थे, अवस्था साठ वर्ष के लगभग थी, पर इन विषयों में उनका उत्साह लेशमात्र भी क्षीण न हुआ। अस्तबल में दस-बारह चुने हुए घोड़े थे, विविध प्रकार की कई बग्घियाँ, दो मोटरकार, दो हाथी। दर्जनों कुत्ते पाल रखे थे। इनके अतिरिक्त बाज़, शिकरे आदि शिकारी चिड़ियों की एक हवाई सेना भी थी। उनके दीवानख़ाने में अस्त्र-शस्त्र की शृंखला देखकर जान पड़ता था, मानो शस्त्रालय है। घुड़दौड़ में वह अच्छे-अच्छे सहसवारों से पाला मारते थे। शिकार में उनके निशाने अचूक पड़ते थे। पोलो के मैदान में उनकी चपलता और हाथों की सफ़ाई देखकर आश्चर्य होता था। श्रव्य कलाओं में भी वह इससे कम प्रवीण न थे। शाम को जब वह सितार लेकर बैठते तो उनकी सिद्धि पर अच्छे-अच्छे उस्ताद भी चकित हो जाते थे। उनके स्वर में अलौकिक माधुर्य था। वे संगीत के सूक्ष्म तत्त्वों के वेत्ता थे। उनके ध्रुपद का आलाप सुनकर बड़े-बड़े कलावन्त भी सिर धुनने लगते थे। काव्यकला में भी उनकी कुशलता और मार्मिकता कवियों को लज्जित कर देती थी। उनकी रचनाएँ अच्छे-अच्छे कवियों से टक्कर लेती थीं। संस्कृत, फ़ारसी, हिन्दी, उर्दू, अँगरेज़ी—सभी भाषाओं के वे पंडित थे। स्मरणशक्ति विलक्षण थी। कविजनों के सहस्रों शेर, दोहे, कवित्त, पद्य कंठस्थ थे और बातचीत में वह उनका बड़ी सुरुचि से उपयोग करते थे। इसीलिए उनकी बातें सुनने में लोगों को आनन्द मिलता था। इधर दस-बारह वर्षों से राजनीति में भी प्रविष्ट हो गए थे। काउंसिल भवन में उनका स्थान प्रथम श्रेणी में था। उनकी राय सदैव निर्भीक होती थी। वह अवसर या समय के भक्त न थे। राष्ट्र या शासन के दास न बनकर सर्वदा अपनी विचारशक्ति से काम लेते थे। ('प्रेमाश्रम', पृ. 52-53)

ऊपर लिखे गद्यांश से यह भी संप्रेषित होता है कि प्रेमचन्द ने सामन्तवाद के सकारात्मक पक्ष की उपेक्षा नहीं की है। कुछ अपवादों को छोड़ दिया जाए तो, न ही उन्होंने किसानों और ज़मींदारों के बीच सीधे संघर्ष की वकालत की है। सम्भवत: 'प्रेमाश्रम' का एक सन्तुलित मूल्यांकन यह होगा कि उपन्यास का पूर्वार्द्ध यथार्थपरक और क्रान्तिकारी है जबकि उत्तरार्द्ध आदर्शवादी है। ज्ञानशंकर पूर्वार्द्ध में छाया रहता है और प्रेमशंकर उत्तरार्द्ध में। कहानी ख़त्म होती है पुनर्निर्माण और समझौते के स्वर पर। हाजीपुर एक आदर्श गाँव बन जाता है और लखनपुर को भी अपनी दशा सुधारने के लिए प्रेरित करता है। इस रूपान्तरण की ख़बर हमें उपन्यास के आख़िरी पन्ने में होती है। प्रेमशंकर और उसके सहयोगियों के प्रयास से जो परिवर्तन लखनपुर में हुए, उसकी तुलना क़ादिर मियाँ बदलाव से पहले की स्थिति से करते हुए कहते हैं :

> मुझी को देखो। पहले बीस बीघे का काश्तकार था, 100 रुपये लगान देना पड़ता था। दस-बीस रुपये साल नजराने में निकल जाते थे। अब जुमला 20 रुपये लगान है और नज़राना नहीं लगता। पहले अनाज खलिहान से घर तक न आता था। आपके चपरासी-कारिन्दे वहीं गला दबाकर तुलवा लेते थे। अब अनाज घर में भरते हैं और सुभीते से बेचते हैं। दो साल में कुछ नहीं तो तीन-चार सौ बचे होंगे। डेढ़ सौ की एक जोड़ी बैल लाए, घर की मरम्मत कराई, सायबान डाला, हाँडियों की जगह ताँबे और पीतल के बर्तन लिये और सबसे बड़ी बात यह है कि अब किसी की धौंस नहीं। मालगुज़ारी दाख़िल करके चुपके से घर चले आते हैं। नहीं तो हरदम जान सूली पर चढ़ी रहती थी। अब अल्लाह की इबादत में भी जी लगता है, नहीं तो नमाज भी बोझ मालूम होती थी। ('प्रेमाश्रम', पृ. 302)

'प्रेमाश्रम' की परिणति एक ऐसे समाज के सृजन में होती है जो ख़ुशहाल, सन्तुष्ट और कमोबेश सम्पन्न है; कलह और अपमान से मुक्त जीवन जी रहा है। यह सब सम्भव हो सका है प्रेमशंकर के कारण। एक आदर्शवादी जिसने अपने आदर्शों को और सभी पक्षों के सहयोग से मूर्त रूप दिया। महात्मा गांधी स्वयं को एक 'व्यावहारिक आदर्शवादी' के रूप में देखते थे। जैसे-जैसे 'प्रेमाश्रम' की कहानी आगे बढ़ती है, लेखक पर महात्मा का प्रभाव स्पष्टतर होता जाता है। यह कहना उचित होगा कि जहाँ 'प्रेमाश्रम' के पूर्वार्द्ध में रूसी क्रान्ति और समाजवादी विचारधारा का प्रभाव स्पष्ट है, वहीं उत्तरार्द्ध में गांधीवाद के वैश्विक दृष्टिकोण की गहरी छाप है। इस लिहाज़ से शीर्षक 'प्रेमाश्रम' उपयुक्त है। लखनपुर में जिस प्रेम के आश्रम की स्थापना हुई है, वह पुरानी व्यवस्था को बलपूर्वक नष्ट करके

नहीं बल्कि मानव स्वभाव की कमज़ोरियों के ऊपर उसके उदात्त तत्त्वों की विजय से हुई है।

रंगभूमि

'प्रेमाश्रम' के बाद आया 'वरदान', जो नौ साल पहले प्रकाशित उर्दू उपन्यास 'जलवा-ए-इसर' का हिन्दी रूपान्तरण था। फिर आया 'रंगभूमि'। प्रेमचन्द का लिखा ऐसा आख़िरी उपन्यास जो मूल रूप से उर्दू में लिखा गया था, पर प्रकाशित हिन्दी में हुआ। प्रेमचन्द ने यह उपन्यास डेढ़ साल में लिखा—अक्टूबर, 1922 से अप्रैल, 1924 के दौरान। जिस व्यापक स्तर पर इस उपन्यास की परिकल्पना हुई थी, उसे देखते हुए यह एक असाधारण उपलब्धि थी। साढ़े तीन महीने में ही हिन्दी रूपान्तरण छपने के लिए तैयार हो गया था। 'रंगभूमि' का प्रकाशन जनवरी, 1925 में लखनऊ के गंगा पुस्तक माला द्वारा हुआ। लेखक को इस श्रेष्ठ कृति के लिए केवल अठारह सौ रुपये मिले। उपन्यास लगभग हज़ार पन्नों का है और लेखक ने अपना सारा समय, सारी शक्ति इसमें लगा दी थी क्योंकि उस समय तक वे अध्यापन का काम छोड़ चुके थे। उपन्यास बहुत सफल रहा। पाँच हज़ार प्रतियों का पहला संस्करण साल भर के अन्दर ही बिक गया।

हिन्दी के अनेक विद्वानों ने 'रंगभूमि' को प्रेमचन्द का दूसरा सबसे अच्छा उपन्यास कहा है। वे पहला स्थान देते हैं दस साल बाद लिखे 'गोदान' को। फिर भी कुछ ऐसे लोग अवश्य हैं जो कलात्मकता की दृष्टि से 'रंगभूमि' को बेहतर मानते हैं। प्रेमचन्द ने स्वयं भी इन्द्रनाथ मदान को एक पत्र में लिखा : 'मेरी राय में 'रंगभूमि' मेरी सर्वश्रेष्ठ रचना है।' यह पत्र 26 दिसम्बर, 1934 को लिखा गया था। उस समय तक प्रेमचन्द 'गोदान' पूरा कर चुके थे हालाँकि वह प्रकाशित दो साल बाद हुआ। दरअसल उन्होंने 'गोदान' की रचना दो साल पहले 1932 में ही शुरू कर दी थी। अतः कुछ आधुनिक लेखकों के इस कथन का कोई औचित्य नहीं है कि 'प्रेमचन्द 'गोदान' को अपनी सर्वश्रेष्ठ रचना मानते थे।' या यह कि ''गोदान' लिखने के बाद 'रंगभूमि' पर प्रेमचन्द की टिप्पणी अप्रासंगिक हो जाती है' जो उपरोक्त पत्र से उद्धृत है।

इन दोनों रचनाओं की विशिष्टताओं पर तुलनात्मक चर्चा सम्भवतः भविष्य में लम्बे समय तक की जाती रहेगी। लेकिन इस तथ्य को कोई झुठला नहीं सकता कि 'रंगभूमि' एक 'क्लासिक' है। तत्कालीन भारत में जो दो मुख्य ताक़तें उभर रही थीं, उनका इस उपन्यास में आश्चर्यजनक सफलता से चित्रण हुआ है। पहली, एक नये पूँजीपति वर्ग का उदय जिसने गाँवों में आधुनिक उद्योगों की स्थापना की, जिससे पीढ़ियों से चली आ रही जीवन-शैली और उसके मूल्य विघटित हो गए और दूसरी,

महात्मा गांधी के नेतृत्व में भारत का राष्ट्रवादी आन्दोलन—एक ऐसा आन्दोलन, जिसने आज़ादी के संघर्ष में आम जनता को शामिल करके भारतीय राष्ट्रवाद की सूरत ही बदल दी और साथ ही यह भ्रम भी तोड़ दिया कि ब्रिटिश पार्लियामेंट को याचिका भेजकर या शासकों की न्याय-बुद्धि पर भरोसा करके भारतीय जनता आज़ादी हासिल कर सकती है। 'रंगभूमि' में इन दोनों ही आन्दोलनों और इनके फलस्वरूप जीवन के सामाजिक-सांस्कृतिक, यहाँ तक कि धार्मिक पक्षों में आए बदलावों को बड़े विश्वसनीय ढंग से चित्रित किया गया है। लेकिन इस उपन्यास का महत्त्व तत्कालीन परिस्थितियों के चित्रण तक ही सीमित नहीं है। यह एक ऐसी जीवन-दृष्टि प्रस्तावित करता है जो कालातीत है। एक ऐसा जीवन-दर्शन जिसे हमेशा से मानव जाति की विश्वव्यापी आध्यात्मिक चेतना ने सींचा है। यह है जो ग्रीस और फ़ारस की भी उतनी ही है, जितनी चीन और भारत की; जो ईसा-पूर्व छठी शताब्दी में भी उतनी ही ज़िन्दा थी, जितनी ईसा के बाद बीसवीं शताब्दी में। इस सनातन दर्शन को प्राचीनकाल में ईसा मसीह, सुकरात, बुद्ध, लाओत्से और उपनिषद् के ऋषियों ने प्रतिपादित किया और मध्यकाल में कबीर, चैतन्य, मीस्टर एकहार्ट और जलालुद्दीन रूमी ने। प्रेमचन्द ने महात्मा गांधी में सहिष्णुता, प्रेम और सत्य पर आधारित इसी सार्वभौमिक दर्शन का प्रतिपादक देखा और कमाल की बात तो यह है कि प्रेमचन्द ने 'रंगभूमि' में इस दर्शन के प्रतिपादक के रूप में चुना है भारतवर्ष के एक छोटे-से गाँव में रहनेवाले अंधे भिखारी को।

'सेवासदन' के केन्द्र में सामाजिक समस्याएँ और शहरी मध्यवर्ग था। 'प्रेमाश्रम' की पृष्ठभूमि में गाँव है जहाँ किसानों और सामन्ती ज़मींदारों पर ध्यान केन्द्रित किया गया है। 'रंगभूमि' उन समस्याओं को उठाती है जो गाँवों में कल-कारख़ानों की स्थापना से उत्पन्न होती है। पर यह पक्ष उपन्यास के विषय-विस्तार का एक छोटा-सा हिस्सा है। इस उपन्यास में प्रेमचन्द ने समाज के लगभग हर वर्ग के प्रतिनिधि शामिल किये हैं : पूँजीपति, नवाब और उनकी प्रजा, भाड़े के सैनिक, दबे-कुचले अछूत, छोटे-मोटे काम करनेवाले व्यवसायी, मज़दूर, किसान, हर क़िस्म और श्रेणी के पेशेवर राजनीतिज्ञ और यहाँ तक कि आतंकवादी भी। हिन्दुओं और मुसलमानों के अलावा यहाँ ईसाई भी हैं। एक अंग्रेज़ सरकारी अफ़सर भी है जिसकी कहानी में महत्त्वपूर्ण भूमिका है। उपन्यास के एक अंक में कहानी गंगा की घाटी से हटकर सुदूर राजस्थान में पहुँच जाती है जहाँ हमें आदिवासी और देसी रियासतों के जीवन की झलक मिलती है।

ऐसा भी नहीं है कि लेखक सिर्फ़ सामाजिक समस्याओं और परिस्थितियों में ही उलझा हुआ है। वह व्यक्तिगत सम्बन्धों की भी चर्चा करता है और अवचेतन में दबे उन कारणों को खोजने का प्रयास भी करता है जो व्यक्ति के आचरण को प्रभावित करते हैं। इसके अलावा 'रंगभूमि' में एक और प्रसंग है जो इससे पहले के

उपन्यासों में सर्वथा अनुपस्थित है और वह है : एक युवा प्रेमी-युगल के प्रेम में आने वाली कठिनाइयाँ और उनके प्रेम का इम्तिहान। माँ का प्यार कैसे विवेकहीनता की सीमा तक पहुँच जाता है, इस ओर भी लेखक हमारा ध्यान आकर्षित करता है। ये सारी परिस्थितियाँ और इसके पात्र हमारे सामने मानव जीवन का एक बृहद परिदृश्य प्रस्तुत करते हैं। 'रंगभूमि' का शाब्दिक अर्थ है 'थियेटर' या एक रंगमंच, जिस पर नाटक खेले जाते हैं। उपन्यास के उर्दू संस्करण का शीर्षक था : 'चौग़ाने-ए-हस्ती' अर्थात् 'तमदं व सिपमि'। हिन्दी शीर्षक बेहतर ढंग से इस भाव का संप्रेषण करता है कि 'यह संसार एक रंगमंच है और सारे स्त्री और पुरुष महज़ कलाकार।' इस प्रकार 'रंगभूमि' जीवन-रूपी रंगमंच है जहाँ लोग अलग-अलग किरदार निभाते हैं। इस बात का इशारा भी है कि जीवन सिर्फ़ एक नाटक नहीं बल्कि एक 'खेल' भी है जिसे आख़िर तक खेला जाना चाहिए।

बनारस के पास पांडेयपुर गाँव में सूरदास नाम का एक अंधा भिखारी रहता था। वह मिज़ाजन नहीं, सिर्फ़ पेशे से भिखारी था। वह अपनी आजीविका 'भीख' माँगकर चलाता था। सूरदास के पास ज़मीन का एक छोटा-सा टुकड़ा था जिसका इस्तेमाल करने के लिए गाँव के सभी लोग स्वतंत्र थे। कभी वह गायों का चरागाह बन जाता तो कभी बच्चों के खेल का मैदान। सूरदास ने अपनी छोटी-सी कमाई से थोड़े पैसे बचाकर रखे हुए थे—क़रीब पाँच सौ रुपये। वह अपनी ज़मीन पर एक धर्मशाला बनवाना चाहता था। उसे पूरा भरोसा है कि गाँववाले दया करके उसकी मदद ज़रूर करेंगे। हालाँकि जन्म से वह हरिजन है पर कोई भी उसे तिरस्कृत नहीं करता। बच्चे, बूढ़े, सवर्ण हों या छोटी जाति के, सभी लोग उसके विनम्र और हँसमुख स्वभाव के कारण और अंधा होने के बावजूद हरेक की सहायता के लिए तत्पर रहने की आदत के कारण उसे प्यार करते हैं। सूरदास की आवाज़ बड़ी मधुर थी और जब वह भीख माँगने निकलता तो अक्सर भजन गाता रहता। उसने एक अनाथ बालक को गोद ले रखा था जिसे वह अपने बेटे की तरह प्यार करता था और उसे 'मिट्ठू' कहकर बुलाता था। वह एक छोटी-सी झोंपड़ी में रहता और खिचड़ी पर गुज़ारा करता।

सूरदास के जीवन के इस शान्त प्रवाह में व्यवधान पड़ता है एक अप्रत्याशित घटना से। जॉन सेवक नाम के एक सम्पन्न ईसाई सज्जन पांडेयपुर में सिगरेट का कारख़ाना लगाने का निश्चय करते हैं। इस काम के लिए वे ज़मीन ख़रीदना चाहते हैं। सूरदास की पहली मुलाक़ात जॉन सेवक से तब हुई थी जब वह अपने चिर-परिचित अन्दाज़ में भीख माँगता हुआ उनकी गाड़ी के पीछे दौड़ रहा था। जॉन सेवक ने उसे एक फूटी कौड़ी भी नहीं दी और उससे बेहद अपमानजनक ढंग से बात की। लेकिन जैसे ही उन्हें पता चला कि सूरदास ज़मीन के एक ऐसे टुकड़े का मालिक है जो उनके कारख़ाने के लिए उपयुक्त है तो उनका व्यवहार एकदम

बदल गया। उन्होंने कोशिश की कि सूरदास अपनी ज़मीन उन्हें बेच दे। जॉन सेवक का तर्क था कि आधुनिक कारख़ाना लगाने से गाँव का विकास होगा। और फिर वे तो महज़ स्वेदशी उद्योग को बढ़ावा दे रहे थे ताकि भारत का धन बाहर न जाए। पर उनके सारे तर्क निरर्थक साबित हुए। सूरदास ने ज़मीन बेचने से इनकार कर दिया। "यह मेरे पुरखों की एकमात्र विरासत है," उसने कहा, "और अगर इसे आर्थिक लाभ के लिए बेचता हूँ तो मेरा सिर शर्म से झुक जाएगा।" जॉन सेवक को अहसास हुआ कि इस ज़मीन को हथियाना आसान न होगा और इसके लिए उन्हें आक्रामक तौर-तरीक़े अपनाने होंगे।

सूरदास के जीवन में और मुसीबतें आनी थीं। उसका एक पड़ोसी भैरो शराबी था। वह अपनी पत्नी सुभागी को मारता-पीटता था और सुभागी अक्सर सूरदास की झोंपड़ी में शरण लेती। एक दिन ग़ुस्से में आकर भैरो ने सूरदास की झोंपड़ी को आग लगा दी और उसके पाँच सौ रुपये भी चुरा लिये। सूरदास शान्त रहा। उसने भैरो को माफ़ कर दिया और उसके ख़िलाफ़ किसी से एक शब्द भी नहीं कहा। कुछ लोगों ने सूरदास और सुभागी के बारे में अनाप-शनाप क़िस्से फैलाने की कोशिश की, पर किसी ने इन क़िस्सों पर यक़ीन नहीं किया। पूरा गाँव जानता था कि सूरदास कितना भला, सच्चा और ईश्वर से डरनेवाला इनसान है। अपने पड़ोसी की पत्नी के साथ उसके अवैध सम्बद्ध होंगे, इस बात पर यक़ीन करना असम्भव था।

जॉन सेवक अपनी योजना को साकार करने में जुटे रहे। उनके परिवार में बातचीत का मुख्य विषय सिगरेट का कारख़ाना था। जॉन सेवक गाँव के क़रीब ही सिगरा में एक बँगले में रहते थे। परिवार में उनके पिता और सेना से अवकाश प्राप्त अफ़सर ईश्वर सेवक की पत्नी जिन्हें उनके नाम से नहीं, हमेशा 'श्रीमती सेवक' कहकर ही सम्बोधित किया जाता, उनका बेटा प्रभु और बेटी सोफ़िया या सोफ़ी। श्री जॉन सेवक हर इतवार की सुबह चर्च जाते थे—किसी धार्मिक प्रतिबद्धता के कारण नहीं बल्कि समझदारी भरे नीतिगत निर्णय के कारण। इसके विपरीत श्रीमती सेवक में गहरी धार्मिक आस्था थी। उनकी दृष्टि में ईसा मसीह ही एकमात्र उद्धारक थे और ईसाई धर्म के सभी सिद्धान्त उन्होंने स्वीकार कर रखे थे—जैसे ईसा मसीह का पुनर्जीवित हो उठना और शैतान के बीच का संघर्ष और संसार का सृजन। प्रभु सेवक का ईश्वर में कोई दृढ़ विश्वास नहीं था और उसकी दिलचस्पी सिर्फ़ आरामदेह ज़िन्दगी में थी। सोफ़िया स्वतंत्र विचारों की थी। उसने ईसाई धर्म का अध्ययन किया था लेकिन उसने वेदान्त और बौद्ध धर्म के बारे में भी जानकारी हासिल की थी। उसने चर्च जाने से साफ़ इनकार कर दिया था और इस बात को लेकर अक्सर उसके और श्रीमती सेवक के बीच बहस होती रहती।

एक दिन बहस में कुछ ज़्यादा गहमागहमी हो गई और तैश में आकर सोफ़िया ने घर छोड़ दिया। वह अपनी सहेली के घर की ओर जा रही थी तभी रास्ते में

उसने देखा कि कुछ लोग आग बुझाने का प्रयास कर रहे हैं। दरअसल यह कोई दुर्घटना न थी। यह कुछ समाजसेवियों द्वारा आयोजित अग्निशमन के रिहर्सल का एक हिस्सा था। सोफ़िया को लगा कि उस समूह का मुखिया विनय नाम का एक युवक, आग में जल सकता है। उसे बचाने की कोशिश में वह स्वयं ही घायल हो गई और बेहोश हो गई। विनय सोफ़िया की सहेली इन्दु का भाई था, लिहाज़ा वह सोफ़ी को अपने घर ले गया। उसके माता-पिता कुँवर भरत सिंह और रानी जाह्नवी ने सोफ़िया की बड़ी अच्छी तरह देखभाल की। सोफ़िया को चार दिन बाद होश आया और वह कुछ और दिन कुँवर साहब के घर पर ही रही। परिवार के सभी सदस्य उसे पसन्द करने लगे थे। इन्दु उसे अपने घर ले जाना चाहती थी लेकिन उसके पति राजा महेन्द्र कुमार को यह विचार जँचा नहीं।

सोफ़िया अपने दत्तक घर में बहुत ख़ुश थी, लेकिन शीघ्र ही एक समस्या आ खड़ी हुई। विनय सोफ़िया से प्रेम करने लगा। विनय की माँ इस घटना से घबरा गईं। उन्हें सोफ़िया अच्छी लगती थी लेकिन एक ईसाई लड़की उनकी बहू बने, इसका प्रश्न ही नहीं उठता था। इसके अलावा उन्होंने विनय के लिए बड़े-बड़े सपने सँजोए थे। वे चाहती थीं कि विनय प्राचीन राजपूत परम्परा के अनुसार एक महान नेता, एक महानायक बने। कुछ समय बाद रानी जाह्नवी ने सुना कि विनय और सोफ़िया के बीच पत्र-व्यवहार चल रहा है। उन्होंने सोफ़िया पर दबाव डाला कि वह विनय को पत्र भेजे कि वह उसे अपना भाई मानती है। फिर रानी साहिबा ने ख़ुद ही विनय को लिखा कि सोफ़िया की सगाई ज़िलाधिकारी श्री क्लार्क से हो चुकी है। यह विनय के लिए बहुत बड़ा धक्का था।

हालाँकि श्री जॉन सेवक अपनी बेटी से बेहद नाराज़ थे पर कुँवर साहब के परिवार के साथ उसकी मित्रता में उन्हें अपनी स्वार्थ-सिद्धि की सम्भावना नज़र आई। उन्होंने कुँवर भरत सिंह और उनके दामाद व म्युनिसिपल बोर्ड के चेयरमैन राजा महेन्द्र कुमार के साथ मैत्री सम्बन्ध बनाने की पुरज़ोर कोशिश की। उनके प्रयास सफल हुए और उन्होंने म्युनिसिपैलिटी के अधिकारियों से यह आदेश पारित करवा लिया कि सूरदास की ज़मीन अधिगृहीत की जाए क्योंकि उस पर एक महत्त्वपूर्ण उद्योग की स्थापना होनी है। सोफ़िया की सहानुभूति पूरी तरह से गाँव के उन लोगों से थी जो सूरदास के साथ थे। गाँव वालों की मदद करने के लिए उसने सेवक परिवार के मित्र श्री क्लार्क से भी सहायता माँगी। वस्तुतः सोफ़िया के परिवार ने उसके सामने यह प्रस्ताव रखा था कि वह श्री क्लार्क से सगाई कर ले। अभी तक तो उसने यह प्रस्ताव अस्वीकार कर दिया था, पर अब श्री क्लार्क के प्रति उसका व्यवहार मैत्रीपूर्ण हो गया। क्लार्क को प्रणय निवेदन की इजाज़त भी मिल गई थी और सोफ़िया को इस बात से भी एतराज़ नहीं था कि उसे भावी श्रीमती क्लार्क कहकर सम्बोधित किया जाए; हालाँकि उसने अभी तक क्लार्क

को कोई वचन नहीं दिया था। पहले सोफ़िया ने इन्दु से कहा था कि वह गाँव वालों की मदद करने के लिए अपने पति से अनुरोध करे, पर इन्दु ने इनकार कर दिया था। ऐसी स्थिति में सोफ़िया सूरदास की सहायता केवल क्लार्क के माध्यम से ही कर सकती थी।

क्लार्क हमेशा से ही सोफ़िया के प्रशंसक रहे थे। यद्यपि सोफ़िया ने उन्हें विवाह का वचन नहीं दिया था, फिर भी उसका क्लार्क के ऊपर इतना प्रभाव तो था ही कि वह उसकी इच्छा पूरी कर देते। क्लार्क ने बतौर कलक्टर अपने अधिकारों का प्रयोग करके म्युनिसिपैलिटी के अधिकारियों द्वारा पारित आदेश निरस्त कर दिया और सूरदास को उसकी ज़मीन वापस कर दी। गाँव में इस पर बड़ा जश्न मनाया गया। राजा साहब इस शिकस्त को चुपचाप सहने के लिए तैयार न थे। उन्होंने बवाल खड़ा कर दिया। समाचार-पत्रों के सम्पादकों पर प्रभाव का इस्तेमाल करके उन्होंने क्लार्क के ख़िलाफ़ लेख लिखवाए और अपनी अगुवाई में गवर्नर के पास प्रतिनिधि-मंडल लेकर गए जिसकी माँग थी कि मजिस्ट्रेट का स्थानान्तरण किया जाए। हालाँकि उपद्रव जॉन सेवक और राजा महेन्द्र कुमार के इने-गिने समर्थकों द्वारा प्रायोजित था, फिर भी गवर्नर को दबाव के आगे झुकना पड़ा क्योंकि उनकी निगाह में वह 'जनता की माँग' थी। गवर्नर ने प्रतिनिधि-मंडल को आश्वासन दिया कि उसकी शिकायतें दूर की जाएँगी। क्लार्क का स्थानान्तरण जसवन्तनगर हो गया और संयोग से विनय अपनी माँ के आदेश पर वहीं रहकर समाज-सेवा कर रहा था।

क्लार्क के रास्ते से हट जाने पर राजा महेन्द्र को सूरदास की ज़मीन पुनः हथिया लेने में कोई कठिनाई न हुई। जल्दी ही कारख़ाना बनकर तैयार हो गया। अच्छे मेहनताने के आकर्षण में मज़दूर ख़ुशी-ख़ुशी पांडेयपुर पहुँच गए। पीछे-पीछे आनुषंगिक बुराइयाँ भी पहुँचीं : शराब की दुकानें; वेश्याएँ और जुआरी। गाँव के कई युवक भी इस नये माहौल में बिगड़ गए। एक दिन उनमें से कुछ ने भैरो के घर में घुसकर सुभागी के साथ अभद्रता की। सूरदास शोर सुनकर भागता हुआ आया और उसने हल्ला मचा दिया। उसकी चीख़ें सुनकर सारा मुहल्ला जग गया। हर तरफ़ से लोग भागते हुए आए और सारे बदमाश पकड़े गए। उन पर मुक़दमा चला और उन्हें सज़ा हो गई। कुछ दिनों बाद उन युवकों के माता-पिता ने बेचारे ग़रीब भिखारी को बुरी तरह मारा-पीटा क्योंकि अपने बच्चों की गिरफ़्तारी के लिए वे उसे ही ज़िम्मेदार मानते थे। इन सारी दुखद घटनाओं का जॉन सेवक पर कोई असर न हुआ। अब जबकि कारख़ाना एक वास्तविकता बन चुका था, वे उसका विस्तार करना चाहते थे। एक बार फिर राजा महेन्द्र कुमार ने उनकी मदद की। आसपास की ज़मीन पर बने तमाम मकानों के अधिग्रहण और ढहाए जाने के आदेश दे दिये गए। जो मुआवज़ा दिया गया, वह हास्यास्पद रूप से कम था। सूरदास को उसकी झोंपड़ी के लिए मात्र एक रुपया दिया गया।

इस दौरान विनय जसवन्तनगर में समाज-सेवा में जुट गया था। उसने एक 'सेवा समिति' की स्थापना की। यह समिति गाँव के निवासियों को इस बात के लिए प्रेरित करती थी कि अपनी समस्याओं के समाधान के लिए पुलिस और सरकार की गुहार लगाने की बजाय वे आपसी सहयोग से काम लें। झगड़ों का निपटारा गाँव की पंचायत करती थी। नये कुएँ खोदे गए। सफ़ाई का स्तर सुधारा गया। कूड़े के निस्तारण के उचित प्रबन्ध किये गए। लोगों में नया आत्मविश्वास जगा। विनय उनके लिए देवता-स्वरूप था। लेकिन जहाँ विनय सहयोग और भाईचारे के रास्ते पर चल रहा था, वहीं कुछ युवक आतंकवादी गतिविधियों में लिप्त थे। उन्हें लगता था कि अफ़सरशाही और सरकारी तंत्र से हिंसक नारा ही लोगों को उनकी बदहाली से छुटकारा दिला सकता है। जसवन्तनगर का शासक ऐशो-आराम पर पैसे लुटाता था। जनता की भलाई के लिए वह कुछ नहीं करता था। न ही उसके पास इतनी ताक़त थी कि वह मूलभूत परिवर्तन कर सकता क्योंकि असली ताक़त तो ब्रिटिश रेज़ीडेंट के हाथ में थी। आतंकवादियों का नेता था वीरपाल सिंह, जो सरकार द्वारा डाकू घोषित किया जा चुका था।

हालाँकि विनय वीरपाल के तौर-तरीक़ों से इत्तफ़ाक नहीं रखता था, फिर भी वह उससे मिलना चाहता था। वे एक निर्जन सुनसान जगह पर मिले, पर एक डाकिए ने पुलिस को पहले ही आगाह कर दिया था। पुलिस ने उस जगह को चारों तरफ़ से घेर लिया। वीरपाल तो बच निकला, पर विनय पकड़ा गया। वीरपाल ने गुप्त रूप से विनय से सम्पर्क किया और उसके सामने पुलिस की क़ैद से भागने में मदद करने का प्रस्ताव रखा, लेकिन विनय ने अस्वीकार कर दिया। क्लार्क उस इलाक़े के मजिस्ट्रेट थे और सोफ़िया उनके साथ जसवन्तनगर गई। उसने विनय से कहा कि पुलिस की हिरासत से निकलने के तमाम रास्ते हैं। पर विनय ने एक बार फिर मना कर दिया। ख़ैर, इस मुलाक़ात ने विनय और सोफ़िया के व्यक्तिगत रिश्ते से सम्बन्धित कुछ बातें बिलकुल साफ़ कर दीं। विनय को यक़ीन हो गया कि सोफ़िया क्लार्क से दरअसल प्यार नहीं करती है। दोनों पूर्व-प्रेमियों ने स्वीकार किया कि वे अब भी एक-दूसरे से प्यार करते हैं। हालाँकि विनय पहले जेल से भागने से इनकार कर चुका था पर अब इस बार जब उसे यह सन्देश मिला कि उसकी माँ बहुत बीमार है, वह भागने के लिए तैयार हो गया। यद्यपि यह समाचार बाद में ग़लत निकला। किसी तरह वह निकल भागा लेकिन रेलवे स्टेशन जाते समय वह रास्ते में एक अप्रत्याशित घटना में फँस गया।

जसवन्तनगर की एक व्यस्त सड़क पर गाड़ी चलाते समय क्लार्क ने ग़लती से किसी को कुचल दिया था। जल्दी ही भीड़ इकट्ठा हो गई और देखते-देखते वीरपाल उसका नेता बन गया। सोफ़िया ने उसे शान्त करने की कोशिश की लेकिन शोर इतना अधिक था कि उसकी आवाज़ वीरपाल तक पहुँची ही नहीं। भीड़ ने

पत्थर फेंकना शुरू कर दिया और एक पत्थर सोफ़िया को जा लगा। वह गिर पड़ी। विनय को लगा कि आतंकवादी वीरपाल ने सोफ़िया पर हमला किया है। ग़ुस्से में आकर उसने वीरपाल पर गोली चला दी। ख़ुशक़िस्मती से उसका निशाना चूक गया और वीरपाल बच गया। पर उस समय तक पुलिस वहाँ आ पहुँची थी और उसने अंधाधुंध गोलियाँ चलानी शुरू कर दी थीं। विनय को गोली लग गई। इससे भी बुरा यह हुआ कि उसके आचरण को अधिकारियों के समर्थक के रूप में देखा गया। यह अफ़वाह फैला दी गई कि वह अंग्रेज़ अफ़सरों के साथ है। यहाँ तक कि सोफ़िया को भी यही लगा और उसका बुरी तरह मोहभंग हो गया। वीरपाल की हिम्मत से प्रभावित होकर वह उसके साथ चली गई और आतंकवादी समूह का हिस्सा बन गई।

विनय के सिर पर सोफ़िया को ढूँढ़ने की धुन सवार हो गई थी। सोफ़िया के लिए प्यार के गोले फिर से धधक उठे थे। उसका प्यार फिर से जाग उठा था और वह उसकी ग़लतफ़हमी दूर करना चाहता था। उसे ढूँढ़ने के लिए वह कुछ भी करने को तैयार था। आतंकवादियों का ठिकाना खोजने में उसने प्रादेशिक अधिकारियों की सहायता की, इस उम्मीद में कि शायद वह सोफ़िया को खोज सके। इस सबसे उसकी लोकप्रियता में बहुत कमी आई। उसे जाननेवाला हर व्यक्ति उसके ख़िलाफ़ हो गया—यहाँ तक कि उसकी माँ भी, जिन्होंने उसे एक सन्देश भी भेजा कि वे उसे लेकर बेहद शर्मिन्दा हैं। आख़िरकार जब उसने आतंकवादियों का ठिकाना ढूँढ़ निकाला तो सोफ़िया ने उसे झिड़क दिया। उसका अब विनय से पहले से भी ज़्यादा मोहभंग हो चुका था क्योंकि उसे यक़ीन हो गया था कि विनय अत्याचारियों से मिल गया है। अब विनय के पास एक ही चारा था कि वह क्लार्क से अनुरोध करता कि लड़ाई में गिरफ़्तार आतंकवादियों को रिहा कर दे, और यह करवाने के बाद वह वापस बनारस के लिए निकल पड़ा।

सोफ़िया भी उसी रेलगाड़ी में थी। आतंकवादियों को नज़दीक से जानने के बाद उनकी हिम्मत और बहादुरी को लेकर जो भी रूमानी ख़यालात सोफ़िया के मन में थे, वे सब चूर-चूर हो गए। उसे हिंसा से घृणा थी और आतंकवादियों का साथ देने की वजह से वह बहुत शर्मिन्दा थी। वीरपाल सिंह अब उसे एक विचारशून्य जाँबाज़ नज़र आता था। इसीलिए, जब ट्रेन में उसकी मुलाक़ात विनय से हुई तो उसने विनय से क़ुर्बत महसूस की। वे हमेशा से ही एक-दूसरे से प्यार करते थे और अब दोनों कुछ समय साथ बिताना चाहते थे। जब ट्रेन एक छोटे-से स्टेशन पर रुकी तो बनारस जाने की बजाय वे दोनों वहीं उतर गए। यह भील आदिवासियों का इलाक़ा था। विनय को हमेशा से ही भोले-भाले और सरल स्वभाव के लोगों के साथ रहना अच्छा लगता था, सो उसने सोफ़िया को भीलों के साथ कुछ दिन रहने के लिए मना लिया। वह सोफ़िया के प्यार में इस क़दर दीवाना हो चुका था कि उसने सोफ़िया का शील भंग करने का भी प्रयास किया। सोफ़िया ने उसे

फिर से झिड़क दिया लेकिन विनय के पास कोई जादू था जिसका इस्तेमाल करके उसने किसी तरह सोफ़िया को वश में कर ही लिया। पांडेयपुर लौटने पर दोनों ने फ़ैसला किया कि वे जल्द ही शादी कर लेंगे। श्रीमती सेवक ने आशीर्वाद देने से मना कर दिया और विनय के पिता भी शादी के विरोध पर डटे रहे। लेकिन विनय ने अपनी माँ रानी जाह्नवी को मना लिया और वे ज़ोर-शोर से अपने बेटे के विवाह की तैयारियों में जुट गईं।

लेकिन पांडेयपुर तनावग्रस्त था। जबरन लोगों के घर ख़ाली कराए जाने की वजह से स्थिति विस्फोटक हो गई थी। अधिकारियों ने भाड़े के गुरखा सैनिक बुला लिए थे ताकि वे लोगों को इतना आतंकित कर दें कि वे चुपचाप अपने घर छोड़कर चले जाएँ। इस सबके बावजूद सूरदास अपनी झोंपड़ी छोड़ने के लिए तैयार न हुआ। कई और लोग साथ देने के लिए उसके चारों तरफ़ इकट्ठा हो गए और पुलिस के साथ उनकी झड़प हो गई। भीड़ को तितर-बितर करने के लिए पुलिस ने कई चक्र गोलियाँ चलाईं जिससे कई लोग मारे गए। पांडेयपुर की घेराबन्दी कर दी गई। बनारस के लोगों को वहाँ जाने की इजाज़त नहीं थी। क्लार्क का स्थानान्तरण वापस बनारस हो गया था और उन्होंने स्थिति को क़ाबू में करने की कोशिश की। सूरदास बहुत कमज़ोर हो गया था इसलिए भैरो ने उसे अपने कंधे पर उठा लिया था। जब क्लार्क ने यह देखा तो उन्होंने समझा कि सूरदास यह सब भीड़ को उकसाने के लिए कर रहा है। उन्होंने गोली चला दी जो सूरदास को लगी। सोफ़िया ने जल्दी-जल्दी सूरदास को अस्पताल पहुँचाया पर तब तक बहुत देर हो चुकी थी। अपने आख़िरी समय में सूरदास एकदम शान्त था, कड़वाहट से बिलकुल परे। जब जॉन सेवक ने उससे पूछा कि क्या वे उसके लिए कुछ कर सकते हैं, तो सूरदास ने केवल इतना अनुरोध किया कि वे अपने उस कर्मचारी को वापस काम पर रख लें जिसे अनुचित ढंग से निकाल दिया गया था। इस अनुरोध को मानने का वादा भी जॉन सेवक ने साफ़-साफ़ नहीं किया। वह अनिश्चितता की मुद्रा में ही खड़ा रहा।

जिस समय पुलिसिया गोलीबारी के दौरान सूरदास की मृत्यु हुई थी, उस समय विनय दोनों तरफ़ की हिंसा रोकने का प्रयास कर रहा था। भीड़ ने उसे देशद्रोही, कायर कहकर फ़ब्तियाँ कसीं। दुनिया को यह दिखाने के लिए कि वह कायर नहीं है, विनय ने ख़ुद को गोली मार ली और वहीं गिरकर मर गया। जब सोफ़िया विलाप कर रही थी तो रानी जाह्नवी ने उसे सान्त्वना देते हुए कहा :

> रोती क्यों हो बेटी? विनय के लिए? वीरों की मृत्यु पर आँसू नहीं बहाए जाते, उत्सव के राग गाए जाते हैं। मेरे पास हीरे और जवाहर होते, तो उसकी लाश पर लुटा देती। मुझे उसके मरने का दुख नहीं है। दुख होता, अगर वह आज प्राण बचाकर भागता। यह तो मेरी चिर संचित अभिलाषा थी, बहुत

ही पुरानी, जब मैं युवती थी और वीरों तथा राजपूतनियों के आत्मसमर्पण की कथाएँ पढ़ा करती थी, उसी समय मेरे मन में यह कामना अंकुरित हुई थी कि ईश्वर मुझे भी कोई ऐसा ही पुत्र देता, जो उन्हीं वीरों की भाँति मृत्यु से खेलता, जो अपना जीवन देश और जाति के हित के लिए हवन कर देता, जो अपने कुल का मुख उज्ज्वल करता! ('रंगभूमि', पृ. 452-53)

सूरदास शहीद हो गया। उसके जीवनकाल में जो लोग उसके ख़िलाफ़ थे, वे भी अब उसके प्रशंसक बन गए थे। एकमात्र अपवाद थे राजा महेन्द्र कुमार जो अब भी सूरदास के ख़िलाफ़ दुश्मनी पाले हुए थे। म्युनिसिपल बोर्ड ने एक प्रस्ताव पारित करके उनकी निन्दा की और वे चेयरमैन के पद से हटा दिये गए। पांडेयपुर में सूरदास की प्रतिमा स्थापित करने के लिए चन्दा इकट्ठा किया गया। जब प्रतिमा की स्थापना हो गई तो वह जगह एक तीर्थ स्थान जैसी हो गई। एक अँधेरी रात में राजा महेन्द्र कुमार चुपचाप उस जगह गए और मूर्ति गिरा दी। पर वे स्वयं ही मूर्ति के नीचे दबकर मर गए।

राजा साहब ने सूरदास की मूर्ति तोड़ डाली और ख़ुद उसी के नीचे दब गए। ('रंगभूमि', पृ. 482)

सोफ़िया स्वयं को विनय की पत्नी मानती रही हालाँकि उनका विवाह रस्मी तौर पर कभी हुआ नहीं था। जब क्लार्क ने दो बार उसके सामने विवाह का प्रस्ताव रखा तो उसे इतनी वितृष्णा हुई कि उसने आत्महत्या कर ली। उसकी माँ के लिए यह बहुत बड़ा आघात था और वह विक्षिप्त हो गईं। कुछ दिनों बाद रानी जाह्नवी एक पत्र लेकर जॉन सेवक के घर आईं जो सोफ़िया ने उन्हें लिखा था। पत्र की शुरुआत हुई थी 'आदरणीय माँ' से क्योंकि अपनी सगी माँ की अपेक्षा सोफ़िया रानी जाह्नवी के ज़्यादा क़रीब थी :

आपकी सोफ़िया आज संसार से विदा होती है। जब विनय न रहे, तो यहाँ मैं किसके लिए रहूँ? इतने दिनों तक मन को धैर्य देने की चेष्टा करती रही। समझती थी, पुस्तकों में अपनी शोक-स्मृतियों को डुबो दूँगी, और अपना जीवन सेवा-धर्म का पालन करने में सार्थक करूँगी। किन्तु मेरा प्यारा विनय मुझे बुला रहा है। मेरे बिना उसे वहाँ एक क्षण चैन नहीं है। उससे मिलने जाती हूँ। यह भौतिक आवरण मेरे मार्ग में बाधक है, इसलिए इसे यहीं छोड़े जाती हूँ। गंगा की गोद में इसे सौंपे देती हूँ। मेरा हृदय पुलकित हो रहा है, पैर उड़े जा रहे हैं, आनन्द से रोम-रोम प्रमुदित है, अब शीघ्र ही मुझे विनय के दर्शन होंगे। आप मेरे लिए दुख न कीजिएगा, मेरी खोज का व्यर्थ प्रयत्न न कीजिएगा। कारण, जब तक

> यह पत्र आपके हाथों में पहुँचेगा, सोफ़िया का सिर विनय के चरणों में होगा। मुझे कोई प्रबल शक्ति खींचे लिये जा रही है, और बेड़ियाँ आप-ही-आप टूटी जा रही हैं। मामा और पापा से कह दीजिएगा, सोफ़ी का विवाह हो गया, अब उसकी चिंता न करें। ('रंगभूमि', पृ. 484)

रोते और सुबकते हुए जब जाह्नवी ने यह पत्र पढ़ा तो श्रीमती सेवक अपना आपा खो बैठीं। "तुमने सब कुछ बरबाद कर दिया," वे चीखीं, "तुमने बरबाद कर दिया और मेरी बेटी की ज़िन्दगी चौपट कर दी।" साफ़ ज़ाहिर था कि वे अपना मानसिक सन्तुलन खो बैठी हैं। उस दिन के बाद से किसी ने श्रीमती सेवक को चर्च में नहीं देखा, न ही क्लब की किसी पार्टी में। जब श्री क्लार्क अपना शोक प्रकट करने आए तो श्रीमती सेवक ने उनका भी अपमान कर दिया। केवल दो लोग ऐसे थे जो चारों ओर के संघर्ष, हिंसा और मौतों से बिलकुल अप्रभावित थे। एक थे जॉन सेवक जो पहले से भी ज़्यादा उत्साह के साथ अपने कारोबार में लगे रहे। पैसा अब उनके लिए साध्य बन चुका था। वे धन-दौलत को उस तरह देखते थे जिस तरह बड़ा श्रद्धालु अपने आराध्य को देखता है। वे अपनी सिगरेटों के लिए और भी बड़े बाज़ार तलाशने की और बिहार में एक नया कारख़ाना खोलने की योजना बना रहे थे, क्योंकि बिहार में तम्बाकू की खेती ख़ूब होती है। और दूसरे थे विनय के पिता कुँवर भरत सिंह जो फिर से मौज-मस्ती के अन्तहीन चक्र में कूद पड़े थे—पिकनिक, शिकार, और शराब में डूबी पार्टियाँ। धर्म में उनकी जो थोड़ी-बहुत आस्था थी, वह भी ख़त्म हो गई थी। इस जीवन के आगे उन्हें सिर्फ़ एक ख़ालीपन नज़र आता था। जीवन एक क्षणभंगुर बुलबुला है। परलोक भी महज़ एक परछाईं है। जब तक जीवित हो, मौज करो। कौन जानता है, मृत्यु के बाद क्या होता है? यह दुनिया ऐसे ही चलती आई है, ऐसे ही चलती रहेगी। कोई इस दुनिया को आज तक व्यवस्थित नहीं कर पाया है, न ही भविष्य में कर पाएगा। बड़े-बड़े ऋषि-मुनि और दार्शनिक आए और चले गए; लेकिन कोई जीवन और अस्तित्व के रहस्यों को सुलझा न पाया। देशभक्ति, सेवा और मानवतावाद—ये सब बस सनक हैं। यही वे निराशाजनक विचार थे जिनमें कुँवर भरत सिंह पनाह ढूँढ़ते थे।

ऊपर दी गई 'रंगभूमि' की अत्यन्त संक्षिप्त रूपरेखा से इस उपन्यास की उत्कृष्टता का अनुमान लगाना मुश्किल है। 'रंगभूमि' आधुनिक भारतीय साहित्य के क्लासिक उपन्यासों में से एक है। सच तो यह है कि अगर दूसरी भाषाओं में इसके अच्छे अनुवाद उपलब्ध हो जाएँ तो नि:सन्देह इसे एक 'मास्टरपीस' का दर्जा दिया जाएगा जो विश्व की किसी भी लाइब्रेरी में क्लासिक रचनाओं के साथ रखे जाने योग्य है। साहित्यिक विकास में परिपक्वता के इस मुक़ाम पर आकर भी प्रेमचन्द अजीबोग़रीब

संयोगों, नाटकीय घटनाओं और अप्रत्याशित मुलाक़ातों के प्रति अपना मोह नहीं छोड़ पाए हैं। कई संवाद और स्वगत कथनों को संक्षिप्त किया जा सकता था। कुछ पात्र ख़्वाहमख़्वाह ही मार दिये जाते हैं। लेकिन यह सब स्वीकार कर लेने के बाद भी कोई बिरला ही होगा जो प्रशंसा किये बग़ैर रह पाएगा। इस उपन्यास में प्रेमचन्द ने भारतीय जीवन के लगभग हर पहलू को छुआ है। 'रंगभूमि' में और कोई विशिष्टता न भी होती, तब भी महज़ अपनी व्यापकता और विस्तार के बल पर वह एक महत्त्वपूर्ण कृति होती। लेकिन यह उसके गौरव का सबसे गौण पहलू है। इस उपन्यास में प्रेमचन्द की वास्तविक सफलता है अविस्मरणीय पात्रों की रचना करने की क्षमता।

यह प्रेमचन्द की परिपक्वता का ही एक द्योतक है कि सूरदास में भी जो अपनी अनासक्ति में देवतुल्य है, मानो बुद्ध या गांधी को साहित्यिक कल्पना में निरूपित कर दिया गया हो! उसमें पेशे से जुड़ी कमज़ोरियाँ विद्यमान हैं। वह एक भिखारी है और एक भिखारी की तरह एक-एक पाई जमा करता रहता है। उपन्यास के पहले अध्याय में ही हम देखते हैं कि वह जॉन सेवक की गाड़ी के पीछे भाग रहा है। हाँफता-काँपता यह दुबला-पतला अंधा भिखारी दो मील तक दौड़ता जाता है ताम्बे के चन्द सिक्के पाने की उम्मीद में। हालाँकि वह ज़मीन के एक छोटे-से टुकड़े का मालिक है और कुछ पैसा भी उसने बचाकर रखा है। वह सच्चा और ईमानदार है। फिर भी जब उसके पाँच सौ रुपये चोरी हो जाते हैं और लोग उसकी चर्चा करते हैं तो वह कहता है, "कैसा पैसा? मेरे पास कोई पैसा नहीं था। अगर होता तो क्या मैं भीख माँगता?" यह सूरदास नहीं, यह चिर-परिचित भिखारी बोल रहा है जो हमेशा से भारतवर्ष में रहता आया है। यह कैसे हो सकता है कि उसके जैसा साधु-संत पैसा छुपाकर रखे और उसके होने से ही इनकार करे? प्रेमचन्द ने स्वयं इस पर टिप्पणी की है :

> अंधे भिखारी के लिए दरिद्रता इतनी लज्जा की बात नहीं है, जितना धन। सूरदास जगधर से अपनी आर्थिक हानि गुप्त रखना चाहता था। वह गया करना चाहता था, मिठुआ का ब्याह करना चाहता था, कुआँ बनवाना चाहता था; किन्तु इस ढंग से कि लोगों को आश्चर्य हो कि इसके पास रुपये कहाँ से आए। लोग यही समझें कि भगवान् दीन जनों की सहायता करते हैं। भिखारियों के लिए धन-संचय पाप-संचय से कम अपमान की बात नहीं है। ('रंगभूमि', पृ. 116)

एक भिखारी की मानसिकता कैसे काम करती है, इसमें प्रेमचन्द ने कमाल की अन्तर्दृष्टि दिखाई है। बारीक मनोवैज्ञानिक बोध के ऐसे तमाम उदाहरण 'रंगभूमि' में मिलते हैं।

विनय और सोफ़िया जिस तरह अपने जीवन का अन्त कर लेते हैं, उसकी विश्वसनीयता पर कुछ आलोचकों ने सवालिया निशान लगाया है। आख़िर विनय जैसा इनसान, जिसने ग़रीबों और दबे-कुचले लोगों की सेवा में जीवन अर्पित कर दिया है, क्या ख़ुद को गोली मार लेगा—सिर्फ़ यह दिखाने के लिए कि वह मरने से नहीं डरता? और यदि सोफ़िया सचमुच विनय के प्रति समर्पित थी तो क्या उसे जीवित रहकर विनय के अच्छे काम को जारी नहीं रखना चाहिए था, बजाय इसके कि वह विनय से परलोक में मिलने की उम्मीद में आत्महत्या कर ले? आपत्ति जायज़ है। पर यह भी याद रखना होगा कि इन दो पात्रों की आत्महत्या उनके चरित्र के साथ पूरी तरह बेमेल नहीं है। लेकिन शान्त और स्थिर मन के अभाव में हिम्मत ताक़त में तब्दील नहीं होती। यह वह तथ्य है जिस पर ज़ोर देते महात्मा गांधी थकते न थे। विनय बहुत भावुक है। क्षणिक आवेश में वह आसानी से बह जाता है। उसका यह चारित्रिक गुण उसे कभी-कभी अस्थिरता प्रदान करता है। हालाँकि वह जसवन्तनगर की उत्पीड़ित जनता की तरफ़ है, पर मध्यकालीन राजपूतों की महिमा के प्रति उसका झुकाव अक्सर उसे महाराजा की प्रशंसा करने के लिए प्रेरित करता है। वह कहता है, "आज भी हमें अपने शासक का सम्मान करना चाहिए। वे उन राणा साँगा और राणा प्रताप के उत्तराधिकारी हैं जिन्होंने हिन्दू जाति की रक्षा के लिए अपने प्राणों की आहुति दे दी। हम महाराज को अपना रक्षक, अपना शुभचिन्तक और क्षत्रियों का कुलभूषण मानते हैं। उसके अधिकारी हमारे भाई-बन्धु हैं। फिर उसके न्याय पर हम भरोसा क्यों न करें? इस तरह की बातें एक दिग्भ्रमित और मनोवेग में बह जानेवाला व्यक्ति ही करेगा।

सोफ़िया अविवेकी नहीं है, पर वह डावाँडोल रहती है और फ़ैसला लेने में जल्दबाज़ी करती है। पहले-पहल जब हम उससे परिचित होते हैं तो वह एक उदार और हर धर्म की अच्छी बात ग्रहण करनेवाली प्रतीत होती है। जो अपने ईसाई परिवेश की रूढ़ियों को अस्वीकार कर देती है, वह इतना साहस भी रखती है कि अपने माँ-बाप का घर छोड़ दे। एक-दो मुलाक़ातों के आधार पर ही वह आतंकवादियों के नेता वीरपाल सिंह के सम्बन्ध में बड़ी अच्छी राय क़ायम कर लेती है पर जल्दी ही उसका मोहभंग हो जाता है। जब विनय वीरपाल पर गोली चलाता है तो उसे लगता है कि विनय अधिकारियों के साथ जा मिला है, जबकि विनय ने वह सब इसलिए किया था क्योंकि उसे सोफ़िया की चिन्ता थी। जसवन्त नगर से वापस लौटते समय भी जब विनय एक छोटे-से अनजान स्टेशन पर उतरने का प्रस्ताव रखता है तो वह शीघ्र तैयार हो जाती है। उसे समझना चाहिए था कि दैहिक आकर्षण ने विनय को अंधा कर दिया है। पहले भी सूरदास की मदद करने के लिए उसने जिस तत्परता से क्लार्क के प्रणय-निवेदनों को स्वीकार किया, उससे भी उसकी निर्णय-क्षमता की अपरिपक्वता दिखती है। संक्षेप में विनय और सोफ़िया दोनों को

ही अति-भावुक और असन्तुलित दिखाया गया है। इससे ठीक विपरीत सूरदास है जिसकी हिम्मत में चार चाँद लग गए हैं—उसकी अनासक्ति और समदृष्टि से। इस प्रकार, सोफ़िया और विनय, दोनों की मृत्यु पूरी तरह असंगत तो नहीं है, फिर भी उपन्यास के दो मुख्य पात्रों का इस तरह अन्त करके लेखक ने उपन्यास के प्रभाव को कम अवश्य कर दिया है।

पर मुझे वापस सूरदास पर आने दीजिए। 'प्रेमाश्रम' में गांधी के जीवन-दर्शन का प्रतिनिधि था प्रेमशंकर—एक उच्च-शिक्षा प्राप्त व्यक्ति जिसके मूल्य और आदर्श विदेशी प्रशिक्षण के बाद भी बदले नहीं। प्रेमशंकर को विश्वास था कि अच्छी नीयत और सहयोग से यदि गाँवों के पुनर्निर्माण की एक व्यावहारिक योजना बने तो एक ख़ुशहाल समाज का निर्माण हो सकता है। वहीं सूरदास गांधी जी के अहिंसा-दर्शन का सच्चा प्रवक्ता है। हालाँकि वह एक भिखारी है, फिर भी वह सच की ताक़त को पहचानता है। जब उसकी मदद को आई जनता और पुलिस के बीच संघर्ष होता है तो वह कहता है :

> आप लोग वास्तव में मेरी सहायता करने नहीं आए, मुझसे दुश्मनी करने आए हैं। हाकिमों के मन में, फ़ौज के मन में, पुलिस के मन में जो दया और धरम का ख़याल आता, उसे आप लोगों ने जमा होकर क्रोध बना दिया है। मैं हाकिमों को दिखा देता कि एक दीन अंधा आदमी एक फ़ौज को कैसे पीछे हटा देता है, तोप का मुँह कैसे·बंद कर देता है, तलवार की धार कैसे मोड़ देता है। मैं धर्म के बल से लड़ना चाहता था...। ('रंगभूमि', पृ. 447)

क्या महात्मा गांधी के दृष्टिकोण का इससे स्पष्ट कोई वक्तव्य हो सकता है?

धार्मिक परम्पराओं से जुड़ी जो आस्थाएँ सूरदास को संस्कार में मिली थीं, उसने उन सभी को स्वीकार कर लिया था। उसने अपनी ज़मीन देने से इसलिए इनकार कर दिया क्योंकि यह उसके पूर्वजों का अपमान होता। वह कर्म और फल के नियम को बग़ैर कोई प्रश्न पूछे स्वीकार कर लेता है। जो भी कष्ट उसे सहने पड़ते हैं और जो भी अन्याय उसे बर्दाश्त करने पड़ते हैं, उन सबके लिए वह पिछले जन्म के कर्मों को ज़िम्मेदार मान लेता है, न कि कुछ ख़ास लोगों की दुष्टता या उस सामाजिक व्यवस्था को जिसमें ऐसी दुष्टता सम्भव होती है। लेकिन उसके ख़ून में रचा-बसा यह नियतिवाद उसे असहाय नहीं बनाता। उसकी दृष्टि में उसके सारे कष्ट ज़िन्दगी के खेल में अलग-अलग अध्याय (episode) हैं। वह हताश नहीं होता। वह कहता है :

> तुम जीते, मैं हारा। यह बाज़ी तुम्हारे हाथ रही, मुझसे खेलते नहीं बना। तुम मँजे हुए खिलाड़ी हो, यहाँ दम होना चाहिए, खिलाड़ियों को मिलाकर

> खेलते हो और तुम्हारा उत्साह भी ख़ूब है। हमारा दम उखड़ जाता है, हाँफने लगते हैं, और खिलाड़ियों को मिलाकर नहीं खेलते, आपस में झगड़ते हैं, गाली-गलौज, मार-पीट करते हैं, कोई किसी की नहीं मानता। तुम खेलने में निपुण हो, हम अनाड़ी हैं। बस, इतना ही फ़रक़ है। तालियाँ क्यों बजाते हो, यह तो जीतने वालों का धरम नहीं? तुम्हारा धरम तो है हमारी पीठ ठोंकना। हम हारे तो क्या, मैदान से भागे तो नहीं, रोये तो नहीं, धाँधली तो नहीं की। फिर खेलेंगे, ज़रा दम ले लेने दो, हार-हारकर तुम्हीं से खेलना सीखेंगे, और एक-न-एक दिन हमारी जीत होगी, ज़रूर होगी। ('रंगभूमि', पृ. 468)

कभी-कभी वह निरुत्साहित और निराशावादी ज़रूर हो जाता है। पर फ़ौरन ही वह ख़ुद को फटकारता है :

> वाह! मैं तो खेल में रोता हूँ। कितनी बुरी बात है! लड़के भी खेल में रोना बुरा समझते हैं, रोने वाले को चिढ़ाते हैं और मैं खेल में रोता हूँ! सच्चे खिलाड़ी कभी रोते नहीं, बाज़ी-पर-बाज़ी हारते हैं, चोट-पर-चोट खाते हैं, धक्के-पर-धक्के सहते हैं; पर मैदान में डटे रहते हैं, उनकी त्योरियों पर बल नहीं पड़ते। हिम्मत उनका साथ नहीं छोड़ती, दिल पर मालिन्य के छींटे भी नहीं आते, न किसी से जलते हैं, न चिढ़ते हैं। खेल में रोना कैसा? खेल हँसने के लिए, दिल बहलाने के लिए है, रोने के लिए नहीं। ('रंगभूमि', पृ. 118)

सूरदास की मृत्यु पर लेखक की टिप्पणी से साफ़ ज़ाहिर है कि वे नायक के चरित्र के इसी पक्ष को रेखांकित करना चाहते थे : हार और दुख में प्रसन्नचित्त रहने की क्षमता—यह क्षमता उन्हीं लोगों में होती है जो जानते हैं कि आत्मा अनश्वर है और सच शाश्वत है। इस पूरी चर्चा को समाप्त करते हुए 'रंगभूमि' के 46वें अध्याय से निम्नलिखित गद्यांश उद्धृत करना उपयुक्त होगा :

> सूरदास मुँह से कुछ नहीं बोला, दोनों हाथ जोड़े, आँसू की दो बूँदें गालों पर बह आईं और खिलाड़ी मैदान से चला गया।
>
> क्षण-मात्र में चारों तरफ़ ख़बर फैल गई। छोटे-बड़े, अमीर-ग़रीब, स्त्री-पुरुष, बूढ़े-जवान हज़ारों की संख्या में निकल पड़े। सब नंगे सिर, नंगे पैर, गले में अँगोछियाँ डाले शफ़ाख़ाने के मैदान में एकत्र हुए। स्त्रियाँ मुँह ढाँपे खड़ीं विलाप कर रही थीं, मानो अपने घर का कोई प्राणी मर गया हो! जिसका कोई नहीं होता, उसके सब होते हैं। सारा शहर उमड़ा चला आता था। सब-के-सब इस खिलाड़ी को एक आँख देखना चाहते

> थे, जिसकी हार में भी जीत का गौरव था। कोई कहता था—सिद्ध था, कोई कहता था—वली था, कोई देवता कहता था; पर वह यथार्थ में खिलाड़ी था—वह खिलाड़ी, जिसके माथे पर कभी मैल नहीं आया, जिसने कभी हिम्मत नहीं हारी, जिसने कभी क़दम पीछे नहीं हटाए, जीता तो प्रसन्नचित्त रहा, हारा तो प्रसन्नचित्त रहा। हारा तो जीतने वाले से कीना नहीं रखा, जीता तो हारने वाले पर तालियाँ नहीं बजाईं, जिसने खेल में सदैव नीति का पालन किया, कभी धाँधली नहीं की, कभी द्वंद्वी पर छिपकर चोट नहीं की। भिखारी था, अपंग था, अंधा था, दीन था, कभी भरपेट दाना नहीं नसीब हुआ, कभी तन पर वस्त्र पहनने को नहीं मिला; पर हृदय धैर्य और क्षमा, सत्य और साहस का अगाध भंडार था। देह पर मांस न था, पर हृदय में विनय, शील और सहानुभूति भरी हुई थी। ('रंगभूमि', पृ. 491)

एक 'उत्तम पुरुष' या 'मुकम्मल इनसान' की जो परिकल्पना कोई कर सकता है, यह उसके सबसे नज़दीक पड़ता है। फिर भी यह लगभग या आसपास ही होगा क्योंकि मनुष्य प्रकृति से ही अधूरा है और सूरदास भी इस नियम का अपवाद नहीं है :

> हाँ—वह साधु न था, महात्मा न था, देवता न था, फ़रिश्ता न था; एक क्षुद्र, शक्तिहीन प्राणी था, चिन्ताओं और बाधाओं से घिरा हुआ, जिसमें अवगुण भी थे, और गुण भी। गुण कम थे, अवगुण बहुत। क्रोध, लोभ, मोह, अंधकार ये सभी दुर्गुण उसके चरित्र में भरे हुए थे, गुण केवल एक था। किन्तु ये सभी दुर्गुण उस एक गुण के संपर्क से, नमक की खान में जाकर नमक हो जानेवाली वस्तुओं की भाँति, देवगुणों का रूप धारण कर लेते थे—क्रोध सत्क्रोध हो जाता था, लोभ सदनुराग, मोह सदुत्साह के रूप में प्रकट होता था और अहंकार आत्माभिमान के वेश में। और गुण क्या था? न्याय-प्रेम, सत्य-भक्ति, परोपकार, दर्द या उसका जो नाम चाहे रख लीजिए। अन्याय देखकर उससे न रहा जाता था, अनीति उसके लिए असह्य थी। ('रंगभूमि', पृ. 469-70)

छठा अध्याय

प्रमुख उपन्यास : 'कायाकल्प' से 'गोदान'

इस अध्याय में मैं चार उपन्यासों पर चर्चा करूँगा; एक बार फिर प्रकाशन काल के क्रमानुसार : 'कायाकल्प', 'ग़बन', 'कर्मभूमि', 'गोदान'। और प्रेमचन्द के आख़िरी उपन्यास 'मंगलसूत्र' की चर्चा आख़िरी अध्याय में की जाएगी क्योंकि, अगर लेखक जीवित रहता तो निश्चय ही वह एक प्रमुख रचना का रूप लेता, पर दरअसल उसके मात्र सत्तर पन्ने ही लिखे जा सके थे।

कायाकल्प

'कायाकल्प' 1924-25 में लिखा गया और सरस्वती प्रेस द्वारा 1926 में प्रकाशित हुआ। इसका उर्दू रूपान्तरण 'पर्दा-ए-मजाज़' के नाम से 1932 में लाहौर के लाजपत राय एंड संस द्वारा प्रकाशित हुआ। इस उपन्यास के साहित्यिक स्तर में निश्चित गिरावट दिखती है। सम्भवतः छः साल में युद्ध स्तर पर एक के बाद एक तीन महान उपन्यासों की सफल रचना के बाद लेखक की रचनात्मकता को किंचित् आराम की ज़रूरत थी। मूलरूप से प्रेमचन्द ने 'कायाकल्प' के लिए तीन शीर्षक सोचे थे। वे थे—'असाध्य साधना', 'आर्तनाद' और 'माया स्वप्न'। अन्ततः चुना गया शीर्षक 'कायाकल्प' निश्चय ही बाक़ी तीनों शीर्षकों की अपेक्षा अधिक उपयुक्त है।

उपन्यास दो मुख्य विषयवस्तुओं के इर्द-गिर्द बुना गया है : धार्मिक कट्टरता, ख़ास कर जैसी हिन्दू-मुस्लिम संघर्षों में परिलक्षित होती है और पुनर्जन्म में विश्वास। इन दोनों विषयों में कुछ भी समानता नहीं है इसलिए उपन्यास की कोई व्यवस्थित संरचना नहीं है। फिर भी प्रेमचन्द को समझने के लिए 'कायाकल्प' का अपना महत्त्व है। एक तो इस उपन्यास में हम कुछ ऐसा देखते हैं जो उनके उपन्यासों में बिरले ही दिखता है। जीवन के एक ऐसे पहलू में गम्भीर दिलचस्पी जिसका कोई सांसारिक आयाम नहीं है और दूसरे, कायाकल्प में भविष्य की कुछ ऐसी घटनाओं और प्रवृत्तियों को लेकर सटीक पूर्वानुमान किया गया है जिनकी काली छाया ने दो

दशक बाद समूचे भारतवर्ष को ढक लिया था; और वह भी, सदियों से साथ-साथ रहते दो समुदायों का उत्तरोत्तर बढ़ता अलगाव और विदेशी शासकों द्वारा प्रयुक्त वे तरीक़े—कभी फूहड़, पर अधिकतर बारीक जिन्होंने इस अलगाव को बढ़ावा दिया। उपन्यास में प्रेमचन्द के व्यक्तित्व का एक ऐसा पहलू भी अनावृत्त होता है जो शायद ही किसी अन्य रचना में हुआ हो—पुनर्जन्म और नया रूप धारण करके इस संसार में आने की अवधारणा में उनकी दिलचस्पी। शायद यह थियोसॉफ़ी का प्रभाव था। जहाँ तक ईश्वर की अवधारणा का सवाल है, प्रेमचन्द नास्तिक थे और आम तौर पर धर्म से सम्बन्धित प्रश्नों को लेकर भी उन्हें संशय ही रहता था, पर ऐसा प्रतीत होता है कि नियति की अवधारणा के प्रति प्रेमचन्द के मन में दबा-छुपा आकर्षण अवश्य था।

जगदीशपुर की रानी देवप्रिया एक विधवा थीं। लेकिन स्वभाव से वे इतनी कामुक थीं कि हमेशा युवकों से घिरी रहतीं, जो प्रायः उनके प्रेमी भी होते थे। वे विवश थीं। अपनी इच्छाओं को क़ाबू में रखना उनके वश में नहीं था। उन्हें अपने शरीर से बड़ा प्यार था और वे उसे अधिकाधिक आकर्षक और कमनीय बनाना चाहती थीं। देवप्रिया ने ऐसे लोगों के बारे में किंवदन्तियाँ सुन रखी थीं जिनके पास विलक्षण ताक़तें होती हैं और उन्हें उम्मीद थी कि एक दिन उन्हें भी ऐसे ही किसी व्यक्ति से अक्षत यौवन का रहस्य मिल जाएगा। और एक दिन, अचानक उनकी उम्मीद फलीभूत हुई। हर्षपुर की एक विशाल जागीर के मालिक महेन्द्र विक्रम रानी के पास आए और बोले कि वे पूर्वजन्म में रानी के पति थे। वे रानी को फिर से युवा बना देंगे ताकि दोनों वैवाहिक जीवन का आनन्द ले सकें। महेन्द्र विक्रम ने यूरोप और हिमालय की ऊँची चोटियों में कई साल विचरण किया था। वे पश्चिम (ख़ास कर जर्मनी) और पूरब के कई ज्ञानी लोगों से मिले भी थे। तिब्बत के कुछ रहस्यमय निपुण लोगों से उन्होंने शाश्वत यौवन का रहस्य भी पता लगा लिया था। उन्होंने यह भी कहा कि उनके पास कुछ अलौकिक शक्तियाँ हैं और वे जीवन और मृत्यु के सारे रहस्य जानते हैं।

रानी देवप्रिया को ऐसा लगा मानो महेन्द्र विक्रम के रूप में उनकी सारी प्रार्थनाएँ साकार हो गई हों। वे अपना राज-पाट अपने देवर विशाल सिंह की देख-रेख में छोड़कर महेन्द्र विक्रम के साथ चली गईं। महेन्द्र विक्रम की कोशिशों के फलस्वरूप सचमुच रानी ने अपना यौवन वापस पा लिया। एक यात्रा के दौरान महेन्द्र विक्रम मारे गए। जगदीशपुर वापस लौटने की देवप्रिया की कोई इच्छा न थी। वे हर्षपुर चली गईं और महेन्द्र विक्रम की जायदाद की देखभाल करने लगीं।

विशाल सिंह प्रगतिशील विचारों के थे। जगदीशपुर के लोगों का जीवन-स्तर सुधारने के लिए उन्होंने बहुत-से अच्छे काम किये थे। सामन्ती ज़मींदारों की दमनकारी नीतियों का वे हमेशा विरोध करते थे। लेकिन जब जागीर उनके हाथ आ गई तो

उनकी मनोदशा बदलने लगी। वे अपना राज्याभिषेक करवाना चाहते थे और इसके पूरे आयोजन और जश्न पर पाँच लाख रुपये ख़र्च करने को तैयार थे। इसका अर्थ था लोगों पर नये कर थोपना। जगदीशपुर का तहसीलदार था वज्रधर, जो बड़ा ही चालाक और बेरहम था। उसने विशाल सिंह को नये तौर-तरीक़े अपनाने में ख़ूब प्रोत्साहित किया। उसने कहा कि लोग तो हमेशा ही यह नाटक करते हैं कि वे टैक्स नहीं दे सकते; लेकिन उनसे पैसे निकलवाने के कई तरीक़े हैं।

वज्रधर का बेटा चक्रधर बड़े उदात्त विचारों वाला था। अपने पिता की खीज के बावजूद उसने सरकारी नौकरी करने से मना कर दिया और अपनी पढ़ाई जारी रखी। एम.ए. की डिग्री लेने के बाद वह समाज-सेवा करने लगा। उसने जगदीशपुर के प्रधानमंत्री की बेटी मनोरमा को उसके घर पर पढ़ाने का काम स्वीकार कर लिया। दोनों में एक-दूसरे के प्रति लगाव पनपा। वज्रधर ने भी अपने बेटे के प्रभाव के बल पर राजा का विश्वास जीतने में ज़रा भी समय बरबाद नहीं किया। अब पिता और पुत्र विपरीत खेमे में खड़े थे। हालाँकि दोनों ही जुड़े जागीर से ही थे। चक्रधर राजा की शाहख़र्ची और अत्याचार का विरोध करता था। विशाल सिंह उस पर विद्रोह भड़काने का आरोप लगाते थे यद्यपि चक्रधर ने कभी भी हिंसा की वकालत नहीं की थी। वह तो सिर्फ़ इतना चाहता था कि करों को एक तर्कसंगत स्तर तक ले आया जाए। ताक़त और धन-सम्पत्ति ने विशाल सिंह को इस सीमा तक भ्रष्ट कर दिया था कि उन्होंने घोषणा कर दी, "मेरी प्रजा मेरे पैरों की धूल के बराबर है। मैं जैसा चाहूँगा वैसा बर्ताव उसके साथ करूँगा। किसी को हस्तक्षेप करने का कोई अधिकार नहीं है।"

इससे पहले कि जगदीशपुर में स्थितियाँ जटिल होतीं, चक्रधर आगरा में एक अप्रत्याशित घटना में उलझ गया, जहाँ वह क़रीबी पारिवारिक मित्र यशोदानन्दन से मिलने गया था। यशोदानन्दन ने एक लड़की गोद ली थी जो गाँव के मेले में खो गई थी। अहल्या नाम की यह लड़की अब बड़ी हो गई थी। चक्रधर उसके प्रति आकर्षित था। दोनों एक-दूसरे के साथ काफ़ी रहे और एक-दूसरे से प्यार करने लगे। इसी बीच आगरा में हिन्दू-मुस्लिम दंगे हो गए। हिन्दुओं का आरोप था कि एक पवित्र स्थान पर गोवध किया गया है—जो कि वर्जित है। मुसलमानों की शिकायत थी कि गोवध तो महज़ एक बहाना है जिसे हिन्दू इस्तेमाल कर रहे हैं हम पर हमला करने और हमारा जीना दूभर करने के लिए। इन दंगों ने अरसे से सुलग रहे अविश्वास और बैर के शोलों को हवा दे दी। इस सबके लिए काफ़ी हद तक ज़िम्मेदार थीं अंग्रेज़ों की कूटनीति-भरी चालें जिसके तहत वे इन दो समुदायों के बीच हर सम्भव तनाव को बढ़ावा देते थे। परिवारों के बीच पुश्तों से चली आ रही दोस्ती, दुश्मनी में बदल गई। यशोदानन्दन के सबसे अज़ीज़ मित्र थे ख़्वाजा महमूद नाम के एक मुस्लिम सज्जन। मुहल्ले के सभी लोग इन दोनों को अभिन्न

मित्र मानते थे। अब ये ही दोनों एक-दूसरे पर शक करने लगे। चक्रधर ने अपना सारा समय आगरा में हिन्दुओं और मुसलमानों को शान्त करने और उनके बीच सौहार्द स्थापित करने में लगा दिया। उसने दंगा-पीड़ितों की सहायता के लिए एक सेवा समिति गठित की। एक अवसर पर चक्रधर के हस्तक्षेप से हिंसा टल गई। अहल्या ने उसके काम में बड़ी मदद की। वह अहल्या से विवाह करना चाहता था पर अहल्या के परिवार का कुछ अता-पता न होने के कारण, चक्रधर के पिता ने इस विवाह को अस्वीकार कर दिया।

जगदीशपुर लौटने पर चक्रधर एक दूसरे ही क़िस्म के तनाव से रू-ब-रू हुआ। जिस समय आगरा में धर्म के नाम पर लोग आपस में लड़ रहे थे, उस समय जगदीशपुर में विशाल सिंह के अत्याचार से लोगों में भयंकर निराशा घर कर रही थी। छोटी जाति के कुछ लोग तो विद्रोह पर उतर आए थे। मोचियों और चर्मकारों ने काम बन्द कर दिया था। पहले जो लोग बग़ैर कोई विरोध किये चुपचाप बेगार कर देते थे, अब साफ़ इनकार करने लगे थे। चक्रधर ने जनता का भरपूर साथ दिया। एक दिन क्रुद्ध भीड़ को तितर-बितर करने के लिए पुलिस बुलाई गई जिसमें चक्रधर घायल हो गया। वह अहिंसा की पैरवी करता रहा और असलियत में विशाल सिंह और एक अंग्रेज़ मजिस्ट्रेट को भीड़ के ग़ुस्से का शिकार होने से भी उसी ने बचाया। कृतज्ञ होने की बजाय विशाल सिंह ने उसे गिरफ़्तार करवा दिया और मजिस्ट्रेट ने उसे जेल भेज दिया। जेल के अन्दर भी चक्रधर ने उन क़ैदियों को शान्त करने की कोशिश की जो पुलिस अफ़सरों पर हमला कर रहे थे। ये क़ैदी जेल की उन अमानवीय स्थितियों का विरोध कर रहे थे जिनमें उन्हें रखा जाता था। जब अधिकारियों ने उन्हें दबाने की कोशिश की तो क़ैदियों ने उन पर हमला कर दिया। चक्रधर ने अधिकारियों को बचा लिया पर एक बार फिर उसे बदले में कृतघ्नता ही मिली। पुलिस के अधिकारियों ने उस पर क़ैदियों को भड़काने के आरोप मढ़ दिये। विशाल सिंह ने भी चक्रधर से यह लिखित आश्वासन माँगा कि वह जगदीशपुर छोड़कर चला जाएगा। चक्रधर ने मना कर दिया। ख़ैर, जब उसके ख़िलाफ़ यह मामला अदालत में पहुँचा तो उसे छोड़ दिया गया। साफ़ ज़ाहिर था कि उस पर लगे सभी आरोप झूठे थे। चक्रधर अब जनता का नायक बन चुका था। उसने निश्चय किया कि वह अपना सारा समय छोटे-छोटे गाँवों के उत्थान में लगा देगा। मनोरमा, जो अब भी उसके प्रति बेतरह आकर्षित थी, ने भी साथ चलने का प्रस्ताव रखा पर चक्रधर राज़ी न हुआ। मनोरमा ने उसकी ग्रामीण परियोजनाओं के लिए रुपये-पैसे से सहायता की।

आगरा में फिर साम्प्रदायिक दंगे और तनाव शुरू हो गए थे। यह सुनकर चक्रधर फिर से वहाँ गया। यशोदानन्दन की हत्या कर दी गई थी और अहल्या को कुछ कट्टर मुसलमानों ने अगवा कर लिया था। पता चला कि अगवा करनेवाला

यशोदानन्दन के अभिन्न मित्र ख़्वाजा महमूद का बेटा था। जब उसने अहल्या की इज़्ज़त लूटने की कोशिश की तो अहल्या ने उस पर वार किया जिससे उसकी मृत्यु हो गई। ख़्वाजा महमूद ने अपने बेटे की बहुत भर्त्सना की और कहा कि ऐसे नीच बेटे की मृत्यु पर वे आँसू नहीं बहाएँगे। उन्हें अहसास हुआ कि धर्मान्ध व्यक्ति कितना अमानवीय और अतार्किक होता है—चाहे वह हिन्दू हो या मुसलमान। ख़्वाजा महमूद अब एक पक्के राष्ट्रवादी बन गए थे। उन्होंने साम्प्रदायिक एकता बढ़ाने का काम शुरू कर दिया और कोशिश की कि दंगों के पीछे विदेशी शासकों के होने को सबके सामने ला सकें। अपने पिता के विरोध के बावजूद चक्रधर ने अहल्या से विवाह कर लिया और जगदीशपुर वापस आ गया। वज्रधर ने अहल्या को अपनी पुत्रवधू मानने से इनकार कर दिया। उसकी दृष्टि में वह मुस्लिम दंगाइयों द्वारा अगवा की जा चुकी थी और इसलिए अपवित्र थी, भले ही उसने अपने अपहर्ता को मार डाला हो। चक्रधर और अहल्या इलाहाबाद चले गए और वहाँ एक सादा जीवन व्यतीत करने लगे। उनका एक बेटा हुआ जिसका नाम उन्होंने शंखधर रखा।

चक्रधर और अहल्या के विवाह से मनोरमा की सारी उम्मीदें टूट गई थीं लिहाज़ा उसने विशाल सिंह की पत्नी बनना स्वीकार कर लिया। यह विशाल सिंह का पहला विवाह नहीं था। इसके पहले उनकी तीन शादियाँ हो चुकी थीं, पर केवल एक ही पत्नी को सन्तान हुई थी और वह भी एक मेले में खो गई थी। इसलिए विशाल सिंह को मनोरमा के सामने विवाह का प्रस्ताव रखने में कुछ भी अनुचित नहीं लगा। विवाह के थोड़े समय बाद ही मनोरमा बीमार पड़ गई। उसकी बीमारी के दौरान विशाल सिंह ने चक्रधर और अहल्या को मदद के लिए बुलवाया। विशाल सिंह के हाथों बहुत कुछ सहने के बावजूद चक्रधर ने उनका अनुरोध स्वीकार कर लिया क्योंकि वह एक भला और क्षमाशील इनसान था। उसे यह देखकर बड़ी ख़ुशी हुई कि एक-दूसरे को प्रतिद्वंद्वी मानने की बजाय मनोरमा और अहल्या आपस में मित्र बन गई हैं। मनोरमा का बालक शंखधर पर भी बड़ा स्नेह था और शंखधर भी अपनी माँ से ज़्यादा मनोरमा को प्यार करता था।

चक्रधर अब जगदीशपुर का अत्यन्त प्रभावशाली व्यक्ति हो गया था। कुछ समय के लिए ऐसा लगा कि अधिकार और सम्पन्नता उसका विवेक भ्रष्ट कर देंगे। एक बार उसने एक गाँव वाले को किसी छोटी-सी ग़लती पर बहुत मारा। उस गाँव वाले का भाई चक्रधर के साथ जेल में था जब चक्रधर सामन्ती तानाशाही के ख़िलाफ़ जनसंघर्ष का नेतृत्व कर रहा था और उसने चक्रधर को इस बात के लिए ख़ूब खरी-खोटी सुनाई कि बड़ा आदमी बन जाने के बाद चक्रधर का तो पूरा व्यवहार ही बदल गया है। चक्रधर ने अपने व्यवहार के लिए माफ़ी माँगी। उसका सोया विवेक जाग उठा और अब वह अपने अधिकारों का इस्तेमाल मानवीय और न्यायसंगत ढंग से करने लगा।

अचानक एक रहस्योद्घाटन ने पूरी स्थिति को ही बदलकर रख दिया। पता चला कि यशोदानन्दन की दत्तक पुत्री अहल्या और कोई नहीं, विशाल सिंह की वही सन्तान है जो बीस साल पहले खो गई थी। अब अहल्या का बेटा शंखधर स्वतः ही सारी जायदाद का वारिस बन गया। इस नई घटना से शंखधर की माँ के तो मानो पाँव ही ज़मीन पर नहीं पड़ रहे थे। उसे अब वह सारा ऐशो-आराम मिल रहा था जिसकी उसने यशोदानन्दन के मामूली से घर में रहते हुए स्वप्न में भी कल्पना न की थी। और अब जब कि उसका बेटा इतनी बड़ी जागीर का उत्तराधिकारी बन गया था तो भविष्य में और भी अधिक शानो-शौकत की उम्मीद की जा सकती थी। उसे अब चक्रधर में कोई दिलचस्पी न रही और वह पूरी तरह से ऐशो-आराम में डूब गई। चक्रधर अपने घर के इस बदले हुए माहौल में घुटन महसूस करने लगा था और एक रात वह चुपके से निकल गया। शंखधर अपने पिता की खोज में निकल पड़ा। उसकी खोज सफल हुई। हालाँकि उसने अपने पिता का पता-ठिकाना मालूम कर लिया था पर उनसे मिला नहीं था। उसने पिता के ठिकाने का पूरा विवरण अपनी माँ को लिख भेजा। पर अचानक अहल्या बीमार पड़ गई। हालाँकि उसे अपने व्यवहार पर पछतावा था, फिर भी वह अपने पति से मिल नहीं पाई। अपने ऐशो-आराम भरे निरर्थक जीवन पर उसे बड़ी ग्लानि हुई और वह वापस यशोदानन्दन के घर चली गई। उसकी बीमारी की ख़बर सुनकर शंखधर उससे मिलने आगरा के लिए निकल पड़ा।

रास्ते में अचानक उसे हर्षपुर उतरने की तीव्र इच्छा हुई। वह पहले कभी वहाँ गया नहीं था फिर भी उसे हर्षपुर जाना-पहचाना लगा। अनायास ही वह महल की ओर चल पड़ा जहाँ उसकी मुलाक़ात रानी साहिबा से हुई जिन्हें सब रानी कमला कहकर सम्बोधित करते थे। शंखधर को सहसा याद आया कि कमला और कोई नहीं, देवप्रिया है और वह पूर्वजन्म में उसका पति था। दोनों ने अपने-अपने पूर्वजन्म की घटनाओं को याद किया और इस तरह मिल जाने पर दोनों बहुत आनन्दित हुए। दोनों ने विवाह करने का निश्चय किया पर तभी शंखधर अचेत हो गया। जब उसे होश आया तो उसे अहसास हुआ कि उसका अन्त अब निकट है। मरने के पहले उसने कमला को आश्वासन दिया कि वह अगले जन्म में उससे अवश्य मिलेगा और दैहिक आकर्षण के बन्धन से मुक्त हो चुका उनका प्यार तब जीवन को अलौकिक आनन्द से भर देगा।

कमला एक बार फिर देवप्रिया बन गई और उसने लम्बे समय तक बुद्धिमत्ता और नेकी के साथ अपनी प्रजा पर राज किया। वह 'तपस्विनी रानी' के नाम से प्रसिद्ध हुई।

प्रेमचन्द के सबसे बड़े प्रशंसक भी परालौकिक संसार में उनके इस विचरण को

कायाकल्प की विशेषता मानेंगे; इसमें मुझे सन्देह है। जर्मनी और तिब्बत में महेन्द्र विक्रम के साहसिक कारनामों के अजीबोग़रीब क़िस्से, वह जादुई दवा जिसकी एक ही ख़ुराक से देवप्रिया के गालों में यौवन की चमक आ गई, और रहस्य विज्ञान के कुछ दूसरे उदाहरण जो हमें इस उपन्यास में मिलते हैं, सिर्फ़ इसी नाते दिलचस्प कहे जा सकते हैं क्योंकि वे प्रेमचन्द के व्यक्तित्व के एक अप्रत्याशित पहलू को उजागर करते हैं। 'कायाकल्प' को याद किया जाएगा विशेष कर इसलिए क्योंकि उसमें आधुनिक भारत की सबसे पीड़ादायक और गम्भीर बीमारी की इतनी सटीक पहचान और उसके भविष्य पर इतनी स्पष्ट टिप्पणी की है कि आश्चर्य होता है—और वह है हिन्दू-मुस्लिम संघर्ष। 'कायाकल्प' के पात्रों ने जिन मुद्दों पर चर्चा की है, उनमें से कुछ, आधी सदी बीत जाने के बाद, आज भी जीवित हैं। यहाँ तक कि जिस समय मैं यह लिख रहा हूँ (सितम्बर, 1979), उस समय भी उन दो मुद्दों पर हिन्दू-मुस्लिम संघर्ष के समाचार आ रहे हैं, जो 'कायाकल्प' में उठाए गए थे—गोवध के अधिकार पर मुस्लिमों का आग्रह और कुछ हिन्दू संगठनों द्वारा अहिन्दुओं का धर्मान्तरण। इन मुद्दों को प्रेमचन्द ने इतने कौशल के साथ और प्रभावशाली ढंग से प्रस्तुत किया है कि मैं 'कायाकल्प' के एक ख़ास घटनाक्रम की पुनर्रचना करूँगा, साथ ही चक्रधर, यशोदानन्द और ख़्वाजा महमूद के कुछ संवाद भी उद्धृत करूँगा।

मुसलमानों में बड़ी उत्तेजना है। पंजाब के एक मौलवी ने एक भड़काऊ भाषण दिया है जिसमें सभी मुसलमानों को अपने हक़ के लिए लड़ने के लिए उकसाया गया है। आगरा के इस मोहल्ले में हिन्दू और मुसलमान अब तक शान्तिपूर्वक रहते आए हैं। लेकिन अब हालात बदल गए हैं। मुसलमानों को कई शिकायतें हैं और वे अपना ग़ुस्सा एक ऐसी जगह गोवध करके प्रकट करना चाहते हैं जहाँ पुरानी परम्परा के अनुसार उन्होंने पहले कभी नहीं किया। हिन्दुओं में सम्मानित और लोकप्रिय यशोदानन्दन को सूचना दी गई है कि उनके परम प्रिय मित्र ख़्वाजा महमूद एक प्रतिनिधि-मंडल के साथ मजिस्ट्रेट के पास गए हैं—उस स्थान-विशेष पर गोवध करने की आज्ञा लेने। मुसलमानों ने लाठियों से लैस कई हट्टे-कट्टे नौजवानों को भी अधिकारों की रक्षा के इस संघर्ष में सहायता देने के लिए तैयार कर लिया है। ख़्वाजा महमूद के घर के सामने एक विशाल भीड़ इकट्ठा हो गई है। अपने अतिथि चक्रधर के साथ यशोदानन्दन आए हैं अपने मित्र को समझाने-बुझाने।

ख़्वाजा साहब घर के बाहर आते हैं। वे खद्दर की अचकन पहने हुए हैं और चुपचाप अपने मित्र के सम्मुख खड़े हो जाते हैं—तहज़ीब और परिष्कार का मूर्तिमान रूप। यशोदानन्दन उनसे उद्विग्न होकर पूछते हैं, "ख़्वाजा साहब, क्या आपने शहर के इस इलाके में कभी गोहत्या देखी है?"

महमूद : "जी नहीं। जहाँ तक मेरा ख़याल है, यहाँ कभी क़ुरबानी नहीं हुई।"

यशोदानन्दन : "तो फिर आज आप यहाँ क़ुरबानी करने की नई रस्म क्यों निकाल रहे हैं?"

महमूद : "इसलिए कि क़ुरबानी करना हमारा हक़ है। अब तक हम आपके जज़्बात का लिहाज़ करते थे, अपने माने हुए हक़ भूल गए थे। लेकिन जब आप लोग अपने हक़ों के सामने हमारे जज़्बात की परवाह नहीं करते, तो कोई वजह नहीं कि हम अपने हक़ों के सामने आपके जज़्बात की परवाह करें। मुसलमानों की शुद्धि करने का आपको पूरा हक़ हासिल है। लेकिन कम-से-कम पाँच सौ बरसों में आपके यहाँ शुद्धि की कोई मिसाल नहीं मिलती। आप लोगों ने एक मुर्दा हक़ को ज़िन्दा किया है, इसीलिए न कि मुसलमानों की ताक़त और असर कम हो जाए। जब आप हमें ज़ेर करने के लिए नये-नये हथियार निकाल रहे हैं तो हमारे लिए इसके सिवा और क्या चारा है कि अपने हथियारों को दूनी ताक़त से चलाएँ!"

यशोदानन्दन : "इसके यह मानी है कि कल आप हमारे द्वारों पर, हमारे मन्दिरों के सामने क़ुरबानी करें और हम चुपचाप देखा करें? आप यहाँ हरगिज़ क़ुरबानी नहीं कर सकते और करेंगे तो इसकी ज़िम्मेदारी आपके सिर होगी।" ('कायाकल्प', पृ. 28)

यह एक बड़ा सटीक उदाहरण है उन स्थितियों का जब बहस के अधूरे सच कहे और सुने जाते हैं और नतीजा होता है घोर अनर्थ। ख़्वाजा महमूद और यशोदानन्दन, दोनों ही अपने-अपने समुदायों में लौट जाते हैं, ग़ुस्से से भरे हुए, और परिणाम का अनुमान दोनों को ही है। मुसलमान जेहाद का झंडा ऊँचा करते हैं और नारा लगाते हैं, 'इस्लाम ख़तरे में है।' हिन्दू पलटवार करते हैं, 'हम गाय छुड़ाकर ले जाएँगे', 'हम उनकी गर्दनें काट देंगे', 'जो भी पीछे हटा, उसके सिर गोहत्या का पाप लगेगा।' माहौल में 'जय महावीर' और 'जय रामचन्द्र' के उद्घोष गूँज रहे हैं। चक्रधर हिन्दुओं को शान्त करने की कोशिश करता है। 'क्या अहिंसा का सिद्धान्त केवल गायों पर ही लागू होता है? क्या वह मनुष्यों पर लागू नहीं होता?' लेकिन कोई उसकी बात सुनने के लिए तैयार नहीं है। एक युवक चिल्लाता है, 'जब समय हो हथियार उठाने का तो सोचने और बहस करने में वक़्त बरबाद नहीं करना चाहिए।' कोई पत्थर फेंकता है जो चक्रधर के सिर पर लगता है और उसके चेहरे पर ख़ून की धारें बहने लगती हैं। यशोदानन्दन इस कायरतापूर्ण आक्रमण की निन्दा करता है। तभी एक आवाज़ आती है, "धर्म के साथ विश्वासघात करनेवाले को मारना अधर्म नहीं है।" धीरे-धीरे तनाव कम होता है और हिन्दू तितर-बितर हो जाते हैं।

चक्रधर अब मुसलमानों के पास जाता है, जिनमें से कुछ दंभ के साथ कह रहे हैं, "भाग गए हमारे दुश्मन।" वे सभी चक्रधर को शक की निगाह से देख रहे हैं। चक्रधर कहता है, "मैं तुम्हारी धार्मिक परम्पराओं में हस्तक्षेप करने की कोशिश नहीं कर रहा हूँ, पर क्या इसी जगह गोवध करना ज़रूरी है?"

एक आदमी : "हमारी ख़ुशी है, जहाँ चाहेंगे, क़ुरबानी करेंगे, तुमसे मतलब?"

चक्रधर : “बेशक, मुझे बोलने का कोई हक नहीं है; लेकिन इस्लाम की जो इज़्ज़त मेरे दिल में है, वह मुझे बोलने के लिए मजबूर कर रही है। इस्लाम ने कभी दूसरे मज़हब वालों की दिलजारी नहीं की। उसने हमेशा दूसरों के जज़्बात का एहतराम किया है। बगदाद और रोम, स्पेन और मिस्त्र की तारीख़ें उस मज़हबी आज़ादी की शाहिद हैं, जो इस्लाम ने उन्हें अदा की थीं। अगर आप हिन्दू जज़्बात का लिहाज़ करके किसी दूसरी जगह क़ुरबानी करें तो यक़ीनन इस्लाम के वकार में फ़र्क़ न आएगा!”

एक मौलवी ने ज़ोर देकर कहा : “ऐसी मीठी-मीठी बातें हमने बहुत सुनी हैं। क़ुरबानी यहीं होगी। जब दूसरे हमारे ऊपर जब्र करते हैं, तो हम उनके जज़्बात का क्यों लिहाज़ करें?”

ख़्वाजा महमूद बड़े ग़ौर से चक्रधर की बातें सुन रहे थे। मौलवी साहब की उद्दंडता पर चिढ़कर बोले, “क्या शरीयत का हुक्म है कि क़ुरबानी यहीं हो? किसी दूसरी जगह नहीं की जा सकती?”

मौलवी साहब ने ख़्वाजा महमूद की तरफ़ अविश्वास की दृष्टि से देखकर कहा, “मज़हब के मामले में उलमा के सिवा और किसी को दख़ल देने का मजाज़ नहीं है।”

ख़्वाजा : “बुरा न मानिएगा, मौलवी साहब। अगर दस सिपाही यहाँ आकर खड़े हो जाएँ, तो बगलें झाँकने लगिएगा।”

मौलवी : “किसकी मजाल है कि हमारे दीनो-उमूर में मजाहमत करे?”

ख़्वाजा : “आपको तो अपने हलवे-माँडे से काम है, ज़िम्मेदारी तो हमारे ऊपर आएगी, दुकानें तो हमारी लुटेंगी, आपके पास फटे बोरिए और फूटे बँधने के सिवा और क्या रखा है? जब वे लोग मसलहत देखकर किनारा कर गए तो हमें भी अपने ज़िद से बाज आ जाना चाहिए। आप क्या समझते हैं कि वे लोग आपसे डरकर भागे? हमारे दुगुने आदमी अगर चढ़ आते, तो सँभालना मुश्किल हो जाता।”

मौलवी : “जनाब, जिहाद करना कोई ख़ालाजी का घर नहीं। आप दुनिया के बन्दे हैं, दीन हक़ीक़त क्या समझें?”

ख़्वाजा : “बजा है, आपकी शहादत तो कहीं नहीं गई है। ज़िल्लत तो हमारी है।”

मौलवी : “भाइयो, आप लोग ख़्वाजा साहब की ज़्यादती देख रहे हैं। आप ही फ़ैसला कीजिए कि दीन मामलात में उलमा का फ़ैसला वाजिब है या उमरा का?”

एक मोटे-ताज़े दढ़ियल आदमी ने कहा, “आप बिस्मिल्लाह कीजिए। उमरा को दीन से कोई सरोकार नहीं।”

यह सुनते ही एक आदमी बड़ा-सा छुरा लेकर निकल पड़ा और कई आदमी गाय की सींगें पकड़ने लगे। गाय अब तक तो चुपचाप खड़ी थी, छुरा देखते ही छटपटाने लगी। चक्रधर यह दृश्य देखकर तिलमिला उठे। निराशा और क्रोध से

काँपते हुए बोले, "भाइयो, एक ग़रीब, बेकस जानवर को मारना बहादुरी नहीं। ख़ुदा बेकसों के ख़ून से ख़ुश नहीं होता। अगर जवाँमर्दी दिखानी है, तो किसी शेर का शिकार करो, किसी चीते को मारो, किसी जंगली सूअर का पीछा करो। उसकी क़ुरबानी से मुमकिन है, ख़ुदा ख़ुश हो। जब तक हिन्दू सामने खड़े थे, किसी की हिम्मत न पड़ी कि छुरा हाथ में लेता। जब वे चले गए तो आप लोग शेर हो गए?"

एक आदमी : "तो क्यों चले गए? मैदान में खड़े क्यों न रहे? गोरक्षा का जोश दिखाते। दुम दबाकर भाग क्यों खड़े हुए?"

चक्रधर : "भाग नहीं खड़े हुए और न लड़ने में वे आपसे कम ही हैं। उनकी समझ में यह बात आ गई कि जानवर की हिमायत में इनसान का ख़ून बहाना इनसान को मुनासिब नहीं।"

मौलवी : "शुक्र है, उन्हें इतनी समझ तो आई!"

चक्रधर : "लेकिन आप तो अभी तक उनकी दिलजारी पर कमर बाँधे हुए हैं। ख़ैर, आपको अख़्तियार है, जो चाहें, करें। मगर मैं यक़ीन के साथ कहता हूँ कि यह दिलजारी एक दिन रंग लाएगी। यह न समझिए कि इस वक़्त कोई हिन्दू मैदान में नहीं है। हर एक क़ुरबानी हिन्दुस्तान के इक्कीस करोड़ हिन्दुओं के दिलों में ज़ख़्म कर देती है, और इतनी बड़ी तादाद के दिलों को दुखाना बड़ी से बड़ी क़ौम के लिए भी एक दिन पछतावे का वाइस हो सकता है। अगर आपकी ग़िज़ा है तो शौक़ से खाइए। लाखों गौयें रोज़ क़त्ल होती हैं, हिन्दू सिर नहीं उठाते। फिर यह क्योंकर मुमकिन है कि वह आपके मज़हबी मामले में दखल दें? हिन्दुओं से ज़्यादा बेतअस्सुब क़ौम दुनिया में नहीं है लेकिन जब आप उनकी दिलजारी और महज़ दिलजारी के लिए क़ुरबानी करते हैं तो उनको ज़रूर सदमा होता है और उनके दिलों में जो शोला उठता है, उसका आप क़यास नहीं कर सकते। अगर आपको यक़ीन न आए तो देख लीजिए कि गाय के साथ ही एक हिन्दू कितनी ख़ुशी से अपनी जान दे देता है।"

यह कहते हुए चक्रधर ने तेज़ी से लपककर गाय की गर्दन पकड़ ली और बोले : "आज आपको इस गौ के साथ एक इनसान की भी क़ुरबानी करनी पड़ेगी।"

सभी आदमी चकित हो-होकर चक्रधर की ओर ताकने लगे। मौलवी साहब ने क्रोध से उन्मत्त होकर कहा : "कलाम-पाक की कसम, हट जाओ वरना ग़ज़ब हो जाएगा।"

चक्रधर : "हो जाने दीजिए। ख़ुदा की यही मरज़ी है कि आज गाय के साथ मेरी भी क़ुरबानी हो।"

ख़्वाजा महमूद : "क्यों भाई, तुम्हारा घर कहाँ है?"

चक्रधर : "परदेशी मुसाफ़िर हूँ।"

ख़्वाजा : "कसम ख़ुदा की, तुम जैसा दिलेर आदमी नहीं देखा। नाम के लिए

तो गाय को माता कहने वाले बहुत हैं, पर ऐसे विरले ही देखे, जो गौ के पीछे जान लड़ा दें। तुम कलमा क्यों नहीं पढ़ लेते?"

चक्रधर : "मैं एक ख़ुदा का क़ायल हूँ। वही सारे जहान का ख़ालिक और मालिक है। फिर और किस पर ईमान लाऊँ?"

ख़्वाजा : "वल्लाह, तब तो तुम सच्चे मुसलमान हो। हमारे हज़रत को अल्लाह ताला का रसूल मानते हो?"

चक्रधर : "बेशक मानता हूँ, उनकी इज़्ज़त करता हूँ और उनकी तौहीद का कायल हूँ।"

ख़्वाजा : "हमारे साथ खाने-पीने से परहेज तो नहीं करते?"

चक्रधर : "ज़रूर करता हूँ, उसी तरह, जैसे किसी ब्राह्मण के साथ खाने से परहेज करता हूँ, अगर वह पाक-साफ़ न हो।"

ख़्वाजा : "काश, तुम जैसे समझदार तुम्हारे और भाई भी होते! मगर यहाँ तो लोग हमें मलिच्छ कहते हैं। यहाँ तक कि हमें कुत्तों से भी नाजिस समझते हैं। उनकी थालियों में कुत्ते खाते हैं, पर मुसलमान उनके गिलास में पानी नहीं पी सकता। वल्लाह, आपसे मिलकर दिल ख़ुश हो गया। अब कुछ-कुछ उम्मीद हो रही है कि शायद दोनों क़ौमों में इत्तफ़ाक़ हो जाए। अब आप जाइए। मैं आपको यक़ीन दिलाता हूँ, क़ुरबानी न होगी।" ('कायाकल्प' पृ. 31-33)

ख़्वाजा महमूद चक्रधर को गले से लगा लेते हैं। चक्रधर गाय को छोड़ देता है जो अपनी जान बचाकर भागती है।

मैंने 'कायाकल्प' के इस प्रसंग और संवादों को विस्तार से उद्धृत किया है क्योंकि वे आज भी बहुत महत्त्व रखते हैं। जब महात्मा गांधी ने अपनी कुछ प्रार्थना सभाओं में इस बात पर ज़ोर दिया कि इस्लाम दूसरे धर्मों से नफ़रत को बढ़ावा नहीं देता और अपनी बात को सहारा देने के लिए क़ुरान के कुछ अंश उद्धृत किये, तो कुछ मुसलमानों ने उनकी निन्दा करने में वैसी ही धर्मान्धता दिखाई, जैसी मौलवी ने 'कायाकल्प' में दिखाई थी। इन लोगों ने इस्लाम के विषय में कुछ भी कहने के गांधी जी के अधिकार को ही चुनौती दे डाली, इसलिए नहीं कि गांधी जी ग़लत थे, बल्कि महज़ इसलिए कि वे मुसलमान नहीं थे। आज भी अगर हिन्दू धार्मिक सहिष्णुता की बात करते हैं तो कुछ मुसलमान उनसे उसी तरह सवाल करते हैं, जैसे ख़्वाजा महमूद ने किये थे :

> यहाँ तक कि हमें कुत्तों से भी नाजिस समझते हैं। उनकी थालियों में कुत्ते खाते हैं, पर मुसलमान उनके गिलास में पानी नहीं पी सकता।

how can you pellod ...... pofess Islam

ख़्वाजा महमूद के चरित्र में हुए बदलाव उन परस्पर विरोधी स्थितियों को प्रतिबिम्बित करते हैं जो ब्रिटिश राज के दौरान हिन्दुस्तान में व्याप्त थीं। पहले हम देखते हैं, ख़्वाजा साहब यशोदानन्दन के अभिन्न मित्र हैं जो एक धर्मपरायण हिन्दू हैं। आधारभूत रूप से ख़्वाजा शान्तिप्रेमी हैं। लेकिन वे शक़ के शिकार हो जाते हैं। बाद में दंगों की त्रासदी और पीड़ा तथा अपने बेटे की शर्मनाक हरकतें देखने के बाद, उन्हें अहसास होता है कि मुस्लिम कट्टरपंथियों का साथ देकर उन्होंने कितना ग़लत किया। वे अपने बेटे के कुकृत्य को क्षमा करने के लिए तैयार नहीं होते, यहाँ तक कि उसकी मौत का मातम मनाने के लिए भी तैयार नहीं होते। हिन्दुओं और मुस्लिमों के बीच नफ़रत भड़काने में कैसे विदेशी शासक की भूमिका होती है, यह भी उन्होंने समझ लिया है। वे जानते हैं कि जहाँ हिन्दू कलक्टर के घर सबेरे जाते हैं सलाम करने के लिए, वहीं शाम को मुसलमान जाते हैं। और वे कहते हैं, "इससे कोई फ़र्क़ नहीं पड़ता कि तुम हिन्दू हो या मुसलमान। महत्त्वपूर्ण यह है कि तुम्हें सच्चा और अच्छा होना चाहिए। न तो सारे मुसलमान देवता जैसे हैं, न ही सारे हिन्दू काफ़िर हैं।" ख़्वाजा की बात में भी वही विचार हैं जो ग़ालिब के एक शेर में जो कुछ इस तरह है :

वफादारी बशर्ते उस्तवारी अस्ल ईमां है,
परै बुतख़ाना में तो काबे में गाड़ो बरहमन को।

सच्ची आस्था ईमानदारी है। अगर किसी ब्राह्मण की मृत्यु काबे में होती है तो उसका भी सम्मान किया जाना चाहिए। उसका यह हक है कि उसे काबा में दफ़नाया जाय।

ग़बन

'कायाकल्प' के बाद दो लघु-उपन्यास आए जो 'चाँद' में धारावाहिक रूप में छपे : 1926 में 'निर्मला' और 1927 में 'प्रतिज्ञा'। प्रेमचन्द का अगला महत्त्वपूर्ण उपन्यास था : 'ग़बन'। यह उपन्यास उन्होंने 1926 के जाड़ों में लिखना शुरू किया। ऐसा लगता है कि बीच में कई व्यवधान आए क्योंकि उपन्यास 1931 में प्रकाशित हुआ। उनकी अन्य कई रचनाओं की तरह यह उपन्यास भी बनारस के सरस्वती प्रेस ने छापा। 'ग़बन' का मुख्य कथानक भी वही है जो बीस साल पहले उर्दू में लिखे एक लघु उपन्यास 'किशना' का था। बाद में लेखक ने स्वयं 'ग़बन' का उर्दू में अनुवाद किया। यह अनुवाद बेहद लोकप्रिय हुआ और अलीगढ़ मुस्लिम विश्वविद्यालय की एक यात्रा के दौरान उन्हें देखकर बड़ा आश्चर्य हुआ कि छात्र इस अनुवाद से परिचित थे। यह उपन्यास उस समय लिखा गया था जब उनका पूरा समय नवल किशोर प्रेस के काम में लग रहा था। 'ग़बन' पर वे प्रेस जाने के

पहले हर सुबह केवल दो घंटे ही काम कर पाते थे। उपन्यास के पूरा होने और छपने में हुए विलम्ब का यह एक कारण हो सकता है। दुर्भाग्यवश उपन्यास से हुई आमदनी नगण्य थी।

'ग़बन' शहरों के निम्न मध्यम वर्ग के जीवन के सम्बन्ध में है। लगभग सारे चरित्र इसी वर्ग के हैं और घटनाएँ भी प्रायः शहरों में ही घटित होती हैं। दरअसल यह दो शहरों की कहानी है—इलाहाबाद और कलकत्ता। प्रेमचन्द के अन्य उपन्यासों की तुलना में कथानक कसा हुआ है और कलात्मकता की दृष्टि भी जितनी प्रशंसा इस उपन्यास को मिली, उसे अधिक मिलनी चाहिए थी। न जाने क्यों यह मान लिया गया कि इस उपन्यास का महत्त्व सिर्फ़ इस तथ्य की स्थापना में है कि स्त्रियों के आभूषण-प्रेम के कितने भयंकर परिणाम होते हैं और गहनों-कपड़ों के प्रति यह आसक्ति भी समाज में स्थापित मूल्यों का ही परिणाम है। दरअसल 'ग़बन' कई मुद्दों पर चर्चा करता है—ऐसा बिलकुल नहीं है कि वह केवल सामाजिक ताक़तों की विवेचना तक ही सीमित है। मनुष्यों के विचारों और व्यवहार में प्रतिबिम्बित मानव स्वभाव की तमाम कमज़ोरियों का बड़े गहरे अनुबोध के साथ मनोवैज्ञानिक विश्लेषण किया गया है—उन कमज़ोरियों का भी, जिनका सामाजिक व्यवस्था से कोई अनिवार्य सम्बन्ध नहीं है।

'ग़बन' में प्रेमचन्द फिर लौटते हैं—विदेशी शासन और जनता का दमन करने के लिए अंग्रेज़ों द्वारा अख़्तियार किये गए तरीक़ों के विषय पर। उपन्यास का एक चरित्र 'क्लासिक' सत्याग्रही है और उसके अनुभवों का बयान हमें उस भीषण संघर्ष, की याद दिलाता है जिसका सामना महात्मा गांधी के अनुयायियों को आज़ादी के लिए करना पड़ा था। 'ग़बन' में भारतीय राजनीतिक जीवन के तमाम पहलुओं का चित्रण है, जैसे—पुलिस में भ्रष्टाचार और बेईमानी, न्यायपालिका की जी-हुज़ूरी और राष्ट्रीय नेताओं का पाखंड—जिनके घर आयातित विदेशी सामान से भरे रहते थे पर वे स्वयं जनता के बीच हमेशा खद्दरधारी रूप में ही दिखते थे। जिन सामाजिक मुद्दों को उठाया गया है, उनमें सबसे महत्त्वपूर्ण है : पश्चिमी मूल्यों को बग़ैर पूरी तरह समझे ओढ़ लेने से जीवन में आई कृत्रिमता, संयुक्त परिवार का अंधकारमय पक्ष, और परिवार की झूठी शान बनाए रखने के लिए की जानेवाली फिज़ूलख़र्ची जो ख़ुद भी पुरानी सड़ी-गली परम्पराओं का नतीजा है।

जालपा एक खाते-पीते परिवार की लड़की थी और अच्छे कपड़ों और गहनों की शौक़ीन थी। बल्कि गहने तो उसे इतने प्रिय थे कि अपने पसन्दीदा गहनों को वह सपने में भी देखा करती थी। 'चन्द्रहार' उसे हमेशा से ही प्रिय था और उसे पाने की उसके मन में बड़ी तीव्र इच्छा थी। इसलिए अपने विवाह के दिन उसे पता चला कि ससुराल से आए गहनों में 'चन्द्रहार' शामिल नहीं था तो उसे बड़ी निराशा

हुई। उसका पति रामनाथ उसका बहुत ख़याल रखता था। उसने जालपा से वादा किया कि वह किसी भी तरह उसके लिए चन्द्रहार अवश्य लाएगा। रामनाथ के पिता दीनानाथ की बड़ी साधारण आर्थिक स्थिति थी। वे मामूली-सी तनख़्वाह पर कोई छोटी-मोटी सरकारी नौकरी करते थे। वे चाहते तो काफ़ी पैसे कमा सकते थे क्योंकि उनके सामने अवसरों की कोई कमी न थी पर दीनानाथ बेहद ईमानदार थे। रुपये-पैसे के मामलों में शत-प्रतिशत ईमानदारी उनके लिए धर्म की तरह थी और वे पूरी निष्ठा से अपना धर्म निभाते थे। अपने बेटे के विवाह के उपलक्ष्य में गहने ख़रीदने के लिए उन्होंने पैसे उधार लिये थे। उन्होंने एक-एक पैसा वापस करने की क़सम खाई थी, चाहे उन्हें पेट काटकर ही बचत क्यों न करनी पड़े। लेकिन जब पुत्रवधू आ गई तब उन्हें पता चला कि उन पर बड़ी भारी मुसीबत आ पड़ी है। ख़र्चे अनुमान से कहीं अधिक थे।

जब सुनार ने रामनाथ के पिता से पैसे के भुगतान का तगादा करना शुरू किया तो रामनाथ ने पत्नी के बक्से से चुपचाप गहनों का डिब्बा चुरा लिया और गहने वापस कर दिये। पत्नी को अपनी आर्थिक स्थिति की असलियत बताने की हिम्मत रामनाथ में न थी। उल्टे, वह उन तमाम चीज़ों को लाने का वादा करता रहा जिनकी इच्छा उसकी पत्नी ने ज़ाहिर की थी। जालपा को तो यह भी नहीं पता था कि जो गहने उसे दिये गए थे, वे भी अब उसके पास नहीं हैं। बाद में जब उसे पता चला कि गहने ख़रीदने के लिए उसके पति ने पैसे उधार लिये हैं तो उसने इस बात का विरोध किया। उसने ज़ोर देकर कहा कि पति की आर्थिक स्थिति से अगर उसे इस तरह अनभिज्ञ न रखा गया होता तो उसने कभी भी ऐसी माँग न की होती। लेकिन नुकसान तो हो चुका था। रामनाथ न सिर्फ़ क़र्ज़ में डूबा था बल्कि अब उसने छोटी-मोटी रिश्वत लेना भी शुरू कर दिया था। इलाहाबाद में चुंगी विभाग में वह तीस रुपये प्रतिमाह के वेतन पर नौकरी करता था। वह अपनी पत्नी से सचमुच प्यार करता था और चूँकि वह उसकी इच्छाओं को पूरा करने के लिए दृढ़प्रतिज्ञ था, उसे अपनी आय में इज़ाफ़ा करना पड़ता था। इस बेईमानी की कमाई से उसने जालपा के लिए एक घड़ी और कई साड़ियाँ ख़रीदीं।

अपनी नादानी में जालपा चन्द्रहार के लिए लगातार ज़िद करती रही। आख़िरकार रामनाथ उसके लिए चन्द्रहार और सोने के कंगन की जोड़ी ले ही आया। जालपा ने अपनी यह मूल्यवान थाती अपनी पड़ोसन को दिखाई जो एक प्रौढ़ वकील की पत्नी थी। रतन को कंगन इतने अच्छे लगे कि उसने बहुत सारे रुपये जालपा को देकर उससे अनुरोध किया कि वह अपने पति से ऐसे ही कंगनों की एक और जोड़ी मँगवा दे। रामनाथ पैसे लेकर सुनार के पास गया जिसने पैसे तो रख लिये लेकिन कहा कि वह नये कंगन तब तक बनाकर नहीं देगा जब तक कि उसके पिछले पैसे चुका नहीं दिये जाते। कुछ दिनों बाद जब कंगन नहीं आए तो रतन को

बेचैनी होने लगी। रामनाथ उसे टालता रहा और आख़िरकार एक दिन रतन का धैर्य चुक गया। यह दिखाने के लिए कि उसके पास पैसे हैं और जल्दी ही वह कंगन ले आएगा, रामनाथ ने दफ़्तर की तिज़ोरी से ढेर सारे पैसे निकाल लिये। यह सब उसने देर रात में किया जब वह ऑफ़िस में अकेला था। उसका इरादा तो था कि वह यह पैसा रतन को दिखा देगा ताकि उसे कुछ वक़्त मिल जाए और बाद में यह पैसा वह वापस रख देगा। दुर्भाग्यवश जालपा के हाथ ये पैसे उस वक़्त लगे जब उसका पति कुछ देर के लिए बाहर गया हुआ था। यह सोचकर कि पैसे रतन के हैं, जालपा ने पैसे उसे लौटा दिये।

अब तो रामनाथ बुरी तरह डर गया। उसे दिन-रात यही डर सताता रहता कि ग़बन के आरोप में उसे जेल हो जाएगी। उसने अपने सारे गुनाह कुबूल करते हुए अपनी पत्नी को एक करुण पत्र लिखा और भाग गया। जालपा का दिल टूट गया। उसे बड़ी ग्लानि हुई जब लगा कि गहनों के प्रति उसका अत्यधिक लालच ही उसके पति की दुर्गति के लिए ज़िम्मेदार है। अब उसमें एक गहरा बदलाव आया। उसने अपने सारे गहने और क़ीमती कपड़े बेच दिये और पैसे रामनाथ के वरिष्ठ अधिकारियों को दे दिये। उन्होंने जालपा को आश्वासन दिया कि चूँकि पैसे वापस मिल गए हैं इसलिए रामनाथ पर अब कोई आरोप नहीं लगाए जाएँगे। जालपा ने श्रृंगार-प्रसाधन का सारा सामान एक थैले में इकट्ठा किया और उसे गंगा में फेंक दिया। दिलासे के नाम पर अब उसके पास केवल रतन की मित्रता थी; लेकिन रामनाथ के जाने के कुछ महीनों बाद रतन के पति की मृत्यु हो गई। रतन को भी उन सारी मुसीबतों का सामना करना पड़ा जो संयुक्त हिन्दू परिवारों की विधवाओं के ऊपर आ पड़ती है। दोनों सहेलियाँ एक-दूसरे का दुख बाँट लेती थीं। जालपा ने अब बहुत सादगी भरा जीवन जीना शुरू कर दिया था जिसका एक ही ध्येय था—अपने पति को खोजना। उसने हर जगह ढूँढ़ा, हर सम्भव प्रयास किया और उसकी मेहनत रंग लाई। उसे पता चला कि उसका पति कलकत्ता चला गया है, सो वह उसे कलकत्ता में ढूँढ़ने के लिए निकल पड़ी।

वास्तव में रामनाथ सीधे रेलवे स्टेशन गया था और कलकत्ता जानेवाली रेलगाड़ी में बैठ गया था। दिमाग़ उसका सुन्न हो चुका था और दुख की कोई सीमा न थी। उसकी पूरी दुनिया ही बरबाद हो चुकी थी। एक सहयात्री ने यह महसूस किया कि रामनाथ गहरे अवसाद में है और उसके साथ बातचीत करके उसका मन बहलाने की चेष्टा की। इस सहयात्री का नाम था देवीदीन। उसकी कलकत्ता में एक छोटी-सी किराने की दुकान थी। देवीदीन की जीवन-कथा सुनकर रामनाथ के मन में उसके लिए बड़ा सम्मान जगा। रामनाथ का यह नया मित्र सचमुच एक असाधारण व्यक्ति था जिसने राष्ट्रवादी आन्दोलन में अपना सब कुछ बलिदान कर दिया था। विदेशी सामान का बहिष्कार सत्याग्रह आन्दोलन का एक अहम् मुद्दा

था और इस बहिष्कार के दौरान पुलिस द्वारा अपने दोनों बेटों को मार गिराने को भी देवीदीन शान्ति और धैर्य के साथ देखता रहा था।

वह अब कलकत्ते में एक शान्त जीवन बिता रहा था और इतना कमा लेता था कि अपनी और अपनी पत्नी जग्गो की आवश्यकताएँ पूरी कर सके। जग्गो ने अपने पति के आदर्शों और मूल्यों को स्वयं ही अपना लिया था और जीवन की सारी विपत्तियों और कठिनाइयों में उसने दृढ़तापूर्वक अपने पति का साथ दिया।

कलकत्ता पहुँचने पर देवीदीन ने रामनाथ को अपने घर चलने का निमंत्रण दिया। कुछ दिनों बाद एक छोटी-सी चाय की दुकान लगाने में उसने रामनाथ की सहायता की ताकि वह आत्मनिर्भर हो सके और ईमानदारी से अपनी आजीविका कमा सके। जीवन सुचारु रूप से चलता रहता अगर रामनाथ को आठों पहर गिरफ़्तार होने का भय न सताता रहता। वर्दीधारी सिपाही को देखते ही वह भय से काँपने लगता। एक दिन सिनेमाघर से निकलते समय उसने तीन सिपाहियों को देखा। वे तीनों रोज़मर्रा की ड्यूटी पर थे पर रामनाथ डर गया। सिपाही समझ गए कि रामनाथ के मन में चोर है और सन्देह के आधार पर उन्होंने उसे गिरफ़्तार कर लिया। रामनाथ ने कुबूल किया कि उसने दफ्तर के पैसों का ग़बन किया है और वह इलाहाबाद से भागकर आया है। अब तो वह पुलिस के चंगुल में था। पुलिस ने पूछताछ करने के लिए इलाहाबाद फ़ोन किया और उन्हें पता चल गया कि रामनाथ के ख़िलाफ़ कोई आरोप नहीं है क्योंकि पैसे लौटा दिये गए हैं। लेकिन पुलिस अधिकारियों ने यह तथ्य उससे छिपा लिया और गिरफ़्तारी और जेल की धमकी रामनाथ के सिर पर तलवार बनकर लटकती रही। उन्होंने रामनाथ से वादा किया कि अगर वह उनका कहा करेगा तो वे मामले को रफ़ा-दफ़ा कर देंगे। उन्होंने कुछ निर्दोष लोगों को फँसा दिया था और उनके ख़िलाफ़ आरोप तैयार करने में लगे थे। उन्हें एक ऐसे व्यक्ति की आवश्यकता थी जो इन निरपराध लोगों के ख़िलाफ़ गवाही दे सके। कभी धमकी तो कभी लालच का इस्तेमाल करके पुलिस ने रामनाथ को अभियोग पक्ष की ओर से गवाह बनने के लिए तैयार कर लिया।

अब रामनाथ के पास पैसे की कमी न थी। उसके सामने दो स्पष्ट विकल्प थे : पुलिस की अवज्ञा करके जेल जाना या निर्दोष लोगों के ख़िलाफ़ झूठी गवाही देकर सब तरह के इनाम पाना, जिनमें एक वेश्या जोहरा का साथ भी शामिल था। पहला विकल्प चुनने का नैतिक साहस रामनाथ में न था और चूँकि उसने पुलिस की बात मानने का फ़ैसला कर ही लिया था, लिहाज़ा उसे लगा कि अब उसे ज़िन्दगी का भरपूर मज़ा भी लूट ही लेना चाहिए। वह दुर्व्यसनों में आकंठ डूब गया। ज़ोहरा को निर्देश थे कि वह रामनाथ को प्रसन्न रखे, पर उसे रामनाथ के लिए दुख होता था। उसे लगता था कि रामनाथ मूल रूप से एक अच्छा इनसान है और काफ़ी हद तक परिस्थितियों का शिकार है। वह स्वयं भी अपनी अपमान-भरी ज़िन्दगी से

ऊब चुकी थी और उसने कोशिश की कि एक भयानक झूठ में साथ देने से वह रामनाथ को बचा सके। लेकिन वापस लौटने के लिए बहुत देर हो चुकी थी। इसके अलावा रामनाथ अब तक बहुत कटु हो चुका था और उसकी अन्तरात्मा की आवाज़ भी दबा दी गई थी। सो उसने उन लोगों के ख़िलाफ़ गवाही दी जिन्हें उसने कभी देखा न था और क़सम खाई उन घटनाओं का गवाह बनने की, जो तब घटी थीं जब वह कलकत्ता में था ही नहीं। उसकी गवाही के आधार पर कई लोगों को लम्बे समय के लिए जेल भेज दिया गया और दिनेश नाम के एक आदमी को सज़ाए-मौत मिली।

इस बीच जालपा कलकत्ता पहुँच गई थी और काफ़ी मुश्किलों के बाद उसने अपने पति को ढूँढ़ भी निकाला था। उस समय तक रामनाथ गवाह नहीं बना था हालाँकि उसने फ़ैसला अवश्य कर लिया था। जालपा ने हर सम्भव कोशिश की कि वह रामनाथ को उस अपराध की गम्भीरता समझा सके जो वह करने जा रहा था : अपराध, जो न सिर्फ़ न्याय के ख़िलाफ़ था बल्कि निर्दोष लोगों के ख़िलाफ़ भी था। और फिर, अब तो रामनाथ को डरने की कोई ज़रूरत ही नहीं थी क्योंकि उसके ख़िलाफ़ ग़बन के कोई आरोप थे ही नहीं। लेकिन रामनाथ को लगा कि वह अब पुलिस की दया पर इतना ज़्यादा निर्भर करने लगा था और उसके बनाए जाल में इतनी बुरी तरह फँस चुका था कि उसके पास अपने फ़ैसले पर आगे बढ़ने के अलावा और कोई चारा न था। जिस समय उसने अदालत में झूठी गवाही दी, उस समय जालपा ने अपने पति के व्यवहार की कटु निन्दा की। उसने कहा, "तुम अब इनसान नहीं रहे। तुममें शर्म नाम की चीज़ रह ही नहीं गई है।" देवीदीन की पत्नी ने तो और भी कड़े शब्दों का इस्तेमाल किया, "तुम्हें तो देखने से भी घिन आती है। अगर तुम मेरे बेटे होते तो मैंने तुम्हें ज़हर दे दिया होता। तुम्हारी पत्नी का हृदय बहुत पवित्र है। वह तुम्हारी ख़ातिर हर मुश्किल ख़ुशी-ख़ुशी सह लेती और अगर तुम पुलिस के हाथों मारे भी जाते तो वह तुम्हारी मूर्ति की पूजा करती। लेकिन अब उसके मन में तुम्हारे लिए तिरस्कार के सिवा और कुछ नहीं है।"

जालपा ने अपने पति के पापों का प्रायश्चित्त करने का प्रयास किया। जिन लोगों को झूठी गवाही से फँसाया गया था, वह उनके घर गई और उनके परिवारों को ढाढ़स बँधाया। उसने उन लोगों के घरों में काम भी किया। दिनेश के परिवार को सहारा देने के लिए उसने कुछ पैसे भी इकट्ठा किये। आख़िरकार पत्नी के इस उदात्त आचरण ने रामनाथ की सोई अन्तरात्मा को झकझोरा। उसे अपने किये पर बहुत पछतावा हुआ। जिस न्यायाधीश ने उस झूठे मुक़दमे में फ़ैसला सुनाया था, उसके पास जाकर रामनाथ ने स्वीकार किया कि उसने उन लोगों को न तो कभी देखा था, न ही उसने घटनाओं को देखा था जिनकी गवाही उसने दी थी। केस फिर से खोला गया और सज़ाएँ रद्द की गईं। रामनाथ ने तय किया कि वह कलकत्ता

छोड़कर चला जाएगा और अपना शेष जीवन एक छोटे-से फार्म पर बिताएगा। उसके सभी मित्र—देवीदीन और उसकी पत्नी, रतन, यहाँ तक कि ज़ोहरा भी उसके और जालपा के साथ गाँव में एक नई ज़िन्दगी की शुरुआत करने चले गए—शहर के तनाव और भाग-दौड़ से दूर। रतन और ज़ोहरा को तो ख़ैर, रामनाथ के फार्म हाउस में मानसिक शान्ति नहीं मिली। विधवा होने के कारण एक बड़े संयुक्त परिवार में रतन ने इतने कष्ट झेले थे कि वह टूट चुकी थी। अपने अवसाद का बोझ वह किसी और पर नहीं डालना चाहती थी। वह वहाँ से चली गई और बाद में उसने आत्महत्या कर ली। ज़ोहरा की भी यही परिणति हुई पर दूसरे कारणों से। जालपा के अभूतपूर्व त्याग ने उस पर बड़ा गहरा प्रभाव डाला था। जालपा के व्यवहार की महानता की तुलना में उसके अपने जीवन की निकृष्टता और भी असह्य हो गई थी। रामनाथ के साथ भी वह गहरा लगाव महसूस करने लगी थी और उसके साथ ऐसे किसी भावनात्मक जुड़ाव के बजाय, जो जालपा के लिए दुखदायी होता, उसने पतित-पावनी गंगा की लहरों में समा जाना बेहतर समझा।

स्त्रियाँ सुन्दर गहने और कपड़े पसन्द करती हैं, यह एक सार्वभौमिक सत्य है। आधुनिक नारीवादी स्त्रियाँ यह एतराज़ कर सकती हैं कि प्रेमचन्द उस समय ठेठ पुरुषोचित अहं से ग्रस्त होकर लिख रहे थे जब उन्होंने ग़बन की दुखद घटनाओं के सिलसिले का मूल कारण जालपा का एक हार-विशेष के प्रति आसक्त होना बताया। लेकिन यह एतराज़ आज भी तर्कसंगत नहीं है और आधी शताब्दी पहले तो इसकी वैधता और भी कम थी। पश्चिमी साहित्य में भी हमें ऐसे तमाम उदाहरण मिलते हैं जो सिद्ध करते हैं कि यह कमज़ोरी पुरुषों की अपेक्षा स्त्रियों में अधिक होती है। उन्नीसवीं शताब्दी के साहित्य में किसी स्त्री को लुभाने के प्रसंग में पुरुष की 'क्लासिक' चाल होती है, 'मैं तुम्हें हीरे और कपड़े दूँगा।' गोथे की 'फाउस्ट' (Faust) में एक दिलचस्प प्रसंग है जो इसी स्त्रियोचित दुर्बलता की ओर इशारा करता है। एक सुशिक्षित डॉक्टर एक भद्र महिला से प्रणय-याचना कर रहा है। उसके घर जाते समय रास्ते में वह फूलों की दुकान पर उसके लिए गुलाब ख़रीदने के लिए रुकता है। मेफिस्टो उसे पास के आभूषणों की दुकान पर ले जाती है और डॉक्टर से कोई आभूषण ख़रीदने के लिए कहती है। वह कहती है, "ये वे फूल हैं जो स्त्रियों को सबसे ज़्यादा प्यारे होते हैं।"

भारत में, प्राचीन काल से, महिलाएँ स्वर्णाभूषणों के प्रति आसक्त रही हैं। बल्कि सोना जमा करने की प्रवृत्ति को भारतवर्ष की आर्थिक समस्याओं का एक महत्त्वपूर्ण कारण माना जाता है। 'कामिनी और कुन्दन' अर्थात् 'स्त्री और सोना' को भारतीय धर्मप्रधान समाज में मुहावरे की तरह इस्तेमाल किया जाता है और इन्हें आध्यात्मिक विकास के मार्ग में बाधक माना जाता है। चन्द्रहार के लिए जालपा

की बचकानी ज़िद में कुछ भी अस्वाभाविक नहीं है। यूँ भी, भारत में सामाजिक रीति-रिवाज अक्सर मानवीय कमज़ोरियों को प्रबल बनाते हैं बजाय इसके कि व्यक्ति को उन पर विजय पाने में सहायता करें। वधू को दिये गए स्वर्णाभूषण वह मापदंड बन जाते हैं जिससे परिवार की प्रतिष्ठा मापी जाती है। एक सुन्दर वस्तु के रूप में ख़ुशी पाने का साधन बनने की बजाय गहने हैसियत का प्रतीक बन गए। दहेज की तरह गहने भी उन कमरतोड़ बोझों में से एक बन गए जो माँ-बाप को सहने पड़ते हैं। ऐसा कहा जाता है कि कई परिवारों में जिस दिन बेटी पैदा होती है, माँ-बाप उसी दिन से उसके विवाह में दिये जाने वाले गहनों के लिए पैसे बचाने लगते हैं। 'ग़बन' के एक चरित्र, रमेश बाबू इस स्थिति की इस प्रकार निन्दा करते हैं :

> हमें यह सुनकर अचम्भा होता है; लेकिन अन्य देश वालों के लिए नाक-कान का छिदना कुछ कम अचम्भे की बात न होगी। बुरा मरज है, बहुत ही बुरा। वह धन, जो भोजन में ख़र्च होना चाहिए, बाल-बच्चों का पेट काटकर गहनों को भेंट कर दिया जाता है। बच्चों को दूध न मिले न सही; घी की गंध तक उनकी नाक में न पहुँचे, न सही; मेवों और फलों के दर्शन उन्हें न हो, कोई परवाह नहीं; पर देवीजी गहने ज़रूर पहनेंगी और स्वामीजी गहने ज़रूर बनवाएँगे। दस-दस, बीस-बीस रुपये पाने वाले क्लर्कों को देखता हूँ, जो सड़ी हुई कोठरियों में पशुओं की भाँति जीवन काटते हैं जिन्हें सबेरे का जलपान तक मयस्सर नहीं होता, उन पर भी गहनों की सनक सवार रहती है। इस प्रथा से हमारा सर्वनाश होता जा रहा है। मैं तो कहता हूँ, यह गुलामी पराधीनता से कहीं बढ़कर है। इसके कारण हमारा कितना आत्मिक, नैतिक, दैहिक, आर्थिक और धार्मिक पतन हो रहा है, इसका अनुमान ब्रह्मा भी नहीं कर सकते।

फिर भी प्रेमचन्द ने इस बात का ध्यान रखा है कि रामनाथ के सारे गुनाहों के लिए जालपा की कमज़ोरी को ही ज़िम्मेदार न माना जाए। जैसे ही जालपा को पता चलता है कि रामनाथ गहने ख़रीदने के लिए पैसे उधार लेता रहा है, वह फ़ौरन अपनी अस्वीकृति प्रकट करती है, "अगर मुझे मालूम होता कि तुम्हारी सामर्थ्य नहीं है तो मैं कभी ज़िद न करती।" दरअसल अपने पतन के लिए रामनाथ स्वयं ही ज़िम्मेदार है। अगर उसने थोड़ी भी चारित्रिक दृढ़ता दिखाई होती तो न तो पत्नी की स्वर्णासक्ति और न ही पुलिस की चालबाज़ी उसे सर्वनाश के रास्ते पर चलने के लिए मजबूर कर सकते थे। शुरुआत में रामनाथ की व्यक्तिगत सीमा गम्भीर नहीं है—वह है हीनता का बोध। वह अपनी पत्नी की इच्छाएँ पूरी नहीं कर पाता क्योंकि वह निर्धन है जबकि उसकी पत्नी एक सम्पन्न परिवार से आती है। यह हीन भावना अपने-आपमें घातक नहीं है लेकिन हो जाती है जब उसके साथ नैतिक साहस का

अभाव होता है। और यही है रामनाथ की दूसरी और सबसे दुखद कमज़ोरी। इसी के कारण वह पहला ग़लत क़दम उठाता है—एक छोटी-सी रिश्वत लेना। इसके बाद वह रुक नहीं पाता। एक बेईमानी दूसरी के लिए रास्ता बनाती चलती है। शीघ्र ही वह पाता है कि पीछे हटने के लिए बड़ी देर हो चुकी है। कितना आसान है कि जो कुछ भी ग़लत हो, उसका दारोमदार 'सामाजिक ताक़तों', 'व्यवस्था', 'परम्पराओं' आदि पर डाल दिया जाए। पर गांधी जी के विचारों में पगे हुए प्रेमचन्द इस सरलीकरण से बचते हैं। रवीन्द्रनाथ टैगोर की सुप्रसिद्ध कविता 'कैदी' की तरह रामनाथ स्वयं ही अपनी बेड़ी की एक-एक कड़ी बनाता जा रहा है। जैसे ही आख़िरी कड़ी बनकर तैयार होती है, बेड़ी ख़ुद-ब-ख़ुद उसकी कलाइयों को जकड़ लेती है और अब उभरकर आती है उसकी तीसरी सबसे बड़ी कमज़ोरी—भय, जो रोग की सीमा तक पहुँच चुका है—और जिसने अन्ततोगत्वा उसकी मति ही भ्रष्ट कर दी थी।

इस तरह 'ग़बन' में 'व्यक्ति' का एक महत्त्वपूर्ण स्थान है; 'व्यक्ति' जो सिर्फ़ किसी समुदाय का सदस्य होने से अधिक कुछ है। व्यक्ति स्वयं को बनाता या बिगाड़ता है—अपनी ताक़त या कमज़ोरी के कारण या फिर अपने पौरुष या आलस्य की वजह से। जहाँ रामनाथ ख़ुद को सँभाल नहीं पाता, वहीं ज़ोहरा अपना जीवन सुधारने के लिए कटिबद्ध है और अपने अतीत की परछाईं से निकलने में वह सफल भी हो जाती है। एक वेश्या होने के कारण वह सालों पुलिस के चंगुल में फँसी रही, फिर भी वह रामनाथ को पाप का रास्ता छोड़ने के लिए प्रेरित करती है। लेखक के ही शब्दों में : 'ज़ोहरा ने अपनी सेवा, आत्मत्याग और सरल स्वभाव से सभी को मुग्ध कर लिया था। अपने अतीत को मिटाने के लिए अपने पिछले दाग़ों को धो डालने के लिए, उसके पास इसके सिवा और क्या साधन था? उसकी सारी कामनाएँ, सारी वासनाएँ सेवा में लीन हो गईं।'

प्रेमचन्द ने यह स्वीकार किया था कि मानव जीवन के कार्य-व्यापार में 'हृदय-परिवर्तन' ही सबसे प्रभावी कारक होता है और ज़ोहरा में हम इसी का एक और उदाहरण देखते हैं। वह हमें शरत्‌चन्द्र के 'देवदास' की वेश्या चन्द्रा की याद दिलाती है। यह भी एक अजीब संयोग है कि दोनों कहानियाँ कलकत्ता की हैं। जब देवदास पहले-पहल चन्द्रा से मिला तो वह संयत था और चन्द्रा उसकी प्रशंसा और सम्मान करती थी। धीरे-धीरे वह शराब और बरबादी के गर्त में डूबता चला गया और चन्द्रा जिसकी प्रशंसा और सम्मान पहले दया और फिर प्यार में बदल गई थी, स्वयं सादगी और पवित्रता से भरा जीवन जीने लगी। ज़ोहरा का यह रूपान्तरण भी वैसा ही है।

'ग़बन' में व्यक्ति के महत्त्व पर जो टिप्पणी की गई है, उसका यह अर्थ कदापि नहीं है कि मैं यहाँ और अन्यत्र, सामाजिक और राजनीतिक मसलों पर प्रेमचन्द के विचारों को कम करके आँक रहा हूँ। संयुक्त परिवार-व्यवस्था पर इतना कटु

अभियोग उन्होंने और कहीं नहीं चलाया। रतन जो कि अपने पति की मृत्यु के बाद इस व्यवस्था की एक बेबस शिकार है, कहती है :

> न जाने किस पापी ने यह कानून बनाया था। अगर ईश्वर कहीं है और उसके यहाँ कोई न्याय होता है तो एक दिन उसी के सामने उस पापी से पूछूँगी, क्या तेरे घर में माँ-बहन न थीं? तुझे उनका अपमान करते लज्जा न आई? अगर मेरी ज़बान में इतनी ताक़त होती कि सारे देश में उसकी आवाज़ पहुँचती तो मैं सब स्त्रियों से कहती—बहनो, किसी सम्मिलित परिवार में विवाह मत करना और अगर करना तो जब तक अपना घर अलग न बना लो, चैन की नींद मत सोना। यह मत समझो कि तुम्हारे पति के पीछे उस घर में तुम्हारा मान के साथ पालन होगा। अगर तुम्हारे पुरुष ने कोई तरका नहीं छोड़ा तो तुम अकेली रहो चाहे परिवार में, एक ही बात है। तुम अपमान और मजूरी से नहीं बच सकतीं। अगर तुम्हारे पुरुष ने कुछ छोड़ा है तो अकेली रहकर तुम उसे भोग सकती हो, परिवार में रहकर तुम्हें उससे हाथ धोना पड़ेगा। परिवार तुम्हारे लिए फूलों की सेज नहीं, काँटों की शय्या है; तुम्हें पार लगाने वाली नौका नहीं, तुम्हें निगल जानेवाला जन्तु।

ब्रिटिश शासनकाल में भारत के राजनीतिक माहौल का जो ख़ाका प्रेमचन्द ने 'ग़बन' में खींचा है, वह 'रंगभूमि' में खींची गई अफ़सरशाही की तसवीर से कहीं अधिक जीवन्त है। जो बात सबसे ज़्यादा भयावह रूप से उभरकर सामने आती है, वह नौकरशाही की अक्षमता नहीं बल्कि वह निष्ठुरता और अमानवीयता है जो पुलिस के साथ हाथ मिलाकर जानलेवा बन जाती है। रामनाथ के साथ पुलिस जिस तरह का बर्ताव करती है, उसमें हमें यह सब दिखता है—भ्रष्टाचार, रिश्वत, अभिलेखों के साथ छेड़-छाड़, डरा-धमकाकर पैसे ऐंठना, झूठी गवाही ख़रीदना और दहशत फैलाकर काम करवाना। पुलिस की इस कार्यशैली की ओर से अधिकारी आँख मूँदे रहते हैं। लेकिन सत्याग्रह आन्दोलन में जिस तरह देवीदीन के दोनों बेटे शहीद हुए, उसके वृत्तान्त में ब्रिटिश शासन पर सबसे असरदार ढंग से आरोप लगाए गए हैं। मैं इस सजीव चित्रण को विस्तार से उद्धृत करना चाहूँगा। देवीदीन इस घटना का वर्णन रामनाथ के सामने इस तरह करता है :

> जिस देश में रहते हैं, जिसका अन्न-जल खाते हैं, उसके लिए उतना भी न करें तो जीने को धिक्कार है। दो जवान बेटे इसी सुदेशी की भेंट कर चुका हूँ भैया। ऐसे-ऐसे पट्ठे थे कि तुमसे क्या कहें! दोनों बिदेसी कपड़ों की दुकान पर तैनात थे। क्या मजाल थी कि कोई गाहक दुकान पर आ जाए! हाथ जोड़कर, घिघियाकर, धमकाकर, लजवाकर सबको

> फेर लेते थे। बजाजे में सियार लोटने लगे। सबों ने जाकर कमिसनर से फरियाद की। सुनकर आग हो गया। बीस फौजी गोरे भेजे कि अभी जाकर बजार से पहरे उठा दो। गोरों ने दोनों भाइयों से कहा—यहाँ से चले जाव, मुदा वह अपनी जगह से जौ-भर न हिले।

इसके बाद आता है 'टॉमियों' का आक्रमण। जिन लोगों ने 1930 से 1942 के बीच सत्याग्रह आन्दोलनों में सरकार की क्रूरता और दमनकारी तरीक़े देखे हैं, उन्हें प्रेमचन्द का वर्णन अतिशयोक्तिपूर्ण नहीं लगेगा :

> भीड़ लग गई। गोरे उन पर घोड़े चढ़ा लाते थे पर दोनों चट्टान की तरह डटे खड़े थे। आखिर जब इस तरह कुछ बस न चला तो सबों ने डंडों से पीटना शुरू किया। दोनों वीर डंडे खाते थे पर जगह से न हिलते थे। जब बड़ा भाई गिर पड़ा तो छोटा उसकी जगह पर आ खड़ा हुआ। अगर दोनों अपने डंडे सँभाल लेते तो भैया, उन बीसों को मार भगाते; लेकिन हाथ उठाना तो बड़ी बात है, सिर तक न उठाया। अन्त में छोटा भी वहीं गिर पड़ा। दोनों को लोगों ने उठाकर अस्पताल भेजा। उसी रात को दोनों सिधार गए। तुम्हारे चरन छूकर कहता हूँ भैया, उस बखत ऐसा जान पड़ता था कि मेरी छाती गज-भर की हो गई है, पाँव ज़मीन पर न पड़ते थे, यही उमंग आती थी कि भगवान ने औरों को पहले न उठा लिया होता, तो इस समय उन्हें भी भेज देता। जब अर्थी चली है, तो एक लाख आदमी साथ थे। बेटों को गंगा में सौंपकर मैं सीधे बजाजे पहुँचा और उसी जगह खड़ा हुआ, जहाँ दोनों बीरों की लहास गिरी थी। गाहक के नाम चिड़िये का पूत तक न दिखाई दिया। आठ दिन वहाँ से हिला तक नहीं। बस, भोर के समय आध घंटे के लिए घर आता था और नहा-धोकर कुछ जलपान करके चला जाता था। नवें दिन दुकानदारों ने कसम खाई कि विलायती कपड़े अब न मंगावेंगे। तब पहरे उठा लिये गए।

कर्मभूमि

प्रेमचन्द ने 'कर्मभूमि' लिखने की शुरुआत 1931 की गर्मियों में की। उपन्यास साल भर में पूरा हो गया और अगस्त, 1932 में प्रकाशित हुआ। इसका उर्दू रूपान्तर एक साल बाद 'मैदान-ए-अमल' के नाम से प्रकाशित हुआ। शिल्प-कौशल की दृष्टि से 'कर्मभूमि' उपन्यासकार को एक क़दम आगे ले जाता है। चरित्र-चित्रण और चरित्रों का विकास, दोनों ही बेहतर ढंग से किये गए हैं। शीर्षक से स्पष्ट है कि उपन्यास न केवल कर्मप्रधान है बल्कि उसके मुख्य पात्र भी जीवन के व्यावहारिक पक्ष के प्रति अधिक सजग हैं। कहानी शहर में शुरू होती है और गाँव की ओर बढ़ती है। फिर

कहानी कुछ इस तरह विकसित होती है कि गाँव और शहर, दोनों एक-से महत्त्वपूर्ण हो जाते हैं। पूरे उपन्यास में संघर्ष का माहौल है; संघर्ष अफ़सरशाही के ख़िलाफ़, जाति के नाम पर अत्याचार के ख़िलाफ़ और ज़मींदारों द्वारा किसानों के शोषण के ख़िलाफ़ है। महात्मा गांधी का प्रभाव स्पष्ट है—न सिर्फ़ वैचारिक स्तर पर बल्कि विभिन्न आन्दोलनों के नेताओं द्वारा अपनाए गए तरीक़ों की कार्य-प्रणाली में भी। उपन्यास इस बात की पुष्टि करता है कि प्रेमचन्द अभी भी सामाजिक समस्याओं का रचनात्मक हल ढूँढ़ने में विश्वास करते थे। वे अभी भी एक आदर्शवादी थे। हालाँकि उनके विचार तेज़ी से बदल रहे थे। एक दिलचस्प बात यह भी है कि 'कर्मभूमि' के प्रकाशन के तत्काल बाद ही उन्होंने 'गोदान' लिखना प्रारम्भ कर दिया था। 'गोदान' में वे गांधीवादी विश्व-दृष्टि से मूलभूत रूप से अलग हो गए हैं।

लाला समरकान्त बड़े पुरुषार्थी इनसान थे। जब उन्होंने ज़िन्दगी की शुरुआत की तो सांसारिक जमा-पूँजी के नाम पर उनके पास बस एक टूटी-फूटी झोंपड़ी थी। आज उनके पास लाखों की सम्पत्ति थी। उनके दो व्यापार थे : अनाप-शनाप ब्याज पर पैसे उधार देना और बेहद कम दाम पर ख़रीदे चोरी के माल को बेचना। क़िस्मत दोनों ही धंधों पर मेहरबान थी; ख़ास कर दूसरे वाले पर। चोरी का माल बेचने वाले धंधे में उनका साथी था काले ख़ाँ, जिसे सारा शहर एक गुंडे के रूप में जानता था। हर वक़्त उसका हुक़्म बजाने को तैयार कुछ लफ़ंगों की मदद से काले ख़ाँ ऐसा बढ़िया टिकाऊ माल हासिल करता जिसकी शहर के रईसों में बड़ी माँग थी, और उसे कम दाम पर लाला जी को बेच देता। समरकान्त की पत्नी को अपने पति की कामयाबी पर बड़ा गर्व था और वह अपनी दौलत पर ख़ूब इतराती थीं। लेकिन लाला जी के बच्चे बिलकुल भिन्न निकले। बेटा अमरकान्त और बेटी नैना, दोनों ही अपने पिता के धन कमाने के तरीक़ों के ख़िलाफ़ थे। दरअसल उन दोनों में से कोई भी पैसे को मनुष्य के सुख का स्रोत ही नहीं मानता था।

अमरकान्त साधारण विद्यार्थी था। उसका विद्यार्थी जीवन आठवें दर्जे में समाप्त हो गया। इस बात की उसके पिता को कोई फ़िक्र न थी, जो यूँ भी शिक्षा को समय और पैसे की बरबादी समझते थे। जिस बात से नाराज़गी थी, वह था नैतिकता के आधार पर पारिवारिक धन्धे के साथ जुड़ने से मना करना। उन्होंने अपने बेटे से पूछा, "क्या तुम किसी एक ऐसे व्यापार का नाम ले सकते हो जिसमें अपनी अन्तरात्मा की आवाज़ को दबाना नहीं पड़ता? हर तरह के व्यापार में तिकड़म करनी पड़ती है। जो इन तिकड़मों को समझता है, वही मुनाफ़ा कमा सकता है। जो नहीं समझता, वह दिवालिया हो जाता है। क्या तुम किसी ऐसे व्यापार के बारे में जानते हो जिसमें दंद-फन्द रिश्वत नहीं लेते? एक कानूनी दस्तावेज़ की नकल हासिल करने के लिए भी छोटी-मोटी घूस देनी पड़ती है। है कोई ऐसा वकील जो झूठे सबूत

बनाता न हो? है कोई ऐसा नेता जो जनता के पैसे पर हाथ न साफ़ करता हो?"

ऐसा भी नहीं था कि समरकान्त ने अपनी अन्तरात्मा को बिलकुल ही अनदेखा कर दिया हो। धार्मिक प्रवचनों में हिस्सा लेकर वे उसे शान्त कर लेते थे। बेटे की शिक्षा पर पैसे ख़र्च करना उन्हें खलता था पर क़फ़न पर हज़ारों रुपये ख़र्च करना उन्हें बिलकुल भी नागवार नहीं गुज़रता था। कभी-कभी वे मन्दिर भी जाते थे और भगवान की प्रतिमा के सामने हाथ जोड़कर खड़े रहते।

अपने बेटे के नैतिक दुराग्रहों को निष्प्रभावी करने के लिए समरकान्त ने उसकी शादी कर दी। वधू सुखदा एक अमीर विधवा की इकलौती बेटी थी। वह अपने साथ ढेर सारा दहेज लाई। इसके अलावा उसे अपने पैसे पर बड़ा घमंड था और वह अमरकान्त के विचारों से सहमत भी नहीं थी। वह हमेशा अपने पति को इस बात के लिए उकसाती रहती कि उसकी जीवन-शैली एक रईसज़ादे जैसी होनी चाहिए। इस वजह से दोनों के बीच अक्सर झड़प होती। अमीर लोगों के शग़ल में अमरकान्त की कोई दिलचस्पी न थी। उसे राजनीतिक सभाओं में हिस्सा लेना अच्छा लगता था। अपनी पढ़ाई जारी रखने के लिए उसे अपने दोस्त सलीम से पैसे उधार लेने पड़े थे। धीरे-धीरे दोनों दोस्त राष्ट्रीय आन्दोलन से अधिकाधिक जुड़ते गए। वे अब चर्खा चलाकर सूत कातते थे। उन्होंने मिल का बना कपड़ा पहनना छोड़ दिया था और अक्सर गाँवों में जाकर रचनात्मक काम करते थे। अपने इन प्रयासों में उन्हें अपने एक शिक्षक शान्ति कुमार से प्रोत्साहन मिलता था। दूसरे अध्यापकों से अलग, शान्ति कुमार अकादमिक अध्ययन पर अधिक ज़ोर नहीं देते थे। उन्हें यक़ीन हो गया था कि मौजूदा शिक्षण-प्रणाली पूरी तरह व्यावसायिक हो चुकी है। वे चाहते थे कि उनके विद्यार्थी स्वतंत्र रूप से विचार करें और सामाजिक और राजनीतिक बदलाव की जो आँधी देश में चल रही थी, उससे रू-ब-रू हों।

अपनी पत्नी के लगातार टोकने से परेशान होकर अमरकान्त दिन के कुछ समय पिता की दुकान में बैठने के लिए तैयार हो गया। लेकिन वह अपने मित्र और अध्यापक के सम्पर्क में बना रहा। उसकी बहन नैना भी कभी-कभी उसके साथ कांग्रेसी लीडरों के भाषण सुनने जाया करती थी। अमरकान्त इस बात का क़ायल हो चुका था कि विदेशी वर्चस्व भारतवर्ष के लिए एक शाप है। उसने भारतीयों का आत्मसम्मान नष्ट कर दिया है। एक ऐसी घटना हुई जिसने ब्रिटिश हुकूमत पर अमरकान्त के क्रोध को चरम सीमा तक भड़का दिया। एक दिन वह सलीम और शान्ति कुमार के साथ गाँव गया था, जहाँ उसने एक औरत की बेबस चीख़ें सुनीं। एक अंग्रेज़ सैनिक उस औरत का बलात्कार कर रहा था और दो अन्य सैनिक पहरेदारी कर रहे थे। अमरकान्त ने इन दोनों सैनिकों को ख़ूब मारा। बलात्कारी भी भाग गया। मुन्नी नाम की वह महिला सदमे में थी। उसे दोनों ने घर पहुँचाया। लेकिन कुछ दिनों बाद उस महिला ने समरकान्त की दुकान के सामने एक अंग्रेज़

सिपाही को छुरा घोंप दिया। उसके हाव-भाव में इतना उन्माद था कि लोगों ने उसे पागल समझा। वह गिरफ़्तार कर ली गई और उस पर मुक़दमा चला।

मुन्नी के मुक़दमे ने बहुत-से लोगों का ध्यान आकर्षित किया। लोगों की उसके प्रति सहज सहानुभूति थी। वह अंग्रेज़ों के हाथों भारत के अपमान का प्रतीक बन गई। मुन्नी के बचाव की मुहिम तेज़ हो गई। अमरकान्त और उसके दोस्त भी इस मुहिम में तहेदिल से लग गए।

यहाँ तक कि जिस जज की अदालत में यह मुक़दमा था, उसकी पत्नी ने भी खुलेआम कहा कि मुन्नी दोषी नहीं है क्योंकि उसने जो भी किया, वह हद से ज़्यादा उकसाने का नतीजा था। आख़िरकार जनता की राय ही प्रभावी रही और मुन्नी को बरी कर दिया गया। उसका पति उसे घर ले जाने आया था और उसका छोटा-सा बच्चा भी उससे चिपका हुआ था। पर मुन्नी को लगता था कि वह हमेशा के लिए मैली हो चुकी है और अब किसी की पत्नी या माँ बनने के लायक़ नहीं रही। एक दिन वह अचानक ग़ायब हो गई।

इस घटना के कुछ समय बाद ही अमरकान्त और शान्ति कुमार को एक अप्रिय आश्चर्य से रू-ब-रू होना पड़ा। उनके मित्र सलीम ने फ़ैसला किया कि वह प्रशासनिक सेवाओं से जुड़ेगा। उसने अपने फ़ैसले को तर्कसंगत ठहराने के लिए ज़ोर देकर कहा कि लोगों को सरकारी तंत्र के भीतर और बाहर, दोनों तरफ़ से मदद की आवश्यकता है और वह क़ानून के पाले में रहकर अपना सहयोग देता रहेगा। शान्ति कुमार के राजनीतिक दर्शन में शासन के तंत्र की कोई जगह ही नहीं थी, और उन्होंने सलीम को यह समझाने की कोशिश की कि वह एक भ्रम पाले हुए है। उन्होंने कहा कि नौकरशाही मूल रूप से एक दमनकारी व्यवस्था है। लेकिन सलीम ने जो सोचा था, वही किया। प्रतियोगी परीक्षाओं में सफल होने के बाद वह डिप्टी मजिस्ट्रेट के पद पर नियुक्त हुआ। इसी बीच अमरकान्त के व्यक्तिगत जीवन में कुछ नये मोड़ आए। उसके पिता के यहाँ एक वृद्ध महिला नौकरी करती थीं जिनका पूरे परिवार के साथ बड़ा ही आत्मीय सम्बन्ध था। उनकी एक पोती थी सकीना। सकीना बड़ी सौम्य, ज़हीन और सुन्दर बच्ची थी और आस-पड़ोस में सभी की दुलारी। अब वह एक आकर्षक युवती थी। अमरकान्त उसकी तरफ़ आकृष्ट हुआ। उसे सकीना में वह सब मिला जो उसे अपनी पत्नी से नहीं मिला था : कोमलता, सहानुभूति और हमनज़र होना। सकीना और अमरकान्त के आपसी झुकाव की ख़बर समरकान्त को लगी। अपने चिर-परिचित ख़ब्ती अन्दाज़ में उसने कहा कि हल्की-फुल्की इश्क़बाज़ी से उसे कोई एतराज़ नहीं है, बशर्ते कि उसे गम्भीरता से न लिया जाए।

उधर, अमरकान्त का ध्यान पाकर सकीना बेहद प्रसन्न थी। उसने हमेशा से ही अमरकान्त को सराहा था—उसके ऊँचे आदर्शों और निःस्वार्थ सेवा भाव के लिए

और उस हिम्मत के लिए भी जो उसने मुन्नी की 'अग्निपरीक्षा' के समय दिखाई थी। कुछ ही समय पहले सकीना की सगाई एक ऐसे शख़्स से हुई थी जिसे वह पसन्द नहीं करती थी। अब उसने वह सगाई तोड़ दी, यह जानते हुए भी कि अमरकान्त के साथ किसी स्थायी सम्बन्ध का क़ायम होना सम्भव नहीं। वह अमरकान्त के जीवन में ऐसा सुकून लाई, जैसा अमरकान्त ने पहले कभी जाना ही नहीं था। उसका घर एक क़ैदख़ाने जैसा था और पत्नी संगमरकर की मूर्ति। वह और उसकी पत्नी दो अलग-अलग दुनिया के वासी थे। उनका विवाह ऐसा था, जैसे दो विपरीत जलवायु के प्रदेशों से लाए गए जीवों को एक ही पिंजरे में फेंककर ज़बर्दस्ती स्थापित किया गया सम्बन्ध। अमरकान्त ने कहा, "जीने के लिए मुझे एक ऐसे इनसान की ज़रूरत है जिसके पास अरमानों से भरा दिल हो—ऐसा दिल, जो क़ुर्बानी दे सके, मेरे लिए दो आँसू बहा सके और मेरी तरह जल भी सके।"

जिस तनाव ने परिवार को पहले से ही जकड़ रखा था, उसे अमरकान्त और सकीना के प्रेम-प्रसंग ने और बढ़ा दिया। बाप-बेटे के बीच की दूरी और भी बढ़ गई क्योंकि बेटे ने नगरपालिका (म्युनिसिपल बोर्ड) के ख़िलाफ़ इस बात पर मोर्चा खोल रखा था कि बोर्ड ने मज़दूरों की बस्ती के लिए ज़मीन आवंटित करने से मना कर दिया था। नगरपालिका के अधिकतर सदस्य समरकान्त के मित्र थे। जब अमरकान्त ने देखा कि अब वह और उसके पिता आमने-सामने हैं तो उसने शहर छोड़ने का फ़ैसला किया। वह एक गाँव में चला गया जिसमें रहनेवाले अधिकतर हरिजन थे। खद्दर बेचकर वह अपनी आजीविका चलाता था। कुछ समय के लिए सुखदा उसके साथ रहने आई पर गाँव का जीवन इतना शान्त और निर्जीव था कि उसे पसन्द नहीं आया। वह वापस शहर चली गई हालाँकि उस समय उसका पति बीमार था। अपने पति की अपेक्षा अपने ससुर के साथ उसकी वैचारिक घनिष्ठता अधिक थी।

खद्दर बेचने के अलावा अमरकान्त ने एक स्कूल भी खोला ताकि गाँव के लोगों की निरक्षरता दूर हो सके। उसके रचनात्मक काम, सौम्य व्यवहार और मुसीबत में पड़े लोगों की सहायता करने के लिए तत्परता ने उसे पूरे गाँव में लोकप्रिय बना दिया था, ख़ास कर हरिजनों के बीच में। कुछ समय बाद शान्ति कुमार और नैना भी उसके साथ आ गए। हरिजनों ने ब्राह्मणों के ख़िलाफ़ एक संघर्ष शुरू किया था क्योंकि ब्राह्मण उनके साथ जानवरों का-सा बर्ताव करते थे। इसी संघर्ष के बारे में सुनकर शान्ति कुमार और नैना अमरकान्त के साथ आ गए। जब सुखदा ने गाँव में हरिजनों के ऊपर हो रहे अत्याचारों के बारे में सुना तो उसकी मानसिकता भी बदलने लगी। एक बार छोटी जाति के कई लोगों को ब्राह्मणों ने इसलिए बहुत मारा था क्योंकि वे लोग एक ऐसे धार्मिक अनुष्ठान में भाग लेने की हिमाक़त कर बैठे थे जहाँ धर्मग्रंथों पर प्रवचन हो रहा था। ब्राह्मणों के अनुसार, अछूतों को वैदिक मंत्र सुनने का कोई अधिकार नहीं है। जब इस घटना की ख़बर शहर पहुँची

तो अमरकान्त के नेतृत्व में चल रहे संघर्ष में सुखदा भी शामिल हो गई। सत्याग्रह सफल रहा। ब्राह्मणों को झुकना पड़ा। अब हरिजनों को धार्मिक सभाओं में हिस्सा लेने की और मन्दिर के अन्दर जाकर पूजा करने की पूरी आज़ादी थी।

उधर हरिजन गाँव में अपने अधिकारों की लड़ाई लड़ रहे थे और इधर मज़दूर शहर में आवासीय योजना के मुद्दे को लेकर संघर्ष कर रहे थे। सुखदा अब बिलकुल बदल चुकी थी। उसके भीतर का योद्धा जाग उठा था। उसका स्वाभिमान अब तक केवल उसके अहं की तुष्टि की ओर ही केन्द्रित था, पर अब उसे अभिव्यक्ति का एक समुचित रास्ता मिल गया था। उसने मज़दूरों के आन्दोलन में सक्रिय सहयोग किया और कुछ समय बाद उसे उनके 'लीडर' के रूप में मान्यता मिली। यहाँ तक कि समरकान्त को भी अपने स्वार्थी जीवन से घृणा हो गई। वह भी संघर्ष में शामिल हो गया। परिवार का केवल एक ही सदस्य मज़दूरों के ख़िलाफ़ था और वह था नैना का पति। उसके इस विरोध की परिणति हुई नैना की अपने ही पति के साथ हुई हिंसात्मक मुठभेड़ में जिसमें दुर्भाग्यवश नैना की मृत्यु हो गई। नगरपालिका को आख़िरकार झुकना पड़ा। मज़दूर जिस ज़मीन की माँग कर रहे थे, वह ज़मीन उन्हें अपने घर बनाने के लिए सौंप दी गई।

बहरहाल, अमरकान्त ने गाँव में अपना काम जारी रखा। लोगों का संघर्ष अब मोटे तौर पर ब्राह्मणों के द्वारा किये शोषण के ख़िलाफ़ ही नहीं बल्कि ख़ास तौर पर एक व्यक्ति विशेष के ख़िलाफ़ था—एक महन्त, जो ख़ुद ऐशोआराम में रहकर गाँव के सीधे-सादे लोगों से धर्म के नाम पर हर तरह की माँग करता रहता था। इन बेजा माँगों के ख़िलाफ़ उठ खड़े विरोध की अगुआई आत्मानन्द ने की, जो एक विस्फोटक वक्ता था और अमरकान्त का ठीक उल्टा। जहाँ अमरकान्त धैर्य और संयम रखने का अनुरोध करता और गाँव के लोगों को अनावश्यक तकलीफ़ से बचाने की कोशिश करता, वहीं आत्मानन्द आर-पार की लड़ाई की वकालत करता। वह बातचीत और समझौतों से समस्या सुलझाने के पक्ष में बिलकुल नहीं था। पर सरकारी दमन के सामने दोनों नेताओं के मतभेदों के बावजूद लोगों में एकता बनी रही। इसी बीच अमरकान्त के मित्र सलीम को सरकार की तरफ़ से वहाँ नियुक्त किया गया ताकि वह समस्या सुलझा सके। दोनों मित्र अब विरोधी खेमों में थे। सलीम ने अमरकान्त को गिरफ़्तार करने में तनिक भी संकोच नहीं किया।

सलीम के मित्रों को इससे बड़ी तक़लीफ और निराशा हुई क्योंकि सलीम अब विशुद्ध अधिकारी की तरह व्यवहार कर रहा था। यहाँ तक कि समरकान्त ने भी, जो अब तक जनसाधारण की प्रतिक्रिया का विरोध कर रहा था, सलीम पर विदेशी सरकार के प्रति वफ़ादारी निभाने के लिए तंज़ किये। ख़ैर, जब सलीम ने कुछ समय गाँव में बिताया और अपनी आँखों से देखा कि छोटी जाति के लोगों को किस-किस तरह के अन्याय और शोषण का शिकार होना पड़ता है, तो उसकी मानसिकता में

भी परिवर्तन होने लगा। गाँव की वास्तविक दशा का ब्योरा देते हुए उसने सरकार को एक रिपोर्ट भेजी। उसने लिखा कि लोगों की आपत्तियाँ जायज़ हैं और इस संघर्ष के लिए पुलिस और अधिकारी ही ज़िम्मेदार हैं। सलीम के उच्चाधिकारी श्री ग़ज़नवी ने रिपोर्ट को अस्वीकार कर दिया और उसे आगे भेजने से मना कर दिया। सलीम ने रिपोर्ट अब सीधे मुख्यालय भेज दी। पर रिपोर्ट पर ध्यान देने की बजाय, सलीम को भी राजद्रोही गतिविधियाँ उकसाने के आरोप में बर्ख़ास्त कर दिया गया।

मुन्नी जिस पर अंग्रेज़ सैनिक को छुरा मारने के जुर्म में मुक़दमा चला था और जो बाद में ग़ायब हो गई थी, कई वर्षों बाद अचानक उसी गाँव में प्रकट हुई जहाँ अमरकान्त हरिजनों के बीच रहकर काम कर रहा था। उसने अमरकान्त को बताया कि गंगा में डूबकर आत्महत्या करने का असफल प्रयास किया था। अमरकान्त ने उसे ढाढ़स बँधाया और प्रेरित किया कि वह जनता की सेवा में अपना जीवन समर्पित करे। मुन्नी के दिल पर जिस अपराधबोध और शर्मिन्दगी का बोझ था, उससे मुक्त होने में भी अमरकान्त ने उसकी मदद की। दोनों एक-दूसरे के बहुत क़रीब आ गए थे। मुन्नी का अमरकान्त के प्रति लगाव तब और भी बढ़ गया जब उसे अपने पति और बच्चे की मृत्यु की सूचना मिली। अब दुनिया में अमरकान्त के सिवा कोई और नहीं था जो उसकी पीड़ा को समझता और हिम्मत बँधाता। दोनों ने एक-दूसरे के साथ सुकून भरा काफ़ी वक़्त बिताया। पर अमरकान्त की क़िस्मत में ज़्यादा समय तक चैन नहीं था। कार्यालय में सलीम का उत्तराधिकारी बेहद निर्दयी और पत्थरदिल था। श्री घोष नाम के इस शख़्स ने हर तरफ़ आतंक का राज फैला दिया। एक दिन, जब उसकी निरंकुशता सलीम की बर्दाश्त के बाहर हो गई, तो एक जनसभा में वह उससे सीधे भिड़ गया। घोष बड़ा घमंडी था और अपने पूर्वाधिकारी के साथ वह बड़ी बदतमीज़ी से पेश आया। दोनों में हाथापाई हो गई और सलीम को गिरफ़्तार करके लखनऊ जेल में डाल दिया गया। अमरकान्त और उसके दोस्त भी गिरफ़्तार हो गए थे और उसी जेल में थे। आख़िरकार सरकार को झुकना पड़ा और लोग जिन माँगों को लेकर संघर्ष कर रहे थे, उनमें से कई माननी पड़ीं। गाँव में जो अन्याय होते आए थे, उनकी पुनरावृत्ति न हो, इसके लिए एक समझौता समिति का गठन भी किया गया।

प्रेमचन्द के प्रमुख उपन्यासों में 'कर्मभूमि' का एक विशिष्ट स्थान है। राष्ट्रव्यापी आन्दोलन का जो ख़ाका इसमें खींचा गया है, वह पाठक के मस्तिष्क पर स्थायी प्रभाव छोड़ता है। पर उपन्यास की यह उपलब्धि सत्याग्रह और ब्रिटिश हुकूमत के ख़िलाफ़ संघर्ष के वृत्तान्तों पर उतनी आधारित नहीं है जितनी इस बात के संप्रेषण में कि आन्दोलन ने भारतवासियों की मानसिकता को किस तरह प्रभावित किया। कथानक के तत्त्व लगभग वही हैं जो अन्य उपन्यासों में हैं : धन-लोलुपता,

अफ़सरशाही का अड़ियल और प्रतिकूल रवैया, साहूकारों और ज़मींदारों का लालच, स्वयंसिद्ध महन्तों का पाखंड, अछूतों की दुर्दशा और पुलिसिया अत्याचार। लेकिन वर्णन-शैली कुछ ऐसी है कि हम शोषित और दबे-कुचले लोगों में एक आत्मविश्वास को जन्म लेते देखते हैं। और यही वह चमत्कार था जिसे महात्मा ने हिन्दुस्तान में गढ़ा। नीची जाति के हिन्दू, भूखे किसान जो सदियों से बेगार करते आए थे और शहरी मज़दूर—अत्यन्त साधारण ग़रीब लोगों में आत्मसम्मान का नया बोध पनप रहा था और जिस तरह ये लोग विदेशी शासन से विमुख होते जा रहे थे, उसने ब्रिटिश हुकूमत की नींव ही हिला दी थी। लेकिन इससे भी ज़्यादा बड़ा कमाल था भारतीय स्त्रियों में आई जागरूकता। सुखदा प्रेमचन्द के नारी पात्रों में पहली है जो एक बड़े आन्दोलन की अगुआई करती है। उसका साथ देती है एक बूढ़ी पठान स्त्री और उसकी पोती सकीना। शुरू-शुरू में हम सुखदा और सकीना के बीच अन्तर देखते हैं। सुखदा ओछी, घमंडी और पैसे के मद में चूर है जबकि सकीना विचारवान, सौम्य, विनम्र और धैर्यवान है। लेकिन समय के साथ सुखदा बदलती है। वह अपनी तमाम कमज़ोरियों पर विजय पाती है और संघर्ष की अगुआई करने के लिए आगे आती है।

उपन्यास तेज़ गति से आगे बढ़ता है। शहर और गाँव, दोनों में ही, कहानी के अधिकतर हिस्से में संघर्ष का माहौल व्याप्त है। लेकिन प्रेमचन्द अभी भी गांधीवादी नज़रिए के दायरे के भीतर ही हैं। हिंसा को नज़रअन्दाज़ नहीं किया जाता। एक आदर्श नेता को शान्त रहकर बातचीत और तर्क के आधार पर समझौतों के लिए तैयार रहना चाहिए, चाहे मुद्दा कितना भी भड़काऊ हो। अमरकान्त और आत्मानन्द की तुलना करने पर हम दो प्रकार के नेताओं के बीच का फ़र्क़ देख सकते हैं। एक तात्कालिक परिणाम चाहता है जो अपने अनुयायियों को भड़काकर और उकसाकर प्राप्त किया जा सकता है, चाहे उस प्रक्रिया में ख़ूनख़राबा ही क्यों न हो जाए। दूसरा, इस तरह जनता की तालियाँ बटोरने में यक़ीन नहीं करता। वह घोर निराशाजनक स्थितियों में भी अपना सन्तुलन नहीं खोता। उसका नेतृत्व प्रेरणा पर आधारित है। वह अपने अनुयायियों के पीछे नहीं पड़ता। 'कर्मभूमि' में जो बात कही गई है, वह यह है कि ईमानदारी और त्याग ही पर्याप्त नहीं होते। उन्हें पुरअसर बनाने के लिए शान्ति, धैर्य और सहानुभूति की ज़रूरत है। अमरकान्त ने भगवद्गीता के सार को उसी तरह आत्मसात् कर लिया, जैसे महात्मा गांधी ने अपने व्यावहारिक जीवन में। वह धर्मयोद्धा है, यह संसार उसका कर्मक्षेत्र है और अपने धर्म का पालन वह अनासक्त भाव से करता है।

कोई भी पूरी तरह बुरा नहीं होता। यहाँ तक कि लालची समरकान्त, जो क्षुद्रता की प्रतिमूर्ति है, अन्त में महसूस करता है कि वह कितना नीच है! यह समझ नहीं पाता कि उसके बेटे का मित्र सलीम, जो अक्सर ऊँचे आदर्शों की बात करता था,

कैसे सरकारी तंत्र का हिस्सा बन सकता है। समरकान्त आख़िरकार उन्हीं लोगों से जुड़ जाता है जिनके लिए उसके मन में हमेशा केवल तिरस्कार और उपहास था। वह सलीम की आलोचना करता है। उसे इस बात का बोध नहीं है कि सलीम सरकारी तंत्र से इसलिए नहीं जुड़ा था क्योंकि उसकी अन्तरात्मा मर चुकी थी, बल्कि इसलिए, क्योंकि वह सचमुच यह मानता था कि प्रशासनिक व्यवस्था का हिस्सा बनकर वह अन्याय के ख़िलाफ़ बेहतर ढंग से लड़ सकता है। जब उसका मोहभंग होता है तब वह वापस मुड़ जाता है, फिर से अमरकान्त के साथ हो जाता है और जेल जाता है। 'कर्मभूमि' का कोई भी पात्र निष्क्रिय नहीं है। बदलती हुई परिस्थितियों का हिस्सा बनने की प्रक्रिया में वे ख़ुद को भी बदलते चलते हैं।

प्रेमचन्द द्वारा सृजित चरित्रों में अमरकान्त सर्वश्रेष्ठ है। यहाँ प्रस्तुत है लेखक द्वारा खींची अमरकान्त की तसवीर जब वह एक विद्यार्थी था :

> अमरकांत साँवले रंग का, छोटा सा दुबला-पतला कुमार था। अवस्था बीस की हो गई थी; पर अभी मसें भी न भीगी थीं। चौदह-पन्द्रह साल का किशोर-सा लगता था। उसके मुख पर एक वेदनामय दृढ़ता, जो निराशा से कुछ मिलती-जुलती थी, अंकित हो रही थी, मानो संसार में उसका कोई नहीं है! इसके साथ ही उसकी मुद्रा पर कुछ ऐसी प्रतिभा, कुछ ऐसी मनस्विता थी कि एक बार उसे देखकर भूल जाना कठिन था।

अकेला होने के इस अहसास के बावजूद अमरकान्त के अन्दर न तो कटुता थी, न मनुष्यों के प्रति द्वेष की भावना। अपने अकेलेपन को लेकर वह चिन्तामग्न भी नहीं रहता था। बल्कि उसके अन्दर का शुभ तत्त्व उसे प्रेरित करता था कि वह दूसरों के काम आए और अन्याय के ख़िलाफ़ संघर्ष करे। सुखदा के साथ दाम्पत्य जीवन में सामंजस्य न होने के कारण वह पहले सकीना और फिर मुन्नी की ओर आकृष्ट हुआ। ये सम्बन्ध किसी मुग्धता के कारण नहीं थे बल्कि उस आत्मीयता की चाह के कारण थे जो अमरकान्त को घर पर नहीं मिल पा रही थी।

'कर्मभूमि' में न केवल तत्कालीन राजनीतिक और सामाजिक प्रवृत्तियाँ प्रतिबिम्बित होती हैं बल्कि विदेशी शिक्षा-पद्धति के प्रति असन्तोष भी परिलक्षित होता है। लगभग एक शताब्दी तक भारतवासियों का यह विचार था कि ब्रिटिश सरकार की और जो भी कमियाँ या दोष रहे हों, एक आधुनिक शिक्षा-पद्धति की स्थापना करके भारतवर्ष के विकास में उसने अपना योगदान दिया था। लेकिन बीसवीं शताब्दी के आरम्भिक पच्चीस सालों में जागरूक हुई राष्ट्रीय चेतना ने विदेशी शासन के इस पक्ष तक का पुनर्मूल्यांकन करना ज़रूरी समझा। 'कर्मभूमि' में आधुनिक शिक्षा के प्रति यह आलोचनात्मक दृष्टिकोण हमें शान्ति कुमार के इस वक्तव्य में नज़र आता है :

> यह किराये की तालीम हमारे कैरेक्टर को तबाह किये डालती है। हमने तालीम को भी एक व्यापार बना लिया है। व्यापार में ज़्यादा पूँजी लगाओ, ज़्यादा नफ़ा होगा। तालीम में भी ख़र्च ज़्यादा करो, ज़्यादा ऊँचा ओहदा पाओगे।

प्रेमचन्द ने स्वयं एक सरकारी शिक्षण संस्थान में बतौर शिक्षक कई साल बिताए थे। शिक्षण-तंत्र की कार्य-प्रणाली से वे भली भाँति परिचित थे। 'कर्मभूमि' के इस अंश में उनके निजी विचार प्रस्तुत हैं :

> हमारे स्कूलों और कॉलेजों में जिस तत्परता से फ़ीस वसूल की जाती है, शायद मालगुज़ारी भी उतनी सख़्ती से नहीं वसूल की जाती। महीने में एक दिन नियत कर दिया जाता है। उस दिन फ़ीस का दाख़िला होना अनिवार्य है। या तो फ़ीस दीजिए, या नाम कटवाइए, या जब तक फ़ीस न दाख़िल हो, रोज़ कुछ जुर्माना दीजिए। कहीं-कहीं ऐसा भी नियम है कि उसी दिन फ़ीस दुगुनी कर दी जाती है और किसी दूसरी तारीख़ को दुगुनी फ़ीस न दी तो नाम काट दिया जाता है। काशी के क्वींस कॉलेज में यही नियम था। सातवीं तारीख़ को फ़ीस न दो, तो इक्कीसवीं तारीख़ को दुगुनी फ़ीस देनी पड़ती थी, या नाम कट जाता था। ऐसे कठोर नियमों का उद्देश्य इसके सिवा और क्या हो सकता था, कि ग़रीबों के लड़के स्कूल छोड़कर भाग जाएँ। वही हृदयहीन दफ़्तरी शासन जो अन्य विभागों में है, हमारे विद्यालयों में भी है। वह किसी के साथ रिआयत नहीं करता। चाहे जहाँ से लाओ, कर्ज़ लो, गहने गिरो रखो, लोटा-थाली बेचो, चोरी करो, मगर फ़ीस ज़रूर दो, नहीं तो दूनी फ़ीस देनी पड़ेगी या नाम कट जाएगा। ज़मीन और जायदाद के कर वसूल करने में भी कुछ रिआयत की जाती है। हमारे शिक्षालयों में नर्मी को घुसने ही नहीं दिया जाता। वहाँ स्थायी रूप से मार्शल-लॉ का व्यवहार होता है। कचहरी में पैसे का राज है, हमारे स्कूलों में भी पैसे का राज है, उससे कहीं कठोर, कहीं निर्दय। देर में आइए तो जुर्माना, न आइए तो जुर्माना, सबक न याद हो तो जुर्माना, किताबें न ख़रीद सकिए तो जुर्माना, कोई अपराध हो जाए तो जुर्माना, शिक्षालय क्या है, जुर्मानालय है। यही हमारी पश्चिमी शिक्षा का आदर्श है जिसकी तारीफ़ों के पुल बाँधे जाते हैं। यदि ऐसे शिक्षालयों से पैसे के लिए ग़रीबों का गला काटने वाले, पैसे के लिए अपनी आत्मा को बेच देने वाले छात्र निकलते हैं, तो आश्चर्य क्या है!

गोदान

'गोदान', जिसे कई आलोचकों ने प्रेमचन्द का महानतम उपन्यास माना है, 1932 में शुरू हुआ। लेखक की बीमारियों और दूसरी व्यस्तताओं से आए व्यवधानों के कारण उपन्यास 1934 में पूरा हुआ—बस, कुछ आख़िरी पन्ने ही शेष रह गए थे। ये आख़िरी पन्ने 1935 में प्रेमचन्द के बम्बई से लौटने के बाद पूरे हुए। 'गोदान' 1936 में प्रकाशित हुआ, लेखक की मृत्यु से बमुश्किल चार महीने पहले। चूँकि यह उपन्यास साहित्य की दुनिया को लेखक की आख़िरी भेंट थी, इसलिए यदि कुछ समीक्षकों ने इसे लेखक का अपना 'गोदान' कहना चाहा, तो यह स्वाभाविक है। हिन्दू परम्परा के अनुसार, एक मरणासन्न व्यक्ति अगर अपने आख़िरी समय में कुछ पुण्य कमाना चाहता है तो उसे गाय दान करनी चाहिए। 'गोदान' का अंग्रेज़ी में तरजुमा होता है 'गाय का उपहार' लेकिन इससे वे भावनात्मक और धार्मिक अर्थ ध्वनित नहीं होते जो 'गोदान' में अन्तर्निहित हैं। यह सामान्य तौर पर दी या ली जानेवाली 'भेंट' नहीं है, न ही मोक्ष प्राप्त करने की तीव्र इच्छा को रेखांकित करता हुआ एक प्रतीकात्मक विधान है। सम्भवतः बतौर शीर्षक 'आख़िरी उपहार' बेहतर होता, हालाँकि यह सटीक नहीं होता। जीवन के अन्तिम क्षणों में ही अनिवार्यतः नहीं, कभी भी किसी को गाय भेंट करना मनुष्य के लिए एक प्रशंसनीय कार्य होता है लेकिन इस कहानी के सन्दर्भ में 'गोदान' सचमुच वह अन्तिम उपहार है जो मनुष्य किसी को दे सकता है।

'गोदान' की परिकल्पना बड़े वृहत् स्तर पर की गई है। दरअसल इसे भारतीय किसान के जीवन का महाकाव्य भी कहा गया है। भारतीय गाँव और उसमें रचा-बसा किसान, यह कथानक का केन्द्रबिन्दु है। दोनों मिलकर वह धुरी बनाते हैं जिसके चारों तरफ़ बाक़ी उपन्यास घूमता है। अगर 'गोदान' के पक्ष में सबसे मार्मिक और अविस्मरणीय तसवीर है, तो मुझे यक़ीन है कि कोई बिरला ही असहमत होगा। ब्रिटिश हुकूमत के दौरान अनेक स्तरों पर गाँवों का जो शोषण हुआ और उसके फलस्वरूप उनकी जो भयंकर दुर्दशा हुई, उसकी सच्ची और नंगी तसवीर है यह उपन्यास। उपन्यास के पन्नों में एक गहरा अवसाद तारी है। ज़मींदार, पुलिस, साहूकार और बिरादरी के फैलाए जाल में किसान का शरीर और आत्मा, दोनों इस बुरी तरह जकड़े हुए हैं कि उनके बच पाने की कोई सम्भावना ही नहीं है। केवल मृत्यु ही उसे मुक्ति दिला सकती है। लेकिन जो बन्धन बेचारे भुक्तभोगी किसान को बाँधे हुए हैं, वे केवल बाह्य नहीं हैं। ऐसे रीति-रिवाजों, परम्पराओं और विश्वासों, जो तर्क की कसौटी पर कसे ही नहीं जा सकते, से चिपके रहने की ज़िद भी किसान की दुर्गति के लिए समान रूप से ज़िम्मेदार है। 'गोदान' में किसान का भाग्यवादी दृष्टिकोण और उसका यह विश्वास कि उसकी सारी तकलीफ़ उसके पूर्वजन्म के

कर्मों का फल है—इन सबको भी उतने ही सुस्पष्ट तरीक़े से चित्रित किया गया है जितना कि पुजारी, साहूकार या सरकारी अधिकारी की तिकड़मों को।

'गोदान' का यथार्थवाद इसलिए और भी असरदार हो गया है क्योंकि यहाँ लेखक ने अपनी आरम्भिक रचनाओं की कमियों पर काफ़ी हद तक विजय पा ली है। इसमें कोई अजीबोग़रीब संयोग नहीं है, अचानक हुई मुलाक़ातें, नाटकीय और अप्रत्याशित घटनाएँ नहीं हैं। हत्या या आत्महत्या नहीं है और सभी पात्र अपनी स्वाभाविक मौत मरते हैं। कुछ दोष बरकरार हैं, जैसे लम्बे-लम्बे भाषण, पात्र जो टिप्पणी या वर्णन करते हैं, उसके साथ लेखक की अपनी विस्तृत टिप्पणी। लेकिन इन प्रवृत्तियों पर काफ़ी हद तक अंकुश लगाया गया है। रचना में एक निरन्तरता और सामंजस्य है जो उसकी कलात्मकता में इज़ाफ़ा करते हैं। जो थोड़े-बहुत दोष रह गए हैं, उनकी भरपाई उपन्यास की विराटता से हो जाती है। उपन्यासकार स्वयं भी जीवन को असाधारण रूप से पैनी दृष्टि से देखनेवाले प्रेक्षक के रूप में उभरकर आता है और उसकी यह पैनी दृष्टि भारतीय जीवन के लगभग सभी पहलुओं को छूती है। यह कहना अतिशयोक्ति न होगा कि 'गोदान' एक पूरे कालखंड का दस्तावेज़ है—एक ऐसा दस्तावेज़, जिसमें हर महत्त्वपूर्ण बात दर्ज हुई है और जो किसी साधारण इतिहासकार द्वारा नहीं बल्कि एक प्रतिभाशाली कलाकार द्वारा तैयार किया गया है।

'गोदान' में प्रेमचन्द ने ज़मींदार और नवधनाढ्य पूँजीपति का एक विश्वसनीय ख़ाका खींचा है—उनके द्वारा अपनाए जानेवाले दोहरे मानदंड और उनकी मुँह में राम बगल में छुरी वाली वृत्ति। लेखक ने आधुनिक भारतीय शहर की आधुनिक नारी की झलक भी दिखाई है जो पश्चिमी रंगों में रंगी है और भारतीय नारीत्व के परम्परागत आदर्शों में जिसकी कोई दिलचस्पी नहीं है। गाँव के लोगों का शहर की तरफ़ पलायन, औद्योगिक शहरों के जीवन की परिस्थितियों के साथ सामंजस्य बिठाने की उनकी कोशिशें और सँजोए हुए मूल्यों का टूटना-बिखरना; सब कुछ पर उपन्यास के एक पात्र के अनुभवों के रूप में चर्चा की गई है। प्रेमचन्द ने 'नये नेता' का ख़ाका खींचने में भी विलक्षण दूरदर्शिता का परिचय दिया है—यह एक ऐसा व्यक्ति है जो देशप्रेम का इस्तेमाल अपनी व्यक्तिगत स्वार्थसिद्धि के लिए करता है और कमज़ोर वर्ग का शोषण जारी रखता है पर अधिक धूर्तता और चालाकी के साथ। 'गोदान' के कुछ अंश तो राष्ट्रवादी आन्दोलन के मूल्यों में आनेवाली गिरावट पर और दो दशकों बाद व्याप्त होनेवाले भ्रष्टाचार पर सटीक भविष्यवाणियाँ हैं। उस दौर के कुछ समाचार-पत्रों के सम्पादकों की बेईमानी और अवसरवादिता भी उपन्यासकार की निगाह से बच नहीं पाई है।

'गोदान' की एक और विशेषता है—उसकी घटनाओं का प्रेमचन्द के जीवन और अनुभवों के साथ गहरा सम्बन्ध। प्रेमचन्द की आरम्भिक कहानियों और उपन्यासों

के कई पात्रों का ख़ाका उन स्त्री-पुरुषों के व्यक्तित्व पर आधारित है जिनसे वे उत्तर प्रदेश और मध्य भारत की विस्तृत यात्राओं के दौरान मिले। कुछ उनके पैतृक गाँव लमही के लोगों से प्रेरित है। लेकिन 'गोदान' में सत्य और कल्पना के बीच का सम्बन्ध बहुत ही नज़दीकी है। स्वयं प्रेमचन्द ने मुश्किलों के ख़िलाफ़ जीवन पर्यन्त जो संघर्ष किया, वह 'गोदान' के मुख्य पात्र 'होरी' के सतत परिश्रम में प्रतिबिम्बित होता है। इस लिहाज़ से उपन्यास में आत्मकथात्मक तत्त्व हैं। प्रेमचन्द की अपनी आर्थिक समस्याएँ, ऐसे प्रकाशकों के साथ उनके अनुभव जो लेखक से अधिकतम मुनाफ़ा ऐंठ लेते हैं और नौकरशाही के साथ हुए टकराव—सभी 'गोदान' में अलग-अलग प्रसंगों में अभिव्यक्त हुए हैं। इस प्रकार यह उपन्यास महज़ अपने औपन्यासिक गुणों के कारण ही नहीं, बल्कि इसलिए भी महत्त्वपूर्ण है क्योंकि वह लेखक के जीवन, व्यक्तित्व और दृष्टिकोण को समझने में सहायक है।

जैसाकि पहले कहा जा चुका है, अधिकतर आलोचक 'गोदान' को प्रेमचन्द का सर्वश्रेष्ठ उपन्यास मानते हैं। लगातार उत्कृष्ट लेखन करनेवाले लेखक के विपुल साहित्य में से किसी एक रचना को अलग करके उसे सर्वश्रेष्ठ कह देना सम्भव या उचित है कि नहीं, यह मैं पूरे यक़ीन के साथ नहीं कह सकता।

ऐसे कुछ लोग हमेशा रहेंगे जो 'हैमलेट' की अपेक्षा 'मैकबेथ' या 'किंग लियर' से ज़्यादा प्रभावित होते हैं। टॉल्स्टॉय के कुछ प्रशंसक सम्भवत: 'अन्ना कैरेनिना' को 'वॉर एंड पीस' से ऊपर रखेंगे। इसी तरह प्रेमचन्द के पाठकों में से शायद कुछ ऐसे ज़रूर होंगे जो कलात्मकता की दृष्टि से 'रंगभूमि' को 'गोदान' से कम नहीं मानते। आज यह चर्चा कुछ बेमतलब-सी लगती है। सम्भवत: आज से सौ साल बाद इन दो क्लासिक रचनाओं में से कोई एक सर्वसम्मति से सर्वश्रेष्ठ मान ली जाएगी। इस सन्दर्भ में मैं सिर्फ़ दो बातें कहना चाहता हूँ। पहली तो यह कि ऐसा कोई प्रमाण नहीं है जो यह इशारा करता हो कि लेखक 'गोदान' को अपना सर्वोत्तम सबसे मूल्यवान योगदान मानता हो। सच तो यह है कि पिछले अध्याय में उद्धृत पत्र के अनुसार प्रेमचन्द ने कहा था कि उनकी समझ में 'रंगभूमि' उनका सबसे अच्छा उपन्यास है। अपनी मृत्यु के चार महीने पहले मित्र जैनेन्द्र कुमार को लिखे पत्र में प्रेमचन्द कहते हैं : 'तुम्हें 'गोदान' की एक प्रति भेज रहा हूँ। कृपया पढ़ लेना। अगर पसन्द आए तो 'अर्जुन', 'विशाल भारत' या 'हंस' किसी में उसकी समीक्षा छाप देना। अगर पसन्द न आए तो मुझे बता देना, पर समीक्षा न करना।' अमृतराय ने अपनी आधिकारिक जीवनी 'कलम का सिपाही' में इस पत्र का उल्लेख किया है। इत्तफ़ाकन, छ: सौ पन्नों की इस जीवनी में 'गोदान' के छोटे-मोटे उल्लेख महज़ पाँच या छ: बार हुए होंगे, जबकि 'रंगभूमि' के लम्बे-लम्बे अंश उद्धृत किये गए हैं। जैनेन्द्र कुमार को प्रेमचन्द द्वारा लिखे जिस पत्र का ऊपर उल्लेख किया गया है, उससे भी यही पता चलता है कि अगर बतौर लेखक 'गोदान' को भविष्य में मिलने वाली ख्याति का

पूर्वाभास प्रेमचन्द को था तो उन्होंने निश्चय ही उसे प्रकट नहीं होने दिया।

दूसरी बात जो क़ाबिले-ग़ौर है, वह यह कि जो समीक्षक 'गोदान' को प्रेमचन्द की सर्वश्रेष्ठ रचना मानते हैं, उनमें से अधिकांश के पास ऐसा करने का आधार है—लेखक की विचारधारा में स्पष्ट परिवर्तन : गांधीवाद से हटकर समाजवाद की ओर और आध्यात्मिकता से धर्मनिरपेक्षता की ओर। यह मान लिया गया है कि यह परिवर्तन एक प्रगतिशील और क्रान्तिकारी क़दम है और तदनुसार यह निष्कर्ष निकाला गया है कि चूँकि 'गोदान' में यह वैचारिक बदलाव स्पष्ट है, लिहाज़ा वह उससे पहले की सभी रचनाओं से बेहतर है। मैं यह नहीं कह रहा कि यह मूल्यांकन का एकमात्र आधार है या इस मत के सभी आलोचक अधूरे निर्णय के दोषी हैं। पर अधिकांश बार यह मुख्य आधार अवश्य लगता है। विचारधारा के इस सवाल पर इस अध्याय के उत्तरार्द्ध में मैं दोबारा लौटकर आऊँगा।

'गोदान' में गाँव और लखनऊ शहर में घटनेवाली घटनाओं के बीच स्पष्ट सीमांकन है। कुछ सेतु अवश्य हैं, जैसे उपन्यास के नायक होरी के बेटे गोबर का गाँव से शहर जाना, ज़मींदार के लखनऊ में तमाम काम-धंधे और लखनऊ के उद्योगपति श्री खन्ना का गाँव के पास चीनी मिल खोलना। इन कड़ियों के बावजूद, जो यूँ भी कमज़ोर है, कहानी के दोनों हिस्सों की रूपरेखा अलग-अलग खींची जा सकती है और यहाँ उपलब्ध कम जगह में इस वृहत् उपन्यास का सारांश प्रस्तुत करने का यही सबसे सुविधाजनक तरीक़ा भी होगा। अगले खंड में 'उपन्यास : एक अविभाज्य इकाई' मानकर उस पर पुनः चर्चा की जाएगी और उसकी विशेषताओं का उल्लेख किया जाएगा।

राय साहब अमरपाल सिंह सेमारी गाँव में अपनी कोठी में रहते थे। पाँच मील दूर बसा बेलारी गाँव भी उन्हीं की सम्पत्ति था। होरी नाम का किसान बेलारी में रहता था और उसके पास एक एकड़ से भी कम ज़मीन थी। उसके परिवार में पत्नी धनिया, दो बेटियाँ—सोना और रूपा और एक बेटा गोबर थे। सोना बारह साल की थी, रूपा आठ की और सबसे बड़ा गोबर सोलह साल का था। होरी और धनिया जी-तोड़ मेहनत करते लेकिन परिवार का पेट तक ठीक से भर नहीं पाते। वे अपने तीन बच्चे खो चुके थे क्योंकि उनके पास दवा के पैसे नहीं थे। धनिया एक-एक पाई बचाने की कोशिश करती, अक्सर भूखे पेट रह जाती थी, लेकिन यह स्पष्ट था कि होरी कभी भी समय पर लगान नहीं दे पाएगा। इसका अर्थ था साहूकार से उधार लेना। पहले ही वे क़र्ज़ में डूबे हुए थे। होरी गाँव के पाँचों साहूकारों से क़र्ज़ ले चुका था। उनमें से एक मंगरू साह ने होरी को साठ रुपये उधार दिये थे—एक जोड़ी बैल के लिए। होरी इसका तीन गुना ब्याज के रूप में लौटा चुका था पर मूल अब भी बाक़ी था।

एक समय धनिया एक आकर्षक महिला थी। अब छत्तीस साल की उम्र में उसके बाल सफ़ेद हो चुके थे। चेहरा झुर्रियों से भरा हुआ था। उसका गेहुआँ रंग काला पड़ चुका था। उसका पति उससे प्यार करता था और उसकी वक़अत समझता था। पर कभी-कभी घोर निराशा के दौर में उसी पर अपना ग़ुस्सा निकालता, झगड़ा करता और कभी हाथ उठा लेता था। धनिया सब कुछ धैर्यपूर्वक सह लेती थी। वह जानती थी कि होरी अपनी सामर्थ्य से ज़्यादा काम कर रहा है पर सारे क़र्ज़े चुकाने की कोई उम्मीद नहीं है। बच्चों को तो दो वक़्त भरपेट खाना भी नसीब नहीं है। होरी बस दिन-रात संघर्ष और मेहनत करता रहता है—कोल्हू में जुते बैल की तरह। पर हाँ, उसमें एक किसान का सहज सयानापन अवश्य था। वह जानता था कि ज़मींदार की चापलूसी कैसे की जाती है। ज़मींदार भी अक्सर उससे मृदु स्वर में बात करता था। पर लगान की रक़म में कोई कमी नहीं होती थी। होरी इसी बात से सन्तोष कर लेता था कि गाँव के लोग कभी-कभी उसे राय साहब से बात करते हुए देखते थे।

राय साहब अमरपाल सिंह पूरे अवध प्रदेश के सबसे लोकप्रिय ज़मींदारों में से एक थे। दूसरे ज़मींदारों की तुलना में वे आधुनिक थे। वे विधान परिषद् के सदस्य रह चुके थे और आज़ादी के राष्ट्रीय आन्दोलन से जुड़ने के बाद उन्होंने अपनी सदस्यता से त्यागपत्र दे दिया था। उन्होंने कुछ समय जेल में भी बिताया था। हालाँकि उनकी शानो-शौकत भरी जीवन-शैली में रत्ती भर भी कमी नहीं आई थी, फिर भी उनकी राजनीतिक गतिविधियों के कारण उन्हें तरक़्क़ीपसन्द इनसान समझा जाता था। रहा सवाल ग़रीब किसानों के शोषण का, तो उसके लिए उनके कारिन्दों और सहायकों को ज़िम्मेदार ठहरा दिया जाता था। यह कहा जाता था कि बेचारे राय साहब को तो पता ही नहीं है कि क्या-क्या हो रहा है। अमरपाल सिंह के लिए यह बड़ी सुविधाजनक स्थिति थी। अपने कर्मचारियों की निर्मम कार्य-पद्धति की वजह से एक तरफ़ उनकी आमदनी बढ़ती जाती थी और दूसरी तरफ़ वे सामाजिक और राजनीतिक सभाओं में नज़र आते—हाथ से बना खद्दर पहने, सिर पर गांधी टोपी लगाए। जिनकी मेहनत पर उनकी समृद्धि का महल खड़ा हुआ था, उनसे मीठा बोलने के महत्त्व को वे ख़ूब समझते थे। वे इस बात के लिए भी सजग रहते थे कि सरकारी अधिकारियों की निगाह में भले बने रहें। वे समय-समय पर उन्हें उपहार भेजते रहते—वे उपहार, जिनके लिए उनकी रियाया को बेगार करनी पड़ती थी। अगर कोई बेगार करने से मना करता तो राय साहब अपनी सज्जनता का चोला उतार फेंकते थे और दोषी को निष्ठुर होकर सज़ा देते थे। एक बार गाँव के कुछ लोगों ने बेगार के बदले में खाना माँगा, पर राय साहब ने मना कर दिया। स्थापित कार्य-प्रणाली से इतर जाने के लिए वे तैयार न थे। उनका आग्रह था कि बेगार का रेट है प्रतिदिन एक आना। हमेशा से इन लोगों को यही मिलता आया है। न तो पहले कभी खाना दिया गया, न भविष्य में कभी दिया जाएगा।

होरी इतना निर्धन था कि उसे अपनी एक बेटी का विवाह एक बड़ी उम्र के विधुर से करने के लिए राज़ी होना पड़ा। अगर उसने एक उपयुक्त वर की प्रतीक्षा की होती तो उसे दहेज देना पड़ता और यह उसकी सामर्थ्य के बिलकुल बाहर था। जैसे ही फ़सल कटती थी, ज़मींदार के आदमी आकर उसे ले जाते—लगान की क़िस्त के रूप में। बेगार करके वह जो कुछ भी कमाता, उसका अधिकांश साहूकार को ब्याज के रूप में दे देना पड़ता था। होरी की अपनी ज़रूरतें कम ही थीं। वह सिर्फ़ अपने परिवार के खाने और कपड़े का इन्तज़ाम करना चाहता था, लेकिन यह भी असम्भव जान पड़ता था। फिर भी एक चीज़ थी जिसे वह पूरे दिल से चाहता था—एक गाय। होरी और धनिया, दोनों के ही लिए एक गाय का स्वामी बन जाना उनकी महत्त्वाकांक्षा का चरमोत्कर्ष था। जब भी होरी भोला ग्वाले को अपनी गाएँ चराने के लिए ले जाते हुए देखता तो वह देखता ही रह जाता। काश, उसके पास भी एक, बस एक, गाय होती! दरवाज़े पर गाय देखकर बच्चे कितना ख़ुश होते! सुबह-सुबह गाय के दर्शन करना कितना शुभ होता है! अप्रत्याशित रूप से, होरी का यह सपना सच हो गया। भोला से बातचीत के दौरान होरी को पता चला कि जैसे यह एक गाय के लिए तरस रहा है, वैसे ही भोला पत्नी के लिए तरस रहा है। भोला विधुर था और बेहद अकेला। होरी ने उससे कहा कि वह उसके लिए एक उपयुक्त कन्या ढूँढ़ेगा। भोला को भी जाने क्यों यह विश्वास कि अगर कोई उसकी जोड़ी बना सकता है तो वह होरी है।

जब होरी ने भोला के सामने अपने मन का यह भेद खोला कि उसका सारा परिवार एक गाय के लिए तरस रहा है तो भोला ने अपनी गायों में से एक लेने का प्रस्ताव रखा। होरी बोला कि उसके पास पैसे नहीं हैं। स्थिति कुछ ऐसी थी कि भोला को अपने मवेशियों के लिए चारा चाहिए था जिसे ख़रीदने के लिए उसके पास पैसे नहीं थे। होरी ने अपने बैलों के लिए काफ़ी चारा जमा किया हुआ था। सो दोनों ने आपस में एक सौदा किया। भोला को अपनी तात्कालिक ज़रूरतों के लिए चारा मिलना था और होरी को अस्सी रुपये में एक गाय—और ये पैसे होरी को अपनी सुविधा के अनुसार चुकाने थे। जल्दी ही सुन्दरिया नाम की गाय होरी के दरवाज़े पर आ गई। पूरे गाँव में यह ख़बर फैल गई कि होरी ने गाय ख़रीदी है। सभी सुन्दरिया को देखने और होरी को बधाई देने के लिए आए। केवल दो ही अपवाद थे—होरी के सगे भाई हीरा और शोभा। इन दोनों भाइयों को हमेशा से ही होरी से ईर्ष्या थी क्योंकि होरी का सुखी पारिवारिक जीवन था और भयंकर ग़रीबी के बावजूद वह बहुत लोकप्रिय था। जब उन्होंने सुना कि होरी ने गाय ख़रीदी है तो दोनों को बड़ी ईर्ष्या हुई। होरी का सुझाव था कि उसकी एक बेटी को जाकर उसके भाइयों को न्योता देना चाहिए, पर धनिया ने आपत्ति की। उसने कहा, "कुछ भी हो, वे दोनों तुम्हारे भाई हैं। एक छोटी बच्ची को भेजना ठीक नहीं होगा। तुम्हें ख़ुद

जाकर उन्हें बुलाना चाहिए।" होरी मान गया हालाँकि दोनों भाई, ख़ास कर हीरा, जब से परिवार से अलग हुए थे, तब से होरी के साथ अभद्र व्यवहार करते आए थे।

जब होरी हीरा के घर पहुँचा तो दोनों भाई गाय के बारे में ही बात कर रहे थे। उनकी बातचीत का कुछ हिस्सा होरी के कानों में भी पड़ा। "पैसा कहाँ से आया?" उनमें से एक ने कहा। "उसने जरूर अपनी आमदनी का कोई जरिया हमसे छुपाया है या फिर ये पैसे बेईमानी की कमाई है। उसे इसकी सजा जरूर मिलेगी। ये गाय ज़्यादा दिन जिन्दा नहीं रहेगी।" होरी स्तब्ध था फिर भी उसने दोनों भाइयों को न्योता दिया, यह सोचकर कि ईर्ष्या का यह ज्वार उतर जाएगा। घर लौटने पर गाय को घर के बाहर खम्भे से बाँध देने के लिए उसे पत्नी की डाँट भी सुननी पड़ी। "तुम जानते हो न कि गाँव के कुछ लोग कितने दुष्ट हैं। गाय घर के अन्दर ही ज्यादा सुरक्षित रहेगी।" पत्नी ने कहा। लेकिन होरी ने हमेशा से घर के दरवाज़े पर गाय का सपना देखा था, सो उसने पत्नी की सलाह अनसुनी कर दी। कुछ दिनों बाद धनिया का डर सच साबित हुआ। शोभा बीमार था और होरी उसे देखने गया हुआ था। जब वह लौटा तो अँधेरा हो गया था। उसे अपने दरवाज़े के बाहर एक धुँधली-सी आकृति टहलती दिखी। पास आने पर उसने देखा कि वह हीरा था। "मैं तुम्हारे घर से थोड़ा कोयला माँगने आया था," हीरा ने कहा। होरी उसे अन्दर ले गया और दोनों ने साथ-साथ हुक्का पिया।

हीरा ने गाय के चारे में ज़हर मिला दिया था। कुछ ही घंटों में बेचारा जानवर तड़पने लगा। जब सुन्दरिया ने आख़िरी साँस ली तो होरी और उसका परिवार ज़ोर-ज़ोर से रो रहा था। साफ़ ज़ाहिर था कि हीरा ही अपराधी है। लेकिन होरी ने तय किया कि वह कुछ नहीं कहेगा, क्योंकि वह नहीं चाहता था कि सारा गाँव उसके भाई के जुर्म के बारे में जाने। उसने कहा कि इससे हम सभी की इज़्ज़त पर धब्बा लगेगा। लेकिन धनिया अपना क्रोध दबा न सकी। जल्दी ही सबको पता चल गया कि दरअसल हुआ क्या है। गाय को ज़हर देना एक गम्भीर मसला था। पूरे गाँव में हड़कम्प मच गया। जल्दी ही पुलिस आ गई और उसने पूरे मामले की छानबीन शुरू कर दी। क्योंकि 'शान्ति भंग होने ख़तरा' था। होरी ने बयान दिया कि जब गाय बीमार पड़ी तो उसने घर के आसपास किसी को नहीं देखा था और उसे किसी भी तरह के षड्यंत्र की आशंका नहीं है। लेकिन पुलिस को शान्त करना इतना आसान नहीं था; ख़ास कर तब जबकि हीरा ग़ायब हो गया था। उन्होंने घर की तलाशी लेने पर बड़ा ज़ोर दिया। आख़िरकार होरी को पुलिस को रिश्वत देने के लिए पैसे उधार लेने पड़े, तब जाकर मामला रफ़ा-दफ़ा हुआ।

दुर्भाग्य होरी पर एक के बाद एक वार कर रहा था। उसने उधार लेकर गाय ख़रीदी, पर इसके पहले कि उसके परिवार को गाय की उपस्थिति से कोई ख़ुशी या लाभ मिल पाता, वह तड़प-तड़पकर मर गई। अपराधी को बचाने के लिए उसे

और उधार लेना पड़ा। अब उसे हीरा की पत्नी पुनिया की देखभाल भी करनी पड़ रही थी। आख़िरकार वह पुनिया के पति का बड़ा भाई जो ठहरा! अपनी ज़मीन के साथ-साथ होरी को हीरा के खेत भी जोतने पड़ रहे थे। आख़िर वह अपने सगे भाई के खेत बरबाद होते कैसे देख सकता था? उसके अपने बच्चों के लिए ही भोजन पूरा नहीं पड़ता था, अब तो उन्हें और भी कम भोजन मिल पाता था। धनिया का धैर्य और शक्ति चुक रहे थे। उसे इस बात से बड़ी नाराज़गी थी कि उसका पति अपने निकम्मे भाई के खेत में सहर्ष काम कर रहा है और उसके परिवार को सहारा दे रहा है जबकि उसके अपने बच्चों को भूखा रहना पड़ता है। होरी और उसकी पत्नी में ख़ूब गहमागहमी होती जिसकी परिणति धनिया के पिटने में होती।

जल्दी ही उन पर एक और विपत्ति आनी थी। उनका बेटा गोबर भोला ग्वाले के घर जाया करता था—वही भोला, जिसने होरी को वह क़िस्मत की मारी गाय बेची थी। वहाँ अक्सर भोला की बेटी झुनिया से उसकी मुलाक़ात होती थी। अपनी माँ की मृत्यु के बाद झुनिया को भोला के साथ रहकर घर की देखभाल करनी पड़ रही थी। वह बहुत छोटी उम्र में ही ब्याह दी गई थी और शादी के बाद जल्दी ही विधवा भी हो गई थी। झुनिया एक बेहद आकर्षक लड़की थी। गोबर की उसके साथ मित्रता हो गई और जल्द ही दोनों प्रेमी बन गए। उनका यह प्रेम-प्रसंग गाँव भर में चर्चा का विषय बन गया जब झुनिया गर्भवती हो गई। होरी तो ग़ुस्से में आपे से बाहर हो गया। लेकिन जब झुनिया सचमुच उसके घर आई तो उसने उसका स्वागत करते हुए कहा, "आओ बेटी, यह तुम्हारा घर है। भला और कहाँ जाओगी तुम?" गोबर अपने आचरण पर बहुत शर्मिन्दा था और लखनऊ चला गया था। एक बार फिर होरी की ज़िम्मेदारियाँ बढ़ गईं। अब उसे भाई की पत्नी के साथ-साथ बेटे की रखैल को भी सहारा देना था। लेकिन उसकी परेशानियों का यहीं अन्त नहीं था। गाँव के बड़े-बूढ़ों ने साथ मिलकर, एक चरित्रहीन लड़की को शरण देने के लिए, होरी को ख़ूब धिक्कारा। पंचायत के कई सदस्यों का अपना चरित्र भी सन्दिग्ध था, पर इसकी वजह से होरी के 'अधर्म' की निन्दा करने में उन्हें कोई दिक़्क़त नहीं हुई। पंचायत ने होरी पर सौ रुपये का जुर्माना ठोंक दिया। जुर्माने का सबसे बड़ा हिस्सा राय साहब अमरपाल सिंह के पास जाना था क्योंकि वे पंचों में सबसे महत्त्वपूर्ण थे। धनिया ने पंचायत के फ़ैसले का विरोध किया और अपने पति से आग्रह किया कि वह जुर्माना न भरे। लेकिन होरी तो गाँव की पंचायत की अवज्ञा करने की सोच भी नहीं सकता था। उसकी निगाह में अवज्ञा उसके चरित्र पर और भी बड़ा धब्बा होती क्योंकि उस जैसे सीधे-सादे इनसान के लिए पंचायत का आदेश भगवान का आदेश था। जुर्माना दे दिया गया। उसकी फ़सल ज़ब्त कर ली गई क्योंकि उसने लगान नहीं दी थी। उसे अपना घर गिरवी रखना पड़ा।

इधर होरी और धनिया को कमरतोड़ मेहनत के बावजूद उम्मीद की कोई

किरण नज़र नहीं आ रही थी, उधर गोबर लखनऊ में मज़े से रह रहा था। उसने मेहनत-मज़दूरी करके कुछ पैसे बचा लिये थे जिससे उसने एक खोमचा ख़रीद लिया था। उसका यह काम सफल हुआ और अब गोबर के पास अपने शौक़ पूरे करने के लिए कुछ पैसे आ गए थे। उसने सिगरेट पीनी शुरू कर दी, महीन कपड़े की एक धोती ख़रीदी और शहर के बाँके-छैलों की तरह ख़ुद भी लखनऊ की सड़कों पर घूमने लगा। गाँव में वह नंगे पैर रहता था। अब उसने अच्छे जूतों की एक जोड़ी खरीदी। बाल कटवाने वह नाई की दुकान में गया—एक ऐसी ऐयाशी जो गाँव में रहते समय वह सपने में भी नहीं सोच सकता था। उसे लगा कि अब वह ऐसी स्थिति में है कि अपनी रखैल को लखनऊ ला सकता है। जब वह गाँव लौटा तो उसने देखा कि उसका पिता उधार के दलदल में गहरे से गहरा धँसता जा रहा है। गोबर ने शहर का प्रतिस्पर्धात्मक जीवन देख रखा था और उसके पिता ने जिस तरह चुपचाप ज़मींदार और साहूकारों के अन्याय और शोषण को स्वीकार कर लिया था, उसे लेकर वह अपने पिता से बहुत नाराज़ था।

गोबर चाहता था कि उसका पिता अपने हक़ के लिए लड़े। जब ज़मींदार के कारिन्दों ने लगान की क़िस्त के झूठे दावे किये तो होरी ने यह कहकर प्रतिवाद किया कि वह पैसा दे चुका है। लगान जमा करनेवालों ने होरी से रसीद दिखाने को कहा। यह देखकर गोबर ग़ुस्से से भर उठा। सब जानते थे कि किसानों को लिखित रसीद कभी नहीं दी जाती थी। पैसे का लेन-देन हमेशा ज़बानी तौर पर, आपसी विश्वास के आधार पर होता था। गोबर ने काफ़ी हो-हल्ला मचाया। उसने राय साहब अमरपाल सिंह से शिकायत करने की धमकी भी दी। ज़मींदार के कर्मचारियों ने अपनी ग़लती स्वीकार की। अगर गोबर ने हस्तक्षेप न किया होता तो होरी ने चुपचाप पैसे दे दिये होते। गोबर ने अपने पिता से यह भी कहा कि वह ब्राह्मण साहूकार दातादीन को अनुचित रूप से ऊँचे दर पर ब्याज न दे। होरी ने साहूकार से तीस रुपये लिये जो, साहूकार के अनुसार, आठ साल का ब्याज मिलाकर अब दो सौ रुपये हो गए थे। गोबर ने ख़ुद हिसाब-किताब किया और घोषणा कर दी, "तुम्हारे सिर्फ़ छाछठ रुपये बनते हैं। हम तुम्हें सत्तर दे देंगे। एक भी पाई और नहीं।" दातादीन धमकियाँ और गालियाँ देता हुआ चला गया। गोबर से छिपकर होरी दातादीन के पास गया—अपने बेटे की बदतमीज़ी के लिए माफ़ी माँगने और यह वादा करने के लिए कि जितने भी पैसे उससे माँगे जाएँगे, वह देगा। कुछ समय बाद गोबर ने अपने माँ-बाप को बताया कि वह झुनिया को अपने साथ लखनऊ ले जाने के लिए आया है। उसकी माँ ने उससे बड़ी चिरौरी-विनती की, कि वह झुनिया को गाँव में ही रहकर काम में हाथ बँटाने दे, लेकिन गोबर न माना। होरी ने गोबर और झुनिया को अश्रुपूरित नेत्रों से विदा किया और कहा, "बेटा, जहाँ भी रहो, ख़ुश रहो—बस, मेरी यही इच्छा है।"

लेकिन जब गोबर झुनिया के साथ लखनऊ आया तो उसने देखा कि स्थितियाँ काफ़ी बदली हुई थीं। जहाँ वह अपना खोमचा लगाया करता था, वहाँ अब किसी और का क़ब्ज़ा था। नये आगन्तुक ने गोबर को वहाँ कोई व्यापार नहीं करने दिया। अब गोबर को अहसास हुआ कि शहर कितना निर्मम और बेगाना है। उसके पास आमदनी का कोई ज़रिया भी नहीं था। उसका नवजात शिशु बीमार पड़ गया और माँ-बाप उसे लाचार देखते रहे। इलाज की व्यवस्था न होने के कारण बच्चा मर गया। आख़िरकार, गोबर ने चीनी मिल में काम करना शुरू कर दिया जो कुछ ही समय पहले एक रसूख वाले और उद्यमशील व्यवसायी श्री खन्ना द्वारा शुरू की गई थी। मज़दूरी कम थी और काम बहुत थकाने वाला। पर गोबर जानता था कि अगर उसने ज़रा भी आलस्य दिखाया तो उसकी जगह लेने के लिए सैकड़ों तैयार खड़े हैं। वह सुबह जल्दी उठ जाता और देर शाम तक काम करता रहता। जिस समय वह लौटकर अपनी छोटी-सी कोठरी में आता, वह अक्सर बेहद चिड़चिड़ी और उखड़ी हुई मनःस्थिति में होता। कभी-कभी वह झुनिया के पास नशे में धुत्त होकर आता। वह अब अधिक से अधिक पैसा शराब पर लुटाने लगा था। झुनिया बहुत दुखी थी। उसे गोबर की गाली-गलौज और कभी-कभी मारपीट भी सहनी पड़ती। उसे लगता था कि अगर वह गोबर की पत्नी होती तो शायद उसकी स्थिति कुछ बेहतर होती। पर वह तो रखैल थी इसलिए उसे इज़्ज़त की उम्मीद करनी ही नहीं चाहिए।

चीनी मिल के मालिक श्री खन्ना बहुआयामी व्यक्तित्व के स्वामी थे। उनकी बातचीत बड़ी दिलचस्प होती, लिहाज़ा, फ़ैशनपरस्त पार्टियों में उनकी बड़ी माँग रहती। आभिजात्य और परिष्कार को बड़े विश्वसनीय ढंग से ओढ़ लेना भी उन्हें आता था। लेकिन जब बात पैसे कमाने की हो तो वे ख़ासे निष्ठुर और फूहड़ भी हो जाते थे। 'धंधा तो धंधा है'—यह सूत्र-वाक्य उनके लिए किसी पवित्र मंत्र जैसा था। बेचने और ख़रीदने की उनकी दुनिया में दोस्ती या आदर्श कोई मायने नहीं रखते थे। अधिकारियों के साथ अपने रसूख का इस्तेमाल करके गन्ने की फ़सल न्यूनतम दाम पर ख़रीद लेना उन्हें बिलकुल ठीक लगता था। मिलावट और घटतौली से भी उन्हें कोई गुरेज़ न था। उनकी पत्नी गोविन्दी बिलकुल फ़र्क़ स्वभाव की थीं। अपने पति के तौर-तरीक़ों से उन्हें बड़ा कष्ट पहुँचता और पति के सामाजिक दायरे में आनेवाली आधुनिक लड़कियों के साथ उनकी हल्की-फुल्की इश्क़बाज़ी को लेकर भी वे बड़ी शर्मिन्दगी महसूस करतीं। लेकिन नारीत्व के भारतीय आदर्श में उनका बड़ा विश्वास था और वे हमेशा ही एक धैर्यवान, समर्पित पत्नी बनी रहीं।

श्री खन्ना की मंडली में अलग-अलग अभिरुचियों वाले कई स्त्री और पुरुष थे जो लखनऊ के सामाजिक और सांस्कृतिक जीवन के विभिन्न समूहों का प्रतिनिधित्व करते थे। खन्ना जी उनकी सोहबत का मज़ा लेते और निहायत सतही स्तर पर रोज़मर्रा के राजनीतिक और आर्थिक मुद्दों पर चर्चा भी करते—एक छद्म आत्मविश्वास

के साथ। राय साहब अमरपाल सिंह भी उनकी इस मित्र-मंडली के एक सदस्य थे। हालाँकि वे एक ज़मींदार थे और उन्हें काफ़ी समय गाँव में बिताना पड़ता था, पर शहर के साथ अपना सम्बन्ध उन्होंने बरक़रार रखा था। वे परिषद् के आगामी चुनावों में प्रत्याशी थे। अब तक वे बग़ैर किसी दिक़्क़त के हर बार निर्वाचित होते आए थे। लेकिन इस बार एक अन्य ज़मींदार, जिनके पास राजा की उपाधि भी थी, चुनाव में मैदान में आ गए थे। राय साहब कोई ख़तरा मोल नहीं लेना चाहते थे। लखनऊ के कुलीन वर्ग में अपने सारे सम्बन्धों को वे पुनर्जीवित कर रहे थे। उत्कृष्ट क्लबों या धनाढ्य घरों के छोटे समूह हों या जनता के बीच बड़ी सभाएँ, वे यह घोषणा करना न भूलते कि पुनर्निर्वाचन के पीछे उनका एकमात्र मक़सद था—भारत के करोड़ों ग़रीब जनता की सेवा करना। वे हमेशा खद्दर धारण करते और गाँव की अपनी प्रजा के बारे में बड़े स्नेह से बातें करते।

इस मंडली के दो और सदस्य थे जिनके साथ खन्ना जी के आत्मीय सम्बन्ध थे। एक थे प्रोफ़ेसर मेहता जो एक विद्वान थे। वे आदर्शवादी थे और सार्वजनिक जीवन में उच्च कोटि की नैतिकता बनाए रखने की अनिवार्यता को लेकर उनके बड़े दृढ़ विचार थे। मेहता जी के साथ दिखना श्री खन्ना को अच्छा लगता था, हालाँकि उनका अपना जीवन-दर्शन धुर विपरीत था। और दूसरी थीं सुश्री मालती, बल्कि डॉ. मालती जो विदेश में कई साल रहने के बाद, वापस लखनऊ आ गई थीं और बतौर चिकित्सक प्रैक्टिस कर रही थीं। वे अपने रंग-रूप का बड़ा ख़याल रखती थीं और महँगे इत्र, क्रीम और लोशन इस्तेमाल करती थीं। सबकी प्रशंसा का केन्द्र बिन्दु बना रहना उन्हें अच्छा लगता था। जब पुरुष उनसे प्रणय-निवेदन करते या उनकी तारीफ़ करते तो वे ख़ुश हो जाती थीं। आम तौर पर बेहद व्यावहारिक और नफ़ा-नुकसान देखने वाले खन्ना जी मालती पर बिलकुल फ़िदा थे। मालती ने भी उन्हें बढ़ावा दिया, उनके दिये मँहगे तोहफ़े स्वीकार किये, पर हमेशा एक दूरी बनाए रखी। मालती के प्रति आसक्त खन्ना जी ने अपनी पत्नी गोविन्दी की तरफ़ ध्यान देना ही छोड़ दिया। खन्ना का अपनी पत्नी के प्रति व्यवहार देखकर प्रोफ़ेसर मेहता का कहना था :

> खन्ना अभागे हैं, जो हीरा पाकर काँच का टुकड़ा समझ रहे हैं। सोचिए, कितना त्याग है और उसके साथ कितना प्रेम है! खन्ना के रूपासक्त मन में शायद उसके लिए रत्ती भर भी स्थान नहीं है; लेकिन आज खन्ना पर कोई आफ़त आ जाए, तो वह अपने को उन पर न्योछावर कर देगी। खन्ना आज अंधे या कोढ़ी हो जाएँ, तो भी उसकी वफ़ादारी में फ़र्क़ न आएगा। अभी खन्ना उसकी क़द्र नहीं कर सकते हैं, मगर आप देखेंगे, एक दिन यही खन्ना उसके चरण धो-धोकर पिएँगे।

मेहता जी के शब्द भविष्यवाणी साबित हुए। खन्ना को कई आर्थिक नुकसान झेलने पड़े। उसकी चीनी मिल भी आग में जलकर ख़ाक हो गई। जब दुर्भाग्य ने उसे बरबाद कर दिया था, तब गोविन्दी ने बड़े प्यार और समर्पण के साथ उसकी देखभाल की। तब जाकर उसे मालती के पीछे भागने में अपनी मूर्खता का अहसास हुआ; मालती जो एक तितली से ज़्यादा और कुछ नहीं थी।

लेकिन धीरे-धीरे, प्रोफ़ेसर मेहता के प्रभाव में आकर मालती सौम्य और विचारवान होती गई। दोनों अच्छे मित्र बन गए। यह एक बिलकुल वैचारिक स्तर का सम्बन्ध था। मेहता जी ने मालती के व्यक्तित्व में अन्तर्निहित सर्वोत्तम गुणों को विकसित किया और उसे प्रेरित किया कि अपने गुणों से वह दूसरों की सेवा करे। वह 'विमेन्स लीग' की एक महत्त्वपूर्ण सदस्या बन गई। उसके नज़रिए में भी ख़ासी तब्दीली आ गई थी। एक समय था जब उसका दृष्टिकोण विशुद्ध रूप से 'खाओ, पिओ, मौज करो' वाला था। वह तो यह भी स्वीकार नहीं करती थी कि स्त्री के सुखी जीवन के लिए मातृत्व और पत्नीत्व आवश्यक हैं। उसे ऐसे जीवन में कोई ख़राबी नज़र नहीं आती थी जो पूरी तरह से भौतिक सुख की तलाश के लिए समर्पित हो। स्वयं भी उसे शादीशुदा पुरुषों के साथ प्रेम-सम्बन्ध बनाने से कोई गुरेज़ न था। रहा सवाल समाज-सुधार और समाज-सेवा का, तो वह उन्हें महज सतही बातचीत के विषय ही समझती थी। लेकिन मेहता जी के विचारों से वह इतना प्रभावित हुई कि उनकी प्रशंसा करते हुए उसने कहा, "अभी तक तुम्हारा जीवन यज्ञ था, जिसमें स्वार्थ के लिए बहुत थोड़ा स्थान था। मैं उसको नीचे की ओर न ले जाऊँगी। संसार को तुम जैसे साधकों की ज़रूरत है, जो अपनेपन को इतना फैला दें कि संसार अपना हो जाए। संसार में अन्याय की, आतंक की, भय की दुहाई मची हुई है। अंधविश्वास, कपट धर्म का, स्वार्थ का प्रकोप छाया हुआ है। तुमने वह आर्त पुकार सुनी है। तुम भी न सुनोगे, तो सुनने वाले कहाँ से आएँगे? और असत्य प्राणियों की तरह तुम भी अपनी ओर से अपना कान बन्द नहीं कर सकते। तुम्हें वह भोजन भार हो जाएगा। अपनी विद्या और बुद्धि को, अपनी जगी हुई मानवता को और भी उत्साह और ज़ोर के साथ उसी रास्ते पर लाओ। मैं भी तुम्हारे पीछे-पीछे चलूँगी। अपने जीवन के साथ मेरा जीवन भी सार्थक कर दो।"

इस दौरान गाँव में होरी और धनिया का जीवन बीत रहा था—दिन-रात खटते हुए, क़र्ज़ और ज़िम्मेदारियों के बोझ तले दबे हुए और राहत की कोई उम्मीद नहीं। होरी का भाई हीरा जो गाय को ज़हर देने के बाद ग़ायब हो गया था, अब गाँव लौट आया था। उसकी अन्तरात्मा ने उसे इतना धिक्कारा था कि पश्चात्ताप की ग्लानि में वह लगभग पागल हो गया था। होरी ने उसे प्यार से गले लगा लिया और उसके सारे पिछले गुनाह माफ़ कर दिये। इसी समय गाँव में एक और घटना घटी जिसमें होरी शामिल हो गया। ब्राह्मण साहूकार दातादीन के लड़के मातादीन

का प्रेम-सम्बन्ध चमार जाति की लड़की सिलिया के साथ हो गया। जब सिलिया गर्भवती हो गई तो उसे अपने पिता का घर छोड़ना पड़ा। मातादीन सिलिया से बहुत प्यार करता था लेकिन उससे विवाह करने की हिम्मत मातादीन में न थी। सिलिया के पास सिर छुपाने के लिए कोई जगह न थी। हमेशा से उदारमना होरी ने सिलिया को अपने घर में आश्रय दिया। एक बार फिर सारी बिरादरी होरी के ख़िलाफ़ हो गई। पर मातादीन उम्मीद से ज़्यादा दृढ़निश्चयी निकला। जब बच्चे का जन्म हुआ तो उसने सिलिया के साथ रहने का फ़ैसला किया। और जब बच्चे की मृत्यु हो गई तो उसने अपना फ़ैसला सबको सुना दिया। ब्राह्मण सकते में आ गए। उनकी नज़रों में इससे भयंकर अपमान और कुछ नहीं हो सकता था कि एक ब्राह्मण लड़के और चमार लड़की के बीच सम्बन्ध हो। जातिगत श्रेष्ठता के क्रम में चमार सबसे निचले पायदान पर आते थे। उनका स्पर्श तो दूर, उनकी छाया तक भी अपवित्र थी। मातादीन शुद्धीकरण के सारे कर्मकांड करने के लिए राजी हो गया। बनारस के पंडित बुलाए गए। पवित्र अग्निकुंड में आहुनियाँ दी गईं। इसके बाद भोज हुआ। अनुष्ठान के समापन तक आते-आते मातादीन को धर्म से वितृष्णा हो गई थी।

होरी की स्थिति घोर निराशाजनक थी। क़र्ज़ उसके लिए अंधे कुएँ की तरह था जिसमें उसकी सारी कमाई ग़ायब हो जाती थी। जब श्री खन्ना के गाँव के पास नई चीनी मिल खुली तो होरी को बड़ी आस बँधी। उसने सोचा कि अब उसे उसकी फ़सल के अच्छे दाम मिलेंगे। लेकिन जब वह मिल पहुँचा तो साहूकार झिंगुरी शाह वहाँ उसका इन्तज़ार कर रहा था। होरी को जो पैसे मिले, उसके आधे झिंगुरी ने ले लिये। जो कुछ बचा था, वह नोखेराम नाम के दूसरे साहूकार ने झपट लिये। होरी ख़ाली हाथ घर वापस आ गया। रास्ते में उसकी मुलाक़ात अपने पड़ोसी गिरधर से हुई जिसके साथ भी वही सब हो चुका था। गिरधर ने अपने मुँह में इकन्नी छुपाकर रखी हुई थी। बाक़ी सब तो साहूकारों द्वारा छीना जा चुका था। वह ताड़ी की दुकान में गया जहाँ उसने उसी इकन्नी की ताड़ी खरीदी। गिरधर ने कहा—"झिंगुरिया ने सारे का सारा ले लिया। होरी काका, चबेना को भी एक पैसा न छोड़ा। हत्यारा कहीं का! रोया, गिड़गिड़ाया पर इस पापी को दया न आई।"

जब क़र्ज़ का सूद तक चुकाना असम्भव हो गया तो होरी ने गाँव में बन रही सड़क पर मज़दूरी का अतिरिक्त काम करना शुरू कर दिया। रात को भी वह रस्सी बटने का काम करता, ताँबे के चन्द सिक्कों के लिए। भुखमरी के-से हालात ने उसे पहले ही कमज़ोर कर दिया था।

अब तो उसे नींद भी नसीब नहीं थी। इस थकान और दबाव के आगे आख़िरकार उसका शरीर जवाब दे गया। एक दिन सड़क पर पत्थर उठाकर चलते समय उसे चक्कर आ गया। भयंकर गर्मी का मौसम था। होरी को ऐसा लगा मानो उसका पूरा शरीर आग की लपटों में धधक रहा हो! दोपहर में उसने कुछ खाया भी नहीं था।

वह पेड़ की छाँव में लेट गया। लेकिन उसका गला सूख रहा था और प्यास के मारे बुरा हाल था, हालाँकि वह जानता था कि ख़ाली पेट पानी पीना नुकसानदेह होगा। एक मज़दूर के पास पानी की बालटी थी। होरी ने वही पानी भरपेट पी लिया और फिर से लेट गया। आधे घंटे बाद उसे उल्टी हुई और उसका चेहरा पीला पड़ गया। हाथ-पैर उसके ठंडे पड़ गए थे। जब उसने आँखें बन्द कीं तो जैसे भादों का एक कारवाँ उसके सामने से गुज़रने लगा—असम्बद्ध, गड्ड-मड्ड होते हुए दृश्य। उसने अपनी माँ को देखा जिसकी गोद में वह सोता था। उसे अपने बचपन के संगी-साथी नज़र आए, फिर गोबर और फिर चटख लाल रंग के घाघरे में धनिया। फिर उसे एक गाय दिखी—कामधेनु जैसी सुन्दर, स्वर्ग से आई, तमाम इच्छाओं को पूरा करने वाली गाय। वह गाय को दुह रहा था कि अचानक वह देवी में बदल गई।

कोई जल्दी से होरी के घर गया। धनिया दौड़ती हुई आई, उसके पीछे-पीछे शोभा और हीरा भी आए—अपने साथ लकड़ी की स्ट्रेचरनुमा चीज़ लेकर। "अब कैसी तबीयत है?" धनिया ने काँपते स्वर में पूछा। लेकिन होरी का दिमाग़ अब भटक रहा था। "क्या तुम वहाँ हो, गोबर?" वह बुदबुदाया, "मैंने एक गाय ख़रीदी है...वहाँ क्या तुम्हें वह दीख रही है?" धनिया ने अपने आँसू रोकते हुए कहा, "मेरी तरफ़ देखो, क्या तुम मुझे पहचान नहीं रहे हो?" होरी को होश आया। मृत्यु आसन्न थी। आग दहक रही थी लेकिन धुआँ न था। उसने धनिया की तरफ़ देखा और दो आँसू उसके गालों से ढुलक पड़े, "मुझे माफ़ कर देना धनिया, अगर कभी मैंने तुम्हें दुख दिया हो। अब तो मैं जा रहा हूँ और साथ लिये जा रहा हूँ—एक गाय पालने की अतृप्त इच्छा को। जो भी पैसे बचे हैं, वे अन्तिम क्रिया-कर्म के काम आ जाएँगे। रोओ मत धनिया। आख़िर कब तक तुम मुझे जिन्दा रख सकती हो? वैसे भी हम सब बरबाद हो चुके हैं। अब मर जाने दो मुझे।"

होरी ने आँखें बन्द कर लीं। उसके भाई उसे घर ले आए। यह ख़बर पूरे गाँव में फैल गई कि होरी की मृत्यु क़रीब है। लोग उसकी झोंपड़ी की तरफ़ आने लगे। होरी होश में था। बीच-बीच में वह अपनी आँखें खोलता था। शायद वह देख रहा था, उसके चारों तरफ़ जो हो रहा था, शायद वह उसे समझ भी रहा था। पर उसकी आवाज़ बन्द हो चुकी थी। आँखों से आँसू बह रहे थे मानो कह रहे हों कि स्नेह के बन्धन तोड़ना कितना मुश्किल है। धनिया जानती थी कि अब कोई उम्मीद नहीं है लेकिन यंत्रवत् वह उसकी मालिश करती रही और पीने के लिए आम का रस दिया। उसके पास पैसे नहीं थे, नहीं तो वह डॉक्टर भी बुला लाती। हीरा ने कहा, "दिल कड़ा कर लो भाभी, दादा जा रहे हैं; यही समय है गोदान का।" धनिया ने उसकी ओर हिकारत से देखा। क्या ज़रूरी था कि कोई उसे उसके कर्तव्यों की याद दिलाए? औरों की आवाज़ें भी आईं, "हाँ-हाँ, गाय का दान करो। गोदान की यही घड़ी है।"

धनिया उठ खड़ी हुई। उसी दिन सबेरे रस्सी बेचकर बीस आने मिले थे; वह उन्हें ही ले आई। अपने पति के ठंडे पड़ चुके हाथ में वे सिक्के रखकर उसने ब्राह्मण दातादीन से कहा, "हुजूर, घर में गाय नहीं है, एक बछड़ा तक नहीं है। बस, ये सिक्के बचे हैं। यह पैसा ही उनका गोदान है।" और वह बेहोश होकर गिर पड़ी।

'गोदान' की एक-एक पंक्ति यह घोषणा करती है कि उसे लिखते समय लेखक के पाँव हिन्दुस्तानी मिट्टी में दृढ़तापूर्वक जमे हुए थे। उसने भारतीय किसान की मानसिकता को पूरी तरह आत्मसात् कर लिया था और पचासी प्रतिशत से ज़्यादा जो भारतीय किसान हैं, वह उनकी समस्याएँ समझता है और उन कारणों को भी जो उन्हें सुलझने नहीं देते। इन कारणों में परम्पराओं से चिपके रहने की किसान की ज़िद भी शामिल है। प्रेमचन्द के इस बोध से जो तसवीर उभरकर आती है, वह इतनी निराशाजनक है कि उसे देखकर डर लगता है। सिर्फ़ किसान ही नहीं, पूरे के पूरे गाँव में बर्बादी का मंज़र है। होरी के घर का वर्णन प्रेमचन्द ने कुछ इस तरह किया है :

> घर का एक हिस्सा गिरने-गिरने को हो गया था। द्वार पर एक बैल बँधा हुआ था, वह भी नीमजान।...और यह दशा केवल होरी ही की न थी। ऐसा एक आदमी भी नहीं, जिसकी रोनी सूरत न हो, मानो उनके प्राणों की वेदना ही बैठी उन्हें कठपुतलियों की तरह नचा रही हो! चलते-फिरते थे, काम करते थे, पिसते थे, घुटते थे इसलिए कि पिसना और घुटना उनकी तक़दीर में लिखा था। जीवन में न कोई आशा है, न कोई उमंग, जैसे उनके जीवन के सोते सूख गए हों, और सारी हरियाली मुरझा गई हो! जेठ के दिन हैं, अभी तक खलिहानों में अनाज मौजूद हैं, मगर किसी के चेहरे पर ख़ुशी नहीं है। बहुत कुछ तो खलिहान में तुलकर महाजनों और कारिन्दों को भेंट हो चुका है और जो बचा है, वह भी दूसरों का है।

होरी भारतीय किसान के शाश्वत दुख-तकलीफ़ का प्रतीक है। जैसाकि इन्द्रनाथ मदान 'प्रेमचन्द : एक विवेचन' में कहते हैं, 'होरी के पूरे जीवन का निचोड़ एक वाक्य में व्यक्त किया जा सकता है; वह पैदा हुआ, उसने मेहनत की, कष्ट भोगे और मर गया।'* किसान वह ईंधन है जो समाज की मशीन को चलती हालत में रखता है। सब लोग उसका शोषण करते हैं। यहाँ तक कि होरी जब आख़िरी साँस ले रहा था, उस समय भी ब्राह्मण साहूकार दातादीन उसकी बग़ल में खड़ा था, लालची निगाहों से देखता हुआ, इस उम्मीद में कि यह मरता हुआ इनसान शायद

---

* इन्द्रनाथ मदान, 'प्रेमचन्द : एक विवेचन', राजकमल प्रकाशन, दिल्ली, 1950, पृ. 86

उसे एक गाय दे जाए। ज़मींदार और साहूकार आपस में मिलकर किसान का ख़ून चूस लेते हैं। जो बच जाता है, उसे सरकारी अधिकारी पुलिस, बिरादरी वाले और मोक्ष का धंधा करने वाले पंडे निचोड़ लेते हैं।

साहूकार भारतीय गाँवों का अभिशाप है। वह एक निर्मम अत्याचारी है फिर भी वह अपरिहार्य है। पूरी व्यवस्था ही कुछ ऐसी है कि किसान क़र्ज़ लेने पर मज़बूर है। साहूकार कभी मना नहीं करता। वह कभी नहीं चाहता कि किसान मर जाए। यह तो सोने का अंडा देनेवाली मुर्गी को ही मार देने के बराबर होगा। वह चाहता है कि उसका शिकार जीवित रहे—लेकिन जैसे-तैसे, ताकि वह रेंगता हुआ फिर से आए और उधार माँगने। और यह कुचक्र चलता रहे, चलता रहे। सूद बढ़ता जाता है। सात साल में तीस रुपये दो सौ हो जाते हैं। फिर फ़सल नीलाम कर दी जाती है, घर गिरवी रख दिया जाता है, गहने रेहन चले जाते हैं। साहूकार मोटा होता चला जाता है और बेचारा किसान हड्डी पर मढ़ी खाल। किसान इस सूदख़ोरी को ऐसे स्वीकार कर लेता है मानो प्रकृति का नियम हो—सूर्योदय और सूर्यास्त होते रहने जैसा अनिवार्य। गोया यह सूदख़ोरी जीवन से, साँसों से, अटूट रूप से जुड़ी हो! वह इस सबके आगे हार चुका है। और विडम्बना यह कि जैसे ही मौक़ा मिलता है, वह ख़ुद सूदख़ोर बन जाता है। होरी ने ख़ुद एक बार सूद पर पैसा दिया था। उसके बेटे गोबर ने भी शहर में जैसे ही कुछ पैसे जोड़े, उन्हें सूद पर उठा दिया।

जहाँ तक ज़मींदार द्वारा किये गए शोषण का सवाल है तो गाँव के युवकों द्वारा खेली गई 'नकल' में किसान और ठाकुर के बीच हुए वार्तालाप से बेहतर और कोई उदाहरण नहीं हो सकता। यह छोटा सा लोक-नाट्य 'गोदान' में हास्य के कुछ प्रसंगों में से एक है; यहाँ हास्य अपने सबसे मारक और व्यंग्यात्मक रूप में प्रस्तुत है। किसान ज़मींदार के पैरों में गिरकर पैसें की भीख माँगता है। आख़िरकार ठाकुर उसे दस रुपये देने के लिए तैयार हो जाता है। लेन-देन की लिखा-पढ़ी की जाती है। ठाकुर किसान के हाथ में पाँच रुपये रख देता है। किसान कुछ समझ नहीं पाता और कहता है :

"यह पाँच ही है मालिक!"
"पाँच नहीं, दस है। घर जाकर गिनना।"
"नहीं सरकार, पाँच है।"
"एक रुपया नज़राने का हुआ कि नहीं?"
"हाँ, सरकार!"
"एक तहरीर का?"
"हाँ, सरकार!"
"एक कागद का?"

"हाँ, सरकार!"

"एक दस्तूरी का?"

"हाँ, सरकार!"

"एक सूद का?"

"हाँ, सरकार!"

"पाँच नगद, दस हुए कि नहीं?"

"हाँ, सरकार, ये पाँचों भी मेरी ओर से रख लीजिए।"

"कैसा पागल है?"

"नहीं सरकार, एक रुपया छोटी ठकुराइन का नजराना, एक रुपया बड़ी ठकुराइन का। एक रुपया छोटी ठकुराइन के पान खाने को, एक रुपया बड़ी ठकुराइन के पान खाने को। बाकी बचा एक वह आपके क्रिया-करम के लिए।"

कहने की ज़रूरत नहीं कि जिन लोगों ने यह 'नकल' पेश की थी, उन्हें इसकी सज़ा मिली। नाटकीय अतिशयोक्ति को परे रख भी दिया जाए, तो भी उन्होंने किसान के शोषण की सटीक तसवीर प्रस्तुत की थी।

चरित्र-चित्रण की दृष्टि से 'गोदान' प्रेमचन्द के सर्वश्रेष्ठ उपन्यासों में से एक है। यह अन्तिम उपन्यास है जो उन्होंने पूरा किया। इसके लेखन तक आते-आते वे एक अनुभवी शिल्पकार हो चुके थे। किसी पात्र के व्यक्तित्व के सभी पहुलओं को सहजता से उभार लेने की कला में वे पारंगत हो चुके थे। होरी और धनिया का ख़ाका एक सिद्धहस्त क़लम से खींचा गया है। अगर उनके जीवन की परिस्थितियाँ कुछ कम संघर्षपूर्ण होतीं तो वे दोनों एक आदर्श दम्पती होते। होरी धनिया से प्यार करता था और धनिया होरी के प्रति पूरी तरह समर्पित थी। लेकिन वे परिस्थितियों के ऐसे निर्मम जाल में फँसे हुए थे कि उनमें अक्सर झगड़े हो जाते। होरी में एक ठेठ भारतीय किसान की सारी कमज़ोरियाँ थीं। वह अंधविश्वासी था। वह हर तरह का अन्याय और अपमान सह लेता, यह सोचकर कि यह सब उसके कर्मों का फल है या फिर सामाजिक रीति-रिवाजों का जो उतने ही अटल हैं, जितने कि पूर्वजन्म के कर्म। ये सीमाएँ उसकी निजी थीं। यह उन परम्पराओं की विरासत है जिनमें वह साँस लेता है। जो उसका निजी है, वह है उसकी उदारता। उसके भाई ने उसकी गाय को ज़हर दे दिया और कुछ ही क्षणों में वह ख़ुशी मिट्टी में मिला दी जिसे पाने के लिए होरी और उसका परिवार सालों तरसा था। फिर भी होरी ने अपने भाई के ख़िलाफ़ गवाही नहीं दी, यहाँ तक कि पुलिस को मुँह बन्द रखने के लिए घूस भी दी। उसने अपने बेटे की रखैल को शरण दी, बिरादरी की निन्दा सही और फिर से जुर्माना भरा। उसने तो एक चमार-कन्या सिलिया को भी शरण दी।

छल-कपट और झूठ के बीच भी उदार बना रहा और घोर निराशा में भी उसने संघर्ष से मुँह नहीं मोड़ा। बतौर-क़र्ज़दार वह एक हारी हुई लड़ाई लड़ता रहा और

जब तक थकान और कुपोषण से टूटकर गिर नहीं पड़ा तब तक अपने परिवार के प्रति अपनी ज़िम्मेदारियों का निर्वाह करने में उसने कोई कसर न छोड़ी। उसने शराब की लत नहीं पाली, न ही व्यक्तिगत सुखों की कभी कोई चाह की। जब आख़िरकार वह गिरा भी तो सड़क पर भारी पत्थर उठाते समय। जैसे डूबते जहाज़ का कप्तान जहाज़ के साथ ही डूब जाता है, इसलिए नहीं कि ऐसा करने से कोई फ़ायदा होगा, बल्कि महज़ इसलिए क्योंकि उसने जीवन में इन्हीं मूल्यों को स्वीकार किया है। होरी ने भी कर्तव्य को जैसा परिभाषित किया, वैसा निभाने में अपने प्राणों की आहुति दे दी, यह जानते हुए भी कि उसका अथक परिश्रम भी निरर्थक ही होगा।

यह उचित ही है कि 'गोदान' को ग्रामीण भारत के उपन्यास के रूप में याद किया जाए। हालाँकि उसमें बहुत सारी घटनाएँ लखनऊ में घटती हैं। कहानी के शहरी भाग की तीन मुख्य धाराएँ हैं : उन लोगों का बनावटी जीवन जो पश्चिमी मूल्यों की नकल करते हैं (अर्थात् जो मूल्यहीनता के शिकार हैं); उन लोगों के जीवन का पाखंड जो दम तो भरते हैं राष्ट्रवादी होने का, पर असलियत में सिर्फ़ अपना स्वार्थ देखते हैं, और एक 'आज़ाद ख़याल स्त्री' की मानसिकता। राय साहब अमरपाल सिंह एक देशप्रेमी ज़मींदार के रूप में जाने जाते हैं और श्री खन्ना एक देशप्रेमी पूँजीपति के रूप में। न केवल उनका बोलना-चालना और पहनावा राष्ट्रवादियों जैसा है, बल्कि जेल जाकर वे अपनी प्रामाणिकता भी स्थापित कर चुके हैं। जब इतनी दमदार गवाही उनके पक्ष में है तो भला किसानों और मज़दूरों का निर्बाध शोषण करने से भला उन्हें कौन रोक सकता है? जेल-यात्रा वह पासपोर्ट है जिसके सहारे वे कोई भी सीमा लाँघ सकते हैं। यह कहानी नई नहीं है। लेकिन 'गोदान' में प्रेमचन्द ने ऐसे फ़रेबी देशप्रेमियों की चालाकी का पहले के उपन्यासों की अपेक्षा अधिक विस्तार से वर्णन किया है। यहाँ तक कि निष्पक्ष समझे जानेवाले अख़बार के सम्पादक के खोखलेपन का भी विस्तृत ख़ाका खींचा गया है। यह प्रेस की भूमिका पर उँगली उठाना नहीं है। यह महज़ एक चेतावनी है कि मूल्यहीन तत्त्व देश और जीवन के हर पहलू में घुसपैठ कर सकते हैं और राष्ट्रवादिता का नकाब ओढ़कर अपनी स्वार्थसिद्धि कर सकते हैं। 'बिजली' के सम्पादक ओंकारनाथ को राय साहब अमरपाल सिंह के बारे में कुछ अपमानजनक समाचार मिले हैं। वे कुछ 'सहयोग राशि' के बदले में इस ख़बर को दबा जाने के लिए तैयार हो जाते हैं। इस मामले पर वे अपनी पत्नी गोमती से कहते हैं :

> अगर रुपये न दिये, तो ऐसी ख़बर लूँगा कि याद करेंगे। उनकी चोटी मेरे हाथ में है। गाँव के लोग झूठी ख़बर नहीं दे सकते। सच्ची ख़बर देते तो उनकी जान निकलती है, झूठी ख़बर क्या देंगे! राय साहब के ख़िलाफ़ एक रिपोर्ट मेरे पास आई है। छाप दूँ, बचा को घर से निकलना मुश्किल हो जाए। मुझे ख़ैरात नहीं दे रहे हैं, बड़े दबसट में पड़कर इस राह पर

आए हैं। पहले धमकियाँ दिखा रहे थे। जब देखा, हमसे काम न चलेगा, तो यह चारा फेंका। मैंने भी सोचा, एक इनके ठीक हो जाने से तो देश से अन्याय मिटा जाता नहीं, फिर क्यों न इस दान को स्वीकार कर लूँ? मैं अपने आदर्श से गिर गया हूँ ज़रूर; लेकिन इतने पर भी राय साहब ने दगा की, तो शठता पर उतर आऊँगा। जो ग़रीबों को लूटता है, उसको लूटने के लिए अपनी आत्मा को बहुत समझाना न पड़ेगा।

समाज में स्त्रियों की भूमिका के मुद्दे पर प्रेमचन्द ने हमेशा ही समर्पण, चारित्रिक शुचिता और परिवार के प्रति वफ़ादारी के भारतीय आदर्शों का अनुमोदन किया है। जैसाकि हमने उनके सभी महत्त्वपूर्ण उपन्यासों का अध्ययन करते हुए देखा, वे उस अपमान और अन्याय के प्रति बेहद संवेदनशील थे जो भारतीय स्त्रियों को दहेज, बाल-विवाह, युवतियों और बूढ़े पुरुषों के बीच बेमेल विवाह के कारण सहने पड़ते थे। लेकिन आज की 'नारी-मुक्ति' का समर्थन वे कभी न करते। वे तलाक़ के ख़िलाफ़ थे और उच्च वर्ग के भारतीय परिवारों के 'छैलों' और 'तितलियों' के लिए उनके मन में कोई सहानुभूति न थी। 'गोदान' में भारतीय और पश्चिमी दृष्टिकोण के अन्तर को मालती और गोविन्दी की तुलना करके रेखांकित किया गया है। वे दोनों इस अन्तर को अपने आचरण और जीवन-शैली में प्रतिबिम्बित करती हैं। यह फ़र्क़ आदर्शवादी मेहता जी के प्रभावशाली भाषण में भी स्पष्ट होता है। 'विमेन्स लीग' में दिये गए व्याख्यान में मेहता जी कहते हैं :

स्त्री पुरुष से उतनी ही श्रेष्ठ है, जितना प्रकाश अँधेरे से। मनुष्य के लिए क्षमा, त्याग और अहिंसा जीवन के उच्चतम आदर्श हैं। नारी इन आदर्श को प्राप्त कर चुकी है। पुरुष धर्म और अध्यात्म और ऋषियों का आश्रय लेकर उस लक्ष्य पर पहुँचने के लिए सदियों से ज़ोर मार रहा है, पर सफल नहीं हो सका। मैं कहता हूँ, उसका सारा अध्यात्म एक तरफ़ और नारियों का त्याग एक तरफ़।

बहुधा यह आग्रह किया जाता है कि 'गोदान' में प्रेमचन्द ने गांधीवादी दर्शन को अलविदा कह दिया है। यह कुछ मुद्दों के सम्बन्ध में सच हो सकता है, लेकिन मानव जीवन में स्त्रियों की असली भूमिका के मुद्दे पर 'गोदान' महात्मा गांधी के विचारों को पूरी निष्ठा से प्रतिबिम्बित करता है। यह भी कहा जा सकता है कि कवि टैगोर ने असंख्य निबन्धों और व्याख्यानों में मूलभूत रूप से यही विचार रखे थे। 'विमेन्स लीग' में मेहता जी के भाषण का एक और अंश उद्धृत है। मेहता जी इस बात पर ज़ोर देते हैं कि नारीत्व का भारतीय आदर्श आधुनिक पश्चिमी सभ्यता की कृत्रिमता से मुक्त है :

> संसार में सबसे बड़े अधिकार सेवा और त्याग से मिलते हैं और वह आपको मिले हुए हैं। उन अधिकारों के सामने वोट कोई चीज़ नहीं। मुझे ख़ेद है, हमारी बहनें पश्चिम का आदर्श ले रही हैं, जहाँ नारी ने अपना पद खो दिया है और स्वामिनी से गिरकर विलास की वस्तु बन गई है। पश्चिम की स्त्री स्वच्छन्द होना चाहती है, इसलिए कि वह अधिक से अधिक विलास कर सके। हमारी माताओं का आदर्श कभी विलास नहीं रहा। उन्होंने केवल सेवा के अधिकार से सदैव गृहस्थी का संचालन किया है। पश्चिम में जो चीज़ें अच्छी हैं, वह उनसे लीजिए। संस्कृति में सदैव आदान-प्रदान होता आया है; लेकिन अंधी नक़ल तो मानसिक दुर्बलता का ही लक्षण है। पश्चिम की स्त्री आज गृहस्वामिनी नहीं रहना चाहती। भोग में विदग्ध लालसा ने उसे उच्छृंखल बना दिया है।

यह वह वैचारिक बिन्दु है जिस पर महात्मा गांधी, कवि टैगोर और आनन्द कुमारस्वामी—सभी ने बहुत ज़ोर दिया था कि पुरुषों से बराबरी का दर्जा माँगना भारतीय स्त्रियों का उत्थान नहीं, पतन है। कुमार स्वामी कहते हैं, 'हमें ख़ुद को धोखे में नहीं रखना चाहिए, यह सोचकर कि चूँकि पश्चिम में आम तौर पर वैवाहिक सम्बन्धों के चयन की स्वतंत्रता होती है लिहाज़ा उनमें मानसिक और शायद शारीरिक स्तर पर भी, प्रेमोन्माद के लम्बे समय तक बने रहने की सम्भावना ज़्यादा रहती है।' और आगे फिर कहते हैं, "पश्चिमी स्त्रियाँ यह समझ ही नहीं पातीं कि दरअसल उन्हें ज़रूरत है स्त्री बने रहने का अधिकार हासिल करने की, न कि पुरुषों जैसा बनने के अधिकार की। वे पुरुषों द्वारा गढ़े मूल्यों को स्वीकार करने और पुरुषों के वर्चस्व के ख़िलाफ़ संघर्ष करने के बीच के विरोधाभास को देख ही नहीं पा रही हैं। वे अपने नारीत्व की क़ीमत पर बराबरी का दर्ज़ा हासिल करना चाहती हैं।" और आगे बड़े विडम्बनापूर्ण अन्दाज़ में कुमारस्वामी जोड़ते हैं, "पुरुषों के साथ बराबरी का दर्जा!" कितना बड़ा सम्मान है यह, और पुरुष ही यह दर्जा प्रदान करें—वाह, क्या मेहरबानी है! और 'गोदान' में मेहता जी भी ऐसा ही कुछ कहते हैं :

> और यह पुरुषों का षड्यंत्र है देवियों को ऊँचे शिखर से खींचकर अपने बराबर बनाने के लिए—उन पुरुषों का, जो कायर हैं, जिनमें वैवाहिक जीवन का दायित्व सँभालने की क्षमता नहीं है, जो स्वच्छन्द काम-क्रीड़ा की तरंगों से साँड़ों की भाँति दूसरों को तृप्त करना चाहते हैं। पश्चिम में इनका षड्यंत्र सफल हो गया और देवियाँ तितलियाँ हो गईं। मुझे यह कहते हुए शर्म आती है कि इस त्याग और तपस्या की भूमि भारत में भी कुछ वही हवा बहने लगी है।

श्रोताओं में से एक महिला प्रतिवाद करती है, "हम विवाह को पेशा नहीं बनाना चाहते। आज की युवतियाँ प्रेम को विवाह का आधार बनाना चाहती हैं।" मेहता जी जवाब देते हैं :

> जिसे तुम प्रेम कहती हो, वह धोखा है, उद्दीप्त लालसा का विकृत रूप—उसी तरह, जैसे संन्यास भीख माँगने का संस्कृत रूप है। वह प्रेम अगर वैवाहिक जीवन में कम है तो मुक्त विलास में बिलकुल नहीं है। सच्चा आनन्द, सच्ची शान्ति केवल सेवा-व्रत में है। वही अधिकार का स्रोत है, वही शक्ति का उद्गम है। सेवा ही वह सीमेंट है जो दम्पती को जीवन-पर्यन्त स्नेह और साहचर्य में जोड़े रख सकता है, जिस पर बड़े आघातों का कोई असर नहीं होता है। जहाँ सेवा का अभाव है, वहीं विवाह-विच्छेद है, परित्याग है, अविश्वास है।

'गोदान' के इस भाग में प्रेमचन्द ने कुछ सार्थक और स्मरणीय बातें कहीं हैं जो उन परम्पराओं से जुड़ी हैं जिनसे वे जुड़ाव महसूस करते हैं। यहाँ हम उन्हें स्त्रीत्व के भारतीय आदर्श के एक धाराप्रवाह और दमदार व्याख्याता के रूप में देखते हैं। लेकिन उपन्यास प्रवाहमयता की प्रशंसा करनेवाले अधिकतर समीक्षकों ने 'गोदान' के इस पहलू को नज़रअन्दाज़ कर दिया है।

सम्पूर्णता में देखा जाए, तो 'गोदान' एक बेहतरीन उपलब्धि है। विश्व-साहित्य के ख़ज़ाने में प्रेमचन्द ने जिन दो महान क्लासिक उपन्यासों का योगदान किया, यह उनमें से एक है। उपन्यास पाठक की दिलचस्पी को आद्यन्त बनाए रखता है और इस पर एक स्थायी प्रभाव छोड़ता है। होरी और धनिया अविस्मरणीय चरित्र हैं। मानवीय व्यथा की जो तसवीर इस उपन्यास में प्रस्तुत की गई है, वह उपन्यास को ख़त्म करने के बाद भी लम्बे समय तक हमें उद्वेलित करती रहती है। 'गोदान' की जिन विशिष्टताओं का मैंने अभी तक ज़िक्र किया है, उनके अलावा भी एक विशिष्टता है जिसका उल्लेख मैंने नहीं किया क्योंकि उसे अंग्रेज़ी में ठीक-ठीक व्यक्त नहीं किया जा सकता। और वह है उसकी भाषा, जो जीवन्त है और उसमें प्रसंगों के अनुरूप ख़ुद को ख़ूबसूरती से ढाल लेने का लचीलापन भी है। प्रेमचन्द की सभी रचनाओं में हिन्दी-उर्दू और उत्तर प्रदेश के विभिन्न हिस्सों की स्थानीय बोली पर उनका अधिकार क़ाबिले-तारीफ़ है। उनका यह गुण 'गोदान' में अपने चरमोत्कर्ष पर है। 'गोदान' के ग्रामीण पात्रों द्वारा बोली गई 'अवधी' इतनी सहज़ है कि लगता है, मानो उस परिस्थिति विशेष में सिर्फ़ और सिर्फ़ वही शब्द या वाक्य प्रयुक्त हो सकता था। उपन्यास में तमाम ऐसे रूपक और मुहावरे हैं जो सदियों से इस्तेमाल किये जा रहे हैं और रोज़मर्रा की बोलचाल में जिन्होंने अपनी पैठ बना ली है; या फिर ऐसे कुछ भाषाई संकेत, जो उस स्थान विशेष में ही प्रयुक्त होते

हैं। कहानी का जो हिस्सा लखनऊ में है, उसमें प्रयुक्त भाषा में काफ़ी विविधता है। हिन्दू और मुस्लिम पात्रों द्वारा शुद्ध हिन्दुस्तानी बोली गई है। कुछ अंग्रेज़ी के शब्द भी प्रयुक्त हुए हैं जो वार्तालाप में सहज रूप से घुल-मिल जाते हैं। भाषा का लचीलापन और वैविध्य और मुहावरेदार सौन्दर्य मिलकर 'गोदान' को एक सुखद पाठकीय अनुभव बना देते हैं।

प्रशंसा के तमाम क़सीदे पढ़ने के बाद और उपन्यास की उत्कृष्टता को पूरी तरह से स्वीकार करने के बाद, कुछ ऐसे प्रश्न फिर भी शेष रह जाते हैं जिनका पूछा जाना लाज़िमी है। कभी-कभी लगता है कि क्या आलोचकों ने 'गोदान' की प्रशंसा सही कारणों से की है? एक शब्द जो बार-बार प्रयुक्त होता है, वह है 'यथार्थवाद' और इस बात पर ज़ोर दिया जाता है कि प्रेमचन्द आदर्शवाद से हटकर यथार्थवाद की ओर बढ़ गए थे। फिर भी, उपन्यास के एक अहम् पात्र श्री मेहता आदर्शों की ही दुनिया में बसते हैं। अन्य उपन्यासों में अपने प्रतिरूपों के विपरीत मेहता जी अपने आदर्शों को मूर्त रूप देने का कोई प्रयास नहीं करते। और तो और, यह भी पूछा जा सकता है कि क्या 'यथार्थवाद' को इस बात से मापा जा सकता है कि लेखक ने किस हद तक दुख-तकलीफ़, अन्याय, ग़रीबी और शोषण को अहमियत दी है और भारतीय गाँवों के सकारात्मक पक्ष को नज़रअन्दाज़ कर दिया है? ऊपर उद्धृत गद्यांश में होरी के गाँव के वर्णन से जो तसवीर उभरती है, वह बेहद निराशाजनक और अंधकारमय है। हर घर ढह रहा है। कोई सुखी नहीं है। गाँव से ज़िन्दगी ही गोया चूस ली गई हो! तक़रीबन हर व्यक्ति स्वार्थी और झूठा है। न कहीं कोई उम्मीद, न उत्साह। और फिर भी अगर भारतीय जीवन का कोई पक्ष है, जो शेष संसार को सबसे ज़्यादा प्रभावित और चकित करता है, तो वह है निर्धन से निर्धन भारतीय के अन्दर भी एक ज़बर्दस्त जीवनीशक्ति, क़िस्मत के दिये छोटे-छोटे सुखों से आनन्दित होने की उनकी तत्परता और हँसकर सारे दुख सह लेना। 'गोदान' भारतीय ग्रामीण जीवन की व्यथा की बेहद प्रभावशाली तसवीर है। वह दूसरा पक्ष प्रस्तुत नहीं करता—मौज-मस्ती, उत्सवधर्मिता, ख़ुशमिज़ाजी, छेड़छाड़, बतकही, क़िस्से सुनना-सुनाना और हज़ारों ऐसी दूसरी चीज़ें जो सारे अन्याय और अभावों के बावजूद जीवन जीने लायक़ बनाती है।

'गोदान' को प्रेमचन्द के सबसे क्रान्तिकारी उपन्यास के रूप में भी जाना जाता है। पर अगर 'क्रान्ति' का अर्थ अन्याय के ख़िलाफ़ संघर्ष के रूप में लिया जाए तो 'गोदान' में 'रंगभूमि' और 'कर्मभूमि' की तुलना में कहीं कम क्रान्तिकारी गतिविधियाँ हैं। हाँ, चीनी मिल के मज़दूरों की एक हड़ताल ज़रूर है पर यह कहानी के महत्त्वपूर्ण प्रसंगों में से नहीं है। कुछ आलोचकों ने 'गोदान' को क्रान्तिकारी सिर्फ़ इसलिए कह दिया है क्योंकि उसमें कोई 'आश्रम' नहीं है, सहकारी संस्थाओं या रचनात्मक कामों के लिए आयोजित 'प्रोग्राम' नहीं है। एक आलोचक का यह

आग्रह है कि 'गोदान' लिखते समय तक सामाजिक समस्याओं के रचनात्मक हल की तरफ़ से प्रेमचन्द का पूरी तरह से मोहभंग हो चुका था, किन्तु उसी समय एक दुबला-पतला, बूढ़ा इनसान था जो एक अनजाने गाँव सेवाग्राम में एक शान्त आश्रम में रहता था,* वह दुनिया के सबसे महान क्रान्तिकारियों में से एक था और रचनात्मक पद्धति में उसका अटूट विश्वास था। इसलिए अब सम्भवतः वह समय आ गया है कि 'गोदान' के सम्बन्ध में 'प्रगतिशील और परम्परावादी', 'यथार्थवादी और आदर्शवादी', 'सुधारक और क्रान्तिकारी' जैसे विरोधाभासों के औचित्य पर पुनर्विचार किया जाए।

इन विरोधाभासों की परिणति लेखकों और उनकी रचनाओं के साथ जुड़े विशेषणों के रूप में होती है—ऐसे विशेषण, जिनका शायद ही कोई औचित्य हो। और 'गोदान' जैसी महान रचनाओं की प्रशंसा ग़लत वजहों से की जाने लगती है।

विशेषणों के खाँचे में इस तरह 'फ़िट' करना तब और भी मनमानी लगने लगता है जब यह प्रक्रिया महान उपन्यासकार द्वारा गढ़े चरित्रों के मूल्यांकन में लागू की जाती है। होरी को प्रायः शोषित भारतीय किसान का प्रतीक कहा जाता है, जिसे ज़मींदारों और साहूकारों द्वारा हमेशा से कुचला गया है। लेकिन 'रंगभूमि' के सूरदास की व्यथा किसी भी दृष्टि से कम दर्दनाक नहीं है और उतनी ही अनर्जित है जितनी होरी की। जहाँ होरी का दुख बाँटने के लिए उसकी पत्नी है, वहीं सूरदास अकेला है। होरी शारीरिक रूप से समर्थ है जबकि सूरदास अंधा है। होरी की ज़िम्मेदारियाँ और चिन्ताएँ लगभग पूरी तरह से उसके अपने परिवार तक ही सीमित हैं जबकि सूरदास ने सारे गाँव की समस्याओं को अपना बना लिया है। दोनों ही अशिक्षित हैं। लेकिन जहाँ होरी ख़ुद को सहज स्वाभाविक भाषा में व्यक्त करता है, वहीं सूरदास की कबीर सरीखी वाणी हमें अचम्भित कर देती है। अगर हमें सूरदास के दृष्टिहीन चेहरे पर भारत की शाश्वत पीड़ा के चिह्न दिखाई देते हैं तो उसकी वाणी में भारत का शाश्वत ज्ञान भी सुनाई देता है। होरी के क्रिया-कलापों का पूर्वानुमान लगाया जा सकता है। वह काल-चक्र में फँसा हुआ है। सूरदास के काम अप्रत्याशित हो सकते हैं और यह चरित्र हमें दिखाता है कि एक अंधा भिखारी भी काल के बन्धन से मुक्त होकर शाश्वत हो सकता है। होरी दिन-रात काम करता है, करता ही जाता है, हालाँकि वह अपने गन्तव्य, अर्थात् क़र्ज़ अदायगी तक कभी पहुँच ही नहीं सकता। वह धारा के विपरीत तैरता रहता है, जब तक कि थककर डूब नहीं जाता। सूरदास पर व्यभिचार का झूठा आरोप लगाया जाता है, घर से खदेड़ दिया जाता है, जेल भेज दिया जाता है, मारा-पीटा जाता है और आख़िरकार वह अस्पताल में

* इशारा गांधी की ओर है—सं.

मर जाता है। बग़ैर माथे पर शिकन लाए वह अपने प्राणों की आहुति दे देता है, और बिना किसी कटुता के, वह अत्याचारियों को क्षमा करने के लिए तैयार रहता है। होरी वह हठीला भारतीय किसान है जो अन्तिम समय तक संघर्ष करना नहीं छोड़ता। परिवार के सम्मान की रक्षा करने में और परिवार के प्रति अपना दायित्व निभाने की कोशिश में वह ख़त्म हो जाता है। पर सूरदास तो किसी और ही साँचे में ढला हुआ है। वह आधुनिक भारतीय साहित्य का बोधिसत्व है, वैसे ही, जैसे महात्मा गांधी आधुनिक भारत के बुद्ध हैं।

सातवाँ अध्याय

लघु उपन्यास, नाटक और अनुवाद

लघु उपन्यास

इस अध्याय में प्रेमचन्द के जिन लघु उपन्यासों की चर्चा की जाएगी, उनमें से अधिकतर उनके साहित्यिक जीवन के आरम्भिक दौर में लिखे गए थे। उनकी गुणवत्ता एक-सी नहीं है। वे उस दौर में लिखे गए हैं जब लेखक ख़ुद देवकीनन्दन खत्री, किशोरी लाल गोस्वामी, अब्दुल हलीम सरार और अन्य ऐसे हिन्दी और उर्दू उपन्यासकारों के प्रभाव में था, जिन्होंने अपने उपन्यासों में रूमानियत, रोमांच-रहस्य, जासूसी और मनोरंजन-प्रधान दुनिया की रचना की। फिर भी, प्रेमचन्द के इस दौर के लेखन में भी हम सामाजिक उद्देश्यों के प्रति जागरूकता की हल्की-सी गंध पाते हैं। इन उपन्यासों का सौन्दर्यबोध सामान्य स्तर का है लेकिन यहाँ-वहाँ हमें उस छुपी हुई प्रतिभा की झलक ज़रूर मिलती है जो आनेवाले दशकों में प्रस्फुटित होने वाली थी। प्रेमचन्द के इस मध्यकाल में केवल दो ही लघु उपन्यास हैं : 'निर्मला' और 'प्रतिज्ञा'। दोनों ही 1925 से 1927 के बीच लिखे गए थे। दोनों ही उपन्यासों में कई विशेषताएँ हैं। लेखक ने स्वयं उन्हें ऊँचा दर्जा नहीं दिया है। इसके अलावा अधूरा रह गया उपन्यास 'मंगलसूत्र', जिस पर इस अध्याय में चर्चा की जाएगी। हालाँकि उसे लघु उपन्यास या उपन्यासिका कहना ठीक न होगा। यदि लेखक जीवित रहता तो सम्भवत: वह बाक़ायदा एक उपन्यास की सूरत अख़्तियार कर लेता।

असरार-ए-मआबिद

इसे अक्सर प्रेमचन्द के पहले उपन्यास के रूप में जाना जाता है। यह बनारस के एक उर्दू रिसाले 'आवाज-ए-ख़ल्क़' में 1903 से 1905 के बीच साप्ताहिक धारावाहिक के रूप में प्रकाशित हुआ। इस समय तक लेखक ने अपना उपनाम 'प्रेमचन्द' तय नहीं किया था जो आगे चलकर उन्हें शोहरत दिलाने वाला था। उपन्यास 'धनपत

राय' उर्फ़ 'नवाब राय' के नाम से छपा। जैसाकि पहले के एक अध्याय में उल्लेख किया जा चुका है, प्रेमचन्द को उनके पिता धनपत राय और चाचा नवाब राय के नाम से पुकारते थे।

रामकली का विवाह एक ऐसे इनसान से हुआ था जो न सिर्फ़ ग़रीब था बल्कि इतना कमज़ोर और ग़ैर-रूमानी स्वभाव वाला था कि उसे वैवाहिक जीवन कोई ख़ुशी नहीं दे पाता था। रामकली अपना अधिकतर समय अपने पिता के घर बिताती थी। वहाँ वह पथभ्रष्ट हो गई, शराब पीने लगी और स्वामी त्रिलोकानन्द के प्रेम में पड़ गई जो नाटक तो धार्मिक होने का करता था, पर था वह बड़ा पतित और दुराचारी। त्रिलोकानन्द और उसका मित्र, मन्दिर का पुजारी यशोदानन्द बीबीजान नाम की वेश्या के पास जाया करते थे। त्रिलोकानन्द और बीबीजान ने मिलकर रामकली का हार चुरा लिया और उसे एक दुकानदार के हाथों ऊँचे दाम पर बेच दिया हालाँकि हार बिलकुल सस्ते मोतियों का बना हुआ था। दुकानदार ने उसे ख़रीद लिया क्योंकि वह गहनों का शौक़ीन था और अरसे से उसे ऐसे ज़ेवर की धुन थी जो पुश्तों से वेश्याओं के परिवार की सम्पत्ति रहा हो। बीबीजान ने ऐसा दिखावा किया मानो वह हार पुश्तैनी हो!

'असरार-ए-मआबिद' की बस इतनी-सी कहानी है जिसमें कई संवादों और घटनाओं को एक-दूसरे से जोड़ दिया गया है। परिस्थितियों को कृत्रिमता के साथ तोड़ा-मरोड़ा गया है और कभी-कभी भाषा भी फूहड़ और अश्लील हो जाती है। फिर भी, कुछ अंशों में प्रवाह है जो शब्दों और वाक्यों के प्रयोग में प्रेमचन्द की उस दक्षता का पूर्वाभास देते हैं जो भविष्य की रचनाओं की विशिष्टता है। इस उपन्यास में तथाकथित स्वामियों और महन्तों के पाखंड पर व्यंग्य किया गया है और आगे के कई उपन्यासों में हम इस विषयवस्तु की पुनरावृत्ति देखते हैं।

हमखुर्मा-ओ-हमसवाब

उर्दू के इस उपन्यास का पहला संस्करण महादेव प्रसाद द्वारा और दूसरा नवल किशोर प्रेस द्वारा 1906 में प्रकाशित किया गया। इसका हिन्दी रूपान्तरण साल भर बाद 'प्रेमा' शीर्षक से इंडियन प्रेस, इलाहाबाद ने प्रकाशित किया। लेखक का नाम छपा था बाबू नवाब राय। इस उपन्यास पर आर्यसमाज का और कुछ हद तक विवेकानन्द का प्रभाव स्पष्ट रूप से देखा जा सकता है। 'असरार-ए-मआबिद' की अपेक्षा इस उपन्यास में सामाजिक उद्‌देश्य अधिक स्पष्ट है। इस बार न सिर्फ़ धर्म के नाम पर स्वीकृत तमाम पाखंडों को बेनक़ाब किया है बल्कि विधवाओं की दशा पर भी ध्यान दिया है—जो हिन्दू समाज का सबसे दुखद पहलू है। आर्यसमाज ने जिन मुद्‌दों की वकालत की थी, विधवा-विवाह उनमें से एक था।

बद्री प्रसाद की बेटी प्रेमा की सगाई अमृतराय से हुई थी। अमृतराय ऊँचे आदर्शों वाला एक युवक था जिसकी वकालत बड़ी अच्छी चल रही थी। बद्री प्रसाद पुरानी पीढ़ी के दकियानूसी व्यक्ति थे जिनका स्त्री-शिक्षा में कोई विश्वास न था, फिर भी उन्होंने प्रेमा को हिन्दी और अंग्रेज़ी पढ़ाने के लिए शिक्षकों की व्यवस्था की थी ताकि वह अमृतराय की पत्नी बनने के क़ाबिल हो सके। पर अमृतराय पर आर्यसमाज के नेता धनाधिकारी लाल का प्रभाव था। अपने एक व्याख्यान में इस नेता ने विधवा-विवाह के पक्ष में ज़ोरदार अपील की। अमृतराय ने निश्चय कर लिया कि वह एक विधवा से विवाह करके दूसरे शिक्षित युवकों के सामने एक उदात्त उदाहरण प्रस्तुत करेगा, यद्यपि वह प्रेमा के पिताजी को वचन दे चुका था।

प्रेमा को बड़ा आघात पहुँचा लेकिन उसने अमृतराय की छवि अपने दिल में बसाए रखी। उसे सुकून मिला अपनी सहेली पूर्णा के सान्निध्य में, जिसने छोटी उम्र में अपना पति खो दिया था। विधवा-विवाह के प्रचार कार्य के सम्बन्ध में अमृतराय की मुलाक़ात पूर्णा से हुई और उसकी ओर वह आकर्षित भी हुआ। दोनों के एक-दूसरे से अक्सर मिलने पर पास-पड़ोस की बड़ी-बूढ़ी औरतों ने एतराज़ करना शुरू कर दिया, ख़ास कर एक धनी महिला ने, जो अपनी विधवा बहू को अपनी मुट्ठी में रखती थीं। इस अभागी बाल-विधवा का नाम था रामकली, जिसे पूर्णा बचपन से जानती थी। रामकली ने बमुश्किल अपने पति को देखा भर होगा। वह मात्र चौदह साल की थी जब उसके पति की मृत्यु हो गई। उस दिन के बाद से उसकी सास ने उसका जीना हराम कर रखा था। न तो उसे अविवाहित लड़कियों से मिलने की आज्ञा थी, न अच्छे कपड़े पहनने की और न ही बालों में तेल लगाने तक की। उससे उम्मीद की जाती थी कि वह संन्यासी का-सा जीवन बिताए जहाँ उसकी दिलचस्पी घरेलू कामकाजों और धार्मिक अनुष्ठानों तक ही सीमित रहे। उसके युवा मन ने इन बन्धनों के ख़िलाफ़ विद्रोह कर दिया। वह बाहर जाने लगी। बहाना तो था मन्दिर जाने का, पर प्रयोजन था एक स्वामी से मिलने का। पूर्णा एकाध बार रामकली के साथ मन्दिर गई पर जब उसने रामकली की हरकतें देखीं तो उसने साथ जाना बन्द कर दिया।

पूर्णा ने अन्ततः अमृतराय का विवाह प्रस्ताव स्वीकार कर लिया। उनके विवाह का दकियानूसी हिन्दुओं ने बड़ा विरोध किया और वैवाहिक कार्यक्रम पुलिस के संरक्षण में सम्पन्न हुए। प्रेमा अब भी अमृतराय से प्रेम करती थी पर उसने उसके मित्र दाननाथ से विवाह कर लिया। लेकिन अमृतराय के प्रति अपनी भावनाओं को प्रेमा छिपा न पाई। दाननाथ को बड़ी ईर्ष्या हुई और उसने अपने मित्र की हत्या करने का निश्चय किया। प्रेमा को इस षड्यंत्र की भनक पड़ गई और उसने पूर्णा को इस बात से आगाह कर दिया कि उसके पति की जान को ख़तरा है। जब दाननाथ और उसके साथी अमृतराय के घर में घुसे तो पूर्णा अपने पति की रक्षा करने के

लिए बन्दूक़ से लैस, तैयार खड़ी थी। दोनों तरफ़ से गोलियाँ चलीं जिसमें पूर्णा और दाननाथ, दोनों मारे गए। कुछ समय बाद अमृतराय और प्रेमा का विवाह हो गया।

जैसाकि उपरोक्त वर्णन से स्पष्ट है, 'हमखुर्मा-ओ-हमसवाब' एक कमज़ोर उपन्यास है। उसका अन्त बड़ा सनसनीखेज़ है, संवाद नीरस हैं और चरित्र ख़ास विश्वसनीय नहीं लगते। इस उपन्यास का एकमात्र महत्त्व इस बात में है कि उर्दू साहित्य में महत्त्वपूर्ण सामाजिक समस्याओं पर लिखने की परम्परा की शुरुआत करने की दिशा में यह उपन्यास प्रेमचन्द द्वारा आगे बढ़ाया एक और क़दम है।

किशना

बनारस मेडिकल हॉल प्रेस द्वारा 1907 में प्रकाशित 'किशना', प्रेमचन्द की पत्नी के अनुसार, उनका पहला उपन्यास था। लेखन का श्रेय 'नवाब राय' को दिया गया था और 'ज़माना' नाम के जिस उर्दू रिसाले से प्रेमचन्द सम्बद्ध थे, उसने इसे समाज-सुधारपरक उपन्यासों की श्रृंखला में पहला उपन्यास कहा था। 'किशना' में एक बार फिर आर्यसमाज के नेता का उल्लेख किया गया है। वह हिन्दू विवाहों की शाहख़र्ची की निन्दा करता है और साथ ही दहेज और गहनों के प्रति आग्रह को भी ग़लत ठहराता है, जो कि बहुधा कन्या के माता-पिता की सामर्थ्य के परे होते हैं। 'किशना' मुख्यतः स्त्रियों के आभूषण-प्रेम और इस आसक्ति के फलस्वरूप सामने आने वाले दुखद परिणामों पर केन्द्रित है। यही विषय पच्चीस साल बाद प्रकाशित 'ग़बन' में कहीं अधिक परिष्कृत रूप में उठाया गया है।

जलवा-ए-इसर

यह उपन्यास इंडियन प्रेस, इलाहाबाद द्वारा 1912 में प्रकाशित हुआ और इसके लेखक थे 'नवाब राय'। 'वरदान' शीर्षक से इसका हिन्दी रूपान्तरण क़रीब दस साल बाद प्रकाशित हुआ।

प्रतापचन्द्र एक ऐसी स्त्री का बेटा था जो अपने पति के अचानक ग़ायब हो जाने के बाद से बड़ी ग़रीबी में दिन काट रही थी। क़र्ज़ चुकाने के लिए उसे अपनी सम्पत्ति का एक बड़ा हिस्सा बेचना पड़ा। अब उसके पास बस एक घर बचा था जिसका आधा हिस्सा संजीवन लाल नाम के व्यक्ति को किराये पर दिया गया था। किरायेदार की बेटी व्रजरानी, जिसे प्यार से विर्जन पुकारा जाता था, प्रतापचन्द्र की ओर आकृष्ट थी। प्रतापचन्द्र ने भी उसकी भावनाओं का प्रत्युत्तर दिया। दुर्भाग्यवश, संजीवन लाल एक दिन घर छोड़कर चला गया और कभी लौटकर नहीं आया। उसकी पत्नी को विर्जन का प्रतापचन्द्र के प्रति आकृष्ट होना पसन्द नहीं था क्योंकि प्रतापचन्द्र निर्धन था। उसने विर्जन की शादी एक वरिष्ठ सरकारी अफ़सर श्यामाचरण

के बेटे कमलाचरण से कर दी। श्यामाचरण का व्यक्तित्व बड़ा प्रभावशाली था और वह अपने आत्मसम्मान की रक्षा के प्रति हमेशा सजग रहता था, भले ही अपने वरिष्ठ अधिकारियों से उसकी झड़प हो जाए। एक अंग्रेज़ अफ़सर द्वारा अपमानित होने पर श्यामाचरण ने क़सम खाई कि वह उस अफ़सर से कभी नहीं मिलेगा, भले ही उसकी नौकरी चली जाए। उसका बेटा अपने पिता से ठीक विपरीत था। न तो उसमें कोई लियाक़त थी, न ही कोई आत्मसम्मान।

विर्जन की बीमारी की ख़बर सुनकर प्रतापचन्द्र उसे देखने उसके घर गया और उसकी हर सम्भव मदद की। उसे पता चला कि कमलाचरण बुरी संगत में पड़ गया है, उसका माली की बेटी के रिश्तेदारों के साथ झगड़ा हो गया और मारे जाने के डर से वह भाग गया। एक रेलवे दुर्घटना में कमलाचरण की मृत्यु हो गई। उसकी माँ अपने घर गाँव चली गई और कुछ समय बाद पिता की मृत्यु हो गई। अब विर्जन बिलकुल अकेली थी। प्रतापचन्द्र उससे मिलना चाहता था पर उसे भरोसा नहीं था कि विर्जन के प्रति अपनी भावनाओं को वश में कर पाएगा या नहीं। उसे अब धार्मिक मसलों में गहरी दिलचस्पी हो गई थी। वह स्वामी बालाजी नाम का संन्यासी बन गया। हिमालय पहाड़ों में विचरण करते हुए भाग्यवश उसकी मुलाक़ात अपने पिता से हुई जो सालों पहले ग़ायब हो गए थे। जब प्रतापचन्द्र महज एक बच्चा था। अब उसके पिता ने असाधारण यौगिक शक्तियाँ हासिल कर ली थीं।

प्रतापचन्द्र, बनाम स्वामी बालाजी एक सम्मानित समाज-सुधारक बन गए। इस बीच विर्जन ने कविताएँ लिखनी शुरू कर दी थीं और कुछ ही समय में उसकी कविताओं ने उसे प्रसिद्ध कर दिया था। उसकी सहेली माधवी प्रतापचन्द की प्रशंसिका थी। एक दिन वह स्वामी जी से मिलने गई, यह तय करके कि वह उनसे प्रणय-निवेदन करेगी। पर जब वह उनकी कुटिया पहुँची तो वहाँ आग लगी हुई थी। इस संयोग ने उसका हृदय परिवर्तन कर दिया। वह तपस्विनी बन गई और स्वामीजी के साथ यात्राओं पर निकल गई।

'जलवा-ए-इसर' में प्रशंसा के लायक़ कुछ ख़ास नहीं है। यहाँ तक कि शुरुआती रचनाओं सहित, प्रेमचन्द की सभी रचनाओं में जो सामाजिक उद्देश्य स्पष्ट रूप से देखा जा सकता है, वह भी 'जलवा-ए-इसर' में बड़े अस्पष्ट रूप से आता है। उपन्यास के कुछ दिलचस्प तथ्यों में से एक है—स्वामी बालाजी और प्रेमचन्द को उनकी युवावस्था में प्रभावित करने वाले स्वामी विवेकानन्द के शब्दों में गहरा साम्य।

निर्मला

यह इलाहाबाद की 'चाँद' पत्रिका में 1925-26 के दौरान धारावाहिक के रूप में प्रकाशित हुआ और बाद में लाहौर के गिलानी इलेक्ट्रिक प्रेस द्वारा। प्रेमचन्द के

लघु उपन्यासों में यह सबसे अधिक महत्त्वपूर्ण है। व्यक्तिगत स्तर पर इस उपन्यास के बारे में लेखक की राय बहुत अच्छी नहीं थी और उनका कहना था कि इसे एक विशेष उद्देश्य से लिखा गया था और वह था बेमेल विवाह। यानी बूढ़े पुरुषों और बेटी के बराबर उम्र वाली लड़कियों के बीच विवाह जैसी एक ख़ास सामाजिक बुराई को बेनक़ाब करना। लेकिन जहाँ तक कथाकार के शिल्प का सवाल है, उपन्यास एक समर्थ रचना है। उसकी संरचना गठी हुई है जो उनके लम्बे उपन्यासों में या लम्बी कहानियों तक में दुर्लभ है।

उपन्यासकार की आलोचना का केन्द्र वस्तुत: दो सामाजिक बुराइयाँ हैं। बेमेल विवाह इसलिए होते हैं, क्योंकि लम्बे-चौड़े दहेज का इन्तज़ाम कर सकने में असमर्थ माँ-बाप के लिए अपनी बेटियों के लिए उपयुक्त वर ढूँढ़ना असम्भव हो जाता है। लिहाज़ा बुराई की जड़ है दहेज। आज भी, जब भारतवर्ष बीसवीं शताब्दी के नौवें दशक में पदार्पण कर रहा है, यह दुखद स्थिति ज्यों-की-त्यों है। उतने हज़ार रुपये, नोटों की शक़्ल-में माँगने की बजाय वर के माँ-बाप यह जता देते हैं कि एक टेलीविज़न, विदेशी घड़ी, दो या तीन महँगे सूट और घरेलू फर्नीचर जैसी चीज़ों का स्वागत है। पूरा तंत्र इसलिए और भी निर्मम हो जाता है क्योंकि अपने माँ-बाप की तुलना में लड़का ख़ुद कहीं ज़्यादा लोभी होता है। 'निर्मला' में अन्योन्याश्रित ये दोनों बुराइयाँ मिलकर एक ऐसी विशुद्ध अन्तहीन त्रासदी को जन्म देती हैं जिससे कोई निजात नहीं है; किसी के भी लिए उम्मीद की कोई किरण नहीं है।

निर्मला एक सम्पन्न वकील उदयभान सिंह की पन्द्रह वर्षीया बेटी थी। जब सिन्हा साहब नाम के एक धनी व्यक्ति अपने बेटे भुवन मोहन और निर्मला के विवाह के लिए राज़ी हो गए तो निर्मला की माँ कल्याणी ने चैन की साँस ली। काफ़ी बड़े दहेज की माँग की गई लेकिन बेटी की ख़ुशी की ख़ातिर कल्याणी तैयार हो गई। लेकिन बेटी की ख़ुशी की तैयारियाँ शुरू हुईं तो ख़र्चे बढ़ते चले गए। कल्याणी ने किफ़ायत से काम लेने का अनुरोध किया। उसके पति रुपये-पैसे के मामले में बहुत चाक-चौबन्द नहीं थे। लिहाज़ा कई झगड़े हुए। पत्नी के साथ हुई एक तीखी कहा-सुनी के बाद उदयभान ग़ुस्से में घर से निकल गए और फिर लौटकर नहीं आए। अब कल्याणी भी ऐसी स्थिति नहीं थी कि वह उतना दहेज दे पाती जितने की उम्मीद भुवन मोहन कर रहा था। शादी टूट गई। निर्मला के सपने चूर-चूर हो गए। भुवन मोहन एक सुदर्शन और बुद्धिमान युवक था जिसने अभी-अभी डॉक्टरी की डिग्री हासिल की थी। निर्मला के सपनों में ख़ुशियों और ऐशो-आराम से भरा उसके भावी पति का घर था। अब न वे सपने थे, न कोई उम्मीद। उसका दुख तब असह्य हो गया जब उसने सुना कि डॉ. भुवन मोहन ने सुधा नाम की एक लड़की से विवाह कर लिया जिसके माता-पिता ने दहेज में पाँच हज़ार रुपये दिये थे।

कल्याणी ने अपनी बेटी के लिए योग्य वर ढूँढ़ने के बहुत प्रयास किये। जब सारी कोशिशें नाकाम रहीं तो उसने एक अधेड़ उम्र के वकील का भेजा विवाह प्रस्ताव स्वीकार कर लिया। वह विधुर था और उम्र में उसकी बेटी से पच्चीस साल बड़ा था। कल्याणी को लगा कि तोताराम का प्रस्ताव ही वह एकमात्र उपाय है जिससे निर्मला को आजीवन अविवाहित रहने से बचाया जा सकता है। सो उसने प्रस्ताव स्वीकार कर लिया। इस विवाह में दहेज की कोई समस्या न थी। बहुत जल्द निर्मला तोताराम के घर आ गई। तोताराम और उनके तीन बेटे—मंसाराम, जियाराम और सियाराम, और उनकी बहन रुक्मिणी—सब उसी घर में रहते थे। बहुत जल्द इन सबको महसूस होने लगा कि एक नई दुलहन के आ जाने से उनकी आज़ादी में ख़लल पड़ेगा। सिर्फ़ मंसाराम ही अकेला ऐसा था जिसका निर्मला के प्रति अच्छा व्यवहार था। वह लगभग निर्मला का हमउम्र था और एक परिष्कृत संवेदनशील इनसान था। साफ़ ज़ाहिर था कि निर्मला की ननद उससे बैर भाव रखती थी और हर बात पर ताने देती रहती थी। ऐसे में निर्मला सिर्फ़ मंसाराम के साथ निकटता महसूस कर पाती थी। और तो और, मंसाराम ने जब उसे अंग्रेज़ी पढ़ाने का प्रस्ताव रखा तो उसे निर्मला ने कृतज्ञ भाव से स्वीकार कर लिया।

तोताराम को यह सब अच्छा नहीं लगा। उसने अपने बेटे का दाख़िला बोर्डिंग स्कूल में करा दिया। इसी दौरान वह निर्मला के लिए उपहार भी लाने लगा, घर की सारी ज़िम्मेदारी रुक्मिणी के हाथों से लेकर निर्मला को सौंप दी और तरह-तरह से निर्मला को ख़ुश करने की कोशिश में लग गया। निर्मला को प्रभावित करने के लिए वह अपनी हिम्मत और अक़्लमन्दी के मनगढ़न्त क़िस्से भी सुनाया करता। तरह-तरह की दवाएँ और टॉनिक इस्तेमाल करके उसने अपनी शक़्ल-सूरत सुधारने की भी कोशिश की। लेकिन सारे जतन करके भी वह अपनी पत्नी के दिल में प्यार की लौ न जगा पाया। निर्मला को उस पर तरस आता था, कभी-कभी थोड़ा सम्मान भी जगता!, पर जैसी भावनाएँ एक युवती के मन में अपने पति के लिए होती हैं, वैसी वह तोताराम के लिए कभी महसूस न कर सकी। स्थिति तब बदतर हो गई जब मंसाराम बीमार पड़ा और उसे अस्पताल में भर्ती कराना पड़ा। निर्मला उसकी देखभाल करने और मन बहलाने के लिए उसके साथ अस्पताल में काफ़ी समय रही। तोताराम ने यह आरोप लगाया कि निर्मला के अपने सौतेले बेटे के साथ अनुचित सम्बन्ध हैं। दुर्भाग्यवश मंसाराम की बीमारी जानलेवा साबित हुई, पर मरने से पहले उसने अपने पिता को बताया कि निर्मला ने किस तरह एक आदर्श माँ की तरह उसकी देखभाल की। तोताराम को अब अपनी ही पत्नी और बेटे पर इतना घटिया आरोप लगाने की बड़ी ग्लानि हुई। वह गहरे अवसाद में चला गया। कुछ महीनों बाद निर्मला ने एक बेटी को जन्म दिया। पर इस प्रौढ़ावस्था में बाप बनना भी उसे उस अवसाद से मुक्ति न दिला सका।

उधर डॉ. भुवन मोहन भी अपराधबोध से ग्रस्त थे। जब उन्होंने जवान और आकर्षक निर्मला को इस तरह असहाय और पिता की उम्र के आदमी के साथ बँधे हुए देखा तो अपनी दहेज की माँग का बड़ा अफ़सोस हुआ। लेकिन उनकी पत्नी सुधा निर्मला के प्रति उनके मन की कोमल भावनाओं से व्यथित होने की बजाय, उनके लालच और निष्ठुरता के लिए उन्हें धिक्कारती रही। निर्मला भी जब कभी उन्हें देखती तो जो कुछ हो सकता था, उसके बारे में सोचकर उसके दिल में टीस-सी उठती। वह ख़ुशियों भरे उस संसार के ख़यालों में डूब जाती जो इसलिए नहीं सज पाया क्योंकि उसकी माँ के पास दहेज देने के लिए पैसे नहीं थे। पैसे के लोभ में पड़कर निर्मला का जीवन नष्ट कर देने का पछतावा और पत्नी से मिली भर्त्सना का परिणाम यह हुआ कि डॉ. भुवन मोहन ने ज़हर खाकर प्राण त्याग दिये।

वकालत में अब तोताराम की कोई दिलचस्पी नहीं रह गई थी। उनकी प्रैक्टिस दिन-पर-दिन कम होती गई और गम्भीर आर्थिक दिक़्क़तों का सामना करना पड़ा। घर नीलाम करना पड़ा और उन्हें परिवार सहित एक छोटे-से घर में जाना पड़ा। बड़ा बेटा तो पहले ही स्वर्ग सिधार चुका था। बीच वाले बेटे जियाराम ने अपने क़र्ज़ चुकाने के लिए निर्मला के गहने चुरा लिये और फिर पश्चात्ताप स्वरूप आत्महत्या कर ली। ग़रीबी का हाल यह था कि घर चलाने के लिए निर्मला को एक-एक पाई सोच-समझकर ख़र्च करनी पड़ती। छोटे बेटे सियाराम को निर्मला का इस तरह पाई-पाई का हिसाब रखना बिलकुल अच्छा नहीं लगता था। जब भी उसे बाज़ार भेजा जाता तो लौटकर उसे एक-एक पैसे के ख़र्चे का हिसाब देना पड़ता और अक्सर इस बात पर डाँट भी खानी पड़ती कि उसने सस्ता सामान क्यों नहीं ख़रीदा। इस बात पर उसकी अपनी सौतेली माँ से कई बार कहा-सुनी हो जाती थी और आख़िरकार वह बिलकुल उकता गया। वह एक साधु के साथ हरिद्वार चला गया। तोताराम को अब घुटन महसूस होती थी। वह कोसता था उस दिन को जब उसने एक जवान लड़की से विवाह करने की सोची थी। उसे अपने किये पर बड़ा पछतावा था पर अब वह कर भी क्या सकता था! उसके दो बेटों का देहान्त हो चुका था और तीसरा घर छोड़कर चला गया था, पत्नी और बहन हर समय लड़ती रहती थीं और आमदनी दिन-पर-दिन कम होती जा रही थी। एक दिन वह चुपचाप घर से निकल पड़ा अपने छोटे बेटे की खोज में।

इन सारे आघातों का निर्मला के स्वास्थ्य पर बहुत बुरा असर पड़ा। वह बीमार पड़ गई। उसकी जीवनीशक्ति धीरे-धीरे रिसती जा रही थी। बेटी के भविष्य की चिन्ता उसे दिन-रात खाए जाती जिससे उसकी सेहत और भी बिगड़ गई। जब उसकी मृत्यु हुई तो अन्तिम क्रिया-कर्म करनेवाला कोई न था। पड़ोसियों ने मिलकर उसे श्मशान घाट तक पहुँचाया, पर उनमें से किसी के पास भी रिवाज और समाज का दिया अधिकार न था कि वह अन्तिम संस्कार कर सके। सभी बड़े पसोपेश में

थे। तभी वहाँ तोताराम का अप्रत्याशित और आकस्मिक आगमन हुआ जो अपने बेटे को हर जगह खोजने के बाद निष्फल लौट आया था। उसने चिता को अग्नि दी और निर्मला का दाह-संस्कार किया। अपनी मृत्यु के कुछ समय पहले निर्मला ने अपनी बेटी को रुक्मिणी के हवाले कर दिया था और उससे याचना की थी कि वह उसके (निर्मला के) जीवन की त्रासदी पर चिन्तन-मनन करे और उसकी बेटी के जीवन में इस त्रासदी की पुनरावृत्ति न होने दे। निर्मला के आख़िरी शब्द थे :

> दीदी जी, अब मुझे किसी वैद्य, हकीम की दवा फ़ायदा न करेगी। आप मेरी चिन्ता न करें। बच्ची को आपकी गोद में छोड़े जाती हूँ। अगर जीती-जागती रहे तो किसी अच्छे कुल में विवाह कर दीजिएगा। मैं तो इसके लिए अपने जीवन में कुछ न कर सकी, केवल जन्म देने भर की अपराधिनी हूँ। चाहे क्वाँरी रखिएगा, चाहे विष देकर मार डालिएगा, पर कुपात्र के गले न मढ़िएगा, इतनी ही आपसे मेरी विनती है।

प्रतिज्ञा

यह 1927 में 'चाँद' पत्रिका में धारावाहिक के रूप में छपा और बाद में बनारस के सरस्वती प्रेस द्वारा प्रकाशित किया गया। उसकी मुख्य विषयवस्तु है वैधव्य की वेदना और विधवा-विवाह की आवश्यकता—और यह 1907 में लिखे गए उपन्यास 'हमखुर्मा-ओ-हमसवाब' (हिन्दी रूपान्तरण में 'प्रेमा') से ली गई है। इस उर्दू उपन्यास पर पहले चर्चा की जा चुकी है। (कृपया इस अध्याय का खंड-2 देखें) फिर भी 'प्रतिज्ञा' को इसके पहले लिखे गए उपन्यास की ही पुन:प्रस्तुतीकरण नहीं कहा जा सकता। 'प्रतिज्ञा' में विषयवस्तु, चरित्र-चित्रण और संवाद कहीं अधिक परिपक्व हैं। कई अत्यधिक नाटकीय प्रसंगों को निकाल दिया गया है। कुछ नये पात्र शामिल किये गए हैं और जैसाकि मैं आगे स्पष्ट करूँगा, दोनों उपन्यासों की कहानियों में भी ख़ासा फ़र्क़ है।

अमृतराय ऊँचे आदर्शों वाला इनसान था। जब उसने आगरा के आर्यसमाज मन्दिर के बाहर समाज-सुधारक अमरनाथ का व्याख्यान सुना तो उस पर बड़ा गहरा प्रभाव पड़ा। अमरनाथ ने विधवाओं की दुर्दशा की बड़ी भयानक तसवीर प्रस्तुत की थी, ख़ास कर उन विधवाओं की जिन्होंने छोटी उम्र में ही अपने पतियों को खो दिया था, और समाज से विधवा-विवाह के पक्ष में एक ज़ोरदार अपील की थी। अमृतराय विधुर था। उसकी सगाई बद्रीप्रसाद की बेटी प्रेमा से हो चुकी थी। सगाई तीन साल पहले हो चुकी थी और दोनों ही पक्ष इस रिश्ते को लेकर प्रतिबद्ध थे। लेकिन अमृतराय ने प्रण किया कि वह एक विधवा से विवाह करके समाज के सामने अच्छा उदाहरण रखेगा। उसने प्रेमा से अपनी सगाई तोड़ दी। पर उसने

अपने क़रीबी दोस्त प्रोफ़ेसर दाननाथ से आग्रह किया कि वह उसकी जगह प्रेमा से विवाह कर ले। बद्री प्रसाद भी इसके लिए राज़ी हो गए और प्रेमा का विवाह दाननाथ के साथ हो गया।

प्रेमा की बड़ी आत्मीय सहेली थी पूर्णा, जो एक ग़रीब क्लर्क बसन्त कुमार की बेटी थी। पूर्णा उस समय विधवा हो गई जब वह जवान, आकर्षक और जिन्दगी को भरपूर जीने की उम्र की थी। भूतपूर्व पति के घर में उसे तकलीफ़ों से भरे जीवन से बचाने के लिए प्रेमा ने अपने पिता से आग्रह किया कि वे पूर्णा को अपने घर ले आएँ। दुर्भाग्यवश, प्रेमा का भाई कमला प्रसाद अपने पिता का उल्टा, दुश्चरित्र आदमी था। उसकी पत्नी बुद्धिमान और स्नेही महिला थी पर कमला प्रसाद उसकी ज़रा भी परवाह नहीं करता था। वह आधुनिक विचारों की थी और यह उसे बिलकुल स्वीकार नहीं था कि एक पत्नी चुपचाप अपने पति के मनमाने तौर-तरीक़े बर्दाश्त करती रहे। उसने कमला प्रसाद को समझाने की भी कोशिश की और उससे अनुरोध किया कि वह अपना अनैतिक आचरण त्याग दे। लेकिन कमला प्रसाद ने उसकी सलाह का मखौल बना दिया। दोनों के बीच अक्सर झगड़े होते रहते थे। जब पूर्णा उनके साथ रहने आई तो कमला प्रसाद ने उसके साथ अभद्र व्यवहार करना शुरू कर दिया। एक दिन, प्रेमा के घर छोड़ने के बहाने वह पूर्णा को एक बग़ीचे के सुनसान कोने में ले गया और वहाँ उसका शील भंग करने की कोशिश की। पूर्णा ने विरोध किया, उस पर ज़ोर से वार किया और किसी तरह बच निकली। वह बिलकुल बेसहारा थी क्योंकि अपने पति के घर वह जाना नहीं चाहती थी और जो कुछ हुआ था, उसके बाद वह बद्री प्रसाद के घर जा नहीं सकती थी। सौभाग्यवश अमृतराय ने उसे बचा लिया। अमृतराय ने महिलाओं के लिए 'वनिता आश्रम' की स्थापना की थी और पूर्णा ने यहीं शरण ली। यहाँ उसे कुछ हद तक मानसिक शान्ति भी मिली और उसने कीर्तन-भजन में अपना सारा समय बिताना शुरू कर दिया। कमला प्रसाद के चंगुल से बचने के फ़ौरन बाद उसने आत्महत्या के बारे में सोचा था, पर अमृतराय ने उसे बचा लिया था और आश्रम के काम ने उसे जीने का मक़सद दे दिया था।

अमृतराय आश्रम के लिए समर्पित था। उसने एक बार कहा भी था कि उसने विधवा से विवाह तो नहीं किया पर यह कहा जा सकता है कि विधवाओं के लिए स्थापित आश्रम से यूँ समर्पित भाव से जुड़कर अर्थात् 'विवाह' करके उसने अपनी प्रतिज्ञा पूर्ण कर ली थी। कमला प्रसाद अमृतराय को अपना दुश्मन मानता था क्योंकि उसी की मदद से पूर्णा उससे दूर जा सकी थी। एक ऐसी सभा में जहाँ अमृतराय वक्ता था, कमला प्रसाद ने अशान्ति फैलाने का प्रयास किया। समाज-सुधार के कुछ कट्टर विरोधियों को उसने अपने साथ कर लिया और कुछ किराये के गुंडों से सभा में उत्पात मचवाया। प्रेमा, जो अब भी अमृतराय की प्रशंसिका थी, ख़ुद आगे

बढ़कर मंच पर आई और उसने भाषण भी दिया। न सिर्फ़ उसने विरोधियों को चुप करा दिया बल्कि उनमें से कुछ को आश्रम के ख़र्चों के लिए अमृतराय द्वारा बनाए कोष में चन्दा देने के लिए भी राज़ी कर लिया। प्रेमा के पति दाननाथ को अमृतराय के प्रति उसके प्रशंसा भाव से चिढ़ होने लगी थी और दोनों मित्रों के बीच दूरी आ गई थी। पर उस दिन की मीटिंग में प्रेमा की हिम्मत और आत्मविश्वास से दाननाथ बहुत प्रभावित हुए। वे फिर से अमृतराय के निकट आ गए और अब उन्हें अपनी पत्नी से भी कोई शिकायत न रही।

उपन्यास के कई अंशों में वृत्तान्तों और संवादों के माध्यम से प्रेमचन्द ने एक बाल विधवा की पीड़ा को व्यक्त किया है। पति की मृत्यु पर पत्नी का दुख, सुखी जीवन, रूमानी लगाव और दाम्पत्य प्रेम के अधूरे सपने और क़दम-क़दम पर जो अपमान उसे सहना पड़ता है, ये सब असंख्य गुना बढ़ जाते हैं अगर दुर्भाग्यवश वह ग़रीब भी है। फिर भी, 'प्रतिज्ञा' का अन्त आशावादी है और कहता है कि समाज-सुधारकों के उत्साहपूर्ण प्रयास हमेशा व्यर्थ नहीं जाते। यह प्रेमचन्द के उन कुछ उपन्यासों में से है जहाँ त्रासद स्थितियों की परिणति मृत्यु या आत्महत्या में नहीं होती। परन्तु 'प्रतिज्ञा' में और इसके पहले के उपन्यासों 'हमखुर्मा-ओ-हमसवाब' तथा 'प्रेमा' में सिर्फ़ यही अन्तर नहीं है। कुछ प्रमुख पात्रों के नाम वही हैं : अमृतराय, प्रेमा, पूर्णा और दाननाथ। लेकिन आर्यसमाज नेता धर्माधिकारी की जगह अमरनाथ ने ले ली है। कमला प्रसाद और उसकी पत्नी सुमित्रा नये चरित्र हैं। इन सबसे अधिक महत्त्वपूर्ण अन्तर है, कहानी का अन्त। पहले के उपन्यास का अन्त होता है गोलियाँ चलने और दो व्यक्तियों की मृत्यु से। इस त्रासद उपसंहार को 'प्रतिज्ञा' में बदल दिया गया है। इसमें पूर्णा की समस्याओं का आदर्श हल ढूँढ़ा गया है वनिता आश्रम के शान्त और पवित्र माहौल में।

मंगलसूत्र

प्रेमचन्द चाहते थे कि वे अपने आख़िरी उपन्यास का नाम रखें 'मंगलसूत्र'। निधन के पहले वे केवल पहले चार अध्याय यानी सत्तर पन्ने ही लिख पाए थे। 'मंगलसूत्र' एक तरह का धागे में गुँथा गहना होता है जो दुलहन को विवाह के समय पहनाया जाता है। उसे शुभ मानते हैं और विवाहित महिला उसे तभी तक पहन सकती है जब तक उसका पति जीवित रहे। इस शीर्षक को चुनने के कारण का केवल अनुमान ही लगाया जा सकता है क्योंकि कहानी इतनी विकसित ही नहीं हो पाई कि शीर्षक की प्रतीकात्मकता ज़ाहिर हो सके। क़ायदे से इसे प्रेमचन्द के लघु उपन्यासों की श्रेणी में ही रखना चाहिए। जिस गति से उपन्यास आगे बढ़ता है, उससे ऐसा आभास मिलता है कि वह कई सौ पन्नों का हो जाता। फिर भी यहाँ इस पर चर्चा करना

सुविधाजनक है क्योंकि वह इतना खंडित है कि उसे प्रेमचन्द के प्रमुख उपन्यासों के साथ नहीं रखा जा सकता।

'मंगलसूत्र' में लेखक वापस शहर आता है। कुछ आलोचकों का सचमुच यह सुझाव है कि प्रेमचन्द ग्रामीण जीवन की कथा 'गोदान' के बरअक्स शहर की कहानी के संस्करण की योजना बना रहे थे और यह कहानी शहरी जीवन के हर पहलू की उतनी ही व्यापक तसवीर होती जितनी 'गोदान' ग्रामीण जीवन की है। कुछ का यह भी कहना है कि यह उनकी सर्वश्रेष्ठ रचना होती। वहीं दूसरी तरफ़ जो चार अध्याय उपलब्ध हैं, उनमें प्रेमचन्द एक रचनाधर्मी कलाकार की तरह नहीं बल्कि एक सामाजिक क्रान्तिकारी की तरह मुखर हैं। सम्भवत: सामाजिक विश्लेषण के प्रति पूर्वग्रह ने उनकी इस रचना के सौन्दर्यबोध को कम कर दिया होता। ख़ैर, उपलब्ध सामग्री इतनी कम है कि अनुमान लगाना निरर्थक लगता है। प्रेमचन्द किस दिशा में बढ़ रहे थे, या यूँ कहें कि समीक्षक उन्हें किस दिशा में बढ़ता हुआ देखना चाहते हैं, इसके सम्बन्ध में अपनी-अपनी राय को पुख़्ता करने वाले सबूतों को इस अधूरी रचना में (ढूँढ़ने के लालच में पड़ जाना) आलोचकों के लिए नितान्त स्वाभाविक है।

देव कुमार एक लेखक थे—सिर्फ़ पेशे से नहीं, मिज़ाजन भी। वे अपनी कला के प्रति समर्पित थे और उनका विश्वास था कि कला को प्रगतिशील विचारों का प्रतिबिम्ब होना चाहिए। उनकी किताबें बिकतीं तो ख़ूब थीं, पर उन्हें आर्थिक लाभ बड़ा मामूली-सा होता था। वैसे वे पैसे को लेकर कोई ख़ास परेशान नहीं रहते थे। उन्होंने अपनी छोटी-मोटी पुश्तैनी जायदाद बेच दी थी। हालाँकि उनके पास फ़ालतू पैसे न थे, पर काम चल जाता था। उनका सपना था कि पारिवारिक ज़िम्मेदारियाँ पूरी करने के बाद वे सुकून के साथ अपना जीवन समाज-सेवा और रचनात्मक लेखन में बिताएँ। लेकिन घर-परिवार में जिस सामंजस्य की उन्हें ज़रूरत थी और जो उन्हें मिलना भी चाहिए था, वह उन्हें नहीं मिला। उनकी पत्नी शैव्या के लिए उनके विचारों का कोई महत्त्व न था। उनका बड़ा बेटा सनत कुमार और बहू पुष्पा महत्त्वाकांक्षी थे, वे अमीर और प्रभावशाली बनना चाहते थे। सनत कुमार एक वकील था और वकालत में पैसे कमाने का हर हथकंडा अपनाता था। पैसे के प्रति अपने पिता की अनासक्ति से वह बड़ा नाराज़ रहता था। बाप-बेटे के बीच मतभेद की परिणति हुई एक मुक़दमे में, जो देव कुमार द्वारा बेची जायदाद के सम्बन्ध में था। देव कुमार को थोड़ी-बहुत सान्त्वना बस इस बात की थी कि उनका छोटा बेटा साधु कुमार उनके दृष्टिकोण से इत्तफ़ाक रखता था। उन दोनों के बीच बड़ी आत्मीयता हो चुकी थी। उसकी ओर से उन्हें कोई चिन्ता न थी।

प्रेमचन्द ने अपने पीछे 'मंगलसूत्र' के जो चार अध्याय छोड़े, उनसे बस यही कहानी बनती है। कुछ अन्य पात्र भी शामिल किये गए हैं—जैसे मिस बटलर,

जो आधुनिक और आज़ाद स्त्री का प्रतिनिधित्व करती हैं। लेकिन इन चरित्रों को विकसित नहीं किया गया है। 'मंगलसूत्र' में ऐसी भी कुछ सामाजिक समस्याओं की पुनरावृत्ति हुई है जिन पर प्रेमचन्द पूर्ववर्ती उपन्यासों में चर्चा कर चुके हैं। उदाहरण के लिए—न्यायपालिका की सनक, संयुक्त परिवारों में अन्तस्थ झगड़े, विवाद और आधुनिक शहरी जीवन में प्रतिस्पर्धा। सबसे महत्त्वपूर्ण अंश है देव कुमार द्वारा पूँजीवाद की भर्त्सना और नायक के व्यक्तित्व और विचारों पर लेखक की टिप्पणी। पाठक को कुछ ऐसा आभास मिलता है कि देव कुमार, जिनके निःस्वार्थ भाव और सादगी के कारण बहुत लोगों ने उन्हें महात्मा की उपाधि दे दी थी, ने मानव जीवन के धार्मिक और यहाँ तक कि आध्यात्मिक पक्ष को भी ग़ैरज़रूरी मानकर नकार दिया था।

बुर्जुआ पूँजीपति वर्ग के मूल्यों से उनका पूरी तरह मोहभंग हो चुका था। देव कुमार की टिप्पणी के आधार पर अमृतराय 'प्रेमचन्द : आधुनिक युग के प्रतिनिधि कलाकार' शीर्षक वाले निबन्ध में लिखते हैं कि जीवन के आख़िरी दौर में प्रेमचन्द ने महात्मा गांधी की विश्व-दृष्टि के अधिकतर महत्त्वपूर्ण विचारों को नकार दिया था और समता, आज़ादी और न्याय को वे पूँजीवादी समाज में महज़ छलावा मानने लगे थे। अमृतराय द्वारा 'मंगलसूत्र' से उद्धृत दो अनुच्छेद यहाँ दिये जा रहे हैं :

> पं. देव कुमार को धमकियों से झुकाना तो असम्भव था मगर तर्क के सामने उनकी गर्दन आप-ही-आप झुक जाती थी। इन दिनों वह यही पहेली सोचते रहते थे कि संसार की कुव्यवस्था क्यों? कर्म और संस्कार लेकर वह कहीं न पहुँच पाते थे। सर्वात्मवाद से भी उनकी गुत्थी न सुलझती थी। अगर सारा विश्व एकात्म है तो फिर यह भेद क्यों है? क्यों एक आदमी ज़िन्दगी भर बड़ी से बड़ी मेहनत करके भी भूखों मरता है और दूसरा आदमी हाथ-पाँव न हिलाने पर भी फूलों की सेज पर सोता है? यह सर्वात्म है या घोर अनात्म? बुद्धि जवाब देती—यहाँ सभी स्वाधीन हैं, सभी को अपनी शक्ति और साधना के हिसाब से उन्नति करने का अवसर है। मगर शंका पूछती—सबको समान अवसर कहाँ है? बाज़ार लगा हुआ है। जो चाहे, वहाँ से अपनी इच्छा की चीज़ ख़रीद सकता है। मगर ख़रीदेगा तो वही जिसके पास पैसे हैं। और जब सबके पास पैसे नहीं हैं तो सबका बराबर का अधिकार कैसे माना जाए?—इस तरह का आत्ममंथन उनके जीवन में कभी न हुआ था। उनकी साहित्यिक बुद्धि ऐसी व्यवस्था से संतुष्ट तो हो ही न सकती थी पर उनके सामने ऐसी कोई गुत्थी न पड़ी थी जो इस प्रश्न को वैयक्तिक अन्त तक ले जाती। इस वक़्त उनकी दशा उस आदमी की-सी थी जो रोज़ मार्ग में ईंटें पड़ी देखता है और बचाकर निकल जाता है। रात में कितने लोगों

को ठोकर लगती होगी, कितनों के हाथ-पैर टूटते होंगे, इसका ध्यान उसे नहीं आता। मगर एक दिन जब वह ख़ुद रात को ठोकर खाकर अपने घुटने फोड़ लेता है तो उसकी निवारण-शक्ति हठ करने लगती है और वह उस सारे ढेर को मार्ग से हटाने पर तैयार हो जाता है। देव कुमार को वही ठोकर लगी थी। कहाँ है न्याय? कहाँ? एक ग़रीब आदमी किसी खेत से बालें नोचकर खा लेता है, क़ानून उसे सज़ा देता है। दूसरा अमीर आदमी दिन-दहाड़े दूसरों को लूटता है और उसे पदवी मिलती है, सम्मान मिलता है। कुछ आदमी तरह-तरह के हथियार बाँधकर आते हैं और निरीह, दुर्बल मज़दूरों पर आतंक जमाकर अपना ग़ुलाम बना लेते हैं। लगान और टैक्स और महसूल और कितने ही नामों से उसे लूटना शुरू करते हैं और आप लम्बा-लम्बा वेतन उड़ाते हैं, शिकार खेलते हैं, नाचते हैं, रंगरेलियाँ मनाते हैं। यही है ईश्वर का रचा हुआ संसार? यही न्याय है? (पृ. 292-93)

उपरोक्त अनुच्छेद में प्रेमचन्द ने न्याय और अवसर की प्रचलित धारणाओं को अस्वीकार कर दिया है। अगले अनुच्छेद में वे 'धर्म' पर प्रहार करते हैं :

हाँ, देवता हमेशा रहेंगे और हमेशा रहे हैं। उन्हें अब भी संसार धर्म और नीति पर चलता हुआ नज़र आता है। वे अपने जीवन की आहुति देकर संसार से विदा हो जाते हैं लेकिन उन्हें देवता क्यों, कायर कहो, आत्मसेवी कहो। देवता वह है, जो न्याय की रक्षा करे और उसके लिए प्राण दे दे। अगर वह जानकर अनजान बनता है तो धर्म से गिरता है और अगर उसकी आँखों में यह कुव्यवस्था खटकती ही नहीं तो वह अंधा भी है और मूर्ख भी, देवता किसी तरह नहीं और यहाँ देवता बनने की ज़रूरत भी नहीं। देवताओं ने ही भाग्य और ईश्वर और भक्ति की मिथ्याएँ फैलाकर इस अनीति को अमर बनाया है। मनुष्य ने अब तक इसका अंत कर दिया होता या समाज का ही अंत कर दिया होता जो इस दशा में ज़िन्दा रहने से कहीं अच्छा होता। नहीं, मनुष्यों में मनुष्य बनना पड़ेगा। दरिन्दों के बीच में उनसे लड़ने के लिए हथियार बाँधना पड़ेगा। उनके पंजों का शिकार बनना देवतापन नहीं, जड़ता है। (पृ. 293)

'मंगलसूत्र' से इन अनुच्छेदों को उद्धृत करने के पीछे अमृतराय का उद्देश्य उन्हीं के शब्दों में : 'यह दिखाना है कि बुर्जुआ समाज में स्वतंत्रता, समता और न्याय की भ्रान्त धारणाओं के ख़िलाफ़ जीवनपर्यन्त संघर्ष करने के बाद, अपने आख़िरी दिनों में प्रेमचन्द निश्चय ही साम्यवाद की ओर बढ़ चले थे।' साहित्य के छात्र तो ख़ैर, यह सवाल उठाते ही रहेंगे कि क्या गांधीवादी दर्शन से हटकर साम्यवादी दर्शन

की ओर उन्मुख होना अनिवार्यतः यह सुझाता है कि अगर प्रेमचन्द 'मंगलसूत्र' को पूरा कर पाते तो यह उनका महानतम उपन्यास होता?

प्रेमचन्द के नाटक

प्रेमचन्द के उपन्यासों की कुछ कमियाँ, ख़ास कर लम्बे भाषणों और विवरणों के प्रति उनका लगाव, नाटकों में और भी ज़्यादा उभरती है। प्रेमचन्द नाट्य-विधा में ख़ासी दिलचस्पी रखते थे। उन्होंने गॉल्सवर्दी के कई नाटकों का अनुवाद किया था और जीवन के आख़िरी दौर में फ़िल्म-निर्माण में उनकी रुचि भी इस ओर इंगित करती है कि नाटकीय प्रस्तुति के प्रति उनके मन में एक दबा-ढका लगाव था। फिर भी, उनके नाटक मुख्यतः पढ़ने के लिए हैं, प्रस्तुतीकरण के लिए नहीं। प्रचलित अपेक्षाओं के अनुरूप उन्होंने अपने नाटकों में गानों और कभी-कभी स्वगत भाषणों को भी शामिल किया। मगर ये तरकीबें उनकी कहानियों में संरचना, स्थितियों और घटनाओं के अटपटेपन की भरपाई नहीं कर सकतीं। पर यह आग्रह करना भी अन्यायपूर्ण होगा कि प्रेमचन्द के लिखे नाटक खेले जा ही नहीं सकते। अगर वे पढ़ने में नाटक से ज़्यादा कहानी और उपन्यास सरीखे मालूम पड़ते हैं, तो यह भी सच है कि रवीन्द्रनाथ टैगोर के कुछ नाटक भी पढ़ने में कविता या दार्शनिक एकालाप लगते हैं। फिर भी उनका मंचीकरण हुआ है, कभी-कभी बेहद प्रभावशाली ढंग से। मन में अनायास ही यह भाव आता है कि प्रेमचन्द के नाटकों को उतना महत्त्व नहीं मिला जितना मिलना चाहिए था, और किसी कल्पनाशील निर्माता और सक्षम अभिनेताओं के प्रयास से उनका प्रभावी मंचन किया जा सकता है।

संग्राम

1923 में लिखा यह नाटक इस विधा में प्रेमचन्द का पहला प्रयास था। सम्भवतः यह उनका सबसे अच्छा नाटक है, भले ही सबसे लोकप्रिय न हो। नाटक का कथानक एक धनी ज़मींदार सबल सिंह का अपने एक निर्धन रियाया की पत्नी राजेश्वरी के प्रति मोह के चारों तरफ़ बुना गया है। सबल सिंह मूलतः भला और अच्छा इनसान है। अन्य ज़मींदारों की तुलना में वह इनसानियत का बेहतर रूप है। लेकिन प्रेमचन्द ने उसकी न्याय बुद्धि हर ली है। अपने प्रभाव से वह हलधर (राजेश्वरी का पति) को एक जुर्म में फँसा देता है। बेचारे ग़रीब किसान पर भारी जुर्माना ठोंक दिया जाता है और जब वह जुर्माना नहीं भर पाता तो उसे जेल भेज दिया जाता है। राजेश्वरी को शहर ले जाकर सबल सिंह के एक मकान में रख दिया जाता है।

सबल सिंह के भाई कंचन सिंह की नज़र जिस दिन राजेश्वरी पर पड़ी, उसी

दिन से वह उसके प्रति आकर्षित हो गया। वह राजेश्वरी को सबल सिंह से छीन लेना चाहता था और इस कारण दोनों भाई एक-दूसरे के दुश्मन हो गए। जब राजेश्वरी को पता चला कि कंचन अपने भाई की हत्या करना चाहता है तो उसने हस्तक्षेप किया और किसी तरह दोनों भाइयों में सुलह करवा दी। अपमान बर्दाश्त न कर सकने के कारण सबल सिंह की पत्नी ने आत्महत्या कर ली। इस बीच गाँव के लोगों ने चन्दा इकट्ठा करके हलधर पर लगा जुर्माना अदा कर दिया और हलधर को छोड़ दिया गया। हलधर ने क़सम खाई कि उसके परिवार को बेइज़्ज़त करने का बदला वह ज़मींदार की हत्या करके लेगा।

'संग्राम' की यही रूपरेखा है। बाबा चेतन दास के पाखंड का क़िस्सा नाटक में सहकथा के रूप में चलता रहता है, जो दिखावा तो संत होने का करते हैं पर हमेशा ताक में रहते हैं ऐसी सुन्दर कन्याओं की, जिन्हें चमत्कारी इलाजों और मातृत्व-सुख का लालच देकर फँसाया जा सके। उन्होंने वास्तव में ज्ञानी नाम की एक विवाहिता का शील भंग किया इस आश्वासन के झाँसे में कि वे उससे ऐसे अनुष्ठान करवाएँगे जिससे पुत्र-प्राप्ति सुनिश्चित हो जाएगी। बाद में ज्ञानी को इतनी ग्लानि हुई कि उसने आत्महत्या कर ली।

इस नाटक में प्रेमचन्द ने लगभग उन सारे मुद्दों को उठाया है जिन्हें वे मात्र साल भर पहले प्रकाशित 'प्रेमाश्रम' में पहले ही उठा चुके थे, जैसे—ज़मींदारों का लालच, पुलिस का भ्रष्टाचार और निर्ममता, भारतीय महिलाओं का अंधविश्वास और अज्ञान, जो उन्हें आसानी से धर्म के नाम पर धोखा और पाखंड करनेवालों के चंगुल में फँसा देता है, किसानों की तकलीफ़ और अंग्रेज़ शासकों की दमनकारी नीतियाँ। एक व्यक्ति की काम-वासना के आवेग को प्रभावकारी ढंग से प्रस्तुत किया गया है। 'पछतावे' और 'हृदय परिवर्तन' जैसे विचार सबल सिंह के आत्ममंथन और प्रायश्चित्त में फिर से उभरते हैं। सच तो यह है कि जिस समय सबल सिंह आसक्ति में अंधे हो गए थे, उस समय भी उनका विवेक जीवित था, जैसाकि निम्नलिखित स्वगत भाषण से ज्ञात होता है :

> ...यह काम मैंने नेक इरादों से नहीं किया, इसमें मेरा स्वार्थ छिपा हुआ है। लेकिन अभी तक मैं निश्चय नहीं कर सका कि इसका अंत क्या होगा? राजेश्वरी के उद्धार करने का विचार तो केवल भ्रांत है। मैं उसकी अनुपम रूप-छटा, उसके सरल व्यवहार और उसके निर्दोष अंग-विन्यास पर आसक्त हूँ। इसमें रत्ती भर भी सन्देह नहीं है। मैं काम-वासना की चपेट में आ गया हूँ और किसी तरह मुक्त नहीं हो सकता। ख़ूब जानता हूँ कि यह महाघोर पाप है। आश्चर्य होता है कि इतना संयमशील होकर भी मैं इसके दाव में कैसे आ पड़ा? ज्ञानी को अगर ज़रा भी सन्देह हो जाए तो वह तो तुरंत विष खा ले। (प्रेमचन्द रचनावली : भाग-10, पृ. 29)

नाटक के अन्त में हम देखते हैं कि सबल सिंह अपनी अन्तरात्मा की आवाज़ सुनकर ज़मींदारी प्रथा की कुरीतियों की भर्त्सना करते हैं, अपने गुनाह क़ुबूल करते हैं, ज़मीन किसानों को दे देते हैं और तीर्थयात्रा पर निकल जाते हैं।

अंग्रेज़ अधिकारियों ने किस सीमा तक पुलिस विभाग की सारी अनियमितताओं को प्रश्रय दिया हुआ था, इसका अनुमान भी इस नाटक से लगाया जा सकता है। इंस्पेक्टर साहब से सिर्फ़ इतनी शिकायत भर करनी होती थी कि फलाँ-फलाँ आदमी 'सुराज' का समर्थक है और 'पंचायती राज' की वकालत करता है। इंस्पेक्टर को फ़ौरन उस अपराधी को उसके राष्ट्रवादी विचारों के लिए सबक सिखाने की पूरी छूट मिल जाती थी। पुलिस सबूतों को तोड़-मरोड़ सकती है, गवाहों को रिश्वत दे सकती है और उस आदमी पर झूठे आरोप लगाकर उसे गिरफ़्तार कर सकती है, भले ही वह आदमी सबल सिंह जैसी हैसियत रखता हो। लेकिन सम्भवतः 'संग्राम' में सबसे आक्रामक अभियोग-पत्र जारी किया गया उन धूर्त मनुष्यों के ख़िलाफ़ जो पुजारी होने का स्वाँग रचते हैं। बाबा चेतन दास न सिर्फ़ अपने निजी जीवन में कामुक हैं बल्कि झूठे आरोप लगाकर जेल भेजे गए एक असहाय किसान की पत्नी को अपनी वासना का शिकार बनाने पर ज़मींदार का बचाव भी करते हैं। चेतनदास अपने विचारों को किस निर्लज्जता से प्रकट करते हैं :

> ये क्षत्रियों की बातें नहीं हैं। भूमि, धन और नारी के लिए संग्राम करना क्षत्रियों का धर्म है। उन वस्तुओं पर उसी का वास्तविक अधिकार है जो अपने बाहुबल से उन्हें छीन सके। इस संग्राम में दया और धर्म, विवेक और विचार, मान और प्रतिष्ठा, सभी कायरता के पर्याय हैं। (प्रेमचन्द रचनावली : भाग-10, पृ. 114)

कर्बला

इस नाटक में पाँच अंक और तैंतालीस दृश्य हैं और इस्लामी इतिहास की सर्वाधिक महत्त्वपूर्ण घटनाओं में से एक का नाट्य-रूपान्तरण करने का किसी हिन्दी लेखक द्वारा यह पहला प्रयास है। कर्बला की लड़ाई में इमाम हुसैन शहीद हुए थे। यह नाटक नवम्बर, 1924 में गंगा पुस्तक मन्दिर द्वारा प्रकाशित हुआ। प्रेमचन्द की इस विषय में गहरी दिलचस्पी थी और पहले भी उर्दू पत्रिका 'ज़माना' में वे इस पर एक लेख लिख चुके थे। नाटक निश्चय ही पढ़ने के लिए है, मंचन के लिए नहीं। यह बात 'ज़माना' के उप-सम्पादक को लिखे एक पत्र में प्रेमचन्द ने भी स्वीकार की है। प्रेमचन्द हिन्दू-मुस्लिम एकता के प्रबल समर्थक थे। उनका कहना था कि हिन्दुओं को मुस्लिम इतिहास की महत्त्वपूर्ण घटनाओं की जानकारी रखनी चाहिए,

ठीक उसी तरह, जिस तरह वे भारतीय मुसलमानों से यह अपेक्षा रखते थे कि उन्हें भारतीय संस्कृति को गढ़ने-रचने वाले हिन्दू ग्रंथों का पर्याप्त ज्ञान होना चाहिए—ख़िलाफ़त आन्दोलन के सन्दर्भ में जितना सम्मान वे मोहम्मद अली और शौकत अली, इन दो भाइयों का करते थे, उसे देखते हुए यह अवश्यम्भावी था कि कभी न कभी प्रेमचन्द ऐसी रचना अवश्य करेंगे जिसके विषय में उनके देश के लाखों भाइयों की गहरी दिलचस्पी होगी।

नाटक के दो मुख्य पात्र एक-दूसरे से बहुत भिन्न हैं। हुसैन सत्य और न्याय के मूल्यों के प्रति समर्पित है और इन्हीं आदर्शों की रक्षा करते हुए अन्ततः अपने प्राणों की आहुति दे देता है। माज़िद एक अत्याचारी है, जिसमें पैसे और ताक़त के लिए घोर आसक्ति है, जो अपने व्यक्तिगत जीवन में दुश्चरित्र है, मित्रों के साथ धोखेबाज़ और शत्रुओं के प्रति निर्मम है। इस्लामी परम्परा का अनुसरण करते हुए प्रेमचन्द ने स्त्री पात्रों को मंच पर शामिल नहीं किया है। हालाँकि यह एक हिन्दी नाटक है पर इसकी भाषा पर फ़ारसी का काफ़ी समावेश है। (उर्दू संस्करण में तो फ़ारसी के और भी अधिक शब्द हैं।) नाटक में उर्दू ग़ज़लों के शेर भी शामिल किये गए हैं जो स्वरबद्ध हैं और गाए जा सकते हैं। कर्बला के विषय पर मीर अनीस के सुप्रसिद्ध 'मर्सिया' के भी कुछ अंशों को उद्धृत किया गया है। एक और प्रभावी पहलू है अरब की पृष्ठभूमि पर आधारित नाटक में हिन्दू चरित्रों का शुमार। हिन्दू हुसैन के पक्ष में हैं और अत्याचारी माज़िद का विरोध करते हुए वीरगति को प्राप्त होते हैं। सन्देश स्पष्ट है। अगर हिन्दू और मुस्लिम कंधे से कंधा मिलाकर सुदूर अरब देश में लड़ सकते हैं तो भारत में विदेशी वर्चस्व के ख़िलाफ़ एकजुट क्यों नहीं हो सकते? हुसैन की सेना में हिन्दुओं की उपस्थिति प्रेमचन्द की कोरी कल्पना नहीं है। ऐसी सम्भावना की पुष्टि करते हुए काफ़ी प्रमाण भी हैं। ज़ाहिर है कि लेखक ने शोध-कार्य किया हुआ है।

'कर्बला' का उर्दू रूपान्तरण 'ज़माना' पत्रिका में धारावाहिक के रूप में प्रकाशित हुआ था। लेकिन जब लेखक ने इसे पुस्तक के रूप में प्रकाशित कराना चाहा तो इसका विरोध हुआ। विवाद दो बिन्दुओं पर केन्द्रित था। पहला यह कि आलोचकों के अनुसार लेखक ऐतिहासिक तथ्यों से भटक गया था और दूसरा यह कि इस विषय पर एक हिन्दू द्वारा लिखना मुस्लिम भावनाओं को ठेस पहुँचा सकता था। दोनों ही एतराज़ बेबुनियाद थे। प्रेमचन्द ने डटकर अपना बचाव किया। उन्होंने स्पष्ट किया कि 'कर्बला' एक नाटक है, ऐतिहासिक दस्तावेज़ नहीं और ग़ैर-ऐतिहासिक तत्त्व किसी भी दृष्टि से ज्ञात तथ्यों के विरुद्ध नहीं हैं। उन्हें महज साहित्यिक कारणों से शामिल किया गया है। मध्य काल में मुस्लिम कवियों ने हिन्दू धर्म सम्बन्धी विषयों पर ख़ूब लिखा है। आधुनिक युग में भी एक प्रमुख मुस्लिम लेखक ने श्रीकृष्ण की काव्यात्मक जीवनी लिखी है। इन प्रयासों को हिन्दुओं ने हृदय से सराहा है तो फिर

क्या इस्लामी विषय पर हिन्दू लेखक द्वारा लिखी गई रचना को सन्देह भरी दृष्टि से देखा जाना चाहिए या फिर उसे इस्लामी परम्परा को हिन्दुओं द्वारा समझने का प्रयास मानकर उसकी प्रशंसा करनी चाहिए? कुछ आलोचकों का कहना है कि अपने चरित्र-चित्रण में प्रेमचन्द ने माज़िद को कुछ ज़्यादा ही निर्मम दिखाया है। पर प्रेमचन्द का कहना है कि कुछ मुस्लिम लेखकों ने माज़िद को कहीं ज़्यादा निर्दयी और बर्बर दिखाया है।

प्रेम की वेदी

प्रेमचन्द का यह आख़िरी नाटक 1934 में प्रकाशित हुआ—उनकी मृत्यु से सिर्फ़ दो साल पहले। बिक्री की दृष्टि से यह असफल रहा। यद्यपि इसके कई विज्ञापन प्रेमचन्द की अपनी पत्रिका 'हंस' में दिये गए फिर भी पहले छः महीनों में बमुश्किल दर्जन भर प्रतियाँ बिकी होंगी। एक उपन्यासकार और कहानीकार के रूप में प्रेमचन्द इस समय तक इतने अधिक प्रतिष्ठित हो चुके थे कि उनके लिखे नाटकों को कोई गम्भीरता से नहीं लेता था। 'प्रेम की वेदी' की दो विषयवस्तुएँ हैं। इसका ताना-बाना मुख्य रूप से उन धार्मिक और सांस्कृतिक भिन्नताओं के इर्द-गिर्द बुना गया है जो सच्चे प्रेम के रास्ते में दुर्निवार रोड़ा बन जाती हैं। पर सहकथा के रूप में आधुनिक नारी की आज़ादख़याली जो अगर एक सीमा से आगे चली जाए तो ख़ुद अपनी ही दुश्मन बन जाती है।

जैनी गार्डनर एक बुद्धिमान, उत्साही लड़की थी। उसे पढ़ना अच्छा लगता था और उसकी रुचि परिष्कृत थी। लिहाज़ा उसने अपनी माँ का यह प्रस्ताव ठुकरा दिया कि उसे एक नवयुवक से महज़ इसलिए विवाह कर लेना चाहिए क्योंकि उसका परिवार उस युवक से परिचित था। पुरुषों में जैनी जिन गुणों की भी प्रशंसा करती थी, उनमें से एक भी इस युवक में नहीं था। विलियम नाम का यह युवक एक रेलवे गार्ड का पुत्र था। उसका नज़रिया बेहद संकुचित था। वह था तो हँसमुँख लेकिन साथ ही फूहड़ और मन्दबुद्धि भी था। जैनी के पिता का तीन साल पहले निधन हो चुका था और ज़ाहिर है कि श्रीमती गार्डनर चाहती थीं कि उनकी बेटी की शादी हो जाए और उसका घर बस जाए। पर जैनी अपने इनकार के लिए अडिग थी। वह तो उल्टा अपनी सहेली उमा के पति योगराज की ओर आकृष्ट थी। वह दोनों से ख़ूब मिलती रहती थी, ख़ास कर उमा की बीमारी के दौरान। इस बीमारी में उमा का देहान्त हो गया और योगराज के प्रति उसके आकर्षण को एक नया आयाम मिल गया। अब योगराज के साथ अपनी मित्रता को लेकर जैनी के मन में कोई अपराध-भावना नहीं थी। बहुत जल्दी यह दोस्ती प्यार में बदल गई। योगराज विनम्र, सहृदय और सुविज्ञ था। साथ ही उसमें एक सहज परिष्कार था जो जैनी

को आकर्षित करता था। कितना भिन्न था वह उस गँवार और फूहड़ विलियम से! योगराज स्वयं भी जैनी के प्रति उतना ही समर्पित था जितना जैनी उसके प्रति। पत्नी की लम्बी बीमारी के दौरान योगराज को जैनी का बड़ा सहारा था। अब पत्नी की मृत्यु के बाद योगराज का सारा प्यार जैनी पर केन्द्रित हो गया था। उसने जैनी के सामने विवाह प्रस्ताव रखा।

जैनी प्यार में डूबी हुई थी और यही वजह थी कि वह योगराज की सलामती ख़ुद की ज़िम्मेदारी मानती थी। लिहाज़ा योगराज का प्रस्ताव स्वीकार करने में उसे हिचकिचाहट थी। जैनी का ख़याल था कि एक ईसाई लड़की और रूढ़िवादी हिन्दू परिवार के लड़के के बीच विवाह में अनेक मुश्किलें आएँगी। ख़ुद उसे समाज की ख़ास परवाह न थी पर योगराज को अवश्य चोट पहुँचती। धार्मिक पूर्वग्रह योगराज को अपने घर-परिवार से दूर कर देते और यह बात उसके संवेदनशील हृदय को घायल कर देती। जैनी कुछ महीने योगराज के साथ रही, पर जब उसे विश्वास हो गया कि उनके विवाह से योगराज सुखी नहीं रहेगा तो वह अपनी माँ के पास लौट आई। घर लौटकर उसने पाया कि अकेलेपन से घबराकर उसकी माँ ने विलियम से शादी कर ली थी। जैनी को अब अपने घर में ज़रा भी अच्छा नहीं लगता था। उसे लगा कि अपने फ़ैसले पर उसे पुनर्विचार करना चाहिए। कुछ समय तक वह इसी पसोपेश में रही और अन्ततः उसने योगराज के पास वापस जाने का निश्चय किया, पर तब तक बहुत देर हो चुकी थी। पहले पत्नी और फिर प्रेमिका को खो देने से योगराज बुरी तरह टूट चुका था। वह गहरे अवसाद में चला गया था जिससे उबर पाना उसके वश में नहीं था। वह कुछ ही महीने और जीवित रहा।

जैनी के पास सिवाय पश्चात्ताप करने के और कुछ नहीं बचा था। अपनी मूर्खता पर वह ज़ार-ज़ार रोई।

> मैंने क्यों उन्हें क़त्ल किया? हाँ, याद आ गया! उनकी कुल-मर्यादा और धर्म की रक्षा करने के लिए! अपने धर्म की रक्षा करने के लिए! सोचो इस अनर्थ को, जिसके चरणों पर अपने प्राणों को अर्पित कर देना मेरे जीवन की सबसे बड़ी अभिलाषा थी, उसे मैंने इन्हीं हाथों से क़त्ल कर दिया। मैंने, नहीं, मेरे धर्म ने क़त्ल कर दिया। धर्म ने भी नहीं, मेरी अभिलाषा ने क़त्ल किया। लोगों ने ये तरह-तरह के मत बनाकर संसार में कितना विष बोया है, आग लगाई है, कितना द्वेष फैलाया है! क्या धर्म इसीलिए आया है कि आदमियों की अलग-अलग टोलियाँ बनाकर उनमें भेदभाव भर दे? ऐसा धर्म-लुटेरों का क्या हो सकता है, स्वार्थियों का हो सकता है, मूर्खों का हो सकता है, ईश्वर का नहीं हो सकता। (प्रेमचन्द रचनावली : भाग-10, पृ. 413)

पर जैनी के ये विचार उन विचारों से बिलकुल उलटे थे जो उसने योगराज के विवाह-प्रस्ताव के समय प्रकट किये थे। उस समय उसने कहा था :

> जिन हालात में ईश्वर ने हम दोनों को पैदा किया है, उसका एक ही इलाज है कि हम दोनों एक-दूसरे से अलग हो जाएँ। मैं तुम्हारे लिए सब कुछ झेलने को तैयार हूँ, लेकिन तुम्हें उस संकट में नहीं डाल सकती। तुम्हारे ऊपर यह आक्षेप मैं नहीं सुन सकती कि औरत के पीछे ईसाई हो गया और न शायद तुम मेरे ऊपर यह आक्षेप सुनना पसन्द करोगे कि दौलत के पीछे एक आदमी के साथ चली गई। मैं आजकल की प्रथानुसार शुद्ध होकर तुम्हें उस आक्षेप से बचा सकती हूँ। मैं अपने स्वभाव से, अपने संस्कारों से, जो कुछ हूँ, वही रहूँगी। हवन कर लेने या दो-चार मंत्र पढ़ लेने से संस्कार नहीं बदल सकते। ईसाई धर्म में कम-से-कम एक तत्त्व अब भी है, और वह सेवा है। हिन्दू धर्म में तो वह चीज़ भी नहीं। यहाँ तो केवल रूढ़ियाँ हैं, केवल पुरानी लकीरों को पीटना है। मगर देखना, यह विच्छेद हमारे आत्मिक ऐक्य को शिथिल न कर दे। मुझसे नाराज़ न होना, मेरी तरफ़ से आँखें न फेरना। जैनी तुम्हारी है, और तुम्हारी रहेगी, संसार की आँखों में नहीं—ईश्वर की आँखों में, जो संसार की सृष्टि करता है। (प्रेमचन्द रचनावली : भाग-10, पृ. 404)

एक वक़्त था जब जैनी ने इस तरह बहस की थी। अब उस एकमात्र इनसान को खो देने के बाद जो उसे सुख दे सकता था, उसे लगता था कि बेहतर होता अगर उसने तर्क से कम और दिल से ज़्यादा काम लिया होता।

'प्रेम की वेदी' में जैनी गार्डनर निर्विवाद रूप से सबसे प्रभावशाली चरित्र है। योगराज एक भला इनसान है जो पाठक के मन में प्रशंसा और सहानुभूति, दोनों ही जगाता है। लेकिन रहता वह पृष्ठभूमि में ही है। जो दो सवाल मिलकर इस नाटक की विषयवस्तु निर्मित करते हैं, उन दोनों के सम्बन्ध में जैनी प्रभावी ढंग से अपने विचार व्यक्त करती है। एक तो है समाज में स्त्रियों का दोयम दर्जा और दूसरा है, धर्म की निर्णायक भूमिका। पहले सवाल के सम्बन्ध में जैनी और उसकी माँ के बीच हुआ वार्तालाप है :

> जैनी : "मैं तो आपसे कह चुकी, मैं शादी नहीं करना चाहती।"
>
> मिसेज गार्डनर : "आखिर क्यों, वही तो पूछती हूँ?"
>
> जैनी : "इसलिए कि मैं मर्द की ग़ुलामी पसन्द नहीं करती।"
>
> मिसेज गार्डनर : "शादी करना ग़ुलामी है? वे सभी औरतें जो शादी करती हैं, ग़ुलाम हैं?"

जैनी : "ग़ुलाम नहीं तो और क्या हैं? रानियाँ हैं, वे भी ग़ुलाम हैं। मज़दूरिनें हैं, वे भी ग़ुलाम हैं। मर्द की दुनिया वह है, जहाँ नाम है, धन है, सम्मान है। स्त्री की दुनिया वह है, जहाँ पिसना, घुलना और कुढ़ना है। हर काम में औरत को मर्द की जवाबदेही करनी पड़ती है। अगर उसने चार पैसे ज़्यादा ख़र्च कर दिये, मर्द की त्योरियाँ चढ़ गईं। मर्द के नाश्ते में ज़रा देर हो गई, तो औरत के सिर आफ़त आ गई। अगर वह बग़ैर मर्द से पूछे कहीं चली गई, तो मर्द उसके ख़ून का प्यासा हो गया। अगर किसी मर्द से हँसकर बोली, तो फिर समझ लो कि उसकी कुशल नहीं। दिखाने को तो मर्द स्त्री की बड़ी इज़्ज़त करता है, मोटर पर अच्छी जगह स्त्री की है, सलाम पहले मर्द करता है, स्त्री का ओवरकोट पुरुष सँभालता है, स्त्री का हाथ पकड़कर गाड़ी से उतारता है, पहले स्त्री को बिठाकर आप बैठता है, लेकिन यह सब दिखावे का शिष्टाचार है। पुरुष दिल में ख़ूब समझता है कि उसने स्त्री की वह चीज़ छीन ली जिसकी पूर्ति में वह जितनी ख़ातिरदारी करे, वह थोड़ी है। वह चीज़ स्त्री की आज़ादी है।"

मिसेज गार्डनर : "तेरे विचार बड़े विचित्र हैं जेनी!"

जैनी : "विचित्र नहीं, यथार्थ हैं। हम अपने टॉमी की कितनी ख़ातिर करते हैं! उसे ताँगे पर साथ बैठाते हैं, गोद में उठाते हैं, उसका मुँह चूमते हैं, गले से लगाते हैं, उसे साबुन से नहलाते हैं, लेकिन क्या बराबर हमारे मन में यह भाव नहीं रहता कि यह हमारा कुत्ता है? उसने ज़रा भी कोई काम हमारी इच्छा के विरुद्ध किया और हमने उसे हंटर जमाया। पुरुष विवाह करके स्त्री का स्वामी हो जाता है। स्त्री विवाह करके पुरुष की लौंडी हो जाती है। अगर वह पुरुष की ख़ुशामद करती रहे, उसके इशारों पर नाचती रहे, तो उसके लिए रुपये हैं, गहने हैं, रेशमी कपड़े हैं, उस पर जान छिड़की जाती है, हृदय न्योछावर किया जाता है; लेकिन स्त्री ने ज़रा भी स्वेच्छा का परिचय दिया, ज़रा भी आत्मसम्मान प्रकट किया, फिर वह त्याज्य है, कुलटा है। पुरुष उसे क्षमा नहीं कर सकता। पुरुष कितना ही दुराचारी हो, स्त्री ज़बान नहीं हिला सकती। उसका धर्म है, पुरुष को अपना ख़ुदा समझे। मैं यह नहीं बरदाश्त कर सकती।" (प्रेमचन्द रचनावली : भाग 10, पृ. 372-73)

जैनी ने स्वीकार किया था कि प्राचीन और मध्यकाल की तुलना में आधुनिक युग की स्त्री के बेहतर हालात हैं।

असली बात यह है कि आदि में स्त्री पुरुष की सम्पत्ति समझी जाती थी, उसी तरह जैसे पशु, अनाज या घर। जैसे आज जायदाद के डाके पड़ते हैं, चोरियाँ होती हैं, उसी तरह उस समय भी होता था। लड़की बहुधा सबसे बहुमूल्य सम्पत्ति समझी जाती थी। इसलिए ज्योंही वह सयानी हो जाती थी, उस पर डाके पड़ने लगते थे। पुरुष अपने सूरमाओं को लेकर अस्त्र-शस्त्र के साथ, लड़की के ऊपर छापा मारता था। दोनों दलों में ख़ूब लड़ाई होती थी, ख़ूब रक्तपात होता था। लुटेरे विजय पाते तो लड़की को ले भागते और उसके साथ घर में जो चल सम्पत्ति मिल जाती, उसे भी उठा ले जाते। लड़की वाले रो-पीटकर रह जाते थे। कन्या विजेताओं के घर में क़ैद कर दी जाती थी। उसके हाथों में हथकड़ियाँ डाल दी जाती थीं, पैरों में बेड़ियाँ, गले में तौक और उस संग्राम के स्मृति-स्वरूप उसके माथे पर रक्त का टीका लगा दिया जाता होगा, जिससे कन्या समझती रहे कि उसने कभी भागने का प्रयत्न किया, तो उसकी भी वही दशा होगी जो उसके घर वालों की हुई है। कन्या को कभी घर वालों की याद न आए, वह इन नये स्वामियों को ही अपना सर्वस्व समझने लगे, इसलिए कन्या को उपदेश दिया जाता था कि पति ही तेरा स्वामी है, तेरा देवता है, उसको प्रसन्न रखकर ही तू स्वर्ग में जाएगी। यह है इन निशानियों का तथ्य। आज उन पाशविक प्रथाओं का रूप कुछ बदल गया है अवश्य; किन्तु मूलाधार वही है। नई संस्कृति ने कुछ लेप-थोप की है; लेकिन पुरुषों की मनोवृत्ति अब भी वही है और समाज संस्था का आचार भी वही है, बिलकुल वही।
(प्रेमचन्द रचनावली : भाग 10, पृ. 376)

बाद में जब जैनी ने योगराज के विलक्षण गुण देखें तो उसके विचारों में काफ़ी नरमी और परिपक्वता आई। उसने महसूस किया कि सच्चे प्यार में परस्पर आदर अन्तर्निहित होता है और त्याग स्त्री और पुरुष, दोनों को ही करना पड़ता है। योगराज का विवाह-प्रस्ताव अन्ततः ठुकरा देने का जैनी को गहरा पश्चात्ताप था। लेकिन धर्म के पारम्परिक रूप के ख़िलाफ़ उसके विरोध की तीव्रता में कभी कोई कमी नहीं आई। इस मुद्दे पर जैनी के विचार तनिक भी नरम नहीं पड़े। जैनी पूछती है कि आख़िर धर्म का उद्देश्य क्या है? क्या उसका उद्देश्य सिर्फ़ इनसानों को सम्प्रदायों में बाँटकर उनके बीच टकराव पैदा करना है? अगर हाँ, तो धर्म केवल मूर्खों और ग़ुलामों के लिए है। निम्नलिखित उद्धरण धर्म की संस्था पर करारी चोट करता है :

इनसान की इनसानियत को कितना सुधार? आज दौलत जिस तरह आदमियों का ख़ून बहा रही है, उसी तरह, उससे ज़्यादा बेदर्दी से,

धर्म ने आदमियों का ख़ून बहाया है। दौलत कम-से-कम इतनी निर्दय, कठोर नहीं होती। लेकिन दौलत वही रही है जिसकी उससे आशा थी, धर्म तो प्रेम का सन्देश लेकर आता है और काटता है—आदमियों का गला। वह मनुष्य के बीच ऐसी दीवार खड़ी कर देता है जिसे पार नहीं किया जा सकता। आख़िर सम्पूर्ण जगत की एक ही आत्मा तो है। धर्म का यह भेद क्या आत्मा की एकता को मिटा सकता है? वह ख़ुदा जो एक-एक अणु में मौजूद है, उसे हम गिरजे और मस्जिद और मंदिर में बंद कर देते हैं और एक-दूसरे को काफ़िर और म्लेच्छ कहते हैं। पूछो, उस विश्वात्मा को तुम्हारे इन झगड़ों से क्या मतलब? उसे इसकी क्या परवाह कि तुम गिरजे में जाते हो या मस्जिद में? वह तो केवल इतना देखती है कि तुम प्रेम से रहते हो या नहीं। उसके मुक्त प्रवाह में जो कोई भी मेंड़ बाँधेगा, वह प्रकृति के नियम को तोड़ेगा और उसे इसकी सज़ा ज़रूर मिलेगी। हम आए दिन वह सज़ा पा रहे हैं, फिर भी हमारी आँखें नहीं खुलतीं। आदमी की शक्ति है कि उस जगदात्मा को टुकड़ों में बाँट सके? उस व्यापक चेतना को? कभी नहीं। यह तो कोई धर्म नहीं।

(प्रेमचन्द रचनावली : भाग-10, पृ. 414)

यहाँ जैनी धर्म के आध्यात्मिक पक्ष को नहीं बल्कि उस संकीर्ण रूप को नकार रही है जो धर्म के सार्वभौमिक सन्देश को छिपा देता है। जैनी यहाँ उन्हीं विचारों को प्रकट कर रही है जो जीवन में बहुत समय तक प्रेमचन्द के अपने विचार थे। हालाँकि ऐसा प्रतीत होता है कि आख़िरी सालों में वे धर्म का पूरी तरह परित्याग कर देने की दिशा में बढ़ चले थे। उपसंहार के रूप में 'प्रेम की वेदी' का एक और अंश यहाँ उद्धृत किया जा रहा है जो इस तथ्य को रेखांकित करता है कि धर्म अपने घोषित लक्ष्य को हासिल करने में ख़ुद ही रुकावट बन जाता है :

हमारे जितने धर्म हैं, सभी बिगड़े हुए समाज को सुधारने की तदबीरें हैं, लेकिन धर्मों पर ख़ुदा की कुछ ऐसी मार है कि वह आते तो हैं सुधार के लिए, लेकिन उल्टे और बिगाड़कर जाते हैं। यह वही पुराने ज़माने की गिरोहबंदी है, जब गुफ़ाओं में बसने वाला आदमी हिंसक पशुओं या अपनी ही जाति की दूसरी टोलियों में अपनी रक्षा करने के लिए गिरोह बनाकर रहता था। नबी आए, वली आए, अवतार हुए, ख़ुदा ख़ुद आया। बार-बार आया। नतीजा क्या हुआ? लड़ाई और क़त्ल! रंग का भेद, नस्ल का भेद, इन सब भेदों को मिटाने का ठेका लिया था धर्म ने। लेकिन वह स्वयं भेद का कारण बन गया—ऐसे भेद का, जो सब भेदों से कठोर है। मैं तुम्हारी लड़की हूँ, मुझे तुमने अपने प्राणों का रक्त पिलाकर पाला

है। मैं जानती हूँ, तुम्हें संसार में मुझसे न्यारी कोई वस्तु नहीं है; लेकिन आज मैं गिरजे में न जाकर मस्जिद में प्रार्थना करने जाऊँ तो तुम मेरी सूरत से नफ़रत करोगी। सम्भव है, अपने हाथों मेरी हत्या कर डालो। मैं भी वही हूँ, तुम भी वही हो, फिर यह द्वेष कहाँ से आ गया? मैं कहती हूँ, यह धर्म का प्रसाद है जिसने हमारे मन को संकीर्ण बना डाला है।
('प्रेम की वेदी', प्रेमचन्द रचनावली : भाग-10, पृ.सं. 414)

अनुवाद

एक रचनात्मक लेखक और पत्रकार होने के साथ-साथ प्रेमचन्द अनुवादक भी थे। उनके अधिकतर अनुवाद अंग्रेज़ी से उर्दू या हिन्दी में हैं और कभी-कभी बंगला से हिन्दी या उर्दू में। उन्होंने स्वयं क़ुबूल किया है कि अधिकतर अनुवादों का उद्देश्य था—आय में इज़ाफ़ा करना। वे हमेशा आर्थिक परेशानियों से घिरे रहते थे और थोड़े-बहुत धनोपार्जन का यह तरीक़ा उनके लिए अनुकूल था। अनुवाद के लिए चुनी पुस्तकों का उनकी व्यक्तिगत पसन्द से अनिवार्यतः कोई सम्बन्ध न था, बल्कि इस बात से था कि अनुवाद छापनेवाली पत्रिकाओं में उनकी माँग थी या नहीं। फिर भी उनके साहित्यिक विकास में अनुवाद का महत्त्वपूर्ण योगदान है। अनुवाद की प्रक्रिया में न केवल नये विचारों से उनका परिचय हुआ बल्कि शब्दों के सटीक प्रयोग में भी उन्होंने निपुणता हासिल की। एक ईमानदार अनुवादक को शब्द में अन्तर्निहित तमाम अर्थों के अन्तर को गहराई से समझना और तौलना होता है। प्रेमचन्द ने अपनी शुरुआत एक उर्दू लेखक के रूप में की थी और मुहावरों को लेकर वे बड़े सजग थे। मूल को एक दूसरी भाषा में ठीक-ठीक संप्रेषित करना उनके लिए एक चुनौती थी। और इससे भी बड़ी चुनौती थी कि इस नई भाषा में मुहावरों को ज़िन्दा रखना। शुरुआत में उन्होंने बंगला कहानियों का उर्दू अनुवाद किया, ख़ास कर रवीन्द्रनाथ टैगोर की कहानियों का। इसी दौर में उन्होंने सुप्रसिद्ध उर्दू कहानियों का हिन्दी में अनुवाद भी किया। इनमें महत्त्वपूर्ण है सरशार की 'फ़साना-ए-आज़ाद' पुस्तक, जिसका एक संक्षिप्त हिन्दी रूपान्तरण भी प्रेमचन्द ने 'आज़ाद-कथा' के नाम से तैयार किया, भारतीय लेखकों की जिन दूसरी पुस्तकों का उन्होंने उर्दू में अनुवाद किया, उनमें विशेष रूप से उल्लेखनीय है मध्यकालीन भारतीय इतिहास पर जी.एच. ओझा की पुस्तक : 'इंडियन कल्चर ड्यूरिंग द मिडिल एजेज़'। प्रेमचन्द बार-बार इस बात पर ज़ोर देते थे कि मध्यकाल में भारत में हुए सांस्कृतिक विलयन को हिन्दुओं और मुसलमानों को समझना ही चाहिए। उनके विचार में इस लक्ष्य को प्राप्त करने का एक तरीक़ा था कि हिन्दी और उर्दू के पाठकों को भारतीय इतिहास पर लिखी ऐसी पुस्तकें उपलब्ध कराई जाएँ जो राष्ट्रवादी नज़रिए से लिखी गई हों,

न कि किसी पक्ष विशेष के नज़रिए से या प्रादेशिकता अथवा धार्मिक दृष्टिकोण से।

प्रेमचन्द यूरोपीय साहित्य को बड़े चाव से पढ़ते थे, भले ही पठन-सामग्री के चयन के पीछे कोई ख़ास विवेचनात्मक दृष्टि न हो। यूरोपीय लेखकों की जिन रचनाओं का उन्होंने हिन्दी या उर्दू में अनुवाद किया, वे हैं : 'अश्क़-ए-नदामत' शीर्षक से उर्दू में अनुवादित डिकेंस की 'द स्टोरी ऑफ रिचर्ड डबलडिक', बेल्जियम के लेखक मॉरिस मेटरलिंक का लिखा नाटक 'साइटलैस', टॉल्स्टॉय की कई कहानियाँ, गॉल्सवर्दी के तीन नाटक : 'जस्टिस', 'दि सिल्वर बॉक्स' और 'स्ट्राइफ़'। लेकिन उनके सबसे सफल अनुवाद थे उन्हीं की दो प्रिय रचनाओं का हिन्दी रूपान्तरण—अनातोले फ्रांस की 'Thais' और जॉर्ज इलियट की Silas Mariner जो हिन्दी में क्रमश: 'अहंकार' और 'सुखदास' के नाम से प्रकाशित हुए।

अनातोले फ्रांस की रचना 'Thais' (थायस) की विषयवस्तु ने कई आधुनिक भारतीय लेखकों को प्रभावित किया है। पैफन्यूशियस एक संत है जिसने प्रसिद्ध वेश्या को सुधारने का बीड़ा उठाया है। अपने व्यक्तिगत उदाहरण से और प्रोत्साहन के बल से वह कई पापियों को सदाचारी बना चुका है। थायस सुन्दर और गुणी है और समाज के सबसे प्रभावशाली और ताक़तवर लोगों को भी अपने मोहपाश में बाँध सकती है। उसने पैसे के पीछे भागने और पैसे से ख़रीदे जा सकने वाले ऐशोआराम का भोग करने के सिवा जीवन में और कुछ जाना ही नहीं है। वह एक ऐसी चुनौती है जिसे पैफन्यूशियस नज़रअन्दाज नहीं कर सकता। लेकिन जब वह थायस के क़रीब आता है और उसे पाक-साफ़ ज़िन्दगी जीने के लिए प्रेरित करने की कोशिश करता है तो ख़ुद ही थायस के सौन्दर्य और आकर्षण का दीवाना हो जाता है। बुराई के ख़िलाफ़ न जाने कितनी लड़ाइयों में वह शैतान को मात दे चुका है लेकिन आज वह स्वयं पराजित है। इसके ठीक विपरीत, एक महात्मा के सम्मुख थायस को अपनी अधोगति पर इतनी अधिक ग्लानि होती है कि वह भोग और आसक्ति में डूबा स्वार्थी जीवन त्याग देती है। अब बारी थायस की है कि वह पैफन्यूशियस को समझाए, उसे उसके पवित्र 'मिशन' की याद दिलाए और प्रलोभनों से बचाए। थायस बच जाती है, पर पैफन्यूशियस बरबाद हो जाता है। संत पापी बन जाता है और पापी का उत्कर्ष एक संत के रूप में हो जाता है। यह विषयवस्तु, या कम-से-कम इसका वह हिस्सा जो पतिता के रूपान्तरण से सम्बन्धित है, अनेक उपन्यासों में देखा जा सकता है, जैसे—भगवती चरण वर्मा के हिन्दी उपन्यास 'चित्रलेखा' में, शरत्चन्द्र चटर्जी के 'देवदास' और 'श्रीकान्त' में और प्रेमचन्द के अपने 'ग़बन' में। 'अहंकार' में प्रेमचन्द ने थायस का एक उत्कृष्ट रूपान्तरण पाठकों के समक्ष प्रस्तुत किया है। पात्रों को भारतीय नाम दिये गए हैं और कई घटनाओं में ऐसे बदलाव किये गए हैं ताकि वे भारतीय परिस्थितियों में स्वाभाविक लगें।

जॉर्ज इलियट के छद्मनाम से लिखने वाली मेरी ऐन इवान्स प्रेमचन्द के प्रिय लेखकों में से एक थीं। जॉर्ज इलियट ने कई पुस्तकें लिखीं जिनसे उन्हें काफ़ी प्रसिद्धि मिली, जैसे—'ऐडम बीड', 'मिल ऑन द फ्लॉस', 'रॉमोला' और 'साइल्स मारनर'। यूँ तो 'साइल्स मारनर' सत्तर पन्नों का एक छोटा-सा उपन्यास है, पर कई आलोचक उसे जॉर्ज इलियट की सर्वश्रेष्ठ कलाकृति मानते हैं। यह एकान्तवास करनेवाले एक बुनकर की कहानी है जो एक धार्मिक संगठन का सदस्य है पर वहाँ से उसे अन्यायपूर्ण ढंग से निकाल दिया गया है। बुनकर को धनसंग्रह का नशा है। वह अकेले रहकर कपड़ा बुनता है और पूरी तन्मयता से स्वर्ण-मुद्राएँ इकट्ठा करता रहता है जिन्हें वह एक गुप्त स्थान में छिपाकर रखता है। एक दिन उसका सारा सोना चोरी हो जाता है। वह टूट जाता है। पर तभी उसके पड़ोस में रहने के लिए सुनहरे बालों वाली बच्ची आती है और बच्ची का आगमन बुनकर के जीने की वजह बन जाता है। स्वर्ण-मुद्राओं की बजाय अब वह उस बच्ची को सबसे अधिक प्यार करता है। यह कोमलता और दर्द से भरी हुई एक नाज़ुक कहानी है। प्रेमचन्द ने एक बार कहा था कि वे जब भी यह कहानी पढ़ते हैं, रो पड़ते हैं। उनके अनुवाद में मूल कथा में कई बदलाव हैं लेकिन जॉर्ज इलियट के उपन्यास की हर बारीकी को प्रस्तुत करने में प्रेमचन्द सफ़ल रहे हैं। शायद प्रेमचन्द द्वारा अनूदित यह एकमात्र ऐसी पुस्तक है जिसे अपने-आपमें एक कलाकृति कहा जा सकता है।

अन्य रचनाएँ

प्रेमचन्द ने इस क्षेत्र में जो कुछ लिखा, उस सबका लेखा-जोखा रखना तो बहुत बड़ा काम हो जाएगा। कई वर्षों तक वे 'आज', 'ज़माना', 'माधुरी' और बाद में 'हंस' आदि जिन भी पत्रिकाओं से सम्बद्ध रहे, उनके लिए साप्ताहिक लेख लिखते रहे। ये सभी लेख उनके अपने नाम से प्रकाशित नहीं हुए थे। उन्होंने असंख्य समीक्षाएँ, समसामयिक विषयों पर लेख और अनेक अख़बारों और पत्रिकाओं के सम्पादकों को पत्र लिखे। 'ज़माना' के कॉलमों में पाठकों को संस्कृत, हिन्दी, उर्दू और अंग्रेज़ी के लेखकों से परिचित कराने के लिए वे लेख लिखते थे। उनमें से कुछ धारावाहिक के रूप में 'बाकमालों के दर्शन' शीर्षक से प्रकाशित हुए। कुछ लेख तो इसलिए लिखे गए थे क्योंकि उन्हें पैसों की ज़रूरत थी। प्रेमचन्द ने इस बात को कभी नहीं छिपाया कि वे ग़ैर-रचनात्मक लेखन करने के लिए भी तैयार हैं। एक बार तो स्कूलों में पढ़ाए जाने के लिए शासकों और गवर्नरों की संक्षिप्त जीवनियाँ लिखने के लिए भी वे राज़ी हो गए थे। फिर भी कुछ लेखों में उनका गद्य बड़ा प्रभावशाली है। उन्होंने महत्त्वपूर्ण मुद्दे उठाए हैं, लोगों को धार्मिक पूर्वग्रहों से मुक्त करने में और उनमें देशभक्ति का जज़्बा जगाने की दिशा में सच्चा योगदान दिया।

उदाहरण के लिए बहुत पहले, 1909 में प्रकाशित उनका लेख 'उत्तर प्रदेश में प्राथमिक शिक्षा' इस बात का प्रमाण है कि शिक्षा के व्यवसायीकरण के प्रभावों का उन्होंने कितनी गहराई से अध्ययन किया था। यह गम्भीर निबन्ध शिक्षा पर टैगोर के प्रसिद्ध व्याख्यानों के समकक्ष रखा जा सकता है। प्रेमचन्द के तीन अन्य महत्त्वपूर्ण निबन्धों का यहाँ संक्षेप में उल्लेख किया जा सकता है। ये सभी निबन्ध 'ज़माना' में छपे थे। 'दौरे-ए-क़ादिम, दौर-ए-जदीद' में प्रेमचन्द मॉन्टेग्यू—चेम्सफ़ोर्ड सुधारों के खोखलेपन का पर्दाफ़ाश करते हैं जो उस समय ब्रिटिश सरकार द्वारा बड़े ताम-झाम के साथ लागू किये जा रहे थे। ऐसे समय में जब कई राष्ट्रवादी भारतीय यह सोचकर सन्तुष्ट हो चले थे कि ब्रिटिश सरकार भारतीयों को आज़ादी हस्तान्तरित करने की दिशा में ठोस क़दम उठा रही है, प्रेमचन्द ने बड़े मौलिक विचार व्यक्त किये। उन्होंने दिखाया कि प्रस्तावित अधिकार इतनी अधिक शर्तों में बँधे हैं कि उनसे भारतीय जनता का एक बहुत छोटा-सा हिस्सा ही लाभान्वित होगा और ये तथाकथित सुधार केवल विदेशी शासकों की चालाकी दिखाते हैं, उनकी शुभेच्छा नहीं। 'काउंसिलों में चन्द सीटें और, चन्द नौकरियाँ और—बस, यही मिल रहा है हिन्दुस्तान को' इसी लेख में प्रेमचन्द ने भारत में उभरते हुए नये पूँजीपति वर्ग द्वारा मज़दूरों के शोषण की भी घोर निन्दा की है। इस विषय पर उनकी टिप्पणी रूस की बोल्शेविक क्रान्ति से प्रभावित है। प्रेमचन्द लेनिन के अनन्य प्रशंसक थे और उन दिनों रूसी क्रान्ति से सम्बन्धित जो भी लेख या पर्चा उनके हाथ लगता, उसे पढ़ डालते थे।

'दौर-ए-क़ादिम, दौर-ए-जदीद' 1919 में प्रकाशित हुआ। चार वर्ष बाद बड़ा लेख, एक ऐसे विषय पर लिखा जो बहुत विवादास्पद था : 'मुस्लिमों का हिन्दुत्व में पुनःधर्मान्तरण'। यह आन्दोलन कुछ मिशनरियों द्वारा शुरू किया गया था जो 'शुद्धि' के नाम से जाना गया। 'शुद्धि' का शाब्दिक अर्थ है : 'पवित्र करना'। 'मलकाना राजपूत मुसलमानों की शुद्धि' नामक यह लेख 'शुद्धि आन्दोलन' की ख़तरनाक सम्भावनाओं की ओर इशारा करता है। प्रेमचन्द इस तथ्य की ओर ध्यान ले जाते हैं कि धर्मान्तरण कभी भी हिन्दू परम्परा का हिस्सा नहीं रहा है; बल्कि हिन्दुओं में इस बात को लेकर आत्मश्लाघा भी रही है कि वे 'मार्ग अनेक पर गन्तव्य एक' का सिद्धान्त स्वीकार करते हैं। ऐसे लोगों का पुनःधर्मान्तरण करना, जिनके पुरखों ने सदियों पहले इस्लाम क़ुबूल कर लिया था, हिन्दू-मुस्लिम एकता के लिए घातक होगा। प्रेमचन्द आर्यसमाज का बहुत सम्मान करते थे। इस मुद्दे पर उन्होंने अपने उन आर्यसमाजी मित्रों से भी नाता तोड़ लिया जो हिन्दुओं के सबसे रूढ़िवादी हिस्से का प्रतिनिधित्व करनेवाले सनातनियों के साथ थे। प्रेमचन्द ने भविष्यवाणी की थी कि अगर यह रवैया जारी रहा तो राष्ट्रव्यापी आन्दोलन से मुस्लिमों का मोहभंग हो जाएगा। और हुआ भी ठीक यही। बहुत-से मुस्लिमों ने भारतीय राष्ट्रीय कांग्रेस छोड़

दी क्योंकि कांग्रेसी नेताओं ने इस विषय पर साफ़-साफ़ कुछ कहा ही नहीं। कुछ ने बहुत ही दबी आवाज में 'शुद्धि आन्दोलन' की आलोचना की, कुछ इस विषय पर बात करने से बचते रहे और कुछ तो छिपकर आन्दोलन की सहायता करते रहे। साल भर बाद (फरवरी, 1924 में) प्रेमचन्द फिर से इस विषय पर वापस आए। 'काहत-उर-रिज्जल' शीर्षक के इस लेख में उन्होंने हिन्दू नेताओं के अदूरदर्शिता की निन्दा की। हिन्दू-मुस्लिम एकता के मुद्दे पर कुछ मुस्लिम नेताओं, ख़ास कर मौलान मोहम्मद अली और मौलाना शौकत अली के विचारों में प्रेमचन्द के अनुसार अधिक निरन्तरता और देशभक्ति थी। हालाँकि परवर्ती घटनाओं ने सिद्ध किया कि राष्ट्रवादी मुस्लिम अपने समुदाय में अल्पसंख्यक थे। प्रेमचन्द द्वारा किया प्रशंसा और दोष का विभाजन उस समय आंशिक रूप से न्यायसंगत रहा होगा, लेकिन उनका मूल्यांकन उस समय पुराना पड़ गया जब मुस्लिम समाज की सोच पर मुस्लिम लीग का नियंत्रण स्थापित हो गया।

प्रेमचन्द के 'विविध लेखन' के इस संक्षिप्त सर्वेक्षण को पूरा करने के लिए इस बात का भी ज़िक्र किया जाना चाहिए कि उन्होंने बच्चों के लिए भी कुछ किताबें लिखी थीं और जीवन के अन्तिम दौर में फ़िल्म निर्माताओं के लिए कुछ पटकथाएँ भी। बाल-साहित्य लिखने में कोई विशेष सफलता नहीं मिली। 'एक कुत्ते की कहानी' और 'जंगल की कहानियाँ' इस दिशा में प्रेमचन्द का कोई ख़ास कौशल नहीं दिखातीं। एक अध्यापक के रूप में उनकी सफलता के मद्देनज़र यह बात आश्चर्यजनक है। हो सकता है, ये किताबें आय में इज़ाफ़ा करने के इरादे से हड़बड़ी में लिखी गई हों! जहाँ तक फ़िल्मों का सवाल है, तो प्रेमचन्द बम्बई गए थे कई नये सपनों और विचारों के साथ। वे फ़िल्मकारों के नज़रिए में बदलाव लाना चाहते थे। लेकिन जब उन्होंने अपनी पटकथाओं में उदात्त विचारों और देशप्रेम की भावना को शामिल करना चाहा तो उन्हें झिड़क दिया गया। फ़िल्म-निर्माताओं की रुचि केवल अतिशय भावुकता-भरी, सस्ता मनोरंजन करनेवाली कहानियों में थी। उनका लक्ष्य था बॉक्स ऑफिस पर सफलता। इसके अलावा, वे अपनी फ़िल्मों में राष्ट्रवादी झुकाव से बचना चाहते थे क्योंकि वे डरते थे कि सेंसर बोर्ड उनकी फ़िल्मों का प्रदर्शन रोक देगा। इन सबसे प्रेमचन्द का मोहभंग हो गया और अनुबन्ध की शर्तें पूरी होते ही उन्होंने फ़िल्म की दुनिया से सारे नाते तोड़ लिये और पटकथाएँ लिखने से तौबा कर ली।

आठवाँ अध्याय

कहानियाँ-1

भारतवर्ष कहानियों का मूल स्थान है। Boccacio और Lafontanic की कहानियों ने जब यूरोप के पाठकों को चमत्कृत किया, उसके बहुत पहले, यहाँ तक कि प्राचीन ग्रीस के गाँवों में जब बारम्बार ईसप की कहानियाँ सुनी-सुनाई जा रही थीं, उसके भी बहुत पहले सैकड़ों कहानियाँ भारतवर्ष में लोकप्रिय हो चुकी थीं। सभी को अनिवार्यतः लिखा नहीं गया था। बहुत-सी तो पीढ़ी-दर-पीढ़ी ज़बानी सुनाई जाती रहीं।

ये कहानियाँ दूर-दूर तक गईं। कुछ ने तो ईसप की कहानियों को भी प्रभावित किया। प्राचीनकाल में भारत से जिन बेशकीमती सामानों का निर्यात हुआ, ये कहानियाँ भी उसी का एक अदृश्य हिस्सा थीं। ऐसी धारणा है कि प्राचीन भारतीय कहानियाँ केवल शिक्षाप्रद या धार्मिक थीं और चमत्कार या अलौकिक विषयों पर आधारित थीं। पर यह धारणा निराधार है। 'पंचतंत्र' और 'कथासरित्सागर' की तमाम कहानियाँ पूरी तरह धर्मनिरपेक्ष हैं और अलौकिक तत्त्वों से मुक्त हैं। यहाँ तक कि 'जातक कथाओं' में भी बहुत-सी कहानियाँ यथार्थपरक हैं और व्यावहारिक विषयों से सम्बन्धित हैं; हालाँकि एक परम्परा की तरह : "किसी न किसी रूप में बोधिसत्व अन्ततः प्रकट हो ही जाते हैं।"

'कथासरित्सागर' का श्रेय सोमदेव को दिया जाता है और यह निःसन्देह संसार का सबसे विशाल कथा-संग्रह है। यह स्वयं इससे भी विशाल कथा-संग्रह 'गुणाढ्य की वृहत्तकथा' पर आधारित है। इस शैली में 'पंचतंत्र' संसार के महान 'क्लासिकों' में से एक है। दंडी के 'दशकुमारचरित' का उल्लेख हालाँकि एक उपन्यास के रूप में किया जाता है, पर वस्तुतः वह दस अलग-अलग कहानियों का एक संकलन है जिन्हें एक साथ सम्बद्ध कर दिया गया है। मध्यकाल में साहित्यिक अभिव्यक्ति की एक क्लासिक विधा के रूप में कहानी मुरझा गई थी। पर कहानियाँ भले ही लिखी न जा रही हों, क़िस्सागोई जारी थी। इस बात के पर्याप्त प्रमाण हैं कि शहरों में, गाँवों में, और हर वर्ग के लोगों के बीच कथावाचक की बड़ी माँग थी। मध्यकाल से आज जो जीवित बचा है, वह है लोककथाओं का एक वृहत् कोष। ज़ाहिर है

कि कसी हुई बुनावट और सजग अभिव्यक्ति वाली साहित्यिक रचना के रूप में 'कहानी' एक आधुनिक घटना है। ऐतिहासिक और सामाजिक उपन्यासों की तरह आधुनिक भारत में 'कहानी' की प्रेरणा मिली पश्चिमी कहानियों, ख़ास कर अंग्रेज़ी में अनूदित यूरोपीय कहानियों से।

फिर भी, एक दृष्टि से, अन्य अनेक चीज़ों की तरह कहानी भी आधुनिक भारत को रवीन्द्रनाथ टैगोर की देन है। उपन्यास के क्षेत्र में टैगोर के पहले बंकिम चन्द्र चटर्जी के रूप में एक विलक्षण उपन्यासकार हो चुके थे। लेकिन आधुनिक कहानी के क्षेत्र में उनके समक्ष कोई पूर्ववर्ती न था। उन्होंने कहानी-लेखन का आग़ाज़ किया। उनका पहला कहानी-संग्रह 1894 में प्रकाशित हुआ और आख़िरी 1940 में यानी छियालीस साल बाद। पर उनकी बिलकुल शुरुआती कहानियों में भी आधुनिकता की छाप है। टैगोर ने क़रीब दो सौ कहानियाँ लिखीं। इनमें से कुछ का हिन्दी में अनुवाद हुआ जिनका हिन्दी के लेखकों पर गहरा प्रभाव पड़ा। टैगोर से प्रभावित होनेवाले लेखकों में प्रेमचन्द भी एक थे। प्रेमचन्द ने हिन्दी में आधुनिक कहानी की शुरुआत की और इस लिहाज़ से यह कहना अतिशयोक्ति न होगा कि प्रेमचन्द ने हिन्दी के लिए वही किया जो चौथाई सदी पहले टैगोर ने बंगला साहित्य के लिए किया था। प्रेमचन्द ने जब इस क्षेत्र में पदार्पण किया, उसके पहले कुछ लेखकों की कहानियाँ हिन्दी पत्रिकाओं में प्रकाशित हो चुकी थीं। इनमें से कुछ बहुत अच्छे स्तर की थीं लेकिन सभी या तो रूमानी और कोरी कल्पना पर आधारित थीं या फिर साफ़ तौर पर उपदेशात्मक।

उर्दू में स्थिति फिर भी कुछ बेहतर थी। लखनऊ के जाने-माने कवियों में ऐसे एक थे इंशा जिन्होंने 'रानी केतकी की कहानी' लिखी थी। उनका उद्देश्य यह सिद्ध करना था कि संस्कृत और फ़ारसी के शब्दों का प्रयोग किये बग़ैर, शुद्ध हिन्दुस्तानी में स्तरीय गद्य लिखा जा सकता है। कहानी में तो कोई ख़ासियत न थी पर इंशा अपने मक़सद में कामयाब हुए। भाषा की दृष्टि से, उस समय का उर्दू गद्य हिन्दी से कहीं आगे था। जहाँ तक विषयवस्तु का प्रश्न है, तो उर्दू कहानियों में भी वही दोष और कमियाँ थीं जो उन्नीसवीं शताब्दी के भारतीय साहित्य में थीं। पर उर्दू कहानियों का गद्य सहज और प्रवहमान था। उर्दू में जिस प्रवाहपूर्ण गद्य परम्परा का विकास हुआ, प्रेमचन्द उसी परम्परा में दीक्षित थे। जब उन्होंने हिन्दी में लिखना शुरू किया तो उर्दू लेखन के दौर में पनपे भाषा पर अधिकार ने उनकी हिन्दी रचनाओं को हमेशा समृद्ध किया। बतौर कहानी लेखक, अपनी विकास-यात्रा में प्रेमचन्द ने इस कौशल का संवर्द्धन किया अपनी पैनी दृष्टि और विषयवस्तु की विविधता से। यूँ तो प्रेमचन्द के समकालीन लेखकों में से कुछ ने उत्कृष्ट कहानियाँ लिखीं पर उनमें से किसी के लेखन में प्रेमचन्द जैसी विविधता नहीं है।

प्रेमचन्द ने क़रीब दो सौ तीस कहानियाँ लिखीं। इस क्षेत्र में उनका योगदान

रवीन्द्रनाथ टैगोर से ज़्यादा है। पर उनकी कहानियों का स्तर एक-सा नहीं है। कई तो इस लायक़ भी नहीं हैं कि उन्हें इस महान लेखक की रचनाओं के संकलन में शामिल किया जाए। अगर हम उन परिस्थितियों को ध्यान में रखें जिनके तहत प्रेमचन्द ने अधिकतर कहानियाँ लिखीं तो इस बात पर हमें आश्चर्य नहीं होगा कि उनमें से कुछ 'पॉट बॉयलर' से ज़्यादा कुछ नहीं। सुनने में यह टिप्पणी सम्भवतः बड़ी निष्ठुर लगे, लेकिन 'पॉट बायलर' का शाब्दिक अर्थ है—'जल्दबाज़ी में रचा गया (साहित्य) जिसका एकमात्र उद्देश्य है धनोपार्जन।' वेब्स्टर्स शब्दकोश की यह व्याख्या प्रेमचन्द की उन कहानियों पर लागू होती है जो प्रेमचन्द ने तब लिखीं जब उन पर विभिन्न पत्रिकाओं के लिए हर महीने कुछ निश्चित संख्या में कहानियाँ लिखकर देने का दबाव रहता था। उन्होंने बहुत कुछ तो सिर्फ़ इसलिए लिखा क्योंकि उन्हें पैसे की सख़्त ज़रूरत थी। उन्हें इस बात का अहसास था और उनके मित्रों ने भी इस बात की गवाही दी है कि कभी-कभी प्रेमचन्द अपनी ही किसी रचना को स्तरीय मानने से इनकार कर देते थे। मैंने इन तमाम बातों पर इसलिए ज़ोर दिया है क्योंकि मैं यह महसूस करता हूँ कि बतौर उपन्यासकार उनका मूल्यांकन करने में भले ही हर उपन्यास को तौलना पड़े, एक कहानीकार के रूप में उनकी समीक्षा करते समय कहानियों का चुनाव हमें बेरहमी से करना होगा।

इस अध्याय में और अगले अध्याय में भी, मैं प्रेमचन्द की कहानियों का संक्षिप्त सर्वेक्षण करूँगा और अपनी टिप्पणियाँ उनके लेखकीय जीवन के विभिन्न दौर की कुछ प्रतिनिधि कहानियों के आधार पर करूँगा। इसके पहले कि मैं यह सर्वेक्षण शुरू करूँ, मैं दो बातें साफ कर देना चाहता हूँ। पहली यह कि मैंने उनकी उर्दू और हिन्दी कहानियों में कोई फ़र्क़ नहीं किया है। उनकी उर्दू कहानियों और उनके हिन्दी रूपान्तरण में कोई असमानता नहीं है जबकि उनके उर्दू उपन्यासों और उनके हिन्दी रूपान्तरण में बहुत बदलाव है। मैं यहाँ इनके बिलकुल शुरुआती उपन्यासों की बात कर रहा हूँ जो 'सेवासदन' से पहले लिखे गए थे। दूसरी बात यह है कि इन अध्यायों में मेरा आग्रह उनकी कहानियों के सकारात्मक पहलू पर होगा, जिससे उनका विशिष्ट योगदान रेखांकित हो। कहानियों की त्रुटियों, कमियों और सीमाओं (कमज़ोरियों) पर आख़िरी अध्याय में चर्चा होगी जहाँ उनके समग्र लेखन के मूल्यांकन का प्रयास किया गया है।

2

प्रेमचन्द की कहानियों पर कालक्रमानुसार चर्चा करना सुविधाजनक होगा। मोटे तौर पर उनकी कहानियों को चार वर्गों में बाँटा जा सकता है। पहले में आरम्भिक दौर की कहानियाँ हैं जो ज़्यादातर ऐतिहासिक घटनाओं पर या प्राचीन और मध्यकाल

की शौर्य और प्रेम-गाथाओं और किंवदन्तियों पर आधारित हैं। यह दौर उनकी पहली कहानी के प्रकाशन वर्ष 1907 से 1911 के बीच का है।* 1911 में उनकी कहानी 'बड़े घर की बेटी' प्रकाशित हुई और यह कहानी उनके लेखन में हुए निश्चित गुणात्मक विकास का प्रतिनिधित्व करती है। दूसरे वर्ग में मैं 1912 से 1918 के बीच लिखी कहानियाँ रखना चाहूँगा। ये वे कहानियाँ हैं जो गहरे होते सामाजिक सरोकार, शिल्पकार के रूप में उनके विकास और विषयवस्तुओं के वैविध्य को रेखांकित करती हैं। प्रेमचन्द की कुछ सबसे अच्छी कहानियाँ इसी दौर में लिखी गई हैं। तीसरे वर्ग में 1919 से 1929 के बीच लिखी गई कहानियाँ शामिल की जा सकती हैं। इस दौर में प्रेमचन्द पर महात्मा गांधी और उनके विचारों का गहरा प्रभाव था। और आख़िरी है चौथा वर्ग जिसमें 1930 से 1936 के बीच लिखी कहानियाँ आती हैं, जो न सिर्फ़ देश की आज़ादी की लड़ाई के साथ उनके गहरे जुड़ाव को दिखाती हैं बल्कि भारतीय जीवन के सामाजिक और आर्थिक पहलुओं के कुछ मुद्दों को लेकर उनके विरोध और नफ़रत के स्वर की बढ़ती हुई तीव्रता भी दर्शाती हैं।

यहाँ यह स्पष्ट करना उचित होगा कि यह वर्गीकरण शुद्ध रूप से व्यावहारिक है जिसका उद्देश्य है विवरण। बाद के दौर की कई ऐसी कहानियाँ हैं जो शुरुआती दौर की कहानियों के विचारों, भावों और विशेषताओं को व्यक्त करती हैं और इसका उल्टा भी उतना ही सच है। इसी तरह, बाद के दो वर्षों में जिन कहानियों का उल्लेख किया गया है, उनमें से सब अनिवार्यत: पहले दो वर्गों की कहानियों से बेहतर नहीं हैं। और बाद की कुछ कहानियों में वही कमियाँ और सीमाएँ हैं जो बिलकुल आरम्भिक दौर की कहानियों में हैं। इसके विपरीत कुछ बिलकुल शुरू की कहानियाँ प्रेमचन्द की सर्वश्रेष्ठ कहानियों में से एक हैं। एक से पाँच तक के जीवनीपरक अध्यायों में प्रसंगानुकूल हर दौर की कुछ कहानियों का उल्लेख किया जा चुका है। उनका उल्लेख यहाँ नहीं किया जाएगा, सिवाय तब जब उनका विस्तृत ब्योरा देना आवश्यक हो।

यद्यपि पहले और बाद के दौर में लिखी गई कहानियों में आंशिक पुनरावृत्ति है, फिर भी बतौर कहानीकार प्रेमचन्द के तीन दशकों के अन्तराल में विकास को यदि हम देखें तो विषय और तकनीक में मोटे तौर पर कुछ प्रवृत्तियाँ उभरती हैं। सामान्यतया, शुरुआती कहानियों का विषय है अभिजात वर्ग का जीवन या उच्च और उच्च-मध्यम वर्ग के लोग। धीरे-धीरे प्रेमचन्द ने अपनी दृष्टि को व्यापक किया और अपने सरोकार में निम्न-मध्यम वर्ग को और भारतीय समाज के सबसे ग़रीब और कमज़ोर वर्ग को यानी छोटे और भूमिहीन किसान को शामिल किया जिन्हें रवीन्द्रनाथ टैगोर ने सबसे ग़रीब, सबसे हीन तथा वंचित कहा है। शुरुआत

* 'बड़े घर की बेटी', 1911 के आख़िर में, 'ज़माना' के दिसम्बर अंक में प्रकाशित हुई थी।

की कहानियों में मध्यकाल के वीर नायकों के शौर्य और पराक्रम, आत्मविश्वास और देशभक्ति की किंवदन्तियों के प्रति प्रेमचन्द का सम्मोहन साफ़ झलकता है। इन कहानियों के विषय राजपूत, सिख और मुग़ल परम्पराओं से लिये गए हैं। पर बाद में प्रेमचन्द ने जो कहानियाँ लिखीं, उनमें देशप्रेम एक मनोभाव की अतिरंजित अभिव्यक्ति तक सीमित न था बल्कि राष्ट्रवाद के गम्भीर और परिपक्व विचारों में पग कर निखर आया है।

प्रेमचन्द की शुरुआती कहानियों की संरचना कुछ ढीली-ढाली है। पात्रों की संख्या बहुत अधिक है और विचारों व घटनाओं में बिखराव है। जैसे-जैसे प्रेमचन्द का अनुभव बढ़ता गया, कहानियों में कसाव आता गया। एक ही कहानी के अन्दर कई सारी स्थितियों और विषयों की आवश्यकता ही नहीं रह गई।

एक और फ़र्क़ है जो पहले और बाद की कहानियों में नज़र आता है। पहले कहानीकार स्वयं कहानी का एक मुख्य किरदार था और विवरण प्रस्तुत करने व कहानी कहने का अधिकतर दारोमदार उसी पर था, न कि कहानी के पात्रों पर। बाद की कहानियों में ऐसा नहीं है—कहानीकार अब कहानी का मुख्य पात्र नहीं रह गया है। हर दौर में लिखी गई लगभग हर कहानी में प्रेमचन्द का नैतिकतावादी और शिक्षाप्रद स्वर बरकरार है। लेकिन पहले की कहानियों में मूल्य और आदर्श कुछ ज़्यादा ही प्रकट रूप में प्रस्तुत रहते थे। बाद की कहानियों में नैतिक मूल्यों और आदर्शों को संकेतात्मक और प्रतीकात्मक ढंग से प्रस्तुत किया गया है।

पहले से आख़िरी दौर तक आते-आते हम देखते हैं कि कथानक को विकसित करने में लेखक का आत्मविश्वास उत्तरोत्तर बढ़ता जाता है। इत्तफ़ाक और दैवी संयोग जैसे तत्त्व कम हो गए हैं। परिस्थितियाँ अधिक विश्वसनीय लगती हैं। पात्रों के व्यवहार और अनुभव उनके चरित्र के अनुरूप और स्वाभाविक लगते हैं। कुल मिलाकर बाद की कहानियों में मानव जीवन के अन्त: व बाह्य संसार में और विचार व कार्यक्षेत्र के बीच बेहतर सामंजस्य है। कल्पना की उड़ान पर कुछ लगाम है, और मनोवैज्ञानिक विश्लेषण अधिक चुस्त-दुरुस्त है। लिहाज़ा इसमें कोई आश्चर्य नहीं कि बाद की कहानियाँ अपेक्षाकृत छोटी हैं और उनमें पहले की तुलना में अधिक तटस्थता है। इन सब कारणों से उनका सौंदर्यबोध बढ़ जाता है। भाषा भी अधिक सटीक और तटस्थ है। आम तौर पर कठिन शब्दों से परहेज किया गया है और स्थानीय ज़ुमलों का अधिकाधिक प्रयोग हुआ है। फिर भी, जैसाकि 'परिचय' अध्याय में ज़िक्र किया जा चुका है, अपनी कुछ बाद की कहानियों में भी प्रेमचन्द ने संस्कृत शब्दों का काफ़ी इस्तेमाल किया है। यह बात उन लोगों के लिए बहुत आश्चर्यजनक थी जो जानते थे कि सहज और प्रभावशाली गद्य लिखने में प्रेमचन्द कितने समर्थ हैं। प्रेमचन्द आधुनिक हिन्दी गद्य के महारथियों में से एक हैं। उनकी शैली ने युवा लेखकों की एक पूरी पीढ़ी को प्रभावित किया है। उनके लेखन के

असरदार होने का एक रहस्य है मुहावरों और लोकोक्तियों पर उनकी पकड़। 'क्लासिक' उर्दू लेखक गद्य और पद्य, दोनों में सदियों से विकसित मुहावरों की अहमियत पर बड़ा ज़ोर देते थे। उनके इस्तेमाल में ज़रा-सी भी असावधानी की आलोचना होती थी। उर्दू गद्य लेखन में प्रेमचन्द की क़लम रवाँ हुई थी और जब वे हिन्दी लेखन के क्षेत्र में उतरे तो उन्हें इसका बहुत लाभ मिला और जैसे-जैसे उनका आत्मविश्वास बढ़ता गया, वे मुहावरों का सहज और सटीक उपयोग करने में दक्ष होते गए।

उनकी दो सौ पच्चीस कहानियों का विषयानुसार वर्गीकरण करने के बजाय, आइए, हम उनके लेखन की विषयवस्तुओं पर नज़र डालते हैं। एक उड़ती-सी नज़र डालने पर भी हमें प्रेमचन्द की दृष्टि की व्यापकता और विषय सम्बन्धी जानकारी का अहसास हो जाता है। ऐतिहासिक, विशेष कर मध्यकालीन और आधुनिक इतिहास पर आधारित कहानियों में हम प्रेमचन्द की भारतीय इतिहास की विस्तृत जानकारी देख सकते हैं। वे मूलत: आधुनिक थे और भारतीय इतिहास के वैदिक, बौद्ध और ब्राह्मण-काल में उन्हें कोई दिलचस्पी न थी। कुछ कहानियाँ ऐसी हैं जो किसी क्षेत्र या काल विशेष के जीवन के सांस्कृतिक पहलू को चित्रित करती हैं। इनमें से सर्वाधिक सफल वे कहानियाँ हैं जिनमें प्रेमचन्द भारत में इस्लामी संस्कृति के विभिन्न पहुलओं का वर्णन करते हैं। कई कहानियाँ राष्ट्रवादी आन्दोलन से ताल्लुक़ रखती हैं, ख़ास कर उस दौर की जिसमें महात्मा गांधी का उदय हुआ। इन कहानियों के कई पात्र आत्मबलिदानी देशभक्त हैं; कुछ पाखंडी हैं जो राष्ट्रवाद का इस्तेमाल अपनी स्वार्थ-सिद्धि के लिए करते हैं। प्रेमचन्द की कहानियों में भारतीय राष्ट्रवाद और ब्रिटिश साम्राज्यवाद के टकराव से उत्पन्न माहौल का महज़ सामान्य-सा उल्लेख ही नहीं है, बल्कि आन्दोलन की विशेष बातों का विस्तृत ब्योरा भी दिया गया है। उदाहरण के लिए : विदेशी वस्तुओं का बहिष्कार, विदेशी कपड़ों की होलिका, चर्खा की लोकप्रियता, विभिन्न परिस्थितियों में अहिंसा-सिद्धान्त पालन के अलग-अलग पहलू; नौकरी का फ़र्ज निभाते हुए अपनी अन्तरात्मा की आवाज़ अनसुनी करने पर मजबूर सरकारी मुलाज़िमों का तनाव, विदेशी शिक्षा-प्रणाली के प्रभाव और भारतीय राष्ट्रवाद पर आधारित शिक्षा-व्यवस्था लागू करने के प्रयास; भारतीय राष्ट्रवाद के कुछ ख़ास मुद्दे, जैसे—ख़िलाफ़त और नमक पर टैक्स आदि; हिन्दू-मुस्लिम एकता का मुद्दा जो आज़ादी के राष्ट्रीय संघर्ष का एक अभिन्न अंग थी। ऐसी अधिकतर कहानियों में महात्मा गांधी का प्रभाव स्पष्ट है। इन कहानियों को पढ़ते समय हमें वस्तुत: महात्मा की उपस्थिति का अहसास होता है।

प्रेमचन्द मनुष्य और मानवीय स्थितियों में दिलचस्पी रखते थे। उनकी कहानियों में प्रकृति गौण है। यदा-कदा प्राकृतिक सौन्दर्य का वर्णन ज़रूर है, पर उससे यह कहीं नहीं लगता कि लेखक का प्रकृति के कार्य-व्यापार से कोई ख़ास लगाव है।

प्रेमचन्द के लिए मनुष्य की स्थिति ही समाज की स्थिति थी। उनकी कहानियों में मनुष्य को स्वयं में सम्पूर्ण इकाई के रूप में शायद ही कहीं प्रस्तुत किया गया हो। मनुष्य के अन्तर्मन की उथल-पुथल और दुविधाएँ हमेशा समाज और आस-पास के माहौल से जुड़ी होती हैं। यहाँ तक कि पारिवारिक सम्बन्धों को भी सामाजिक तर्कों से प्रभावित होता दिखाया गया है। उनका गहरा सामाजिक निरीक्षण उनकी कहानियों में झलकता है जिनमें उन्होंने हर 'प्रकार' के इनसानों को और लगभग हर व्यवसाय को शामिल किया है। वहाँ उद्योगपति हैं और डॉक्टर, वकील और पूँजीपति जैसे सफल पेशेवर लोग भी, जो समाज में कामयाबी की सीढ़ियाँ चढ़ चुके हैं। इन शहरी 'प्रकारों' के समानान्तर गाँवों में हैं ज़मींदार, साहूकार और पंडे-पुजारी जो अपने तरीक़े के पेशेवर लोग ही हैं। साथ ही हैं सर्वव्यापी सरकारी अधिकारी जो शहरों और गाँवों में समान रूप से जमे हुए हैं, जैसे—राजस्व इंस्पेक्टर, टैक्स कलेक्टर, न्यायाधीश, सरकारी वकील और सबसे बढ़कर पुलिस विभाग। जिन अधिकारियों से हमारा साबका पड़ता है, उनमें से अधिकतर नौकरशाही की निचली और मँझली पायदानों पर होते हैं। अफ़सरशाही के सर्वोच्च पदों पर आसीन अधिकारी, जैसे—गवर्नर, मुख्य न्यायाधीश, मंत्री और विभिन्न विभागों के सेक्रेटरी शायद ही कभी जनता के सामने आते हों। सुपरिचित चेहरे जो होते हैं—पटवारी, मुनीम, दारोगा, कोतवाल, अमीन, तहसीलदार और बाबू या क्लर्क, जिनके बग़ैर पूरी व्यवस्था ही ध्वस्त हो जाएगी। अपने-आपमें एक पूरी हस्ती है साहूकार की जिसकी ताक़त सबसे बड़े अधिकारी से भी ज़्यादा होती है।

सामान्यतया ये सभी शोषक होते हैं। इनके चंगुल में होते हैं श्रमिक, छोटे किसान, भूमिहीन मज़दूर, दिहाड़ी के मज़दूर और रियाया, जिनसे ज़मींदार बेगार करा सकता है। ये सभी शोषण के शिकार होते हैं और इनमें फिर हैं बिलकुल ही दबे-कुचले 'हरिजन' जो 'अछूत' हैं, जिनकी छाया भी कलुषित करती है। कई कहानियाँ सीधे-सीधे अछूतों के जीवन से और उन्हें अपमानित करने के अनेक तरीक़ों से ताल्लुक़ रखती हैं। प्रेमचन्द की बाद की कहानियों में सामाजिक अन्याय का आर्थिक पहलू उत्तरोत्तर मुखर होता जाता है।

महन्त, स्वामी और पंडे अक्सर इन कहानियों में ऐसे चालाक लोगों के रूप में प्रस्तुत किये जाते हैं जो अच्छी तरह जानते हैं कि साधारण मनुष्यों के अंधविश्वासों, उम्मीदों और धर्म से जुड़े भय को कैसे अपने फ़ायदे के लिए इस्तेमाल किया जाए। यही बात तथाकथित राष्ट्रवादी और अपनी स्वार्थसिद्धि के लिए वोटों पर नज़र गड़ाए नेताओं पर भी लागू होती है।

पहले इस बात का ज़िक्र किया जा चुका है कि प्रेमचन्द पारिवारिक समस्याओं को भी वृहत्तर सामाजिक और आर्थिक परिप्रेक्ष्य में ही देखते थे। फिर भी कुछ विशिष्ट पारिवारिक सम्बन्ध कई कहानियों की कथावस्तु बने हैं। संयुक्त परिवार उस

भारतीय मानसिकता का प्रतीक है जो वैयक्तिक स्वतंत्रता पर आपसी सौहार्द और सामंजस्य को तरजीह देती है। लेकिन प्रेमचन्द की कहानियों में हम अक्सर देखते हैं कि सौहार्द सतही है। तनाव, ईर्ष्या और असमानताएँ पति-पत्नी, भाई-भाई, सास-बहू के रिश्ते में कड़वाहट घोल देते हैं। संयुक्त परिवारों में रहनेवाली विधवाओं की दशा पर भी काफ़ी ध्यान दिया गया है। जिन परम्पराओं और रीति-रिवाजों ने सदियों से हिन्दुस्तान के पारिवारिक जीवन को बर्बाद किया है, उनके कारण कई कहानियों में दुखद स्थितियाँ उत्पन्न होती हैं—रिवाज जो पुनर्विवाह और अन्तर्जातीय विवाह का निषेध करते हैं; बाल-विवाह, कम उम्र बच्चियों और अधेड़ पुरुषों के बीच बेमेल विवाह, बहुविवाह प्रथा, जन्मकुंडली पर आधारित विवाह और ऐसे विवाह जो उन लड़के-लड़कियों पर थोप दिये जाते हैं जिन्होंने कभी एक-दूसरे को देखा तक नहीं।

प्रेमचन्द की कहानियों पर इस सामान्य चर्चा को समाप्त करने के पहले मैं एक ऐसे प्रश्न का ज़िक्र करूँगा जिस पर बाद के अध्याय में चर्चा की गई है। प्रेमचन्द की कहानियों का मूल्यांकन करते हुए कुछ समीक्षकों ने आग्रह किया है कि उनकी पहले और बाद की कहानियों के बीच अन्तर का कारण है—आदर्शवाद से यथार्थवाद की ओर बढ़ जाना। कुछ ने एक क़दम आगे इसे गांधीवादी विचारधारा से साम्यवादी (या कम-से-कम समाजवादी) विचारधारा की ओर 'शिफ़्ट' कहा है। इसी सूत्रीकरण का एक उपसिद्धान्त यह भी है कि बाद की कहानियाँ अधिक प्रगतिशील हैं लिहाज़ा पहले की कहानियों की तुलना में बेहतर हैं। महज़ कुछ पूर्वानुमानों और पूर्वग्रहों पर आधारित इस प्रतिपादन से मैं सहमत नहीं हूँ और इस पर आगे चर्चा की जाएगी। फ़िलहाल सिद्धान्त के तात्पर्य या उसमें निहित अर्थों पर टिप्पणी किये बग़ैर मैं सिर्फ़ यह मुद्दा उठा रहा हूँ।

3

1907 से 1911 के बीच प्रेमचन्द ने क़रीब पन्द्रह कहानियाँ लिखीं। इनमें से पाँच का संकलन 'सोज़-ए-वतन' में प्रकाशित हुआ और उनमें व्यक्त सशक्त राष्ट्रवादी विचारधारा ने अधिकारियों को काफ़ी नाराज़ किया। शेष कहानियों में से जिन दो ने ध्यान आकर्षित किया और आरंभिक दौर में लेखक को प्रसिद्धि दिलाई, वे थीं : 'गुनाहों का अग्निकुंड' और 'बड़े घर की बेटी'। पहली कहानी की साहित्यिक गुणवत्ता कोई ख़ास नहीं है और उसकी लोकप्रियता का कारण हो सकता है पाठकों का कुछ चीज़ों के प्रति मोह, जैसे—राजपूताना का इतिहास, शौर्य और पराक्रम-भरी जीवन-शैली, यह अपेक्षा कि प्रतिज्ञा हर हाल में पूरी की जाएगी—चाहे जीवन ही क्यों न बलिदान करना पड़े, अजीबोग़रीब श्राप जो सच भी हो जाते हैं और ऐसे ही दूसरे रोमांचकारी और भावुकतापूर्ण तत्त्व। 'गुनाहों का अग्निकुंड' में ये सारे

मसाले हैं। साथ ही हैं एक राजकुमारी जो संस्कृत के पंडित का भेस धरकर उसके परिवार पर कहर ढानेवाले एक राजपूत राजकुमार से बदला लेती है, अफ़गानिस्तान का एक अभियान जिसमें दो राजकुमार शामिल हैं जिनमें से एक वही है जिसकी खोज संस्कृत विद्वान का भेस धरे राजकुमारी को है; दो हत्याएँ और एक 'सती' है। कहानी बेहद कमज़ोर है जिसमें प्राण डालते हैं सिर्फ़ उसके जीवन्त वर्णन और प्रवाहमान भाषा। आश्चर्य होता है इस बात पर कि यह कहानी उसी वर्ष लिखी गई जिसमें 'बड़े घर की बेटी' लिखी गई थी जो कि हर दृष्टि से बेहतर है। सच तो यह है कि 'बड़े घर की बेटी' को प्रेमचन्द के साहित्यिक सफ़र में मील का पत्थर माना जाता है। यह पहली कहानी थी जो 'प्रेमचन्द' उपनाम से लिखी गई और यह पहली कहानी थी जिसकी प्रशंसा क़ाबिल समालोचकों द्वारा की गई।

इस कहानी के शीर्षक का अंग्रेज़ी में अनुवाद करना सरल नहीं है। इसका शाब्दिक अर्थ तो है 'एक विशाल घर की लड़की', पर इसमें अन्तर्निहित अर्थ है—एक ऐसा घर, जिसमें न सिर्फ़ आभिजात्य बल्कि ऐसा भी जहाँ बच्चों का लालन-पालन परिष्कृत ढंग से किया गया है। लिहाज़ा मैंने शीर्षक का अनुवाद किया है : 'द वैल-ब्रैड गर्ल'।

ठाकुर भूप सिंह की सात बेटियों में चौथी आनन्दी ऐशो-आराम में पली थी। ठाकुर साहब बड़ी-सी जागीर के मालिक थे और विशालकाय कोठी में रहते थे। मुख्य द्वार के बाहर हाथी बँधा रहता था। घोड़ा गाड़ियाँ, नौकर-चाकर, क़ीमती फर्नीचर, साज़ो-सामान—सभी कुछ था। लेकिन तीन बड़ी बेटियों की शादी करते-करते ठाकुर भूप सिंह क़र्ज़े में डूब गए। वे आनन्दी के लिए चिन्तित थे। वे उसके विवाह में ज़्यादा ख़र्च नहीं करना चाहते थे पर साथ ही वे यह भी नहीं चाहते थे कि परिवार की इज़्ज़त पर कोई आँच आए। सौभाग्यवश उनकी मुलाक़ात श्रीकान्त नाम के एक युवक से हुई जो किसी अच्छे काम के लिए चन्दा इकट्ठा करने उनकी कोठी में आया हुआ था। इस युवक के व्यवहार और बातचीत से ठाकुर साहब बड़े प्रभावित हुए। वे श्रीकान्त के माँ-बाप से मिले और जब वे राज़ी हो गए तो उन्होंने आनन्दी और श्रीकान्त की सगाई की घोषणा कर दी।

श्रीकान्त के पिता बेनी माधव सिंह एक ज़मींदार थे। उनके पुरखे सम्पन्न थे पर अब उस पुश्तैनी दौलत और ताम-झाम का अंशमात्र ही शेष था। मुक़दमों ने पारिवारिक सम्पत्ति का बहुत नुकसान किया था। बेनी माधव सिंह बमुश्किल अपने पारिवारिक दायित्व का निर्वाह गरिमापूर्ण ढंग से कर पाते थे। जहाँ कभी हाथी झूमता था, वहाँ अब एक बूढ़ा बैल था। श्रीकान्त दो भाइयों में बड़ा था। वह पढ़ाई-लिखाई में दिलचस्पी रखनेवाला, मितभाषी और सुसभ्य था। सेहत उसकी ज़रा नाज़ुक ही रहती थी। वह कॉलेज का स्नातक था और अब एक कार्यालय में काम करता था। उसका छोटा भाई लाल बिहारी सिंह अपनी रुचियों, मिज़ाज और

यहाँ तक कि देखने-सुनने में भी बहुत भिन्न था। वह हृष्ट-पुष्ट, कसरत और खेल के मैदान में दिलचस्पी रखता था और ख़ूब खाता था। हर सुबह, सोकर उठने के थोड़ी देर बाद ही वह दो सेर दूध पीता था।

अपनी ऊँची शिक्षा के बावजूद श्रीकान्त परम्परागत मूल्यों वाला था। उसके हमउम्र नौजवान जिस तरह पाश्चात्य तौर-तरीक़े अपना रहे थे, उसकी वह अक्सर निन्दा किया करता था। वह संयुक्त परिवार व्यवस्था का दृढ़ समर्थक था। गाँव के सभी धार्मिक त्योहारों में वह हिस्सा लेता था। गाँव के पुरुष उसकी बड़ी प्रशंसा करते थे पर उस पर स्त्रियों का कोई विशेष स्नेह न था क्योंकि श्रीकान्त का मानना था कि पारिवारिक सुख-शान्ति की ख़ातिर एक अच्छी हिन्दू पत्नी को सास और ननद का दुर्व्यवहार भी सह लेना चाहिए। विवाहोपरान्त, श्रीकान्त की पत्नी आनन्दी एक ऐसे माहौल में आ गई जिसकी उसे तनिक भी आदत नहीं थी। वह सारा ऐशो-आराम कहीं नहीं था जिनके बीच रहकर वह अपने मायके में पली-बढ़ी थी। एक ताँगा तक न था, हाथी तो बड़े दूर की बात। वह अपने साथ, ख़ूबसूरत चप्पलें लाई थी, लेकिन कोई बग़ीचा ही नहीं था जहाँ उन्हें पहनकर वह टहल सके। फ़र्श पर ग़लीचे नहीं थे, न ही दीवारों पर कोई तसवीरें। यह भारतीय गाँव के एक साधारण आदमी का मामूली-सा घर था। फिर भी आनन्दी ने ख़ुद को जीवन की इन बदली हुई परिस्थितियों में जल्दी ही ढाल लिया। उसका व्यवहार ऐसा था मानो जो सुविधाएँ उसके पति के घर में उपलब्ध नहीं थीं, उन्हें उसने कभी जाना ही नहीं।

एक दिन लाल बिहारी सिंह भूखा-प्यासा घर आया और अपनी भाभी से बोला कि जो चिड़िया वह मारकर लाया, उसे पका दे। आनन्दी खाना बना चुकी है। अब उसने यह नया व्यंजन बनाना शुरू किया। उसने पतीले में घर का बचा-खुचा घी डाल दिया जो यूँ भी कोई बहुत नहीं था। लाल बिहारी ने जब खाना शुरू किया तो दाल में उसे घी नज़र नहीं आया। उसने आनन्दी से इसके बारे में जब पूछा तो जवाब मिला कि जितना भी घी था, वह चिड़िया पकाने में ख़र्च हो गया। "पर घी तो अभी कल ही ख़रीदा गया था?" वह ग़ुस्से में बोला। "हो सकता है," आनन्दी ने कहा, "पर आज पाव भर ही बचा था जो चिड़िया पकाने में ख़र्च हो गया।" लाल बिहारी ग़ुस्से में आग-बबूला हो उठा, "तुम्हारे बाप के घर में तो घी की नदियाँ बहती होंगी," उसने कटाक्ष करते हुए कहा। स्त्रियाँ डाँट; यहाँ तक कि मार भी सह सकती हैं पर मायके की आलोचना उनकी बर्दाश्त के बाहर हो जाती है। आनन्दी ने कहा, "मेरे पिता के घर में तो इतना घी रोज़ नाई और जमादार खा जाते हैं।" लाल बिहारी ने थाली फेंक दी और अपनी खड़ाऊँ खींचकर आनन्दी को दे मारी जिससे एक उँगली में काफ़ी चोट लग गई। आनन्दी ग़ुस्से में भरी पैर पटकती हुई कमरे से बाहर चली गई। उसका पति बाहर गया हुआ था, वह लाचार थी।

दो दिन तक वह कमरे से बाहर नहीं निकली। खाने को तो उसने हाथ तक

नहीं लगाया। जब श्रीकान्त लौटा तो लाल बिहारी कमरे में उससे मिला और बोला, "भैया, कृपा करके अपनी पत्नी को समझाइए कि अपनी ज़बान पर क़ाबू रखे, नहीं तो किसी दिन अनर्थ हो जाएगा।" बेनी माधव ने भी लाल बिहारी का समर्थन किया और बोला, "हाँ, स्त्रियों को घर के पुरुषों से झगड़ा मोल नहीं लेना चाहिए।" फिर लाल बिहारी ने कहा, "होगी वह रईस की बेटी, पर हम भी कोई अछूत नहीं हैं।" आख़िरकार जब श्रीकान्त अपनी पत्नी के कमरे में गया तो आनन्दी ने सारा किस्सा सुनाया। वह बोली, "सब भाग्य का खेल है, वर्ना एक गँवार, जो नौकर बनने के लायक़ भी नहीं है, मुझे खड़ाऊँ फेंककर मारता!" और वह रो पड़ी। श्रीकान्त स्वभावतः शान्त और धैर्यवान था। बिरले ही कभी वह ग़ुस्से में आपा खोता था। पर स्त्री के आँसू वह तेल हैं जो क्रोध की आग को भड़का देते हैं। अगले दिन सुबह श्रीकान्त पिता के पास गया और बोला कि वह अब इस घर में और नहीं रह सकता। पहले श्रीकान्त ने अपने माँ-बाप से बदतमीज़ी करने के लिए कई युवकों को डाँटा था, पर आज वह स्वयं अपने पिता से अपमानजनक तरीक़े से बात कर रहा था। कड़े से कड़े शब्दों में अपने दिल का गुबार निकालता रहा और बेनी माधव चुपचाप उसकी बातें सुनते रहे। जब श्रीकान्त सब कुछ कह चुका तो बेनी माधव ने उसे शान्त करने की कोशिश की।

उन्होंने कहा, "बेटा, तुम बुद्धिमान हो। तुम्हें समझना चाहिए कि अगर स्त्रियों को ज़रूरत से ज़्यादा सिर पर चढ़ा लिया जाए तो वे परिवार को बर्बाद कर सकती हैं।" श्रीकान्त ने पलटकर जवाब दिया कि पत्नी के सम्मान की रक्षा करना उसका कर्तव्य है और लाल बिहारी का व्यवहार क्रूर और अपमानजनक था। मैं उसे अब अपना भाई नहीं मानता। इस दौरान गाँव के कुछ लोग भी वहाँ आ गए। कहने को हुक्का पीने और मित्रतावश, पर दरअसल ज़मींदार के घर के अन्दरूनी झगड़े का मज़ा लेने। कुछ तो हमेशा से ही बेनी माधव के परिवार की लोकप्रियता को लेकर ईर्ष्यालु थे। अब उन्हें ठाकुर बेनी माधव के परिवार के नकारात्मक पहलू की चर्चा करने का अच्छा मौक़ा मिला था।

बेनी माधव बोले, "तुम बड़े भाई हो, अगर लाल बिहारी ने बदतमीज़ी की है तो तुम्हें उसे माफ़ कर देना चाहिए।" लेकिन श्रीकान्त आसानी से मानने वाला नहीं था। लाल बिहारी दरवाज़े के बाहर खड़ा होकर चुपचाप श्रीकान्त की बातें सुनता रहा। उसने हमेशा ही अपने बड़े भाई का सम्मान किया था और उन्हें पितातुल्य मानता था। श्रीकान्त को अपने छोटे भाई से बड़ा स्नेह था। जब भी वह शहर जाता, अपने छोटे भाई के लिए कुछ न कुछ अवश्य लाता। एक बार जब लाल बिहारी कुश्ती में जीता था तो श्रीकान्त ने वहीं अखाड़े में ही भीड़ के सामने अपने भाई को गले लगा लिया था। लाल बिहारी को बड़े भाई के स्नेह का पूरा अहसास था। अब उसे अपने किये पर बहुत पछतावा हो रहा था। जब उसने सुना कि श्रीकान्त उसे

अपना भाई नहीं मानता तो वह रोने लगा। वह आनन्दी के कमरे में गया और बोला, "भाभी, भैया ने तय कर लिया है कि वे मेरे साथ एक ही छत के नीचे नहीं रहेंगे। वे मेरा चेहरा तक देखना नहीं चाहते। मैं जा रहा हूँ। कृपया मुझे मेरे अपराध के लिए क्षमा कर दीजिए।" और वह सिर झुकाकर आनन्दी के सामने खड़ा हो गया।

श्रीकान्त अपनी पत्नी के कमरे में आया, पर जैसे ही उसने लाल बिहारी को देखा, वह पलटकर जाने लगा, मानो अपने गुनहगार भाई की छाया से भी बचना चाहता हो! आनन्दी भी पूरे घटनाक्रम से व्यथित थी। अपने कड़े शब्दों पर अब उसे भी ग्लानि हो रही थी। आँखों में आँसू भरकर उसने श्रीकान्त से झगड़ा ख़त्म करने की विनती की। लाल बिहारी ने कहा, "भाभी, भैया से कह दीजिए कि मैं जा रहा हूँ और उन्हें अपना चेहरा भी नहीं दिखाऊँगा।" और वह दरवाज़े की तरफ़ बढ़ा। आनन्दी दौड़ती हुई कमरे के बाहर आई और लाल बिहारी का हाथ पकड़कर बोली, "मैं तुम्हें जाने नहीं दूँगी।" लाल बिहारी ने कहा कि वह अपने भैया और भाभी के साथ इस घर में रहने के लायक़ नहीं है। आनन्दी ने कहा, "ईश्वर जानता है कि मेरे मन में तुम्हारे प्रति कोई दुर्भावना नहीं है।" अब तक श्रीकान्त का ग़ुस्सा भी शान्त हो चुका था। उसने बाहर आकर लाल बिहारी को गले से लगा लिया। दोनों भाई इस सुलह पर देर तक एक-दूसरे के गले लगकर रोते रहे।

लाल बिहारी बोला, "भैया, अब फिर कभी मत कहिएगा कि आप मेरा चेहरा भी नहीं देखना चाहते। मुझे कोई भी और सज़ा स्वीकार है।" भाई के इन शब्दों से श्रीकान्त का दिल पसीज गया और उसने कहा "लल्लू, भूल जाओ, सब कुछ। ईश्वर ने चाहा तो फिर कभी ऐसा मौक़ा ही नहीं आएगा।" उसी समय बेनी माधव भी आ गए और उन्होंने दोनों भाइयों को गले मिलते देखा। वे बहुत प्रसन्न हुए और जब उन्हें पता चला कि झगड़े को आनन्दी ने ख़त्म किया तो बोले, "ऐसी होती हैं बड़े घर की बेटियाँ।" जल्दी ही गाँव के सभी लोगों को सुलह के बारे में पता चला। सभी ने आनन्दी के बड़प्पन और उदारता की बहुत प्रशंसा की और कहा, "बड़े घर की बेटियों को ऐसा ही व्यवहार करना चाहिए।"

इस कहानी पर पाठकों और आलोचकों की प्रशंसात्मक टिप्पणियों ने प्रेमचन्द के आत्मविश्वास में ज़बर्दस्त इज़ाफ़ा किया। अगले दशक में उन्होंने अपनी सर्वश्रेष्ठ कहानियों की रचना की। अब वे कुछ पारिवारिक प्रसंगों या एकाध घटनाओं के वर्णन से सन्तुष्ट नहीं रह गए थे। अब उन्होंने ऐसी कहानियाँ लिखनी शुरू कीं जिनमें कुछ मूल्य स्पष्ट रूप से प्रतिपादित होते थे और जिनमें सामाजिक सरोकार मुखर थे। उनमें ज़मींदारों और उनके कारिन्दों के, छोटे-मोटे सरकारी अधिकारियों और पुलिस के कुकर्मों का विस्तृत वर्णन किया गया है। पर साथ ही मनुष्य का शुभ पक्ष भी लेखक की नज़र से ओझल नहीं हुआ है। हम अक्सर देखते हैं कि अत्याचारी या निष्ठुर लोगों को भी अपने किये पर पछतावा होता है। भाई-भाई का

प्यार, माँ का स्नेह, वफ़ादारी के प्रति आग्रह और लगातार धिक्कारती अन्तरात्मा की आवाज़—ये और ऐसी ही कुछ दूसरी बातों का प्रभाव मनुष्य को आत्मविश्लेषण और अन्ततः प्रायश्चित्त करने की ओर ले जाता है। 'अमावस की रात' में एक धोखेबाज़ वैद्य अपने एक मरीज़ की तकलीफ़ से इतना व्यथित होता है कि अपनी ग़लतियाँ क़ुबूल करता है और क्षतिपूर्ति का प्रयास करता है। 'पछतावा' में एक ज़मींदार अपने कारिन्दे की ईमानदारी पर अनुचित सन्देह करता है, पर उसे अपनी भूल का अहसास हो जाता है और अपनी मृत्यु-शैया पर वह कारिन्दे के परिवार की सहायता करने की कोशिश करता है। 'ममता' में माँ का बेटे के प्रति स्नेह देखकर एक धनवान के मन में उसी माँ के प्रति सहानुभूति जाग उठती है जिसका कभी उसने शोषण किया था। फिर भी कुछ कहानियों में पापी इस हद तक जा चुके हैं कि उन्हें रोका नहीं जा सकता। 'ओह-ए-बेकस' कहानी है एक निहायत ही मूल्यहीन वकील की। 'अंधेर' में एक पुलिस अधिकारी इतना निष्ठुर और धूर्त है कि उस पर किसी भी बात का असर नहीं पड़ता।

4

1910 से 1920 के दौर की मैंने दो कहानियाँ चुनी हैं जो इस दौर में प्रेमचन्द के शिल्प का समुचित प्रतिनिधित्व करती हैं। पहली कहानी है : 'सज्जनता का दंड'। यह एक ईमानदार अधिकारी की कहानी है जो इसलिए मुसीबत में पड़ जाता है क्योंकि भ्रष्टाचार पूरी अफ़सरशाही का एक अनिवार्य अंग बन चुका है। शाहजहाँपुर के ज़िला अभियन्ता सरदार शिवसिंह न्यायप्रिय और दयालु थे। साथ ही वे स्वार्थ और लालच से मुक्त थे। नतीजा यह हुआ कि उनके मातहत काम करनेवाले आलसी और बदतमीज़ हो गए और उनके सहयोगी ही उनके दुश्मन बन गए। दूसरे अभियन्ताओं से अलग वे मोटरकार की बजाय इक्के का इस्तेमाल करते थे। वे साधारण कपड़े पहनते थे और मितव्ययी थे। दो छोटे भाइयों, एक विधवा बहन और बनारस में रहनेवाली अपनी माँ की देखभाल भी करते थे। कुछ ग़रीब विद्यार्थियों की वे आर्थिक सहायता भी करते थे। इतनी सारी जिम्मेदारियों और 'अतिरिक्त आमदनी' (रिश्वत) के अभाव में उन्हें हमेशा ही पैसे की कमी रहती थी।

उनकी पत्नी रमा अक्सर उन्हें याद दिलाती कि वे कुछ ज़्यादा ही 'अच्छे' बन रहे हैं।

"तुम्हारी यह सज्जनता किस काम की, जब सारा संसार तुमको बुरा कह रहा है?"

सरदार साहब ने दृढ़ता से जवाब दिया, "संसार चाहे जो कहे, परमात्मा तो देखता है।"

रमा ने यह जवाब पहले ही सोच लिया। वह बोली, "मैं तुमसे विवाद तो करती

नहीं, मगर ज़रा अपने दिल में विचार करके देखो कि तुम्हारी इस सच्चाई का दूसरों पर क्या असर पड़ता है। तुम तो अच्छा वेतन पाते हो। तुम अगर हाथ न बढ़ाओ तो तुम्हारा निर्वाह हो सकता है। रूखी रोटियाँ मिल ही जाएँगी मगर ये दस-दस, पाँच-पाँच रुपये के चपरासी, मुहर्रिर, दफ़्तरी बेचारे कैसे गुज़र करें? उनके भी बाल-बच्चे हैं। उनके भी कुटुम्ब-परिवार हैं। शादी-ग़मी, तीज-त्योहार—ये सब उनके पास लगे हुए हैं। भलमनसी का भेष बनाए काम नहीं चलता। बताओ, उनका गुज़र कैसे हो? अभी रामदीन चपरासी की घरवाली आई थी। रोते-रोते आँचल भीगता था। लड़की सयानी हो गई है। अब उसका ब्याह करना पड़ेगा। ब्राह्मण की जाति—हज़ारों का ख़र्चा! बताओ, उसके आँसू किसके सिर पड़ेंगे?"*

सरदार साहब ने स्वीकार किया कि उनकी पत्नी की बातों में कुछ सच्चाई तो है। "तुम्हारी बातें सब यथार्थ हैं, किन्तु मैं विवश हूँ। अपने नियमों को कैसे तोड़ूँ? यदि मेरा वश चले तो मैं उन लोगों का वेतन बढ़ा दूँ। लेकिन यह नहीं हो सकता कि मैं ख़ुद लूट मचाऊँ और उन्हें लूटने दूँ।...यह उन लोगों पर पड़ेगी जो अपनी हैसियत और आमदनी से अधिक ख़र्च करना चाहते हैं। अर्दली बनकर क्यों वकील के लड़के से लड़की ब्याहने को ठानते हैं? दफ़्तरी को यदि टहलुवे की ज़रूरत हो तो यह किसी पाप कार्य से कम नहीं। मेरे साईस की स्त्री अगर चाँदी की सिल गले में डालना चाहे तो यह उसकी मूर्खता है। इस झूठी बड़ाई का उत्तरदाता मैं नहीं हो सकता।"**

इस तरह अपने सिद्धान्तों के दूसरों पर पड़ रहे असर से तनिक भी विचलित हुए बग़ैर शिवसिंह उन उसूलों से चिपके रहे। ख़ैर, एक दिन वे एक ऐसी परिस्थिति में फँस गए जिसने उन्हें यह अहसास दिलाया कि ईमानदार बने रहना कितना कठिन है। मुख्य अभियन्ता निरीक्षण के दौरे पर आ रहे थे। अब तक तो विशाल धनराशि ख़र्च की जा चुकी थी पर ठेकेदारों ने ऐसा कुछ भी नहीं किया था जो इस ख़र्च का औचित्य प्रमाणित करे। सड़कें ख़स्ताहाल थीं और इमारतें अधूरी। आम तौर पर ठेकेदार ज़िला अभियन्ता को रिश्वत देकर काम के सन्तोषजनक होने का प्रमाण-पत्र ले लिया करते थे। पर शिवसिंह ने ऐसा करने से इनकार कर दिया। ठेकेदार नाराज़ हो गए। एक ने कहा, "उसे मिठाई खाने दो और हमें रूखी-सूखी रोटी ही दे दो। लेकिन दिक़्क़त ये है कि वह न तो ख़ुद खाएगा, न हमें ही खाने देगा।"

सिर्फ़ हरिदास नाम का एक बूढ़ा ठेकेदार ही सरदार शिवसिंह के पक्ष में था। बाक़ी सब उसके ख़िलाफ़ थे और सबने तय किया कि वे मुख्य अभियन्ता से सरदार शिवसिंह की शिकायत करेंगे और उसका तबादला करवा देंगे। वे सब बोले, "उसे साधु ही बनना था तो सरकारी नौकरी करने की क्या ज़रूरत थी?"

* मानसरोवर, खंड-8, पृ. 247 (कहानी : 'सज्जनता का दंड')

** वही, पृ. 248

इन टिप्पणियों की सूचना शिवसिंह तक पहुँची, पर वे परेशान नहीं हुए। हाल ही में वे सच्चाई की एक कठिन आज़माइश में विजयी होकर निकले थे। एक अच्छे परिवार के होनहार युवक से उनकी बेटी की सगाई इसलिए टूट गई क्योंकि सरदार साहब के पास दहेज देने के लिए पैसे नहीं थे। लड़के के पिता विवाह के लिए इसलिए राज़ी हो गए थे क्योंकि उन्हें लगा था कि शिवसिंह ने ख़ूब पैसा कमाया होगा। जब उन्हें पता चला कि ज़िला अभियन्ता महोदय को पैसे से ज़्यादा प्यार ईमानदारी से है तो अपनी बात से पीछे हट गए। जब सरदार साहब ने वह पत्र पढ़ा जिसमें लड़के के पिता ने पाँच हज़ार रुपये दहेज में माँगे थे, तो क्षण भर के लिए उनके मन में भी आसान रास्ता चुनने का लालच आया। बड़े बाबू को बस एक हल्का-सा इशारा, और ठेकेदार फ़ौरन इतना पैसा लेकर आ जाते कि उनकी समस्या का समाधान चुटकियों में हो जाता। लेकिन उनकी अन्तरात्मा ने उन्हें रोक लिया और अपनी इस नैतिक विजय पर वे बड़े प्रसन्न और सन्तुष्ट हुए।

जब मुख्य अभियन्ता आए तो उन्होंने हर किसी के मुँह से सरदार शिवसिंह की आलोचना सुनी। उनके निजी नौकर भी फुसफुसाहटों में यही चर्चा करते कि काम की यह दुर्दशा इसलिए थी क्योंकि ज़िला अभियन्ता ठेकेदारों को परेशान करते थे। क्लर्क को भी हिसाब-किताब में तमाम ग़लतियाँ मिलीं। शिवसिंह ने मुख्य अभियन्ता के साथ आए लोगों को न तो अपने घर खाने पर आमंत्रित किया था, न ही उनके लिए कोई तोहफ़े भिजवाए थे और इस बात से वे सब नाराज़ थे। वहीं दूसरी तरफ़ ठेकेदारों ने मुख्य अभियन्ता के लिए महँगी 'डाली' भिजवाई। एक ने शिकायत करते हुए कहा, "सर, आपके इन ज़िला अभियन्ता के साथ काम करना असम्भव है।" दूसरे ने कहा, "यह सच है कि वे कोई रिश्वत नहीं लेते, पर उन्होंने हमारे सारे इंतज़ामों को उलट-पलट कर दिया है और अब हम शान्ति के साथ काम ही नहीं कर सकते।"

मुख्य अभियन्ता ने अपनी रिपोर्ट में लिखा : 'सरदार शिवसिंह एक बेहद ईमानदार व्यक्ति हैं। उनके चरित्र पर कोई आक्षेप लगाया ही नहीं जा सकता। पर वे इतने बड़े ज़िले की समस्याओं का समाधान नहीं कर पा रहे हैं।'

शिवसिंह को पदावनत करके एक छोटे ज़िले में भेज दिया गया। जब जाने का दिन क़रीब आया तो उनके मित्रों ने उनके लिए विदाई समारोह आयोजित किया। सबने उनकी ईमानदारी में क़सीदे पढ़े, सरदार साहब ने भारी मन से दावत में शिरकत की। जब वे घर आए तो बेहद उदास और हतोत्साहित थे।

उनकी पत्नी रमा ने मुख्य अभियन्ता के दल के बाबुओं और नौकरों को नज़रअन्दाज़ करने के लिए कई बार आगाह किया था लेकिन सरदार साहब ने उसकी सलाह अनसुनी कर दी थी। जब पदावनति और तबादले का आदेश आया था तो रमा ने कई व्यंग्य बाण छोड़े थे। लेकिन आज जब उसने सरदार साहब को

दावत से इस तरह उदास और खिन्न लौटते हुए देखा तो उन्हें हिम्मत बँधाते हुए पूछा, "आप इतने उदास क्यों हैं?" "तो क्या करूँ मैं, हँसूँ?" सरदार साहब बोले। रमा ने कहा, "और क्या! हमें तो हँसना ही चाहिए, हम क्यों रोएँ? रोना तो उन्हें चाहिए जिन्होंने चन्द सिक्कों के लिए अपनी आत्मा को बेच दिया। आपको किसी ग़लती की सज़ा नहीं मिली है। आपको अच्छा होने की सज़ा दी गई है। ऐसी सज़ा को हिम्मत और ख़ुशमिज़ाजी के साथ बर्दाश्त कर लेना चाहिए।" इन शब्दों के साथ उसने अपने पति की तरफ़ स्नेह से देखा। सरदार साहब को लगा कि रमा सचमुच ख़ुश है। उन्होंने उसे प्यार से गले लगा लिया और बोले, "रमा, मुझे बस तुम्हारी ओर से इसी प्रोत्साहन की अपेक्षा थी। मैं अब ख़ुशी-ख़ुशी अपनी सज़ा सह लूँगा।"

इस दौर की सर्वश्रेष्ठ कहानियों में से एक है : 'पंच-परमेश्वर', जिसमें एक बार फिर हम देखते हैं मनुष्य की कुप्रवृत्तियों पर उसकी अन्तरात्मा की विजय—क्रोध और पूर्वग्रहों पर विजय, न कि भौतिक प्रलोभनों पर। इस कहानी में 'पंचायत' की ताक़त भी स्थापित होती है, जो भारत की सबसे पुरानी सामाजिक संस्थाओं में से एक है। कहानी के इस शीर्षक का अनुवाद तो शायद सम्भव नहीं है, पर उसकी व्याख्या की जा सकती है। 'पंच' एक चुना हुआ निर्णायक होता है जो गाँव के किसी सदस्य पर लगाए गए आरोप पर अपना फ़ैसला सुनाता है। 'पंच' का शाब्दिक अर्थ है 'पाँच' और मूलतः पाँच निर्णायक चुने जाते हैं। 'पंचों' की एक समिति होती है जिसका मुखिया 'सरपंच' कहलाता है। एक बार 'पंचों' का चुनाव हो जाता है तो फिर उनका फ़ैसला सर्वमान्य होता है। लिहाज़ा 'पंच-परमेश्वर' में यह अर्थ निहित है कि 'पंचों की वाणी ईश्वर की वाणी होती है'। इस कहानी का एक और दिलचस्प तथ्य यह है कि झगड़ा दो घनिष्ठ मित्रों के बीच होता है जिनमें से एक हिन्दू है और दूसरा मुस्लिम। कहानी में धार्मिक और व्यक्तिगत पूर्वग्रहों पर सत्य की विजय दिखाई गई है। मैं यहाँ कहानी की संक्षिप्त रूपरेखा प्रस्तुत करूँगा। बड़े अफ़सोस के साथ मुझे उसके सजीव विवरणों और बारीक टिप्पणियों का ज़िक्र छोड़ना पड़ रहा है।

अलगू चौधरी और जुम्मन शेख़ में बड़ी दाँत-काटी मित्रता थी और वह बचपन से थी जब दोनों ही जुम्मन के अब्बा जुमराती शेख़ के विद्यार्थी थे। आस-पास के सभी गाँवों में जुमराती का नाम बड़ी इज़्ज़त और कुछ डर के साथ लिया जाता था। गाँव के बाबुओं, डाकियों, दारोग़ा आदि सभी महत्त्वपूर्ण लोगों से उनके बड़े अच्छे सम्बन्ध थे। बड़े होने पर जुम्मन और अलगू साझा खेती करने लगे। वे एक-दूसरे पर पूरा भरोसा करते थे। जब जुम्मन हज पर गया तो अपना घर अलगू के भरोसे छोड़ गया। जब कभी अलगू को कुछ दिनों के लिए गाँव से बाहर जाना पड़ता, वह अपना घर जुम्मन की देख-रेख में छोड़कर उस विश्वास का प्रतिकार करता। अलगू ने अधिक धन कमा लिया था, पर दोनों में ज़्यादा शिक्षित जुम्मन था। उनकी

दोस्ती की चर्चा सब तरफ़ थी। लोग उनकी तरफ़ इशारा करते और उनके आपसी विश्वास की प्रशंसा करते।

जुम्मन की एक बूढ़ी काकी थीं जो साथ रहती थीं। उनके पास अपनी कुछ जायदाद थी। जुम्मन और उसकी पत्नी करीमन बार-बार बूढ़ी काकी से आग्रह करते कि वे अपनी जायदाद उन दोनों के नाम कर दें। दिखावा इस बात का किया जाता कि इस तरह काकी जायदाद की देखरेख के झंझट से बच जाएँगी। जब तक जायदाद हस्तांतरण की क़ानूनी रजिस्ट्री नहीं हो गई तब तक काकी की बड़ी ख़ातिर-तवज्जो हुई। लेकिन जैसे ही पक्के काग़ज़ बने, करीमन ने उस वृद्धा के साथ बुरा बर्ताव शुरू कर दिया। जुम्मन का व्यवहार भी कोई बेहतर न था। उसकी पत्नी काकी को ठीक से खाना-कपड़ा भी नहीं देती थी पर जुम्मन ने उसे ऐसा करने से कभी नहीं रोका। दोनों अपने व्यवहार को यह कहकर तर्कसंगत ठहराते कि "तो क्या हुआ, जो उसने ज़रा सी, कुछ एकड़ ज़मीन हमें दे दी। जितना पैसा हम उस पर ख़र्च कर रहे हैं, उतने में तो हम पूरा गाँव ख़रीद सकते थे।" बेचारी काकी काफ़ी लम्बे समय तक अपमान और ताने सहती रहीं। आख़िरकार एक दिन जब स्थितियाँ बर्दाश्त के बाहर हो गईं तो उन्होंने जुम्मन से कहा, "बेटा, मैं इस तरह और नहीं सह सकती। बेहतर होगा, तुम मुझे कुछ पैसे दे दो, मैं अपना खाना ख़ुद बना लूँगी।" जुम्मन बोला, "पैसे पेड़ पर नहीं उगते।" काकी ने बग़ैर आवाज़ ऊँची किये कहा, "आख़िर जीने के लिए खाना तो मुझे भी चाहिए, भले ही रूखा-सूखा हो।" जुम्मन ने पलटकर जवाब दिया, "हमें नहीं मालूम था कि तुमने मौत से लड़ाई मोल ले रखी है।"

काकी को बहुत ग़ुस्सा आया। उन्होंने कहा कि वे इंसाफ़ के लिए पंचों के पास जाएँगी। जुम्मन हँसा, जैसे कोई शिकारी हिरन को जाल में फँसते देखकर हँसता है। "ज़रूर," उसने कहा, "हम सबको पंचायत बुलवानी चाहिए। मैं भी रोज़-रोज़ की इस चिकचिक से तंग आ गया हूँ।" मन-ही-मन ख़ुश होकर वह बोला कि क्या गाँव में एक भी व्यक्ति है जो उसके ख़िलाफ़ फ़ैसले की हिम्मत करे? इस वार्तालाप के बाद कई दिनों तक काकी को गाँव के दरवाज़े खटखटाते देखा गया। कमर उनकी झुककर दोहरी हो गई थी लेकिन लाठी के सहारे किसी तरह लँगड़ा-लँगड़ाकर, हर थोड़ी देर पर सुस्ताकर बेचारी काकी ने किसी तरह काम पूरा किया। गाँव में शायद ही कोई स्त्री या पुरुष ऐसा हो जिसको काकी ने अपनी दुख-भरी दास्तान न सुनाई हो। कुछ ने पक्ष-विशेष के प्रति प्रतिबद्धता ज़ाहिर किये बग़ैर सहानुभूति जताई। कुछ ने कहा कि बुढ़िया कब्र में पैर लटकाए बैठी है, उसे तो अल्लाह का नाम लेकर समय काटना चाहिए, न कि खाने-कपड़े जैसी सांसारिक वस्तुओं की फ़िक्र करनी चाहिए। कुछ ने तो पूरे दृश्य का मज़ा लिया क्योंकि सचमुच ही काकी काफ़ी हास्यास्पद लगती थीं। आख़िरकार वह बूढ़ी महिला अलगू चौधरी के

पास गई और बोली, "बेटा, तुम पंचायत में ज़रूर आना।" अलगू ने जवाब दिया कि वह आएगा तो, लेकिन कहेगा कुछ नहीं। जुम्मन उसका सबसे पुराना दोस्त था, और अलगू कोई मनमुटाव नहीं चाहता था। बूढ़ी काकी बोलीं, "बेटा, क्या तुम मनमुटाव के डर से अपनी अन्तरात्मा की आवाज़ दबा दोगे?" अलगू चुप रहा पर काकी के शब्दों ने उसके सामने ऐसी चुनौती खड़ी कर दी थी जिसे वह नज़रअन्दाज़ नहीं कर पा रहा था।

शाम के समय पेड़ के नीचे पंचायत जुटी। जुम्मन ने लम्बा-चौड़ा इन्तज़ाम कर रखा था। उसने फ़र्श पर मुलायम कालीन बिछवाया था और पान व हुक्के का प्रबन्ध भी किया था। गाँव के ढेर सारे लोग वहाँ इकट्ठा थे। कुछ ही पंच वहाँ आए थे। जुम्मन की काकी ने अपना दुखड़ा उनके सामने रखा :

> तीन साल पहले मैंने अपनी सम्पत्ति जुम्मन के नाम कर दी थी और जुम्मन ने वादा किया था कि मेरे जीते जी वह मेरी देखभाल करेगा। लेकिन अब न तो मुझे ठीक से खाना मिलता है, न पहनने के लिए कपड़ा। मैं अदालत नहीं जा सकती। ऐसे में पंचों के सिवाय कौन है जिससे मैं न्याय की गुहार लगा सकती हूँ? अगर तुम लोग मुझे दोषी मानते हो तो मेरे मुँह पर थप्पड़ मार दो। अगर तुम्हें लगता है कि जुम्मन की ग़लती है तो उसे आज्ञा दो कि वह मेरे कष्टों का निवारण करे।

एक बुज़ुर्ग ने कहा कि पहले पंचों का चुनाव हो जाना चाहिए। जुम्मन ने देखा कि उपस्थित पंचों में से कई ऐसे हैं जिनकी उससे पुरानी अदावत है। वह बोला, "सरपंच का आदेश अल्लाह का आदेश होता है। लिहाज़ा काकी ही तय करें कि कौन सरपंच होगा।" और काकी की ओर मुड़कर उसने कहा, "स्थिति आपके पक्ष में है। जिसे चाहें, चुन लीजिए।"

काकी उसकी बात का इशारा समझकर बोलीं, "बेटा, भगवान से डरो। पंचायत में कहीं कोई पक्षपात नहीं होता। तुम और किसी पर भरोसा करो, न करो, मुझे यक़ीन है कि अलगू चौधरी पर तुम्हें ज़रूर भरोसा होगा। तो ठीक है, मैं अलगू का नाम लेती हूँ।"

इस घटनाक्रम से जुम्मन बड़ा प्रसन्न हुआ लेकिन अपनी ख़ुशी छिपाते हुए बोला, "मेरे लिए सब एक जैसे हैं। अलगू हो या कोई और, मुझे कोई फ़र्क़ नहीं पड़ता।"

अलगू सरपंच बन गया। जो लोग जुम्मन के ख़िलाफ़ थे, वे काकी के चुनाव से बड़े नाराज़ हुए। अलगू सरपंच के आसन पर बैठकर बोला, "जुम्मन शेख़, हम पुराने मित्र हैं। ज़रूरत के समय हमेशा तुमने मेरी मदद की है और मैंने भी समय-समय पर तुम्हारा साथ दिया है। लेकिन इस समय तुम और तुम्हारी काकी मेरी दृष्टि में बराबर हो। पंचों के सामने अपनी बात कहने की तुम्हें पूरी आज़ादी है।"

जुम्मन को पूरा विश्वास था कि फ़ैसला उसी के हक़ में होगा। उसने कहा कि उसने काकी की अच्छी तरह देखभाल की है। जायदाद के लेन-देन में यह शर्त कहीं नहीं थी कि काकी को ख़र्च के पैसे दिये जाएँगे। ज़मीन से इतनी आमदनी ही नहीं थी कि पैसे देने की नौबत आए। और अगर उसे पता होता कि काकी गुज़ारे का ख़र्च माँगेगी तो वह कभी जायदाद अपने नाम करवाता ही नहीं।

ख़ैर, अलगू को क़ानूनी मसलों की थोड़ी-बहुत जानकारी थी। उसने जुम्मन से कई सवाल किये और जुम्मन किसी भी सवाल का सन्तोषजनक उत्तर नहीं दे पाया। दूसरे पंचों के साथ राय-मशवरा करने के बाद अलगू ने फ़ैसला सुनाया। उसने कहा :

> जुम्मन शेख़! पंचों ने इस मामले पर विचार किया। उन्हें यह नीतिसंगत मालूम होता है कि ख़ालाजान को माहवार ख़र्च दिया जाय। हमारा विचार है कि ख़ाला की जायदाद से इतना मुनाफ़ा अवश्य होता है कि माहवार ख़र्च दिया जा सके। बस, यही हमारा फ़ैसला है। अगर जुम्मन को ख़र्च देना मंजूर न हो, तो हिब्बानामा रद्द समझा जाए। (मानसरोवर, खंड-7, पृ. 146)

जुम्मन सकते में था। उसका विश्वासपात्र दोस्त दुश्मन बन गया था। कलियुग में ऐसा ही होता है। वफ़ादारी तो रह ही नहीं गई है। तभी तो देश की ऐसी दुर्दशा है। कुछ धोख़ेबाज लोगों की वजह से हम सब सज़ा भुगत रहे हैं। जब जुम्मन इस तरह बड़बड़ा रहा था तो बाक़ी पंच और दर्शक अलगू चौधरी की भूरि-भूरि प्रशंसा कर रहे थे। दोस्ती एक तरफ़, न्याय एक तरफ़—सबने कहा। अलगू ने सच्चाई और न्यायप्रियता की मिसाल खड़ी की है। इन वचनों ने जुम्मन के ग़ुस्से की आग में घी का काम किया। वह अब बदला लेना चाहता था। जुम्मन शेख़ और अलगू चौधरी की मित्रता की नींव ही हिल गई थी। मित्रता का वृक्ष सत्य के थपेड़े सह नहीं पाया।

ख़ैर, अलगू चौधरी से बदला लेने के लिए जुम्मन को मौक़े का ज़्यादा इन्तज़ार नहीं करना पड़ा। अच्छे काम करने के लिए लम्बा इन्तज़ार करना पड़ता है पर बुरे लक्ष्य प्राय: जल्दी सिद्ध हो जाते हैं।

अलगू ने साल भर पहले बैलों की एक जोड़ी ख़रीदी थी। वे बेहतरीन जानवर थे—स्वस्थ, ताक़तवार, लम्बी सींगों और शानदार चाल वाले। एक बैल अचानक मर गया। अलगू और उसका परिवार बड़े दुखी हुए। वे अपने बैलों से बहुत प्यार करते थे। लेकिन अब जोड़ी टूट गई थी और सिर्फ़ एक बैल पालने से कोई लाभ न था। लिहाज़ा उन्होंने उसे बेचने का फ़ैसला किया। इत्तफ़ाक से समझू साहू नाम के बनिये को अपनी गाड़ी के लिए एक बैल की ज़रूरत थी। उसने अलगू का बैल देखा तो उसे बड़ा पसन्द आया। सौदा पक्का हुआ और समझू बैल ले आया। यह तय हुआ था कि बैल की क़ीमत, यानी डेढ़ सौ रुपये, महीने भर के अन्दर अदा

कर दिये जाएँगे। पर समझू साहू ने बैल को बड़ी बुरी तरह रखा। गाड़ी में ज़रूरत से ज़्यादा सामान लादा और बैल को खूब कोड़े मारे। एक दिन बिचारा बैल ख़ूब भरी हुई गाड़ी लेकर शहर के तीन चक्कर पहले ही लगा चुका था, पर समझू चाहता था कि एक चक्कर और लगे। बैल थककर चूर हो चुका था। समझू उसे कोड़े लगाता था पर आधी दूर तक गाड़ी खींचने के बाद बैल गिर पड़ा और मर गया।

अब समझू बीच रास्ते में फँस गया था। अँधेरा हो गया था और सड़क बिलकुल सूनी थी। उसे रात गाड़ी में ही बितानी पड़ी। जब वह सोकर उठा तो उसने देखा कि उसके पैसे ग़ायब थे। कुछ सामान भी चोरी हो गया था। जब किसी तरह वह घर लौटकर आया और अपनी बदक़िस्मती का क़िस्सा अपनी पत्नी को सुनाया तो पत्नी अलगू चौधरी को कोसने लगीं। वह बोली, "पता नहीं, किस अशुभ घड़ी में उस दुष्ट जानवर को ख़रीदने का फ़ैसला हमने किया था। हमारी तो ज़िन्दगी भर की कमाई चली गई।" समझू साहू और उसकी पत्नी ने तर्क दिया कि एक बीमार बैल के इतने ऊँचे दाम माँगकर अलगू चौधरी ने उन्हें धोखा दिया है। उन दोनों ने डेढ़ सौ रुपये अदा करने से साफ़ इनकार कर दिया।

पैसे का तकादा करते अलगू को महीनों गुज़र गए, पर हर बार उसे सिर्फ़ धमकियाँ और गालियाँ ही मिलीं। एक दिन गहमागहमी हाथापाई तक बढ़ गई। गाँव के लोगों ने बीच-बचाव करके दोनों पक्षों को पंचायत बुलवाने का सुझाव दिया।

अलगू और समझू, दोनों ही गाँव वालों के बीच समर्थन के लिए प्रचार करने लगे। पहला कहता था कि जिस समय सौदा हुआ, बैल एकदम स्वस्थ था और दूसरा कहता कि बैल पहले से ही बीमार था, पर अलगू ने उसकी बीमारी छिपाई थी। तीन दिन बाद पंचायत उसी पेड़ के नीचे जुटी जिसकी छाँह में जुम्मन शेख़ और काकी का झगड़ा सुलझाया गया था। समझू साहू अच्छी तरह जानता था कि जुम्मन अलगू से बदला लेना चाहता है, लिहाज़ा जैसे ही सरपंच चुनने की बात उठी, उसने फ़ौरन जुम्मन का नाम सुझा दिया। अलगू को मानना पड़ा। अगर वह इस चुनाव पर आपत्ति करता तो उसका पक्ष कमज़ोर पड़ जाता, साथ ही इस बात का संकेत भी मिलता कि उसे पंचायत की निष्पक्षता पर भरोसा नहीं है। लेकिन जब जुम्मन अपने आसन पर बैठ गया और पंचायत का काम प्रारम्भ हुआ तो अलगू बुरी तरह घबरा गया। अलगू को इस बात का अच्छी तरह अहसास था कि काकी के पक्ष में फ़ैसला करने के लिए जुम्मन ने उसे माफ़ नहीं किया है। अब परिस्थितियाँ ऐसी थीं कि उसके भूतपूर्व मित्र को अपना बदला लेने का मौक़ा मिल गया था।

जुम्मन ख़ुद भी लम्बे अर्से से ऐसे ही मौक़े की बाट जोह रहा था। लेकिन जब उसे सरपंच चुना गया तब उसे अहसास हुआ उस ज़िम्मेदारी का जो उसके कन्धों पर डाली गई थी। वह डर गया। उसने सोचा, 'इस क्षण मैं निर्णायक के स्थान पर बैठा हूँ। जो शब्द मेरे मुँह से निकलेंगे, वे गाँव के लोगों के लिए दैवी आदेश

होंगे। मैं सच से बाल बराबर भी नहीं हट सकता।' पंचों ने अपनी पूछताछ शुरू की। दोनों पक्षों ने अपनी-अपनी दलीलें पेश कीं। अधिकतर पंचों की राय थी कि समझू को तय हुई रक़म अदा करनी चाहिए थी। कुछ ने प्रतिवाद करते हुए कहा कि समझू के साथ थोड़ी रियायत बरती जानी चाहिए क्योंकि बैल के मर जाने से उसका काफ़ी आर्थिक नुक़सान हो चुका है। इसके विपरीत दूसरों का कहना था, समझू साहू को न सिर्फ़ पूरी रक़म अदा करने का आदेश दिया जाना चाहिए बल्कि बैल के साथ इतनी निर्दयता दिखाने के लिए उस पर आर्थिक दंड भी लगाया जाना चाहिए। जब सारी बहस पूरी हो गई तो जुम्मन ने दोनों पक्षों को सम्बोधित करते हुए अपना फ़ैसला सुनाया। उसने कहा, "अलगू चौधरी और समझू साहू! पंचों ने तुम्हारे झगड़े की पूरी जाँच की है। जब समझू ने बैल ख़रीदा था तब वह पूरी तरह स्वस्थ था। उसकी मृत्यु हुई ही इसलिए क्योंकि उससे अत्यधिक मेहनत कराई गई और पर्याप्त खाना नहीं दिया गया।"

अलगू की प्रसन्नता का ठिकाना न था। वह खड़ा होकर चिल्लाया, "पंच परमेश्वर अमर रहें!" सब तरफ़ से आवाज़ें आने लगीं, "पंच परमेश्वर की जय हो!" घरों की ओर जाते हुए लोगों ने कहा, "इसे कहते हैं न्याय! इस तरह का न्याय तभी सम्भव है, जब पंचों के हृदय में साक्षात् ईश्वर बसते हों। पंचों के होते झूठ भला सच पर कैसे हावी हो सकता है?"

कुछ समय बाद जुम्मन अलगू के पास आया और उसे गले लगाकर बोला, "उस दिन तुमने पंचायत में मेरे ख़िलाफ़ फ़ैसला दिया था और मैं तुम्हें अपना दुश्मन मान बैठा था। लेकिन आज मुझे पता चला कि जब कोई पंच के स्थान पर होता है तो वह न तो किसी का दुश्मन होता है, न दोस्त। उस समय उसके लिए सबसे बढ़कर होता है न्याय।"

अलगू की आँखों में आँसू आ गए। उन आँसुओं में शक़ की धूल बह गई। मित्रता का मुरझाया हुआ पौधा फिर से हरा-भरा हो गया।

नौवाँ अध्याय

कहानियाँ-2

कहानीकार के रूप में प्रेमचन्द के विकास के लिए 1919 से 1921 तक के साल निर्णायक साल थे। जलियाँवाला बाग के नरसंहार के बाद और राष्ट्रव्यापी आन्दोलन के नेता के रूप में महात्मा गांधी के उदय के बाद आज़ादी की लड़ाई तेज़ हो गई थी। 1920 के दशक में प्रेमचन्द द्वारा लिखी कई कहानियों पर राष्ट्रीय आन्दोलन और महात्मा गांधी के व्यक्तित्व और शिक्षा की साफ़ और सीधी छाप है।* इस दौरान, बतौर कहानी लेखक प्रेमचन्द ने उल्लेखनीय अनुभव हासिल किया और भारतीय जीवन की जानकारी को अपनी यात्राओं और निरीक्षण के फलस्वरूप समृद्ध किया। 1921 में जब उन्होंने सरकारी नौकरी से इस्तीफ़ा दिया तब तक वे लगभग पेशेवर लेखक बन चुके थे हालाँकि वे प्राइवेट स्कूलों से कुछ और वर्षों तक जुड़े रहे।

अनुभव की परिपक्वता, एक शिल्पकार के रूप में उत्तरोत्तर बढ़ता कौशल, दृष्टि का दायरा और पैनापन, और भारतवर्ष में जो बदलाव आ रहे थे—ये सभी तत्त्व प्रेमचन्द द्वारा इस दौर में लिखी कहानियों में परिलक्षित होते हैं। उत्कृष्ट सौन्दर्यबोध के साथ-साथ विषयवस्तु, चरित्र-चित्रण तकनीक, भाषा और यहाँ तक कि सामग्री को देखने और बरतने में ख़ासी विविधता नज़र आती है। यहाँ वर्णनात्मक और विवरणात्मक अंश हैं, एकालाप और चिन्तन-मनन है और है कहानी के पात्रों के विचारों के साथ-साथ चलती लेखक की अपनी वैचारिक प्रक्रिया। भाषा का आयाम फ़ारसीनिष्ठ उर्दू से संस्कृतनिष्ठ हिन्दी तक है और बीच में है कई स्तरों का सामान्य गद्य, क्षेत्रीय बोलियाँ और मुहावरेदार चलती हुई भाषा। हम देखते हैं कि लेखक में निम्न और निम्न मध्यवर्ग के पात्र चुनने की प्रवृत्ति बढ़ रही है। हालाँकि इस दौर में भी प्रेमचन्द ने राजकुमारों और अभिजात ज़मींदारों की कहानियाँ लिखना जारी रखा। कुछ कहानियाँ किसी ख़ास शहर या इलाक़े की संस्कृति को प्रतिबिम्बित करती हैं। इनमें से सर्वश्रेष्ठ कहानियों में से एक है : 'शतरंज के खिलाड़ी'। शतरंज के

---

* जैसे सत्याग्रह, विचित्र होली, सुहाग की साड़ी और अनुभव।

नशे में चूर दो रईसों की बेहद दिलचस्प तसवीर पेश करने के साथ ही यह कहानी लखनऊ के आख़िरी नवाब वाजिद अली शाह के समय के लखनऊ का सजीव चित्रण प्रस्तुत करती है।

मिर्ज़ा सज्जाद अली और मीर रौशन अली अपना ज़्यादातर समय शतरंज खेलने में बिताया करते थे। उन्हें बस एक शतरंज की बिसात और मोहरे मिल जाएँ, फिर दीन-दुनिया से उन्हें कोई वास्ता न रह जाता। बावर्ची घोषणा करता कि खाना तैयार है। मिर्ज़ा साहब कहते : बस, हम आते हैं, दस्तरख़्वान बिछाओ। नौकर इन्तज़ार कर-करके थक जाते पर दोनों दोस्त ख़ुद को बिसात से अलग कर पाने में असमर्थ रहते। आख़िरकार खाना वहीं उनके पास रख छोड़ा जाता और दोनों चालों के बीच-बीच में एकाध कौर खा लेते।

एक दिन मिर्ज़ा साहब की बेग़म बीमार थीं और उन्होंने मिर्ज़ा के पास सन्देश भिजवाया कि हक़ीम के यहाँ से दवा ले आएँ। मिर्ज़ा इस बारे में बिलकुल भूल गए। बेग़म का ग़ुस्सा आपे से बाहर। उन्हें हमेशा से ही मीर साहब के रोज़-रोज़ आने से कुढ़न होती थी। उन्हें पूरा यक़ीन था कि उनके पति की शतरंज की यह लत मीर रौशन अली से दोस्ती का नतीज़ा थी। जब उन्हें दवा न मिली तो वे धड़धड़ाती हुई दीवानख़ाने में आईं और बिसात-मोहरे सब उठाकर फेंक दिये। मीर साहब चुपचाप निकल गए और घर चले गए। बेगम साहिबा गरजीं, "अब जाकर क्या दवा ले आएँगे आप?"

मिर्ज़ा साहब सकपकाए से बोले, "हाँ, बेग़म, क्यों नहीं!" और वे भी बाहर निकल गए। पर हक़ीम के यहाँ जाने की बजाय वे सीधे अपने दोस्त के घर पहुँचे। दोनों मित्र शतरंज में ऐसे डूब गए मानो कुछ हुआ ही न हो।

खेल का स्थान अब बदलकर मीर रौशन अली का घर हो गया था। उनकी पत्नी को अब वही झल्लाहट होने लगी जो मिर्ज़ा सज्जाद अली की बेगम को होती थी जब बिसात मिर्ज़ा के घर बिछती थी। एक हुक्का जो समय-समय पर एक नौकर द्वारा भर दिया जाए और पान का एक डिब्बा, बस इतनी-सी दरकार थी दोनों दोस्तों को। बाहर की दुनिया की उन्हें कुछ ख़बर न थी। नवाब के अधिकारियों द्वारा जनता का दमन, विलासिता और दरबार का घोर अपव्यय; रईसों का भ्रष्टाचार और ग़रीबों की दुर्दशा; अवध की स्वायत्तता पर अंग्रेज़ों का बढ़ता हुआ दबाव—इन सारी बातों का शतरंज के दोनों खिलाड़ियों पर कोई असर न था। जो आवाज़ें उन्हें सुनाई पड़ती थीं, वे थीं सिर्फ़ 'शह' और 'मात'। कभी-कभी दोनों झगड़ पड़ते और एक-दूसरे पर बेईमानी का, जानबूझकर चाल चलने में विलम्ब करने का आरोप लगाने लगते पर जल्दी ही उनमें सुलह हो जाती और खेल बदस्तूर जारी रहता। एक दिन वे अपने बादशाह, वज़ीर और प्यादों की दुनिया में खोए हुए थे कि किसी ने ज़ोर-ज़ोर से दरवाज़ा खटखटाया। नौकर बहुत घबराया हुआ आया और बोला

कि नवाब की सेना का एक अफ़सर मीर साहब से मिलने आया है। मीर साहब फुसफुसाकर बोले, "कह दो, मैं घर पर नहीं हूँ।"

अफ़सर चला गया, कहकर कि वह अगली सुबह फिर आएगा। नवाब की सेना में सैनिकों की भर्ती के सिलसिले में वह सभी प्रमुख ज़मींदारों से मुलाक़ात कर रहा था।

अगले दिन बड़े सबेरे ही मिर्ज़ा साहब और मीर साहब शतरंज की बिसात, मोहरे, एक छोटा गलीचा, हुक्का और पान के डिब्बे के साथ घर से निकल लिये। गोमती पार करके दोनों एक सुनसान मस्जिद के पास पहुँचे। वहीं पर अपनी बिसात बिछाकर दोनों ने अपनी मुठभेड़ शुरू कर दी। कई दिन बीत गए पर दोनों दोस्त उस सुनसान मस्जिद में डटे रहे। दोपहर में दोनों पास के गाँव में जाते और किसी ढाबे में कुछ खा-पी लेते। फिर वे वापस मस्जिद में लौट आते और तब तक शतरंज खेलते रहते जब तक कि अँधेरा उन्हें उठने पर मजबूर न कर दे। शहर में अफ़रा-तफ़री मची हुई थी क्योंकि ईस्ट इंडिया कम्पनी की फ़ौजें लखनऊ की तरफ़ बढ़ती चली आ रही थीं। अनर्थ के अन्देशे से लोग शहर छोड़कर जा रहे थे। नवाब को गिरफ़्तार किया जा चुका था। पर शतरंज के दोनों सूरमा शहर के हालात से पूरी तरह बेख़बर थे।

मिर्ज़ा साहब लगातार तीन बाज़ियाँ हार चुके थे। चौथी में भी कोई सम्भावना नज़र नहीं आ रही थी। उनकी स्थिति काफ़ी कमज़ोर थी और वे चिड़चिड़े हो रहे थे। जब उन्होंने देखा कि मीर साहब ने एक मोहरे पर उँगली तो रखी पर उसे उठाया नहीं तो उनका ग़ुस्सा फूट पड़ा। झल्लाकर वे बोले, "आप मोहरा उठाकर चाल क्यों नहीं चलते? अगली चाल तय करने में पाँच मिनट से ज़्यादा वक़्त लगेगा तो आपको मात क़ुबूल कर लेनी चाहिए। देखिए, अब आप चाल बदल रहे हैं। इसकी इजाज़त मैं नहीं दे सकता।"

मीर साहब ने प्रतिवाद किया कि अभी तो उन्होंने चाल चली ही नहीं है तो बदलने का सवाल ही पैदा नहीं होता। पर मिर्ज़ा अड़े रहे, "आपने मोहरा छुआ था और अब आपको उसे खिसकाना ही पड़ेगा।"

मीर साहब पलटकर बोले, "पर मैंने तो उसे घर से कभी उठाया ही नहीं और मुझे पूरा हक़ है कि मैं अगली चाल जैसी चाहूँ, वैसी चुनूँ।"

आवाज़ें ऊँची होती गईं। दोनों ही ग़ुस्से में थे। जल्द ही बहस में कड़वाहट आ गई।

मिर्ज़ा साहब ने तंज़ किया, "आप शतरंज के बारे में जानते ही क्या हैं? आपके पुरखे तो घास छीलते थे। जागीर मिल जाने से कोई रईस नहीं हो जाता।"

"क्या कहा?"

मीर रौशन अली ने तमककर कहा, "आप अपने पुरखों की बात कर रहे होंगे!

हमारे ख़ानदान में तो पुश्तों से शतरंज खेली जाती रही है।"

"अजी छोड़िए", मिर्ज़ा सज्जाद अली बोले, "आप तो ग़ाज़ीउद्दीन हैदर (लखनऊ के एक नवाब) के बावर्चियों के ख़ानदान से हैं। रईस बन जाना कोई हँसी-खेल नहीं है।"

मीर साहब के लिए अब बात बर्दाश्त के बाहर हो गई थी, "ज़बान सँभालकर बात कीजिए", वे चिल्लाए, "अगर कोई मुझे आँखें दिखाता है तो मैं उसकी आँखें निकाल लेता हूँ।" मिर्ज़ा साहब ने भी चुनौती स्वीकार करते हुए कहा, "अच्छा, ऐसी बात है, तो आइए, दो-दो हाथ हो जाएँ!"

दोनों दोस्त देर तक एक-दूसरे को घूरते रहे। नवाब के राज्य में सभी रईसों को हर समय हथियारों से लैस होकर चलने का आदेश था। दोनों ने तलवारें निकाल लीं। कुछ देर के लिए तलवारें चमकीं और फिर दोनों ज़ख़्मी होकर गिर पड़े। दोनों ने तड़प-तड़पकर जान दे दी। नवाबी ज़माने के ये दो साथी जिन्होंने बादशाह और शहर के लिए एक बूँद ख़ून न बहाया, शतरंज के बादशाह के लिए दोनों ने मौत को गले लगा लिया।

अँधेरा हो चला था। बाज़ी ज्यों की त्यों बिछी हुई थी और मोहरे अपनी जगह पर थे। दोनों बादशाह अपने-अपने सिंहासनों पर शान्त बैठे अपने शूरवीरों की मौत का मातम मना रहे थे। ('शतरंज के खिलाड़ी' पर फ़िल्म बनी है जिसका निर्देशन विश्व के महानतम निर्देशकों में से एक सत्यजीत राय ने किया है।)

2

प्रेमचन्द के लेखन पर महात्मा गांधी और स्वतंत्रता-संग्राम के प्रभाव की चर्चा पहले के अध्याओं में की जा चुकी है जिसमें प्रमुख उपन्यासों के सन्दर्भ भी दिये गए हैं। लिहाज़ा मैं यहाँ इस दौर की (1920-1930) कहानियों से दो ऐसे उदाहरण चुनूँगा जो सामाजिक या राजनीतिक विषयों से सम्बन्धित नहीं हैं : 'मोटेराम शास्त्री' और 'आत्माराम'। दोनों कहानियाँ एक-दूसरे से काफ़ी भिन्न हैं। पहली में एक ऐसे नीम हक़ीम पर व्यंग्य किया गया है जिसे आयुर्वेद के चिकित्सक के रूप में सफलता प्राप्त हो जाती है और दूसरी एक शख़्स के अपने तोते के प्रति लगाव पर आधारित है।

मोटेराम जी मूलतः अध्यापक थे। अवज्ञा-आन्दोलन के दौरान उन्होंने अधिकारियों का साथ दिया था और राष्ट्रवादियों की आलोचना की थी, इस उम्मीद में कि शायद उन्हें कुछ लाभ मिल जाए। पर जल्दी से धनवान बन जाने का उनका यह सपना सच न हुआ। एक दिन वे पत्नी से बोले, "भागवान, इतने साल मैंने शिक्षा का प्रसार करने में बरबाद कर दिये। मैं तोतों के दिमाग़ में ज्ञान भरते-भरते तंग आ गया हूँ।"

मोटेराम की पत्नी यह सुनकर परेशान हो गई और घबराई आवाज़ में बोली,

“लेकिन आमदनी का कोई ज़रिया तो होना चाहिए?”

मोटेराम बोले, “मैंने वैद्य बनने का फ़ैसला किया है।”

इस पर पत्नी ने आपत्ति जताते हुए कहा, “आपने इस चिकित्सा पद्धति की प्राचीन पुस्तकों का अध्ययन नहीं किया है।”

मोटेराम जी का जवाब था, “वैद्यकी पढ़ने से कुछ नहीं होता। संसार में विद्या का इतना महत्त्व नहीं जितना बुद्धि का है। दो-चार सीधे-सादे लटके हैं, बस, और कुछ नहीं है। आज ही अपने नाम के आगे भेषजाचार्य बढ़ा लूँगा। कौन पूछने जाता है, तुम भेषजाचार्य हो या नहीं! किसी को क्या गरज पड़ी है जो मेरी परीक्षा लेते फिरे! एक मोटा-सा साइनबोर्ड बनवा लूँगा। उस पर ये शब्द लिखे होंगे—‘यहाँ स्त्री-पुरुषों के गुप्त रोगों की चिकित्सा विशेष रूप से की जाती है।’ दो-चार पैसे का हड़-बहेड़ा, आँवला कूट-छानकर रख लूँगा। बस, इस काम के लिए इतना सामान पर्याप्त है। हाँ, समाचार-पत्रों में विज्ञापन दूँगा और नोटिस बँटवाऊँगा। उसमें लंका, मद्रास, रंगून, कराची आदि दूरस्थ स्थानों के सज्जनों की चिट्ठियाँ दर्ज की जाएँगी। ये मेरे चिकित्सा कौशल के साक्षी होंगे।"*

पर मोटेराम की पत्नी को अभी भी कुछ सन्देह था। उसने पूछा, “अगर तुमने बिना किसी जानकारी के दवाएँ दीं तो उनसे मरीज़ों का क्या भला होगा?”

मोटेराम जी ने लापरवाही से कहा “मुझे इससे क्या मतलब कि दवाओं से फ़ायदा हुआ या नहीं? वैद्य का काम दवा देना है, वह मृत्यु को परास्त करने का ठेका नहीं लेता और फिर जितने आदमी बीमार पड़ते हैं, सभी तो नहीं मर जाते! मेरा तो यह कहना है कि जिन्हें कोई औषधि नहीं दी जाती, वे विकार शान्त हो जाने पर आप ही अच्छे हो जाते हैं। वैद्यों को बिना माँगे यश मिलता है। पाँच रोगियों में एक भी अच्छा हो गया, तो उसका यश मुझे अवश्य मिलेगा। शेष चार जो मर गए, वे मेरी निंदा करने थोड़े ही आवेंगे। मैंने बहुत विचार करके देख लिया, इससे अच्छा कोई काम नहीं है। लेख लिखना मुझे आता ही है, कवित बना ही लेता हूँ, पत्रों में आयुर्वेद महत्त्व पर दो-चार लेख लिख दूँगा। उनमें जहाँ-तहाँ दो-चार कवित्त जोड़ दूँगा और लिखूँगा ज़रा चटपटी भाषा में। फिर देखो, कितने उल्लू फँसते हैं! यह न समझो कि मैं इतने दिनों केवल तोते ही रटाता रहा हूँ। मैं नगर के सफल वैद्यों की चालों का अवलोकन करता रहा हूँ और इतने दिनों के बाद मुझे उनकी सफलता के मूल-मंत्र का ज्ञान हुआ है। ईश्वर ने चाहा तो एक दिन तुम सिर से पाँव तक सोने से लदी होगी।"**

सोने का ज़िक्र होने पर अपनी प्रसन्नता छिपाते हुए उनकी पत्नी बोली, “लेकिन तुम्हें तो जड़ी-बूटियों की कोई पहचान नहीं है। तुम दवाएँ कैसे तैयार करोगे?”

* प्रेमचन्द की अमर कहानियाँ, पृ. 30

** वही, पृ. 31

मोटेराम जी हँस पड़े और बोले, "प्रिये! तुम वास्तव में बड़ी मूर्खा हो। अरे वैद्यों के लिए इन बातों में से एक की भी आवश्यकता नहीं। वैद्य की चुटकी की राख ही रस है, भस्म है, रसायन है। बस, आवश्यकता है, कुछ ठाठ-बाट की। एक बड़ा-सा कमरा चाहिए, उसमें एक दरी हो, ताखों पर दस-पाँच शीशियाँ-बोतलें हों। इसके सिवा और किसी चीज़ की दरकार नहीं, और सब कुछ बुद्धि आप-ही-आप कर लेती है। मेरे साहित्य-मिश्रित लेखों का बड़ा प्रभाव पड़ेगा, तुम देख लेना। अलंकारों का मुझे कितना ज्ञान है, यह तो तुम जानती ही हो। आज इस भूमंडल पर मुझे ऐसा कोई नहीं दीखता जो अलंकारों के विषय में मुझसे पेश पा सके। आख़िर इतने दिनों घास तो नहीं खोदी है। दस-पाँच आदमी तो कवि-चर्चा के नाते ही मेरे यहाँ आया-जाया करेंगे। बस, वही मेरे दलाल होंगे। उन्हीं की मार्फ़त रोगी आवेंगे। मैं आयुर्वेद ज्ञान के बल पर नहीं, नासिका-ज्ञान के बल पर धड़ल्ले से वैद्यकी करूँगा, तुम देखती तो जाओ।"*

इन सारे तर्कों ने आख़िरकार मोटेराम जी की पत्नी को आश्वस्त कर दिया कि उन्होंने एक कमाल की योजना बनाई है। वे दोनों लखनऊ चले जहाँ मोटेराम ने अपनी प्रैक्टिस शुरू की। साल भर के अन्दर भेषजाचार्य पंडित मोटेराम शास्त्री प्रसिद्ध और धनवान हो गए। मरीज़ों को अपनी विद्वत्ता व विनोदप्रियता से और कभी-कभार कविता के अंश उद्धृत करके उन्हें प्रभावित करने की कला उन्हें ख़ूब आती थी। धनी अकेली विधवाओं और अक्ल के अंधे पर गाँठ के पूरे, आवारा किस्म के पुरुषों के बीच वे बेहद लोकप्रिय थे। उन सबकी राय में मोटेराम जी गुप्त रोगों के एकमात्र ऐसे विशेषज्ञ थे जिन पर भरोसा किया जा सकता था। उनके प्रशंसकों में से एक थीं बिरहास रानी। राजा साहब स्वर्ग सिधार चुके थे और रानी बड़ी बेचैन रहती थीं। किसी तरह मोटेराम जी ने उन्हें प्रभावित कर लिया। वे रोज़ उन्हें देखने जाते। अगर उन्हें ज़रा सी देर हो जाती तो रानी बेचैन हो उठतीं। रानी साहिबा की एक गाड़ी हमेशा मोटेराम जी के घर के बाहर खड़ी रहती, उन्हें महल ले जाने के लिए। मोटेराम जी अब बाँके नौजवान की तरह सज-धजकर रहते थे। वे मलमल की अचकन, बनारसी रेशम की पगड़ी और 'पम्प' जूते पहनते थे। रानी के यहाँ उन्होंने अपने कई मित्रों को नौकरी भी दिलवा दी।

एक दिन मोटेराम जी रानी के निजी कक्ष में उनकी जाँच कर रहे थे। उनका एक हाथ रानी की दुबली कलाई पर था और दूसरा उसके हृदय पर। अचानक लाठियों से लैस कई लोग रानी के कक्ष में घुस आए। रानी हड़बड़ाती हुई दूसरे कमरे में चली गईं और दरवाज़ा अन्दर से बन्द कर लिया। लोगों ने पंडित जी को मारना शुरू कर दिया। वे रोए, गिड़गिड़ाए और घुटनों के बल गिरकर माफ़ी माँगने लगे, पर लाठियाँ बरसती रहीं। एक ने कहा, 'इसकी नाक काट लेनी चाहिए',

* प्रेमचन्द की अमर कहानियाँ, पृ. 31, (कहानी—मोटेराम शास्त्री)

दूसरे ने कहा, 'इसके चेहरों पर कालिख पोत देते हैं।' पर किसी तीसरे का विचार था कि मोटेराम जी को चुनाव का अधिकार होना चाहिए।

"बताइए पंडित जी, क्या चुनेंगे आप?" उसने पूछा, "नाक कटवाना चाहेंगे या मुँह काला करके घुमाया जाना पसन्द करेंगे?" पंडित जी ने कातर स्वर में दया की भीख माँगी।

आख़िरकार उन पर हमला करनेवालों ने एक मध्यमार्ग निकाला। यह तय हुआ कि उनमें से हरेक मोटेराम जी की पीठ पर पाँच-पाँच लात मारकर छोड़ दे। और मोटेराम जी जल्द से जल्द लखनऊ छोड़कर चले जाएँगे। मोटेराम जी ने इसे स्वीकार कर लिया। हर ठोकर पर उनकी ज़ोर से चीख़ निकलती थी। जब उनकी यह भयंकर सज़ा ख़त्म हुई तो वे लँगड़ाते और कराहते हुए घर लौटे।

अगले दिन पड़ोसियों ने सुबह-सुबह देखा कि एक बैलगाड़ी में मोटेराम जी का सामान लद रहा है। वे लखनऊ छोड़कर जा रहे थे। उनके प्रशंसकों में से कोई भी उन्हें विदा करने नहीं आया।

जहाँ 'मोटेराम शास्त्री' एक पाखंडी, स्वनामधन्य वैद्य की व्यंग्यात्मक कहानी है, वहीं दूसरी तरफ़ 'आत्माराम' एक अकेले सुनार और उसके तोते की मर्मस्पर्शी कहानी है।

वेदीग्राम नाम के गाँव में महादेव सोने और चाँदी के गहने गढ़नेवाला एक जाना-माना सुनार था। सुबह से शाम अपनी छोटी-सी धौंकनी के पास बैठकर महादेव अपना काम करता रहता। उस इलाके में रहनेवाले लोग महादेव के औज़ारों की आवाज़ के इतने अभ्यस्त हो गए कि जब हथौड़ा चलना बन्द हो जाता तो उन्हें लगता कि कहीं कुछ गड़बड़ है। महादेव सूर्योदय के साथ जग जाता और पास के तालाब पर जाता, अपने तोते को पिंजरे में साथ लेकर। अपने दुबले-पतले शरीर, पोपले मुँह और झुकी हुई कमर की वजह से वह नीम उजाले में किसी प्रेतात्मा-सा लगता। तालाब जाते हुए वह भजन गाता जाता और कभी-कभी अपना पसन्दीदा मंत्र भी पढ़ता जाता : **"सत्त गुरुदत्त** शिवदत्त दाता।"

महादेव का पारिवारिक जीवन सुखी न था। उसके तीन बेटे थे। सभी शादीशुदा, बाल-बच्चेदार थे। लेकिन किसी को भी महादेव की परवाह न थी। वे सब उसका फ़ायदा उठाते थे। सब कहते, "जब तक दादा जीवित हैं, हमें मौज कर लेनी चाहिए। एक बार वे इस दुनिया से चले गए, फिर तो ज़िम्मेदारी का बोझ हमारे सिर पर आना ही है। अभी से हम क्यों परेशान हों?"

इस उपेक्षा का नतीजा यह हुआ कि महादेव को ठीक से खाना तक नहीं मिलता था। वह बड़ा अकेला था। अपने पेशे में भी उसे वह प्रशंसा न मिलती जिसका वह हक़दार था। वह ईमानदार था और धातुओं में कोई मिलावट नहीं करता था। फिर भी लोगों को उस पर मिलावट करने का सन्देह रहता। लोग यह मानकर चलते थे

कि सभी सुनार बेईमान होते हैं। महादेव चुपचाप रिश्तेदारों और ग्राहकों के कटुवचन सुनता रहता। जब उसे बहुत कष्ट होता तब वह सान्त्वना के लिए अपने तोते से मुख़ातिब होता और बुदबुदाता : "सत्त गुरुदत्त शिवदत्त दाता।" तोते का दर्शन और इस मंत्र की ध्वनि उसे सुकून देते थे।

एक दिन घर में किसी ने पिंजरे का दरवाज़ा खोल दिया। तोता उड़ गया। जब महादेव ने ख़ाली पिंजरा देखा तो उसका दिल थम-सा गया। बाहर जाकर उसने खपरैल की छत पर नज़र दौड़ाई और वहाँ एक खपरैल पर बैठा था उसका प्यारा आत्माराम। महादेव ने तोते से ख़ाली पिंजरे की तरफ़ इशारा किया और धीमे से मंत्र दोहराया, "सत्त गुरुदत्त...।" आस-पड़ोस के बच्चे तमाशा देखने इकट्ठा हो गए थे। आत्माराम दूर उड़कर चला गया तो बच्चे ताली बजाकर चिल्लाने लगे। छत पर बैठे कौए भी काँव-काँव करने लगे मानो महादेव का उपहास कर रहे हों। तोता उड़ता हुआ गाँव के बाहर निकल गया और महादेव उसका पीछा करता रहा। जिस फुर्ती से वह कमज़ोर सुनार अपने तोते के पीछे दौड़ रहा था, उसे देखकर सब आश्चर्यचकित थे। कुछ देर बाद तोता आम के पेड़ पर बैठा मिला। महादेव बड़ी देर तक तोते से चिरौरी-विनती करता रहा तब जाकर तोता पिंजरे के ऊपर आकर बैठा। लेकिन इसके पहले कि महादेव उसे पकड़ पाता, वह फिर उड़ गया। मान-मनौअल पूरे दिन यूँ ही चलता रहा। जितनी ज़्यादा शक्ति से महादेव तोते का पीछा करता, तोते को पकड़ना उतना ही असाध्य होता गया।

पूरे दिन महादेव ने न तो एक दाना अन्न का खाया, न एक बूँद पानी का पिया। वह थक गया था और उसकी आँख लग गई। लेकिन बीच-बीच में वह आँख खोलकर देखता कि तोता आया या नहीं। वह जानता था कि आत्माराम वहीं आमों के पेड़ों की बीच ही कहीं छिपा है। आधी रात को उसने क़दमों की धीमी आहट सुनी। उसने देखा कि कुछ दूर पेड़ के नीचे एक छोटा-सा दीया जल रहा है। कुछ लोग रोशनी के पास बैठे थे और फुसफुसाकर बातें कर रहे थे। वे सब चिलम पी रहे थे। जलते हुए तम्बाकू की गन्ध ने न जाने क्यूँ महादेव को डरा दिया। उसने अपने मंत्र 'सत्त गुरुदत्त शिवदत्त दाता' का ऊँचे स्वर में पाठ किया जिसे सुनकर वे लोग ऐसे भागे, जैसे बन्दूक की आवाज़ से हिरनों का झुंड भाग खड़ा होता है। महादेव चिल्लाया, "रुको, रुको...क़ौन हो तुम...चोर, चोर!" सारे आदमी भाग गए। पेड़ के पास आकर महादेव ने देखा कि दीये के पास एक पुराना कलश रखा है और साफ़ ज़ाहिर था कि वह काफ़ी समय तक ज़मीन के नीचे गड़ा रहा होगा। काँपते हाथों से महादेव ने कलश का ढक्कन हटाया तो देखा कि वह सोने की मोहरों से ऊपर तक भरा था। एकाएक उस सीधे-सादे ईमानदार सुनार को लगा कि वह चोर बन गया है। उसने कुछ मोहरें अपनी धोती में बाँध लीं और बाक़ी ख़ज़ाना ज़मीन में गाड़ दिया।

अब महादेव स्वप्नलोक में विचरण कर रहा था। उसने देखा एक नया महलनुमा मकान बनते हुए, एक नई आधुनिक गहनों की दुकान और ऐशोआराम के वे सारे साधन जो उसने आज तक कभी भोगे न थे। जल्दी ही उसकी कल्पना ने और ऊँची उड़ान भरी। रिश्तेदार अब उसका सम्मान करते थे; वह तीर्थयात्रा पर गया है; अब वह तीर्थयात्रा से लौट आया है; उसने एक विशाल ब्राह्मण-भोज का आयोजन किया है, एक विशाल यज्ञ सम्पन्न किया है; शिव जी का मन्दिर बन गया है; गाँववालों के लिए कुआँ ख़ुद गया है; एक बग़ीचा तैयार किया गया है। अब उसके घर पर ही धार्मिक प्रवचन होते हैं और साधु-संत उसके अतिथि होते हैं। अचानक अपने दिवास्वप्न से जगने पर उसने सोचा कि अगर चोर वापस लौट आए तो वह भागकर घर नहीं जा पाएगा और यह सोचकर वह डर गया। सो थोड़ा-सा दौड़कर वह आश्वस्त हुआ कि उसके पैर अभी भी ठीक से काम कर रहे हैं।

रात बीती। सूर्योदय की पहली किरण के साथ चिड़ियाँ चहचहाने लगीं। महादेव को अपने ही मंत्र की ध्वनि रहस्यमय ढंग से अपने कानों में गूँजती लगी। इतने साल वह इन शब्दों को यंत्रवत् बोलता आया था, बिना किसी धार्मिक भावना के। अब वही मंत्र उसे रोमांचित कर रहा था। और उसकी ख़ुशी का तब ठिकाना न रहा जब उसका तोता एक ऊँची डाल से उतरकर नीचे आया और चुपचाप पिंजरे के अन्दर चला गया।

"आओ, आओ, आत्माराम," महादेव ने कहा, "तुमने मुझे परेशान तो बहुत किया लेकिन आज तुमने मेरा उद्धार कर दिया। मैं तुम्हें सोने के गहनों से सजाऊँगा और चाँदी के पिंजरे में रखूँगा।" भगवान को लाख-लाख धन्यवाद देते हुए महादेव ने एक हाथ से पिंजरा उठाया, दूसरे से मोहरों वाला कलश और घर की ओर चल पड़ा।

जब वह घर पहुँचा तो सब सोए हुए थे। दो कुत्तों को छोड़कर किसी ने उसका स्वागत नहीं किया और स्वर्ण-मोहरों में किसी को कोई दिलचस्पी न थी। कुछ घंटों बाद वह गाँव के पुरोहित के घर गया। पुरोहित का मूड बड़ा उखड़ा हुआ था। उसने सोचा कि दिन की शुरुआत ही अशुभ हो गई क्योंकि उसने जो पहला चेहरा देखा, वह इस मनहूस सुनार का था। लेकिन जब महादेव ने कहा, "महाराज, सत्यनारायण की कथा के लिए कृपया आज मेरे घर पधारें," तो पुरोहित हक्का-बक्का रह गया।

शाम को पूरा गाँव महादेव के घर इकट्ठा हुआ। उसने कथा और भोज के लम्बे-चौड़े इन्तज़ाम किये हुए थे। भीड़ को सम्बोधित करते हुए महादेव ने कहा, "भाइयो, सारा जीवन मैंने अधम पापी बनकर काट दिया। पर भगवान को मुझ पर दया आ गई है और वे चाहते हैं कि मेरे पाप धुल जाएँ। अगर कोई ऐसा है जिसका मैं ऋणी हूँ तो कृपया मुझे बताइए—जितनी जल्दी हो सकेगा, मैं उसका ऋण चुका दूँगा। मैं कोई गवाह, कोई प्रमाण नहीं माँगूँगा।"

कोई आगे नहीं बढ़ा सिवाय उस पुजारी के, जिसने कहा, "तुम्हें याद है महादेव,

एक बार मैंने तुम्हें बाजूबन्द बनाने के लिए कुछ सोना दिया था और तुमने कुछ दाने रख लिये थे?"

महादेव ने पूछा कि पुजारी के कितने पैसे का नुकसान हुआ तो पुजारी ने कहा कि पचास रुपयों से कम न होगा। महादेव ने फ़ौरन अपने कमरबन्द से दो मोहरें निकालीं और पुजारी को दे दीं।

सबने पुजारी की बड़ी निन्दा की, "राम, राम!" वे सब बोले, "कितने शर्म की बात है कि ऐसे पवित्र मौके पर पुजारी इतना झूठ बोल रहा है। उसका नुकसान चार या पाँच रुपये से अधिक न होगा। और चुपचाप उसने दो मोहरें स्वीकार कर लीं!"

जब और किसी ने कुछ नहीं माँगा तो महादेव बोला, "मैं एक महीना इन्तजार करूँगा, शायद किसी को कुछ हिसाब-किताब याद आ जाए। उसके बाद मैं तीर्थयात्रा पर निकल जाऊँगा।"

महादेव ने एक महीना प्रतीक्षा की पर कोई लेनदार नहीं आया। एक ईमानदार और धर्मपरायण व्यक्ति के रूप में उसकी ख्याति दूर-दूर तक फैल गई। घर के पास से गुज़रते साधु-संन्यासियों को वह अपने घर में ठहराता और उनका आदर-सत्कार करता। महादेव को अहसास हुआ कि अभी भी दुनिया में काफ़ी धार्मिकता शेष है और यह दुनिया अच्छों के लिए अच्छी और बुरों के लिए बुरी है। इस घटना को हुए आधी शती बीत चुकी है। अगर आज आप वेदीग्राम जाएँ तो आपको एक सुनहरा शिखर दूर से ही नज़र आ जाएगा। यह एक मन्दिर का शिखर है। मन्दिर के पास कमल से भरा एक तालाब है। कोई मछुआरा उस तालाब की मछलियों को कभी नहीं पकड़ता। तालाब के बग़ल में ही एक बड़ा-सा मंडप है। यह आत्माराम का स्मारक है। तोते के बारे में तमाम क़िस्से सुनने में आते हैं। कोई कहता है कि सोने के पिंजरे को स्वर्ग की ओर उड़ता हुआ देखा गया। कोई कहता है कि महादेव रहस्यमय ढंग से ग़ायब हो गया वही मंत्र पढ़ते हुए—'सत्त गुरुदत्त शिवदत्त दाता।' लेकिन एक दूसरी कहानी के अनुसार बेचारे आत्माराम को बिल्ली खा गई। ऐसा कहते हैं कि मंत्र की मद्धिम आवाज़ आज भी आधी रात को तालाब के किनारे सुनाई पड़ती है। महादेव के बारे में भी कई किंवदन्तियाँ हैं। सबसे लोकप्रिय यह है कि तोते के जाने के बाद वह कुछ साधुओं के साथ हिमालय चला गया। अब महादेव स्वयं 'आत्माराम' के नाम से जाना जाता है।

3

प्रेमचन्द की कुछ सबसे अच्छी कहानियाँ उनके जीवन के अन्तिम छ: वर्षों में लिखी गईं (1930-1936)। इस दौर में उनकी कलात्मकता अपने चरम पर थी। पर वे बहुत थक चुके थे। बीमारी, आर्थिक चिन्ताएँ और काम के बोझ ने उनके धैर्य

की कठिन परीक्षा ली थी। उनकी कुछ कहानियों में कड़वाहट से भरी नकारात्मक मानसिकता झलकती है। मुझे लगता है कि इन कहानियों के आधार पर यह निष्कर्ष सर्वथा अनुचित होगा कि प्रेमचन्द को मनुष्यता पर विश्वास नहीं रह गया था और उन्हें मनुष्यों से घृणा हो गई थी। पर मुझे यह भी लगता है कि कुछ आलोचकों ने इनमें व्याप्त गहरे अवसाद की चर्चा किये बग़ैर इन कहानियों की प्रशंसा की है। मैं इस खंड की शुरुआत इस प्रकार की दो कहानियों की रूपरेखा से करूँगा। दोनों में ही वर्णनात्मक कौशल की पराकाष्ठा है और भाषा पर कमाल का अधिकार है, पर दोनों में ही हम उस स्थायी मानवतावाद का अभाव पाते हैं जो प्रायः अन्याय, तक़लीफ़ और त्रासदी के विवरणों को प्रदीप्त करता है। आख़िरी अध्याय में जब मैं प्रेमचन्द के समग्र कृतित्व की समीक्षा करने का प्रयास करूँगा तब इन कहानियों पर कुछ और टिप्पणी करूँगा।

'कफ़न' प्रेमचन्द की मृत्यु के कुछ ही समय पहले लिखी गई थी। कहानी शुरू होती है कि बाप-बेटा चुपचाप उस कमरे के बाहर बैठे हुए हैं जिस कमरे में उनकी जवान बहू प्रसव-पीड़ा झेल रही है। थोड़े-थोड़े समय बाद अन्दर से आती हृदय विदारक चीख़ें दोनों को हिलाकर रख देती थीं। बाप घीसू बोला, "लगता है, बचेगी नहीं। तू अन्दर जाकर देखता क्यों नहीं कि किस हाल में हैं?"

बेटा माधव झल्लाकर बोला, "क्या फ़ायदा देखने का? मर क्यों नहीं जाती कि छुट्टी मिले?"

घीसू और माधव, दोनों ही अपने आलस्य के लिए बदनाम थे। घीसू एक दिन काम करता तो तीन दिन आराम। माधव इतना आलसी था कि आधा घंटा काम करने के बाद एक घंटा चिलम पीता। खाने को कुछ भी न हो तब भी काम करने का उसका मन न होता। दो दिन की फ़ाक़ाकशी के बाद घीसू कुछ लकड़ी काट लाता जिसे माधव बाज़ार में बेच आता। जेब में कुछ सिक्के आ जाते और दोनों गाँव में ऐसे घूमते मानो उन्हें किसी बात की कोई चिन्ता न हो।

गाँव में सभी किसान थे, लिहाज़ा काम की कोई कमी न थी। लेकिन घीसू और माधव को काम देने के लिए कोई तैयार न था क्योंकि उनके निकम्मेपन से सब वाक़िफ़ थे। दोनों के घर में मिट्टी के कुछ बर्तन थे। दोनों चिथड़े पहनते थे। गाँव में हर दूसरे व्यक्ति से उन्होंने क़र्ज़ लिया हुआ था। कभी-कभी रात को वे दोनों खेतों से मटर, आलू या दूसरी सब्ज़ियाँ चुरा लाते। दोनों पिटते, गालियाँ खाते, अपमानित होते पर उनकी आदतें न बदलतीं। माधव की माँ कुछ साल पहले चल बसी थी। अब वह विवाहित था, उसकी पत्नी प्रसव पीड़ा में तड़प रही थी और वह और उसका बाप उसके मरने का इन्तज़ार कर रहे थे ताकि दोनों चैन से सो सकें। घीसू पिछली रात एक खेत से कुछ आलू चुरा लाया था और अब उन्हें ही भूनकर छील रहा था। उसने फिर से माधव से कहा कि अन्दर जाकर अपनी पत्नी

को देख आए। लेकिन माधव को डर था कि उसकी अनुपस्थिति में घीसू ज़्यादा आलू खा जाएगा। सो दोनों बाहर ही बैठे रहे। आलू खाते-खाते घीसू को बीस साल पहले एक रईस ठाकुर के यहाँ शादी के उपलक्ष्य में हुई दावत का खाना याद आ गया। पूरी, चटनी, रायता, घी में बनी सब्ज़ियाँ और मिठाई की शक़्ल और स्वाद याद करके उसके मुँह में पानी आ गया। माधव सुनता रहा और ख़यालों में उन पकवानों का मज़ा लेता रहा।

"अब वैसा भोज कोई नहीं खिलाता," वह बोला। "रईस कंजूस हो गए हैं। ग़रीबों का ख़ून चूसने के लिए हमेशा तैयार रहते हैं पर दिल खोलकर ख़र्च नहीं करते।"

आलू खाने के बाद बाप-बेटे ने पानी पिया और लेट गए। जल्दी ही दोनों गहरी नींद में सो गए, जैसे दो अजगर कुंडली मारे पड़े हों! अन्दर माधव की पत्नी बुधिया अब भी कराह रही थी।

अगली सुबह जब माधव कोठरी में गया तो देखा कि बुधिया मर चुकी थी। आँखें पथराकर टँग गई थीं और चेहरे पर मक्खियाँ भिनक रही थीं। बच्चा पेट में मर गया था। माधव घबराया हुआ बाहर भागा। बाप-बेटे, दोनों छाती पीटने और ज़ोर-ज़ोर से हाय-हाय करने लगे। पड़ोसी निकलकर आए और दोनों को सान्त्वना देने लगे। लेकिन ज़्यादा रोने-धोने का वक़्त नहीं था। क्रिया-कर्म का इन्तज़ाम भी करना था। घीसू ज़मींदार के घर गया। ज़मींदार ने पूछा कि इतने दिनों से उसने शक़्ल क्यों नहीं दिखाई तो घीसू बोला, "सरकार, मैं बड़ी मुसीबत में हूँ। कल रात माधव की घरवाली मर गई। हम पूरे समय उसके सिरहाने बैठे रहे। जो भी दवा-दारू मिली, सब लाकर दी। हमसे जो भी बन पड़ा, हमने किया। लेकिन उसे बचा न सके। अब हमारा तो सब कुछ लुट गया। सारा पैसा उसके इलाज में ख़र्च हो गया, क्रिया-कर्म के लिए भी कुछ नहीं बचा। आप ही हमें बचा सकते हैं। आप ही हमारे मालिक हैं। मदद के लिए और किसके पास जाएँ हम?"

ज़मींदार जानता था कि घीसू और उसका बेटा कितने नालायक़ हैं। पर वह मना नहीं कर सकता था। एक हिकारत-भरी निगाह के साथ उसने दो रुपये घीसू की तरफ़ फेंक दिये।

जब ज़मींदार ने स्वयं मदद कर दी तो भला और लोग कैसे इनकार कर सकते थे? बनिया, साहूकार, सभी ने छोटी-मोटी रकम दी। घीसू के पास अब पाँच रुपये थे। इसके अलावा किसी ने लकड़ी दी तो किसी ने अनाज। दोपहर को घीसू और माधव कफ़न ख़रीदने बाज़ार गए। पड़ोसी दूसरे इन्तज़ामों में लगे थे। कुछ बाँस काट रहे थे अरथी तैयार करने के लिए। औरतें आईं और बुधिया की बेकसी पर आँसू बहाकर घर लौट गईं।

बाज़ार पहुँचकर घीसू बोला, "लकड़ी तो मिल ही गई है। कोई सस्ता-सा कफ़न ख़रीद लेते हैं।"

माधव सहमत था, "हाँ, जब तक लाश लेकर हम श्मशान पहुँचेंगे, अँधेरा हो चुका होगा। कौन देखने जा रहा है कि हमने कैसा कफ़न ख़रीदा है।"

घीसू बोला, "महँगे कफनों पर पैसा खर्च करना बिलकुल मूर्खतापूर्ण रिवाज है, आखिर मृत शरीर के साथ कपड़ा भी तो जल जाता है।"

कई दुकान घूमकर दोनों ने कई तरह के कपड़े देखे। लेकिन उनमें से कुछ भी ख़रीदने का उनका मन न हुआ। आख़िरकार दोनों चुपचाप देशी शराब के ठेके पर पहुँच गए। दोनों ने एक बोतल मँगाई और पीने लगे। धीरे-धीरे कुछ मसालेदार, चटपटा खाने की इच्छा भी हुई। घीसू बोला, "हाँ, माधव, मुझे तो कफन की कोई जरूरत नहीं लगती। तुम्हारी पत्नी उसे साथ लेकर तो परलोक जाएगी नहीं।"

माधव ने ऊपर देखा मानो देवताओं को अपने भोलेपन का आश्वासन देना चाहता हो। "लोग ब्राह्मण-पंडितों को ढेरों पैसे दान में दे देते हैं। पर यह तो बस एक रिवाज है। कोई नहीं जानता कि परलोक में इसका कोई लाभ मिलता भी है या नहीं।"

घीसू ने साथ दिया, "पैसे वाले लोग ये सब कर सकते हैं। हम नहीं।"

माधव को एक चिन्ता थी, "जब हम कफन के बगैर लौटेंगे तो गाँव वालों से हम क्या कहेंगे?" उसने पूछा।

घीसू ने कहा, "सीधी-सी बात है। कह देंगे कि किसी ने हमारे पैसे चुरा लिये। वे भले ही हमारा यकीन न करें, पर देख लेना, वे हमें दोबारा पैसे देंगे।"

माधव मुस्कुराया। वह बोला, "बड़ी अच्छी पत्नी थी। मरने के बाद भी हमारे खाने और पीने का इन्तजाम कर गई।"

बोतल आधी ख़ाली हो चुकी थी और खाना मँगाया गया; अचार, पूरी, तली हुई कलेजी। अब वे अपने भोजन का उतने ही इतमीनान से मज़ा ले रहे थे, जैसे एक शेर अपने मारे हुए शिकार को खाते हुए लेता है। अब उन्हें न तो किसी ज़िम्मेदारी का अहसास था, न भर्त्सना का डर। इन सब भावनाओं से वे बहुत पहले ही ऊपर उठ चुके थे।

घीसू का कहना था कि खाने और शराब का जो सुख आज उन्हें प्राप्त हुआ है, उसका पुण्य मृतात्मा को अवश्य मिलेगा। "अगर, हमारी आत्मा तृप्त है तो क्या बुधिया ने इसका पुण्य नहीं कमाया?" उसने पूछा।

माधव ने भी सहमति में सिर झुका लिया और बोला, "बिलकुल भगवान, तुम तो कण-कण में व्याप्त हो। उसे स्वर्ग भेजना भगवान। हम पूरे हृदय से यह कामना करते हैं कि उसे स्वर्ग में जगह मिले।" अचानक माधव को परलोक का भय सताने लगा। उसने अपने पिता से पूछा, "दादा, हम भी तो एक दिन वहाँ जाएँगे। अगर हमसे पूछा गया कि हमने बेचारी अभागन को एक कफन तक नहीं दिया तो हम क्या जवाब देंगे?"

पर घीसू को कोई चिन्ता न थी, "तुम्हें कैसे मालूम कि उसे कफन नहीं मिलेगा?

देख लेना, उसे कफन जरूर मिलेगा। जिन्होंने एक बार हमारी मदद की है वही फिर करेंगे। फर्क सिर्फ इतना होगा कि इस बार पैसे हमारे हाथ में नहीं आएँगे।"

अब तक पूरा अँधेरा हो चुका था। रात बढ़ने के साथ मधुशाला में ग्राहकों की आमद भी बढ़ती जा रही थी। वे सब ईर्ष्यालु नेत्रों से घीसू और माधव की ओर देख रहे थे। पूरी बोतल दोनों के बीच में थी और ढेर सारा भोजन। कुछ लोग क़िस्मत के कितने धनी होते हैं!

माधव ने बचा-खुचा खाना एक पत्तल में बटोरा और एक भिखारी को दे दिया जो बड़ी देर से उन्हें लालच-भरी निगाहों से देख रहा था। घीसू भिखारी से बोला, "ले ले, और उस मृतात्मा को आशीर्वाद दे जिसके कारण यह दावत सम्भव हो सकी।"

माधव ने छत की ओर देखकर कहा, "दादा, वह जरूर स्वर्ग जाएगी। स्वर्ग की रानी बनेगी वह।"

घीसू ने सहमति जताई, "हाँ, बेटा, वह अवश्य स्वर्ग जाएगी। कभी किसी को सताया नहीं, किसी को दबाया नहीं। मरते समय भी हमारी इतनी पुरानी हसरत पूरी कर गई। वह स्वर्ग नहीं जाएगी तो भला कौन जाएगा—ये मोटे पैसे वाले लोग, जो गरीबों को दोनों हाथों से लूटते हैं और गंगा में स्नान करके अपने पाप धोते हैं?"

अब दोनों नशे में चूर हो चुके थे। विचार भटक रहे थे और मन:स्थिति उल्लास और निराशा के बीच झूल रही थी। माधव का आनन्दातिरेक ढल गया था। वह दुख और अवसाद में डूब चुका था, "पर दादा, बेचारी ने जीते-जी बड़े कष्ट सहे। कितनी तकलीफ सहकर बेचारी मरी।" और वह ज़ोर-ज़ोर से रोने लगा।

घीसू ने सान्त्वना देते हुए कहा, "तुम्हें तो खुश होना चाहिए बेटा, कि उसे इस मायाजाल से मुक्ति मिल गई। वह खुशकिस्मत थी जो इतनी जल्दी माया-मोह के बन्धन काट कर चली गई।" और दोनों साथ-साथ गाने लगे।

मधुशाला के बाक़ी शराबी उन्हें गाता हुआ देखते रहे : 'ठगिनी क्यों नैना झमकावे! ठगिनी...!' कुछ देर बाद दोनों नाचने लगे। वे उछले-कूदे, एक-दूसरे पर आँखें मटकाईं, झूमे और फिर मदमस्त होकर गिर पड़े।

एक अन्य कहानी है : 'सद्गति', जिसमें मनुष्य को अध:पतन की चरम सीमा तक पहुँचा हुआ दिखाया गया है। यह कहानी है पंडित घासीराम की जिन्होंने अपना सारा जीवन पूजा-पाठ और धार्मिक अनुष्ठानों में बिता दिया। अनुष्ठान पूरा करने के बाद वे छककर भांग पीते। वे पेशेवर पंडित थे, लिहाज़ा उनके यजमान उन्हें पैसे और उपहार देते थे। पंडित जी का काम था यजमानों के लिए हवन करना और उन्हें शुभ या अशुभ मुहूर्तों के बारे में बताना।

दुखी नाम का एक ग़रीब चमार था जो चाहता था कि पंडित जी उसकी बेटी की सगाई के लिए कोई अच्छी-सी तिथि बता दें। पंडित जी ने उसकी मदद करने

का वादा किया बशर्ते कि दुखी उनके लिए कड़ी मेहनत करे। एक पुराने पेड़ के तने को कुल्हाड़ी से छोटे-छोटे टुकड़ों में काटने का काम दुखी को दिया गया। लकड़ी पुरानी और गाँठेदार थी। बेचारा दुखी पूरी ताक़त से उस पर वार करता पर कुल्हाड़ी का उस लकड़ी पर कोई असर ही न होता। वह हाँफने लगा, उसके पैर काँपने लगे। बार-बार वह कुल्हाड़ी ऊपर उठाकर पूरी ताक़त से नीचे लाता। जब वह बुरी तरह थक गया तो उसे लगा कि कुछ देर सुस्ताकर उसे चिलम पी लेनी चाहिए। उसके पास तम्बाकू तो थी पर चिलम जलाने का कोई साधन न था। सो वह पंडित जी के घर थोड़ी आग माँगने गया। पंडित घासीराम की पत्नी ग़ुस्से से भड़क उठीं। एक चमार की हिम्मत कैसे हुई कि वह ब्राह्मण के घर में क़दम भी रखे। दुखी वापस जाकर फिर कुल्हाड़ी चलाने लगा। वह भूखा था और जब से काम शुरू किया था तब से पानी की एक बूँद भी गले से नहीं उतरी थी। उसकी ताक़त जवाब दे गई और वह गिरकर मर गया।

गाँव में अधिकतर ब्राह्मण रहते थे और कुएँ के पास पड़ी एक चमार की लाश से सबको असुविधा हो रही थी। पंडित घासीराम के ऊपर, लाश को ठिकाने लगवाने का बड़ा दबाव था। लेकिन चमारों ने मदद करने से मना कर दिया। वे अड़े हुए थे कि दुखी की मौत की पुलिस द्वारा जाँच करवाई जाए। दुखी की पत्नी और बेटी पंडित घासीराम के घर के बाहर बैठकर ज़ोर-ज़ोर से रो रही थीं। सूर्योदय के थोड़ा पहले मुँह अँधेरे ही पंडित जी एक मोटी रस्सी लेकर चुपचाप लाश के पास पहुँचे। उन्होंने दुखी के पैरों को रस्सी से बाँधा और घसीटते हुए लाश को ले जाने लगे। लाश सड़ने लगी थी और अब उससे दुर्गन्ध आ रही थी। पंडित जी ने लाश को गाँव के बाहर ले जाकर एक खेत में पटक दिया। फिर वे घर लौट आए; दुर्गा सप्तशती का पाठ किया और पूरे घर में गंगाजल छिड़का ताकि घर पवित्र हो जाए। इस बीच सियार, गिद्ध और कुत्ते दुखी की लाश को नोच-नोच कर खाते रहे।

4

अगर हम प्रेमचन्द के सम्पूर्ण कृतित्व को देखे, तो इस आख़िरी दौर में भी, उपरोक्त दोनों कहानियों को अपवाद कहा जा सकता है। वे किसी स्थायी मनोदशा या दृष्टिकोण को प्रतिबिम्बित नहीं करतीं। उनके नज़रिए का प्रतिनिधित्व बेहतर ढंग से वे कहानियाँ करती हैं जिनमें ग़रीबी, अन्याय और तकलीफ़ों का वर्णन करते हुए भी लेखक मानव स्वभाव के उदात्त पक्ष की ओर से मायूस नहीं होता। जीवन के प्रति इस परिपक्व दृष्टिकोण के उदाहरणार्थ मैं इस दौर की दो कहानियों को संक्षेप में प्रस्तुत करूँगा : 'जुर्माना' और 'पूस की रात'।

'जुर्माना' कहानी है अल्लारक्खी नाम की जमादारिन की जिसकी ख़ैरात अली

ख़ान नाम के सैनिटरी इंस्पेक्टर के साथ हमेशा ही कुछ गड़बड़ हो जाती। किसी-न-किसी ग़लती के लिए हर महीने ही उसे दंड भरना पड़ता। उसकी तनख़्वाह छः रुपये थी। पर कभी उसे सिर्फ़ पाँच मिलते, कभी उससे भी कम। ख़ान साहब कोई ख़ास सख़्त अफ़सर न थे। बाकी जमादारिनों में से शायद ही किसी को दंड भरना पड़ता हो। अल्लारक्खी की क़िस्मत ही ख़राब थी। जब भी वह ज़रा-सा कोई नियम तोड़ती, फ़ौरन पकड़ी जाती और उसे सज़ा मिल जाती। वह न तो आलसी थी, न फूहड़ और न ही बदसूरत। कोई वजह नहीं थी कि ख़ैरात अली को उससे चिढ़ होती। पर किसी-न-किसी बात पर वह ख़ैरात अली को नाराज़ कर ही देती। कभी-कभी उसका पति हुसैनी काम में उसकी मदद कर देता। ऐसे मौक़ों पर सब ठीक-ठाक हो जाता। लेकिन जब भी वह अकेली होती, उससे कोई ग़लती हो जाती और उस पर जुर्माना लग जाता।

एक बार वह सड़क पैर बैठी सुस्ता रही थी। अचानक कहीं से इक्के पर सवार इंस्पेक्टर आ गया और उसने देखा कि अल्लारक्खी झाड़ू नहीं लगा रही थी। उसने रजिस्टर में अल्लारक्खी के नाम के आगे काला निशान लगा दिया। एक दूसरे मौक़े पर अल्लारक्खी ने कुछ चना-चबेना ख़रीदा था और वह खाने ही जा रही थी कि अचानक ख़ैरात अली प्रकट हो गया। फिर से एक काला निशान। महीने के अन्त में उसने काँपते हाथों से अपनी घटी हुई तनख़्वाह ली और रोती हुई घर आई। लेकिन ये तो अपेक्षाकृत छोटी-मोटी दुर्घटनाएँ थीं। एक दिन वास्तव में बड़ा अपराध हो गया। अल्लारक्खी की नन्ही बेटी बीमार थी। पूरी रात वह खाँसती रही और बुख़ार भी था। बच्ची माँ से चिपकी हुई थी और उसे काम पर जाने नहीं दे रही थी। अल्लारक्खी ने बच्ची को पुचकारा और कई तरीक़ों से उसे बहलाने की कोशिश की पर बच्ची न मानी। आख़िरकार अल्लारक्खी ने एक हाथ में झाड़ू उठाया, कमर में बच्ची और काम पर निकल गई। बच्ची को सड़क के किनारे बैठाकर वह झाड़ू लगाने लगी। लेकिन बच्ची चीख-चीखकर माँ की गोद में जाने की ज़िद कर रही थी। वह माँ की साड़ी खींचकर और पैरों से लिपटकर माँ को काम नहीं करने दे रही थी।

अल्लारक्खी को गुस्सा आ गया। झाड़ू उठाकर बच्ची को धमकाते हुए बोली "चुप हो जा पाजी, नहीं तो अभी इसी झाड़ू से पिटाई करूँगी तेरी। वह कमबख़्त बिजूका इंस्पेक्टर किसी भी पल आ धमकेगा।" उसके मुँह से ये शब्द निकले ही थे कि उसने ख़ैरात अली को साइकिल से उतरते देखा। डर के मारे अल्लारक्खी का चेहरा ज़र्द पड़ गया। दिल ज़ोर-ज़ोर से धड़कने लगा। 'या अल्लाह, अगर उसने मेरा कहा सुन लिया होगा तब तो मेरी ख़ैर नहीं। यूँ तो वह हमेशा इक्के में आता है। आज ही उसे साइकिल पर आना था !' वह झाड़ू हाथ में लिये इंस्पेक्टर के सामने खड़ी थी। इंस्पेक्टर ने उसे डाँटा, "इस बच्ची को काम पर साथ क्यों लाई हो? घर पर छोड़कर नहीं आ सकतीं?"

अल्लारक्खी बुदबुदाई, "बच्ची बीमार है हुज़ूर। घर पर उसकी देखपाल करने के लिए कोई न था।"

इंस्पेक्टर ने पूछा, "क्या हुआ है बच्ची को?" जब उसे पता चला कि उसे बुख़ार है तो वह बोला, "और तुम उसे सड़क पर इस तरह छोड़ रही हो? क्या चाहती हो, वह मर जाए? तुम छुट्टी के लिए अर्ज़ी क्यों नहीं दे देतीं?"

अल्लारक्खी बोली कि वह और तनख़्वाह नहीं कटवा सकती।

ख़ैरात अली बोले, "बच्ची को उठाओ और घर जाओ। जब हुसैनी आ जाए तो उससे कहना, आकर तुम्हारा काम पूरा कर दे।" बच्ची को उठाकर अल्लारक्खी जाने ही वाली थी कि इंस्पेक्टर ने कहा, "और तुम मुझे गालियाँ क्यों दे रही थीं?"

अब तो अल्लारक्खी को काटो तो ख़ून नहीं। वह आँधी में पत्ते की तरह काँप रही थी। काँपती आवाज़ में उसने कहा, "नहीं हुज़ूर। मैं अंधी हो जाऊँ जो आपको कभी गाली दूँ।" और उसने फूट-फूटकर रोना शुरू कर दिया।

शाम को अल्लारक्खी और हुसैनी अपनी तनख़्वाहें लेने ऑफ़िस पहुँचे। हुसैनी ने कहा, "तुम इतनी उदास क्यों हो? बुरे से बुरा यही तो होगा कि तुम्हारी तनख़्वाह कुछ कट जाएगी। दिल छोटा मत करो। मैं वादा करता हूँ, शराब को हाथ भी नहीं लगाऊँगा। हम ख़र्चे कम कर लेंगे।"

लेकिन अल्लारक्खी को तसल्ली नहीं हुई। वह बोली, "मुझे डर है कि इंस्पेक्टर मुझे बर्ख़ास्त कर देगा। मेरी ज़बान कट जाए। या ख़ुदा, मैंने वह सब कहा ही क्यों? मुझे वहाँ क्यों ले जा रहे हो? जब मुझे नौकरी से निकाला जाएगा तो दूसरी औरतें मुझ पर कितना हँसेंगी।"

पर हुसैनी आसानी से डरने वाला आदमी न था। बोला, "किस आधार पर वह तुम्हें निकालेगा? क्या किसी ने तुम्हें उसे गालियाँ देते हुए सुना है? कोई मज़ाक़ नहीं है यूँ ही मनमाने ढंग से किसी को ऐसे नौकरी से निकाल देना। मैं मामला पंचों के पास ले जाऊँगा।"

लेकिन ये शब्द भी अल्लारक्खी की मायूसी कम न कर सके। वह समझ ही नहीं पा रही थी कि जब इंस्पेक्टर ने उसे ख़ुद को कमबख़्त बिजूका कहते सुना तो वह ग़ुस्सा क्यों नहीं हुआ? वहीं के वहीं उसने अल्लारक्खी को बर्ख़ास्त क्यों नहीं कर दिया? वह इंस्पेक्टर को समझ नहीं पा रही थी। और मानव स्वभाव ही कुछ ऐसा कि जिसे हम समझ नहीं पाते, उससे भयभीत हो जाते हैं। ख़ैरात अली ने अल्लारक्खी के अपशब्द सुनने के बाद अपने रजिस्टर में कोई काला निशान न लगाया था। उसकी शान्त मुद्रा का यही मतलब था कि उसने अल्लारक्खी को निकाल बाहर करने का निश्चय कर लिया था। अल्लारक्खी ने सुन रखा था कि फाँसी पर चढ़ाए जाने के पहले क़ैदियों को मिठाई खिलाई जाती है। उसे यक़ीन हो चला था कि इंस्पेक्टर उससे अच्छी तरह सिर्फ़ इसलिए बात कर रहा था क्योंकि

वह बर्ख़ास्त की जानेवाली थी।

दोनों म्युनिसिपैलिटी के ऑफ़िस पहुँचे। सैकड़ों जमादार और दूसरे कर्मचारी अपनी-अपनी तनख़्वाहें लेने वहाँ आए हुए थे। बारी-बारी से सबके नाम पुकारे जा रहे थे। अल्लारक्खी निर्निमेष एक पेड़ को घूरे जा रही थी। अचानक उसने अपना नाम सुना। वह डरते हुए, नई-नवेली दुलहन की तरह खज़ांची की खिड़की की तरफ़ बढ़ी। खज़ांची ने पूरी तनख़्वाह उसकी हथेली पर रख दीं—पूरे छह रुपये। वह भौचक रह गई। पिछले तीन सालों में शायद ही उसे कभी पूरी तनख़्वाह मिली हो। वह वहीं खड़ी रही—न हिली, न डुली। खज़ांची अधीर हो रहा था। चिल्ला कर बोला, "जातीं क्यों नहीं? अब क्या चाहिए तुम्हें?" अल्लारक्खी ने कहा, "लेकिन... लेकिन यह तो मेरी पूरी तनख़्वाह है हुज़ूर।"

"तो?" खज़ांची बोला, "क्या तुम तनख़्वाह कटवाना चाहती हो?"

अल्लारक्खी ने पूछा कि लापरवाही के लिए क्या उस पर कोई जुर्माना लगाया गया है? तो खज़ांची ने जवाब दिया कि नहीं, इस बार कोई जुर्माना नहीं। अल्लारक्खी खिड़की से हट गई। उसे काफ़ी राहत मिली, पर कुछ बेचैनी अभी भी थी। ख़ैरात अली को अपशब्द कहने का उसे बड़ा अफ़सोस था।

'पूस की रात' का लगभग सारा क़िस्सा एक रात का है। एक कड़कड़ाती सर्द रात का, और घटनास्थल भी एक ही है—एक छोटे-से खेत में फूस की झोंपड़ी। कहानी में केवल तीन पात्र हैं : एक ग़रीब किसान हल्कू, उसकी पत्नी मुन्नी और उनका कुत्ता जबरा जो परिवार का हिस्सा है। हल्कू गाँव में किसी का तीन रुपये का क़र्ज़दार है। मुन्नी ने किसी तरह तीन रुपये बचाए हैं पर वह इन पैसों से जाड़ा शुरू होने के पहले एक कम्बल ख़रीदना चाहती है। जब लेनदार अपना उधार वसूलने आता है तो हलकू पत्नी से पैसे माँगता है। वह मना करती है। कम्बल ख़रीदना बेहद ज़रूरी है। फ़सल को जानवरों से बचाने के लिए हल्कू को जाड़े की रातें खुले खेत में काटनी पड़ती थीं। कम्बल के बिना उसका काम चल ही नहीं सकता। लेकिन हल्कू लेनदार के तकादों से आजिज़ आ चुका था; बोला, "इस मुसीबत से छुटकारा तो मिले। मैं कम्बल के लिए पैसों का जुगाड़ कर लूँगा।"

पर मुन्नी नाराज़ हो गई। वह जानती थी कि पैसा जमा करने का कोई और ज़रिया न था। वह हलकू से बोली, "तुम खेती-किसानी छोड़कर दिहाड़ी की मज़दूरी क्यों नहीं कर लेते? तुम दिन-रात मेहनत करते हो, फिर भी हम क़र्ज़ में दबे रहते हैं। मैं पैसे नहीं दूँगी।"

पर हल्कू ने उसे याद दिलाया कि अगर उसने उधार नहीं चुकाया तो उसे अपमानित होना पड़ेगा, गालियाँ सुननी पड़ेंगी। आख़िरकार मुन्नी ने वे तीन रुपये दे दिये। लेनदार को रुपये थमाते हुए हल्कू को ऐसा लगा मानो अपना दिल ही दिये

दे रहा हो। पाई-पाई जोड़कर, न जाने कितना पसीना बहाकर, हाड़-तोड़ मेहनत के बाद ये तीन रुपये जमा हुए थे। हल्कू को लगा, जैसे लाचारी के बोझ से उसका सिर झुका जा रहा हो! और मुन्नी उस पर ज़ोर डालती रही कि वह खेती छोड़कर दिहाड़ी की मज़दूरी कर ले।

पूस की एक रात। आसमान के तारे भी जैसे ठंड में ठिठुर रहे हों। हलकू अपने खेत के बीच में ऊख के पत्तों की छतरी के नीचे बाँस की चटाई पर लेटा था। उसका कुत्ता जबरा, पैर सिकोड़े पास में लेटा सर्दी से कूँ-कूँ कर रहा था। दोनों में से किसी को भी नींद न आती थी। हाड़ कँपाने वाली सर्दी थी। "तो जबरा, तू भी परेशान है, है न?" हल्कू ने कहा, सर्दी की ओर से अपना ध्यान हटाने की कोशिश में। "मैंने कहा था तुझसे कि घर में सो जा, लेकिन तूने मेरी बात न मानी। अब भुगत। मेरा कोई दोष नहीं।"

जबरा ने पूँछ हिलाई, थोड़ा ज़ोर से कूँ-काँ की, जम्हाई ली और फिर चुप होकर लेट गया। हल्कू ने जबरा की ठंडी पीठ पर हाथ फेरते हुए कहा, "यह राँड पछुआ न जाने कहाँ से बरफ लिये आ रही है। उठूँ, फिर एक चिलम भरूँ। किसी तरह रात तो कटे! आठ चिलम तो पी चुका। यह खेती का मजा है! और एक-एक भागवान ऐसे पड़े हैं, जिनके पास जाड़ा जाय तो गर्मी से घबराकर भागे। मोटे-मोटे गद्दे, लिहाफ-कम्मल। मजाल है कि जाड़े का गुजर हो जाय। तकदीर की खूबी है। मजूरी हम करें, मजा दूसरे लूटें।"*

जबरा ने अपने अगले पंजे हल्कू के घुटनों पर रख दिये और मालिक के मुँह के पास अपना मुँह ले गया। हल्कू को उसकी गर्म साँसें लगीं। चिलम पीने के बाद हल्कू ने फिर सोने की कोशिश की। पर वह ठंड से काँप रहा था। नींद कोसों दूर थी। उसने जबरा को खींचकर अपने पास कर लिया। जबरा को अपने से चिपकाने से उसे अपार सुख का अनुभव हो रहा था, इसके बावजूद कि कुत्ते की देह से तेज़ दुर्गन्ध आ रही थी। जबरा की मित्रता ने जैसे हल्कू की आत्मा के सारे द्वार खोल दिये थे। उसके मन में अपनी ग़रीबी को लेकर न तो कोई कड़वाहट थी, न किसी के प्रति कोई घृणा।

अचानक जबरा के कानों में किसी जानवर की आवाज़ पड़ी। वह भौंकते हुए इधर-उधर दौड़कर जानवर को ढूँढ़ने लगा। हल्कू ने उसे पुचकारकर पास बुलाना चाहा, पर वह इतना उत्तेजित था कि मालिक की गोद में वापस न आया। एक घंटा और गुज़र गया। जैसे-जैसे रात बीतती जाती, ठंड पल-पल बढ़ती जाती। हलकू घुटने छाती से सटाए कभी इस करवट होता तो कभी उस करवट। पर राहत न मिली। उसे ऐसा लग रहा था मानो लहू बर्फ़ बनकर उसकी रगों में दौड़ रहा हो!

---

* मानसरोवर, पहला खंड, पृ. 152

उसने आसमान की तरफ़ देखा। सप्तर्षि मंडल तो अभी आसमान में आधे ही चढ़े थे। भोर अभी भी दूर थी। हल्कू को खेत के पास वाले आम के बग़ीचे के सूखे पत्तों का ध्यान आया। उसने तय किया कि उन पत्तों को इकट्ठा करके वह अलाव जला लेगा। उसने अरहर के डंठलों को इकट्ठा करके पहले एक झाड़ू बनाई, फिर वह अमराई की तरफ़ बढ़ा। जबरा वापस आ गया था और दुम हिला रहा था। हल्कू बोला, "जबरा, मैं ठंड और नहीं सह सकता। चलो, एक अलाव जलाएँ तो कुछ गर्मी तो मिले।"

जबरा ने कूँ-कूँ करके सहमति प्रकट की। दोनों बग़ीचे के पास पहुँचे तो मेहँदी के फूलों की सुगन्ध लिये हवा का झोंका आया। हल्कू सोचने लगा कि क्या जबरा को मेहँदी की ख़ुशबू आई होगी? लेकिन जबरा तो व्यस्त था। उसे एक हड्डी मिल गई थी जिसे वह पूरे मनोयोग से चिंचोड़ रहा था।

हल्कू ने पत्तियों का बड़ा-सा ढेर लगा लिया था और चिलम के जलते हुए कोयले से उसने ढेर में आग लगा दी। पत्तियाँ धू-धू करके जल उठीं। हल्कू को अपनी जीत का अहसास हुआ—सर्दी के उस राक्षस पर विजय, जिसे वह इस आग में जलाकर भस्म किये दे रहा था। आग की लपटें ऊँची उठने लगीं और उनके प्रकाश में विशाल वृक्षों की शाखाएँ ऐसी मालूम पड़ती थीं मानो अन्धकार का बोझ अपने सिर पर उठाए हुए हों। हल्कू आग तापते हुए अपने पैर फैलाकर लेट गया।

"कितने दुख की बात है कि पहले ये उपाय न सूझा जबरा," उसने अपने कुत्ते से कहा। जबरा ने पूँछ हिलाई और मालिक के और पास दुबक गया। आग के मद्धिम पड़ते-पड़ते हल्कू गर्माहट में डूब चुका था और कुछ ही मिनटों में उसे नींद आ गई। कुछ जानवर खेत में घुस आए थे और हल्कू को सावधान करने के लिए जब जबरा ज़ोर-ज़ोर से भौंकने लगा तब भी हल्कू की आँख नहीं खुली। आधी नींद में उसे जानवरों के चरने की हल्की-सी आवाज़ सुनाई पड़ी। क्या नीलगायों का झुंड आ गया है? नहीं, उसने ख़ुद को आश्वस्त करते हुए कहा। जबरा के होते कोई जानवर खेत में नहीं आ सकता। मुझे ज़रूर धोखा हुआ है।

लेकिन आवाज़ आती रही और अब वह ख़ुद को धोखे में नहीं रख सकता था। उसने जबरा को पुकारा। लेकिन जबरा ज़ोर-ज़ोर से भौंकता रहा। कुछ तो करना ही पड़ेगा। लेकिन अपनी जगह से हिलने का हल्कू का ज़रा भी मन नहीं हो रहा था। वह गर्म राख और मद्धिम आग के पास कितने आराम से बैठा था। हल्कू चिल्लाया, "हुले-हुले...हू...ले," जबरा फिर से भौंका। इन सारी धमकियों से बिना डरे जानवर खेत चरते रहे। अब हल्कू को चिन्ता होने लगी। फसल कटने को तैयार खड़ी थी और ये दुष्ट जानवर उसका सर्वनाश करने आ गए थे। आलस्य छोड़कर वह उठा और कुछ क़दम आगे बढ़ा। पर एकाएक हवा का एक ऐसा सर्द झोंका आया मानो बिच्छू का डंक हो! वह रुका और बुझते अलाव के पास वापस आकर

राख कुरेदने लगा ताकि अपने हाथ गर्मा सके। जबरा गला फाड़कर भौंके जा रहा था, नीलगाय उसकी फ़सल का सफ़ाया किये डाल रही थी और हल्कू वहाँ चुपचाप बैठा हुआ था। लाचारी ने उसे रस्सियों की तरह चारों तरफ़ से जकड़ रखा था।

थककर हल्कू फिर सो गया। जब आँख खुली तो सारा खेत सुबह की धूप में नहाया हुआ था। बगल में खड़ी मुन्नी कह रही थी, "अब क्या सारा दिन सोने का इरादा है? सारी फ़सल बरबाद हो गई है।"

हल्कू उठकर बैठ गया और चिन्तित स्वर में बोला, "तू क्या खेत से होकर आ रही है?"

मुन्नी तो सारा सर्वनाश अपनी आँखों से देखकर आ रही थी। नीलगायों ने एक भी पौधा साबित न छोड़ा था। खेत चौपट हो चुका था। जबरा एक कोने में निर्जीव-सा पड़ा था। हल्कू और मुन्नी अपने खेत को एकटक देख रहे थे। मुन्नी हताश थी। बोली, "अब हमें दिन-रात मेहनत करनी पड़ेगी क़र्ज़ा चुकाने के लिए।"

"हाँ," हल्कू ने लापरवाही से कहा, "पर अब मुझे यहाँ ठंडी रातों में सोना तो न पड़ेगा।"

दसवाँ अध्याय

मूल्यांकन

प्रेमचन्द ने हिन्दी में आधुनिक उपन्यास और कहानी की परम्परा शुरू की। कुछ अन्य भाषाओं, ख़ास कर बंगला में उनके पहले रवीन्द्रनाथ टैगोर और बंकिमचन्द्र चटर्जी जैसे प्रतिष्ठित लेखक हो चुके थे। पर प्रेमचन्द के पहले हिन्दी के उपन्यासकार और कहानीकार आम तौर पर साहित्य की इस विधा में उपलब्ध घिसे-पिटे विषयों में फँसे हुए थे। उनकी दुनिया रहस्य, अजीबोग़रीब मुद्दों, रोमांस और रोमांच तक ही सीमित थी। अगर कभी सामाजिक मुद्दे उठाए भी जाते तो उनका निर्वाह बनावटी और अविश्वसनीय तरीक़े से होता। भाषा या तो प्राचीन थी या आलंकारिक। कथानकों की बुनावट भी ढीली-ढाली होती थी और कभी-कभी तो उपन्यास एक सूत्र में पिरोई घटनाओं का संकलन मात्र होते। अगर लेखक किसी आदर्श को स्थापित करना चाहता तो वह निहायत उपदेशात्मक या नैतिकता से ओतप्रोत लहजे में करता था।

प्रेमचन्द के पहले कुछ लेखकों ने इन दोषों को दूर करने का प्रयास अवश्य किया। कुछ उत्कृष्ट और स्मरणीय कहानियाँ लिखी भी गईं। पर रचनात्मक लेखन की इस विधा में प्रेमचन्द के पहले परिमाण अथवा प्रभाव की दृष्टि से किसी भी लेखक के लेखन का वह स्तर नहीं था। अपने पूर्ववर्ती और समकालीन लेखकों की तुलना में न सिर्फ़ प्रेमचन्द बेहतर थे बल्कि उन्होंने युवा लेखकों की एक पूरी पीढ़ी को प्रभावित किया। यह प्रभाव अनेक रूपों में था। कई आधुनिक हिन्दी लेखक प्रेमचन्द के नज़रिए से प्रभावित हुए—कुछ उनकी तकनीक से और कुछ उनकी भाषा से। यह निष्कर्ष निकालना उचित न होगा कि प्रेमचन्द को विरासत में जो कमियाँ या सीमाएँ मिलीं, उन सबसे वे पूरी तरह मुक्त हो गए। कुछ सीमाएँ बरक़रार रहीं। कुछ ऐसे दोष थे जो उनकी अभिव्यक्ति से सम्बन्धित थे या साधनों और प्रशिक्षण की कमी का परिणाम थे। ग़लतियों और प्रयोगों से सीखने की एक लम्बी प्रक्रिया के फलस्वरूप वे ऐसी बहुत-सी कमियों से मुक्त होने में सफल हो पाए जो उन्हें पहले के लेखकों से विरासत में मिली थीं। लेकिन लेखकीय कमज़ोरियों का कुछ अंश बना रहा, यहाँ तक कि बाद की रचनाओं में भी। प्रेमचन्द के उपन्यासों और

कहानियों के दोषों की ओर इशारा किये बग़ैर उनके सम्पूर्ण कृतित्व का उचित मूल्यांकन सम्भव नहीं है। सच तो यह है कि उनके लेखन की कमियों पर विचार करने के दौरान ही हमें एहसास होता है कि उन त्रुटियों के बावजूद उन्होंने जो मुक़ाम हासिल किया, वह वास्तव में कितना ऊँचा है।

इत्तफ़ाक, अचानक होनेवाली मुलाक़ातें, अप्रत्याशित रुकावटें और दूसरे ऐसे संयोग प्रधान तत्त्व प्रेमचन्द के कथानकों की गुणवत्ता कम कर देते हैं। मैं यह नहीं कहता कि उपन्यासकार को मानव जीवन में संयोग को पूरी तरह नकार देना चाहिए। जीवन के वास्तविक और विश्वसनीय प्रस्तुतीकरण में भी अप्रत्याशित घटनाओं का अपना स्थान होता है। पर प्रेमचन्द संयोग का कुछ ज़्यादा ही इस्तेमाल करते हैं और ऐसा लगता है मानो कहानी का ताना-बाना बुनने में आई दिक़्क़तों का वे एक सरल समाधान ढूँढ़ रहे हों। इस तरह कहानीकार के हाथ में 'इत्तफ़ाक' एक हथियार बन जाता है—ऐसा हथियार, जो अत्यधिक इस्तेमाल से भोथरा हो गया हो। शुरुआत के उपन्यासों में नाटकीय परिस्थितियाँ उत्पन्न करने की प्रवृत्ति भी देखी जा सकती हैं, और नाटकीयता के साथ ही आती है अतिशयोक्ति और अतिरंजना।

प्रेमचन्द एक और युक्ति लगाते हैं जो उनके लेखन के सौन्दर्य को कम कर देती है। अपने पात्रों से मुक्ति पाने के लिए या तो वे उनसे आत्महत्या करवा लेते हैं या किसी दुर्घटनावश उन चरित्रों की मृत्यु हो जाती है। प्रेमचन्द के लगभग सभी प्रमुख उपन्यासों में दो-तीन आत्महत्याएँ हैं। उनके महानतम उपन्यासों में से एक 'रंगभूमि' में सोफ़िया और विनय, दोनों आत्महत्या कर लेते हैं। राजा महेन्द्र प्रताप मूर्ति से दबकर मर जाते हैं और कुछ अन्य पात्रों की भी भयंकर दुर्घटनाओं में मौत होती है। आत्महत्याओं और दुर्घटनाओं की वजह से पाठक को कुछ ऐसा आभास होता है मानो कुछ पात्रों का प्रयोजन सिद्ध हो चुका है और लेखक की समझ में नहीं आ रहा है कि अब उनका क्या किया जाए।

दरअसल प्रेमचन्द ने ऐसे चरित्र बहुत कम गढ़े हैं जिन्हें विश्वसनीय या स्मरणीय कहा जा सके। उनके उपन्यासों के अधिकतर चरित्र प्रकारों में बाँटे जा सकते हैं। वे एक अलग और मुकम्मल शख़्सियत के रूप में उभरकर सामने नहीं आते। इन चरित्रों में हैं एक समाज-सुधारक, एक 'अच्छा' रईस, एक 'बुरा' रईस, एक ईमानदार अधिकारी, एक बेईमान अधिकारी, एक दुर्भाग्य की मारी विधवा, एक पसीना बहाता किसान, एक पश्चिमी रंग में रँगी स्त्री, एक त्याग की प्रतिमूर्ति भारतीय नारी, एक संघर्षरत लेखक, एक पाखंडी पुजारी, आदि-आदि। ऐसा लगता है, जैसे लेखक ने अपने हर उपन्यास और अधिकतर कहानियों के लिए कुछ ऐसे चरित्र गढ़ रखे हैं जो इनमें से एक न एक साँचे में ढाले जा सकते हों। हालाँकि कुछ अपवाद अवश्य हैं। मसलन 'गोदान' का होरी, 'रंगभूमि' का सूरदास और 'प्रेमाश्रम' का प्रेमशंकर—और ये चरित्र एक सिद्धहस्त लेखक द्वारा रचे गए हैं।

लेकिन प्रेमचन्द के कृतित्व की विशालता को देखते हुए ऐसे चरित्रों की संख्या बहुत कम है जो अपने विशिष्ट व्यक्तित्व के बल पर सजीव हो उठते हों।

प्रेमचन्द की रचनाओं, ख़ास कर उपन्यासों में, सबसे बड़ी कमियों में से एक है, लम्बे-लम्बे पैराग्राफ़, जो कभी-कभी पाठक का धैर्य ख़त्म करने लगते हैं। ज़ाहिर है कि लेखक ने संक्षेप में बात कहने की कला विकसित नहीं की है। चेस्टर्टन ने कहा था :

> सबसे बड़ी कला है, छोड़ देना (द ग्रेटेस्ट आर्ट इज़ टू ओमिट)

प्रेमचन्द ने बहुत कम मौक़ों पर इस कला का प्रयोग किया है। ये लम्बे-लम्बे गद्यांश कभी विवरणात्मक हैं तो कभी कथनात्मक। कभी-कभी वे एकालाप भी हैं। ये गद्यांश तब कुछ ज़्यादा ही अनुपयुक्त लगते हैं जब वे कहानियों में शामिल किये जाते हैं। उदाहरण के लिए प्रेमचन्द के लेखकीय जीवन के उत्कर्ष की एक कहानी 'बैंक का दीवाला' उद्धृत करना चाहूँगा। इस कहानी के मुख्य पात्र हैं—कुँवर जगदीश सिंह, जो काफ़ी आत्ममंथन करते हैं। वे अपने व्यवहार को जाँचते-परखते हैं और भविष्य के अपने क्रिया-कलापों के बारे में भी सोचते हैं। उनके विचारों की यह शृंखला तेईस पन्नों की कहानी में साढ़े पाँच पन्नों तक लगातार चलती रहती है। इतने लम्बे एकालाप या भाषण लगभग हर उपन्यास में हैं।

इससे भी ज़्यादा अफ़सोस की बात यह है कि लेखक स्वयं ही उपस्थित होकर कहानी का हिस्सा बन जाता है और पात्रों द्वारा दिये गए विवरणों में अपने भी लम्बे-लम्बे भाषण या वृतान्त जोड़ देता है। यह एक गम्भीर त्रुटि है। प्रेमचन्द के उपन्यासों के स्त्री और पुरुषों को इतने मौक़े ही नहीं दिये जाते कि संवादों और क्रिया-कलापों से इतर उनका एक व्यक्तित्व स्थापित हो सके। जो कुछ कहानी का एक पात्र पहले ही कह चुका है, लेखक उसी को दोहराता है या उसमें कुछ और जोड़ देता है। कभी-कभी तो संवाद में दो के बजाय तीन लोग हिस्सा लेने लगते हैं। कोई एक परिस्थिति या घटना पर काफ़ी लम्बी टिप्पणी करता है; जिस व्यक्ति से वह पात्र बातें कर रहा है, वह व्यक्ति भी एक उतना ही लम्बा उत्तर देता है, और फिर लेखक स्वयं उपस्थित होकर अपनी राय ज़ाहिर करता है। पाठक को लगता है कि वह पूरे समय वहाँ मौजूद था—नेपथ्य में प्रतीक्षा करता हुआ कि समय आने पर जो कुछ मंच पर कहा जा रहा है, उसमें अपना योगदान भी दे दे। लम्बे-लम्बे गद्यांश जोड़ने की यह प्रवृत्ति प्रेमचन्द के आख़िरी उपन्यास 'गोदान' में भी देखी जा सकती है, जिसे बहुत-से लोग उनकी सर्वोत्तम रचना कहते हैं। 'गोदान' के आदर्शवादी दार्शनिक प्रोफ़ेसर मेहता लखनऊ के सम्भ्रान्त नागरिकों को कई महत्त्वपूर्ण मुद्दों पर लम्बे-लम्बे शिक्षाप्रद भाषण देते हैं।

अन्त में, बतौर उपन्यासकार और कहानीकार, प्रेमचन्द के लेखन की कमियों

की समीक्षा करते हुए यह कहना आवश्यक है कि उनके लेखन में काव्यात्मक नज़ाकत और दार्शनिक गहराई का अभाव है। वे ईमानदारी, साफ़गोई और दम-ख़म के साथ लिखते हैं। कार्यक्षेत्र की हर सम्भव परिस्थिति में मौजूद इनसान के विचारों और काम की वे गहरी विवेचना करते हैं। लेकिन उन गीतात्मक अभिव्यंजनाओं की कमी है जो रवीन्द्रनाथ टैगोर की 'शेषेर कविता' या शरत्चन्द्र के 'श्रीकान्त' में रात में बहती नदी के वर्णन में मिलती है। प्रेमचन्द वास्तविक, काल और समय की सीमाओं में बँधे हुए सांसारिक जीव के मसलों में पूरी तरह डूबे हुए हैं। ऐसा आभास नहीं होता कि जो कुछ अनन्त है, असीम है, उसमें प्रेमचन्द की दिलचस्पी है। मनुष्य की साँसों को प्रकृति के स्पन्दन के साथ एकाकार होते हम नहीं देख पाते। हमें नहीं सुनाई पड़ता है इस ब्रह्मांड का अनहत नाद। जो कुछ अनजान है, उसे लेकर कोई जिज्ञासा नहीं। अलौकिक के रहस्यों को सुलझाने की ललक नहीं। यहाँ नैतिकता और आदर्श तो हैं, और उनकी अभिव्यक्ति भी पूरी ईमानदारी से हुई है। पर अनुभवसिद्ध से अनुभवातीत की ओर कोई यात्रा नहीं है; नैतिक से आध्यात्मिक को जानेवाली सीढ़ियाँ नहीं चढ़ी गई हैं। जैसाकि इस अध्याय के अन्तिम खंड में हम देखेंगे, प्रेमचन्द के यहाँ गीतात्मकता और दार्शनिक गाम्भीर्य के अभाव का कारण उनकी आरम्भिक शिक्षा की सीमाएँ और जीवन की परिस्थितियाँ हैं। जिनके कारण वे अपने जीवन के अनुभवों को एक सुव्यवस्थित विश्व-दृष्टि का रूप नहीं दे पाए।

2

इन सारी कमियों के बावजूद प्रेमचन्द आधुनिक भारतीय साहित्य के सर्वाधिक प्रतिष्ठित लेखकों में से एक हैं। उनका योगदान बेजोड़, महत्त्वपूर्ण और बहुआयामी है। इस बात की पूरी सम्भावना है कि भविष्य में वे लम्बे समय तक हिन्दी साहित्य को प्रभावित करनेवाले एक प्रमुख नाम होंगे। यह भविष्यवाणी करना असंगत न होगा कि अगर उनकी रचनाएँ अहिन्दी-भाषी पाठकों को अनुवाद के ज़रिये उपलब्ध कराई जाएँ तो आनेवाले दिनों में समस्त भारतीय साहित्य पर उनका अहम् प्रभाव होगा। अगर प्रेमचन्द के लेखन के मुख्य तत्त्वों पर ध्यान दिया जाए तो उनके लेखन के महत्त्व को और जो प्रतिष्ठा वे हासिल कर चुके हैं, उसे समझा जा सकता है :

(i) प्रेमचन्द हिन्दी के पहले ऐसे लेखक थे जिन्होंने उपन्यास की सम्भावनाओं को समझा। उन्होंने समझा कि साहित्य की तमाम विधाओं में केवल उपन्यास ही ऐसा है जो भारतीय जीवन के विभिन्न पहलुओं को एक वृहत 'कैनवास' पर प्रस्तुत कर सकता है। उन्होंने उपन्यासकार की ज़िम्मेदारियों को भी समझा। चूँकि उपन्यास में असीम सम्भावनाएँ हैं, लिहाज़ा जो लेखक अभिव्यक्ति के इस माध्यम को चुने, उसे अनिवार्यतः इसके साथ

आनेवाली ज़िम्मेदारियों को भी समझना होगा। औपन्यासिक सम्भावनाओं का सही आकलन कर लेने और उपन्यासकार के दायित्व को समझ लेने के बाद प्रेमचन्द ने पूरी निष्ठा से इस दायित्व को निभाया। हारी-बीमारी, मृत्यु और अनवरत व्यक्तिगत समस्याओं के बीच रहकर उन्होंने अपना काम जारी रखा। उनका लिखा हर पैराग्राफ़ उनकी ईमानदारी और निष्ठा की गवाही देता है। जिस ज़िम्मेदारी को उन्होंने अपने कन्धों पर उठाया, उसे अथक परिश्रम से जीवनपर्यन्त निभाया।

(ii) बतौर एक रचनात्मक कलाकार, अपने दायित्व को निभाते हुए उनकी दृष्टि का जो पैनापन और विस्तार देखने को मिलता है, वह हिन्दी साहित्य में आज भी बेजोड़ है। उन्होंने भारत का एक विशेष भू-भाग चुना, जिससे वे भली भाँति परिचित थे। इस क्षेत्र के जीवन के हर पहलू का चित्रण वर्णनात्मक बारीक़ियों की सम्पदा से भरा पड़ा है।

रईस ज़मींदार की हवेली, ग़रीब भूखे किसान की झोंपड़ी, सड़क के नुक्कड़ पर पान की दुकान, एक मन्दिर, मस्जिद, गिरजाघर, कारख़ाने, अदालतें, सरकारी दफ़्तर उनकी निगाह हर जगह है। वे सारी समस्याएँ, जिनमें पुरुष और स्त्री उलझे रहते हैं—सामाजिक, आर्थिक, धार्मिक, राजनीतिक; व्यावसायिक और घरेलू; संक्षेप में वह सब कुछ जिससे मानव जीवन का ताना-बाना बुना होता है, प्रेमचन्द के उपन्यासों और कहानियों में प्रतिबिम्बित होता है। इसके अलावा वे मानव जीवन के आपसी सम्बन्धों को बदलाव की प्रक्रिया के सन्दर्भ में भी देखते हैं। प्रेमचन्द वे पहले लेखक थे जिन्होंने भारतीय जीवन को न केवल आ चुके बदलावों के परिप्रेक्ष्य में देखा बल्कि उन बदलावों को भी महसूस किया जो अपने आने की दस्तक दे रहे थे।

(iii) बदलते हुए माहौल के बीच मनुष्य के जीवन की न सिर्फ़ उन्हें महीन समझ थी बल्कि वे समकालीन भारत के वैचारिक झुकाव को भी समझते थे। साथ ही उन सामाजिक आन्दोलनों को भी, जिनके माध्यम से ये विचारधाराएँ व्यक्त होती थीं। उनकी रचनाओं में तत्कालीन भारत की चार मुख्य विचारधाराओं का विस्तृत उल्लेख मिलता है : पहला, राष्ट्रवादी आन्दोलन, विशेष कर वह दौर जो महात्मा गांधी के उदय के साथ शुरू हुआ। दूसरा, सामाजिक विकास की नई अवधारणाएँ और अवधारणाओं से जन्मे समाज-सुधार के आन्दोलन; तीसरा, एक नई धार्मिक चेतना जिसका आधार था रूढ़िवादी परम्पराओं के निर्वाह तथा खोखले कर्मकांडों, और अंधविश्वासों की अस्वीकृति। और चौथा, आर्थिक और सामाजिक न्याय का आदर्श, जो मोटे तौर पर साम्यवादी समाज की अवधारणा पर आधारित था और जो शोषण के ख़िलाफ़ किसानों और मज़दूरों के संघर्ष

में अभिव्यक्त हुआ। इन तमाम विचारधाराओं और आन्दोलनों को एक विलक्षण लेखक ने जिस तरह देखा और समझा, प्रेमचन्द की रचनाएँ उसी का एक बहुमूल्य दस्तावेज़ हैं।

(iv) अनेक भारतीय लेखकों से भिन्न, प्रेमचन्द ने हर भारतीय चीज़ का विवेकहीन महिमामंडन करके अपना भारत-प्रेम प्रदर्शित नहीं किया। भारतीय जीवन के सबसे अंधकारमय पहलुओं की चर्चा करने में वे कभी नहीं हिचकिचाए। हमें प्राय: सिखाया जाता है कि हम अपनी राष्ट्रीय विरासत में गर्व महसूस करें। पर कितनी बार हमसे कहा गया है कि हमारे चारों ओर परम्परा के नाम पर पोषित हिंसा, पाखंड और अंधविश्वासों को लेकर हम शर्मसार हों? भारतवर्ष की विकास-यात्रा पर सदियों से जिन बुराइयों और पाखंड की काली छाया पड़ती चली आ रही है, उनका पर्दाफ़ाश प्रेमचन्द ने निर्भय होकर किया। इसका अर्थ था—अरसे से पाले-पोसे भ्रम को तोड़ना, और बहुत बड़े रूढ़िवादी वर्ग को नाराज़ करना। पर प्रेमचन्द ने इसकी परवाह नहीं की। उनकी आलोचना के मूल में था भारतवर्ष और भारतवासियों के लिए उनका गहरा प्यार और अन्याय तथा शोषण का शिकार हुए लोगों के प्रति गहरी सहानुभूति।

प्रेमचन्द, शरत्चन्द्र और रवीन्द्रनाथ ने भारतीय चेतना को उपन्यासों और कहानियों के माध्यम से जगाया। अपनी बुराइयों को अनदेखा करके अध्यात्म की बातें करना कितना बड़ा ढोंग है, इस ओर इन लेखकों ने हमारा ध्यान खींचा। पर भारतीय परम्पराओं के नकारात्मक पक्ष की बार-बार चर्चा करने के पीछे उनकी गहरी पीड़ा और सहानुभूति छिपी है। प्रेमवश बुराइयों पर प्रहार करनेवालों और सिर्फ़ निन्दा करने या पश्चिमी पाठकों की प्रशंसा अर्जित करने के लिए बुराइयों की चर्चा करने वालों के बीच हमें फ़र्क़ करना ही चाहिए। एक असहाय विधवा, अपमानित अछूत, और भूखे किसान की दशा देखकर जिस मर्मान्तक पीड़ा का अहसास प्रेमचन्द को होता था, वह उनकी लिखी एक-एक पंक्ति में हम तक उतनी ही सघनता से प्रेषित होता है। अपनी आलोचनात्मक दृष्टि के लिए भरपूर प्रशंसा पानेवाले चौधरियों, मेहताओं और न्यायपालों के लेखन में क्या हम प्रेम, सहानुभूति, सरोकार और दुख की वही गहराइयाँ महसूस करते हैं? प्रेमचन्द जब अपने हमवतन साथियों को फटकारते भी हैं तो उनकी आँखों में आँसू होते हैं, न कि होंठों पर कड़वाहट से भरी मुस्कान।

(iv) और अब हम आते हैं प्रेमचन्द के लेखन की सबसे अहम् विशेषताओं में से एक पर : मनुष्य और उसके भविष्य में अटूट विश्वास। भारतवर्ष की तमाम कमियों और असफलताओं को देखने-समझने के बावजूद उन्हें भारतीयों की अपराजेय आत्मा पर कभी कोई सन्देह नहीं रहा। मनुष्य को

उसके निकृष्टतम रूप में प्रस्तुत करते समय भी मानव स्वभाव पर से उनका विश्वास नहीं उठता। वे कभी भी मानवता को सुधार के परे नहीं मानते। राष्ट्रों और व्यक्तियों के लिए आत्मशुद्धि और आत्मोत्थान की गुंजाइश हमेशा रहती है। प्रेमचन्द के उपन्यासों और कहानियों में बहुत कम ऐसे चरित्र मिलेंगे जिन्हें पूरी तरह बुरा कहा जा सकता है। तमाम असमानताओं और त्रासदियों का चित्रण करने के बावजूद उनका आशावाद बरकरार रहता है। मैंने केवल दो कहानियाँ ऐसी देखीं जिनके जीवन के प्रति उनका दृष्टिकोण बिलकुल नकारात्मक है। वे हैं—'सद्गति' और 'क़फ़न'। इन दोनों पर इसके पहले वाले अध्याय में चर्चा हो चुकी है। 'सद्गति' में एक निर्दयी ब्राह्मण एक लाचार अछूत से इतनी कड़ी मेहनत करवाता है कि बेचारा ग़रीब गिरकर मर जाता है। बाक़ी अछूत उसकी लाश हटाने से इनकार कर देते हैं और ऊँची जाति के हिन्दुओं का उस लाश को छूने का तो प्रश्न ही नहीं उठता। लोग कुएँ तक जाकर पानी नहीं भर पा रहे हैं। लाश सड़ने लगती है। रात को वह ब्राह्मण लाश के पैरों को रस्से से बाँधकर खींचता हुआ गाँव के बाहर ले जाता है और खेत में फेंक आता है जहाँ गिद्ध और सियार उसे नोच-नोचकर खा डालते हैं। यह एक भयानक तसवीर है—ख़ूँख़ार और डरावनी। 'कफ़न' में बाप-बेटा एक कमरे के बाहर बैठे बातें कर रहे हैं और कमरे के अन्दर बेटे की पत्नी मर रही है। जिस समय असह्य पीड़ा से निकली चीख़ें बाहर आ रही हैं, बाप-बेटे कभी किसी दावत के खाने, पकवानों का स्वाद याद कर रहे हैं। स्त्री मर जाती है और दोनों कफ़न के लिए भीख माँगने निकल पड़ते हैं। जब पैसे मिल जाते हैं तो दोनों एक मधुशाला में जाकर जी भरकर शराब पीते हैं और नशे में चूर होकर नाचने-गाने लगते हैं। वे एक-दूसरे से कहते हैं कि कफ़न की ज़रूरत ही क्या है! आख़िर लाश के साथ वह भी तो जल जाएगा। कहानी जब ख़त्म होती है तो हम दोनों को नशे में धुत् बेहोश पड़ा देखते हैं।

मैं इन दोनों कहानियों को विचलन मानता हूँ। यहाँ मनुष्यों को पशुवत् दिखाया गया है। उनके जीवन में ऐसी कोई परिस्थिति नहीं है कि वे पाशविकता के इस स्तर तक नीचे गिर जाएँ। ये व्यक्ति किसी 'सामाजिक व्यवस्था' के शिकार नहीं हैं; बल्कि 'क़फ़न' में तो लेखक स्पष्ट कहता है कि घीसू और माधव बाप-बेटे, दोनों सिर्फ़ इसलिए ग़रीब थे क्योंकि वे इतने आलसी हैं कि रोज़ी-रोटी के लिए मेहनत नहीं करना चाहते, जबकि गाँव में काम की कमी नहीं है। इन कहानियों में विशुद्ध मानव द्वेष चित्रित है, जो कि प्रेमचन्द के सामान्य नज़रिये से बिलकुल भिन्न है।

उनके पन्द्रह उपन्यासों और दो-सौ कहानियों में और कहीं भी मैंने मनुष्य को इतना विकृत, इतना पाशविक और इतना बुरा चित्रित होते नहीं देखा। इसका एकमात्र स्पष्टीकरण सिर्फ़ यही हो सकता है कि एक छोटे वक़्फ़े के लिए लेखक स्वयं गहरे नैराश्य और विषाद के दौर से गुज़र रहा था। प्रेमचन्द बीमार थे, पैसे की तंगी थी, और वे पत्नी और बच्चों के भविष्य को लेकर चिन्तित थे। यह सहज समझा जा सकता है कि मूलतः सन्तुलित और आशावादी मिज़ाज वाले इनसान पर भी जब मौत का साया पड़ रहा हो और परेशानियाँ चारों ओर से घेरकर खड़ी हों, तो वह अस्थायी रूप से, थोड़े समय के लिए चिड़चिड़ा और मानवद्वेषी हो सकता है। पर यह समझना कठिन है कि कुछ समीक्षकों ने इन कहानियों को विशेष प्रशंसा के लिए क्यों चुना है। कुछ लोगों ने 'क़फ़न' को उसके 'यथार्थवाद' के कारण प्रेमचन्द की सर्वश्रेष्ठ कहानियों में से एक कहा है। ऐसा प्रतीत होता है कि मानव स्वभाव के सर्वोत्तम गुणों को दिखाना 'आदर्शवाद' है, लिहाज़ा 'आधुनिकता' नहीं है। मनुष्य के निकृष्टतम पक्ष का चित्रण 'यथार्थवाद' अर्थात् 'प्रगतिशीलता' है। मुझे लगता है कि ऐसी समीक्षा करना प्रेमचन्द के साथ अन्याय करना होगा। इन दो कहानियों को प्रेमचन्द की प्रतिनिधि रचनाएँ न मानकर दुर्भाग्यपूर्ण अपवाद माना जाना चाहिए।

3

आइए, अब प्रेमचन्द की पूरी शख़्सियत को क़रीब से देखते हैं। इन रचनाओं के पीछे का इनसान—वह इनसान, जो इन रचनाओं के माध्यम से साकार होता है। वे देखने में कैसे थे? उनकी आदतें, खान-पान और पहनने-ओढ़ने में उनकी पसन्द, उनके दैनिक जीवन का ख़ाका, उनके शौक़, उनके लगाव, परिवार के साथ उनका सम्बन्ध, उनकी मित्रता, उनके गुण दोष क्या थे, कैसे थे?

अगर उनके पिता और बड़े-बूढ़ों के वर्णन को आधार बनाया जाए तो बचपन में प्रेमचन्द (या नवाब जो उनका बचपन का नाम था) बड़े आकर्षक रहे होंगे। नवाब गोरे रंग, चमकती आँखों, मोहक मुस्कान और जीवन्त चेहरे वाला बालक था। आस-पड़ोस के लोग नवाब का ख़ूब दुलार करते थे। किशोरावस्था में भी नवाब मनोहारी थे और साथ उनमें एक नज़ाकत थी जो पहली नज़र में हर एक को प्रभावित करती थी। उनके पिता ने एक बार उन्हें 'मेरा गुलाब जैसा बेटा' कहा था। बचपन के लड़कपन की कोई तसवीर तो उपलब्ध नहीं हैं पर ज़ाहिर है कि वे बोलचाल की भाषा में 'बड़े प्यारे' थे।*

---

* यह वर्णन मौलवी अब्दुल सत्तार का है जिसे अमृतराय ने 'प्रेमचन्द : कलम का सिपाही' में, पृष्ठ-संख्या 145 पर, दिया है।

प्रेमचन्द एक सुन्दर नवयुवक थे, हालाँकि जिन संघर्षों और तक़लीफ़ों से होकर उन्हें गुजरना पड़ा था। उनकी छाया चेहरे पर आ गई थी। पेचिश के दौरे पड़ने के बाद उनका चेहरा पीला और कमज़ोर पड़ जाता था। लेकिन जब सेहत अच्छी रहती तो उनसे मिलनेवालों पर उनके आकर्षक व्यक्तित्व का बड़ा अच्छा प्रभाव पड़ता। तीसेक साल के प्रेमचन्द का एक 'रेखाचित्र' जो उन्हीं के एक समकालीन व्यक्ति ने खींचा था, यहाँ उद्धृत है :

> एक बड़ा गोल चेहरा, उन्नत ललाट जो उम्र के साथ चौड़ा होता गया और घनी ऐंठी हुई मूँछें : इनमें से किसी भी नक़्श से नज़ाकत नहीं झलकती। फिर भी वे सौम्य और विनम्र प्रतीत होते थे। उनकी आँखें चैतन्य और जीवन्त थीं। आत्मविश्वास का भाव जो कपड़े-लत्तों की तरफ़ से बेहद लापरवाह होने के कारण और भी मुखर हो उठता था। वे कसे हुए कपड़े पहनते थे। बन्द गले का कोट और बेढंगी पतलून, कन्धे पर पड़ा हुआ मफ़लर, और कभी-कभी सिर पर पगड़ी पहनकर वे ऐसे लगते थे, मानो कोई किसान अपने सबसे अच्छे कपड़े पहनकर शहर घूमने आया हो! उनके कपड़े हमेशा बेमेल रहते। और उनके बेतरतीब बाल, जिनके गुच्छे विद्रोह करते हुए हर दिशा में उड़ते रहते थे, इस अनगढ़ आकृति को पूरा कर देते थे। घर पर वे बिलकुल अनौपचारिक वेशभूषा में रहते थे। तब भी, जब मेहमान आनेवाले होते। अक्सर वे बस एक लुंगी पहने रहते और एक गाढ़े रंग का कुर्ता। जब ठंड होती तो ऊनी दुशाला ओढ़ लेते। शायद ही उनके पास एक से अधिक दुशाले हों क्योंकि उनका दुशाला काफ़ी पुराना था और उस पर कई दाग़-धब्बे लगे हुए थे।

कपड़ों और बालों के प्रति यह लापरवाही जानबूझकर या चेष्टापूर्वक नहीं थी। यह बिलकुल स्वाभाविक थी और उनके सरल स्वभाव का हिस्सा थी। अपने लिए महँगे, शानदार कपड़े ख़रीदने की उन्हें कभी ज़रूरत ही नहीं लगी, और अगर उनके पास पैसे होते तब भी शायद वे ख़रीदते नहीं। शोहरत हासिल करने के बाद भी उनकी जीवन-शैली में कोई फ़र्क़ नहीं आया। एक बार दिल्ली में एक गोष्ठी में व्याख्यान देने के लिए उन्हें आमंत्रित किया गया था, तो प्रवेशद्वार पर एक स्वयंसेवक ने उन्हें रोककर टिकट ख़रीदने के लिए कहा। प्रेमचन्द ने चुपचाप लाइन में लगकर टिकट ख़रीद लिया। वे इतने सीधे-सादे थे कि उन्होंने इस बात का ज़िक्र ही नहीं किया कि वे कोई आम आदमी नहीं, एक विशिष्ट अतिथि हैं। एक दूसरे अवसर पर जब कॉन्फ्रेंस के आयोजक उन्हें मंच पर ढूँढ़-ढूँढ़कर परेशान हो रहे थे तब किसी ने देखा कि वे हॉल के दूसरे सिरे पर सैकड़ों अतिथियों के बीच बैठे हुए हैं। और एक बार किसी साहित्यिक सभा की स्वागत समिति का सचिव उन्हें

लेने स्टेशन पहुँचा। काफ़ी ढूँढ़ने के बावजूद प्रेमचन्द नहीं मिले, और वह यह तय करने ही वाला था कि वे आए नहीं हैं, तभी उसने एक व्यक्ति को खुरदरी चद्दर ओढ़े, एक पुरानी जंग लगी सन्दूकची पर बैठे देखा जिसके बग़ल में बेडिंग-रोल रखा हुआ था। वे प्रेमचन्द थे।*

इस सादगी और आगे बढ़कर ख़ुद को दूसरे लोगों पर थोपने या लोगों को प्रभावित करने की कोशिश में सहज अरुचि के साथ ही उनमें गहरे आत्मसम्मान का भाव था। अपने अधिकारियों की चापलूसी करने या अभद्र व्यवहार बर्दाश्त करने के लिए वे कभी तैयार नहीं हुए। इसका एक उदाहरण है गोरखपुर के कलक्टर की अवज्ञा, जिसका पहले के एक अध्याय में उल्लेख किया जा चुका है। उनके आत्मसम्मान या उनके देश के सम्मान पर कोई चोट उनके लिए असह्य थी। प्रथम विश्वयुद्ध की समाप्ति पर स्कूल में हुए जीत के जश्न में भाग लेने से उन्होंने मना कर दिया। हालाँकि सरकारी स्कूल के अध्यापक होने के नाते उनसे यह अपेक्षा की जाती थी कि वे सरकारी आदेश का पालन करें। अन्ततः उन्होंने सरकारी नौकरी से इस्तीफ़ा दे दिया क्योंकि उन्हें लगता था कि वे ऐसी स्थितियों से बच नहीं पाएँगे जहाँ उनके आत्मसम्मान को ठेस पहुँच रही हो। प्राइवेट कम्पनियों या स्कूलों के मुलाज़िम होते हुए भी, वे प्रबन्धकों के अनुचित दबाव के आगे कभी नहीं झुके। और इसकी उन्हें बहुत बड़ी क़ीमत चुकानी पड़ी। सम्मानजनक व्यवहार के प्रति उनके आग्रह की वजह से ही उन्हें कानपुर के मारवाड़ी स्कूल, बनारस के काशी विद्यापीठ और लखनऊ के नवल किशोर प्रेस से अलग होना पड़ा। जिन परिस्थितियों में उन्होंने इन संस्थानों से स्वयं को अलग किया, उनका वर्णन पुस्तक के तीसरे और चौथे अध्यायों में किया जा चुका है।

इस तरह प्रेमचन्द की सादगी और विनम्रता उनके आत्मसम्मान के समानुरूप थी। पर उनकी सादगी का अर्थ वैराग्य नहीं था। वे मितव्ययी और आडम्बरहीन अवश्य थे पर उनमें किसी प्रकार का निषेध या वर्जना नहीं थी। उन्हें गरिष्ठ और मसालेदार भोजन बहुत पसन्द था। सच तो यह है कि इस मामले में जितना आत्मसंयम उन्हें बरतना चाहिए, उतना उन्होंने नहीं बरता, क्योंकि वे पेचिश के पुराने मरीज़ थे। वे शाकाहारी नहीं थे और मुग़लई ढंग से बना मांस-मछली पसन्द करते थे। अरबी और जिमीकन्द (सूरन) जैसी सब्ज़ियाँ उनकी कमज़ोरी थीं, जिससे हमेशा ही उनकी तकलीफ़ बढ़ जाती और फिर, उन्हें पित्तनाशक दवाएँ या जड़ी-बूटियाँ

---

* पुराने बक्से पर बैठे प्रेमचन्द के इस विवरण से मुझे सरोजिनी नायडू की याद आती है जब वे दक्षिण अफ्रीका की सफल यात्रा से लौटे महात्मा गांधी से लन्दन में पहली बार मिली थीं। वे गांधी जी से पहले कभी नहीं मिली थीं। जब वे गांधी जी के ठिकाने पर पहुँचीं, जो एक जीर्ण हो चला पुराना भवन था, वे अपने कमरे की सीढ़ियों पर बैठे क़ैदियों के-से कटोरे में लकड़ी के चम्मच से उबला टमाटर खा रहे थे।

लेनी पड़तीं। बचपन में कभी-कभी वे अपना पूरा जेब ख़र्च मिठाइयों पर ख़र्च कर देते थे। उनका यह मिठाई-प्रेम ताउम्र बना रहा। उनके जीवन के इस पहलू पर महात्मा गांधी के विचारों का ज़रा भी प्रभाव नहीं दिखता। शुरुआत के कुछ वर्ष प्रेमचन्द बीड़ी पीते थे पर बाद में काफ़ी सिगरेट पीने लगे। शराब से भी उन्हें ख़ास परहेज़ नहीं था। आत्मीय दोस्तों के साथ वे मदिरापान कर लेते थे। एकाध बार वे नशे में घर लौटे तो उनकी पत्नी ने उन्हें आड़े हाथों लिया। इसके बाद वे बहुत ख़याल रखने लगे।

अपनी मित्र-मंडली में प्रेमचन्द मिलनसार समझे जाते थे। वे हाज़िरजवाब थे और उनके मित्र इसका ख़ूब मज़ा लेते थे। ख़राब स्वास्थ्य और दूसरी चिन्ताओं के बावजूद वे हमेशा प्रसन्नचित्त रहते और कभी-कभी ज़ोरदार ठहाके लगाते। अपनी परेशानियों का वे कभी ज़िक्र नहीं करते थे और अगर कभी दूसरे लोग उनसे पूछते भी तो बात को हल्के-फुल्के ढंग से कहकर टाल देते। जहाँ तक शौक़ का सवाल है तो हर चीज़ से पहले आती थीं किताबें। जितना सन्तोष उन्हें किताब में डूबकर मिलता उतना किसी और काम में नहीं। वे कभी-कभी स्वयं को किताबी-कीड़ा कहते थे। पुस्तकों के प्रति उनकी दीवानगी बचपन से थी और आख़िर तक बनी रही। अपनी आख़िरी बीमारी के दौरान भी वे पढ़ने के लिए 'पिकनिक पेपर्स' और अपनी कुछ पसन्दीदा किताबों की माँग करते रहे। पढ़ने के बाद उन्हें सबसे अधिक आनन्द बातचीत करने में आता था। जहाँ कहीं भी वे गए—कानपुर, बस्ती, गोरखपुर, लखनऊ और अपने गृहनगर बनारस—उन्होंने चुनिंदा दोस्तों की एक मंडली बनाई जिनके साथ वे ख़ूब समय बिताते थे।

उनकी बातचीत में कोई दुर्भावना नहीं होती थी, पर कभी-कभी उनके व्यंग्य कुछ तीख़े हो जाते थे। बचपन में गुल्ली-डंडा खेलने के अलावा, इस बात में काफ़ी सन्देह है कि वे कभी खेल के मैदान में उतरे हों। उनकी कुछ कहानियों में फुटबॉल और क्रिकेट के मैचों के प्रसंग हैं। एक अध्यापक के रूप में वे अक्सर फ़ुटबॉल के मैच देखने जाया करते थे। मुख्यतः विद्यार्थियों को प्रोत्साहित करने के लिए। ऐसा लगता है कि उन्हें शतरंज में कुछ दिलचस्पी थी पर उनके पास इसके लायक़ समय नहीं था। उनके अन्दर एक बालक छिपा था जो होली की मौज-मस्ती में और रंग भरी पिचकारियों से दूसरों को भिगोने में जाग उठता था। उनके कुछ और शौक थे ज्योतिष और लॉटरी—और ये दोनों ही शौक़ उनके बुद्धिवाद, नास्तिकता और आत्मसंयम के ख़िलाफ़ जाते हैं।

प्रेमचन्द बेहद संवेदनशील व्यक्ति थे। उदाहरण के लिए, उनका राष्ट्रवाद किसी तर्कसंगत या बौद्धिक धारणा पर आधारित नहीं था। वे सचमुच अपने देश की समस्याओं को लेकर परेशान होते थे, भारतवर्ष के अपमान पर क्रुद्ध होते थे, देश की विरासत पर गर्व महसूस करते थे और अपने देशवासियों से प्यार

करते थे। बौद्धिक स्तर के विचार भी अपनी जगह थे। उन्होंने भारतीय इतिहास का विस्तृत अध्ययन किया था और देश की समस्याओं से वे भली भाँति परिचित थे। लेकिन वह उनकी भावनाओं की गहराई ही थी जिसने भारतवर्ष के बारे में उनके ज्ञान को स्नेह और उदारता की ऊष्मा में बदल दिया। वे हर एक के प्रति संवेदनशील थे और पूर्वग्रहों से पूरी तरह मुक्त। उनके व्यक्तिगत सम्बन्धों में किसी व्यक्ति की सिर्फ़ एक ही चीज़ मायने रखती थी और वह थी उसकी अन्तर्निहित मनुष्यता। जाति-पाँति, धर्म, समुदाय शैक्षिक स्तर और सामाजिक हैसियत के फ़र्क़ से उनका कोई सरोकार न था। यही कारण था कि धार्मिक कट्टरता पर उनके प्रहार को कुछ आलोचकों ने अन्यायपूर्ण ढंग से ब्राह्मणों के ख़िलाफ़ उनका पूर्वग्रह कहा तो उन्हें गहरी पीड़ा पहुँची। प्रेमचन्द का दिल लोगों के दुख और सुख के साथ एकाकार होकर धड़कता था। तक़लीफ और अन्याय उन्हें बहुत अन्दर तक उद्वेलित करते थे। आत्मबलिदान, समर्पण और वफ़ादारी से वे बहुत प्रभावित होते थे। अन्य भारतीय या पश्चिमी लेखकों के उपन्यास और कहानियाँ पढ़ते समय भी वे उनके काल्पनिक चरित्रों के दुख से व्यथित हो रो पड़ते थे। कुप्रिन के उपन्यास 'यामा द पिट' ने उन पर जो प्रभाव डाला, उसे याद करते हुए प्रेमचन्द ने एक बार अपने मित्र जैनेन्द्र कुमार से कहा था कि उपन्यास के कुछ अंशों को रोए बग़ैर वे पढ़ ही नहीं पाते थे और पुस्तक उनके हाथों से छूटकर गिर जाती थी। कुप्रिन के इस उपन्यास में वेश्याओं के नारकीय जीवन का वर्णन पढ़ते समय प्रेमचन्द की दशा का वर्णन जैनेन्द्र ने इस प्रकार किया है : 'He could not complete...I could not read further.'* अगर एक रूसी उपन्यास के काल्पनिक पात्रों के कष्ट से प्रेमचन्द इतना व्यथित हो सकते थे तो इसका अन्दाज़ सहज ही लगाया जा सकता है कि अपने ही देश के शोषित किसान, तिरस्कृत विधवा और अपमानित 'अछूत' के दुखों के प्रति वे कितने संवेदनशील रहे होंगे। इन सभी की व्यथा उन्होंने अपनी आँखों से देखी थी, जो हर वक़्त उनके हृदय को कचोटती रहती थी।

जीवन की विभिन्न भूमिकाओं में प्रेमचन्द का जैसा व्यवहार दूसरों के साथ रहता था, उसमें उनकी चारित्रिक विशेषताओं को मूर्त होते हुए देखा जा सकता है। एक शिक्षक के रूप में वे कर्तव्यनिष्ठ थे और शिक्षा के उच्चतर मूल्यों के संरक्षक भी। अपने विद्यार्थियों को विषय की सही और विस्तृत जानकारी देने के लिए वे पूरी मेहनत करते थे। अपने छात्रों का पूरा ख़याल रखते थे। पैसे की तंगी के बावजूद अक्सर उनकी आर्थिक सहायता भी करते, त्योहारों में उनके साथ शामिल होते और बीमार पड़ने पर उन्हें देखने के लिए उनके घर जाते। वे हमेशा कोशिश करते कि उनके दिल-दिमाग़ से धर्म और जाति सम्बन्धी पूर्वग्रह हटाएँ और उनके अन्दर

* मदल गोपाल की 'Premchand in a literary biography' से उद्धृत।

देशभक्ति और न्यायप्रियता का जज़्बा जगा सकें। नैतिकता पर व्याख्यान देने से कहीं ज़्यादा असरदार थी प्रेमचन्द की अपनी ईमानदारी और सच्चाई जो विद्यार्थियों के लिए एक जीता-जागता उदाहरण थी। एक अधिकारी के रूप में वे समय के पाबन्द, कार्य-कुशल, न्यायप्रिय और अपने मातहत काम करनेवालों के प्रति संवेदनशील थे। विभिन्न स्कूलों के हेडमास्टर के रूप में और उत्तर प्रदेश राजकीय शिक्षा सेवाओं में उप-डिप्टी-इंस्पेक्टर के रूप में वे एक व्यवहारकुशल और सख़्त प्रशासक के रूप में उभरकर आए और अपने सहयोगियों के बीच बहुत लोकप्रिय रहे।

बग़ैर कोई दिखावा किये, प्रेमचन्द एक मेहमाननवाज़ और अतिथि का ख़याल रखनेवाले मेज़बान थे। उनके पास देने के लिए ज़्यादा कुछ नहीं था फिर भी अतिथि उनके यहाँ सहज महसूस करते थे। जो सादा खाना वे स्वयं खाते थे, उसे ही अपने मेहमानों के साथ बाँट लेते थे और अपने सीमित साधनों के बावजूद मेहमानों के आराम का पूरा ख़याल रखते थे। वे महज़ इस वजह से किसी मेहमान के लिए कोई ख़ास इन्तज़ाम नहीं करते थे कि वह रईस और ख़ानदानी है। एक मेहमान के रूप में भी वे बेहद लिहाज़दार और मेज़बान की सुविधा का ख़याल करनेवाले थे। वे पूरी कोशिश करते थे कि उनके कारण मेज़बान को कोई दिक़्क़त न हो और उस पर अतिरिक्त बोझ न पड़े। अक्सर वे अपने आने का समय सूचित किये बग़ैर रेलवे स्टेशन से सीधे मेज़बान के घर चले जाते ताकि किसी को उन्हें लेने स्टेशन आने की ज़हमत न उठानी पड़े। वे अपना सामान स्वयं उठाने, अपने कपड़े स्वयं धोने और घरेलू कामों में हाथ बँटाने में विश्वास करते थे।

एक मित्र के रूप में वे वफ़ादार, स्नेही और मदद करने को तत्पर रहते थे। मित्रों के साथ उनके मधुर सम्बन्धों ने उन्हें ढेरों ख़ुशियाँ और मुश्किल वक़्त में हौसला दिया। वे अपने मित्रों की भावनाओं का हमेशा आदर करते थे, भले ही उनसे सहमत न हों। उनकी बातों में साफ़गोई रहती थी, और कभी-कभी अपनी राय साफ़ तौर पर प्रकट करके वे अपने मित्रों को ठेस भी पहुँचा देते थे। पर उनकी कोशिश यही रहती थी कि वे ये सब विनम्रता से करें और अगर कभी ग़लतफ़हमी हो भी जाती तो वे उसे धैर्यपूर्वक सुलझाने का प्रयास करते। उनके सबसे क़रीबी मित्र थे दया नारायण निगम और जैनेन्द्र कुमार। निगम ने जीवन के बड़े नाज़ुक मोड़ पर उनका मार्गदर्शन किया और उस दौर में उनकी देखभाल की जब वे बतौर लेखक स्थापित होने का प्रयास कर रहे थे और उन्हें एक अनुभवी व्यक्ति के सहारे की ज़रूरत थी। अपनी मृत्यु के थोड़े ही समय पहले प्रेमचन्द ने निगम को तार भेजकर बुलाया था। दोनों मित्रों के बीच यह आख़िरी मुलाक़ात निश्चय ही मर्मस्पर्शी रही होगी। जीवन के अन्तिम वर्षों में सम्भवत: जैनेन्द्र कुमार उनके सबसे क़रीबी मित्र थे और जब प्रेमचन्द का देहान्त हुआ तो जैनेन्द्र कुमार ही उनके पास थे। इम्तियाज़ अली 'ताज' के साथ प्रेमचन्द की मित्रता निराली थी। एक-दूसरे से मिलने के पहले

वे दोनों सालों 'पत्र-मित्र' रहे। भावुक किशोरों की तरह उन्होंने आपस में अपनी तसवीरें भी अदला-बदली कीं।

प्रेमचन्द के व्यक्तित्व का सबसे अच्छा पहलू था—उनका गृहस्थ-रूप, घर में बीते उनके जीवन के आरम्भिक वर्ष सुखद नहीं थे। बचपन में थोड़े समय तक माँ के प्यार का सुख उठाने के बाद उन्हें सौतेली माँ की उपेक्षा और पिता की लाचारी ही मिली। उनका पहला विवाह पूरी तरह विफल था। इन तमाम तक़लीफ़ों और आज़माइशों से गुज़रने के बाद कोई दूसरा इनसान कटुता और नफ़रत से भर जाता, पर प्रेमचन्द ने अपना सन्तुलन बनाए रखा। पिता की मृत्यु के बाद उन्हें विमाता, उनके भाई और बेटे की भी देखभाल करनी थी। इस कर्तव्य को प्रेमचन्द ने पूरी निष्ठा से निभाया और इसके लिए उन्हें इस हद तक मितव्ययिता करनी पड़ती थी कि अपने ज़रूरी व्यक्तिगत ख़र्च के लिए भी पैसे नहीं बचते थे। सौभाग्य से शिवरानी के साथ विवाहोपरान्त उन्हें मानसिक शान्ति मिली। उन्होंने नई परिस्थितियों के साथ सामंजस्य बिठाने में शिवरानी की मदद की, उन्हें हर तरह से प्रोत्साहित किया और अन्ततः वे प्रेमचन्द की सच्ची हमसफ़र बनीं।

जितने भी वर्ष उन्हें मजबूरन अविवाहितों का-सा जीवन बिताना पड़ा उतने समय प्रेमचन्द ने व्यक्तिगत जीवन की शुचिता क़ायम रखी। अपने दूसरे विवाह के बाद वे अपनी पत्नी के प्रति पूरी तरह समर्पित रहे। उनके जीवन में कभी कोई लुके-छिपे प्रेम-प्रसंग नहीं रहे, न ही उनके जीवन में परिवार और मित्रों से छिपाकर रखा गया कोई रहस्य था। वे मूलतः गृहप्रेमी जीव थे—अपने परिवार और काम में डूबे रहनेवाले। यात्रा करने में उनकी कोई दिलचस्पी नहीं थी। बम्बई में जब कुछ महीने अकेले रहना पड़ा तो घर और परिवार की कमी उन्हें हर वक़्त खलती रहती थी। परिवार के लिए पैसे बचाने के लिए ऐशोआराम के साधन तो दूर, ज़रूरत की चीज़ों तक से ख़ुद को महरूम रखा। अपने बेटों से वे बहुत प्यार करते थे और अगर उनमें से कोई बीमार पड़ जाता तो पूरी रात आँखों में ही काट देते। पत्नी के साथ वे घर के कामों में हाथ बँटाते थे। रसोईघर का सारा सामान और सब्ज़ी वग़ैरह वे ख़ुद ही ख़रीदकर लाते थे। स्कूल के काम से छुट्टी पाकर वे घर लौटते समय हमेशा बाज़ार होते हुए आते थे। कभी अगर बीमार हो जाते तो अपना बुख़ार और कष्ट पत्नी से भी छुपाते थे ताकि उसे फ़िक्र न हो। पत्नी को शिकायत रहती कि थके होने पर पीठ की मालिश भी नहीं करने देते। पर प्रेमचन्द अपनी पत्नी का बोझ किसी भी तरह बढ़ाना नहीं चाहते थे।

अपनी पेशेवर ज़िन्दगी में प्रेमचन्द बेहद ईमानदार थे। जिस तरह उनके व्यक्तिगत जीवन में बदनामी का लेशमात्र भी न था, उसी तरह व्यावसायिक लेन-देन में या एक सम्पादक और प्रकाशक के रूप में भी वे किसी भी प्रकार की अनियमितता से पूरी तरह मुक्त थे। उन्होंने कभी किसी से अनुग्रह या पक्षपात की याचना नहीं की।

न तो एक सम्पादक के रूप में किसी की व्यक्तिगत सिफ़ारिश का असर अपने मूल्यांकन पर पड़ने दिया। वे व्यापारिक और व्यक्तिगत हिसाब-किताब बिलकुल अलग-अलग रखते थे। यही कारण था कि मित्रों के साथ व्यापारिक सम्बन्ध बनाने में उन्हें कभी हिचकिचाहट नहीं हुई। अन्य बहुत-सी बातों की तरह, इस मुद्दे पर भी वे गांधी जी को अपना आदर्श मानते थे। गांधी जी की ही तरह प्रेमचन्द का भी यही मानना था कि जब तक आर्थिक मामलों में शत-प्रतिशत ईमानदारी न हो, किसी को सार्वजनिक जीवन में पदार्पण करना ही नहीं चाहिए।

4

इन तमाम विलक्षण गुणों—अपनी सारी विनम्रता, ईमानदारी, हिम्मत, उदारता और संवेदनशीलता के बावजूद, प्रेमचन्द तमाम कमज़ोरियों और नाकामियों वाले, हाड़-मांस के एक नश्वर इनसान थे। उनके व्यक्तित्व के नकारात्मक पक्ष को जाने बग़ैर उनकी एक मुकम्मल तसवीर हमारे सामने नहीं बन सकती। यहाँ तक कि उनके लेखन को भी पूरी तरह समझने के लिए यह ज़रूरी है कि हम उनकी कमियों को नज़रअन्दाज़ किये बिना उन्हें वैसा ही जानें, जैसे वे थे। उनके व्यक्तित्व की सीमाओं को समझने के लिए हमें उन परिस्थितियों को ध्यान में रखना होगा जिनके बीच रहकर वे पले-बढ़े। उनके जीवन की तीन चिरस्थायी समस्याओं से हम अवगत हो चुके हैं—पारिवारिक कलह, ख़राब स्वास्थ्य और आर्थिक चिन्ता। साथ ही एक और तथ्य क़ाबिले-ग़ौर है। प्रेमचन्द को कभी किसी का मार्गदर्शन नहीं मिला। जीवन में सही चुनाव करने में उनके पिता का कोई ख़ास योगदान नहीं रहा। बहुत कच्ची उम्र से ही उन्हें अपना इन्तज़ाम ख़ुद ही करना पड़ा और सारे निर्णय ख़ुद ही लेने पड़े। नतीजा यह हुआ कि वे हठधर्मी और अड़ियल हो गए। यह बात अवश्य क़ाबिले-तारीफ़ है कि बहुत छोटी उम्र से ही वे अपनी व्यावहारिक समस्याओं को सुलझाने के आदी हो गए थे, पर इस प्रक्रिया में उन्होंने अपनी मर्ज़ी को ही अहमियत देने की प्रवृत्ति बना ली, चाहे नतीजा कितना भी कड़वा क्यों न हो। न तो उन्हें रोकने वाला कोई था, न समझाने वाला और न ही शान्त मन से चर्चा करने वाला। एक बार कोई बात उनके मन में आ गई तो फिर वे उसी पर अड़े रहते थे, फलस्वरूप बार-बार उन्हें नुकसान उठाना पड़ा।

उनकी बहुत सारी परेशानियाँ उनकी इसी आदत का नतीजा थीं। अपने प्रेस की योजना की जो सनक उन पर सवार थी, वह उनकी ज़िद का एक प्रत्यक्ष उदाहरण है। उनके मित्रों ने उन्हें चेताया था कि एक सख़्त व्यापारी वाला उनका मिज़ाज ही नहीं है, और वे एक ऐसी योजना में उलझने जा रहे हैं जो उनका चैन हराम कर देगी। पर उन्होंने किसी की सलाह न मानी। उन्होंने ख़ुद को विश्वास दिला लिया

कि जल्दी ही इस काम में मुनाफ़ा होने लगेगा और फिर वे अपनी सारी शक्ति रचनात्मक लेखन में लगा सकेंगे। योजना असफल रही। लेकिन कुछ ही वर्षों बाद उन्होंने एक और परियोजना आरम्भ की—वह थी अपनी पत्रिका शुरू करना। जो ख़तरा वे मोल ले रहे थे, उसका आभास उन्हें ख़ुद भी था। पहले उद्धृत निगम को लिखे एक पत्र में उन्होंने कहा कि वे जानते हैं कि इस काम में हाथ डालना मूर्खता के सिवाय और कुछ नहीं, पर वे यह मूर्खता करने का लोभ सँवरण नहीं कर पा रहे हैं। और, इस तरह 'हंस' की शुरुआत हुई। प्रेमचन्द ने गोया बर्रे के छत्ते में हाथ दे दिया हो! साल भर बाद उन्होंने कहा, "आर्थिक दृष्टि से मेरा पूरा जीवन असफल रहा है। 'हंस' की शुरुआत करके अपनी पुस्तकों की आय से जो कुछ बचाया था, वह भी गिरवी चला गया।" तो फिर, आख़िर क्यों वे खुली आँखों से ऐसे दलदल में गए जिसमें उन्हें गहरे, और गहरे धँसना ही था? इसका सिर्फ़ एक ही जवाब है कि वे ज़िद्दी थे।

अगर कभी वे अपनी ज़िद की वजह से मुसीबत में फँसते थे तो दूसरे मौक़ों पर उनका भोलापन मुसीबत बन जाता था। भोलापन भी अनभिज्ञता की सीमा छूता हुआ। उनमें एक ऐसी सन्देहशून्यता थी जिसके लिए किसी परिपक्व इनसान को माफ़ नहीं किया जा सकता। कृष्ण कुमार मुखोपाध्याय वाली घटना इसका एक उदाहरण है। प्रेमचन्द एक चालाक धोखेबाज़ के झाँसे में इतनी बुरी तरह आ गए थे कि उन्हें काफ़ी पैसे से हाथ धोना पड़ा। किसी पर विश्वास करना एक बात है, पर मीठा-मीठा बोल पैसे ऐंठने वाले से धोखा खाना और ही बात है। अपने उपन्यासों और कहानियों में प्रेमचन्द ने हमेशा इनसानों और परिस्थितियों का सूक्ष्म अवलोकन किया है, पर व्यक्तिगत जीवन में उन्होंने लाभ कमाने की ख़याली योजनाओं से उम्मीदें लगाईं। छोटे-मोटे आर्थिक लाभ से वे आसानी से प्रसन्न हो जाते थे और कल्पनालोक में खो जाते थे। जब साल भर में 'प्रेमाश्रम' की हज़ार प्रतियाँ बिक गईं तो उन्होंने कहा, "बस, एक उपन्यास और, मैं आराम से घर में बैठ सकूँगा। अपनी ज़रूरत भर का मैं कमा लूँगा।" ऐसे कई मौक़े आए जब वे आर्थिक स्वतंत्रता के ख़यालों में खो जाते थे।

कभी-कभी निर्णय लेने में उन्होंने गम्भीर भूलें कीं। बम्बई की फ़िल्मी दुनिया में क़िस्मत आज़माने के उनके फ़ैसले ने उनके कई घनिष्ठ मित्रों को आश्चर्य में डाल दिया और उन मित्रों ने उनके इस फ़ैसले पर अपनी असहमति भी ज़ाहिर की। यह कोई छिपी हुई बात न थी कि फ़िल्म के निर्माता सिर्फ़ पैसे कमाने की फ़िक्र करते हैं, आदर्शों की नहीं। प्रेमचन्द के लिए सोचना यथार्थ को नकारना था कि वे उन निर्माताओं को वैचारिक स्तर पर ऊपर उठाने में कामयाब हो जाएँगे। वे बम्बई से मोहभंग की स्थिति में वापस आए, पर ऐसे किसी भ्रम को पालने का उनके पास शुरू से ही कोई आधार न था। बम्बई में उन्हें जो मानदेय मिलता, उससे हुए

आर्थिक लाभ का हिसाब भी उन्होंने बढ़ा-चढ़ाकर किया था। यह पूरी योजना ही बिखर गई। काफ़ी सारा समय बर्बाद करने के बाद जब वे वापस आए तो उनके पास बमुश्किल दो हज़ार रुपये थे। फ़िल्म कम्पनियों के घोर व्यावसायिक, सस्ते, बाज़ारू और प्रतिस्पर्धात्मक माहौल में उनका धैर्य चुक गया था और एक भीड़ भरे शहर की आबोहवा, रहन-सहन और घटिया दर्जे के भोजन ने उनके स्वास्थ्य पर भी बुरा असर डाला था। मैं इन सारे तथ्यों पर इसलिए ज़ोर दे रहा हूँ, क्योंकि मुझे लगता है कि भले ही यह मानना ठीक है कि प्रेमचन्द परिस्थितियों का शिकार थे, उनकी असफलताओं और परेशानियों के लिए कम-से-कम कुछ हद तक उनका ज़िम्मेदार होना भी हमें स्वीकार करना चाहिए।

जब मैंने पहले-पहल प्रेमचन्द का जीवन-वृत्तान्त पढ़ा तो मुझे उनके कुछ काम और फ़ैसले अजीब लगे। आज तक मैं उन बातों को समझ नहीं पाया। मैं यहाँ कुछ उदाहरण दूँगा। उनके कुछ उपन्यासों और कहानी-संकलनों के शीर्षक-पृष्ठ पर लेखक को 'उपन्यास-सम्राट मुंशी प्रेमचन्द' कहा गया है। प्रेमचन्द जैसे विनम्र और समझदार व्यक्ति ने कैसे ख़ुद को 'उपन्यास-सम्राट' कहने दिया, जिसका शाब्दिक अर्थ है : 'उपन्यास का शहंशाह?' साफ़ ज़ाहिर है कि यह उनका अपना विचार नहीं हो सकता। बल्कि वे तो परेशान हो उठते थे जब लोग उन्हें यह कहकर सम्बोधित करते थे। फिर वे कैसे इतने लापरवाह हो गए कि इस सम्बोधन को उन्होंने अपनी एक पुस्तक के कवर पर छपने दिया? क्या उन्हें इस बात का अनुमान नहीं था कि विरोधी समीक्षक इस मौक़े का फ़ायदा उठाकर उन पर दंभी होने का आरोप लगाएँगे? इसके अलावा अपनी कहानियों के संकलन के जो शीर्षक उन्होंने चुने, वे मुझे बड़े बचकाने लगते हैं : प्रेम पचीसी, प्रेम बत्तीसी, प्रेम चालीसा आदि, आदि। जिस तरह उन्होंने उपन्यासों के शीर्षक चुने, उसी तरह यहाँ वे निश्चय ही बेहतर शीर्षक चुन सकते थे। ऐसा लगता है कि वे चाहते थे कि उनके उपनाम का पूर्वार्द्ध 'प्रेम' हमेशा मौजूद रहे, गोया उसकी ध्वनि उन्हें बड़ी अच्छी लगती हो। महान लोगों की भी कैसी कमज़ोरियाँ होती हैं!

व्यक्तिगत स्तर पर ऐसी बातें करने की आगे भी इजाज़त हो, तो प्रेमचन्द का शान्तिनिकेतन जाकर रवीन्द्रनाथ टैगोर से मिलने से बारम्बार इनकार करना भी मुझे समझ में नहीं आता। उनके कुछ प्रशंसकों और मित्रों ने इन दो महान् व्यक्तियों की मुलाक़ात करवाने के कई प्रयास किये। पहले प्रेमचन्द ने कहा कि यात्रा बड़ी महँगी पड़ेगी। जब पैसों की व्यवस्था हो गई तो उन्होंने कहा कि वे पत्नी और बच्चों को छोड़कर नहीं जा सकते। हालाँकि सम्मेलनों आदि में भाग लेने के लिए वे अकेले यात्रा किया करते थे। रवीन्द्रनाथ के साथ कुछ समय बिताने के प्रस्ताव को वे क्यों अस्वीकार करते रहे? उनका इसमें कोई नुक़सान न था और सम्भवतः उस महान् कवि से मुलाक़ात करके उन्हें प्रसन्नता ही होती।

हमारे समय के महानतम व्यक्तियों में से एक से अगर वे मिलने चले जाते तो निश्चित ही उनके स्वाभिमान को कोई ठेस नहीं पहुँचती, ख़ास कर तब जबकि वह व्यक्ति उनसे उम्र में बीस साल बड़ा था। तो फिर उन्होंने इनकार क्यों किया? मैं स्वीकार करता हूँ कि मेरे पास इसका कोई उत्तर नहीं है। किसी व्यक्ति के व्यक्तित्व और चरित्र का वर्णन करते समय उन विषयों पर भी ग़ौर करना ज़रूरी है जिनमें उस व्यक्ति की दिलचस्पी हमेशा बनी रही। प्रेमचन्द की दिलचस्पी थी मानवीय सम्बन्धों और वास्तविक जीवन में उनकी अभिव्यक्ति में। उनके लिए मनुष्य ही पहली कसौटी था—मनुष्य का कोई अमूर्त या निराकार रूप नहीं बल्कि एक जीता-जागता मनुष्य जो घर में रहता है, खेतों में काम करता है, खेल के मैदान में, मन्दिर में, अदालतों में या राजनीतिक रैलियों में, कक्षाओं में, जेल में या रेलगाड़ी में दिखता है। प्रेमचन्द का सरोकार था जीवन के व्यावहारिक पक्ष से और उन संस्थाओं से जिनसे मनुष्य का जीवन परिभाषित होता है : परिवार, विद्यालय, समाज और राष्ट्र। सम्भवतः मानव जीवन के सामाजिक, आर्थिक, राजनीतिक और पारिवारिक पहलुओं से इतने गहरे जुड़े होने के कारण जीवन के अन्य पक्षों में उनकी कोई स्थायी या महत्त्वपूर्ण दिलचस्पी नहीं रही। प्रेमचन्द का सौन्दर्यबोध और आध्यात्मिक विकास अत्यन्त सीमित था।

उदाहरण के लिए प्रकृति में उनकी कोई विशेष रुचि न थी। सुकरात की तरह वे भी एक मानव-केन्द्रित व्यक्ति थे। कभी-कभार उनके उपन्यासों और कहानियों में प्रकृति की झलक मिल जाती है। लेकिन उनके पत्रों में, मित्रों और परिवार के सदस्यों के साथ हुई उनकी बातचीत में प्रकृति का ज़िक्र आता है। उन्होंने जीवन के एक बहुत बड़े सुख से ख़ुद को वंचित रखा यानी यात्रा का सुख, यायावरी का सुख, यहाँ-वहाँ निरुद्देश्य घूमना, बस सुकून और शान्ति की तलाश में प्रकृति की गोद में खो जाना। प्रेमचन्द की रचनाओं में प्रकृति के साथ एकाकार हो जाने का वह अहसास नहीं मिलता जो शरत्चन्द्र और रवीन्द्रनाथ की रचनाओं में हमें आह्लादित कर देता है—असीम, अथाह, सागर, विराट, हिमालय, जीवनदायिनी, चिरयुवा नदियाँ, अपने ही ख़यालों में डूबे गहन वनों का रहस्य, सूर्योदय का नित्य घटित होता चमत्कार। मन में यह प्रश्न उठता है कि इन सबमें अभिव्यक्त जीवनी शक्ति जो ब्रह्मांड के कण-कण में व्याप्त है, और जो मनुष्य और प्रकृति को एक उल्लसित डोर में बाँधती है, क्या उसने कभी प्रेमचन्द को आन्दोलित किया होगा? कभी-कभी प्रेमचन्द की कहानियों को पढ़ते समय हमें महसूस होता है कि प्रकृति से सम्बन्धित कुछ वाक्य महज किसी पैराग्राफ़ को अधिक प्रभावी बनाने के उद्देश्य से शामिल किये गए हैं, इसलिए नहीं क्योंकि वर्णित घटना और वहाँ प्रस्तुत मनुष्यों की मनःस्थिति और भावनाओं के बीच कोई सहज-स्वाभाविक सम्बन्ध है। यह बात अपने-आपमें आश्चर्यजनक है क्योंकि स्वभावतः प्रेमचन्द शहरी प्राणी नहीं

थे; वे ग्रामीण परिवेश में ही ज़्यादा सहज रहते थे। हालाँकि, उनके ग्रामीण परिवेश में भी उनका जुड़ाव मानव जीवन के उतार-चढ़ाव से था, न कि ब्रह्मांड की उस लय और ताल से जो इनसानी रगों में और खिलते फूलों को ऊर्जा प्रदान करनेवाले तन्तुओं में समान रूप में प्रवहमान है।

न ही कला में प्रेमचन्द की कोई गहरी रुचि थी। कविता उन्हें आन्दोलित नहीं करती थी। उन्हें इक़बाल, हाली, अक़बर, और कुछ फ़ारसी कवियों को उद्धृत करने का शौक़ था लेकिन वे उद्धरण उनके लिए सिर्फ़ अपने विचार के कारण महत्त्वपूर्ण थे—अपने संगीत, प्रभावशाली अभिव्यक्ति या ख़याल की नज़ाकत के लिए नहीं। किसी मौक़े पर जब वे कविता पर अपनी प्रतिक्रिया ज़ाहिर भी करते थे तो वह भावनात्मक से ज़्यादा बौद्धिक स्तर की होती थी। उनकी पुस्तकों और चिट्ठियों में शास्त्रीय संगीत का ज़िक्र शायद ही कहीं हो; हालाँकि वे सम्भवतः ख़ास बनारस का पारम्परिक लोकसंगीत सुनना पसन्द करते थे। प्राचीनता के साथ जुड़ी नाटकीयता उन्हें रोमांचित नहीं करती थी और मूर्तिकला, चित्रकारी या वास्तुकला में उनकी कोई विशेष दिलचस्पी नहीं थी। उनकी रचनाओं में यूरोपीय कला का ज़िक्र आता है। सम्भवतः इस विषय पर उन्होंने पुस्तकें या लेख पढ़े थे। पर एक बार फिर यहाँ उनकी दिलचस्पी बौद्धिक स्तर की थी। एक बार किसी साहित्यिक सभा के सिलसिले में वे पटना गए जहाँ उनके मेज़बान उन्हें प्रादेशिक संग्रहालय दिखाने ले गए। पटना संग्रहालय में प्राचीन भारतीय इतिहास के मौर्य और गुप्त-वंश के अभिलेखों और मूर्तियों की अमूल्य निधि है। पर प्रेमचन्द इन सबके सामने से गुज़र गए बग़ैर कोई दिलचस्पी दिखाए। दूसरी तरफ़, जब वे स्वास्थ्य से सम्बन्धित कक्ष में पहुँचे और उन्होंने आदिवासी गाँवों के 'मॉडल' देखे तो अपनी दिलचस्पी ज़ाहिर करते हुए बोले, "जो चीज़ें हज़ारों साल पहले ज़मीन में दफ़न कर दी गईं, उनके लिए हम क्यों परेशान हों? हमारा काम है आज को सँभालकर रखना।* समसामयिक विषयों में प्रेमचन्द इतना तल्लीन थे कि पुरातत्त्व जैसा विषय उन्हें कभी आकर्षित कर ही नहीं सकता था। इतिहास, ख़ास कर मध्यकालीन इतिहास को उन्होंने सावधानी से पढ़ा था और मेहनत से पढ़ाते थे। इतिहास को वे बीते हुए कल के ऐसे दस्तावेज़ के रूप में देखते थे जो हमें आज को बेहतर ढंग से समझने और सही परिप्रेक्ष्य में देखने में मदद करता है।

प्रकृति में प्रेमचन्द की सीमित रुचि पर की गई टिप्पणी का उद्देश्य उनका अपमान करना हरगिज़ नहीं है। बहुत-से महान लोग जीवन के कुछ ख़ास चुने हुए क्षेत्रों पर ही अपना पूरा ध्यान लगाते हैं। अगर प्रेमचन्द ने गाने नहीं गाए, चित्र नहीं बनाए या कविता नहीं लिखी तो महात्मा गांधी ने भी ये सब नहीं किया था। गांधीजी कहा करते थे, "मेरे लिए एक क़दम काफ़ी है।" एक बार किसी ने

* अमृतराय ने इस वाक़ये का वर्णन 'कलम का सिपाही' में किया है, पृ. 336

चार्ली चैपलिन का ज़िक्र किया तो गांधी जी ने पूछा, "ये कौन हैं?" एक बार, उन्होंने क़बूल किया था कि जीवन में उन्होंने केवल छः पुस्तकें पढ़ी हैं। और जब किसी ने उनसे अन्तरराष्ट्रीय समस्याओं के बारे में पूछा तो उनका जवाब था, "जवाहरलाल से पूछो। उसे इन चीज़ों के बारे में जानकारी है, मैं तो अनभिज्ञ हूँ।" गरज़ यह कि अगर प्रेमचन्द को मालूम था कि उनकी वास्तविक दिलचस्पी किसमें है, और उन्होंने अपनी रुचि को विकसित किया, किसी ग़ज़ल, गीत, चित्र या सूर्यास्त के समय के बादलों के सौन्दर्य पर हर्षातिरेक का नाटक किए बग़ैर, तो हमें उनकी उत्साह की कमी पर अफ़सोस नहीं बल्कि उनकी ईमानदारी का स्वागत करना चाहिए।

5

हमने अब तक कई कोणों से प्रेमचन्द को देख लिया है। उनकी एक पहचान उभरकर आती है; वे दिखते कैसे थे, उनकी आदतें और रुचियाँ क्या थीं, उनकी ख़ूबियाँ और कमज़ोरियाँ क्या थीं। अब वक़्त आ गया है कि तत्कालीन महत्त्वपूर्ण मुद्दों पर उनके क्या विचार थे और मोटे तौर पर मनुष्य के प्रति उनके मूलभूत सरोकार क्या थे, इस पर दृष्टि डालें। अलग-अलग सन्दर्भों की पृष्ठभूमि उनके विचारों का प्रतिबिम्ब उनकी रचनाओं, चिट्ठियों और बातचीत में देख चुके हैं। लेकिन यहाँ उपयुक्त होगा कि उनके दृष्टिकोणों और विचारों के बारे में हमने जो बिखरी हुई एक तसवीर बनाई है, उसे मुकम्मल करें।

प्रेमचन्द के विचारों पर जब हम संक्षिप्त नज़र डालते हैं तो जो बात हमें सबसे ज़्यादा प्रभावित करती है, वह यह कि सामाजिक न्याय, समता, तार्किकता, आज़ादी और मनुष्य के आत्मसम्मान की रक्षा करनेवाले हर विचार, हर प्रवृत्ति का उन्होंने हमेशा समर्थन किया। एक लेखक और एक इनसान के रूप में उन्होंने साफ़-साफ़ शब्दों में शोषण, अंधविश्वास, अन्याय और क्रूरता के हर प्रकार का विरोध किया। राजनीतिक क्षेत्र में उनका झुकाव राष्ट्रवादी आन्दोलन की क्रान्तिकारी धारा की ओर था जिसका आग्रह था कि मार्क्सवादियों को पूर्ण स्वराज से कम कुछ भी स्वीकार नहीं होगा। उन्होंने साम्प्रदायिकता, सामन्तवाद और उन तमाम ताक़तों के ख़िलाफ़ संघर्ष किया जो देश के स्वाधीनता-संग्राम में आड़े आ रही थीं। आर्थिक मसलों में उन्हें मोटे तौर पर समाजवाद के आदर्श स्वीकार थे और कभी-कभी वे सोवियत साम्यवाद के प्रति अपना समर्थन ज़ाहिर करते थे। अधिकतर उपन्यासों में उन्होंने दिखाया है कि सामन्ती फ़िज़ूलख़र्ची ने किस तरह भारतीय अर्थ-व्यवस्था को तबाह किया है। जीवन के उत्तरार्द्ध में उन्होंने पूँजीवाद का भी उतना ही तीखा विरोध किया जितना सामन्तवाद का। घिसे-पिटे, पुराने और अमानवीय सामाजिक

रीति-रिवाजों और संस्थाओं की उन्होंने सर्वाधिक कटु आलोचना की है जिनमें से कुछ हैं—वर्ण-व्यवस्था, बाल विवाह, प्रतिष्ठा और अतिथि सत्कार की निरर्थक धारणाएँ, और विधवाओं के प्रति व्यवहार।

इस तरह हर मुद्दे पर प्रेमचन्द का नज़रिया प्रगतिशील, उदार और मानवतावादी था। सच तो यह है कि प्रेमचन्द एक अत्यन्त आधुनिक व्यक्ति थे—और यह बात उनके परवरिश की पृष्ठभूमि में और भी आश्चर्यजनक लगती है क्योंकि वे भारतवर्ष के सबसे पिछड़े इलाके के गाँवों और शहरों में पले-बढ़े थे। लगभग सभी मुद्दों पर उनका नज़रिया धर्मनिरपेक्ष रहता था। जो भी पुस्तकें वे जुटा पाते, उनके माध्यम से पश्चिमी जगत की समसामयिक विचारधाराओं और प्रवृत्तियों की ताज़ा जानकारी लगातार हासिल करते रहते थे। वे विश्व इतिहास में दिलचस्पी रखते थे और हैन्ड्रिक बॉन लून की 'स्टोरी ऑफ़ मैनकाइंड' का अनुवाद भी किया था। यूरोप में फासीवाद का उदय, यहूदियों का उत्पीड़न, चीन पर जापानियों का आक्रमण और दक्षिण अफ्रीका का नस्लवाद जैसे अन्तरराष्ट्रीय मुद्दों पर उनका ध्यान बराबर लगा रहता था। उनकी आधुनिकता का एक दिलचस्प उदाहरण है, छपाई की मशीनों में उनकी गहरी रुचि और जिन पत्रिकाओं से वे सम्बद्ध थे, उनके तकनीकी पक्ष को बेहतर करने की उनकी इच्छा। यद्यपि आदतों और पारिवारिक जीवन के स्तर पर वे ठेठ हिन्दुस्तानी थे, उनके विचारों पर पश्चिमी लेखकों का काफ़ी प्रभाव था।

उनके नज़रिए की आधुनिकता उन सार्थक परम्पराओं की क़ीमत पर नहीं थी जिनका वे सम्मान करते थे और जो उनके संस्कार का हिस्सा थी। जिन मूल्यों का भारतवर्ष में हमेशा से सम्मान होता आया है, वे मूल्य उन्होंने भी अपने जीवन में स्वीकार किये थे : विनम्रता, अतिथि-सत्कार, बुज़ुर्गों के प्रति सम्मान, जीवन-शैली में सादगी, पारिवारिक ज़िम्मेदारियाँ वहन करना, और वैयक्तिक स्वतंत्रता के प्रति दुराग्रह के बजाय परस्पर सौहार्द और सामंजस्य को तरजीह देना। सिर्फ़ एक मुद्दे पर प्रेमचन्द ने आधुनिक दृष्टिकोण को पूरी तरह नकार दिया था : समाज में स्त्रियों की वास्तविक हैसियत—पुरुषों और स्त्रियों में समता पर आधारित आधुनिक स्वतंत्र स्त्री की धारणा—प्रेमचन्द को स्वीकार न थी। उनके कई उपन्यासों और कहानियों में पश्चिमी रंगों में रँगी आधुनिक नारी को 'समाज की तितली' कहकर उपहास किया गया है। इस विषय में वे प्राचीन भारतीय परम्परा के अनुयायी थे जिसमें स्त्री की वफ़ादारी, पवित्रता, कर्तव्यनिष्ठा और आत्म-बलिदान को उसका सर्वोत्तम गुण माना जाता है। प्रेमचन्द उन सारी सामाजिक परम्पराओं के ख़िलाफ़ थे जो स्त्री की ग़ुलामी और पराधीनता को पोषित करती थीं। वे विधवा-विवाह के समर्थक थे और स्वयं एक विधवा से विवाह करके उन्होंने एक अच्छा उदाहरण पेश किया था। पर एक बात के वे क़ायल थे कि स्त्री की वास्तविक भूमिका पत्नी और माँ की है और उसकी वास्तविक जगह है घर।

अन्त में हमें एक वाजिब सवाल पर ग़ौर करना चाहिए कि प्रेमचन्द का जीवन-दर्शन क्या था? किन्हीं विशेष मुद्दों पर उनके जो विचार थे, उनके अलावा क्या उनकी कोई समेकित विश्व-दृष्टि थी? अफ़सोस, कि इसका जवाब 'नहीं' में होगा। मनुष्य के व्यावहारिक जीवन के अहम् मुद्दों पर प्रेमचन्द के विचारों की हम जितनी अधिक प्रशंसा करते हैं, उतना ही निराश होते हैं, यह देखकर कि उनके ये विचार यथार्थपरक नज़रिए में समाहित होकर एक समग्र दृष्टिकोण का रूप नहीं ले पाए। फिर भी यह समझना मुश्किल नहीं कि उनकी बिखरी हुई प्रतिक्रियाओं की परिणति एक सुविचारित संश्लेषण में क्यों नहीं हुई। पहली वजह तो यह कि वे मात्र छप्पन वर्ष के थे जब उनकी मृत्यु हुई। यह सम्भव है कि अगर उन्हें अपने विचारों और भावनाओं को पुरसुकून होकर विकसित करने का अवसर मिला होता तो उम्र के परिपक्व पड़ाव पर पहुँचकर एक विश्व-दृष्टि उभरकर आती। इसके अलावा उनका सारा जीवन रोज़मर्रा की समस्याओं को सुलझाने के संघर्ष में बीता, जिसने उन्हें कभी चैन नहीं लेने दिया। अपने विद्यार्थियों, मालिकों और अपने प्रेस और पत्रिका के प्रति अपना कर्तव्य निभाने में उन्होंने अथक परिश्रम किया। इन सारे कामों के साथ ही चलती थी उनकी रचनात्मकता। शान्त और व्यवस्थित होकर विचार करने का उन्हें कभी समय ही नहीं मिला।

लेकिन इससे भी अधिक महत्त्वपूर्ण एक और कारण है जिस पर विचार करना चाहिए। प्रेमचन्द के विचारों को आकार मिला था एक विस्तृत किन्तु बेतरतीब पढ़ाई के आधार पर। वे स्वाध्यायित थे और जो कुछ भी उनके हाथ लगता, उसे पढ़ डालते थे। न ही भारतीय, न ही पश्चिमी ढंग की विधिवत् शिक्षा उन्होंने ग्रहण की थी।

एक बार उन्होंने स्वीकार किया था कि उन्होंने तुलसीदास की 'रामचरितमानस' भी ध्यान से नहीं पढ़ी है। वे कुशाग्र थे और उनकी याददाश्त बहुत अच्छी थी, लिहाज़ा भारतीय साहित्य और धर्म का मूलभूत ज्ञान उन्हें समय के साथ होता था। शुरुआत में वे उपन्यास और कथा-साहित्य ही पढ़ा करते थे। बाद के वर्षों में सामाजिक और राजनीतिक विषयों की किताबें पढ़ने का उन्हें बेहद शौक़ था। किताबों के तो वे दीवाने थे। पर वे एक विवेकी पाठक नहीं थे। वे बहुत जल्दी प्रभावित हो जाते थे। धार्मिक या आध्यात्मिक साहित्य पढ़ने में कभी भी उनकी विशेष रुचि नहीं रही। टॉल्स्टॉय की रचनाओं में भी उन्होंने सामाजिक और राजनीतिक परिस्थितियों का प्रतिबिम्ब ही देखा। टॉल्स्टॉय की रचनाओं का गहरा आध्यात्मिक महत्त्व उन तक सम्प्रेषित न हो पाया। उनके मानसिक विकास के जो आधार थे, उनके बरअक्स यह आश्चर्यजनक नहीं है कि एक पूर्ण व्यक्तित्व विकसित करने में वे सफल न हो पाए।

फिर भी मोटे तौर पर उन्होंने मानवीय समस्याओं को देखने का गांधीवादी नज़रिया स्वीकार कर लिया था। महात्मा गांधी के व्यक्तित्व और शिक्षाओं का उनके

जीवन पर सर्वाधिक प्रभाव था। उन्होंने महात्मा गांधी के सत्याग्रह की अवधारणा को और हृदय-परिवर्तन में विश्वास को भी स्वीकार किया। जब उन्होंने पहली बार गांधी को देखा और सुना तो बहुत-से विलक्षण भारतीयों की तरह उन्हें भी लगा, जैसे वे आपादमस्तक बदल गए हों! वे महात्मा गांधी को बुद्ध, जीसस क्राइस्ट और मोहम्मद पैग़म्बर की श्रेणी में रखते थे। महात्मा के 'संघ' में उनका 'धर्मान्तरण' धार्मिक नहीं बल्कि नैतिक था। प्रेमचन्द मिज़ाजन धार्मिक व्यक्ति नहीं थे पर नैतिक मुद्दों के प्रति वे बेहद संवेदनशील थे। उन्होंने गांधीवादी लोकनीति के सभी प्रमुख सिद्धान्तों को स्वीकार किया : सत्य, अहिंसा, कष्ट में निहित आत्मशुद्धि की ताक़त और नैतिकता के मुद्दों पर अन्तरात्मा को अन्तिम निर्णायक माना। महात्मा से प्रभावित होने के बाद लिखे उनके सभी उपन्यासों में कम-से-कम एक प्रमुख चरित्र गांधीवादी साँचे में ढला है। यदि हम उन मूल्यों की बात करें जिन्हें प्रेमचन्द ने ताउम्र जिया, तो वे महात्मा से ही लिये गए थे।

कुछ लोगों का आग्रह है कि अपने जीवन के अन्तिम दौर में प्रेमचन्द आख़िरकार गांधीवाद को ख़ारिज करके समाजवाद की ओर उन्मुख हो गए थे। प्रेमचन्द के अधूरे उपन्यास 'मंगलसूत्र' पर टिप्पणी करते हुए मदन गोपाल कहते हैं : 'उनके अन्दर का गांधी...या तो सो गया था, या फिर महात्मा की मूर्ति अन्त:स्थल से हटा दी गई थी।' अमृतराय की भी यही धारणा है कि सामाजिक बदलाव की गांधीवादी अवधारणा को त्यागकर प्रेमचन्द वर्ग-संघर्ष को अवश्यम्भावी मानने लगे थे।

लेकिन क्या यह सम्भव है कि मात्र छप्पन वर्ष की उम्र में गुज़र जानेवाले व्यक्ति का मृत्यु के कुछ समय पहले जो दृष्टिकोण रहा हो, उसे उसका अन्तिम नज़रिया मान लिया जाए? आख़िरकार बहुत पहले 1919 में प्रेमचन्द ने अपने मित्र को लिखा था : 'मैंने लगभग पूरी तरह से बोल्शेविक सिद्धान्तों को आत्मसात् कर लिया है।' फिर भी 1920 से 1933 के बीच जो कुछ भी उन्होंने लिखा, उसमें गांधीजी का प्रभाव स्पष्ट दिखता है। हम दावे के साथ यह कैसे कह सकते हैं कि वे कभी भी गांधीवादी जीवन की ओर लौटकर नहीं आते? क्या हम ऐसी स्थिति में हैं कि इस बात का अनुमान लगा सकें कि अगर उन्होंने स्टालिन काल के सोवियत संघ की और 'सांस्कृतिक क्रान्ति' के दौरान चीन की घटनाओं पर विचार किया होता तो उनकी क्या प्रतिक्रिया होती? यहाँ मैं स्पष्ट करना चाहूँगा कि मेरा आग्रह यह नहीं है कि जिस तरह एक समय में प्रेमचन्द का गांधी जी की शिक्षाओं के कुछ पहलुओं से मोहभंग हो गया था, उसी तरह वे समाजवाद के कुछ पहलुओं से अवश्य ही निराश हो जाते। मैं महज़ यह इशारा कर रहा हूँ कि ऐसी सम्भावना से इनकार नहीं किया जा सकता।

फिर भी, अगर हम इस बात का अन्दाज़ लगाने की ज़िद ही करें कि अगर प्रेमचन्द कुछ समय और जीवित रहते तो महत्त्वपूर्ण मुद्दों पर उनके क्या विचार

होते, तो दुराग्रह से ग्रस्त होकर कम-से-कम यह कहने से बचें कि जिन विचारों को हम प्रेमचन्द पर आरोपित कर रहे हैं, वे उनकी चेतना में आख़िर तक अपरिवर्तनीय रहते। कभी-कभी मैं सोचता हूँ कि क्या ऐसे अनुमान लगाना लाज़मी है? आख़िर एकान्तता का जितना अधिकार जीवित लोगों को है, उतना ही मृत लोगों को भी है। शायद थोड़ा ज़्यादा, क्योंकि वे हमसे बहस करने की स्थिति में नहीं हैं।

परिशिष्ट

सन्दर्भित प्रेमचन्द की रचनाएँ

अहंकार (कहानी)
अमावस की रात (कहानी)
अंधेर (कहानी)
अनुभव (कहानी)
असरार-ए-मआबिद (उपन्यास)
अश्क-ए-नदामत (कहानी)
आत्माराम (कहानी)
आह-ए-बेकस (कहानी)
इश्क़-ए-दुनिया और हब्ब-ए-वतन (कहानी)
ईदगाह (कहानी)
ईश्वरीय न्याय (कहानी)
बाकमालों के दर्शन
बैंक का दिवाला (कहानी)
बड़े घर की बेटी (कहानी)
बाज़ार-ए-हुस्न (उपन्यास)
चौगाने-हस्ती (उपन्यास)
दौर-ए-क़दीम और दौर-ए-जदीद (निबन्ध)
धोखा (कहानी)
दुनिया का सबसे अनमोल रतन (कहानी)
एक कुत्ते की कहानी (बाल कहानी)
फ़ातिहा (कहानी)
ग़बन (उपन्यास)
घमंड का पुतला (कहानी)
गिफ़्ट ऑफ़ ए काउ (उपन्यास)
गोदान (उपन्यास)
गुश-ए-आफ़ियत (उपन्यास)
गुनाह का अग्निकुंड (कहानी)
गुरुमंत्र (कहानी)
हमखुर्मा-ओ-हमसवाब (उपन्यास)
हिन्दू समाज के बीभत्स दृश्य (निबन्ध)
जलवा-ए-इसर (उपन्यास)
जंगल की कहानियाँ (बाल कहानियाँ)
जीवन में घृणा का स्थान (निबन्ध)
जुगनू की चमक (कहानी)
जुर्माना (कहानी)
कफ़न (कहानी)
कर्बला (नाटक)
कर्मभूमि (उपन्यास)
कायाकल्प (उपन्यास)
किशना (उपन्यास)
क्षमा (कहानी)
कुछ विचार (संकलित निबन्ध)
महान तप (निबन्ध)
मैदान-ए-अमल (उपन्यास)
मलकाना राजपूत मुसलमानों की शुद्धि (निबन्ध)
मन्दिर और मस्जिद (कहानी)
मंगलसूत्र (अधूरा उपन्यास)
मंत्र (कहानी)
मनुष्य का परम धर्म (कहानी)
मरहम (कहानी)
मर्यादा की वेदी (कहानी)

मोटेराम शास्त्री (कहानी)
मुक्तिमार्ग (कहानी)
निमंत्रण (कहानी)
निर्मला (उपन्यास)
न्याय (कहानी)
पछतावा (कहानी)
पंच परमेश्वर (कहानी)
पर्दा-ए-मजाज़ (कहानी)
परीक्षा (कहानी)
पिसनहारी का कुआँ (कहानी)
प्रतिज्ञा (उपन्यास)
प्रेमा (उपन्यास)
प्रेमाश्रम (उपन्यास)
प्रेम बत्तीसी (कहानी संग्रह)
प्रेम चालीसी (कहानी संग्रह)
प्रेम पचीसी (कहानी संग्रह)
प्रेम की वेदी (नाटक)
पूस की रात (कहानी)
कहत-उर-रिज्जल (निबन्ध)
राजा हरदौल (कहानी)
राज्यभक्त (कहानी)
रंगभूमि (उपन्यास)
रानी सारन्धा (कहानी)
सद्गति (कहानी)
सज्जनता का दंड (कहानी)
संग्राम (नाटक)
सत्याग्रह (कहानी)
सवा सेर गेहूँ (कहानी)
सेवासदन (उपन्यास)
सेवा मार्ग (कहानी)
शेख़ मख़मूर (कहानी)
शतरंज के खिलाड़ी (कहानी)
सोज़-ए-वतन (कहानी संग्रह)
सुहाग की साड़ी (कहानी)
सुखदास (अनुवाद)
तिलिस्म-ए-होशरुबा (उपन्यास)
उसका अन्त (कहानी)
वज्रपात (कहानी)
वरदान (उपन्यास)
विचित्र होली (कहानी)
विक्रमादित्य का तेज (कहानी)
विस्मृति (कहानी)

सन्दर्भित पत्र-पत्रिकाओं, प्रकाशन-गृहों की सूची

अदीब	(उर्दू पत्रिका)
आज	(हिन्दी दैनिक समाचार-पत्र)
अवध अख़बार	(उर्दू समाचार पत्रिका)
आवाज़-ए-ख़ल्क	(उर्दू पत्रिका)
आज़ाद	(उर्दू पत्रिका)
चाँद	(हिन्दी पत्रिका)
कामरेड	(उर्दू समाचार-पत्र)
फ़िरदौस	(उर्दू पत्रिका)
गंगा पुस्तक माला	(गंगा पुस्तक मन्दिर द्वारा प्रकाशित किताबों की श्रृंखला)
गंगा पुस्तक मन्दिर	हंस (हिन्दी)
	हिन्दी पुस्तक एजेंसी
	द हिन्दू (अंग्रेज़ी समाचार-पत्र)
	हिन्दुस्तान रिव्यू (अंग्रेज़ी मासिक पत्रिका)
द इंडियन प्रेस	जागरण (हिन्दी पत्रिका)
	कहकशाँ (उर्दू पत्रिका)
	लाजपत राय एंड संस
	द लीडर (अंग्रेज़ी समाचार-पत्र)
	माधुरी (हिन्दी पत्रिका)
	द मॉडर्न रिव्यू (अंग्रेज़ी मासिक पत्रिका)
नवल किशोर प्रेस	प्रताप (हिन्दी समाचार-पत्र)
	रफ़्तार-ए-ज़माना (उर्दू पत्रिका)
	सरस्वती (हिन्दी पत्रिका)
सरस्वती प्रेस	स्वदेश (हिन्दी समाचार-पत्र)
	विशाल भारत (हिन्दी पत्रिका)
	ज़माना (उर्दू पत्रिका)

प्रेमचन्द के पात्रों के नाम

अहल्या
अलगू चौधरी
अल्लारक्खी
अमरकान्त
अमरपाल सिंह
अमृतराय
आनन्दी
आत्माराम
बद्री प्रसाद
बलराज
बालाजी स्वामी
बसन्त कुमार
बेनी माधव सिंह
भोला
भोली बाई
भूप सिंह
बीबी जान
बुधिया
चेतनदास
दाननाथ
दातादीन
देवप्रिया
देवीदीन
देव कुमार
धनकधारी लाल
धनिया
दीनानाथ

दुक्खी
गजाधर
गजानन्द
गायत्री
घासीराम
गौस ख़ान
गजनबी
घीसू
गोविन्दी
ज्ञानी
ज्ञानशंकर
हलकू
हीरा
होरी
हुसैनी
इरफ़ान अली
ईश्वर सेवक
ज़बरा
जाह्नवी
जालपा
जटाशंकर
झुनिया
जियाराम
जुमराती शेख़
ज्वाला प्रसाद
क़दर मियाँ
काले ख़ान

कल्याणी
कमलाचरण
कमलानन्द
कमला प्रसाद
क़रीमन
ख़ैरात अली ख़ान
खन्ना
ख़्वाजा महमूद
लाल बिहारी सिंह
माधव
महादेव
माधवी
महेन्द्र कुमार
मालती
मंगरू साह
मनोरमा
मंसाराम
मातादीन
मायाशंकर
मेहता
मीर रौशन अली
मिर्ज़ा सज्जाद अली
मोटेराम शास्त्री
मुन्नी
नैना
निर्मला
नोखेराम
ओंकारनाथ
प्रभाशंकर
प्रतापचन्द्र
प्रेमा
प्रियनाथ
पुनिया
पूर्णा
पुष्पा
राजेश्वरी
रमा
रमानाथ
रामकली
रुक्मिणी
रूपा
साधु कुमार
सकीना
सलीम
समरकान्त
समझू साहू
संजीवन लाल
शैव्या
शान्ता
शान्ति कुमार
श्रद्धा
श्यामाचरण
सिन्हा साहब
सियाराम
सोना
सुधा
सुखदा
सुमित्रा
सूरदास
तोताराम
तोताराम
त्रिलोकानन्द स्वामी
उदयभान सिंह
उमा
विद्या
वीरपाल सिंह
विशाल सिंह
विट्ठलदास
व्रजरानी
यशोदानन्दन
यजीद योगराज ज़ोहरा

सामान्य सन्दर्भ सूची

अब्दुल हक़ मौलवी
अडियार
ईशप
अजायब लाल
अजन्ता सिनेटोन
अकबर
अकबर इलाहाबादी
अलीगढ़ मुस्लिम विश्वविद्यालय
इलाहाबाद विश्वविद्यालय
अलवर महाराजा
अमृतराय
आनन्दी
एंड्रूज सी.एफ.
आज़मगढ़
बद्रीनाथ
बहराइच
बाजपेयी, नन्द दुलारे
बलभद्र
बनारस
बस्ती
बेचनलाल
बंग-भंग
बेसेंट, मिसेज़ एनी
भगत सिंह
भगवद्गीता
भंडारकर, आर.जी.
भार्गव, दुलारे लाल
भट्ट, हरिनन्दन
बिहारी
ब्लैक एक्ट, ब्लैक बिल
ब्लावत्स्की मादाम
बोक्कासियो
बॉम्बे
बॉल्शेविज़्म
बोस, ख़ुदीराम
ब्रह्म समाज
बृहत्कथा
बुद्धिज़्म
बुधिलाल
बुन्देलखंड
कलकत्ता
चाची
चम्पा
चरखा के विक्रेता एवं निर्माता
चरखारी
चटर्जी, बंकिम
चटर्जी रामानन्द
चटर्जी शरत्चन्द्र
चतुर्वेदी, बनारसी दास
चतुर्वेदी, माखनलाल

चेख़व
छत्रसाल
भारत सपूत
भार्गव, बिशेन नारायण
भारतीय राष्ट्रीय कांग्रेस
इलाहाबाद अधिवेशन
अमृतसर अधिवेशन
कराची अधिवेशन
लाहौर अधिवेशन
लखनऊ अधिवेशन, नागपुर अधिवेशन
कांग्रेस सेवा दल
कुमारस्वामी आनन्द के.
कर्जन
शिवा का नृत्य
दांडी मार्च
दांडिन
धर, रतननाथ
दशकुमारचरित
दयानन्द सरस्वती
देवदास
देवीप्रसाद
धनपतराय
डिकेंस चार्ल्स
डोमिनियन स्टेटस
डुमरियागंज
दुर्गासहाय 'सरूर'
द्विवेदी, दशरथ प्रसाद
मन्नन
हजारी प्रसाद
इलियट जॉर्ज
फ़ैज़ी
फ़साना-ए-आज़ाद
फ़तेहपुर
फौस्ट
फ़िराक़, रघुपति सहाय
फ्रांस, अनातोले
कालिदास
कमला
चित्रलेखा
चुनार
गल्सवर्दी जॉन
गांधी महात्मा
गनपत सहाय
गैरीबाल्डी
घोष चिन्तामणि
गोयठे
गोखले, गोपाल कृष्ण
गोरख प्रसाद 'इब्रत'
गोरखपुर
गोस्वामी, किशोरीलाल
गुलाबराय
गुणाढ्य
गुप्ता, शिव प्रसाद
हकीम बरहम
हाली
हमीरपुर
हिन्दू कॉलेज, बनारस
हुसैन इमाम
इम्तियाज़ अली 'ताज़'
इंशा
इक़बाल मुहम्मद
जैनेन्द्र कुमार
जलियाँवाला बाग़
जापान
जयशंकर प्रसाद
जीजस क्राइस्ट
झा, अमरनाथ
जिमानिया
जस्टिस (न्याय)
कबीर
कबीरचौरा
कालाकांकर राजा

मोहम्मद अली मौलाना
मॉटेग्यू-जेम्सफ़ोर्ड सुधार
कंकाल
कानपुर
काशीनाथ महाशय
काशी विद्यापीठ
कथासरित्सागर
कौलेश्वर
कायस्थ
कज़ाकी
केशवदास
ख़ान, सर सैयद अहमद
खत्री, देवकी नन्दन
कृष्ण कुँवर
कुप्रिन एलेक्ज़ेडर
ला फॉन्टेन
लाहौर
लाल, गुरसहाय
लाल, लक्ष्मीनारायण
लमही
लखनऊ
मदन गोपाल
मदान इन्द्रनाथ
मद्रास
मीटरलिक मौरिस
महाबीर
महोबा
महताब राय
मारवाड़ी स्कूल, कानपुर
मज़दूर (फ़िल्म)
मज्जिनी
मीर अनीस
प्रगतिशील लेखक संघ
प्यारेलाल शाकिर
राधाकृष्ण बाबू
राधाकृष्ण प्रकाशन
राजकमल प्रकाशन
रामचरितमानस
मुखोपाध्याय, कृष्ण कुमार
मुंशी प्रेमचन्द : एक साहित्यिक जीवनी
मुस्लिम लीग
मैसूर
नादिर शाह
नायडू सरोज़िनी
नारी हृदय
नरेन्द्रदेव आचार्य
नौबत राय 'नज़र'
नवाब राय
निगम, दयाशंकर
निगम, कृपाशंकर
'निराला' (सूर्यकान्त त्रिपाठी)
निर्मल, जे.पी.
नेहरू, जवाहरलाल
मोतीलाल
स्वरूप रानी
असहयोग आन्दोलन
ओझा, जी.एच.
पंचतंत्र
पांडे, छबिनाथ
परख
प्रतापगढ़
पटना
फिलोसोफ़िया पेरेनिस
पिकनिक पेपर
पोद्दार, महावीर प्रसाद
प्रेमचन्द : एक विवेचन
प्रेमचन्द : घर में
प्रेमचन्द : कलम का सिपाही
श्रीकान्त
श्रीनाथ सिंह
सिलांस मार्नर
द सिल्वर बॉक्स

साइमन कमीशन
सिन्हा, डॉ. सच्चिदानन्द
रामकृष्ण, श्री
रामायण
रानाडे, महादेव गोविन्द
रानी केतकी की कहानी
रंजीत सिंह
रिचर्डसन, प्रिन्सिपल
रोडरमल गॉर्डन
रोहिल खंड
गोलमेज सम्मेलन
रोलेट एक्ट
रे, ताराचन्द
रूसी क्रान्ति
'रुसवा' मिर्जा हादी
सब्बरवाल, किशोरीलाल
नमक सत्याग्रह
सम्पूर्णानन्द बाबू
शरत्चन्द्र
'सरशार', रतन नाथ
सत्यार्थ प्रकाश
सेन, केशवचन्द्र
शालिग्राम शास्त्री
शान्तिनिकेतन
'शरर', अब्दुल हमीद
शर्मा, बालकृष्ण
शास्त्री, चतुरसेन
शौकत अली, मौलाना
शिवरानी प्रेमचन्द
सोमदेव
दक्षिण अफ्रीका
सोवियत संघ
श्रीपत राय
मनुष्य जाति की कहानी
रिचर्ड डबलडिक की कहानी
स्ट्राइफ
सुग्गी
सुन्दरलाल, पंडित
टैगोर, रवीन्द्रनाथ
ठाकरे, विलियम एम.
थियोसोफिकल सोसाइटी
तिलक, बालगंगाधर
टॉल्स्टॉय, लिओ
तुलसीदास
उदित नारायण
वान लून हेंड्रिक
वर्मा, भगवतीचरण
वासुदेव प्रसाद
वेदान्त
वेद
विद्यार्थी, गणेश शंकर
विजय बहादुर
विवेकानन्द, स्वामी
यामा
ज़हीर, सज्जाद
जकाउल्लाह 'देहलवी'